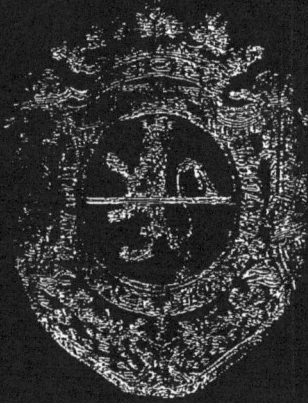

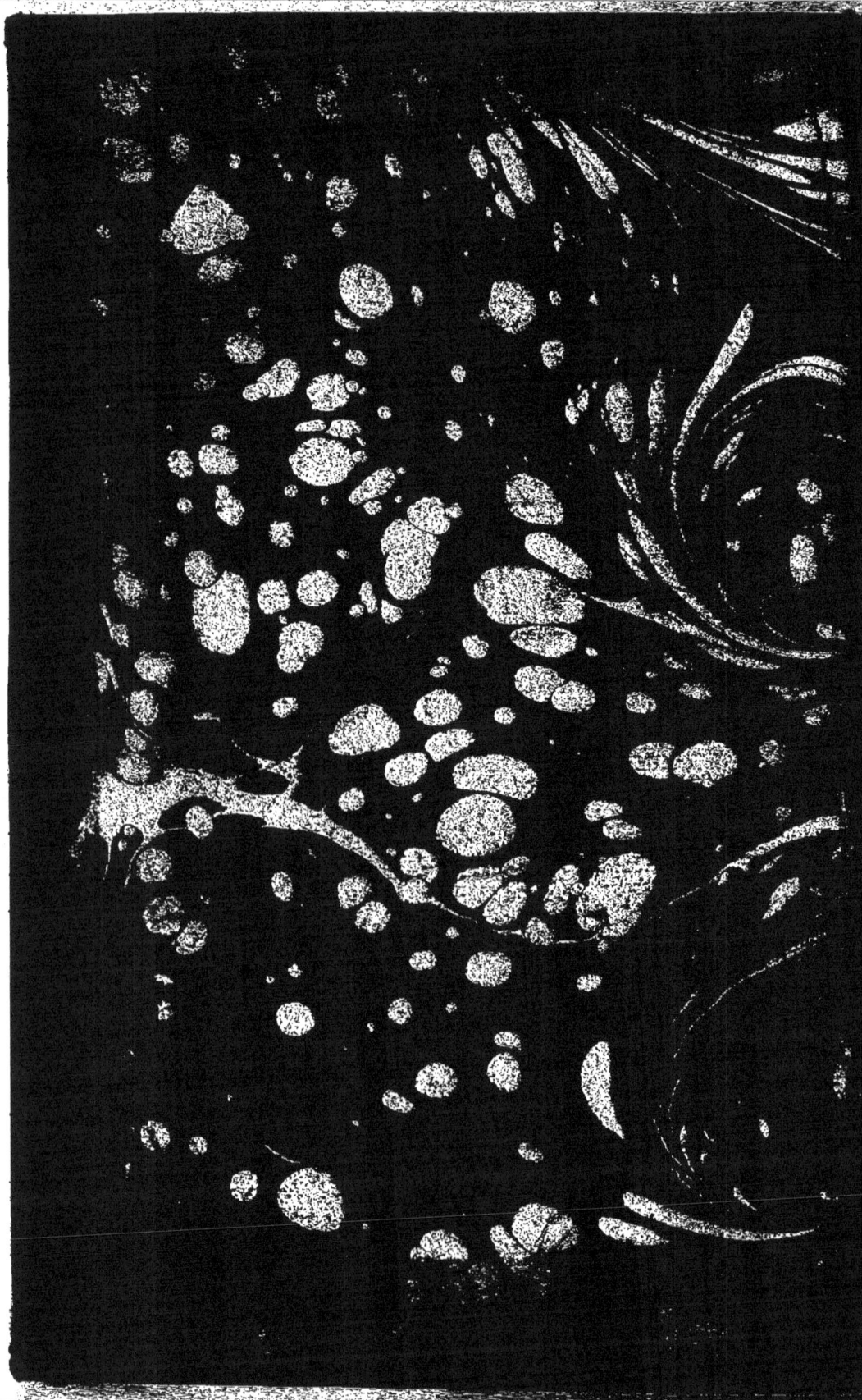

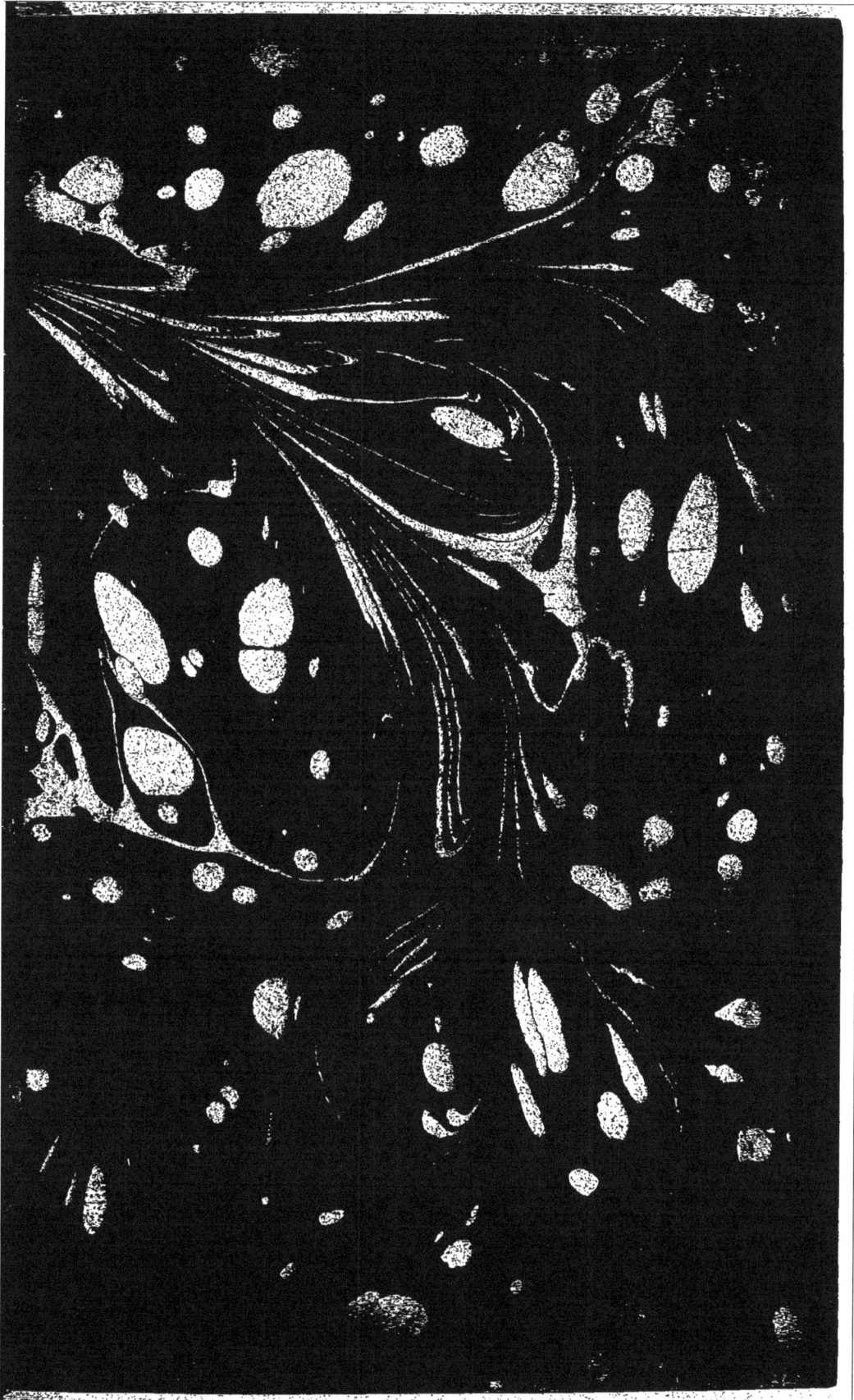

DICTIONNAIRE

DES RIMES

PAR P. RICHELET.

TOME SECOND.

J. —— Z.

J.

m **F**Ohi, Roi de la Chine.
m   I, voyelle.
m Saphi, Cavalier Turc, *eques Turcicus.*

   Voyez les rimes en AI.
diffyllabe, BI, DI, &c.

I A. diffyllabe.

Subftantifs mafculins.

Acacia, arbre.
le cieco d'Adria, Poëte.
A-quia, *ad metam non lo- qui.*
le Bernia, Poëte Italien.
Dia, terme de Chartier.
Filaria, arbre,   *philyra.*
Kaia, Commandant des Ja-
   niffaires d'Egypte.
Popilia, à la popilia, c'eft-
   à-dire, à l'abandon.
Ratafia,   *aromatites.*
Sophia, plante.

V E R B E S.

verbes au prétérit indéfini.

Allia,   *fociavit.*
Amplifia,   *-ficavit.*
Appropria,   *adoptavit.*
Apprécia,   *aftimavit.*
Affocia, *ad focietatem ad-*
   fcivit.
Béatifia,   *-ficavit.*
Calomnia, *calumniatus eft.*
Certifia,   *afferuit.*
Châtia,   *caftigavit.*
Chia,   *cacavit.*
Confia,   *confidit.*
Congédia,   *dimifit.*

verbes au prétérit indéfini.

Copia,   *tranfcripfit.*
Cria,   *clamavit.*
Crucifia,   *crucifixit.*
Dédia,   *dicavit.*
Défia,   *provocavit.*
Délia,   *exfolvit.*
Dénia,   *denegavit.*
Déplia,   *expandit.*
Diverfifia,   *variavit.*
s'Ecria,   *exclamavit.*
Edifia,   *ædificavit.*
Envia,   *invidit.*
Eftropia,   *mutilavit.*
Etudia,   *ftuduit.*
Expédia,   *confecit.*
Expia,   *expiavit.*
Fia,   *confidit.*
Glorifia,   *-ficavit.*
Humilia,   *-avit.*
Juftifia,   *-ficavit.*
Lia,   *ligavit.*
Licencia,   *dimifit.*
Mandia,   *mendicavit.*
Mania,   *contrectavit.*
Méfia,   *diffidit.*
Modifia,   *modificavit.*
Mortifia, *maceravit.* Item
   caftigavit. Item *moleftiam creavit.*
Multiplia,   *-icavit.*
Négocia,   *-tiatus eft.*
Nia,   *negavit.*
Notifia,   *-ficavit.*
Officia,   *facra fecit.*
Oublia,   *oblitus eft.*
Pacifia,   *pacificavit.*
Pallia,   *obtexit.*
Plia,   *inflexit.*

verbes au prétérit indéfini.

Pria ,	*oravit.*
Publia ,	*evulgavit.*
Purifia ,	*-ficavit,*
Rallia ,	*coëgit.*
Raffafia ,	*fatiavit.*
Réconcilia ,	*-avit.*
Relia ,	*religavit.*
Remercia ,	*gratias egit.*
Répudia ,	*rejecit.*
Sacrifia ,	*-ficavit.*
Sanctifia . . .	
Scia ,	*ferrâ diffecuit.*
Signifia ,	*-ficavit.*
Supplia ,	*-icavit.*
Tria ,	*felegit.*
Varia ,	*-avit.*
Vérifia ,	*comprobavit.*

Voyez le prétérit indéfini des autres verbes en ier.

J A.

Déja , *jam , jam jam. voyez*
　GEA.

IANT. *voyez* ANT.

IAT. *voyez* AT.

JANT. *voyez* ANT.

JAT. *voyez* AT.

I B.

m Abib, premier mois de l'an-
　née des Hébreux.

IBE.

f Bribe de pain , *frustulum panis.*

---

m Caraïbe , peuple , -ba.
v Exhibe , terme de Palais , *exhibeo.*
v Inhibe , terme de Palais , *inhibeo.*
m Polybe, Auteur Grec , -ius.
v Prohibe , terme de Palais , *prohibeo.*
m Scribe , Docteur Juif, -ba.
m Scribe, écrivain , *fcriptor.*

IBLE.

Les noms en ible font des adjectifs communs verbaux , qui fignifient le fujet avec la qualité ou la modification paffive. Ils fe terminent en latin en ibilis , ibile , ou en endus, a, um.

Acceffible ,	-bilis.
Admiffible . . .	
Amovible ,	*amovibilis.*
f Bible ,	*biblia.*
Ceffible , terme de Droit François , *qui potest tradi alteri.*	
Comeftible ,	*edulis.*
Compatible ,	-bilis.
Compréhenfible . . .	
Compreffible . . .	
Concupifcible . . .	
Contemptible . . .	
Converfible . . .	
Corruptible . . .	

m Crible , *cribrum.*
v il Crible , *cribrat.*
Défenfible , *defenfioni oppor-tunus.*
Déponible , adj. de tout genre.
Difponible , *quod dari, aut legari potest.*

f adjectifs communs.

adjectifs communs.

Divisible, -bilis.
Duisible, conveniens.
Eligible, quod eligi potest.
Exigible, -bilis.
Extensible ...
Flexible ...
Fongible, terme de Jurisprudence, tout ce qui se compte, se mesure & se pése.
Fusible, qui se fond, fusilis.
Horrible, horrendus.
Immarcessible, qui ne se corrompt point, incorruptus.
Impassible, nulli dolori obnoxius.
Impossible, -bilis.
Imperceptible, sub sensum oculorum non cadens.
Imprescriptible, præscriptioni vel usucapioni non obnoxius.
Inaccessible, inaccessus.
Inadmissible, quod admitti nequit.
Incombustible, -bilis.
Incompatible, insociabilis.
Incompréhensible, -bilis.
Inconvertible, quod converti non potest.
Incorrigible, inemendabilis.
Incorruptible, -bilis.
Incrédible, vieux mot ...
Indéfectible ...
Indestructible ...
Indicible ...
Indisponible, quod legitimè non potest legari aut dari.
Indivisible, -bilis.
Inéligible ...
Inexpressible ...

adjectifs communs.

Inextinguible, -bilis.
Infaillible, omnis erroris expers, certus.
Inflexible, -bilis.
Innascible, terme de Théologie, innascibilis.
Insensible, -bilis.
Intelligible ...
Intraduisible, quod in aliam linguam verti nequit.
Invincible, insuperabilis.
Invisible, -bilis.
Irascible ...
Irréductible ...
Irrémissible, inexpiabilis.
Irrépréhensible, -bilis.
Irrésistible, cui obstare non possumus.
Lisible, legibilis.
Loisible, vieux mot, licitus.
Nuisible, nocivus.
Ostensible, quod ostendi potest.
Paisible, quietus.
Passible, -bilis.
Pénible, operosus.
Perceptible, -bilis.
Persuasible, quod suaderi potest.
Plausible, probandus.
Possible, -bilis.
Prescriptible, præscriptioni obnoxius.
Réductible, -bilis.
Réflexible, quod reflecti potest.
Réfrangible, -bilis.
Rémissible, veniá dignus.
Répréhensible, -bilis.
Réversible ...
Sensible ...
Susceptible, obnoxius, facilis.

Terrible , 　　　　　　-bilis.
Tranfmiffible ...
Vifible ...

IBRE.

m Calibre , diamétre , *diametros.* mefure , *menfura.* grandeur & groffeur , *magnitudinis modus.* d'une piéce d'artillerie, *ænei tormenti diametros.* d'un tube , *tubi modus.* d'une embouchure , *oris amplitudo.* gros calibre , *major modus.* qualité , *-itas.*

m Equilibre , *æquilibrium.* de deux chofes oppofées , *libratio.*

f Fibre , au plur. 　　　-bra.

a Libre , non contraint, *liber.* ingénu , *-uus.* trop libre , *liberior.* hardi , *audax.* licencieux, *petulans.* demilibre, *femiliber.* affranchi, *libertus.*

m Tibre , fleuve , 　　*Tiberis.*

IC.

fubftantifs mafculins.

Agaric, drogue , 　　　*-um.*
Alambic , *vas diftillandis fuccis herbarum.* fourneau, *clibanus.* pour évaporer , *vaporarium.*
Alaric, Roi , 　　　　*-us.*
Arfénic , poifon , 　　*-um.*
Afpic, ferpent , 　　　*afpis.*
Afpic, herbe , *fpica nardus.*
Aftic, efpéce d'os dont fe fervent les Cordonniers.
Bachalic, Gouvernement des

fubftantifs mafculins.

Provinces chez les Turcs, *Bachalicatus.*
Bafilic, ferpent , 　　*-ifcus.*
Bafilic, *-um.* herbe, *ocymum* piéce d'artillerie , *bafilifcus muralis.*
Clic., 　　　*crepitaculum.*
Copernic, Aftronome , *-us.*
Cric , terme de débauche , machine , *tollo dentatus.*
Dantzic, ville , 　　*-tifcum.*
Fic , maladie qui vient aux hommes & aux chevaux , ulcère , *ficus.* porreau d'un cheval , *verruca.* qui fupure , *marifca.*
Genferic, Roi , 　　　*-us.*
Maftic, fuc de lentifque , *maftiche.* ciment, *lithocholla.* de Menuifier , *cholla.*
Maftric , ville , *Trajectum ad mofam.*
Pic , *-us.* oifeau , montagne, *mons arduus.* inftrument à fouir , *unidens ligo.* pic & repic , terme de Picquet , *fexageni & nonageni.*
Pic, Prince de la Mirandole , *Picus Mirandulanus.*
Public, *-us.* commun , *-is.* connu , *cognitus.* manifefte , *-tus.* connu de tous, *pervulgatus.* divulgué, *divulgatus.* lieu public , *publicum.* en public , *palàm.*
Pronoftic , *-um. ou* préfage , *præfagium.* prédiction, *-io.*
Ric-à-ric , adv. 　　*exactè.*
Syndic , *conful.* de village , *decurio.* Procureur de Communauté , *Procura-*

substantifs masc.

tor *syndicus.* censeur, *-sor.*
Théodoric, Roi,   *-us.*
Tic , maladie de cheval ,
   anhelitus. vermine des
   chiens, *ricinus.*
Tic & Tac.
Trafic, négoce, *negotiatio.*
   commerce , *-ium.* marchandise, *mercatura.* faire
   trafic, *negotiari.*
Zurich , ville ,   *Tigurum.*
a de Zurich ,   *Tigurinus.*

ICE. & ISSE.

substantifs & adjectifs masculins & fémin.

Abscisse , terme de Géométrie , *abscissa.*
Aglatonice, femme sçavante
   dans l'Astrologie , *-ice.*
Amande-lice, *amygdala pla-*
   na.
* Appendice, *-ix.* dépendance, *-entia.* accessoire,
   -orium. appentis , *appen-*
   dix. petit incident , *ap-*
   pendicula.
Artifice, *-cium.* avec artifice, *artificiosè.* avec un bel
   artifice, *callidè.* sans artifice, *inartificialiter.* finesse, *fallacia.* feu d'artifice, *ignis missibilis.*
Aruspice, *-pex.* l'art des Aru-
   spices , *aruspicina.*
Avarice , *-tia.* avidité , *-tas.*
   soif insatiable d'or & d'argent, *auri argentique fa-*
   mes & sitis.
Auspice, *-ium.* au pluriel,
   présage. Qui juge par le
   chant des oiseaux, *auspex.*
Basse-lice, tapisserie de soie
   & de laine.

substantifs & adjectifs masculins & féminins.

Bénéfice , *-cium.* Ecclésia-
   stique , *-icum.* Consisto-
   rial , *-e.* simple , *-ex.* à
   charge d'ames , *cum cura*
   animarum. en titre , *cum*
   titulo. séculier , *-lare.* régulier , *-lare.* en commande , *in commenda.*
   manuel , *-ale.* amovible,
   mobile.
Bénéfice , gain , profit , *lu-*
   crum. émolument , *-um.*
   de ventre , terme de Médecine , *alvi profluvium.*
Bénéfice , terme de Jurisprudence , de cession de
   biens , *cum cessione bono-*
   rum. de dispense d'âge,
   cum dispensatione ob æta-
   tem. d'inventaire , *ex bo-*
   norum recensione.
Bérénice , Reine d'Egypte ,
   Berenice.
Bourre-lanisse, *tomentum la-*
   neum.
Calice , *-ix.* sacré , *sacer.*
   d'une tulipe , *caliculus.*
Cérémisses , *ou* Czérémisses ,
   au pluriel , peuples de la
   Moscovie Orientale.
Céropisse , sorte d'emplâtre.
Chalcidie , pays de Syrie.
Chaude-pisse , *luis Veneræ*
   species.
Cilice ,   *-cium.*
Cilice , terme de guerre.
Clarisse , Religieuse.
Compétitrice.
Complice , *conscius.* d'un
   crime , *consors facinoris.*
Cotisse.
Coulisse , *canalis.* de chassis.

canaliculus. grille, herse, *cataracta.* porte coulisse, *porta canalicia.* chassis à coulisse, *cancelli ductiles.*

Délice, au pluriel, *-ciæ.*

Dentifice, *dentificium.*

Desservice, *offensio.*

Eclisse de luth, *costa.* à fromage, *cribrum rarius.* à redresser les jambes, *assicula.*

Edifice, *ædificium.*

Epice, épicerie, *aromata.* d'épice, *aromaticus.* épices de procès, *judiciaria sportula.*

Esquisse, terme de Peintre, *prima lineamenta.*

Euridice, femme d'Orphée.

Exercice, *-ium.* du corps *ou* de l'esprit, *exercitatio.* apprentissage, *tyrocinium.* discipline, *-na.* militaire, *-aris.* profession, *-io.* d'une charge, *muneris functio.* maniére de vie, *vita institutum.* qui a de l'exercice, *exercitatus.* occupation, *-io.* art, *ars.* des armes, *armorum disciplina.* faire exercice, *exercere se.* lieu de l'exercice, *palæstra.*

Extispice, *-tium.*

Fricatrice.

Frontispice, *ædificii frons.*

Génisse, jeune vache, *juvenca.*

Hautelice, tapisserie, *supremi licii aulæum.* tapis de hautelice, *sumptuosi texti tapes.*

Hospice, Couvent, *-tium.*

Jaunisse, maladie, *morbus ictericus, aurigo.* qui a la jaunisse, *ictericus.*

Jectice, *-itius.*

Immondice, au pluriel, *immundities.*

Indice, table d'un livre, *index.* marque, *indicium.* signe, *-num.* preuve, *probatio.* vestige, *-gium.* catalogue, *-us.* c'est aussi un terme d'Horlogerie, pour exprimer l'éguille des cadrans.

Interstice, *-itium.*

Lanice, *tomentum laneum.*

Lectrice, *quæ legit.*

Législatrice, *quæ fert leges.*

Lice, arène, *stadium.* de course, *curriculum.* aux chevaux, *hippodromus.* aux piétons, *stadium.* bout de la lice, *meta.* course de lice, *stadii cursus.* lice pour lutter, *arena.* entrer en lice, *inire stadium.* courre la lice, *stadium decurrere.*

Lice, étofe, *pretiosa materia exquisitum opus.* terme de Rubanier, *subtegmen.*

Lice, chienne, *canis prolelaria.*

Lice, *canis venatica.* On donne aussi ce nom à une femme débauchée.

Linifice, *-cium.*

Lisse, *lævis.*

Maléfice, *-icium.* sorcellerie, *fascinatio.* enchantement, *incantamentum.*

subſtantifs & adjectifs maſculins & féminins.

Malice , -*itia.* malignité , -*tas.* mauvaiſe volonté , *improbitas.* perverſité -*tas.* mauvaiſe volonté , *male-fica voluntas.* tour fait pour rire , *jocoſa fallacia.*

Maniſſe , idole adorée en Tartarie.

Méliſſe , herbe , *meliſſophyl-lon.* citragon , -*go.* l'her-be à l'abeille , *apiaſtrum.*

Métiſſe ,   *hybris.*

Milice, -*tia.* gens de guerre , *milites.* guerre , *res milita-ris.* troupes , *copia.* trou-pes du pays, *conſcriptus in-digenarum exercitus.*

Narciſſe , nom propre , -*us.*

Narciſſe , fleur . . .

huile de Narciſſe, *oleum nar-ciſſinum.*

Natalice , poëme ſur la naiſ-ſance de quelqu'un, -*ium.*

Nice , ville ,   *Nicæa.*

de Nice ,   *Nicanus.*

Nice , vieux mot , *ſimplex.*

Nice , terme de Droit , *nu-dus.* promeſſe nice , *ſim-plex & nuda promiſſio.* action nice , *actio ex ſim-plici ſponſu.*

Notice , au pluriel , Regi-ſtres des Notaires.

Notice , terme de Palais , *cognitio.*

Office , *officium.* devoir , of-fice , charge , *munus.* charge publique , *magi-ſtratus.* ſervice , *favor.* courtoiſie , grace , *gratia.* bienfait , *beneficium.*

Office divin ,   *res divina.*

le ſaint Office , les Inquiſi-teurs , *fidei quaſitores.*

l'Office , ſommellerie , *cella vaſoria.*

Orifice , entrée , *oſtiolum.* ou goſier , *œſophagus.* ou ven-tricule , *imus ſtomachus.* de l'âpre artère , *larynx.*

Patrice ,   -*itius.*

Pélice , fourrure , *pellis vil-loſa.* robe fourrée de pé-lice , *pellita veſtis.* vêtu de pélice , *pellitus.*

Plice , vieux mot , pour Pé-liſſe , *pellis.*

Police , bon ordre , *diſcipli-na politica.* diſcipline ci-vile , -*is.* juge de police , *agoranomus.* ordonnances de police , *ædilitiæ edictio-nes.*

Précipice , *præcipitium.* tom-ber dans un précipice , *in præruptum locum devolvi.* bord du précipice , *extre-mum periculum.*

Préjudice, *præjudicium.* dom-mage , *damnum.* perte , *detrimentum.* incommo-dité , -*dum.* faire préju-dice , *afferre damnum.* a préjudice , *cum damno.* ſans préjudice, *ſalvo jure.* ſouffrir préjudice , *detri-mentum pati.*

Prémice , au pluriel , *primi-tiæ.* droit de prémices , *jus primitiarum.*

Profectice , terme de Droit Canon, -*tius.*

Propice , -*tius.* clément , -*ens.* rendre propice , *pla-*

substantifs & adjectifs masculins & féminins.

care. fortune. propice , *fortuna secunda.* propice, convenable , *aptus.*

Pythonisse ,   *Pythia.*

Réglisse ,   *glycyrrhiza.*

Sacrifice , *-icium.* par rapport à sa matiére , il s'appelle victime, *-ma.* immolation , *-io.* libation, *libamen.* par rapport à sa forme, holocauste, *-tum.* hostie pour le péché, *hostia pro peccato.* hostie,*-ia.* pacifique,*-ca.* par rapport à sa fin,latreutique,*-icum.* d'action de graces, *eucharisticum.* impétratoire , *-torium.* propitiatoire , *-torium.*

Sacrifice, *-ium.* de la loi, *legis.* de nature , *-ra.* écrite, *scripta.* Evangélique , *-ica.* c'est celui du Corps & du Sang de Jesus-Christ , que nous appellons le Sacrifice de la Messe , *Sacrificium Missæ Corporis & Sanguinis Domini nostri Jesu Christi oblatio incruenta.*

Saucice à manger , *botellus.*

Saucisse , terme de Mineurs, *botellus pyrausticus.*

Sulpice , nom propre , *Sulpicius.*

Supplice , *-ium.* peine , *pœna.* dernier supplice , *ultimum supplicium.*

Varice , veine ,   *varix.*

Vénéfice , *-ium.* sortilége , *-ium.* enchantement , *incantamentum.*

substantifs & adjectifs masculins & féminins.

Ulysse , Roi d'Itaque , *-es.*

Il y a plusieurs mots verbaux féminins en ice , qui sont tirés des mots verbaux latins en ix, comme nutrix, nourrice; lesquels signifient le sujet avec la qualité ou dignité habituelle , la puissance, la dignité ou la famille. Ils sont formés sur les noms en eur.

Accusatrice ,   *-trix.*

Actrice . . .

Ambassadrice , *legati uxor.*

Approbatrice ,   *-trix.*

Attractrice , *attrahendi vim habens.*

Auditrice ,   *-trix.*

Autrice , *quæ scripsit.*

Bienfaictrice , *benefactrix.*

Caprice , bizarrerie , *morositas.* légéreté , *animi levitas.* opiniâtreté , *pertinacia.* de la fortune , *fortunæ inconstantia.* par caprice , *subita morositatis impetu.*

Cicatrice , *-ix.* petite , *cicatricula.* d'un fer chaud , *stigma.*

Coadjutrice ,   *-ix.*

Conductrice , *quæ ducit.*

Conservatrice , *quæ servat.*

Consultrice ,   *-ix.*

Coopératrice , *rei alicujus perficiendæ socia.*

Corruptrice , *quæ vitiat.*

Débitrice , *quæ debet.*

Destructrice , *quæ diruit.*

Dictatrice , *dictatoris uxor.*

Directrice , *moderatrix.*

Distributrice , *quæ distribuit.*

Electrice, femme d'Electeur, *Electrix.*

Substantifs & adjectifs masculins & féminins.

Émulatrice,   *æmula.*
Exécutrice,   *quæ exequitur.*
Expultrice,   *quæ expellit.*
Fautrice,   *quæ favet.*
Fornicatrice, *quæ fornicatur.*
Imitatrice,   *quæ imitatur.*
Impératrice,   *-trix.*
Inſtitutrice,   *quæ inſtituit.*
Inventrice,   *quæ invenit.*
Jocriſſe, terme populaire.
Libératrice, *libertatis vindex.*
Matrice, de femme, *-ix.* mal de matrice, *morbus hyſtericus.* coin dont on forme la monnoie & moule de lettres d'Imprimerie, *archetypum.* langue matrice, *lingua matrix.*
Nourrice,   *nutrix.*
Opératrice,   *-ix.*
Patrice, dignité Romaine, *Patritius.*
Procuratrice,   *-ix.*
Protectrice,   *patrona.*
Rétentrice, *-ix.* faculté, *-tas retentrix.*
Spectatrice,   *-ix.*
Teſtatrice, *mulier quæ teſtamentum fecit.*
Tutrice, *quæ curat pupilli bona & illius perſonam.*
Uſurpatrice, *quæ aliena bona occupat.*
Zélatrice, nom de la troiſiéme Religieuſe chez les Urſulines.
   Et autres qui ſe peuvent faire ſur les mots en eur.
Ecreviſſe, *aſtacus fluvialis, aſtacus marinus.* cancre, *carcinus.* de mer, *mari-*

Substantifs & adjectifs masculins & féminins.

nus. hommar, *cammarus.* pinces d'écreviſſe, *chelæ, forcipes.* la couverture de l'écreviſſe, *cruſta.*
Ecreviſſe, ſigne du Zodiaque, *cancer.*
Factrice, mot factice, fait exprès, *factitius.*
Injuſtice, *-tia.* iniquité, *-tas.*
Juſtice, *-tia.* équité, *æquitas.* droit, *æquum jus.* juriſdiction, *-tio.* haute, ſuprême, *-ma.* moyenne, *jus carceris & mulctæ.* baſſe, *jus levioris mulctæ.* gens de juſtice, *Judices.*
Juſtice légale, *-alis.* ou générale, *-alis.* univerſelle, *-alis.* particuliére, *-laris.* ſpéciale, *-alis.* directrice, *-ix.* exécutrice, *-ix.* commutative, *-va.* diſtributive, *-va.* rémunérative, *-va.* vindicative, *-va.* ou punitive, *-va.* capitale, *-is.* civile, *-is.* morale, *-is.* chrétienne, *chriſtiana.*
Juſtice, rigueur, *-gor.* Officiers de Juſtice, *Juſtitiæ miniſtri.* tribunal, *forum.* expédition, *-io.* jugement, *judicium.* ſupplice, *-cium.* lieu du ſupplice, *patibulum.*
Norice,   *notitia.*
Novice, étranger, *peregrinus.* ignorant, *ignarus.* nouveau, *novus.*
Novice, neuf, *rudis.* apprentif, *tyro.* de Religion, *novitius.* une Novice, *novitia virgo.*

subst. & adj. masc. & fém.

Obreptice ,   *-titius.*

Service, action de service , *opera , ministerium.* attachement à quelqu'un, *addictio.* service, terme , quartier de service , *semestris.* cheval de service , *operarius equus.* service de valet, *famulare.* en Cour, *opera aulica.* homme de service, *homo utilis.* service , honneur , *cultus , obsequium.* service divin, *Sacra.* pour un mort, *funeralia.*

Service , plaisir , *gratia.* office , *-cium.* bienfait, *beneficium.* utilité , *utilitas.* de linge, *missus linteorum.* de table, *mensæ instructus.* mets , *fercula.* de vaisselle d'or , *mensæ vasarium aureum.* festin à trois services , *triplici missu adornatum convivium.*

Solstice , *-icium.* d'hyver , *hybernum.* d'été , *æstivum.*

Subreptice ,   *-titius.*

la Suisse ,   *Helvetia.* un Suisse , *Helvetius.* un portier , *janitor.*

Vice, défaut , *vitium.* de nature, *nativum.* né avec nous , *congenitum.* déréglement de mœurs , *morum corruptela.* enraciné , *pervalidum.* malice , *malitia.* par excès , *per excessum.* par défaut , *per defectum.*

Eloigné du vice , *remotus à vitio.* qui n'a point de vi-

ce , *nullo vitio laborans.* adonné au vice, *vitiis deditus.* à toutes sortes de vices, *sceleratus.* vice qui regne , *vitium regnans, vigens.*

VERBES.

verbes au présent, à l'imparfait & à l'impérat.

Apprisse ,	*discerem.*
Bannisse ,	*expellerem.*
Bénisse ,	*benedicerem.*
Brunisse ,	*polirem.*
Craignisse ,	*timerem.*
Définisse ,	*definirem.*
Défisse ,	*destruerem.*
Descendisse ,	*-derem.*
Feignisse ,	*fingerem.*
Fendisse ,	*finderem.*
Finisse ,	*finirem.*
Fisse ,	*facerem.*
Garnisse ,	*ornarem.*
Glisse ,	*reperem.*
Lisse ,	*lævigarem.*
Pâlisse ,	*pallerem.*
Pâtisse ,	*paterer.*
Perdisse ,	*perderem.*
Pisse ,	*meïerem.*
Polisse ,	*polirem.*
Prévisse ,	*præviderem.*
Puisse ,	*possem.*
Ratisse ,	*raderem.*
Répondisse ,	*-derem.*
Revisse ,	*reviderem.*
Réunisse ,	*adunarem.*
Vendisse ,	*venderem.*
Visse ,	*viderem.*
Unisse ,	*unirem.*

Voyez les autres verbes en cer, isser, ir, dre, ettre, ire, *& les composés de* faire.

ICHE. & ISCHE.

subst. & adj. masc. & fém.

Acrostiche,   *-chis.*
Affiche,   *affixum.*
Autriche,   *Austria.*
Maison d'Autriche, *Domus Austriaca.*
Babiche, terme enfantin.
Biche,   *cerva.*
Botiche, vaisseau dont on se sert au Chili, pour mettre le vin.
Bouliche, grand vase de terre, dont on se sert sur les vaisseaux, *metreta.*
Bouriche, espéce de panier.
Caniche, sorte de chienne.
Chiche,   *parcus.*
Corniche,   *corona.*
Fiche de jeu, *talea.* de Serrurier, *fibula.*
Friche, terre en friche, *ager incultus.*
Godiche, diminutif de Claude.
Hémistiche, demi vers, *hemistichium.*
Levriche,   *vertagus.*
Macrostiche,   *-chus.*
Miche, petit pain, *panis similagineus.*
Niche de statue, *loculamentum.*
Niche, tromperie, *jocularis ludificatio.*
faire Niche, *joculariter ludificari.*
Pentacrostiche, vers, *-chus.*
Pois-chiche,   *cicer.*
Postiche,   *adscititius.*
Pouliche, jeune cavale, *equula.*

Riche,   *a*   *dives.*
Stocfiche, poisson, *m piscis exsiccatus.*

VERBES.

au prés.

Affiche,   *affigo.*
Défriche,   *agrum novo.*
Déniche,   *nido depello.*
Fiche,   *figo.*
Niche,   *nidifico.*
Triche,   *decipio.*

ICLE.

subst. masc. & fém.

Article,   *-culus.*
Bernicle, mot populaire, pour dire Rien.
Bésicle, au plur. lunettes, *conspicillum.*
Cycle, *cyclus.* solaire, *solaris.* lunaire, *lunaris.* d'indiction, *indictionis.*
Epicycle des planétes, *epicyclus.*
Manicle,   *manica.*
Sicle, monnoie, poids ancien, *siclus.*

ICT.

Distrit, ressort, *ou* étendue *m* de jurisdiction, *jurisdictionis fines.*

ICTE.

Dicte,   *v* *-to.*
Picte, ancien peuple d'E- *m* cosse, *Picti.*
Vindicte,   *f* *-ta.*

I D.

ID.

m David, Prophéte.
m Cid.
m Nid, *-us. voyez* NI. *ou* NIT. *car le* d *ne se prononce point.*

IDE.

Abantide, l'Eubée *ou* Négrepont , *Abantis.*
Abrotanoïde, plante, *-ides.*
Alcide, *ou* Hercule, *Alcides.*
Aloïde, terme de Mythologie , *Aloïdes.*
Amygdaloïde, terme de Lithologie , *amygdaloïdes.*
Anigride, au pluriel, nymphes.
Antipatride , ville de la Palestine , *Antipatris.*
Aonides, au pluriel, les Muses , *Aonides.*
Aride , 　　　　*-dus.*
Arsacide , ·　　　*-da.*
Ascaride, espéce de vers.
Astéroïde , plante, *-ides.*
Atlantide , 　　　*-tis.*
Avide, 　　　　*-idus.*
Auranitide , contrée de Syrie , *Auranitis.*
Bastide , maison de campagne , *villula.*
Bride , *frenum.* mors de bride, *lupatum.* renne de bride, *habena.* petite bride , *ou* bridon, *anglicum frenum.* abattue , *remissa habena.* sans bride, *infrenatus.* tenir en bride ,

infrenare. tenir bride en main , *inhibere cursum.* tenir la bride , *adducere habenas.* boire la bride , *lupatum ebibere.* la main de la bride, *sinistra manus.* lâcher la bride , *habenas remittere.* à ses passions , *libidinibus obsequi.* leur tenir la bride , *cupiditates continere.* à bride abattue , *effuso cursu.* bride de boutonniére, *retinaculum.*

sainte Brigide , *sancta Brigitta.*
Cabirides, au pluriel, nymphes , filles de Vulcain & de Cabire.
Candide , 　　　　*-dus.*
Caraphyloïde , pierre figurée.
Carotides, au pluriel, *carotides venæ.*
Chrysalide , 　　　*-alis.*
Condyloïde, terme d'Anatomie , *condyloïdes.*
Coralloïde, 　　·　*-ïdes.*
Coronoïde, terme d'Anatomie , *coronoïdes.*
Cupide, désireux , 　*-dus.*
Danaïde , au pluriel , *-es.*
Déicide , 　　　　*-da.*
Devuide, terme de Billard.
Druide , Prêtre des anciens Gaulois , *Druida.*
vieux Druide , *vetus Druida.*
Egide , bouclier de Minerve , *ægis.*
Elide , 　　　　*Elis.*
Elliptoïde , terme de Géométrie & d'Analyse , *elliptoïs.*

subſtantifs & adjectifs maſculins & féminins.	Eneïde, Poëme héroïque latin, *Æneis.*

Eneïde, Poëme héroïque latin, *Æneis.*

Ephélides, au pluriel, taches qui viennent au viſage par l'ardeur du ſoleil, *ephelides.*

Ephéméride,   -*des.*

Epicycloïde, terme de Géométrie, *epicycloïs.*

Epinyctide, ſorte de puſtule, *epinyctis.*

Epomide, chapperon, *epomis.*

Euclide, Mathématicien, *Euclides.*

Euménide, au pluriel, -*des.* furies, -*ia.*

Euripide, Poëte tragique, *Euripides.*

Faïde, droit de venger un meurtre.

Fétide,   *fœtidus.*

Fiévre putride, *febris putrida.*

Floride, pays,   -*da.*

Fluide,   -*dus.*

Fratricide, -*da.* meurtre, *fratricidium.*

Gnide, Vénus de Gnide, *Venus Gnidia.*

Guide,   *dux via.*

Guides des pêcheurs, ſiacre à glaces de bois.

Le Guide, Peintre.

Gynide, androgyne, *ou* Hermaphrodite.

Hémorrhoide, au plur. -*es.*

Heſpéride, au plur...

Hibride,   *Barbarus.*

Hiſpide,   *hirſutus.*

Homicide, -*da.* le meurtre, *homicidium.*

Humide,   -*dus.*

Hydatide, terme de Médecine.

Hypoglottide, terme d'Anatomie, *hypoglottis.*

Ide, ſe dit au pluriel, *ida.*

Iliſſides *ou* Iliſſiade, ſurnom des Muſes.

Inſipide,   *nullius ſaporis.*

Intrépide, -*dus.* hardi, *audax.* courageux, *ſtrenuus.*

Invalide,   -*dus.*

Limpide, -*dus.* clair, *clarus.*

Liquide,   -*dus.*

—coulant, *fluens.* net, *nitidus.*

Livide,   -*dus.*

Lucide, luiſant,   -*dus.*

Malacoïde, plante.

Molybdoïde, eſpéce de mine de plomb, *molybdoïdes.*

Mouche cantharide, *cantharis.*

Néréide, nymphe de la mer, *Nereïs.*

Oenide, nymphe.

Onde Aganippide, celle qui fait les Poëtes, *unda Aganippedea.*

Ovide, Poëte Latin, -*dius.*

Parotide, terme de Médecine.

Parricide, -*da.* meurtre, *parricidium.*

Perfide,   -*dus.*

Permeſſide, qui appartient au Permeſſe.

Pyramide,   *pyramis.*

Rapide,   -*dus.*

Régicide,   -*da.*

Ride,   *ruga.*

Rigide,   -*dus.*

Ricinoïde, noix des Barbares.

substantifs & adject. masculins & féminins.	Said , *ou plutôt* Sayde , *Thebaïs.*
	Samoloïde , plante , -*ides.*
	Sarronides , Théologiens de l'ancienne Gaule.
	Simonide , Poëte Grec, -*des.*
	Sithnides , nymphes.
	Solide , -*dus.* ferme , *firmus.* immobile , *constans.*
	Sordide , -*dus.*
	Splendide …
	Stupide …
	Styloïde , terme d'Anatomie , *styloïdes.*
	Subside , -*dium.*
	Suicide , *sui ipsius peremptio.*
	Thébaïde , -*aïs.*
	Thucydide , -*des.*
	Timide , -*dus.*
	Upsiloïde , *upsiloïdes.*
	Vuide , *vacuus.*
	le Vuide , *vacuum.*
	Zone , -*na.* torride , -*da.*

VERBES.

verb. au prés. & à l'impérat.	Bride , *freno.*
	Consolide , -*do.*
	Décide , *judico* , *dirimo.*
	Guide , *duco.*
	Lapide , -*do.*
	Préside , *præsideo.*
	Réside , *commoror.*
	Ride , *rugo.*
	Valide , -*do.*
	Vuide , *evacuo.*
	Voyez les autres verbes en ider.

IDRE.

m	Cidre , *cicera pomacea.*

f	Clepsydre , horloge d'eau , *clepsydra.*
f	Hydre , serpent à plusieurs têtes , *hydra.*
m	Hydre , serpent d'eau , *hydrus.*

I É. monosyllabe.

substantifs & adjectifs masculins.	Aglaïé , une des Graces, -*ie.*
	Allié , *affinis.* parent , *consanguineus.* confédéré , *confœderatus.*
	d'Arrache-pié , *uno ductu.*
	Chambres de plein pié , *conclavia quæ sunt pleno pede.*
	Chausse-pié , *corium quo calcei inducuntur.*
	Chévre-pié , satyre , *capripodion.*
	à Cloche-pié , *claudicando.*
	Couvre-pié , espéce de couverture.
	Délié , *tenuis.* qui a de l'esprit , *subtile ingenium.*
	Domicilié , *manens.*
	Disgracié , odieux , *odiosus.* du Prince , *gratiâ Principis privatus.* de la nature , *nullis natura donis instructus.*
	Emacié , *macie deformatus.*
	Estropié, *membro aliquo captus.*
	Excommunié , -*icatus.*
	Immortifié , *indomitus.*
	Marche-pié , *hypopodion.*
	Mauvaistié , vieux mot, pour Méchanceté , *malitia.*
	Moitié , *dimidium.*
	plus grand de la Moitié , *altero tanto major.*

Subst. & adj. masculins.

la Moitié moins, *dimidio minor.* plus cher, *cariùs.* plus fou, *stultior.*

Moitié, femme *ou* mari, *dimidia pars, conjux.*

Notarié, passé pardevant Notaire.

Passe-pié, danse, *celeris chorea.*

Pié, *pes.* petit pié, *pediculus.* divisé en doigts, *digitatus.* fourché, *bisulcus.* fendu, *bifidus.* plein, *solidus.* tout d'une piéce, *solidipes.* plat, *planus, palmatus, palmipes.* plat & large, *plancus, plautus.* pié ouvert, *varus.* joint, *vagus.* qui n'a qu'un pié, *unipes, monopus.* qui en a deux, *bipes.* trois, *tripes.* quatre, *quadrupes.* cent, *centipes.* léger, *levipes.* mol, *mollipes.* long, *longipes.* d'airain, *æripes.* le coup du pié, *tarsus.* le dessous du coup du pié, *metatarsus.* la cheville du pié, *malleolus.* la plante du pié, *planta, vestigium.* l'orteil, *digitus pedis.* qui est de pié, *pedaneus.*

Pié d'une montagne, d'un rocher, *radices montis, rupis.* d'une fleur, *petiolus.* d'une muraille, *ima muri pars.* d'un arbre, *truncus.* d'un lit, *fulcrum.* pié à pié, tout de suite, *uno ductu.* statue à pié, *statua pedestris.* gagner au pié, lâcher le pié, s'en-

Subst. & adj. masculins.

fuir, *se in fugam dare.* battre du pié, *pedem supplodere.*

Donner des coups de pié, *calcibus concidere.* qui a bon pié, *celeris incessùs.* pié à terre, *exscensus.* au pié levé, *imparatus.* prendre pié, *fundum tenere.* perdre pié, *destitui solo fugiente.* donner pié, *ansam dare.* à contre-pié, *infeliciter.* aller à pié, *pedibus ire.* homme de pié, *pedes.* valet de pié, *pedissequus.* gens de pié, *pedites.* sur le pié, à proportion, *servatâ proportione.* pié, mesure, *pes.* demi pié, *semipes.* un pié & demi, *sesquipes.* pour pié, *in pedem.* petit pié, *modulus.* réduit au petit pié, *in angustias redactus.* de la grandeur d'un pié, *pedalis.* d'un demi pié, *semipedalis.* d'un pié & demi, *sesquipedalis.*

Pié, comble, *globosum cornu.* gras, *cornu tenuius.* neuf, *recens.*

Pié de vers, *pes.* exemple, *exemplum.* modéle, échantillon, *exemplar.* maniére, *modus.*

Pié de biche, arc-boutant, *repagulum parietis.* de chévre, *ferreus vectis.* d'oiseau, *ornithopedium.* de veau, herbe, *arum.* de liévre, *lagopus.* de cheval, herbe, *tussilago.* de lion, *leontopedium.* fiché,

subſtantifs & adjectifs maſculins.

en terme de Blâſon , *pes in acumen deſinens.*

Pié d'eſtal , *ſtylobata.*

Pié droit , jambage de porte , *orthoſtata.*

Pié fort , arc-boutant , *antheris.*

Pitié , compaſſion , *commiſeratio.* miſéricorde , *-dia.*

Pouce-pié , coquillage multivalve , *pollicipes.*

Pouillé de bénéfices , *ſpolium.*

Privilégié , *-io donatus.*

Rebourcié , vieux mot , *recurvus.*

Repoitié , vieux mot , *mora.*

Rogne-pié , outil de Maréchal.

Tapis de pié , *ſubpedaneus tapes.*

Tirepié , *pedis eductor.*

Trepié , *tripes.* de fer , *ferreus.*

VERBES.

verbes au prétérit & participe maſculins.

Amplifié , *-icatus.*

* Anguſtié , *arctus.*

Apoſtaſié , *fidèi deſertor.*

Apparié , *conjunctus.*

Apprécié , *æſtimatus.*

Approprié , *expolitus.*

Appuyé , *innixus.*

Aſſocié , *ſociatus.*

Béatifié , *Sanctorum catalogo aſcriptus.*

Brutifié , devenu brute , *brutus effectus.*

Calomnié , *calumniis impetitus.*

Carié , *carioſus.*

Certifié , *aſſertus.*

verbes au prétérit & participe maſculins.

Charrié , *curru exportatus.*

Châtié , *caſtigatus.*

Chié , *cacatus.*

Clarifié , *limpidus factus.*

Communié , *Corpore Chriſt. paſtus.*

Confié , *confiſus.*

Congédié , *dimiſſus.*

Contrarié , *impugnatus.*

Copié , *exſcriptus.*

Crié , *inclamatus.*

Crucifié , *-fixus.*

Décrié , *infamatus.*

Dédié , *dedicatus.*

Défié , *provocatus.*

Déïfié , *-icatus.*

Délié , *vinculis ſolutus.*

Démarié , *matrimonio ſolutus.*

Dénié , *denegatus.*

Déplié , *explicatus.*

Déprié , *renuntiatus.*

Deſennuyé , *tædio levatus.*

Diverſifié , *diſtinctus.*

Edifié , *ædificatus.*

Emié , *friatus.*

Ennuyé , *pertæſus.*

Envié , *in invidiam vocatus.*

Epié , *obſervatus.*

Eſſenſifié , *in florem verſus.*

Eſſuyé , *terſus.*

Eſtropié , *mutilus.*

Etudié , *curâ elaboratus.*

Excommunié , *-icatus.*

Expédié , *-itus.*

Expié , *-iatus.*

Falſifié , *-ficatus.*

Faſcié , *faſciatus.*

Fié , *confiſus.*

Folié , terme de Chymie , tartre folié , terre foliée.

Fortifié , *corroboratus.*

verbes au prétérit & participe masc.

Glorifié, *collaudatus, im- mortali gloriâ donatus.*

Gratifié, *gratiâ donatus.*

Historié, *variis simulacris distinctus.*

Humilié, *-atus.*

Injurié, *injuriâ affectus.*

Inventorié, *in indicem des- criptus.*

Justicié, *meritis pœnis affectus.*

Justifié, *-icatus.*

Licencié, *-iatus.*

Lié, *ligatus.*

Liquéfié, *-factus.*

Mandié, *mendicatus.*

Manié, *contrectatus.*

Marié, *matrimonio junctus.*

Méfié, *diffisus.*

Modifié, *-icatus.*

Mollifié...

Mortifié, *maceratus, vitæ asperitate insignis.*

Multiplié, *-icatus.*

Négocié, *administratus.*

Nié, *negatus.*

Notifié, *significatus.*

Officié, *officio functus.*

Orthographié, *rectè scriptus.*

Oublié, *oblitus.*

Pacifié, *-icatus.*

Pallié, *palliatus.*

Parié, *sponsione promissus.*

Pétrifié, *-icatus.*

Pilorié, *ad cippum alligatus.*

Plié, *plicatus.*

Préjudicié, *detrimentum at- tulit.*

Prié, *rogatus.*

Publié, *divulgatus.*

Purifié, *-icatus.*

Putréfié, *putrefactus.*

Qualifié, *nobilitatus, specta- tus.*

verbes au prétérit & participe masc.

Rapatrié, *reconciliatus.*

Rassasié, *satiatus.*

Ratifié, *ratus.*

Réconcilié, *-iatus.*

Rectifié, *correctus.*

Réfugié, *in refugium recep- tus.*

Rélié, *compactus.*

Remédié, *remedio donatus.*

Remercié, *cui gratia actæ sunt.*

Replié, *-icatus, in spiram collectus.*

Répudié, *rejectus.*

Sacrifié, *-icatus.*

Salarié, *mercede pactâ do- natus.*

Sanctifié, *-icatus.*

Scié, *serrâ dissectus.*

Sied (il) *decet.*

Signifié, *-icatus.*

Solfié, *decantatus.*

Soucié, *sollicitus.*

Spécifié, *-icatus.*

Stibié, terme de Médecine, *stibiatus.*

Stipendié, *stipendio donatus.*

Stupéfié, *stupefactus.*

Supplié, *-icatus.*

Trié, *selectus.*

Varié, *-atus.*

Vérifié, *comprobatus.*

Versifié, *strictâ oratione con- scriptus.*

Voyez les autres verbes en ier.

I E. dont l'E est féminin.

f Ebahie, *stupefacta.*

f Envahie, *invasa.*

f Haïe, *odiosa.*

Subst. fémin.

Hie , inftrument pour en-
foncer , *fiftuca*.
Obéie , vieux mot , *obe-
dientia*.
Trahie ,　　　　　*tradita*.
Voyez BI E. CIE. DIE.
FIE. GIE. &c.

I E S.

*Tous ces noms font des plu-
riels , & marquent des Fêtes
de quelque Divinité.*
Bendidies , fêtes de Diane ,
bendidia.
Chronies , fêtes de Saturne ,
chronia.
Daphnéphories, fêtes Grec-
ques en l'honneur d'A-
pollon , *daphnephoria*.
Eories , fêtes d'Athènes en
l'honneur d'Erigone.
Epigies , Nymphes terref-
tres.
Euménidies, fêtes des Furies.
Hécaléfies , fête en l'hon-
neur d'Hécale , *Hecalefia*.
Lagénophories ,　　　*-ria*.
Lampadophories ,　　fêtes
Grecques.
Saronies , fêtes de Diane.
Sciéries , fêtes en l'honneur
de Bacchus.
Strophies , fêtes à l'honneur
de Diane.

I E D.

Marche-pied , &c. *hypòpo-
dion*.
Pied, chévre-pied, *capripo-
dion*.

Voyez I E'. *le* D *ne fe
prononce point.*
v　il s'Affied ,　　　　*fedet*.
v　il Meffied ,　　　*dedecet*.
v　il Sied ,　　　　　*decet*.

I É E. diffyl.

Subftantifs & adjectifs féminins.

Alliée ,　　　　　　*affinis*.
Criée, terme de Palais , *pra-
conium*.
Déliée , mince , *tenuis*. dé-
tachée, *foluta*. fpirituel-
le , *fubtilis ingenii*.
Femme répudiée , *uxor re-
pudiata*.
une Mariée ,　　　　*conjux*.
Mariée , danfe.
*Voyez les participes fémi-
nins des verbes en* ier *diffyllabe.*

I E L. *voyez* E L.

I E N. monofyllabe.

Subftantifs & adjectifs mafculins.

Acarnanien , nom de peuple,
Acarnan.
Ambrofien , Religieux, *Am-
brofianus*.
Antefcien , au pluriel , ter-
me de Géographie, *antif-
cii*.
Antichrétien , *antichriftia-
nus*.
Antiochien ,　　　*-chenus*.
Antivénérien ,　　　*-eum*.
Aphéfiens , au pluriel , fur-
nom de Caftor & Pollux ,
Aphefii.
Ariftotélicien ,　　　*-cus*.
Artien , terme de Collége.

subst. & adj. masc.

Assyrien, *-anus.*

Asturien, *Astur.*

Augustinien, *-ianus.*

Autrichien, *Austriacus.*

Basilien, Religieux, *Basilianus.*

Béryllien, nom de secte, *Beryllianus.*

Bien, contraire au mal, *bonum.* bien, adv. *benè.* raisonnablement, *rectè.* de bonne sorte, *bellè.* bien, posé le cas que, *esto.*

Bien, richesse, *opes.* gens de bien, *viri probi.*

Biscayen, espéce de fusil.

Bonasien, hérétique du quatriéme siécle.

Borbonien, *ou* Borborite, nom de secte, *-anus* ou *-ita.*

Brachyscien, qui est d'un climat où l'ombre du soleil est très-courte, *Brachyscius.*

Brésilien, Brasilien; ce dernier est plus usité, *-anus.*

Britinien, Religieux Hermite d'Italie.

Brizomancien, celui ou celle qui devinent par les songes.

Célestien, hérétique, *-anus.*

Carchésien, terme de Chirurgie, *laqueus carchesius.*

Carlien, Carlovingien, *Carlianus.*

Cartouchien, voleur de la bande de Cartouche.

Cassien, secte de Jurisconsultes Romains.

subst. & adj. masc.

Cataphrygien, nom de secte, *Cataphryx.*

Chant Grégorien, *cantus Gregorianus.*

Chien, *canis.* c'est aussi un terme injurieux.

rompre les chiens, faire changer le discours, *vertere sermonem.*

Chironien, *chironium ulcus.*

Chrétien, *Christianus.*

bon-Chrétien, poire, *pyrum mammosum.*

Cicéronien, *-anus.*

Coccygien; il se dit des muscles du coccyx, *coccygianus.*

Cockien, monnoie du Japon, *Cockienus nummus.*

Collégien, terme Provincial, écolier de Collége.

Collyridien, hérétiques, *Collyridianus.*

Colophonien, *-onius.*

Combien, adv. *quantùm, quot.*

Constantinien, *-ianus.*

Crico-pharyngien, muscle, *crico-pharyngius.*

Cuméen, le même que Cumain.

Cyrtien, nom de secte, *Cyrtianus.*

Delphien, *delphicus.*

Dialecticien, *-cus.*

Dosithéen, hérétiques anciens.

Entretien, *colloquium.* nourriture, *impensa.* occupation, *-io.*

Esophagien, terme d'Anatomie, *œsophagianus.*

substantifs & adjectifs masculins.

Euclidien, *-anus.*
Eunomiophronien, nom de
　secte.
Eusébien, sorte d'hérétiques
　Ariens.
Exacountien, nom de secte.
Fief Régalien, *feudum Re-*
　gale.
Firmien, nom de secte.
Gastrocnémiens, muscles,
　gastrocnemii.
Géomantien, *-icus.*
Glosso-pharyngien, mus-
　cle.
Horatien, imité d'Horace,
　Horatianus.
Iduméen, *-æus.*
Ionien, *-icus.*
Istrien, peuple.
Laconien, *-icus.*
Latitudinarien.
Maintien, contenance, *cor-*
　poris habitus.
—appui, *fulcimen.*
Méchanicien, *-icus.*
Mendéfien, qui est de la
　ville de Mendès en Egy-
　pte.
Méridien, *-anus.*
Métacarpien, muscle, *-pius.*
Métaphysicien, *-icus.*
Métatarsien, terme d'Ana-
　tomie.
Mien, le mien, *mea res.*
Népotiens, sectateurs de Né-
　pos.
Néronien, *-anus.*
Nestorien...
Opticien...
Oratorien...
Parisien, *-acus.*
Parnassien, Poëte.

substantifs & adjectifs masculins.

Patricien, *-tius.*
Pégasien, terme de Juris-
　prudence Romaine.
Persien, *-icus.*
Pharmacien, *-cus.*
Phrygien, *-gius.*
Pyrrhonien, *-anus.*
Pythien, *-icus.*
Quintilien, un des trois
　Colléges des Luperques.
Quotidien, *-ianus.*
Rien, *nihil, nihilum.*
Rufien, *leno.*
Saliens, Prêtres de Mars,
　Salii.
Salluviens, peuple de Ligu-
　rie, *Salluvii.*
Sidonien, *-nius.*
Sien, *suus.*
Soûtien, *fulcrum.* base, *ba-*
　sis. aide, *subsidium.* dé-
　fense, *-io.*
Téléphien; il se dit d'un
　ulcère, *telephicum ulcus.*
Tête de chien, serpent de
　la Dominique.
Théoxénien, surnom d'A-
　pollon.
Thymbrien, surnom d'A-
　pollon.
Tien, *tuus.*
Tragédien, Acteur de Tra-
　gédie.
Tue-chien, plante.
* Vaurien, *nequam.*
Victorien, Chanoine Régu-
　lier de saint Victor.
Virgilien, *-anus.*

V E R B E S.

Abstien, *abstine.*

verbes à l'impératif.

Contien ,	*contine.*
Convien ,	*-veni.*
Détien ,	*detine.*
Disconvien ,	*diffenti.*
Entretien ,	*conferva.*
Intervien ,	*-veni.*
Maintien , *fuftine* ,	*tutare.*
Obtien ,	*obtine.*
Parvien ,	*perveni.*
Prévien ,	*præveni.*
Soûtien ,	*fuftine.*
Souvien ,	*recordare.*
Survien ,	*fuperveni.*
Tien , *tene* ,	*accipe.*
Vien ,	*veni.*

Voyez les autres verbes en tenir & venir.

I E N. & Y E N. diffyllabe.

fubft. & adj. mafc.

Académicien ,	*-icus.*
Adrien ,	*-ianus.*
Alfacien ,	*Alfatianus.*
Ange Gardien , *Angelus cuftos.*	
Ariftotélicien ,	*-telicus.*
Arithméticien ,	*-icus.*
Affyrien ,	*-rius.*
Aurélien ,	*-ianus.*
Babylonien ,	*-nius.*
Bohémien ,	*-mus.*
Cartéfien ,	*-ianus.*
Chiromantien ,	*-ticus.*
Chirurgien , *-gus.* Item : poiffon de mer de l'Amérique.	
Citoyen ,	*civis.*
Claudien ,	*-ianus.*
Comédien ,	*-comœdus.*
Concitoyen ,	*concivis.*
Corinthien ,	*-thius.*
Dioclétien ,	*-ianus.*

fubft. & adj. mafc.

Domitien ,	*-ianus.*
Dorien ,	*-icus.*
Doyen , *Decanus.* rural , *ruralis.*	
Eolien ,	*Æolius.*
Epicurien ,	*-reus.*
Effénien ,	*-nus.*
Galérien ,	*remex.*
Gallien ,	*-ianus.*
Gardien ,	*cuftos.*
Géomancien ,	*-ticus.*
Gordien ,	*-ianus.*
Grammairien ,	*-aticus.*
Gratien ,	*-ianus.*
Hiftorien ,	*-ricus.*
Ilien , vieux mot , *Infulanus.*	
Indien ,	*Indus.*
Ionien ,	*-nius.*
Jovien ,	*-ianus.*
Italien ,	*Italus.*
Julien ,	*-ianus.*
Juftinien . . .	
Lien ,	*vinculum.*
Logicien ,	*-cus.*
Lucien , Auteur Grec , *Lucianus.*	
Luthérien ,	*-ranus.*
Lydien ,	*-dius.*
Magicien ,	*magus.*
Mathématicien ,	*-ticus.*
Maximien ,	*-ianus.*
Maximilien . . .	
Méchanicien ,	*-cus.*
Mitoyen ,	*intermedius.*
—mis entre ,	*interjectus.*
Mont-Valérien , *mons Valerianus.*	
Moyen , qui eft entre deux , *medium.* médiocre , *-cris.* manière , *ratio.* biais , *via.* condition , *-io.* foin ,	

subst. & adj. masc.

cura , *opera.* par quel moyen ? *qui ? quomodo ? quo pacto ?*

par mon Moyen, *meâ operâ, meo beneficio.*

Moyen, au pluriel, riche‑ſes , *divitiæ.* commodités, *facultates.*

Muſicien ,   -cus.

Nécromancien ,   -ticus.

Nœud Gordien , *nodus Gordius.*

Pariſien , de la ville de Pa‑ris , *Pariſinus.*

—du Dioceſe , *Pariſienſis.*

Paroiſſien ,   *parochianus.*

Patricien , *pragmaticus.* an‑cien , vieux , *antiquus.* fort âgé , *vetuſtus.* des premiers ſiécles , *priſcus.* ancien ami , *vetus amicus.* très-ancien , *antiquiſſi‑mus.* qu'on avoit aupara‑vant , *priſtinus.* auſſi an‑cien , *aquævus.* fort vieux, *pervetuſtus.*

Payen , *ethnicus.* infidéle , *infidelis.* idolâtre , *idola‑tra.*

Pere Gardien , *pater Cuſtos.*

Péripatéticien ,   -icus.

Phariſien ,   -ſæus.

Phrygien ,   -ius.

Phyſicien ,   physicus.

Platonicien ,   -nicus.

Pupien ,   -ianus.

Pyrrhonien ,   -nius.

Pythagoricien ,   -oreus.

Rhétoricien ,   rhetor.

Ris Sardonien , maladie , *riſus Sardonicus.*

Saturnien ,   -ianus.

subst. & adj. maſcul.

Soudoyen ,   *ſubdecanus.*

Stoïcien ,   -icus.

Stygien ,   -ius.

Syrien ,   Syrus.

Terrien ,   terrenus.

Tetilien , peintre ,   -anus.

Théologien ,   -logus.

Tribonien ,   -ianus.

Valentinien . . .

Valérien . . .

Vénérien ,   -reus.

Vent Etéſien , *ventus eteſius.* ou au pluriel, *eteſiæ.*

Veſpaſien ,   -ianus.

Voluſien . . .

Voyez les verbes à l'impé‑ratif ci-devant.

IENS.

Voyez les noms en ien, *qui font au pluriel* iens.

VERBES.

verbes au préſent.

Abſtiens ,   -ineo.

Contiens ,   -ineo.

Contreviens ,   violo.

Conviens , -venio, congruo.

Détiens ,   detineo.

Entretiens ,   colloquor.

Interviens ,   -venio.

Maintiens ,   tueor.

Obtiens ,   -tineo.

Parviens ,   pervenio.

Préviens ,   prævenio.

Proviens ,   -venio.

Retiens ,   retineo.

Soûtiens ,   ſuſtineo.

Souviens ,   recordor.

Tiens ,   teneo.

Viens ,   venio.

Voyez les autres verbes en tenir & venir.

IER. monosyllabe.

Ces noms en ier *marquent quelques sortes d'officiers, d'ouvriers, ou d'arbres fruitiers pour la plûpart, & les noms de quelques dignités. La plûpart de ces noms se terminent en latin en* arius, *& les noms des arbres en* us, *comme* Cerisier, *cerasus, &c.*

Abricotier, *Armeniaca malus.*

Acier, *chalybs.*

d'Acier, *chalybeus.*

Aisselier, sorte de piéce de bois.

Alizier, arbre, *lotus.*

Alquier, mesure des liquides & des choses séches.

Amandier, *amygdala.*

Antiphonier, *ou* Antiphonaire, livre d'Eglise, *antiphonarium.*

Arbouzier, *arbutus.*

Arétier, terme de Charpentier.

Argentier, qui a soin de la vaisselle d'argent, *vasarii custos.* Banquier, *argentarius.* qui reçoit & manie l'argent, *argentarius.*

Armarier, Officier de quelques Abbayes, *Armarius.*

Armurier, *armorum faber.*

Arquebusier, *catapultarius.*

Artificier, qui fait des feux d'artifice, *pyrausticus.*

Asnier, *asinarius.*

Substantifs & adjectifs masculins.

Atelier, *artificis abacus.*

Avant-dernier, *penultimus.*

Avanturier, qui se hazarde, *temerarius.* de guerre, enfant perdu, *veles.*

Aubier, *alburnum.*

Audiencier, Greffier de l'Audience, *notarius forensis.* Huissier de l'Audience, *præco forensis.*

Aumônier, *eleemosynarius.* Officier chez les Princes, *stipi eroganda præfectus.* du Roi, *Regi ab eleemosynis.* Grand Aumônier de France, *regiarum largitionum præfectus.*

Azerolier, *mespilus.*

Bachelier, *baccalaureus.*

Baguenaudier, *nugator.*

Baguier, *arcula.*

Bahutier, *arcarius.*

Balancier, qui fait des balances, *librarius.* de monnoie, *libramentum.* piéce d'horloge, *libramentum.* poignée de fer qui tient en suspens, *ansa.*

Balonnier, *follium artifex.*

Bananier, *bananus.*

Bandoulier, *grassator.*

Banqueroutier, *fraudulentus alieni æris decoctor.*

Banquier, *trapezita.* être Banquier, *argentariam exercere.*

Baquier, *gossipium quoddam.*

Barbier, *tonsor.*

Basselissier, ouvrier.

Batelier, *nauta.*

Bâtonnier, *causidicorum coryphæus.*

Substantifs & adjectifs masculins.

Baveſtier, terme Provincial, *Cenomanenſis inferior.*

Bedier, vieux mot, âne, ignorant, *indoctus.*

Bélier, *aries.* ſigne du Zodiaque, *aries.* machine de guerre, *aretaria machina.*

Bénéficier, *-ciarius.*

Bénitier, *aqua luſtralis urceus.* grand, *crater*, *labrum.* petit, *urceolus.* autrefois Benoîtier.

Berruyer, *Bituricus.*

Beſacier, *mendicarius.*

Bezier, poirier ſauvage.

Bigarrotier, arbre, *ceraſius duracina.*

Bijoutier, qui vend des bijoux, *monilium propola.* qui les aime, *amator.*

Bimblotier, *crepundiorum opifex.*

Boiſillier, terme de Marine, coupeur de bois, *lignator.*

Bombardier, *ænei tormenti librator.*

Bonnetier, *pilopola.*

Bon-voilier, qui va bien à la voile, *velaria navis.*

* Bordelier, *ſcortator.*

Bordier, vieux mot, pour âne, *indoctus.*

Bordier, celui qui a des terres qui confinent aux grands chemins.

Boſſetier, terme de Verrerie.

Boucanier, *boum venator.* qui enfume les viandes, *carnium inſumator.*

Bouclier, terme de Pharma-

cie, ſtomachique, *ſcutum.*

Boudinier, qui fait ou vend des Boudins.

Bourdonnier, qui porte un Bourdon.

Bourdelier, terme de Juriſprudence.

Bourelier, *tomentarius.*

Bourſier, faiſeur de bourſes, *ſaccularius.* Penſionnaire dans un Collége, *gratuitæ attributionis jure utens.*

Bouteillier, *ampullarius.*

Boutiquier, Marchand qui vend en boutique.

Bouvier, *bubulcus.* ſtupide, *-dus.* Item : petit poiſſon de mer, *bubulca.*

Boyau-entier, *inteſtinum rectum.*

Braïer, *ſubligar.* terme de Fauconnerie, *anus.*

Brancardier, qui conduit un brancard.

Brandevinier, qui vend du brandevin.

Braſier, *ardentes prunæ.* réchaud, *ignitabulum menſarium.*

Brelandier, *aleator.*

Brelandinier, ouvrier qui n'a point de boutique.

Brigadier d'armée, *agminis ductor.* de compagnie, *manipularis.* ſous-Brigadier, *ſubmanipularis ductor.*

Buiſſonnier, *ſegnis.*

Buvetier, *popinarius.*

Cabaretier, *vinarius.* qui tient Cabaret, *caupo.* qui le hante, *ganeo.*

Cagier, terme d'Oiſellerie,

subftantifs & adjectifs mafculins.

homme qui vend des cages, *cavearius.*

Cahimitier, arbre fruitier de l'Amérique.

Calvanier, *fafcium frumenti ftructor.*

Caleçonnier, qui fait des caleçons.

Calotier.

Campanier, fonneur, *campanarius.*

Canonier, *tormentorum explofor.*

Carabinier, terme de guerre.

Cardier, *pectinum ferreorum artifex.*

Carnacier, *carnivorus.*

Carroffier, qui fait des carroffes, *carrucarius.*

Caroffier, arbre d'Afrique.

Carottier, joueur avare, *aleator timidus.*

Carrier, *lapidicida.*

Cartouchier, petit coffre où le foldat met fes cartouches.

Cafanier, *homo ignavus.*

Cartier, celui qui fait des cartes, *chartularum lufo-riarum artifex.*

Cavalier, homme de cheval, *eques.* qui fuit les armes, *eques caftrenfis, militaris bellator.* homme vaillant, *vir ftrenuus.* plateforme, *caftellum jaculatorium, editus ager machinarius.*

battre en Cavalier, *ex edito, quatere mœnia tormentis.*

Cazanier, *ignavus.*

Ceinturier, *zonarius.*

subftantifs & adjectifs mafculins.

Célérier, œconome d'un Couvent, *cellarius.* qui diftribue les provifions, *adminiftrator penûs.*

Cellier à mettre le vin, *cellarium.*

Cenfier, Fermier, *villanus.* Seigneur d'un cens ou cenfive, *dynafta.* livre qui contient les terres cenfives, *codex fiduciarius.*

Centenier, *centurio.*

Cerclier, *circulorum opifex.*

Cerifier, arbre, *cerafus.* petit cerifier, *chamecerafus.*

Cervoifier, ou Cervifier, Braffeur.

Chaînetier, *catellarum opifex.*

Chambrier, Officier Eccléfiaftique, *camerarius.*

Chamelier, conducteur de chameaux, *camelarius.*

Chancelier, *Cancellarius.*

Chandelier, qui fait la chandelle, *candelarius.* à mettre la chandelle, *candelabrum.*

Chanfonnier, *cantilenis pangendis idoneus.*

Chantier, lieu où l'on vend le bois, *lignorum ftrues.*

Chantier qu'on met fous les tonneaux, *tignum.*

Chanvrier, forte d'ouvrier.

Chapelier, *pileorum opifex.*

Charbonnier, marchand de charbon, *carbonarius.* lieu à mettre le charbon, *carbonarium.*

Charbonnier, efpéce de mezange.

substantifs & adjectifs masculins

Charcutier, *suillarius.*

Charnier, *offarium.*

Charpentier, *lignarius faber.*

Charroyer, vieux mot, qui charroie, *plaustri ductor,* vel *arator.*

Chartier, constellation, *auriga.*

Chartier, *carrucarius.*

Chartrier, *tabularium.*

Chasublier, *casularum opifex.*

Châteignier, *castanea.*

Chaudronier, *lebetum faber.*

Chaufournier, qui fait de la chaux, *calcarius.*

Chaussetier, *tibialium sartor.*

Chevalier, *eques.*

Chevalier de l'Ordre, *Eques torquatus.* d'industrie, *aruscator, sycophanta.*

Chévecier, *ou* Chefecier, celui qui a soin des chapes & de la cire, *Primicerius.*

Chevrier, *caprarius.*

Chifonnier, *pannicularius.*

Chipotier, *vitiligator.*

Ciergier, *cereorum opifex.*

Cimier d'un casque, *apex.* de bœuf, *lumbus bubulus.* de cerf, *cervinus.* d'armoiries, *appendix.*

Cinquantenier, *pentacontarchus.*

Citronnier, *citrus malus.*

Clapier, *cunicularium.*

Clavier à clefs, *claviarius cistellus.* d'épinette, rang des touches, *pinnæ.*

Clinquallier, *ou* Quinquallier, *frivolarius.*

substantifs & adjectifs masculins

Closier, vieux mot, *custos.*

Cloutier, *clavarius faber.*

Cocotier, arbre qui porte le cocos, *cocoteria malus.*

Coignassier, arbre, *cydonea malus.*

Collier, *torques.* ornement de cou, *monile.* de perles, *linea margaritarum.* de chien, *millus.* de cheval, *helcium.* carcan, *torques, ferrea lamella.* qui porte collier, *torquatus.*

Collier, c'est ce qui forme le contour d'un limaçon.

Collier de l'Ordre, *torques Ordinis.*

Colombier, *columbarium.*

Conférencier, *collationis præses.*

Confiturier, *condimentarius.*

Contrebandier, *mercium vetitarum mercator.*

Contre-espalier, *adversi pali oppositi.*

Contre-sommier, terme de Parcheminier.

Coquetier, *ovorum propola.*

Coquillier, amas de coquilles.

Corbeiller, Officier de l'Eglise d'Angers.

Cordelier, *Cordiger.* Religieux Franciscain, *Franciscanus.*

Cordier, *cordiger.*

Cordonnier, *sutor, calcearius.* métier de Cordonnier, *sutoria.* boutique de Cordonnier, *sutrina.* de Cordonnier, *sutrinus, sutorius.*

Cormier, *sorbus.*
Cornouillier, *cornus.*
Courier, *cursor.*
Coursier, cheval, *equus cursor.* coureur, *veredus.* cheval de guerre, *bellator.* de Naples, *Neapolitanus.*
Coursier, canon d'un vaisseau, *navale tormentum.* passage de proue à poupe & à travers, *agea.*
Courtier de banque, *proxeneta.* salaire de Courtier, *proxeneticum.*
Courtier d'amour, *amoris sequester.*
Coutelier, *cultrarius.*
Coutumier, *solitus.* livre des Coutumes, *usuarii juris codex.*
Couturier, *sarcinator.*
Créancier, *creditor.*
Crédencier, *panarius.*
Croupier, v. m. *ludi socius.*
Cuirassier, *loricatus.*
Cuisinier, *coquus.*
Cuvier, cuveau, *laculus.* petit cuvier, *labellum.* de lessive, *lacus lexivius.*
Dacier, Auteur Franç.-*cerius.*
Daintier, *cervinus testiculus.*
Damier, *alveolus lusorius.*
Dattier, palmier, arbre, *palma.* fruit de dattier, *palmeus termes.*
Demiseptier, *semisextarius.*
Denier, *denarius.* monnoie de France, *francicus denariolus.* Tournois, *Turonicus.* Parisis, *Parisius.* de cuivre, *decussis.* d'argent, *bigatus.* demi denier d'ar-

gent, *victoriatus.* quart de denier, *sestercius.* dixain de denier d'argent, *libella.* vingtain, *sembella.* quarantain, *teruncius.* denier 24. d'une once d'or ou d'argent, *auri vel argenti scrupulus.* au denier vingt, *usuris quincuncibus.* dix-huit, *usuris semissibus.* douze, *bessibus.* dix, *dextantibus.*
Denier, au plur. une somme, *pecunia summa.*
Dentier, *dentium ordo.*
Dépensier, qui a soin de la dépense, *promus.* qui dépense beaucoup, *in impensas profusus.*
Dernier, *ultimus.*
Détourbier, vieux mot, *impedimentum.*
Devancier, *prædecessor.*
Dieu nôcier, *hymenæus.*
Dindonnier, *gallorum Indicorum pastor.*
Dizenier, *decurio.*
Doigtier, *pellicea* vel *linea digitorum theca.*
Dominicalier, *qui diebus Dominicis concionem habet.*
Dominotier, *cucullorum opifex.*
Dossier de lit, *lecti dorsum.* de papier.
Douairier, terme de Palais.
Douanier, *portitor.*
Drapier, *pannarius.*
Droitier, *dextrâ utens.*
Droiturier, vieux mot, *æquus.*

Dumoutier,

Substantifs & adjectifs masculins.

Dumoutier, Peintre.

Ebénier, *ebenus.*

Ecaillier, *desquamator.*

Echiquier, jeu, *tessellarum lusus.* filet à pêcher, *rete.* assemblée de Juges *ou* chambre de Justice en Angleterre, *majorum Judicum cœtus.* piéce de blâson, *tessella.* arbres plantés en Echiquier, *directi in quincuncem arborum ordines.*

Ecolier, disciple, *-pulus.* auditeur, *-tor.* qui commence, *tyro.* petit écolier, *tyrunculus.* fig. novice, *tyro.*

Eguilletier, *ligularius.*

Encombrier, vieux mot, *detrimentum.*

Engingnier, vieux mot, *machinarum bellicarum moderator.*

Entier, *integer.* plein, *plenus.* solide, *-dus.* tout, *totus.* intégre, *integer.* juste, *-tus.* opiniâtre, *proposui tenax.* obstiné, *pertinax.* non châtré, *non castratus.*

Eperonnier, *calcarius.*

Epervier, *ou* Eprevier, oiseau de proie, *accipiter.* mouchet d'Eprevier, le mâle, *sparvarius mas.* ou t'ercelet, *minor tertiarius.* cri de l'Eprevier, *pipiatus.* filet à pêcher, *rete piscatorium orbiculare.*

Epervier, terme de Chirurgie, sorte de bandage.

Substantifs & adjectifs masculins.

Epicier, *aromatarius.*

Epistolier, *cantor epistolæ.*

Escal er, *scala.*

Espalier de galère, *thalamius remex.* de jardin, *arbuscula palis implicata.*

Estafier, *stipator.*

Etalier-boucher, *carnium instructor.*

Etapier, *annonæ castrensis præfectus.*

Fablier, mot inventé par Madame de Bouillon, *fabularum scriptor.*

Façonier, *textor.* qui fait des façons, *putidus officiorum affectator.*

Facturier, terme de Manufacture.

Faisandier, *phasianorum propola.*

Familier, *-iaris.*

Fardelier, vieux mot, *bajulus.*

Farinier, *-arius.*

Farmoutier, Village & Abbaye de Brie en France.

Fauconnier, *accipitrum institutor,*

Faux-saunier, *pseudo-salinarius.*

Fayancier, *vasorum faventinorum opifex.* qui vend de la Fayance, *faventinopola.*

Fermier, *conductor.* des fermes publiques, *redemptor.* des dixmes, *decumanus.*

Ferronier, *ferrarius.*

Fessier, *nates, dorsum.*

Feutrier, ouvrier.

Ficellier, espéce de tourniquet de bois.

X

subſtantifs & adjectifs maſculins.

Figuier , *ficus.*

Filaſſier , *lini pexi propola.*

Financier , *rei æraria admi-niſter.*

Finaſſier, celui qui uſe de fineſſe.

Flibuſtier , aventurier de mer , *excurſor nauticus.*

Foncier, Seigneur foncier, *dynaſta , fundi Dominus.*

Foncier , qui a de l'habile-té dans ſon métier.

Fontenier , *aquilex.*

Forêtier , *ſylvanus.*

Foulonnier, ouvrier qui ap-prête les draps.

Fournier , *furnarius.* métier de ſournier , *ars furna-ria.* terme de billard & de mail , *deflexus.*

Fourier , *hoſpitiorum deſi-gnator.*

Fraiſier , plante , *fragus.*

Framboiſier , plante , *rubus Idæus.*

Fripier , *veteramentarius , interpolator.*

Friponnier , *nebulo.*

Fruitier , qui rapporte du fruit, *fructifer.* jardin frui-tier , *pomarium.* vendeur de fruits , *fructuarius.* lieu à garder le fruit , *cella fructuaria.* arbre non frui-tier , *arbor non felix.*

Fruitier, plat à fruits , *cati-nus fructuarius.*

Fumier , *ſtercus.*

Fuſelier , *fiſtulator.*

Gagne-denier, *bajulus.* por-te-faix , *gerulus.*

Galefretier , injure , *ſcabio-ſus.*

subſtantifs & adjectifs maſculins.

Gantier , qui fait des gants, *chirothecarum ſutor.* qui en vend , *chirothecarius.*

* Garcier , *ſcortator.*

Garénier , *leporarius.*

Gargotier , *tabernarius.*

Gâte-métier, *malus artifex.*

Gautier, joueur de luth , *Gualterius.*

Gazetier, *nuntiorum per ur-bem gerulus.*

Geolier , *ergaſtularius.*

Geſier d'oiſeau , *aviarius ventriculus.* mulette de l'eſtomach , *aviarii ſto-machi fundula.*

Gibier , *præda.* pris à la chaſſe , *venatica.*

voler le Gibier , *prædam aſ-ſectari.*

* Gibier , exercice , *argu-mentum.* Matiére , *mate-ria.*

Gondoulier , *cymbarius.*

Gonfalonier , dignité d'Ita-lie , *ſignifer.*

Goſier , *guttur.* le haut du goſier , le dehors , *jugu-lum.*

Grand-bâlier , injure , *ſtupi-dus.*

Grand-Louvetier , *lupario-rum venatorum præpoſi-tus.*

Greffier , *ſcriba.*

Grenadier , ſoldat , *igniario-rum glandium librator.* ar-bre , *malus Punica.*

Grenetier , *granarius.*

Grenier , *granarium hor-reum.*

Grimacier , *vultus ementitor.*

substantifs & adjectifs masculins.

Grosselier, *grossularia.*

Grossier, épais, *crassus.* lourd, *rudis.* marchand, *mercator solidarius:*

Guerrier, *bellator.* vaillant, *egregius.* grand homme de guerre, *bellicosus.* de guerre, *militaris,* ou *bellicus.*

Guichetier, *ostioli custos.*

Halebardier, *doryphorus.*

Hallier, buisson, *dumus.* filet, *rete.*

Hanappier.

Haut-Justicier, *jus habens suprema jurisdictionis.*

Hebdomadier, *-darius.*

Héritier, *heres.* légitime, *-mus.* universel, *ex asse.* par moitié, *ex semisse.* d'un tiers, *ex triente,* de deux tiers, *ex besse.* d'un quart, *ex quadrante,* ou *ex teruncio.* de trois quarts, *ex dodrante.* d'un sixiéme, *ex sextante,* ou *ex duabus unciis.* d'un douziéme, *ex uncia.* d'un 24 *ex semiuncia.* d'un 72. *ex sextula.* héritier substitué, *secundus heres.* confidenciaire, *fiduciarius.* faire un héritier, *heredem facere.* se porter pour héritier, *hereditatem adire.*

Hospitalier, *-larius.*

Hôtelier, *stabularius.*

Houlier, *prædator.*

Houspaillier, malpropre.

Huilier, *olearius.*

Huissier, *accensus.* de la chaîne, *torquatus apparitor.* de la Chambre, *ac-*

substantifs & adjectifs masculins.

census ostiarius. faire l'office d'Huissier, *apparitura munus obire.* office d'Huissier, *apparitura.* Huissier à Verge, *accensus virgatus.* à pié, *pedarius.* à cheval, *equester.*

Huîtrier, *ostreorum venditor.*

Hunier, mât de hune, *carchesium.* grand & petit hunier, *majoris & minoris carchesi velum.*

Jambier, morceau de bois où les Bouchers attachent les bœufs tués.

Janvier, *Januarius.*

Jardinier, *hortulanus.*

Jetonnier.

Infirmier, *valetudinarii curator.*

Ingenier, vieux mot, *industrius, solers.*

Joaillier, *annularius, gemmarius.*

Journalier, *operarius.*

Irrégulier, *-laris.* qui méprise ses Régles, *instituti contemptor.* non conforme à la Régle, *à regulâ deflectens.* verbe irrégulier, anomal, *-um.* censuré, *ad ministeria sacra inhabilis.* contre les loix, *contra leges.*

Ivoirier, qui travaille en ivoire.

Justicier, *judex æquissimus.* Seigneur, *dynasta, jurisdictionis compos.*

Lainier, *lanarius.*

Laitiers, terme de grosse forge.

subſtantifs & adjectifs maſculins.

Lancier, *lancearius.*

Landier, chenet, *canterius focarius.*

Lanier, oiſeau de proie, *lanerius.*

Lanternier, *laternarius.* injure, *tergiverſator.*

Lardier, vieux mot, *lardarium.*

Larénier, terme de Menuiſerie.

Larmier, terme d'Architecture. D'une corniche, *coronis.* d'une muraille, *corona.* ſon deſſous *ou* mouchette, *mentum.* des yeux, *cavum.* fenêtre ſans croiſon ébraſée, *obliquati ſecti feneſtra.* montant, *medii ſcapi obliquata feneſtra.* ſans montant, *ſimplaria liminis obliquata feneſtra.*

Latinier, *latina lingua peritus.*

Lavandier, *lotor.*

Laurier, arbre, *laurus.* de laurier, *laurinus.* grain de laurier, *lauri bacca.* couronne de laurier, *laurea.* couronné de laurier, *laureatus.* feuille de laurier, *laureola.* laurier-roſe, *rhodo-daphne.* bocage de laurier, *lauretum.* laurier-ceriſier, *lauro-ceraſus.*

Levier, *vectis.* de la premiére, deuxiéme *ou* troiſiéme eſpéce, *prima, ſecunda, aut tertia ſpeciei.* levier recourbé, *vectis incurva-*

subſtantifs & adjectifs maſculins.

-tus. univerſel, *pantomochlium.*

Ligmier, vieux mot, *lignarium.*

Limier, chien de chaſſe, *canis indagator.*

un gros Limier, injure, *inſulſus.*

Limonadier, qui vend la limonade, *poculorum citrearum propola.*

Limonier, cheval, *carrucarius ad temonem.* arbre, *limonia pomus.*

Linier, Marchand de lin.

Lodier, *lodix.*

Loup cervier, *lynx.*

Lourdier, pour Lourdaut.

Louvetier, *venator luparius.*

Lunetier, *conſpicillorum opifex.*

Luthier, faiſeur de luths, *lyrarum opifex.*

Macellier, vieux mot, pour Boucher, *Macellarius.*

Mache-Laurier, Poëte.

Madrigalier, Auteur de Madrigaux.

Maillier, chaînetier, artiſan.

Malier, cheval de poſte, *ſarcinarius.*

Malingrier, vieux mot, Sacriſtain.

Malletier, *arcarum opifex.*

Maltotier, *tributarius exactor.*

Mancanilier, arbre des Indes Occidentales.

Manufacturier, *opifex.*

Marguillier, *adituus.*

Marinier, *nauta.*

substantifs & adjectifs mascul.

Marmitier, *assator.*

Maronier, arbre, *castanea major.*

Marselier, vieux mot, *macellarius.*

Massier, *claviger.*

Matelassier, *culcitrarius artifex.*

Médaillier, cabinet de Médailles.

Mégissier, *alutarius.*

Mélancolier, vieux mot, chagriner, *mœrore afficere.*

Melonnier, qui vend des melons.

Ménétrier, vieux mot, *auladus.*

Menuisier, *minuti operis lignarius opifex.*

Mercier, *minutus mercator.*

Merisier, arbre, *cerasinus duracinus.*

Messier, *clavator.*

Messier, *messium & vincarum custos.*

Métier, *ars.* méchanique, *illiberalis.* artifice, *-cium.* homme de métier, *artifex.* ouvrier, *opifex.* ouvrage de métier, *opificium.* métier de la guerre, *bellica disciplina.* faire un métier, *artem factitare.* sçavant en son métier, *artis suæ peritus.* métier, besoin, *opus.*

Métier sur quoi on travaille, *jugum.*

petit Métier de pâtisserie, *crustula mellita.*

Métivier, v. m. *messor.*

substantifs & adjectifs mascul.

Meunier, *molitor.*

Meurier, arbre, *morus.*

Midenier, moitié d'une somme.

Millier, *milliarium.*

Milsoudier, *millassarius.*

Minaudier, face minaudière, *facies venustula.*

Miroitier, *speculorum propola.*

Molinier, vieux mot, *molitor.*

Mortier à piler, *mortarium.* petit mortier, *mortariolum.* de Président, *honorarius cudo.*

Moutardier, *sinapiarius.*

Moutier, *ou* Moustier, Monastère, *monasterium.*

Moutonier, *vervecinarius.*

Muletier, *mulio.* de muletier, *mulionæs.*

Natier, *mattarius.*

Nautonier, pilote, *navarchus.*

Nefflier, *mespilus.*

Négrier, espéce de vaisseau.

Nocier, vieux mot, *nuptiarum præses.*

Noisillier, *corylus.*

Norrequier, *pecuarius.*

Nourricier, *nutritor.*

—qui éléve, *educator.*

Nouvellier, vieux mot, *inconstans.*

Officier, qui exerce un office, *muneris administer.* d'une maison, *minister.* d'armée, *castrensis præfectus.* haut officier, *summus præfectus.* de Justice, *causarum forensium cognitor.*

substantifs & adjectifs masculins.

de Juſtice au deſſous des Juges, *rei forenſis miniſter.* d'une République, *Reipublicæ adminiſtrator.* magiſtrat, *-us.* d'une Société, *ou* Confrairie, *ſodalitii præpoſitus.*

Officier des forêts, *ſaltuarius.*

Oiſelier,   *aviarius.*

Olivier, nom d'homme, *Olivarius.* arbre, *oliva.* franc, *ſativa.* de jardin, *hortenſis.* ſauvage, *oleaſter.* feuille d'olivier, *folia oleacea.*

Ordurier, diſeur d'obſcénités.

Oreillier,   *pulvinus.*

Orier, vieux mot, *orarium.*

Oſier, *vimen.* d'oſier, *vimineus.* panier d'oſier, *vimineus qualus.* franc oſier, *amerina ſalix.* flexible comme l'oſier, *viminalis.*

Paillier,   *palearium.*

Palfrenier, *ſtabuli curator, agaſo.*

Palier d'eſcalier, *ſcalarum areola.*

Palmier,   *palma.*

Panetier, *panis promus, panis curator.*

Panier, *qualus.* corbeille, *caniſtrum.* manequin, *ciſta.* petit panier, *quaſillus.* petite corbeille, *ciſtula.*

Pantouflier,   *crepidarius.*

Papefiguier.

Papetier, qui fait du papier, *charta opifex.* qui en vend, *charta propola.*

substantifs & adjectifs masculins.

Papier, arbriſſeau, *papyrus.* à écrire, *charta.* qui boit, brouillard, *bibula.* qui eſt de papier, *chartaceus* appartenant au papier, *chartarius.* papier, livre, *liber, codex.* journal, *diarium.* mémoire, *commentarius.* titres, *tabula.*

Paquier, Auteur François, *Paſchaſius.*

Parcheminier, *pergamentarius.*

Parlier, vieux mot, Avocat, *cauſidicus.*

Parſonnier, aſſocié pour tenir un ménage.

Particulier, propre, *-prius.* ſingulier, *-laris.* Lieutenant particulier, *privatus prætor.* en particulier, adv. *privatim.* bien particulier, *bonum privatum.* en particulier, à part, *ſeorſum.* ſolitaire, *-arius.*

Paſſementier, *tæniarum textor.*

Patenôtrier, *corollarum precariarum opifex.*

Pâtiſſier,   *dulciarius.*

Paulier, dixmeur.

Paumier, *ſphæriſterii cuſtos.*

Péagier, vieux mot, *vectigalis.*

Peauſſier, *ou* Peaucier, *pellio.*

Pelletier,   *pellio.*

Pénancier, vieux mot, *pœnitentiarius.*

Pénitencier, *pœnitentiarius.*

Pertuiſannier,   *haſtatus.*

Petardier, qui fait des pe-

subſtantifs & adjectifs masculins.

tards , *pylocauſtri molitor.*
qui les tire , *pylocauſtri li-*
brator.
Petit-métier de pâtiſſerie ,
cruſtula mellita.
Phraſier , qui cherche des
tours nouveaux.
Pierrier , canon , *baliſta eja-*
culandis lapidibus.
Pigeonnier , *columbarium.*
Pilier ,   *ſtela* , *pila.*
Pincellier , *vaſculum pur-*
gandis penicillis idoneum.
Piquier ,   *lancearius.*
Piſtolier , *ſclopetarius faber.*
Pitancier ,   *obſonator.*
Plombier , *plumbarius arti-*
fex.
Plumacier ,   *plumarius.*
Pluvier , oiſeau , *pluvialis.*
Poaillier , terme de Fondeur,
cymbalorum artifex.
Poëlier , qui fait des poëles.
Poilier, piéce de fer qui porte
la fuſée & la meule d'un
moulin.
Poirier , arbre ,   *pyrus.*
Poiſſonnier ,   *piſcarius.*
Pommier ,   *malus.*
Pontanier, celui qui perçoit
le droit de pontage.
Pontonnier, *vector nauticus.*
Porte-panier , *ciſtophorus.*
Portier ,   *janitor.*
Potier ,   *figulus.*
terre à Potier ,   *argilla.*
Pouillier , bicoque , *oppidu-*
lum.
Poulaillier , qui nourrit les
poules , *gallinarius cura-*
tor. qui en vend , *gallina-*
rum propola. le lieu où el-

subſtantifs & adjectifs masculins.

les ſe retirent , *gallina-*
rium.
Pourpier ,   *portulaca.*
Pouſſier , *pulvis carboneus.*
Premier , *primus.* de deux ,
prior. en dignité , *prima-*
rius. en origine , *primo-*
genitus. primitif , *-ivus.*
en eſprit , *ingenii princeps.*
Préſident , *ſummus præſes.*
Médecin, *archiater.* le premier des enfans , *natu*
major. le premier venu ,
obvius quiſque. le premier
d'après , *proximus.*
Préſident à mortier , *honora-*
rii cudonis compos. couvert
de ſon mortier , *inſignis*
cudone. mortier à bâtir ,
arenatum.
Preſſier , *vectuarius Typogra-*
phus.
Primicier ,   *primicerius.*
Printanier ,   *vernus.*
Priſonnier ,   *incarceratus.*
Prumier , vieux mot , *pri-*
mus.
Prunier ,   *prunus.*
Pſeautier ,   *pſalterium.*
* Putaſſier ,   *ſcortator.*
Quaiſſier , *ou* Caiſſier , qui
fait des caiſſes, *capſarius.*
de Banquier , *capſa num-*
mariæ adminiſter.
Quarantinier, terme de Marine , *funis ſex , novem,*
ad uſque octodecim filis
conſtans.
Quartanier, terme de chaſ-
ſe , *aper quadriennis.*
Quartenier , *urbana regio-*
nis tribunus.

Quartier, le quart, *quarta pars.* d'une ville, *urbis regio.* d'une armée, *statio.* de pain, *panis quadrans.* de pays, *agri tractus.* donner quartier, *vitam concedere.* demander quartier, *dedere se.* la vie, *vitam petere.* ne donner aucun quartier, *omnes internecione delere.* quartier en termes de guerre, *deditio.* enlever un quartier de l'armée, *partem hostilis exercitûs fundere.*

à Quartier, à part, *seorsum.* se retirer à quartier, *recedere.*

Quartier, quatriéme partie d'une année, *trimestre spatium.* servir son quartier, *trimestri operâ defungi.* achever son quartier, *trimestre munus explere.*

Quartier, argent dû pour la pension d'un quartier, *trimestris pensio.* payer son quartier, *debitam pro trimestri pecuniam dependere.* quartier du pied du cheval, *equini cornu latera.*

Quartier de réduction, instrument qui sert sur mer à réduire les dégrés de l'Est à l'Ouest.

Quartier, terme de Marchand de bois, terme de Corroyeur, mesure de grain.

Quayer, vieux mot, *codex.*

Quilier, *motularum area.*

Quintessencier, *spirium extrahens.*

Ramier, *palumbus.*

Ratelier d'armes, *clatrum.* d'écurie, *clatratum præsepe.* de dents, *clatrum dentium.*

Ratier, *plenus larvarum, cerritus.*

Recettier, qui a des recettes pour bien des maux.

Redevancier, *cliens beneficiarius addictior.*

Regnier, Poëte François, *Regnerius.*

Regratier, *interpolator.*
—fripier d'habits, *veterarius interpolator.*

Régulier, *-laris.* conforme à la régle, *ad normam exactus.* ordinaire, *-arius.* constant, *-ans.* certain, *certus.* qui garde ses régles, *instituti custos.* Religieux, *religiosus.* engagé à une vie reguliére, *religiosâ vitæ adstrictus.*

Rentier, qui paye rente, *manceps.* livre où les rentes sont écrites, *redituum codex.*

Revertier, jeu, *ludus versorius.*

Romancier, Auteur de Roman, *falsæ narrationis auctor.*

Rosier, arbrisseau, *rosarum spina.*

Rosier sauvage, *cynorrhodon.*

Roturier, *plebeïus.*

Roulier, *carrucarius vector.*

substantifs & adjectifs masculins.

Routier, livre des cartes marines, *mapparum nauticarum liber.* qui sçait les routes, *viarum peritus.* expérimenté, *expertus.* versé, *peritus.* un fin routier, *callidus veterator.* homme habile, *multo usu doctus.*

Rubanier, *tæniarius.*

Sablonier, *sabularius.*

Sabotier, qui fait des sabots, *calopodiorum faber.* qui en porte, *gestator.* qui en vend, *propola.*

Sacquatier, charroyeur de charbon dans les forges.

Safranier, *crocetum.* Item : *fraudulentus æris alieni decoctor.*

Sainturier, celui qui expose les Reliques des Saints.

Saladier, *discus acetarius.*

Sandalier, *sandaliorum opifex.*

Santier, valet de Ville, *stipator.*

Saucier, *qui condimenta conficit.*

Saucissier, *botellorum compositor.*

Savetier, *veteramentorum sutor.*

* Savetier, peu habile, *rudis tyro.*

Saunier, *salinarius.*

Séculier, laïque, *laïcus.* profane, *-nus.* non régulier, *sæcularis.*

Sellier, qui fait des selles, *ephippiarius.*

Semainier, *hebdomadarius.*

substantifs & adjectifs masculins.

Sentier, *callis.* qui traverse, *trames.* faire un sentier, *semitam aperire.*

Septier, *sextarius.*

Seraskier, Général Turc, *Seraskierus.*

Sérurier, *serarius.*

Singulier, *-laris.* unique, *-cus.* seul, *solus.* propre, *-prius.* excellent, *-ens.* rare, *-rus.* exquis, *-itus.*

Solier, vieux mot, gallerie ou maison à deux étages, *solarium.*

Sommelier, *vinarius promus.*

Sommier, poutre, *transtrum redivivum.* cheval de somme, *equus sarcinarius.* dernier cercle d'un tonneau, *frontalis circulus.* d'orgue, *organicorum tubulorum sedes.* de pilastre, *incumbens columna lapis.* grosse solive, *tignum majus.* sommier, matelas de crin, *culcita jubis farta.* des orgues, *canon musicus.*

Sorcier, *veneficus.*

grand Sorcier, *triveneficus.*

Sotisier, homme qui dit des sotises, ou recueil de sotises.

Soufermier, *submanceps.*

Souhaitier, vieux mot, *optatum.*

Soulier, *calceus.* petit soulier, *calceolus.* à simple semelle, *simplarius.* à talons relevés, *pediolo subductus.* à platte semelle, *plana solea.* à double semelle, *ge-*

mina *solea.* hége , *judex suffectus.* ferré de clou , *uncinatus.* découpé , *intersectus.* de vache , *bubulus.* de maroquin , *hircinus.* de veau , *vitulinus.* escarpin, *socculus.* de bois, tout d'une piéce , *calopus.* soulier bas pour les acteurs comiques , *soccus.* soulier haut, *ou* brodequin pour les acteurs tragiques , *cothurnus.* à haute semelle , *phacasius.* d'Empereur, de Prince , &c. *tzanga.* semelle de soulier, *solea.* assortiment de soulier, *calcearius instructus.*

Soupénitencier , *subpœnitentiarius.*

Soupier , *offæ amator.*

Stagier, Chanoine qui fait son stage.

Survivancier, *successor designatus.*

Tabletier, *tabularius.*

Taillablier, vieux mot , *stipendiarius.*

Taillandier , *faber ferrarius.*

Tapissier , *aulæorum opifex.*

Tavernier , *caupo.*

Taumier , terme injurieux.

Tenancier , *fiduciarius clientelaris.*

Terrassier, *ageraríus opifex.*

Terre-Neuvier, Habitant de Terre-Neuve.

Terrier, rôle des terres, *codex censualis.* terrier de garenne, *cunicularium latibulum.*

Thrésorier de France, *quæstura præfectus.* de l'Epargne , *sanctioris ærarii tribunus.* de thrésorier, *quæstorius.* femme de thrésorier , *quæsteris femina.* charge de thrésorier, *quæstura.*

Thrésaurier d'une Eglise , *thesauri sacri custos.*

Timbalier, *tympanotriba.*

Teinturier , *infector.*

Tisonnier , *qui titiones amat commovere.*

Titrier, qui a fabriqué de faux titres.

Tombelier, *plaustrarius.*

Tonnelier , *doliarius.*

Tontinier, qui a mis de l'argent à la Tontine , *societatis tontinaria particeps.*

Tracassier, qui tourmente , *importunus agitator.* qui se tourmente, *sollicitè operosus.*

Traversier , navire, *lembus.* mis de travers , *transversus.*

Tripier, *iliorum propola.*

Tuillier , *tegularius.*

Vanier , *vannorum opifex.*

Verdier , sorte de crapaut , *rubeta.*

Verdier , garde-bois , *saltuarius.*

Verdier, Auteur François , *Verderius.*

Verrier , *vitrarius , ampullarius.*

Vice-Chancelier , *vice-cancellarius.*

Viguier , *urbis præfectus.*

Violier, *violarium.*
Vivandier, *annonarius.*
Vivier, réfervoir de poiſſons, *piſcium vivarium.* près de la mer pour les gros poiſ-ſons, *cetarium.*
Viviers, ville, *Vivarium.*
de Viviers, *Vivarenſis.*
Voiturier, *vector.* à charet-te, *carrucarius.* à batteau, *portitor.* à monture, *ju-mentarius.* qui eſt porté, *vectus.*
Uſufruitier, *-fructuarius.*
Uſurier, *fœnerator,* *dani-ſta.*

IER. diſſyllabe.

Aiglantier, arbriſſeau.
Arbalêtrier, *baliſtarius.* aſ-ſemblage de poutres en forme d'arc, *baliſta.*
Baudrier, *balteus.*
Bouclier, *clypeus.* petit, *par-mula.* à quatre angles, *ſcutum.* en forme de croiſ-ſant, *pelta.* étroit, long & recourbé aux côtés, *ancile.* à l'Epagnole, de corroies entrelaſſées, *cer-tra.* boſſe de bouclier, *umbo.* armé de bouclier, *clipeatus.* levée de bou-clier en termes d'eſcrime, *ludicra rudium palmula-rumque proluſio.* vaine en-trepriſe ſans effet, *irritus & inanis conatus.* faire bouclier de ſon ignoran-ce, *ſuâ ſe tegere ignoran-tiâ.*

Bouclier, ſorte de météore ignée, *clipeus igneus.*
Boutiquier, Marchand qui vend en boutique.
Calendrier, *-darium.*
Camérier, *-arius.*
Cendrier, où l'on met les cendres, *cinerarium.* ſouf-fleur de cendres, *ciniflo.*
Chambrier, valet de cham-bre, *cubicularius mini-ſter.* qui vit en chambre, *conductor in conclavi de-gens.*
Chévrier, *caprarius.*
Coudrier, *corylus.*
Du Ryer, Auteur François.
Ecuyer, *armiger.* noble, *ſcu-tarius.* d'écurie, *equiſo.* de manége, *equiſo magiſter.* de cuiſine, *coquus.* d'une Dame, *nobilis ancillans.* ſimple gentilhomme, *ſcu-tarius nobilis.*
Grand Ecuyer de France, *regii ſtabuli magiſter.*
Ecuyer tranchant, *ſector menſarius.*
Epinglier, qui fait ou vend des épingles, *acicularius.* couſſinet pour les mettre, *acicularius pulvinus.*
Eſpalier, *arbores extenta & muris applicita.*
Etrier, *ſcandula.* porte-étrier, *ſcandularium.* met-tre le pied à l'étrier, *equum aſcendere.* appuyer ſur l'étrier, *ſcandula in-niti.*
Février, *Februarius.*
Gabarier.

subst. & adject. masc.

Gagier, v. m. *adiuus.*
Gagne-denier, *mercenarius.*
Gaînier, *vaginarum opifex.*
Galier, vieux mot, *strigosus equus.*
Gargotier, *popinarius.*
Gâte-métier.
Gaufrier, *tessellarius.*
Gautier, *sylvarum incola.*
Génévrier, *ou* Géniévre, arbre, *juniperus.* fruit de génévrier, *juniperi bacca.*
Gingembrier, Epicier.
Gorrier, magnifique.
Goyer.
Grayer, *stagnorum custos.*
Gruier des Eaux & Forêts, *saltuarius judex.* garde-bois, *nemoris custos.*
Guêpier, ruche des guêpes, *apiarium.*
* un Gruier, fig. un homme habile, *cautus & expertus vir.*
Lévrier, chien de chasse, *vertagus.*
Licencier, qui licencie, *licenciator.*
Marbrier, *marmorarius.*
Ménétrier, *auloedus.*
Meurtrier, *interfector.*
Moutier, v. m. *monasterium.*
Nefflier, *mespilus.*
Ouvrier, artisan, *opifex.* manœuvre, *operarius.*
jour Ouvrier, *dies profestus, negotiosus.*
Paludier, homme qui travaille aux salines.
Peuplier, arbre, *populus.* de peuplier, *populeus.*
Plâtrier, *gypsarius.*

subst. & adject. masc.

Poudrier, faiseur de poudre, *sulfurati pulveris opifex.* boëte à poudre, *pyxis pulveris.* horloge de sable, *pulverarium.*
Rancunier, qui a de la rancune.
Salpêtrier, *salis nitri coctor.*
Sanglier, *aper.* porc sauvage, *porcus agrestis.* jeune marcassin, *aprunculus.* de sanglier, *aprinus.* chair de sanglier, *aprugna caro.*
Sucrier, qui fait du sucre, *saccharius.* vase où on le met, *saccharinum.*
Tablier d'artisan, *opificis pluteus.* devantier, *perizonium.* à jouer aux dames, *scruporum alveus.*
Templier, *templarius.*
Verdurier, *viridarius.*
Viguier, *judex quidam.*
Vinaigrier, qui fait & vend du vinaigre, *acetarius.* vase à tenir le vinaigre, *acetabulum.*
Vitrier, *vitreorum specularium opifex.* de vitrier, *vitrarius.* drague de vitrier, *vitrarium penicillum.*

VERBES.

verbes à l'infinitif.

* Abrier, *operire.*
Aiguayer, *lavare.*
Allier des métaux, *metalla miscere.*
s'Allier, faire alliance, *affinitatem contrahere.*
Amodier, donner à ferme,

verbes à l'infinitif.

locare. prendre à ferme, *redimere.* à louage, *conducere.*

Amplifier, -*ficare.*

Apostasier, *à fide deficere.*

Apparier, *conjungere.* au fig. marier, *copulare matrimonio.*

Apprétier, *pretium rebus imponere.*

Approprier, *expolire.* accommoder, *concinnare.* ajuster, *aptare ad.*

s'Approprier, *sibi attribuere.*

Appuyer, *fulcire.* maintenir, *tueri.*

Associer, *consociare.*

Attédier, *fastidium parere.*

Barbifier, *barbam radere.*

Barroyer, *forum frequentare.*

Béatifier, -*ficare.*

Bornoyer, *observare.*

Bougier, *cerâ illinire.*

Bousquier, terme de Marine, dont on prononce fortement l's.

Brutifier, *brutum fieri.*

Calomnier, *calumniari.*

Carier, *cariosum efficere.*

Carnifier, (se) *caro fieri.*

Cartayer, terme de cocher & de chartier.

Certifier, faire sçavoir, *certiorem facere.* affirmer, -*mare.* munir, -*ire.*

Charier, *carro exportare.*

Charier, la riviére charie, *glaciem vectare.*

Châtier, *castigare.*

Chier, *cacare.*

Choyer, *tractare aliquem cautè.*

verbes à l'infinitif.

Circonstancier, *rei adjuncta recensere.*

Clarifier, -*ficare*, *limpidum facere.*

Colorer, terme de Peintre, *colores aptè inducere.*

Communier, *Corpore Christi pasci.*

Confier, -*fidere.*

Contrarier, *impugnare.*

Convoyer, vieux mot, *invitare.*

Copier, *transcribere.*

Corporifier, donner un corps, *corpus attribuere.*

Crier, *clamare.* tempêter, *vociferari.*

Crucifier, -*figere.*

Déblayer, *expedire se ab aliquo.*

Décrier, *rei usum damnare.* au fig. perdre de réputation, *famam minuere.*

Dédier, *dicare.* consacrer, *consecrare*, *inaugurare.* destiner, -*nare.*

Défier, provoquer, -*care.* se défier, *diffidere.* craindre, *timere.* avoir soupçon, *suspicari.*

Déifier, *in deorum album referre.*

Délier, *exsolvere.* absoudre, *absolvere.* détacher, *solvere.* délivrer, *liberare.*

Démarier, *matrimonium solvere.*

se Démarier, *matrimonium dimittere.*

Dénier, *denegare.*

Déparier, *disjungere.*

Déplier de la marchandise, *explicare.*

verbes à l'infinitif.

Déprier, *rogare aliquem aliud.*

Desennuyer, *tædio levare.*

Desenrayer, *sufflamina amovere.*

Desexcommunier, remettre dans la Communion de l'Eglise.

Différencier, *discriminare.*

Disgracier, *gratiâ privare.*

Diversifier, *variare.*

Domicilier, *habitare in urbe.*

Domifier, *cœlum partiri in duodecim domos.*

Dulcifier, *mitigare, lenire.*

s'Ecrier, *exclamare.*

Edifier, bâtir, *ædificare.*

Edifier son prochain, *bonum exemplum præbere.*

Effigier, *sontis imaginem cruci affigere.*

—supplicier, *per effigiem suspensum in tabellâ proponere.*

Efformier, vieux mot, *scatere.*

Embronchier, vieux mot, *offendere.*

Emier, *friare.*

Ennuyer, *tædium, satietatem afferre.*

s'Ennuyer, *tædere.*

Enrayer, *sufflaminare.*

Envier, *invidere.*

Epier, *explorare.*

Episodier, étendre par des Episodes.

Essencier, *expresso liquore perfundere.*

Essonier, vieux mot, *excusare.*

Essuyer, *tergere.* souffrir, *pati.*

verbes à l'infinitif.

Essuyer des coups, *percuti.*

Estropier, *truncare.* mutiler, *-lare.*

Estropier un discours, *sermonem confundere.*

Etudier, *studere.* quelqu'un, l'observer, *-vare.* s'étudier, s'appliquer, *operam dare.*

Excommunier, *-icare.*

Excorier, *corium detrahere.*

Exfolier, *-are.*

s'Expatrier, *peregrinari.*

Expédier, faire vîte, *expedire.* quelqu'un, le dépêcher, *absolvere.* au fig. faire mourir, *sontem dare neci.*

Expier, *-iare.*

Falsifier, *depravare, adulterare.*

Fantasier, vieux mot, *irritare.*

Fier. confier, *credere.* se fier à, *confidere.*

Folier, *ludere.*

se Fortifier, *invalescere.*

Glorifier, *immortali gloriâ aliquem donare.*

Gratifier, *remunerari.*

Guéer une riviére.

Guerroyer, vieux mot, *bellicare.*

Guier, vieux mot, *ducere.*

Hardoyer, vieux mot, *lacessere.*

Héroifier, *in heroum numerum adscribere.*

Historier, *variis simulacris distinguere.*

Humilier, *-iare.*

Identifier, *facere idem.*

verbes à l'infinitif.

Induftrier, vieux mot, employer fon induftrie.

s'Ingénier, vieux mot, acquérir de l'efprit.

Injurier, *injuriis afficere.*

Inventorier, *in bonorum indicem fcribere.*

Juftifier, *purgare.*

Lamboyer, terme de Marine.

Lapidifier, *in lapidem convertere.*

Larmoyer, *lacrymari.*

Lénifier, vieux mot, *levigare.*

Licencier, *dimittere.*

Lier, *ligare.* enfemble, *colligare.* à quelque chofe, *alligare.* ramaffer, *colligere.* ferrer, *conftringere.*

Lier une partie, *convenire.*

Lignifier, *lignum fieri.*

Liquéfier, *liquefacere.*

Lubrifier, terme de Médecine, oindre, *ungere.*

Magnifier, vieux mot, *magnificare.*

Mandier, *mendicare.* demander l'aumône, *ftipem erogare.*

Manier, *tractare.* toucher, *tangere.* traiter, *gerere.* gouverner, *regere.* manier un cheval, *equum circumagere.*

Marefcaucier, vieux mot, *foleis ferreis equi ungulam munire.*

Marier, *matrimonio jungere.*

fe Marier, en parlant d'un homme, *uxorem ducere.* d'une femme, *viro nubere.*

verbes à l'infinitif.

fe Méfier, *diffidere.*

Mélancolier, *mœrori fe tradere.*

fe Mefallier, *impari connubio conjungi.*

Métrifier, faire des vers.

Modifier, *rebus modum adhibere.*

Mollifier, terme de Médecine, *mollem reddere.*

Mondifier, *purgare.*

Mortifier, *macerare.* fa chair, *corpus afperè habere.* fes paffions, *animi motus coërcere.* affliger, *contriftari.* faire honte, *pudore fuffundere.*

Multiplier, *-icare.*

Négocier, *-tiari.*

Nier, *negare.*

Noncier, vieux mot, *nunciare.*

Notifier, terme de Palais, *notificare.*

Obfcurifier, *obfcurare.*

Obvier, *occurrere.*

Ochier, ou Ocier, vieux mot, *occidere.*

Officier, terme d'Eglife, *facra facere.*

Ombroyer, vieux mot, *obumbrare.*

Ordoyer, vieux mot, *inquinare.*

Orthographier, *rectè fcribere.*

Ortier, vieux mot, *urticá urere.*

Offifier, *offis naturam inducere.*

Oublier, *oblivifci.*

Pacifier, *-ficare.*

verbes à l'infinitif.

Pallier, colorer, *colorare, causam obtendere.*

Papier, vieux mot, Bégayer comme les enfans.

Parier, *sponsione polliceri.*

Parodier, *traducere.*

Parpayer, *reliquum as solvere.*

Paulmoyer, vieux mot, *peritè tractare.*

Pépier, *pipilare.*

Personifier, *per prosopopœiam personam fingere.*

Pétrifier, *in lapidem mutare.*

se Pétrifier, *lapidescere.*

Pilorier, mettre au pilori, *ad infamem cippum alligare.*

Player, vieux mot, pour Blesser, *vulnerare.*

Plier, *plicare.* courber, *flectere.* fléchir, *domare.* ramasser, *colligere.* se soumettre, *se submittere.* se plier, *inflecti.*

Préjudicier, *prajudicium inferre.*

Présumptier, vieux mot, *multum sibi arrogare.*

Prier, *precari.* en suppliant, *supplicare.* en conjurant, *obtestari.* par les choses sacrées, *obsecrare.*

Privilégier, *privilegio donare.*

Psalmodier, *psallere.* chanter des Pseaumes, *psalmos canere.*

Publier, *publicare.* dénoncer, *denunciare.* afficher, *proscribere.*

verbes à l'infinitif.

Purifier, *-ficare.*

Putréfier, *putrem reddere.*

se Putréfier, *putrescere.*

Qualifier, *nomen adscribere.*

Quidier, vieux verbe, *existimare.*

Rallier des troupes, *copias dissipatas colligere.*

Ramifier, terme de Facteur d'orgue, *dissonare.*

Rapatrier, *reconciliare.*

Raréfier, *-facere.*

Rassasier, *satiare.*

Ratifier, *comprobare.*

Réconcilier, *in concordiam reducere.*

se Récrier, *reclamare.*

Réfugier, *confugere.*

Regracier, vieux mot, *gratias agere.*

Rejoyer, vieux mot, *delectari.*

Relier un livre, *librum compingere.*

se Remarier, *alteras nuptias inire.*

Remédier, *mederi.* soulager, *levare.*

Remercier, *gratias agere.*

Remucier, vieux mot, cacher.

Renoyer, vieux mot, *negare.*

Répudier, *-iare.* sa femme, *uxori repudium nunciare.*

Résilier, annuller un acte.

Retrahier, vieux mot, *retrahere.*

Rimoyer, vieux mot, Rimer, *canere.*

Sacrifier, immoler, *-ficare.*

—dédier, *consecrare.*

verbes à l'infinitif.

Salarier, vieux mot, payer le salaire, *mercedem solvere.*

Sanctifier, honorer, *colere, venerari.*

Scier, *ferrâ desecare.*

Seigneurier, *imperare.*

Sentencier, terme de Palais, *damnatione mulctare.*

Seyer les bleds, *frumenta secare.*

Signifier, *-ficare.*

Socier, vieux mot, *sociare.*

Solacier, vieux mot, *recreare.*

Solfier, terme de Musique, *cantare ad numerum.*

Sordoyer, vieux mot, *scaturire.*

Soucier, *curare.*

Spécifier, *distinctè exprimere.*

Spolier, *-are.*

Spolier un criminel, *reum ex apparitorum manibus extrahere.*

Stupéfier, *-facere.*

Supplicier, *afficere supplicio.*

Supplier, *-icare.*

Supployer, vieux mot, *supplicare.*

Tartuffier, faire le Tartuffe.

Tendrifier, terme de Précieuse, attendrir.

* Testifier, *-ficari.*

* Toupier, *trocho ludere.*

Toupier, *ou* Toupillier, *in modum turbinis volutari.*

Trépudier, *ou* Tripudier, *tripudiare.*

Trier, *eligere.*

verbes à l'infinitif.

Tuméfier, *-facere.*

se Tuméfier, *intumescere.*

Varier, *-are.*

Vérifier, *comprobare.*

* Versifier, *-ficari.*

Vicarier, faire les fonctions de Vicaire.

Vicier, *contaminare.*

Vitrifier, *in vitrum convertere.*

Vivifier, *-ficare.*

Voyez les rimes en AIER. *ou* AYER. *&* OIER.

I E R E.

v substantifs & adjectifs féminins.

Acquiere, *acquiro.*

Aiguiére, *aqualis.*

Altiére, *tumida.*

Arbalêtriére, terme de Galère.

Armuriére, *armorum propola.*

Arriére, *longè.* derriére, *ponè, post.* hors d'ici, *apage.* aller en arriére, *retrogredi.* mettre en arriére, *praterire.* être en arriére, *procul abesse.* ouvert tout arriére, *omnino patens.*

Arriére du Vaisseau, *puppis.*

Avancouriére, *prodroma.*

Avanturiére, *temeraria.*

Aumôniére, *eleemosynaria.*

Autore matiniére, *aurora matutina.*

Baissiére, vin au bas, *vinum fœcatum.*

Banniére, *vexillum.*

Banqueroutiére, *alieni æris decoctrix.*

Banquiére, *trapezitis.*

substantifs & adjectifs féminins.

Barriére, *obex.* clôture, *claustrum.*

—combat de barriére, *equestris decursio.*

Bâtardiére, terme d'Agriculture, *plantarium.*

Bateliére, *navicularia.*

Beliére, vieux mot, *annulus.*

Bénéficiaire, *-ciaria.*

Bernardiére, poire.

Beurriére, *butyraria.*

Biére, cercueil, *feretrum.* boisson, *cervisia.*

Bonnetiére, *pileorum opifex.*

Bordeliére, petit poisson de riviére, *ballerus.*

Bouquetiére, *coronaria.*

Bouviére, *bubulca.* mal adroite, *inepta.* grossiére, *stupida.*

Brassiére, au pl. *brachialia.*

Brelandiére, *saltatrix.*

Bruyére, *erica.* coq-de-bruyére, *ericarius gallus.*

Busquiére de femme, *assula pectoralis foramen.*

Cabaretiére, *cauponaria.*

Cabotiére, sorte de bateau.

Cacaoyére, *locus arboribus cacao consitus.*

Caffetiére, *caffetarium vas.*

Canardiére, guérite.

Cantonniére de lit, *lecti cortina.*

Cantonniére, *meretrix.*

Caponniére, fortification, *crypta longior.*

Carnassiére, *sacculus.*

Carriére, lice, *curriculum.* pour la course des chevaux, *hippodromus.* barre

substantifs & adjectifs féminins.

de carriére, *carceres.* le bout, *meta.* qui court la carriére, *stadiodromus.* entrer en carriére, *curriculum ingredi.* courir la carriére, *stadium decurrere.* s'arrêter en la carriére, *in medio curriculo subsistere.* fournir sa carriére, *stadium decurrere.*

se donner Carriére, *licentiùs divagari.*

Carriére de pierre, *lapidicina.*

Celleriére, *celleraria.*

Cerveliére, vieux mot, *galea.*

Chacuniére, vieux mot, *domus.*

Chaircutiére, *suillaria.*

Chambonniére, Musicien.

Chambriére, fille de chambre, *cubicularis ancilla.* fouet de manége, *flagellum.* ruban qui tient la quenouille, *colûs retinaculum.*

Champignonniére, couche de fumier où l'on fait venir des champignons.

Chancelliére, *cancellarii uxor.*

Chandeliére, *candelaria.*

Chapeliére, *pilearia.*

Chaponiére, *vas coquendis caponibus idoneum.*

Chapperonniére, herbe, *petasites.*

Charboniére, *carbonaria.*

Chardonniére, *carduetum.*

Charniére, *verticulum.*

Chatiére, *cataria.*

subſtantifs & adjectifs feminins.

Chaumiére, *ſtipulis tecta domus.*

Chayére, vieux mot, pour dire chaire.

Cheneviére, *ager cannabe conſitus.*

Chevaliére, *eques femina.*

Chocolatiére, *vas chocolatorium.*

Cimetiére, *cœmeterium.*

Civiére, *brachiata crates.*

Clairiére, endroit des toiles mal faites, qui eſt plus clair que le reſte.

Cloüière, petite enclume, *incus.*

Confituriére, *mulier condimentaria.*

Connilliére, vieux mot, échappatoire, *ſuffugium.*

v Conquiére, *conquiro.*

Coquilliére, pierre où il ſe trouve des coquilles.

Cordeliére, *cordigera.* Réligieuſe, *Franciſcana.*

Cordeliére, terme d'Armoiries, *funiculi variis nodis implicati.*

Cordeliére, cordon que les femmes portent au col, *torques nigro ſerico textus.*

Cordeliére, eſpéce de ſerge.

Cordiére, *reſtiaria.*

Couſiniére, nombreuſe parenté.

Couteliére, *cultraria.* étui à couteau, *cultraria theca.*

Coutumiére, *ſolita.*

Couturiére, *ſarcinatrix.*

Crapaudiére, *locus bufonibus refertus.*

Créanciére, *creditrix.*

subſtantifs & adjectifs feminins.

Crémaillére, *ou* Cremilliére, *cramacularia focaria.*

Creſſonniére, *locus naſturtii ferax.*

Criniére de cheval, *equina juba.* toile du caparaſſon ſur le col, *collare tegumentum.*

Croiſiére, plage de mer, *ſtatio.*

Croupiére, *poſtilena.*

* tailler des Croupiéres, *faceſcere negotia.*

Cuilliére, *ou* Cuiller, *cochlear, cochleare.*

Cuiſſe héroniére, *ou* maigre, *femur ardeolarium.*

Damaſquiniére, *Damaſceni artificii opus.*

Dent macheliére, *dens molaris.*

Dépenſiére, *diſpenſatrix.*

Derriére, *tergum.* le cul, *podex, anus.*

Deshouliére, Dame Françoiſe qui excelloit dans la Poëſie.

Devanciére, *quæ antecedit.*

Devantiére, long tablier.

Dindonniére, *quæ gallos Indicos paſcit.*

Doſſiére, *dorſualia.*

Donairiére, *vidua uſufructuaria.*

Drapiére, *pannaria.*

Ecole buiſſonniére, *abſentia à ſcholâ.*

Emperiére, vieux mot, pour Impératrice.

v Enquiere, *inquiro.*

Epiciére, *aromataria.*

Epingliére, *acicularia.*

Substantifs & adjectifs féminins.

Etriviére, *scutica.*

donner les Etriviéres, *cædere loris.*

Façonniére, *putida officiorum usurpatrix.*

Faîtiére, sorte de tuile.

Familiére, *-iaris.*

Feluniére, au pluriel, coquillages de terre.

Fesse-chambriére, le même qu'ancillariole.

Fêtiére d'un bâtiment, *imbrex.*

Feuilliére, terme de Carrier, veine de terre.

Fiére, fourche fiére, *furca ferrea.*

Filandiére, fileuse, *mulier nens, lanifica.*

Filiére, *resticula.*

Fondriére, *lacuna, gurges.*

m Fouquiére, Peintre.

Fourmiliére, *formicarum nidus.*

Fourriére, office de Fourrier, *hospitiorum designatio.*

* Fripiére, *interpolatrix.*

Fruitiére, *fructuaria.*

* Garçoniére, *virosa.*

Gargotiére, *tabernaria.*

Genoüillere, artifice aquatique.

Genouilliére, le jarret, *poples.* de Gendarme, *genuale tegmen.*

Gentilhommiére, maison de Gentilhomme, *villa nobilis.*

Gibeciére, *marsupium.*

Glaciére, *cella glacialis.*

Gortiére, *stillicidium.*

Substantifs & adjectifs féminins.

Grenetiére, *granaria.*

Grenouilliére, *ranarum lacuna.*

—herbe, *ranunculus.*

Greviére, blessure qu'on se fait en se heurtant sur l'os du devant de la jambe.

Grimaciére, *vultûs simulatrix.*

Herbiére, *olitoria.*

Héritiére, *hæres.*

Hospitaliére, Religieuse, *Xenodochia.*

Houblonniére, *lupularia.*

Jardiniére, sorte de broderie qui n'est pas en plein.

Jarretiére, *periscelis.*

Ordre de la Jarretiére en Angleterre, *ordo periscelidis.*

Indulgence pléniére, *indulgentia plenaria.*

Journaliére, *diurna, communis, anceps.*

Irréguliére, *abnormis.*

Jument pouliniére, *equa proletaria.*

Laitiére, *lactaria.*

m La Sabliére, Poëte François.

Lavandiére, *lotrix.*

Limonadiére, *citronaria.*

Lingotiére, moule d'un lingot, *massularia.*

Liniére, Poëte satyr. François.

Lisiére, *limbus, ova.*

Litiére, voiture, *lectica.* de chevaux, *stramentum.*

être sur la Litiére *ou* malade, *lecto decumbere.* faire litiére, *ou* prodiguer, *rem pro nihilo ducere.*

subſtantifs & adjectifs féminins.

Lumiére, *lux.* de lampe *ou* chandelle, *lumen.* qui fuit la lumière, *lucifugus.* mettre en lumiére, *in lucem edere.* lumiére, connoiſſance, *notitia.* de l'eſprit, *animi perſpicacitas, cognitio.*

Lumiére d'un canon, *tormenti bellici foramen.*

Lunettiére, celle qui met des lunettes.

Luzerniére, terre où l'on a ſemé de la luzerne.

Macheliére, *molaris.*

Maniére, *modus.* façon, *ratio.* ſorte, *genus.* coutume, *mos, inſtitutum.* de maniére, *ita.*

Mareſchiére, vieux mot, *palus.*

Marliére, *foſſa unde eruitur terra, ſtercorandis agris apta.*

Matiére, *materia.* argument, *-um.* queſtion, *-io.* tout ce dont il s'agit, *res.*

Matiére, pus, *ſanies.*

Matiniére, vieux mot, *matutina.*

Meloniére, *melonarium.*

Menuiſiére, *lignaria.*

Mentonniére, *circumducta mento faſcia.*

Meuliére.

Meurtriére, *cruenta.*

Main meurtriére, *mortifera manus.*

Meurtriére, terme de Fortification, *ſpecula jaculatoria.*

Minaudiére, *vultûs ſimulatrix.*

subſtantifs & adjectifs féminins.

Miniére, *fodina.*

Miroitiére, *ſpecularia.*

Fête Mobiliére, *feſtus mobilis.*

Moliére, Poëte Comique François.

Moliére, endroit où l'on pêche des moules.

Muſeliére, *capiſtrum.*

Naviére, *naparia.*

Obroniére, terme de Serrurier, *lamina cardinis ferræ.*

Orniére, *orbita.*

Oulmiére, *ager ulmis conſitus.*

Ouvriére, *operaria.*

Pantiére, eſpéce de filet pour prendre des oiſeaux.

Pannetiére, *panaria.*

Papetiére, *papyraria.*

Parciére, *qui aliquid cum aliquo partitur.*

Particuliére, *-laris.*

Paumiére, Maîtreſſe d'un jeu de Paume.

Paupiére, *palpebra.*

Pepiniére, *ſeminarium.* de vigne, *vitiarium ſurcularium.* d'arbres, *arborarium.*

Piſſotiére, *membrum virile & muliebre.*

Plâtriére, lieu où l'on prend le plâtre, *gypſi fodina.*

Plombiére, Bourg en Lorraine célébre par les bains.

Poivriére.

Pontiére, *-anus.*

Portiére de Couvent, *oſtiaria.* de carroſſe, *janua.*

subſtantiſs & adjectiſs feminins.

d'étofe qu'on met devant une porte, *cortina januæ appenſa.*

Pouliniére, *equa poletaria.*

Pouſſiére, *pulvis.*

Pouſſiniére, *pullaria.* conſtellation des Pléyades, *Pleyades, vergilia.*

Priére, *precatio.* demande, *rogatio.* oraiſon, *oratio.*

Quartiére, meſure de grains en Angleterre.

Raboulliére, *cubile parientis cuniculi.*

Ramponiére.

* Rapiére, épée, *rubiginoſa machæra.*

Ratiére, *muſcipula.*

Rayére, *feneſtella longa.*

Recettiére, vieux mot, Recelleuſe, *receptrix.*

Reguliére, *-laris.*

Rente fonciére, *vectigal viatorium.*

v Requiére, *requiro.*

Riſiére, campagne ſemée de ris.

Riviére, *fluvius.*

Robiére, *veſtiaria.*

Roturiére, *plebeïa.*

Sabliére, horloge de ſable.

Sabloniére, lieu où l'on tient le ſable, *arenaria.* lieu ſtérile, *ſabuletum.*

Saliére, *ſalinum.* creux à la gorge, *gutturis ſinus.*

Salpêtriére, *officina ſalis nitri.*

Sangliére, *ſus ſylvatica.*

Sapiniére, *abietina.*

Sauciſſiére, *botellaria.*

Savetiére, *veteramentaria ſutrix.*

ſubſtantiſs & adjectiſs feminins.

Sauſſiére, *catinus embammarius.*

Séculiére, *ſæcularis.*

Serpilliére, *ſegeſtre lineum.*

Souclaviére, veine, *vena ſubclavaria.*

Souriſſiére, *muſcipula.*

Tabatiére, qui vend du Tabac.

Tabatiére, *pixis tabacaria.*

Talonniére, au plur. *talearia.*

Taniére, *ferarum luſtrum, ſpelæum.*

Tapiſſiére, *aulæorum opifex.*

Taupiére, *talparius laqueus.*

Taupiniére, *talparius cumulus.*

Teinturiére, *infectrix.*

Terriére, outil de Charpentier, *ou* de Menuiſier, *terebra.*

Terriére, trou des lapins.

Têtiére, *puerilis calantica.*

Têtiére de cheval, *capiſtrum.*

Tétonniére, *tænia mammillaris.*

Thétiére, *ou* Théïére, vaſe propre à faire du thé.

Thréſoriére, *theſauriaria.*

Tortionniére, vieux mot, retenant à tort, *injuſta.*

Tourriére de Couvent, *turricularia.*

Tourtiére, *vas quo torta coquitur, artopta.*

* Tracaſſiére, *ſollicitè operoſa.*

m Traîne-Rapiére, *qui longo accingitur gladio.*

Tripiére, *iliaria.*

subſtantifs & adjectifs féminins.

Truffiére, lieu où il vient des Truffes.

Vent arriére, *ventus ſecundus.*

Verriére, *operculum vitreum.*

Vilotiére, fille ou femme galante, *meretrix.*

Viſiére d'un caſque, *caſſidæ conſpicillum.* hauſſer la viſiére, *bucculum attollere.* la baiſſer, *ſpeculare dejicere.* rompre en viſiére, *ſocietatem diſturbare.* viſiére, canonniére d'un vaiſſeau, *joculatorium oſtiolum.* de canon de fuſil, *libratoria arena.*

Vitriére,   *vitraria.*

Vivandiére,   *annonaria.*

Voliére,   *aviarium.*

Uſufruitiére, *uſufructuaria.*

Uſuriére,   *uſuraria.*

Yere, riviére de Normandie, *Eara.*

IERGE. *voyez* ERGE.

I E Z. monoſſyllabe.

Voyez les rimes en I E'. IED. *dont le pluriel fait* iés: pieds, inimitiés.

Plus divers temps de tous les verbes aimiez, aimeriez, aimaſſiez, *&c.*

I E Z. diſſyllabe.

v Riez, de Rire,   *ride.*

v Souriez,   *ſubride.*

Plus divers temps & diverſes perſonnes des verbes en iez.

subſtantifs & adjectifs maſculins.

Plus le pluriel des noms en ié *diſſyllabe :* mariés.

Viez, vieux mot,   *ſenex.*

IET. & JET. *voyez* ET.

IEU. & YEU. *voyez* EU.

I E U X. & Y E U X.

Les noms en ieux *& yeux ſont des ſubſtantifs, & pour la plûpart des adjectifs qui marquent dans le ſujet abondance, plénitude, excès ou habitude. Ils ſont terminés pour la plûpart en* oſus, a, um.

Ambitieux,   *-tioſus.*

Avaricieux,   *avarus.*

Audacieux,   *audax.*

Ayeux,   *avi.*

Bilieux, au fig.   *mordax.*

Biſayeux,   *atavi.*

Calomnieux, *calumnioſus.*

Capricieux, *moroſus.* changeant, *levis.*

Captieux,   *-ioſus, fallax.*

Cérémonieux, *nimius comitatis affectator.*

Chaſſieux,   *lippus.*

Cieux,   *cœli.*

Conſciencieux, *juſtus, integer, religioſus.*

Contagieux,   *-ioſus.*

Copieux, abondant, *affluens, uber.*

Curieux, *-ioſus, ſtudioſus.*

Délicieux, *ſuavis, jucundus.*

Dévotieux,   *devotus.*

Ennuyeux,   *tædioſus.*

Envieux,   *invidus.*

subst. & adj. masculins.

Facétieux, *facetus, festivus.*
Factieux, *-iosus.*
Fallacieux, *fallax.*
Fastidieux, *-iosus.*
Furieux, *furens.*
Glorieux, orgueilleux, *superbus.*
Gracieux, *blandus, comis.*
Harmonieux, *-icus, musicus.*
Ignominieux, *-iosus.*
Impérieux...
Industrieux, *-ius.*
Ingénieux, inventif, *-iosus.*
Injurieux...
Joyeux, *hilaris.*
Irréligieux, *-iosus.*
Judicieux, *prudens.*
Laborieux, *-iosus.*
Licencieux, *procax.*
Lieux, *loci.*
Litigieux, *-iosus.*
Luxurieux...
Malgracieux, *invenustus.*
Malicieux, *improbus.*
Mélodieux, *harmonicus.*
Mieux, adv. *melius.*
* des Mieux, *quàm optimè.*
à qui Mieux Mieux, *certatim.*
Miséricordieux, *misericors.*
Mystérieux, *mysticus.* secret, *secretus.*
Odieux, *-iosus.*
Officieux, *obsequiosus.*
Oublieux, qui vend des oublies, *melliarum crustularum propola.*
* Pécunieux, *-iosus.*
Pernicieux...
Pestilentieux, *pestilens.*
Pluvieux, *-iosus.*
Précieux...

subst. & adj. masculins.

Prodigieux, *mirus.*
Radieux, *-iosus.*
Religieux, Moine...
Religieux, dévot, *-us.*
* Révérencieux, *observator.*
* Roupieux, *cui stiria pendet ab naso.*
Séditieux, *-iosus, factiosus.*
Sentencieux, *sententiis quasi luminibus ornatus.*
Sérieux, *gravis.*
Soucieux, *sollicitus.*
Spacieux, *-tiosus.*
Spécieux...
Spongieux, *-iosus, fistulosus.*
Studieux, *-iosus.*
Substantieux, *-tialis.*
Superstitieux, *-iosus.*
Trisayeux, *proavi.*
Vicieux, *-tiosus, flagitiosus.*
Victorieux, *victor.*
Vieux, *vetus.* âgé, *ætate provectus.* vieillard, *senex.* fort vieux, *annosus.* décrépit, *-us.* usé, *detritus.* hors d'usage, *antiquatus.* homme du vieux temps, *prisci temporis.* devenir vieux, *consenescere.* s'user, *deperire.* vieux, pour dire expert, *multâ experientiâ doctus.*
Yeux, *oculi.* petits, *ocelli.* beaux, *venusti.* bien fendus, *patentes.* ouverts, *aperti.* vifs, *acuti.* pleins de feu, *ardentes.* étincelans, *scintillantes.* tendres, *teneri.* mourans, *semivivi.* languissans, *languidi.* fins, *perspicaces.* perçans, *arguti.* péné-

substantifs & adjectifs masculins.

trans, *acres*, *acuti.* fripons, *astuti.* amoureux, *lubrici*, *amasii.* bleus, *cærulei.* doux, *blandientes.* enfoncés, *compressi.* creux, *sinuosi.* louches, *distorti.* bigles, *distracti.* chassieux, *lippi.* pleureux, *molles.* égarés, *errantes* vel *ludibundi.* troubles, *graves.* battus, *luridi.* rouges, *cruentati.* borgnes, *lusci.* remplis de taies, *albuginosi.* de travers, *limi.* meurtris, *liventes.* verds, *glauci.* qui sortent de la tête, *emissitii.* gros à fleur de tête, *prominentes.* sans yeux, *inoculatus.* avec des yeux, *oculatus.* qui saute aux yeux, *luce clariùs.* jetter les yeux, *circumspicere.* en bas, *despicere.* en haut, *suspicere.* de côté, *oculos circumferre.*

Plus les pluriels des noms en ieu : Jeux, *qui se prononce comme* Geux, *voyez* EUX.

I F.

Ces noms en if *sont pour la plûpart des termes du Palais, de Médecine ou de Grammaire, qui marquent le sujet avec la qualité ou modification active, & se terminent quasi tous en latin en* ivus, a, um.
Abbréviatif,   *-ivus.*
Ablatif...

substantifs & adjectifs masculins.

Abortif,   *-ivus.*
Abstersif...
Abusif, *inordinatus, perversus.*
Accélératif, terme de Phys.
Accusatif,   *-ivus.*
Actif...
Adjectif...
Adjudicatif...
Admiratif...
Adoptif...
Adoratif...
Adventif, bien, *bonum adventitium.*
Adulatif,   *adulator.*
Affectif,   *-ivus.*
Affirmatif...
Agglutinatif...
Altératif, terme de Médecine, *alterans.*
Apéritif,   *-ivus.*
Appellatif...
Appétitif...
Appréciatif...
Appréhensif...
Apprentif...
Approbatif...
Argent vif, naturel, *argentum vivum.* artificiel, *hydrargyrum.*
Attentif,   *-ivus.*
Atténuatif...
Auditif...
Augmentatif, *quod augendi vim habet.*
Baïf, Poëte François.
Baillif, *Prætor, Baillivus.*
Blémitif, vieux mot, *pallorem inducens.*
Canif,   *cultellus.*
Captif,   *-ivus.*
Carminatif, terme de Mé-

Subſtantifs & adjectifs maſculins.

decine , *tormina diſcutiens.*

Chérif, Roi de Fez, dignité chez les Arabes : Dignité en Angleterre, *Conſul.*

Chétif, vil, *vilis.* miſérable , *miſer.*

Cicatriſatif,   *-ivus.*

Coactif...

Coagulatif...

Collatif...

Collectif, nom·, *nomen collectivum.*

Colliquatif,   *colliqueſcens.*

Communicatif, *diffuſus, diffuſivus.*

Commutatif, adv.   *-ivus.*

Comparatif...

Compoſitif...

Confortatif,   *corroborans.*

Conglutinatif,   *-ivus.*

Conjonctif,   *conjunctivus.*

Conſécutif, *ſubſequens, continuus.*

Conſervatif,   *-ivus.*

Conſolatif, *ſolatium afferens.*

Conſomptif, terme de Médecine.

Conſtitutif,   *-ivus.*

Conſtructif...

Contemplatif...

Contentif, terme de Chirurgie , bandage contentif, *continens faſcia.*

Convulſif,   *convulſus.*

Copulatif, *copulans, connexivus.*

Correctif,   *temperamentum.*

Correlatif,   *-ivus.*

Corroboratif , *corroborandi vim habens.*

Subſtantifs & adjectifs maſculins.

Corroſif,   *rodens.*

Corruptif ,   *-ivus.*

Craintif,   *timidus.*

Cumulatif,   *-ivus.*

Curatif, *curationi ſerviens.*

Datif, tutéle dative ; *tutela dativa.*

Déceptif, vieux mot, *fallax.*

Déciſif,   *decretorius.*

Déclaratif,   *-ivus.*

Défenſif, terme d'Oculiſte.

Défectif,   *-ivus.*

Définitif...

Délibératif...

Démonſtratif, genre délibératif, terme de Rhétorique, *genus deliberativum.*

Dénominatif,   *-ivus.*

Dépilatif, terme de Médecine...

Déprécatif...

Dérivatif...

Déſignatif...

Deſobſtructif...

Déſolatif,   *calamitoſus.*

Deſopilatif, *diſcutiendi virtute præditus.*

Deſſicatif, *exſiccandi vim habens.*

Deſtructif,   *-ivus.*

Déterminatif...

Déterſif,   *detergens.*

Dévolutif,   *-vus.*

Diffuſif, bien, *bonum diffuſivum.*

Digeſtif,   *-ivus.*

Diminutif...

Directif...

Diſcurſif...

Diſcuſſif...

subst. & adj. masc.	Disjonctif,	disjunctivus.	subst. & adj. masc.	Factif,	-ivus.
	Dispensatif,	-ivus.		Facultatif...	
	Dispensif...			Fautif, mendosus. vicieux, -tiosus.	
	Dispositif...				
	Dissolutif...			Fermentatif,	-ivus.
	Distinctif...			Fictif,	-itius.
	Distributif...			Figuratif,	-ivus.
	Divisif...			Finitif...	
	Dormitif...			Fixatif...	
	Dulcificatif...			Fomentatif...	
	Effectif...			Frustratif...	
	Electif...			Fugitif...	
	Elémentatif...			Furtif...	
	Enonciatif...			Géminatif...	
	Entensif, vieux mot, attentus.			Génératif...	
				Génitif...	
	Eradicatif,	-ivus.		Germinatif...	
	Esquif,	scapha.		Gérondif...	
	Estimatif, æstimandi vim habens.			Glutinatif...	
	* Etrif, vieux mot, débat, rixa.			Hâtif, prompt, velox. empressé, sollicitus.	
	Evacuatif,	-ivus.		fruit Hâtif,	præcox.
	Evaporatif...			If, arbre,	taxus.
	Exagératif...			Illatif, d'où l'on infère quelque chose.	
	Excessif,	nimius.		Illuminatif,	-ivus.
	Excitatif,	-ivus.		Imaginatif...	
	Exclamatif...			Impératif...	
	Excogrif,	aruscator.		Impulsif..,	
	Exécutif,	-ivus.		Imputatif...	
	Exfoliatif...			Incarnatif, carnis regenerativum.	
	Exhortatif...				
	Expansif...			Incisif, muscle,	-ivus.
	Expéditif, strenuus, impiger.			Inchoatif...	
	Explétif...			Indicatif...	
	Explicatif...			Infinitif...	
	Expressif...			Infirmatif...	
	Exprimitif...			Informatif...	
	Expulsif...			Initiatif...	
	Exterminatif...			Insinuatif...	
	Extinctif...			Instructif...	
	Exulcératif...			Instrumentatif...	

substantifs & adjectifs masculins.

Insuccessif,	-*ivus.*
Intellectif...	
Interprétatif...	
Intransitif, terme de Grammaire...	
Introductif, terme de Palais...	
Intuitif,	-*ivus.*
Invectif...	
Inventif...	
Itératif...	
Juif,	*Judæus.*
Justificatif,	-*ivus.*
Lascif...	
Laxatif...	
Législatif...	
Lénitif...	
Limitatif...	
Locatif...	
Lucratif...	
Lustratif...	
Maladif,	*valetudinarius.*
Massif, *solidus.* terme de Maçonnerie, *pulvinus.*	
Méditatif,	-*ivus.*
Mémoratif...	
Métif, *ou* Metis, *hybrida.*	
Minoratif,	-*ivus.*
Mitigatif...	
Modificatif, terme de Grammaire...	
Mondificatif, terme de Médecine...	
Morosif,	-*ivus.*
Motif...	
Naïf, *nativus.* sincère, -*rus.* ingénu, -*uus.* candide, -*dus.*	
Narratif, Poëme narratif, *poëma narrativum.*	
Natif,	-*ivus.*
Négatif...	

substantifs & adjectifs masculins.

Noisif, vieux mot, *nocens.*	
Nominatif,	-*ivus.*
Nuncupatif...	
Nutritif...	
Objectif, verre, *vitrum objectivum.*	
Obstructif,	-*ivus.*
Offensif...	
Oisif,	*otiosus.*
Olfactif,	-*ivus.*
Opératif...	
Oppilatif,	*obstructivus.*
Oppositif,	-*vus.*
Optatif...	
Oitensif...	
Palliatif...	
Partitif...	
Passif...	
Pénétratif...	
Pensif...	
Perceptif...	
Perspectif...	
Pignoratif...	
Plaintif,	*querulus.*
Pontificatif,	-*ivus.*
Portatif...	
Positif...	
Possessif...	
Poussif...	
Préparatif...	
Préparatif de guerre, *apparatus.* de voyage, au pl. *apparatus.*	
Présomptif,	*præsumptivus.*
Primitif,	-*ivus.*
Privatif...	
Probatif...	
Processif...	
Productif...	
Profectif...	
Progressif...	
Prohibitif...	

Substantifs & adj. masculins.

Prorogatif,	-*ivus.*
Pulfatif...	
Purgatif...	
Putréfactif...	
Quetif, vieux mot,	*vilis.*
Rationatif,	-*ivus.*
Rebarbatif,	*truculentus.*
Récitatif,	-*ivus.*
Récréatif,	*exhilarans.*
Réductif,	-*ivus.*
Réduplicatif...	
Réflexif...	
Réfrigératif...	
Réïtératif...	
Relatif...	
Rémémoratif...	
Rémollitif, onguent, *unguentum remolliens.*	
Rémolliatif,	-*ivus.*
Rémunératif...	
Répercuffif...	
Répréhenfif...	
Repréfentatif...	
Répurgatif...	
Réfolutif...	
Refpectif...	
Refponfif...	
Reftauratif...	
Reftraintif, qui refferre le ventre...	
Reftrictif...	
Rétif,	*refiftens.*
Rétroactif,	-*ivus.*
Révocatif...	
Révolutif...	
Révulfif...	
Sédatif...	
Senfitif...	
Séparatif...	
Significatif...	
Solutif...	
Soporatif,	*foporifer.*

Substantifs & adject. masculins.

Spéculatif,	-*ivus.*
Sternutatif...	
Stupéfactif...	
Subjectif...	
Subjonctif...	
Succeffif...	
Subfécutif...	
Subftantif...	
Suif,	*febum.*
Superlatif,	-*ivus.*
Sufpenfif...	
Tardif, *tardus.* lent, -*us.* fruit tardif, *fructus ferotinus.* efprit tardif, *ingenium obtufum.*	
Tarif,	*pretii index.*
Tempeftatif,	*tumultuofus.*
Tentatif,	-*ivus.*
Tranflatif...	
Tranfmutatif...	
Turbatif...	
Végétatif...	
Vif, *vivus.* vivant, *animatus.* coloris, *vividus color.*	
Vindicatif,	*ultionis cupidus.*
Vifif,	*facultas videndi.*
Vocatif,	-*ivus.*
Vomitif...	

IPHE. *ou* IFE.

a	Apocryphe, -*phus.* douteux, *dubius.*	
v	* Attife,	*como.*
v	* Bife,	*deleo.*
v	* Brife,	*voro.*
m	Caïphe,	-*phas.*
m	Caliphe, fucceffeur de Mahomet en Arabie, *Caliphus.*	
f	Chife,	*refegmen.*

a	Efcogrife, *arufcator.*
a	Griffe, homme ou femme nés de parens l'un Négre & l'autre Sauvage.
f	Grife, *unguis.* de bétes fauvages, *falcula.*
f	Grife, au fig. il eft tombé fous la grife d'un Procureur, *Procuratore rapace ufus eft.*
m	Hiéroglyphe, *-phus.*
m	Logogriphe...
	—énigme, *ænigma.*
	Pontife, *-fex.*

I F L E.

Mornifle, vieux jeu de cartes, *chartularum luforiarum antiquus ludus.*
donner * Mornifle, un foufflet, *alapam impingere.*

V E R B E S.

Chifle, ou plutôt Sifle, *exfibilo.*
* Chifle, bois,   *bibo.*
Ecornifle, *menfarum affeclam importuniùs ago.*
Renifle, *fpiritu reciproco pituitam deduco.*
Sifle,   *fibilo.*

I F R E.

m	Chifre, *numeralis nota.* écriture fecréte, *arcana fcriptura.* entrelacement de lettres, *notis arithmeticis intricata fcriptura.*
v	Chifre, *numero.*
v	Déchifre, *extrico.*

(note marginale : Jard. au verb.)

---

m	Fifre, *fiftula.*
m	Fifre, joueur de fifre, *fiftulator.*
a	Pifre, *obefus.*

I G E.

a	Lige, droit du Seigneur fur fon Vaffal, *jus clientelare.* homme lige, *clientelaris.*
a	Litige, *lis.*
	—débat, *controverfia.*
m	Preftige, *præftigium.*
m	Prodige, *-gium.*
	—mauvais, *portentum.*
f	Tige d'arbre, *caudex.* branche, *thyrfus.* creufe, *caulis.* à une tige, *unicaulis.* à plufieurs tiges, *multicaulis.* qui porte l'épi, *culmus.*
f	Tige de famille, *caput, ftirps, origo.*
m	Vertige (maladie) *vertigo.*
	Veftige, *-gium.*

V E R B E S.

Afflige,   *-go.*
Collige...
Corrige...
Défoblige,   *offendo.*
Dirige,   *-go.*
Erige...
Exige...
Fige,   *coagulo.*
Fuftige,   *fuftibus cædo.*
Mitige,   *-go.*
Navige...
Néglige...
Oblige...
Rédige...

(note marginale : verbes au préfent du fubjonctif.)

v | Transige, -go.
v | Voltige, volito.
Voyez les autres verbes en iger.
Plus, divers temps d'autres verbes, comme dis-je, fis-je, &c.

IGLE.

a | Bigle, luscus.

IGME.

Borborygme, terme de Médecine, borborygmus.
f | Enigme, ænigma.
Paradigme, terme de Grammaire, paradigma.
Phœnigme, -ma.

IGNE.

subst. & adj. masc. & fem.

Bénigne, -gnus.
Curviligne, -linearis.
Cygne, oiseau, constellation, cygnus.
Digne, -gnus.
Guigne, cerise douce, cerasum crassius.
Indigne, -gnus.
Insigne, -signis.
Interligne, -linearis.
Ligne, linea. d'écriture, versus. à pêcher, piscaria. de fortification, de circonvallation, d'archit. amussis. de bataille, ala. de compte, in rationes adscriptio.
trait de Ligne, lineamentum.
Ligne, rang, ordo.

subst. & adj. masc. & féminin.

à la Ligne, à linea.
Ligne équinoxiale, linea æquinoctialis.
Maligne, -gna.
fiévre Maligne, febris maligna.
Rectiligne, linearis.
Signe, signum. indice, argumentum. témoignage, testimonium. marque, nota. vestige, -gium. présage, præsagium. maniére de signer, chirographum.
Signe de la tête, nutus. des yeux, oculorum conjectus.
Signe du Zodiaque, signum cœleste.
Vigne, vitis, vinea. à petit pied, sessilis. de haute souche, arrectaria stirpis. plantée, consita. à échalas, palata. perchée, jugata. treillée, pergulana. déchaussée, albaqueata. fumée, stercorata. taillée, putata. provignée, propagata. débourgeonnée, pampinata. sarcellée, runcata. sauvage, labruscata. élevée, alta. qui est de vigne, vinearius.

VERBES.

verb. au prés. &c.

Aligne, ad amussim duco.
* Barguigne, mercor.
Cligne, conniveo.
Désigne, -gno.
Enligne, lineâ metor.
* Guigne, limis oculis intueor.

v | * Réchigne, *ringo.*
v | * Trépigne, *tripudio.*
Voyez les autres verbes en igner.

IGRE.

v | * Dénigre, c'eſt-à-dire, mépriſe, *diffamo.*
m | Tigre (animal) *tygris.*
—au fig. cruel, *crudelis.*
m | Tigre, fleuve, *Tygris.*

IGUE.

Subſtantifs féminins.

Bécafigue (oiſeau) *avis ficaria.*
Brigue, *ambitus.*
Digue, *agger.*
Fatigue, laſſitude, *fatigatio.*
—travail, *labor.*
Figue, *ficus.*
—verte, *groſſus.*
—petite, *ficulus.*
—graſſe, *pinguis.*
Gigue, (danſe) *numeroſa ſaltatio.*
Grande gigue, *puella jocoſa.*
Intrigue, *intricatio.*
Ligue, *fœdus.*
—ſociété, *-tas.*
—bande, faction, *factio.* offenſive, *-iva.* défenſive, *-iva.*
Papefigue.
Prodigue, *-gus.*
enfant Prodigue, *puer prodigus.*
Rodrigue, *Rodericus.*
Plus divers temps & diverſes perſonnes des verbes en iguer : Brigue.

verbes au préſ. &c.

VERBES.

* Bigue, *-go.*
Brigue, *ambio.*
Fatigue, *-go.*
Intrigue, *intrico, implico.*
Prodigue, *-go, effundo.*
Voyez les autres verbes en iguer.

IL.

Alguazil, Huiſſier Eſpagnol.
Anil, plante du Bréſil.
Bil, mot Anglois, réglement, loi.
Biſſextil, *intercalaris.*
Chacril, arbre de l'Amérique.
Cil, vieux mot, *ille.*
Civil, *-is.* courtois, *comis.* humain, *-anus.* Etat civil, *civilis ſtatus.* droit civil, *jus civile.* procès civil, *ordinaria cauſa.* Juge civil, *judex ordinarius* ou *temporarius.* Lieutenant civil, *ordinarii tribunalis ſecundarius prætor.*
Douſil, c'eſt le foſſet d'un tonneau.
Exil, *-ium.* aller en exil, *in exilium abire.* envoyer en exil, *exulare.* faire revenir d'exil, *ab exilio reducere.*
Fil, *-um.* de quenouille, *ſtamen.* corde ou droit fil, *amuſſis.* ligne, *linea.*
Fil, tranchant de fer coupant, *acies.*

Substantifs & adjectifs masculins.

Fil de l'eau, *profluens aqua.*
 d'un difcours, *orationis contextus.*
poignée de Fil, *fili manipulus.*
à droit Fil, *filatim.*
Fil à fil, *filatim.*
Goupil, vieux mot, *vulpeculus.*
Grofil, gros verre caffé.
Il, *ille.*
Incivil, *agreftis.* ruftique, *-icus.* un peu incivil, *fubagreftis.* impoli, *-tus.*
Menil, vieux mot, *villa.*
Mil, (nombre) *voyez* mille, *mille.*
Morfil, *ou* ivoire, *ebur.*
—inégalité d'un couteau ou d'un rafoir, *acuta ferri acies inæqualis.*
Nil, (fleuve) *Nilus.*
Partil, terme d'Aftronomie, forte d'afpect.
Piftil, terme de Botanique.
Profil, *monogramma, pictura icon.*
—d'un bâtiment, *fcenographia.*
de Profil, adv. *obliquè.*
Puéril, *-is.*
Sextil, terme d'Aftronomie, *fextilis.*
Subtil, *-is.*
Vil, *vilis.* abject, *abjectus.* méprifable, *contemnendus.*
Vil prix, *tenue pretium.*
Viril, *-is,* fort, *-is.* robufte, *-tus.*
Volatil, *-is.* qui vole, *volucris.*
fel Volatil, *fal volatile.*

Substantifs & adjectifs masculins.

I L. dont l'L eft mouillée, & où elle ne fe prononce que très-peu.

Avril, mois, *Aprilis.*
Babil, *garrulitas:*
Baril, *cadus.*
Béril, pierre précieufe, *berillus.*
Bréfil, pays, *Brafilia.* de Bréfil, *Brafilienfis.* bois de Bréfil, *Brafileum lignum rubrum.*
Cabril, *caprea.*
Chenil, *canile.*
Conil, petit lapin, *cuniculus.*
Emeril, *ou* Emery, pierre métal, *fmyris.*
Fournil, *fuppeditatio.*
Fufil à faire feu, *igniarium.* arme à feu, *ferrea fiftula longior.* arquebufe, *catapulta.* pierre à fufil, *pyrites.* méches à fufil, *igniarium ellychnium.* fufil à éguifer les couteaux, *famiator chalybs.*
Gentil, payen, *ethnicus.* brave, joli, *lepidus, venuftus.* agréable, *concinnus.* poli, *-tus.* élégant, *-gans.* fort gentil, *perlepidus.* un petit enfant gentil, *puer venuftulus.*
Grefil, *ou* grèle, *grando.*
Gril, *craticula.* de foyer, *fotaria.* de cuifine, *coquinaria.*
Mil, graine, *milium.* de mil, *miliarius.*
Nombril, *umbilicus.*

Z

subſtantifs maſculins.

Outil ,   *inſtrumentum.*
Pénil ,   *abdomen.*
Péril , *periculum.* danger ,
   diſcrimen. éminent , *im-*
   minens.
avec Péril ,   *periculosè.*
ſans Péril , *citra diſcrimen.*
être en Péril , *periclitari.*
Perſil , herbe , *apium , ſeli-*
   num.
—ſauvage ,   *apiaſtrum.*
Sourcil ,   *ſupercilium.*

I L D E.

subſt. fémin.

Clotilde , Reine de France ,
   Clotildis.
Herménigilde , nom pro-
   pre , *Hermenigildis.*
Matilde ,   *-dis.*

ILE. & ILLE. dont l'L ne ſe mouille pas.

subſtantifs & adjectifs maſculins & féminins.

Achille , fils de Pélée & de
   Thétis , *Achilles.*
Agile , *-lis.* prompt , *-us.*
   alaigre , *alacer.* vîte , *ce-*
   ler. expéditif , *-itus.*
Agropile , eſpéce de Bé-
   zoard , *agropilus.*
Antifébrile ,   *-ile.*
Arbalêtrille , terme de Ma-
   rine.
Aréoſtyle , terme d'Archi-
   tecture , *aræoſtylus.*
Argile , *-illa , creta.* d'ar-
   gile , *argillaceus.*
Aſyle , *-lum.* réfuge , *perſu-*
   gium.
Belle-iſle , île de France ,
   Caloneſus.

subſtantifs & adjectifs maſculins & féminins.

Bibliophile , *qui in libris*
   colligendis ſtudium omne
   ponit.
Bile ,   *bilis.*
Caville , *malum purpu-*
   reum.
Chyle ,   *-lus.*
Civile ,   *-lis.*
Concile , *-ium.* général, *-ale.*
   œcuménique , *-icum.* univerſel , *-ale.* national ,
   -ale, ou *gentile.* provincial , *-ale.*
aſſembler un Concile , *Con-*
   cilium cogere. le dénoncer,
   indicare. le tenir , *habere.*
Crocodile, animal ,   *-lus.*
Croix-pile, jeu , *averſi num-*
   mi ſortita luſio.
Débile , *-lis.* foible , infirme , *-mus.* imbécille, *-lis.*
Difficile , *-lis.* mal-aiſé , *ar-*
   duus. obſcur , *-us.* fort
   difficile , *perdifficilis.* bi-
   zarre , *moroſus.* auſtère ,
   -rus. rigide , *-dus.*
Docile , *-lis.* facile , *-lis.*
   flexible , *-ibilis.* traita-
   ble , *tractabilis.*
Domicile, *-ium.* demeure ,
   ſedes. maiſon , *domus.* habitation , *-atio.*
Egagropile , *ou* Agropile ,
   pierre en forme de boule.
Eolipile , boule d'airain
   creuſe , *æolipila.*
Evangile ,   *-gelium.*
Facile , *-lis.* commode, *-dus.*
   docile , *-lis.* flexible , *fle-*
   xibilis.
Fertile, *-lis.* fécond, *fœcundus.*

substantifs & adjectifs masculins & féminins.

File, suite, *series.* ordre, *ordo.* rang, *ductus.* rangée de soldats, *militum series directa.* file à file, *perpetuâ serie.* à la file, *alii post alios.*

chef de File, *dux ordinum.* serre-file, *uragus.* demi-file, *linea militum dimidia.* serre demi-file, *anterior uragus.* chef de la seconde file, *secunda dimidia seriei dux.*

Fluviatile, *-lis.*

Fossile, *-lis.* sel fossile, *sal fossile.*

Fragile, *-lis.* foible, *debilis.* infirme, *-mus.*

Gentile, nom qu'on donne aux peuples par rapport aux pays dont ils sont les habitans.

Gille, nom d'homme, *Ægidius.*

Gille, vieux mot, *fraus.* * faire Gille, s'en aller, *fugere.*

Gomberville, Poëte François.

Habile, *-lis, doctus.* actif, *-ivus.* prompt, *-us.* expéditif, *-itus.* industrieux, *-ius.*

Hôtel de Ville, *Basilica consilii civilis.*

Idyle petit Poëme, *Idyllium.*

Imbécille, *-illus.*

Incivile, *-ilis.*

Indélébile. . .

Indocile, *-ilis.* âpre, *asper.*

infertile, *sterilis.*

Inhabile, *-ilis.*

substantifs & adjectifs masculins & féminins.

Intactile, *-lis.*

Inutile, *-ilis.* vain, *vanus.*

Légile.

Logistille, terme de Musique.

Longueville, Bourg de France en Normandie.

Maison de Ville, *voyez* Hôtel de Ville.

Malhabile, *ineptus.*

Malleville, Auteur François.

Mantille.

Mille, nombre, *mille.* ensemble ou de rang, *milleni.* appartenant à mille, *milliarius.* dixaine de mille, *decena millia.* deux mille, *bis mille.* vingt & six mille, *sex & viginti millia.* ou *viginti sex millia.* mille fois, *millies.* de mille pas de long, *milliarius.* mesure de mille pas, *milliarium.* un mille & demi, *sesquimilliarium.* à cinq mille de la ville, *ad quintum ab urbe milliarium.*

Mobile, *-lis.* peu stable, *instabilis.* fête mobile, *conceptivum festum.* premier mobile, *primum mobile.*

Myrtille, plante, *vitis Idæa.*

Nautile, *concha marina.*

Nubile, *-lis.* à marier, *matura nuptiis.* propre au mariage, *apta viro.*

Pædophile, qui aime les enfans, *-lus.*

Péristyle, *locus columnis cinctus.*

Subſtantifs & adjectifs maſculins & féminins.

abondant, *uber.* qui porte, *ferax.*

Pile, *ſtrues.* tas, *cumulus.* de maçonnerie, *moles.* revers de monnoie, *averſa nummi facies.*

Pſylles, anciens peuples de Lybie.

Puérile,   *-ilis.*

Pupille,   *-illus.*

Pycnoſtyle,   *pycnoſtylum.*

Reptile,   *-ilis.*

Scurrile,   *-ilis.*

Sebille, eſpéce de jatte de bois.

Sectile,   *-lis.*

Senſile, galère ordinaire.

Servile,   *-is.*

Sibile de preſſoir, *concha.*

Sibylle, (la) Prophéteſſe, *Prophetiſſa.*

Sicile, pays, *Sicilia.* Trinacrie, *-cria.*

de Sicile,   *Siculus.*

Stérile, *-lis.* infructueux, *-uoſus.* non fécond, *infœcundus.* devenir ſtérile, *ſterileſcere.* rendre ſtérile, *ſterilitate afficere.*

Style, *ſtylus.* maniére de compoſer, *ſcribendi ratio.* ſtyle froid, *frigida dictio.* pratique, *uſus.* coûtume, *mos.* uſage, *ritus.*

Subtile, *-lis.* ingénieux, *-ioſus.* menu, *tenuis.* mince, *exilis.* ruſé, *argutus.* pénétrant, *acutus.* léger, *ſubtilis.* à rouler, *pernix.* à agir, *velox.* à monter, *levis.*

Tactile,   *tactu facilis.*

Subſtantifs & adjectifs maſculins & féminins.

Textile, qui peut être tiré en filets, *textilis.*

Théophile,   *-ilus.*

Tranchefile de livre, *ſectura libri adverſa.*

Tranquille, *-uillus.* appaiſé, *pacatus.* repoſé, *ſedatus.* en repos, *quietus.* eſprit tranquille, *animus liber, ſui compos.* avoir l'eſprit tranquille, *eſſe quietâ mente.*

Vau-de-ville, *plebeïa cantilena.*

Verſatile,   *inconſtans.*

Vigile,   *-ilia.*

Vile, choſe vile,   *vilis.*

Ville,   *urbs, civitas.*

Virgile, nom d'homme, *Virgilius.*

Virile,   *-ilis.*

Volatile, fém. *volatilis.*

Uſtencile, *ou* utenſile, *vaſa.* de chambre, *cubicularia vaſa.* de table, *menſaria vaſa.* de cuiſine, *culinarii vaſarii ſupellex.* menues denrées, *cibaria utenſilia.*

Utile, *-lis.* profitable, *fructuoſus.* commode, *-dus.*

VERBES

verbes au préſent.

Affile,   *acuo.*

Compile,   *-lo.*

Défile,   *detexo.*

Déſopile,   *recludo.*

Diſtille,   *-lo.*

Enfile,   *acum filo inſtruo.*

Exile,   *pello.*

Faufile,   *leviter ſuo.*

verbes au préf. &c.

Faufile (fe) *associatur.*
File , -no , *in fila duco.*
Mutile , -lo.
Opile , *occludo.*
Pile , *tundo.*
Style , *instruo.*
Vacile , *vacillo.*
　Voyez les autres verbes en
iler.

ILE. long. & ISLE.

Substantifs féminins.

Huile , *oleum.* d'olive , *oli-
vum.* de noix , *nuceum.*
vierge , *prodromum.* pref-
fée, *tortivum.* la plus pure
huile , *flos olei secretus ab
amurca.* la plus épaisse ,
olei faces. de chanvre, *canabinum.* de lin , *lineum.* de
navette, *napinum.* de rose
ou rosat , *rosaceum.* abondant en huile , oleosus.
d'huile , *olearius, olearis.*
moulin à huile , *mola
olearia , olearis.* fembla-
ble à l'huile , *oleaceus.* qui
verse l'huile , *capulator.*
pour les viandes , *edule.*
pour oindre , *unguenta-
rium.* fainte huile , au
pluriel , *sanctum oleum.*
Extrême-onction , *unctio
extrema.*
Isle, l's ne fe prononce point,
insula.
Prefqu'ifle , *ou* Péninfule ,
peninsula.
Tuile , *later.* à couvrir , *te-
gula.* plate , *planus later.*
creufe , *imbrex.* à crochet,
uncinatus. gironnée , *pin-*

Substantifs féminins.

nulatus. faîtiére , *major
imbrex.* vernissée , *fauda-
rucanus.* petite tuile , tui-
leau , *laterculus.* piéce de
tuile cassée , *testa.* fait de
tuile , *lateritius.* qui est de
tuile , *laterarius.* façon-
née en tuile creufe , *im-
bricatus.*

ILLA. *voyez* LA.

ILLANT. *voyez* ANT.

ILLE. qui fe mouille.

Aiguille à coudre, *acus.* de
cadran , *ou* d'horloge ,
gnomon. aimantée , *ma-
gnetica.* aiguille de tête
d'une femme , *acus capil-
laris.* de cheveux , *crina-
lis.*
Aiguille , obélifque , pyramide , *pyramis , obeliscus.*
de clocher , *templi obeliscus.*
Anguille , poisson , *anguilla.*
de fil en Aiguille , *ex amussi.*
Apoftille , *appendicula.*
—d'une lettre , *appendix.*
Baftille , prifon , *carcer quem
Bastillam vocant Parisiis.*
petit Fort , *castellum.*
Béatilles , au plur. *leves &
delicati cibi.*
Belle-fille , *nurus.* item :
forte de pomme.
Béquille , *scipio.*
Bétille , *linea telæ genus*
Bille de billard , *clava.* petite , *clavula trudicula.*

d'embaleur, *sarcinatoris clavula.*

Bille de bois, *clavula lignea.*

* Bisbille, terme populaire, *jurgium.*

Blanquille, monnoie de Maroc, valant à peu près six blancs.

Broutilles, au plur. *culeoli.*

Brusquembille, jeu de cartes.

Camomille, *camomilla, camœmelum.*

Canetille, *ou* cantille, *taniola, vittula.* d'or & d'argent, *aurea & argentea.* plate, *plana.* ronde, *rotunda teresque.* chamarré de Canètille, *segmentatus.*

Cantatille, petite cantate.

Cascarille, écorce des Indes Orientales, *cascarilla.*

Castille, Royaume, *Castella, Celtiberia.* de Castille, *ou* Castellan, *Castillanus, Celtiber.*

Caudille, terme du jeu d'Ombre.

Chenille, *eruca, campe, multipeda.* petit agrément de soie dont on pare les jupes, *serica taniola undatim flexa.*

Cheville, *subscus.* d'un char, *operaria subscus.* coulisse, *mobilis subscus.* de luth, *claviculus.* du pié, *malleolus.* d'un verre, *inane versus complementum.*

Choupille, terme de Chasseur, & nom de chien.

Cochenille, graine a teindre en écarlate, *vermiculus Indicus.*

Codille, terme de jeu.

Coquille, *concha.* d'œufs, *ovi putamen.* d'un limaçon, *testa limacis.* au fig. *minima quaque.*

Cordille, jeune thon.

Courtille, jardin.

Croustille, petite croûte, *crustula.*

Dille, vieux mot, Fausset, *veruculum doliare.*

Drille, vieux haillon, *vetus & detrita lacinia.*

un Drille, *pannosis vestibus opertus.*

Ecrille, sorte de clôture.

Effondrille, au plur. *faces.*

Esquille, *schidia.*

Etrille, *strigilis.*

Famille, *familia.* pere de famille, *paterfamilias.* fils de famille, *filiusfamilias.* chefs de famille, *patresfamilias.* d'une même famille, *gentilis.*

Faucille à couper, *secula, falcula.*

Fibrille, *-illa.*

Fille, *filia, nata.* petite, *filiola.* petite fille, *neptis.* arriére petite fille, *proneptis.* belle fille, *privigna.* fille à l'égard du sexe, *puella virgo.* appartenant à fille, *puellaris.* fille non mariée, *virgo, nuptiarum expers.* fille de chambre, *ancilla cubicularis.* servante, *famula.* fille de joie, *meretrix, scortum.*

substantifs féminins.

Flotille, petite flotte.
Fondrille, lie,   *fæx.*
Gautier-Garguille.
Gentille, adj.   *lepida.*
Golille, collet à l'Espagnol.
Goupille, clavette,   *cuneus.*
—de fusil,   *subrues.*
Grille,   *crater.*
—de religion,   *craticula.*
—herse de porte, *cataracta.*
—barreaux,   *chlatri.*
Guenille, *detritæ vestis cento.*
Hatille, *recentis suilla fru-*
  stum.
Jonquille, fleur, *jonquilla,*
  narcissus Iberus.
Lentille, graine, *lens.* figure
  de lentille, *figura lenticu-*
  læ. lentille, verre, *vitrum*
  lenticulare. tache au visage, *lintigo.* d'eau, herbe,
  lenticula palustris.
Mandille,   *tenula.*
Manille, terme de jeu d'Ombre.
Mantille, espéce de fichu
  que portent les Dames.
Morille, *fungus pumicosus.*
Nille,   *pampinus.*
Pacotille, terme de Com-
  merce de mer; on écrit
  aussi paquotille.
Papille,   *-illa.*
Peccadille, petit péché, *noxa*
  levis.
Pointille, *jurgii causa subti-*
  lissima.
Quadrille, troupe de Cava-
  liers, *agmen.* sorte de jeu
  de cartes.
Quille, *metula.* jeu, *metu-*
  larum ludus.

substantifs féminins.

Quille de navire, *navis spina*
  stercobata. quille de char,
  temo.
Quintille, jeu de l'Ombre
  à cinq.
Roquille, moitié d'un demi
  septier, *semi-sextarius.*
Roupille, *substrictum equestre*
  sagulum.
Séville, ville,   *Hispalis.*
de Séville,   *Hispalensis.*
Simille, vieux mot, fro-
  ment, *triticum.*
Smille, terme de Maçon,
  acutus utrinque malleus.
Soudrille, *famula.* méchant
  soldat, *gregarius miles.*
Souquenille, vêtement, *ve-*
  stis crassior & sordidior.
Spadille, terme de jeu d'Om-
  bre.
Squille, oignon,   *squilla.*
Tormentille, herbe, *septifo-*
  lium.
Torpille, poisson, *torpedo.*
Vanille, graine.
Vétille,   *nugæ.*
Volatile,   *volatilia.*
Volille.

VERBES.

verbes au présent, &c.

Babille,   *garrio.*
Boursille, *de meâ pecuniâ*
  confero.
* Brandille,   *moto.*
Brille,   *emico.*
Cheville,   *fibulo.*
Croustille, *crustulas comedo.*
Dessille,   *oculos aperio.*
Détortille,   *evolvo.*
Ecarquille,   *divarico.*

verbes au préſent, &c.

Echenille,   *erucas excutio.*
Egoſille, (s')   *vociferatur.*
Entortille,   *involvo.*
Entortille, (s')   *convolvit.*
* Eparpille,   *ſpargo.*
Etrille,   *ſtrigili defrico.*
Fourmille,   *affluo.*
Fretille, *inquietus ſum, mo-*
     bilitor.
* Gaſpille,   *dilapido.*
* Gouſpille,   *diſpergo.*
Grille,   *aſſo.*
Habille,   *veſtio.*
* Houſpille,   *diſturbo.*
Pétille,   *crepito.*
Pille,   *expilo.*
Recoquille, *cochlea in morem*
     ſimilo.
Sille,   *oculos claudo.*
Sourcille,   *ſupercilia tollo.*
Tortille,   *torqueo.*
     Voyez les autres verbes en
iller.

ILLÉE. *voyez* LÉE.

ILLER. *voyez* LER.

ILLERE. *voyez* ERE.

ILLET. *voyez* ET.

ILLEUX. *voyez* EUX.

ILLI. *voyez* LI.

ILLIR. *voyez* IR.

ILLIS. *voyez* IS.

ILLON. *voyez* LON.

ILTRE.

m Filtre, breuvage pour don-

ner de l'amour, *philtrum.*
v il Filtre,   *tolat.*

ILVE.

f Sylve,   *-va.*

IM.

f Crim, ville,   *Crimea.*
Tartares de Crim, *Tartari*
     Crimei.
m Ibrahim, Sultan.
Intérim, Gouverneur par
     Intérim.
Platatim, adv. burleſque.
m Solim, Sultan.
Thummin, terme Hébreu.
Urim, terme Hébreu.
Zaïm,   *eques apud Turcas.*
Voyez AIM. & AIN.

IMBE.

m Limbe, bord d'un aſtre ou
     d'une planéte,   *limbus.*
Limbes, au plur. lieu où ſont
     les ames des enfans morts
     ſans Baptême, *limbi.*
v Regimbe, (il) *recalcitrat.*

IMBRE.

m Cimbre, peuple,   *-ber.*
m Timbre d'une cloche, *cym-*
     balum. d'un caſque, *coro-*
     nis. marque, *nota.*
m Timbre, cervelle, *cerebrum.*
v Timbre,   *noto.*

IME, long, *ou* ISME.

m Abîme,   *abyſſus.*

v	Abîme, *devoro.*
f	Dîme, *decima.*
v	Dîme, *decimas colligo.*

Voyez le pluriel des prété-
rits des verbes qui n'ont pas
er à l'infinitif, pour ceux qui
voudront rimer au pluriel :
prîmes, punîmes.

I M E. bref.

Ampliffime, -*mus.*
Anonyme, fans nom, *ano-*
　nymus.
Baffiffime, *profundiffimus.*
Cacochyme, *vitiofis humori-*
　bus redundans.
Callionyme, poiffon de mer,
　callionymus.
Catholiciffime, très-Catho-
　lique, *catholiciffimus.*
Cime, *vertex.*
Circonfpectiffime, -*mus.*
Clariffime...
Crime, *crimen.* énorme,
　fcelus. honteux, *turpe fa-*
　cinus. capital, -*ale cri-*
　men. de lèze-Majefté,
　Majeftatis læfa crimen.
Cryptonyme, Auteur qui
　cache ou déguife fon
　nom.
Décime, *decima.*
Eminentiffime, -*mus.*
Engaftronyme, qui parle de
　l'eftomach.
Efcrime, *gladiatura.*
falle d'Efcrime, *lanifta lu-*
　dus.
maître d'Efcrime, *lanifta.*
Eftime, *æftimatio.* calcul,
　numeratio. réputation, *fa-*

ma. confidération, *exifti-*
　matio.
Excellentiffime, -*mus.*
Fauffime, *falfiffimus.*
Fourbiffime, *vaferrimus.*
Généraliffime, -*mus.*
Ginglyme, terme d'Anato-
　mie., charniére, *gingly-*
　mus.
Grandiffime, -*mus.*
Grime, *pufio.*
Habiliffime, *eruditiffimus.*
Homonyme, -*mus.*
Ignorantiffime, *ignariffimus.*
Illégitime, -*mus.*
Illuftriffime...
Infime, vieux mot, *infimus.*
Infinitéfime, fous-entendant
　partie, *infinitefima pars.*
Ingratiffime, vieux mot, *in-*
　gratiffimus.
Intime, -*mus.*
Légitime, -*mus.* jufte, -*tus.*
　enfant légitime, *ingenuus.*
　non légitime, *nothus.*
Légitime, portion d'hérita-
　ge, *hæreditatis legitima*
　portio.
Lime, -*ma.*
Longanime, -*mus.*
Maritime...
Maxime, Empereur, *Ma-*
　ximus.
Maxime, *apophthegma.* d'E-
　tat, *ratio ftatûs.*
Milléfime, -*mus.*
Mime, bouffon, *mimus.*
Minime, Religieux, *Mini-*
　mus.
couleur Minime, *fufcus co-*
　lor.
Monorime, poëfie fur une

ſubſt. & adjecỉ. maſc. & femin.

même rime , *monoryth-*
mus.
Nobiliſſime ,   *-mus.*
Pantomime...
Piiſſime...
Polyonyme...
Prime , jeu , *prima.* c'eſt
   auſſi une des Heures Ca-
   noniales.
Prime , vieux mot , pour
   Premier , *primus.*
Pſeudonyme, qu prend un
   faux nom, *pſeudonymus.*
Puſillanime ,   *-mus.*
Quadragéſime , *ou* Carême,
   quadrageſima.
Quinquagéſime ,   *-ma.*
Rariſſime ,   *-mus.*
Régime de vivre, *veſcendi*
   ratio. de vie , *vita inſtitu-*
   tum. diéte , *diæta.* terme
   de Grammaire , *regimen.*
Révérendiſſime ,   *-mus.*
Rime , *rythmus.* ſuite , con-
   nexion , *nexus.*
Saintiſſime ,   *ſanctiſſimus.*
Sçavantiſſime ,   *doctiſſimus.*
Septuagéſime ,   *-ma.*
Sexagéſime...
Simpliciſſime , très-ſimple ,
   ſimpliciſſimus.
Sublime , *-mis.* relevé , *exi-*
   mius.
Synonyme ,   *-mus.*
Victime ,   *-ma.*
Unanime ,   *-mus.*
Yphtime , nymphe qui fut
   mere des Satyres.

V E R B E S.

Anime ,   *excito.*

verbes au préſent & au ſubjonctif.

Décime ,   *decimas colligo.*
Elime ,   *tero.*
Envenime ,   *veneno inficio.*
Eſtime ,   *æſtimo , exiſtimo.*
Exprime ,   *-mo.*
Imprime ,   *prælo excudo.*
Intime , terme de Palais ,
   denuntio.
Lime , *-mo , limâ detero.*
Méſeſtime ,   *parvipendo.*
Opprime ,   *-mo.*
Prime ,   *præoccupo.*
Rédime , vieux mot , *-mo.*
Réimprime , *iterùm typis*
   mando.
Réprime ,   *-mo.*
Rime , *eodem ſono termino.*
Sublime ,   *-mo.*
Supprime...
   Voyez les autres verbes en
imer.

I M N E.

f Hymne ,   *-nus.*
f Méthymne , ville ,   *-na.*

I M P E.

f Guimpe de Religieuſe , *faſ-*
   cia pectoralis.
v Grimpe (il)   *aſcendit.*
m Olympe, ciel *ou* montagne,
   Olympus.

I M P H E. ou Y M P H E.

f Lymphe ,   *-pha.*
f Nymphe , *-pha.* des eaux ,
   Naïas, Nereis. des forêts,
   Dryas , Hamadryas. des
   montagnes , *Oreas.* des
   jardins , *Napæa.*

Paranymphe,   -phus.

IMPLE.

a Simple, non double, *simplex.* sans ornement, *minimè ornatus.* habit simple, *vestis sine ornatu.* sincère, -*rus.* qui n'est guère fin, *incautus.* sans malice, *innocens.*

f Simple, herbe, *herba medica.*

IN.

Parmi les mots terminés en in & ine, inus, a, um, il y en a plusieurs qui sont substantifs, & beaucoup d'adjectifs, de qualité, profession & office, &c.

Abyssin, nom de peuple, *Abyssinus.*

Adultérin,   -*us.*

Afin, adv.   *ut.*

Agnelin, au plur. *agninæ pelles.*

Aigrefin, poisson de mer : on appelle aussi de la sorte un Chevalier d'industrie.

Airain, cuivre,   *æs.*

Aldobrandin, nom d'un Cardinal & Ministre d'Espagne.

Alexandrin, espéce de vers, *Alexandrinus.*

Altin, Royaume de la grande Tartarie, *Altinum regnum.*

Alvin, poisson, *seminalis piscis.*

Ambrelin,   *succineus.*

Anodyn, reméde, *remedium anodynum.*

Antonin, Empereur,   -*us.*

Apocyn, arbrisseau, *apocynum.*

Apostolin, Religieux, -*us.*

Aquilin...

Archipatelin, *veterator astutissimus.*

Architriclin,   -*us.*

Arétin, Poëte Italien, *Aretinus.*

Argentin,   -*us.*

Argousin, terme de Marine, *satelles remigibus regendis ac custodiendis præpositus.*

Arlequin, bouffon, *Arlequinus.*

Armoisin, taffetas des Indes Orientales, *pannus sericus.*

Assassin, *sicarius.* mouches qu'on met sur le visage, *macula nigra.*

Aubépin, arbre, *alba spina.*

Avertin,   *vertigo.*

Avortin,   -*us.*

Augustin, nom propre, *Augustinus.*

Avranchin, *Abrincensis ager.*

Badin,   *joculator.*

Baladin,   *saltator.*

Baldaquin,   *umbella.*

Ballotin,   *sarcinula.*

Bambin,   *puer lactens.*

Bardin, Auteur François.

Bassin, *polubrum.* plat, *discus.* de chaise percée *scaphium.* de balance, *lanx.* de fontaine, *crater.*

Bavardin, *loquax, futilis.*

Bazin, étoffe, *pannus xylinus tenuis.*

Vertical left margin: Substantifs & adjectifs masculins.

Vertical center margin: Substantifs & adjectifs masculins.

subftantifs & adjectifs masculins.

Bec-de-corbin, *roftrum corvinum.* c'eft auffi un inftrument en ufage dans les Sucreries.

Bedoüin, *ou* Bedun, fecte qui croit en la loi d'Héli, qu'elle dit être oncle de Mahomet.

Beguin, *puerilis calantica.*

Béguin, Religieux du tiers Ordre de Saint François, *Beguinus.*

Beledin, coton du Levant.

Bénédictin, Religieux, *Benedictinus.*

Benjamin, nom d'homme, *Benjaminus.*

Benin, *benignus.*

Bernardin, Religieux, *-us.*

Bernin (le Cavalier) Sculpteur.

Berretin, Religieux, *Barretinus.*

Bezeftin, marché, halle.

Bifcotin, *placenta.*

Blin, terme de Marine.

Blondin, *fubflavus.*

Bobelin, *calceamenti plebeii genus.*

Bombakin, *bombycinum lanâ miftum.*

Bouccaffin, *pannus lineus.*

Boudin, *botellus.* de fang, *fanguiculus.*

Boulin de Colombier, *cellula.* Boulin, folive que les Maçons mettent pour échaffauder, *tranfverfum lignum.*

Boulingrin, *hortus cefpitatus.*

Bouquin, *caprinus.* luxurieux, *-iofus.* vieux livre,

subftantifs & adjectifs masculins.

antiquus liber & vilis.

Cornet à Bouquin, *muficum cornu.*

Bouzin, terme de Carrier & de Maçon.

Bramin, Prêtre Indien idolâtre, *Braminus.*

Brandevin, eau de vie.

Bredindin.

Brigantin, *myoparo, navis prædatoria.*

Brigittin, Religieux, *-us.*

Brin, rameau, *ramufculus.* de paille, *feftuca.*

Brodequin, *cothurnus.*

Bulletin, *ædilitia litteræ.*

Burin, *cœlum.*

Butin, *præda.*

Cadouin, Religieux, *-us.*

Caïn, fils de Noé, *Caïnus.*

Calbotin, *quafillus futorius.*

Calchaquin, peuple de l'Amérique Méridionale.

Calepin, *-us.*

Calin, payfan, *rufticus.*

Callixtin, fectaire.

Canepin, *fumma ovis cuticula.*

Canin, *-us.*

Canobin, le principal Monaftère des Religieux Maronites.

Capucin, Religieux, *-us.*

Carabin, *eques fclopetarius.*

Carmin, rouge, *minium.*

Cafaquin, *chlamydula.*

Cafetin, *Typorum cafula.*

Caffetin, terme d'Imprimerie, *loculamentum.*

Cavin, terme de guerre, *locus nativâ cavitate tectus ab hoftibus.*

subſtantifs & adjectifs maſculins.

Céleſtin , Religieux , *Cœle-*
ſtinus.

Céleſtin , vieux mot , pour
Céleſte , *Cœleſtis.*

Chafouin , *cujus ridiculus eſt*
vultus.

Chagrin , *triſtitia.* qui eſt
triſte , *mœſtus.*

Chagrin , cuir dur , *ſquali*
corium.

Chapin , chauſſure Eſpa-
gnole.

Chélin , monnoie , *chelinum.*

Chemin , 　　　 *via , iter.*

Chérubin , 　　　 *cherubinus.*

Chevrotin , *hadina pellicula.*

Chicotin , poulpe de coloquinte , *pulpa colocyntidis.*
herbe appellée orpin ,
craſſula major.

Chriſtodin , ancien nom des
Calviniſtes.

Circonvoiſin , *circumjectus.*

Ciſalpin , 　　　　 *-pinus.*

Citadin , 　　　　 *civis.*

Citrin , 　　　　　 *-us.*

Clandeſtin. . .

Clarenin , Religieux. . .

Claveſſin d'épinette , *majus*
organum fidiculis intex-
tum.

Clementin , 　　　　 *-us.*

Clin d'œil , 　　 *nictatio.*

Coffin , vieux mot , *cophi-*
nus.

Colletin de buffle , *thorax*
coriaceus.

Colombin , couleur , *colum-*
binus.

Confins , au plur. *fines , ter-*
mini.

Conin , 　　　　 *cuniculus.*

subſtantifs & adjectifs maſculins.

Conſanguin , 　　　 *-neus.*

Conſtantin , Empereur, *-us.*

Contadin , payſan habitant
de la campagne.

Coquin , 　　　　 *nequam.*

Coralin , 　　　　　 *-us.*

Corbin , vieux mot , *corvus.*

Couſin , fils des deux freres ,
patruelis. des deux ſœurs ,
conſobrinus. du frere & de
la ſœur , *amitinus.* iſſu de
germain., *ſobrinus.*

Couſin , moucheron , *culex*
tinnulus.

Couſſin , carreau à s'aſſeoir ,
pulvinus. petit couſſin ,
pulvillus. fait en forme de
couſſin , *pulvinatus.* couſſin de tête , *cervical.*

Craquelin , 　　　　 *libum.*

Cremlin , palais du Czar à
Moſcou.

Crêpin (ſon ſaint) ſon fait ,
peculium.

Crin , 　　　　　 *crinis.*

Crottin.

Cryſtallin , 　　　　 *-us.*

Cucurbitin , terme de Mé-
decine.

Culotin , enfant nouvellement en culotte.

Cumin , herbe , 　　 *-um.*

Dandin , 　　　　 *ſtultus.*

George Dandin , *Georgius*
Dandinus.

Dauphin, poiſſon, *delphinus.*
fils aîné de France , *Del-*
phinus.

Déclin d'arme à feu, *ſchaſte-*
rium.

—d'un Empire , *declivitas.*

Deſtin , 　　　　 *fatum.*

substantifs & adjectifs masculins.

Devin,	*vates.*
Diablotin,	*nequam.*
Diamantin,	*adamantinus.*
Divin,	*-us.*
—excellent,	*eximius.*

Doguin, *canis Britannici catulus.*

Dominiquin, *ou* Dominicain, Religieux, *Dominicanus.* c'est aussi le nom d'un Peintre.

Ecarlatin, *sicera purpurea.*

Echevin, *Scabinus.*

Ecrin, coffret, *cistella.*

Enclin, *propensus.*

Enfantin, *puerilis.*

Enfin, *denique.*

Engin, machine, *machina.* Item : vieux mot, *ingenium.*

Entérin, vieux mot, *integer.*

Eparvin de cheval, *nervorum rigor.*

Escalin, monnoie, *escalinus.*

Escarpin, *socculus.*

Espadassin, un traîneur d'épée.

Esterlin, monnoie d'Angleterre.

Estrapontin, *stratum.*

Euxin (Pont) mer, *Pontus Euxinus.*

Fagotin, bouffon, *scurra.*

Fantassin, *pedes.*

Faquin, *despectus.*

Farcin, *scabies equina.*

Féminin, *-us.*

Férin, terme de Médecine, *ferinus.*

Festin, banquet, *convivium.*

Fin, *finis.*

substantifs & adjectifs masculins.

sans Fin, *infinitus.* infiniment, *in infinitum.* sur la fin, *ad extremum.* à quelle fin, *quorsum ?* mettre fin, *conficere.*

à la Fin, *tandem.*

Fin, borne, *terminus.* limite, *limes.* issue, *eventus, exitus.* clôture, *clausula.*

bonne Fin, *fœlix exitus.* mauvaise fin, *exitium.*

Fin, terme de Palais, *juris exceptio.*

Fin, intention, *intentum consilium.*

Fin, au fig. la mort, tirer à la fin, *esse in extremo spiritu.*

Fin, *tenuis.* délié, *exilis.* pur, *purus.* exquis, *-situs.* précieux, *-iosus.* drap fin, *pannus subtili stamine.* argent fin, *argentum pustulatum.* or fin, *aurum obrizum.*

Fin, subtil, *-lis.* rusé, *astutus, callidus.* pénétrant, *acutus.* ingénieux, *argutus.*

Fin, délicat pour les viandes, *palatum sagax.*

Flandrin (grand) *magnus Belga.*

Florentin, *-us.*

Florin, monnoie, *florinus.*

Fortin, petit fort, *castellum.*

Franciscain, Religieux, *Franciscanus.*

Francolin, oiseau, *attagen.*

Fretin, *piscium quisquiliæ.*

Frusquin (son) *peculium.*

Funin, cordage, *funium apparatus.*

substantifs & adjectifs masculins.

Fusin, crayon, *graphium.*

Galopin, marmiton, *coquinarius.*

Garbin, vent, *Africus.*

Gazetin, petite gazette.

Gobin, *gibbus.*

Gibelin, nom d'homme, *Gibelinus.*

Gigantin, *gigantæus.*

Gilotin, écolier de Sainte Barbe à Paris.

Gobelin, *lemur.* Item : homme facile à tromper.

Godin, veau déja fort.

Gonin (un maître) *lepidus homo.*

Gorgetin, *hypotrachelium.*

Gerondin *ou* Girondin, *Gerondinus* ou *Girondinus.*

Goftampin, arbre des Indes.

* Gourdin, bâton, *fuftis.*

—de navire, *fuftis.*

Gradin, *gradus minor.*

Grandolin, terme provincial, *infulfus.*

Grapin, inftrument de fer, *harpago.*

Graffin, milice de nouvelle création.

Gratin, *pultis craffamen.*

Gredin, *mendicus.*

Grappin, terme de Marine.

Gribelin, Peintre, *–us.*

Grimelin, *pufio.*

Gris de lin, *color violaceus dilutior.*

Guilledin, cheval, *mannus tolutarius.*

Hutin, vieux mot, *altercatio.*

Jacobin, Religieux, *Dominicanus.*

substantifs & adjectifs masculins.

Jardin, *hortus.* potager, *olitorius.* à fleurs, *coronarius.* de plaifir, *voluptuarius.* à compartimens, *topiarius.* fur le couvert des maifons, *horti penfiles.* qui appartient au jardin, *hortenfis.* qui a foin du jardin, *hortulanus.*

Jafmin, fleur, *–us.*

Jenin, vieux mot, fot, idiot.

Ignorantin, *ignarus.*

Incarnadin, *rofeus.*

Inteftin, *-inus.* domeftique, *domefticus.* boyau, *inteftinu n.*

Juin, mois, *Junius.*

Jupin, Jupiter.

Juftin, nom d'homme, *Juftinus.*

Lambin, *lentulus.*

Lambrequin, *lacinia fluentes ex galeâ.*

Lamentin, gros poiffon de mer, *lamentinus pifcis.*

Lapin, *cuniculus.*

Larcin, *latrocinium.*

Latin, *-us.* pays Latin *ou* l'Univerfité, *Regio latina.*

Lectrin, vieux mot, *pluteus.*

Léonin, forte de vers, *verfus leoninus.*

Lévantin, *Orientalis.*

Libertin, *diffolutus.*

Lin, forte de navire, *linter.*

Lin, *linum.*

Londrins, forte de draps.

Lopin, *fruftum.*

Lupin, légume, *lupinûm.*

Lutin, *larva.*

Lutrin, *pluteus.*

substantifs & adjectifs masculins.

Magasin,   *apotheca.*

Maillotin, vieux mot, *tudicula.*

Mairin, pour Maire.

Malendrin,   *leprosus.*

Malengin,   *dolus malus.*

Malin,   *malignus.*

le Malin,   *diabolus.*

Mandarin, Grand de la Chine, *Mandarinus.*

Manequin, panier, *profunda cista.*

Manequin, modéle des Peintres, *ligneum hominis simulacrum.*

Marcassin,   *aperculus.*

Marin, nom, *Marinus.* qui est de mer, *maritimus.*

Pié-Marin, *rei navalis peritus.*

Cheval Marin, *equus marinus.*

Veau Marin, *vitulus marinus.*

Maroquin, peau, *hircinum corium.* noir, *nigrum.* rouge, *rubrum.* violet, *violaceum.* verd, *viride.* jaune, *flavum.*

Masculin,   *-us.*

Matassins, au plur. danse, *ludionis saltatio.*

Mathurin, Religieux, *Mathurinus.*

tranchées de Saint Mathurin, fig. folie, *amentia.*

Mâtin,   *canis villaticus.*

Matin,   *matutinum.*

Mazarin, nom d'homme, *Mazarinus.*

Mazelin, *ou* Mazerin, vieux mot, *poculum.*

substantifs & adjectifs masculins.

Médecin,   *medicus.*

Médiastin,   *-us.*

Menin,   *puer honorarius.*

Merlin, vieux mot, sorcier, *merlinus.*

Meschin, Meschine, vieux mot, jeune garçon, jeune fille.

Mesquin,   *sordidus, vilis.*

Miramolin,   *-us.*

Mont-Ferrin, habitant du Mont-Ferrat.

Moulin,   *moletrina.*

fer à Moulin, terme d'Armoirie, *ferrum moletrina decussatum.*

Muscadin,   *apianus.*

Mutin, *rixosus, pervicax, seditiosus.*

Nanquin, ville, *Nanquinum.*

Nervin,   *-us.*

Observantin. . .

Ohin,   *defectus.*

Orphelin,   *orphanus.*

Orpin, orpiment, *auripigmentum.*

Oudin, Auteur François, *Oudinus.*

Paladin,   *-us.*

Palanguin, chaise à porteur des Indes, *palanguinum.*

Palatin,   *-us.*

Papalin. . .

Papin, bouillie, *pulticula.*

Parchemin,   *pergamenus.*

Pasquin, statue mutilée de Rome, d'où les Pasquinades ont pris leur nom, *Pasquinus.*

Pasquin *ou* Pasquinade, satyre piquante, *programma maledicum.*

Patelin,

Substantifs & adjectifs masculins.

Pascalin , machine d'Arithmétique.

Pasquin ,   *-us.*

Patelin , *deceptor* , *palpator.*

Patepin.

Patin , foulier , *altior calceus.*

Patin à aller sur la glace , *solea ferro instructa.*

Patin , Médecin & Epistolaire François.

Pavin (Saint) Poëte François , *Pavinus.*

Pekin , ville , *Pekinum.*

Pélerin , *peregrinus* , *viator.*

Pepin ,   *granum* , *acinus.*

Péregrin , faucon , hagard , *peregrinus.*

Périgourdin , *Petragorensis.*

Perlinpinpin.

Picotin d'avoine , *quadrans avenarii modioli.*

Pin , *pinus.* pomme de pin , *pomum pineum.*

Plaisantin , Acteur qui joue dans une farce.

Plantin , herbe , *plantago.*

Poitevin ,   *Pictavus.*

Potin , métal composé , *æs mixtum.*

Poulévrin à amorcer un mousquet , *pyxis pulveraria.*

Poupelin , *lactarium crustulum.*

Poupin ,   *concinnus.*

Poussin ,   *pullus.*

petit Poussin ,   *pullulus.*

Le Poussin , Peintre.

Prin , vieux mot , *primus.*

Provin de vigne , *propago.*

rose de Provin , *rosa trachiana.*

Substantifs & adjectifs masculins.

Pulvérin , poële à poudre à canon , *pyxis pulveris tormentarii.*

Quadrin , denier Romain moderne.

Quatre-vingts , espéce de légitime coutumiére des biens propres.

Quintin , toile fine , *tela Quintiniana.*

Rabbin , Docteur Juif , *Rabbinus.*

Raisin , fruit de vigne, *uva.* grappe de raisin , *racemus.* grain de raisin , *acinus.* raisin muscat,*uva apiana.* de corinthe , *corinthia.* séché au soleil , *passa.* de Gréce,*gracula.* de damas, *damascena.* frumenteau blanc & dur , *duracina.* à grains rouges , *taminia ,* vel *purpurea.* confit , *condita.* propre à confire , *condimentaria.* blanc , appellé goët, *rabuscula* ou *ravuscula.* de raisin , *racemarius.* abondant en raisin , *racemosus.*

Ramequin , ragoût , *condimentum.*

Raphael d'Urbin , excellent Peintre.

Rapin , Auteur François.

Ravelin ,   *lenula.*

Ravin ,   *aqua torrens.*

Repentin , vieux mot burlesque.

Replein , vieux mot, *plenus.*

Réveil-matin , celui qui éveille les autres , *matutinus excitator.* horloge

qui réveille, *areum ſuſci-tabulum.* herbe appellée tintimale, *-lum.*

Révolin, tourbillon, *turbo.*

Rhin, fleuve, *Rhenus.*

Robin, *togatus.*

Robin, nom d'homme, *Robinus.*

Rondelin, mot burleſque, homme fort rond.

Romain, *Romanus.*

Romarin, arbriſſeau, *ros marinus.*

Rouſſin, *equus craſſus.*

Saladin, Soudan, *Saladinus.*

Salin, *-us.*

Salins, au plur. ancienne Juriſdiction de la Rochelle.

Sanguin, *in quo ſanguis prævalet.*

Sapin, arbre, *abies.*

Sarraſin, Poëte François, *Sarraſinus.* Peuple, *Sarracenus.*

Satin, ras, *ſericum raſum ſpiſſius.*

Sauvagin, chair de bête ſauvage, *ferina.*

Scopetin, *eques catapultâ recurvâ armatus.*

Scrutin, *ſcrutinium.*

—recueil des ſuffrages, *ſuffragiorum collectio.*

Sebelin, v. m. *zibelinus.*

Sequin, monnoie, *-um.*

Séraphin, *-us.*

Serpentin, *-us.* de ſerpent, de mouſquet, *catapultaria admovenda machinula.* terme de Chymie, tuyau de cuivre fait en ſerpent,

tubus ſerpens. coulevrine, piéce d'artillerie, *tormentum à colubro dictum.* marbre tacheté, *ophytes.*

Sibyllin, *ſibyllinus.*

livres Sibyllins, *ſibyllini libri.*

Smectin, *terra ſaponaria.*

Songe-malin, *fraudum aſſiduus artifex.*

Spadaſſin, *macharophorus.*

Sterlin, monnoie, *ſterlinum.*

Strapontin, *lectus penſilis.* petit ſiége, *ſedecula mobilis.*

Suint, pour Sueur.

Sultanin, monnoie Turque, *ſultaninus.*

Superfin, terme des Tireurs d'or, *perexilis.*

Tabarin, bâteleur, *hiſtrio.*

Tabourin, *tympanum.*

Talapoin, Officier Indien.

Tamarin, fruit, *myrice.*

Tambourin, *ou* Tabourin, ſorte de perle.

Tantin, vieux mot, *tantillum.*

Taquin, *tenax.*

Tarin, oiſeau, *-us.*

Tarquin, Empereur. . .

Tâte-vin, ſorte d'inſtrument.

Taupin, *nigellus.*

Tetin, *papilla.*

Théatin, Religieux, *-us.*

Thin, *ou* Thym, herbe, *thymus.*

Tinrelintintin, terme populaire.

Tintin de ſonnette, *tinnitus campanæ.*

subst. & adj. mascul.

Tintouin , *aurium tinnitus.*

Tocsin , *ou* Toxin, *campanæ signum tumultuarium.*

Transmarin , au-delà de la mer.

Transpontin ,   *-us.*

Traversin ,   *pulvinar.*

Trivelin ,   *-us.*

Trotin , laquais , *pedissequus.*

Troussequin , *posticus ephippii arculus.*

Tubalcaïn ,   *-us.*

Turin , ville ,   *Taurinum.*

Turlupin ,   *insulsus sanio.*

Turquin , bleu , *cæruleus Turcicus.*

Vagin , terme de Médecine , *vagina.*

Varadin , ville ,   *-um.*

Vélin ,   *membrana.*

Venin ,   *venenum.*

Vercoquin, caprice , *morositas.*

Vertugadin , *infantis custos.* habit Espagnol.

Victorin ,   *-us.*

Villebrequin ,   *terebellum.*

Vin , *vinum.* pur , *merum.* mêlé d'eau, *dilutum.* blanc, *album.* rouge , *rubrum.* noir , gros vin rouge , *atrum , nigrum.* clairet, *rubellum.* paillet, *helvum.* cuit, *sapa, defrutum.* nouveau , *novum.* qui a de la force , *ingentium virium.* foible , qui n'a point de force , *nullarum virium.* petit vin , *villum, leve vel tenue vinum.* sans saveur, *infirmi saporis, languidius.* rude, dur , *durum.* doux ,

subst. & adj. mascul.

mustum. de liqueur, *dulce.* ferme , de garde , *firmissimum.* poussé , *vappa.* qui passe, *fugiens.* de l'année , *hornum.* qui sent le terroir, *resipiens virus terrenum.* du pays, *indigena.* de dépense , *lora.* de la piquette, *acinaceum, facatum.* de montagne , *collinum.* qui est dans sa boite , *mediâ ætate.* aigre , *acidum.* un peu aigre , *subacidum.* de mere goutte, *lixivium* ou *protropum.* de pressurage , *circumcidaneum mustum.* qui se veut boire , *quod promi postulat.* qui n'est point dans sa boite , *nondum promendum ad usum.*

Vin de premiére cueillette , *præliganeum procoquum.* vieux , *vetus.* clair , *pellucidum.* âpre , *asperum.* puissant , *vehemens.* piquant , *acris morsûs.* fumeux , *fumosum , fumidum.* gros , moëlleux , *crassius & succi plenum.* léger , *tenue.* de deux ans, *bimum.* de trois , *trimum, trienne.* de quatre , *quaternum.* de cinq , *quinum.* de dix , *denum.* de vingt , *vicenum.* de trente ans, *tricenum vinum.* missionné , *conditum.* médecinal , *medicatum.* cuit , *defrutum.* pour le ménage , *cibarium.* pour les ouvriers , *operarium.* de

substantifs & adjectifs masculins.

pressoir, *tortivum.* qui n'est pas de garde, *fugiens.* éventé, *evanidum.* verd, *acerbum.* pur & net, *purum & defæcatum.* vin muscat, *apianum.* d'Espagne, *Hispanicum.* d'absynthe, *absynthites.* d'hyssope, *hyssopites.* d'aurosne, *abrotonites.* de thym, *thymites.* de fenouil, *marathrites.* de réglisse, *glycyrrithes.* adonné *ou* sujet au vin, *vino deditus.* suc qui a le goût du vin, *succus vinosus.* de suc de vin, *saporis vinosi.* qui boit du vin, *vini potor.* qui ne boit point de vin, *abstemius.* plein de vin, *temulentus, madidus.* qui aime le vin, *vinolentus.*

de Vin, *vinarius.* esprit de vin, eau-de-vie, *aqua vinaria.* vase, où on met le vin, *vas vinarium.* la cave du vin, *cella vinaria.* vaisseau à porter le vin, *œnophorum.* lieu où on vend le vin, *œnopolium.* qui vend du vin, *vinarius propola.*

cuver le Vin, *mustum in lacu fervefacere.* bondonner le vin, *vinaria dolia operculare.* nourrir le vin, *vinum affuse vino fovere.* le rafraîchir, *refrigerare.* le traiter, *curare.* le frelater, *infuscare.* le temps de goûter le vin, *vinalia.* le tirer, *haurire, promere.*

substantifs & adjectifs masculins.

le tremper, *diluere, aquâ macerare.* sentir le vin, *vinum olere.* plein de vin comme une soupe, *vino suffusus.* cuver son vin, *crapulam exhalare.* filet de vin, *vini stilla.* doigt de vin, *vini haustus.* soupe en vin, *offa vinaria.*

Vin, surcroît du prix, *ou* marché, *accessio, corollarium.*

Voisin,   *vicinus.*

Utérin,   *-us.*

INC. & INQ.

Cinq,   *quinque.*

m Zinc, sorte de demi métal, *zincum.*

INCE. & INSE.

v Grince,   *dentibus strideo.*

a Mince, *gracilis, tenuis, subtilis, exilis, minutus.*

m Mince, fleuve,   *Mincius.*

f Pince d'un collet,   *cuspis.*

—tenaille, *forceps ferreus.*

v Pince,   *vellico.*

m Prince, *princeps,* souverain, *summo jure.* vassal, *alienæ ditionis.* du sang royal, *regius.* Prince des Poëtes, *Poëtarum princeps primus vel coriphæus.*

f Province,   *-cia.*

v Rince,   *eluo.*

Plus divers temps & diverses personnes d'une partie des verbes en nir : tinsse.

INCT.

a Diftinct , *diftinctus.* diffé-
rent , *diverfus.* féparé ,
fecretus.

m Inftinct , *-us.* mouvement ,
motus, impulfus.

a Succinct , *brevis..* concis ,
concifus. abbrégé , con-
tractus.

INCTE.

f Diftincte, *-ta.* chofe diftincte , *res excreta.*

f Succincte, *brevis, contracta.*

INDE.

Blinde , au plur. terme de
fortification , *pluteus.*

f. Clorinde , nom de femme ,
Clorinda.

m Coq d'Inde , *gallus Indicus.*

v Guinde , *attollo.*

f Inde , *India.* couleur , *Indicum.* fleuve , *Indus.*

f Mélinde , nom de femme ,
Melinda.

f Olinde , nom de femme ,
Olinda. lame d'épée , *enfis
lamina.*

m Pinde , montagne , *-dus.*

f Poule d'Inde, *gallina Indica.*

INDRE.

m Cylindre , *cylindrus.*

a Graindre, vieux mot , *gran-
dior.*

m Indre , riviére , *Inger.*

verbes à l'infinitif.

V E R B E S.

Atteindre , *attingere.*

Aveindre , tirer dehors , *depromere.*

Ceindre, *accingere.* fon épée ,
fe gladio cingere. une ville
de murailles , *urbem mœ-
nibus circumdare.*

Complaindre , *queri.*

Contraindre , *cogere.* fe contraindre , *diffimulare.* fe
retenir , *temperare fibi.*

Craindre, *timere.* faire craindre , *metum incutere..*

Dépeindre , *depingere.* par
paroles , *verbis defcribere.*

Déteindre, *decolorare.* fe déteindre , *colorem amittere.*

Enceindre , *præcingere.*

Enfreindre , *infringere , violare.*

Epreindre , *exprimere.*

Eteindre , *extinguere.* au fig.
éteindre la vie , *vitam
abolere.*

* Etreindre , *conftringere.*

Feindre , *fingere.* faire fem-
blant , *fimulare.*

Freindre , vieux mot , *frangere.*

Geindre , vieux verbe , *gemere.*

Maindre , vieux mot , *ma-
nere.*

Peindre, *pingere.* en détrempe , *aquario fubactu.* à
l'huile , *pigmento oleario.*
à frefque , *recenti alba-
rio.* en apprêt fur le verre , *vitrum pingere.* avec

verbes à l'infinitif.

le fer chaud fur la cire, *veruculo ceras pingere.* de la vaiffelle de terre, *teftacea encaufto vitreo.* un homme au vif, *ex vero vultum hominis graphicè fingere.* au vif la pâleur fur le vifage, *fuffundere in vultu pallorem.* achever de peindre, *famam jam obfcuratam planè denigrare.*

Plaindre, *gemere.* fe plaindre, *queri.*

Reftraindre, *reftringere.* limiter, *moderari.*

Teindre, *inficere, imbuere.*

INE.

Subftantifs & adjectifs feminins.

Acadine, fontaine de Sicile, *Acadina.*

Agrippine, Impératrice, *-na.*

Alphonfine, terme d'Aftronomie, les tables Alphonfines, *tabula Alphonfina.*

Alvine, herbe, *abfynthium.*

Amarantine, fleur, *-ina.*

Androgyne, *-nus.* hermaphrodite, *-tus.*

Angéline, nom de femme, *Angelina.*

Angevine; on appelle ainfi en Anjou la fête de la Nativité de la Vierge.

Angine, maladie de la gorge, *angina.*

Annotine, Pâque annotine.

Argentine, herbe, *-ina.*

Armeline, peau de Laponie.

Arufpicine, *-ina.*

Avanturine, *lapis fortuitus.*

Subftantifs & adjectifs feminins.

Aubépine, *alba fpina.*

Aveline, *avellana.*

Aufpicine, l'art de deviner, *aufpicina.*

Babine, *labium.*

Badines, pincettes légères.

Balancine, au plur. *rudentes.*

Balfamine, plante, *-ina.*

Baffine, *lancula.*

Bécaffine, *rufticula minor.*

Béguine, *calantica mulier.*

Bernardine, Religieufe, *-ina.*

Bête afine, *afinina beftia.*

—chevaline, *caballina.*

Bobine, *fufus.*

Botine, *ocrea.*

Boudine, nœud du verre.

Bouline, terme de mer, *adverfus à vento funis obliquatus.* aller de bouline, *tranfverfario vento ufi profperiore.*

Brigantine, arme, *hamatus thorax.*

Brigittine, Religieufe.

Bruine, *pruina.*

Buccine, vieux mot, *buccina.*

Burgandine, forte de nacre.

Cache-platine, terme de guerre.

Calamine, pierre minérale, *cadmia.*

—ville des Indes, *Calamina.*

Cambrafine, toile fine d'Egypte.

Cameline, robe de camelot.

Cameline, plante, *-ina.*

Camelotine, *pannus tenui filo, cilicii operis more contextus.*

subſtantifs & adjectifs féminins.

Cantine, cabaret d'armée, *popina caſtrenſis.* coffre à mettre des bouteilles, *arca ampullaria.*

Capeline, chapeau, *petaſus.* de femme, *cauſia muliebris.*

Capeline de fer, *brevior & alta caſſis.* homme de capeline, d'exécution, *animi præſentis & manu promptus homo.*

Capucine, Religieuſe.

—plante, *cardamendrum.*

Carabine, *catapulta.*

Cardamine, plante, *-ina.*

Caroline, Ordonnance faite par l'Empereur Charles V.

Caroline, contrée de l'Amérique : monnoie d'argent de Suéde, *Carolina.*

Caſſine, petite caſe, *villa.*

Céraſine, ſorte de breuvage.

Chevaline, *pabulum.*

Chevrotine, menu-plomb.

Chine, pays, *China.*

Chopine, *ſextarius Gallicus.* demie chopine, *quartarius.* quart de chopine, *acetabulum.*

Clarine, *vaccinum tintinnabulum.*

Clémentines, au plur. partie du Droit Canon, *Clementina.*

Cochinchine, pays, *-na.*

Coffine, ardoiſe coffine, un peu voûtée.

Colombine, nom de Comédienne, *Colombina.*

Concubine, *-na.*

Contremine, *objectus cuniculus.*

subſtantifs & adjectifs féminins.

Coralline, *-na.*

Corinne, nom de femme, *Corinna.*

Cornachine, ſorte de reméde, *pulvis cornachinus.*

Cornaline, *onyx corneóla.*

Cotonine, pierre précieuſe.

Coulévrine, petite piéce d'artillerie, *tormentum bellicum formam habens colubri.*

Courtine, rideau, *lecti velum.*

—de fortification, *frons aggeris.*

Crapaudine, pierre, *batrachites.* terme de Serrurier, *alveolus.*

Crêpine, *fimbria.*

Cryſtalline, eau, *aqua cryſtallina.*

Cuiſine, *culina.*

Dauphine, ſorte d'étoffe, *delphina.*

Devine, *hariola.*

Diſcipline, *-na.* inſtruction, *-io.* ſcience, *-tia.* art, *ars.* fouet, *flagellum, flagrum.* faire la diſcipline, *ſe flagellis cædere.*

Diſcipline Eccléſiaſtique, *-ica diſciplina.*

Doctrine, *doctrina, eruditio.* ſcience, *-tia.* grande, *abundans.* ſuperficielle, *tenuis.* homme de grande doctrine, *vir exquiſita litteratura.*

Doguine, *canis quædam fæmina.*

Duracine, *duraſina perſica.*

Echine, *ſpina dorſi, lumbus.*

subst. & adj. féminins.

ovale , *ou* œuf , terme d'Architecture , *echinus.*

coupée , *decuminatus.*

Eglantine , prix de Poësie aux jeux floraux.

Elégantine , fleur , *camina rosa.*

Enfantine (humeur) *puerilis indoles.*

Epine , *spina.*

Esclavine , vieux mot , *penula.*

Esquine , racine , *squina.*

Etamine, *textum cilicinum.* Il a passé par l'étamine , *multis doloribus & plurimis medicamentis tentatum fuit illius corpus.*

Extispicine , *extispicina.*

Faim canine , *fames canina.*

Famine , *fames.*

Farine , *-na.* de farine , *farinarius.* fleur de farine , *pollis.* de froment, *simila, similago.* pain de fleur de farine , *panis siligineus.* d'orge , *polenta.* de féves , *lomentum.* de brique & autres choses , *testaceus pulvis.*

Jean-farine , *fatuus, stultus.*

Fascine , *vigiliorum fascia.*

Ferrandine , *pannus lana & serico textus.*

Feuillantine , Religieuse , *Fulliensis sanctimonialis.*

Fouine , *mustela.*

Fureur utérine , terme de Médecine , délire mélancolique dans les femmes , *furor uterinus.*

Gabadine , *dolus.*

subst. & adj. féminins.

Galvardine , sorte d'habillement.

Gandine , vieux mot , *sylva.*

Gélasines , dents du milieu , *gelasini dentes.*

Geline , *gallina.*

Gésine , vieux mot , *puerperium.*

Gingrine , flûte des anciens.

Gouine , *scortum.*

Gourgandine, coureuse, *prostibulum.* c'est aussi une sorte d'ajustement de femme.

Hale-bouline , méchant matelot , *nauta imperitus.*

Herbeline , *ovis macra.*

Hermine , belette , *mus ponticus.* peau d'hermine , *vellus ponticinum.* fourré d'hermine , *pontico vellere obductus.*

Héroïne , *herois.*

Hongreline , *vestis muliebris Hungarica.*

Houssine , *virgula.*

Jacqueline , *Jacoba.*

Javeline , *hasta, sarissa.*

Intestine (guerre) *bellum intestinum.*

Lambine , *lentula.*

Landgravine , *Landgravina.*

Langue serpentine , *lingua serpentina.*

Latrines , au plur. *latrina.*

Légatine , étoffe.

Lettrine , terme d'Imprimerie , *litterula.*

Libitine , *-na.*

Lucine , surnom de Junon , *Lucina.*

Lustrine , étoffe de soie.

Macémutine, ancienne monnoie d'or d'Arragon.

Machine, -na. à lever des fardeaux, *scansoria*, *scansilis*. à tirer & traîner, *tractoria*, *ductoria*, *helciarium machinamentum*. à jetter & darder, *balistaria emissaria*. terme de Cordonnier, *sulphurata cera*.

Madouine, pistole de Piedmont.

Maline, dentelle de Flandres.

Manteline, *palliolum muliebre*.

La Marine, *res nautica*. marine, adj. *maritima*. science de la marine, *nauticarum rerum scientia*. garde-marine, *epibata*. entendre la marine, *rei navalis peritum esse*. soldat de marine, *classiarius*.

Marteline, *denticulatus malleolus*.

Mathurine.

Matine, *matutinum*.

Médecine, art, *medicina*, *ars medica*. faire la médecine, *medicinam exercere*. potion médecinale, *potio medica*.

Médine, ville, -na.

Mélusine...

Ménine, *puella honoraria*.

Messaline, Impératrice, -na.

Mezeline, *Attalicum textile ex lana & lino*.

Mine, livre grecque, *mina*, *Attica libra*. mesure de

grains, double minot, *medimnus & quadrans*. veine de métal, *vena metallica*, *metallum*. d'or, *aurifodina*. minière, fossé ou est la mine, *fodina*, *metallum*. de mine, *metallicus*.

Mine, terme de guerre, fosse souterraine, *cuniculus*. faire une mine, *cuniculum agere*. la conduire, *perducere*. faire jouer la mine, *cuniculo ignem applicare*. éventer la mine, *cuniculum difflare*.

Mine de visage, *oris species*, ou *habitus*. homme de bonne mine, *vultûs dignitate clarus*. enfant de bonne mine, *puer eleganti formâ*. de mauvaise mine, *homo fœdâ oris specie*. mine d'honnête homme, *species liberalis*, joyeuse, *hilaris*, *læta frons*. mine triste, *tetricus aspectus*. mine étrangère, *peregrina facies*.

Mine, couleur rouge, *minium*, *usta*.

Mnémosyne, -ne.

Morgeline, plante, *morsus gallinæ*.

Mousseline, toile, *tenuissima carbasus*.

Narine, *naris*.

Nundine, Déesse de l'Antiquité.

Origine, *origo*.

Palatine, fourrure dont les femmes se couvrent le

cou, *pelliceus colli ami-*
ctus.

Papeline, étoffe, *pannus ex*
serico crassiore.

Pascaline, machine d'Ari-
thmétique de M. Pascal.

Piscantine, c'est de l'eau
jettée sur le marc de vendange.

Piscine, *-na.*

Platine, *lamina.* de fusil,
lamina catapultaria.

Platine, Auteur, *Platina.*

* Pleurine, caution, *vas.*

m Pline, nom de deux Auteurs
latins, *Plinius.*

m Point de Maline, *textum*
denticulatum Mechlinien-
se.

Poitrine, *pectus.* mauvaise
poitrine, *male affectum.*
petite poitrine, *pectuscu-*
lum. qui a grande & large
poitrine, *pectorosus.* armure, parure de poitrine,
pectorale. de poitrine,
pectoralis.

Popine, cabaret, *popina.*

Praline, sorte d'amande
préparée.

Proserpine, femme de Plu-
ton, *Proserpina.*

Putine, mot burlesque, *scor-*
tulum.

Quine, au plur. terme de
Trictrac.

Racine, *radix.* petite, *radi-*
cula. des plantes, *fibra,*
capillamenta. prendre racine, *radicari.*

v couper la Racine des procès, *secare lites.*

m Racine, Poëte dramatique
françois, *Racinus.*

Rapine, *-na.*

Ratine, étoffe, *pannus rasus.*

Ravine, *aqua torrens.*

Résine, *-na.* poix résine,
resina pix.

Robertine, thèse que doit
soûtenir chaque Bachelier
qui veut être de la Maison
de Sorbonne, *Robertina.*

Rousseline, poire.

Routine, *diuturnus usus.*

Ruine, chûte, *ruina.* perte,
pernicies. destruction, *exi-*
tium, vastatio. qui mena-
ce ruine, *ruinosus.* battre
une ville en ruine, *vi tor-*
mentorum quatere urbem.

Sabbatine, *thesis sabbatica.*

Sabine, herbe, Impératrice,
Sabina.

Saisine, terme de Droit,
possessio.

Saline, au plur. *sælina.*

Sanguine, crayon, *creta,*
hæmatites.

—pierre précieuse, *lapis*
schisticus.

Santonine, *-na.*

Sapine, terme d'Architecture, *tignum abietinum.*

Sardine, poisson, *-nia.*

Sauvagine, *sylvatica.* chair
de bête sauvage, *ferina.*

Scalvine, *cucurbita.*

Scarlatine, *febris scarlatina.*

Sentine, *-na.*

Serpentine, pierre précieuse.

Sourdine, trompette, *tuba*
obtusa.

à la Sourdine, *secretò, clam.*

substantifs & adjectifs féminins.

Squine, racine médecinale, _squina._

Térébenthine, _terebinthina resina._

Termine, vieux mot, _tempus._

Terrine, _pelvis fictilis._

Tetine, _papilla._

Tine, _cupala lignea._

Tontine, jeu de cartes.

Tontine, -na. rente viagère avec accroissement, _reditus ad vitam cum augmento._

Tourmentine, _terebenthina resina._

Tricline, terme d'Antiquité, _triclinium._

Trine, _trinus aspectus._

Vermine, _vermis._

Vipérine, plante, _-ina._

Visitandine, Religieuse de la Visitation.

Voisine, _vicina._

Urine, -na, _lotium._ difficulté d'urine, _dysuria._ flux d'urine, _lotii profluvium._

Ursuline, Religieuse, -na.

Usine, vieux mot, ménage, _parsimonia._

Xantoline, _semen contra vermes._

Zibeline (martre) _martes._ vel _istis zibelina._

Voyez les féminins en in.

VERBES.

Achemine, _adduco._

Accoquine, _desidem facio._

Affine, _purgo._

verbes au prés. ope.

Assassine, _trucido._

Badine, _nugor._

Bassine, _vulnus abluo._

* Bouquine, _obsoletos codices evolvo._

Bruine, _rorem congelo._

Burine, _cœlo._

Butine, _deprædor._

Caline, _rusticè ago._

Chagrine, _irrito._

Chemine, _ambulo._

Chopine, _sextarium bibo._

Combine, _compono._

Confine, _relego._

Conglutine, _-no._

Contremine, _adversum cuniculum fodio._

Dandine, _ineptio._

Décline, _-no._

Déracine, _eradico._

Destine, _-no._

Détermine, _statuo, præfinio._

Devine, _vaticinor._

Discipline, _instruo._

Domine, _dominor._

Embéguine, _calanticâ induo._

Enracine, _radico._

Entérine, _approbo._

Examine, _-ino, pondero, perpendo._

Extermine, _funditùs tollo._

Fascine, _incanto._

Festine, vieux mot, _epulor._

Fulmine, _debacchor, diris devoveo._

Illumine, _illustro._

Imagine, _animo effingo._

Incline, _-no, propendeo._

Lutine, _larvam ago._

Machine, _-nor._

Mâtine, _vexo._

Mine, _suffodio._

verbes au préfent, &c.

Obftine,	*obfirmo.*
Opine,	*-nor.*
Pateline,	*palpando fallo.*
Patine,	*palpo.*
Piétine,	*pedibus fubfilio.*
Prédeftine,	*ad vitam æternam*
	deftino.
Prédomine,	*prævaleo.*
Raffine,	*perpurgo.*
Rapine,	*rapio.*
Ruine,	*vafto.*
Rumine,	*-no.*
Termine...	
Turlupine,	*fcurrili dicaci-*
	tate illudo.
Voifine,	*vicinum adeo.*
Urine,	*meio.*

Voyez les autres verbes en iner.

INE. long, *ou* ISNE.

v Dîne (il) *prandium fumit.*

INGE.

m Linge, *linteum.* menu linge, *linteolum.* qui eft de linge, *linteus.* appartenant au linge, *lintearius.*
m Singe, *fimia.*
f Thuringe, pays, *-gia.*

INGLE.

v Cingle (il) en mer, *paffis velis fertur.*
f Epingle, *acicula.*
v Single (il) fouette fort, *verberat.*
f *m* Tringle de fer, *ferula ferrea.*

INGUE.

m Camerlingue, dignité de Rome, *Camerlingus.*
v Diftingue, *-guo.*
v Fringue, *eluo.*
f Norlingue, ville, *-gua.*
f Seringue, *fyphon.*
v Seringue, *fyphone inftillo.*
Tope & Tingue, terme de jeu.

INQ.

Cinq, *quinque.*

INQUE.

v Chinque, vieux mot, *invito in cœna largiùs.*
v Trinque, *bibo.*

INS.

Echevins, au plur. *Scabini.*
Les Quinze-vingts, au pl. Hôpital, *trecenti cæci.*
Voyez les noms en in, *dont le pluriel fait* ins.
Plus divers temps & diverfes perfonnes des verbes en nir : tins.

INSE. *voyez* INCE.

INSMES.

Si l'on veut rimer au pluriel, on prend le prétérit des verbes tenir, venir, *& leurs compofés,* tinfmes, vinfmes, tenuimus, venimus.

INT.

Celarent, terme de Logi-
que, second mode direct
de la première figure.

a Quint,   -*us*.

m Quint & requint, *geminus
quintarius*. Droit de quint
& requint, *gemini quin-
tarii jûs clientelare*.

a Succinct,   *brevis*.

Vingt,   *viginti*.

VERBES.

verbes à l'aoriste.

Abstint,   *abstinuit*.
Contint,   *continuit*.
Contrevint,   *contrafecit*.
Convint,   *convenit*.
Détint,   *detinuit*.
Disconvint,   *abnuit*.
Entretint,   *tuitus est*.
Intervint,   *intervenit*.
Maintint,   *sustinuit*.
Obtint,   *obtinuit*.
Parvint,   *pervenit*.
Soûtint,   *sustinuit*.
Survint,   *intervenit*.
Tint,   *tenuit*.
Vint,   *venit*.
   Voyez les autres verbes en
tenir *&* venir.
   Voyez aussi les rimes en aint
& eint.

INTE.

f Absynthe, -*thium*. amertu-
me, *amaror*. vin d'absynthe, *absynthites*.

m Aminte, nom d'homme,
Amintas.

(substantifs & adject. masculins & féminins.)

Coloquinte,   *colocynthis*.
Corynthe, ville, -*thus*. rai-
sin de Corinthe, *racemus
Corinthius*.
Hyacinthe, fleur, pierre pré-
cieuse, *hyacinthus*.
Labyrinthe,   -*thus*.
Pinte, mesure, *sextarius*.
Pinte, verbe, *bibo sexta-
rium*.
Plinthe, terme d'Architec-
ture, *plinthis*.
Quinte, *morositas*. terme de
Musique, *diapente*. ter-
me de jeu de Piquet,
quinarius.
Quinte, fiévre, *quintana
febris*.
Succincte,   *brevis*.
Térébinte, arbre, *terebin-
tus*.
Tinte,   *tinnit*.
   Voyez les rimes en ainte,
*& pour rimer au pluriel,
voyez les prétérits des verbes
en* nir.

INTRE.

m Ceintre, voûte, *camera*.
v il Ceintre, *concamerat*.
m Peintre, *pictor*. de peintre,
pictorius. palette de peintre, *palmula pictorum*.
chevalet de peintre, *equu-
leus pictorius*.

INX. & YNX.

m Larynx, nœud de la gorge,
larynx.
m Lynx, animal,   *lynx*.

a yeux de Lynx, *lyncei oculi.*
m Sphinx, monftre fabuleux.
f Syrinx, nymphe.

INZE.

Demi-quinze, terme de jeu de paume.
Quinze, *quindecim.*

IUM. qui fe prononce comme IOM.

Opium, fuc de pavot.
Pallium, ornement des Primats & des Archevêques.

JON. & GEON.

Badigeon, *incruftamentum lapideum*, vel *gypfeum.*
Bourgeon d'arbre, *gemma.* du vifage, *papula.*
Dongeon, *ou* Donjon, *fupremum arcis propugnaculum.*
Drageon, terme de Jardinier, *furculus.*
Efcourgeon, efpéce d'orge, *hordeum præcox.* forte de laniére, *lorum coriaceum.*
Eturgeon, *fturio.*
Gougeon, *gobio.*
Jonc, bague, *annulus.* herbe, *juncus.* de jonc, *junceus.* plein de jonc, *juncofus.* lieu où il vient du jonc, *juncetum.*
Pigeon, *columbus.* de pigeon, *columbinus.*
gorge de Pigeon, couleur, *color varians.*

fubftantifs mafculins.

Plongeon, oifeau, *mergus.*
faire le Plongeon, *immergere fe.* au figuré, fe dédire.
Sauvageon, *inficiva fylveftris arbor.*
Surgeon, rejetton, *furculus.*

ION. diffyllabe.

Les noms en ion *font préfque tous des mots verbaux fubftantifs, qui expriment quelque efpéce particuliére d'action, d'opération, de difpofition ou de paffion & de production. Ils ont la force des verbes dont ils font formés, & ils font prefque tous terminés en latin en* io. *Il y en a* 950. *de cette forte ; les autres mots en* ion *font des noms propres, d'inftrumens ou d'efpéces, mais en petit nombre.*
Abdication, *-tio.*
Aberration, terme d'Aftronomie, *aberratio.*
Abjection, *-tio.*
Abjuration, *-tio.* expreffe, *-fa.* implicite, *-cita.* déprécatoire, *-catoria.* qui commande, *præceptiva.* exécratoire, *-toria.* d'une chofe infenfible, *rei infenfatæ.*
Ablution, *-tio.*
Abnégation...
Abolition...
Abomination...
Abrafion, terme de Médecine, *abrafio.*

fubftantifs mafculins.

fubftantifs féminins.

Substantifs féminins.

Abréviation,   -*tio.*
Abrogation, -*tio.* de la loi, *legis.* de la coûtume, *con-suetudinis.*
Absolution, -*io.* d'un crime, *criminis.* suffrage d'abso-lution, *absolutoria sen-tentia.* du Prêtre, *absolu-tio sacerdotalis de peccatis.*
Absorption, terme de Phy-sique, *absorptio.*
Abstersion, terme de Mé-decine, *abstersio.*
Abstraction,   -*tio.*
Accélération...
Acceptation...
Acceptilation...
Acception...
Accession...
Acclamation...
Accumulation...
Accusation...
Acquisition...
Action, *actio.* fait, *factum.* geste, *gestus.* publique, *actio.* harangue, *oratio.* emportement, *iracundia.* procès, *actio*, *lis.*
Action, *actio.* d'homme, *hominis.* humaine, *hu-mana.* élicite, *elicita.* commandée, *imperata.* libre, *libera.* nécessaire, *necessaria.* bonne, *bona.* mauvaise, *mala.* indiffé-rente, -*ens.*
Addition,   -*tio.*
Ademption, terme de Juris-prudence, *ademptio.*
Adhésion, terme de Physi-que, *adhæsio.*
Adjection,   -*tio.*

Substantifs féminins.

Adjudication,   -*tio.*
Administration...
Admiration...
Admission,   -*fio.*
Admonition,   -*tio.*
Adnotation, au plur. terme de Chancellerie, *adnota-tiones.*
Adoption,   -*tio.*
Adoration, -*atio.* culte di-vin, *divinus cultus.* véné-ration, *veneratio.* révé-rence, *reverentia.* adora-tion, *adoratio.* interne, *interna.* externe, *externa.* honoraire, -*aria.*
Adrogation,   -*tio.*
Adustion...
Affabulation...
Affectation...
Affection...
Affiliation...
Affirmation...
Affliction...
Agglutination...
Aggrégation...
Aggression...
Agitation...
Agnation, terme de Juris-prudence, *agnatio.*
Alcyon, oiseau, *alcyon.*
Alérion, terme de Blâson, *aquila mutila.*
Aliénation,   -*io.*
Allégation...
Allocution, terme d'Anti-quaire, *allocutio.*
Aliusion,   -*io.*
Altération...
Altercation...
Amalgamation...
Ambition...

Amélioration , -*io.*
Amodiation. . .
Amphion. . .
Amphitryon. . .
Ampliation, terme de Jurif-
　prudence, *ampliatio.*
Amplification , -*io.*
Animation. . .
Annihilation. . .
Annonciation. . .
Annotation. . .
Annullation , *refciffio.*
Anticipation , *æftimatio.*
Appellation , -*io.*
Application. . .
Appofition. . .
——de fcellé , *figilli appofitio.*
Appréciation , -*io.*
Appréhenfion. . .
Approbation, -*io.* expreffe ,
　-*effa.* tacite , *tacita.* pu-
　blique, -*ica.* fecréte , *fe-*
　creta.
Appropriation , -*io.*
Arbitration , *æftimatio.*
m Arion, nom d'homme & de
　cheval.
Articulation , -*io.*
Afperfion. . .
Afphalion, nom de Neptu-
　ne , *Stabilitor.*
Afpiration , -*io.*
Affation. . .
Affertion. . .
Affignation. . .
Affimilation, terme de Rhé-
　torique, *affimilatio.*
Affociation , -*io.*
Affomption. . .
Aftriction. . .
Attention , -*io.* de l'oraifon ,
　orationis. externe , -*na.*

intérieure , *interna.* ac-
　tuelle , -*alis.* virtuelle ,
　-*alis.* habituelle , -*ualis.*
　interprétative , -*iva.*
Atténuation , -*io.*
Atteftation , -*io.* témoigna-
　ge , *teftimonium* , *teftifi-*
　catio. par écrit , *litteris*
　confignata. du nom de
　Dieu , *divini numinis.*
Attraction , -*io.*
Attribution. . .
Attrition. . .
Audition , terme de Palais,
　auditio.
Augmentation , *auctus.*
Autorifation , *auctoritas.*
Ballotation , *agitatio.*
Baftion , *turris* , *propugnacu-*
　lum.
Béatification , -*io.*
Bénédiction. . .
Bifurcation, l'endroit où une
　branche devient four-
　chue.
m Bion , Poëte Grec , *Bion.*
Billion , terme d'Arithmé-
　tique , *decies centeni mil-*
　liones.
Brinborions , *quifquilia.*
Brutification , -*io.*
Calcination. . .
m Camion , petite épingle ,
　acicula.
Canonifation , -*io.*
Capitation. . .
Capitulation. . .
Caprification , maniére de
　rendre les figues fauvages
　bonnes à manger.
Carnation , terme de Pein-
　ture.

Carnification ,

Carnification, changement des os en chair.

Caſſation, *abrogatio.*

Caſtramétation, *-io.*

Caſtration...

Cavillation...

Cautéliſation...

Célébration...

Centurion...

Cération, *præparatio materiæ cujuſpiam ad liquamen.*

Certification, *-io.*

Ceſſation d'armes, *armorum ceſſatio.*

Ceſſion, *-io.*

—de biens, *bonorum ceſſio.*

m Chamænérion, plante, *cha-*
m *mænerion.*

Champion, *pugnator.*

Chriſmation, *-io.*

Chylification, *chylopoieſis.*

Circonciſion, *circumciſio.*

Circonlocution...

Circonſpection...

Circonvallation...

Circonvention...

—tromperie, *fraus dolo malo impacta.*

Circulation, *-io.*

Citation...

Clarification...

Claudication...

m Clayon, *crates.*

Coagulation, *-io.*

Cohéſion, *cohæſio.*

Cohobation, terme de Chymie.

Coindication, terme de Médecine, connoiſſance de certains ſignes, qui autoriſe l'indication qu'on a priſe.

Coïon, timide, *ignavus, timidas.*

Collation, *veſpertinum pran-dium.*

Collation, *-io.* de bénéfice, *beneficii.* petit repas, *cœnula.* goûter, *merenda.* copie, *exemplum.*

Collection, *-io.*

Colliquation...

Collocation...

Colluſion...

Coloriſation, terme de Chymie & de Peinture, *coloriſatio.*

Combuſtion, *-io.*

Comeſſation...

Commémoration...

Commiſération...

Commotion...

Communication...

Communion, *-io.* l'action de recevoir le Corps de N. S. *ſanctiſſimæ Euchariſtiæ ſumptio.* participation, *-cipatio.* des Saints, *Sanctorum communio.*

Comparution, terme de Palais, *vadimonii obitus.*

Compaſſion, *miſeratio, miſericordia.*

Compenſation, *-io.*

Compilation...

Complexion...

Complication...

Componction, *ex peccatis dolor.*

Compoſition, *-io.* piéce d'eſprit, *ſcriptio.* accord, *pactum.* convention, *-io.* d'un démêlé, *controverſiæ diremptio.* d'Imprimerie,

fubftantifs féminins.

typographica compofitio. de médecine, de drogues, *medica compofitio.* d'une ville qui fe rend, *deditionis pactio.*

Compréhenfion,   -*io.*

Compreffion...

Computation...

Conception, -*io.* penfée, *conceptus.* faculté de concevoir, *mens.* dure, *dura.* facile, *facilis.* humaine, -*ana.* première, *prima.* feconde, *fecunda.*

Concentration, il fe dit du pouls.

Conceffion,   -*io.*

Concion, vieux mot, *concio.*

Concifion, *verborum concifio.*

Conciliation,   -*io.*

Conclamation...

Concluſion, -*fio.* vraie, *vera.* fauffe, *falfa.* certaine, *certa.* probable, -*babilis.* évidente, *evidens.* théologique, -*ica.* philofophique, -*ica.*

Concuffion,   -*io.*

Condamnation...

Condenfation...

Condition, -*itio.* modification, -*catio.* loi, *lex.* article, *articulus.* état, *ſtatus, locus.* rang, *genus.* fervile, -*ilis.* libre, *libera.* contraire, -*aria.*

Confédération, -*fœderatio.*

Confeffion, -*fio.* facramentale, -*talis.* de foi, *fidei.* de louange, *laudis.* des péchés, *peccatorum.* entiéte, *integra.* integrité de

la confeffion, *confeffioni integritas.*

Configuration,   -*io.*

Confirmation, -*atio.* Sacrement, *Sacramentum Confirmationis.*

Confifcation,   -*io.*

Conflagration, *incendium.*

Confortation, *corroboratio.*

Conformation,   -*io.*

Confrontation, *commiffio.*

Confufion,   -*io.*

Confutation...

Congélation...

Congeftion, amas d'ordure, *puris & faniei accumulatio.*

Conglobation, figure de Rhétorique, *conglobatio.*

Conglutination,   -*io.*

Congratulation...

Congrégation...

Conjonction, *conjunctio.*

Conjuration,   -*io.*

Confécration...

Confécution, terme d'Aftronomie, *confecutio.*

Confervation, -*atio.* directe, -*ta.* indirecte, -*ta.* falut, *falus.* protection, -*ectio.*

Confidération,   -*io.*

Confignation, *depofitio.*

Confolation,   -*io.*

Confolidation...

Confommation, *abfumedo, abfolutio.*

Confomption, *confumptio.*

Confpiration,   -*io.*

Conftellation...

Confternation, *pavor.*

Conftipation, *alvi aftrictio.*

Conftitution, -*io.* du corps,

Substantifs féminins.

corporis. Constitution de rente , *pecunia constitutio.*

Constriction ,   -*io.*

Construction ,   *ædificatio.*

Consubstantiation ,   -*io.*

Consultation...

Contagion , -*io.* peste , -*tis.* attouchement , *contactus.* gâté par contagion , *contactu infectus.* une grande contagion , *pestilentia gravis.* mort de contagion , *à peste consumptus.*

Contamination ,   -*io.*

Contemplation...

Contemplation , terme de Médecine , c'est la catalepsie.

Contention , débat , *contestatio.* effort , *conatus.*

Contestation ,   *concertatio.*

Contignation, *coagmentatio.*

Continuation ,   -*io.*

Contorsion...

Contraction...

Contradiction...

Contravention ,   *violatio.*

Contrefaction , le même que Contrefaçon , mais celui-là se dit plus particulièrement en parlant d'un livre.

Contre-indication, terme de Médecine.

Contrevallation , *contravallatio.*

Contribution , -*io.* de guerre , *tributum.* terme de Palais , *pecuniarum contributio.*

Contusion ,   -*io.*

Conversation...

Substantifs féminins.

Conversion , changement de Religion , *conversio.*

Conversion , terme de Logique , -*io.*

Conversion , terme de guerre , -*io.*

Conviction ,   -*io.*

Convocation...

Convulsion...

Coopération...

Cooptation , terme dont on se sert dans les Universités.

Copulation ,   -*io.*

Corporation , communauté d'habitans , -*io.*

Corporification ,   -*io.*

Correction...

Correlation , relation commune & réciproque entre deux choses , -*io.*

Corruption ,   -*io.*

Cotisation , *quota vel justa pars.*

Crayon à peindre, *graphium.*

Crayon , portrait , *graphidis opus absolutum.*

Création ,   -*io.*

Crispation , terme de Chirurgie , *crispatio.*

Croupion ,   *uropygium.*

Crucifixion ,   -*io.*

Crystallisation...

Cultivation ,   *cultura.*

Curation ,   -*io.*

Damnation...

Déalbation...

Débilitation...

Décantation , terme de Chymie , *decantatio.*

Décapitation ,   -*io.*

Déception...

Décimation,   -io.
Décision , *placitum , decre-*
    tum.
Déclaration ,   -io.
Déclamation...
Déclination...
Décoction...
Décollation...
Décoration...
Décrépitation...
m Décurion...
Décussation , *conjunctio ra-*
    diorum in decussim.
Dédition ,   -io.
Déduction...
Défection...
Définition , *-tio.* du nom ,
    nominis. de la chose , *rei.*
    métaphysique , *-ica.* phy-
    sique , *-ica.*
Déflagration...
Défloration ,   *vitiatio.*
Dégénération ,   -io.
Déglutition ,   *sorbitio.*
Dégradation ,   *strages.*
Dégustation ,   -io.
Déification...
Délectation , *-io.* plaisir , *læ-*
    titia. complaisance , *com-*
    placentia. joie , *gaudium.*
    jouissance , *fruitio.* spiri-
    tuelle , *-alis.* charnelle ,
    carnalis. morose , *-osa.*
Délégation ,   -io.
Délibation...
Délibération , *-io.* consulta-
    tion , *-atio.* parfaite , *per-*
    fecta. imparfaite , *imper-*
    fecta.
Délinéation,   -io.
Démission...
Démolition...

Démonstration , *-io.* signe ,
    signum. des plantes , *plan-*
    tarum. oculaire , *ocularis.*
    géométrique , *-ica.* vraie,
    vera.
Dénomination ,   -io.
Dénonciation...
Dépilation...
Dépopulation...
Déposition , *-io.* témoigna-
    ge , *testificatio.* privation
    de charge , *muneris abdi-*
    catio.
Dépossession ,   -io.
Dépravation...
Déprécation...
Déprédation...
Députation ,   *legatio.*
Déraison , *rationis defectus.*
Dérision ,   -io.
Dérivation...
Dérogation...
Descension , terme d'Astro-
    nomie.
Description ,   -io.
Désinfection ,   *expurgatio.*
Désolation ,   -io.
Désopilation , *vis discutiendi*
    obstructiones.
Desponsation ,   -io.
Desquammation...
Dessication...
Destination...
Destitution...
Destruction...
Désunion ,   *separatio.*
Détention, *-io.* retardement,
    mora , retardatio. de pri-
    son , *captivitas , incarce-*
    ratio. du bien d'autrui,
    alieni occupatio.
Détermination ,   -io.

Substantifs féminins.

Détérioration, *corruptio.*
Détestation, -io.
Détonation, terme de Chymie, *detonatio.*
Détraction, -io.
Déviation...
Dévolution...
Dévotion, -io. piété, -tas. service, *officium.* à sa dévotion, *illius obsequio mancipatus.*
Diction, -io.
Diffamation, *suggillatio.*
Diffusion, -io.
Digestion...
Digression...
Dilatation...
Dilection, qualité qui se donne aux Electeurs.
Dimension, -io.
Diminution...
Direction...
Disceptation...
Discontinuation, *intermissio.*
Discrétion, -io. prudence, -entia. circonspection, -io. considération, -tio. une discrétion, terme de jeu, *arbitrium.* à discrétion, terme de guerre, *ad arbitrium.*
Discursion, -io.
Discussion, *circumspectio.*
Disjonction, *disjunctio.*
Dislocation, *ossis,* ou *alicujus membri è sua sede motio.*
Disparition, *ab oculis subductio.*
Dispensation, -io. œconomie, -mia. distribution, -io. subreptice, -titia. ob-

reptice, -titia. d'un vœu, *voti.*
Dispersion, -io.
Disposition, -io. ordre, *ordo.* arrangement, *series.* préparation, -tio. aptitude, -udo. habileté, -litas. état de santé, *valetudo.* bonne disposition, *bona valetudo.* mauvaise disposition, *infirma valetudo.* disposition de l'esprit, *animi affectio.*
Disproportion, -io.
Disquisition...
—recherche, *investigatio.*
Dissection, -io.
Dissension...
Dissertation...
Dissimulation...
Dissipation...
Dissolution, -io. dissipation, *dissipatio.* déréglement de mœurs, débauche, *intemperantia.* de mariage, *matrimonii solutio.* liquéfaction, -io. de Chymie, *fusio.*
Dissuasion, -io.
Distillation...
Distinction...
Distraction...
Distribution...
Diversion...
Divination, -atio. divine, -ina. superstitieuse, -iosa.
Division, -io. partage, *partitio.* discorde, -dia.
Division d'armée navale, *agminis divisus manipulus.*
Division, querelle, *dissensio, rixa.*

subſtantifs féminins.

Diviſion, régle d'Arithmé-tique, -*io.*

Divulgation,   -*io.*

Divulſion. . .

Domination. . .

Donation. . .

Dormition, terme dogma-tique, dont on ſe ſert pour exprimer la maniére dont la Ste Vierge quitta la terre, pour aller au ciel.

Dotation,   -*io.*

Dubitation. . .

Duplication. . .

Ebullition. . .

Edification, *bonum exem-plum.*

Edition,   -*io.*

Education. . .

Effémination, maniére des femmes.

Effraction,   *effractura.*

Effuſion,   -*io.*

Ejaculation. . .

Ejection. . .

Elaboration. . .

Election. . .

Elévation. . .

Eliſion, terme de Gram-maire.

Elixation,   -*io.*

Elixiviation, terme de Chy-mie.

Elocution,   -*io.*

Elongation. . .

Emanation. . .

Emancipation. . .

Embrion. . .

Emendation. . .

Emiſſion. . .

Emotion, -*io*, d'eſprit, *ani-*

ſubſt. fémin.

mi. ſédition, -*io.* altéra-tion de ſanté, *corporis commotio.* tumulte, -*us.*

Emulation,   *æmulatio.*

Emulſion,   -*io.*

m Endymion. . .

Enervation, ſupplice en uſa-ge ſous la première & la ſeconde Race de nos Rois.

Enonciation,   *locutio.*

Entonation, terme de Mu-ſique, *intonatio.*

Enumération,   -*io.*

Equation,   *æquatio.*

Erection,   -*io.*

Eructation, excrétion des rots.

Erudition,   -*io.*

Eruption. . .

m Eſcophion,   *calyptra.*

m Eſpion,   *explorator.*

Eſtimation,   *æſtimatio.*

Evacuation,   -*io.*

Evagation. . .

Evaluation. . .

Evaporation. . .

Evaſion. . .

Everſion. . .

Eviction. . .

Evocation. . .

Evolution, terme de guerre, *agminis in aliam formam converſio.*

Evulſion,   -*io.*

Exaction. . .

Exagération. . .

Exaltation. . .

Examilion, muraille célèbre de l'île de Corinthe.

Exanimation,   -*io.*

Exautoration. . .

substantifs féminins.

Excavation, -io.
Excédation...
Exception...
Excision...
Excitation...
Exclamation...
Exclusion...
Excommunication, -io. majeure, *major.* mineure, *minor.* de droit, *à jure.* de l'homme, *ab homine.* de sentence portée, *lata sententia.* de sentence à porter, *ferenda sententia.*
Excoriation, *cutis laceratio.*
Excussion, -io.
Exécration...
Exécution...
Exemption, *immunitas.*
Exercitation, -io.
Exfoliation...
Exhalation, *expiratio.*
Exhérédation, -io.
Exhibition...
Exhortation...
Exhumation...
Expansion, *dilatatio.*
Expectoration, -io.
Expédition, -io. dépêche, *acceleratio.* achévement, *absolutio.*, rei confectio.
Expiation, -io.
Expilation...
Expiration...
Explication...
Exploitation, terme de Palais, *vadimonii denunciatio.*
Explosion, -io.
Exportation...
Exposition...
Expression...

substantifs féminins.

Expulsion, -io.
Extension...
Exténuation...
Extinction...
Extirpation...
Extorsion...
Extraction...
Extradition...
Extravagation, *eruptio.*
Extravasation, -io.
Exulcération...
Faction, -io. en faction, *in statione.*
Fabrication, terme de monnoie.
Falsification, -io.
Fascination...
Félicitation...
Fermentation...
Ferrification, terme de Physique, *conversio in ferrum.*
Fiction, -io.
Filtration...
Fixation...
Flagellation...
Flexion...
Fluctuation...
Fluxion...
Fomentation...
Fonction...
Fondation...
Forclusion, terme de Palais, *depulsio de jure tuenda causa.*
Formation, -io.
Fornication...
Fortification, *munitio, munimentum.*
Fourmi-lion, insecte, *formica-leo.*
Fraction, -io.
Fréquentation, *juncta cum aliquo consuetudo.*

Substantifs féminins.

Friction,   -io.
Fruition, joüiſſance, *fruitio.*
Fulmination,   -io.
Fumigation,   *ſuffitus.*
Fuſion,   -io.
Fuſtigation. . .
Futurition, terme de Théo-
   logie. .

m   Gabion, ſorte de Panier, *corbis terrâ farta.*

m   Galion, *gaulus major*, ou *amplior.*

m   Gavion, vieux mot, *guttur, fauces.*

Génération, -io. active, -va. paſſive, *paſſiva.* dans les choſes divines, *in divinis.*

m   Génuflexion,   -io.
Gérion, monſtre. . .
Germination. . .
Geſtation, exercice de la Gymnaſtique.
Geſticulation,   -io.
Geſtion. . .
Glorification. . .
Gradation. . .
Graduation. . .
Granulation. . .
Gratification. . .
Gravitation. . .
Guſtation. . .
Habitation. . .
Habituation, place d'habi-tué.
Herboriſation, *plantarum inquiſitio.*
aller en partie d'Herboriſa-tion, *agros & rura ad plantas inquirendas luſtrare.*

m   Hiſtrion, farceur,   -io.

Subſtantifs féminins.

m   *Horion, ictus capiti impactus.*
Humectation,   -io.
Humiliation. . .
Jectation. . .
Illation. . .
Illumination. . .
Illuſion. . .
Illuſtration. . .
Illutation. . .
Imagination. . .
Imbibition. . .
Imitation. . .
Immédiation, -tio. de ſup-pôt, *ſuppoſiti.* de vertu, *virtutis.*
Immerſion,   -io.
Immodération. . .
Immolation. . .
Impanation. . .
Imperfection. . .
Implication. . .
Impoſition. . .
Imprécation. . .
Impregnation. . .
Impreſſion. . .
Impulſion. . .
Imputation. . .
Inaction, *deſidia, inertia.*
Inanition, *inanitos.*
Inauguration, *augurales cæremonia.*
Incantation,   -io.
Incarnation, -io. avant qu'elle ſoit faite, *in fieri.* après qu'elle s'eſt faite, *in facto eſſe.*
Inceſſion, *inceſſus.*
Inciſion,   -io.
Incitation. . .
Inclination. . .
nconſidération. . .

subſtantifs féminins.

Incontradiction,   *-io.*
Incorporation...
Incorrection...
Incorruption...
Incruſtation...
Incubation...
Inculpation, terme de Palais.
Incurſion,   *-io.*
Indécriſion...
Indétermination...
Indévotion...
Indication...
Indiction...
Indigeſtion...
Indignation...
Indiſcrétion, *imprudentia.*
Indiſpoſition, *-io.* du corps, *invaletudo.* du temps, *intemperies tempeſtatis.*
Indiſtinction,   *-io.*
Induction...
—perſuaſion,   *ſuaſio.*
Ineſcation,   *-io.*
Inexécution, *nulla executio.*
Infamation,   *-io.*
Infatuation, prévention, *præoccupatio.*
Infection,   *-io.*
Inféodation...
Infiltration...
Inflammation...
Inflexion...
Information...
Infraction,   *violatio.*
Infuſion,   *-io.*
Ingreſſion, terme d'Aſtrologie judiciaire.
Inhibition,   *-io.*
Inhumation...
Injection...
Injonction,   *edictio.*

subſtantifs féminins.

Innovation,   *-io.*
Inobſervation...
Inoculation...
Inondation,   *exundatio.*
Inquiétation,   *-io.*
Inquiſition...
Inſémination...
Inſertion...
Inſinuation...
Inſpection...
Inſpiration...
Inſtallation, *actus quo quis in aliquo munere inſtituitur.*
Inſtauration,   *-io.*
Inſtigation...
Inſtillation...
Inſtitution...
Inſtruction...
Intégration, terme de Géométrie nouvelle.
Intenſion, terme de Phyſique.
Intention, *-io.* du miniſtre, *miniſtri.* actuelle, *-ualis.* virtuelle, *-ualis.* habituelle, *-ualis.* interprétative, *-iva.* abſolue, *-uta.* conditionnée, *-nata.* de celui qui reçoit, *ſuſcipientis.*
Intercalation,   *-io.*
Interceſſion...
Interjection...
Intermiſſion...
Interpellation...
Interpolation...
Interpoſition...
Interprétation, *-io.* verbale, *-balis.* bénigne, *per epikeiam.* des mots, *verborum.*
Interruption,   *-io.*

subſtantifs féminins.

Interſeñtion,	-io.
Intervention...	
Interverſion...	
Intimation,	*denuntiatio.*
Intimidation, *abſterrendi actus.*	
Intitulation,	*inſcriptio.*
Intonation,	-io.
Introduction,	*admiſſio.*
Introniſation,	-io.
Intruſion,	*obreptio.*
Invaſion,	*occupatio.*
Invention,	-io.
Inverſion...	
Inveſtigation...	
Invitation...	
Invocation...	

Involution de procès, *litium implicatio.*

Jonction,   *conjunctio.*

Irradiation, *radiorum ſolis immiſſio.*

Irréligion,   *impietas.*

Irréſolution, -io. inconſtance, -tia. doute, *dubitatio.* incertitude d'eſprit, *animi anxietas.*

irriſion,	-io.
Irritation...	
Irroration...	
Irruption...	

Iſthmion, coëffure des femmes chez les anciens Grecs, *iſthmium.*

Jubilation,	-io.
Juriſdiction...	
Juſſion...	

Juſtification, -tio. active, -iva. paſſive, -iva. premiére, *prima.* ſeconde, *ſecunda.*

Juxtapoſition, terme d'Hiſtoire naturelle.

m

subſtantifs féminins.

Ixion, Roi de Theſſalie.

Lacération,	-io.
Lamentation...	

Lampion, petite lampe, *lucernula.*

Lamproyon, *ou* Lamprillon, -io.

Lapidation,	-io.
Lapidification...	
Latiniſation...	
Légaliſation...	
Légation...	
Légion...	

Légiſlation, terme de droit public.

Légitimation,	-io.

Léſion,   *ſauciatio, offenſa.*

Lévigation, terme de Pharmacie, *lævigatio.*

Libation, cérémonie payenne, -io.

Libération,	-io.
Libration...	
Licitation...	
Limitation...	

Lion, animal, *leo.* c'eſt auſſi un ſigne du Zodiaque.

—de lion,   *leoninus.*

Liquéfaction,	-io.
Liquidation...	

Lixiviation, terme de Chymie.

Locution, -io. parole, *verbum.* angélique, -ica. propre, -pria. impropre, *impropria.*

Lucubration, vieux mot, *lucubratio.*

Luſtration,	-io.
Lutation...	

Luxation, terme de Chirurgie, *luxatio.*

subſtantifs féminins.

Lyon, ville, *Lugdunum.*
—de Lyon, *Lugdunenſis.*
Macération, -io.
Machination. . .
Malédiction. . .
Malverſation, *mala geſtio.*
Manducation, -io.
Manipulation, *collectio gleba argentoſa.*
Manucordion, inſtrument de Muſique.
jouer du Manicordion, au fig. quand une fille fait l'amour ſecrettement, *ſecretos amores.colere.*
Manumiſſion, -io.
Manutention. . .
Marion, -ria.
Maſtication, terme de Médecine.
Médiation, -io.
Mention. . .
m   Million, *decies centum millia.*
m   Mion, petit garçon, *puſio.*
Miſſion, -io.
Pere de la Miſſion, *Miſſionarius.*
Mixtion, -io.
Modération. . .
Modification. . .
Modulation, terme de Muſique.
Monition, -io.
Morion, *caſſis.*
donner le Morion, *caſſide mulctare.*
m   Morion, pierre précieuſe.
m   Morpion, *pediculus inguinalis.*
Mortification, *carnium maceratio, corporis afflictatio, acerbitas.*

subſtantifs féminins.

Multiplication, -io.
Munition. . .
Mutation, -io. de matiére, *materia.* de forme, *forma.* de la matiére & de la forme, *materia & forma mutatio.*
Mutilation, -io.
Narration. . .
Nation. . .
Naturaliſation, terme de Droit, *jus Civitatis.*
Navigation, -io.
Négotiation. . .
Nomination. . .
Notification. . .
Notion. . .
Novation. . .
Noyon, ville, *Noviodunum.*
Nutrition, -io.
Objection. . .
Objurgation. . .
Oblation. . .
Obligation. . .
Obreption. . .
Obſervation. . .
Obſidion. . .
Obſtination. . .
Obſtruction. . .
Obtenſion. . .
Obvention. . .
Occaſion, -io. cauſe, *cauſa.* matiére, *materia.* prétexte, *species, prætextus.* ſujet, *ſubjectum.*
Occaſion, -io. du péché, *peccati.* prochaine, *proxima.* éloignée, *remota.*
Occaſion de guerre, rencontre, *conflictus.*
Occiſion, -io.
Occultation. . .

substantifs féminins.

Occupation, -io.
Ochision, vieux mot, tuerie, occisio.
Ocquisition, vieux mot, occasion.
Odoration, odorum perceptio.
Omission, -io.
Omologation. . .
Onction. . .
Ondulation. . .
Opération, -io. vitale, -lis. naturelle, -alis. surnaturelle, supernaturalis. quant à la substance, quantum ad substantiam. quant à la manière, quantum ad modum.
Opinion, sententia. estime, existimatio. pensée, cogitatio.
Opinion, opinio. téméraire, -aria. dangereuse, periculosa.
Oppilation, obstructio.
Opposition, -io.
Oppression. . .
Option. . .
Ordination. . .
Origination, vieux mot, origo.
Orillon, maladie des Parotides.
Orion, constellation.
Oscillation, -io.
Ossification, terme d'Anatomie, ossium formatio.
Ostentation, -io.
Ovation, petit triomphe des Romains.
Pacification, -io.
Paction. . .
Palliation. . .

substantifs féminins.

Pallion, vieux mot, pallium.
Palpitation, -io.
Participation, communicatio, societas.
Partition, -io.
Passation, terme de Pratique.
Passion, -io. mouvement de l'ame, animi motus. affection, -io. de l'appétit concupiscible, cupiditas. de colère, iracundia. amour des plaisirs, libido. ardeur, ardor. grand desir, studium. mouvement déréglé, motus animi turbulentus. déréglée, concitatus animi motus. souffrance, cruciatus. de Notre Seigneur, Christi cruciatus acerbissimi. Dimanche de la Passion, Dominica Passionis. sermon de la Passion, oratio de acerbissima Christi morte.
Passion, amour, amor. déréglé, effrænatus. honnête, honestus. fidéle, fidelis. constant, -ans. volage, inconstans.
avec Passion, ardente studio.
Passion en Morale, animi agitatio. de l'appétit concupiscible, -bilis appetitus. qui sont la volupté, -tas. la douleur, dolor. la cupidité ou desir, desiderium. la fuite, fuga. l'amour, odium. de l'appétit irascible, appetitus irascibilis. qui sont la colère, ira. l'audace, audacia. la

ubstantifs féminins.

crainte , *timor.* l'espérance , *spes.* le desespoir ,
desperatio.
avoir grande Passion , *studio*
flagrare. suivre sa passion,
cupiditati parere. qui n'est
pas maître de sa passion ,
impotens.
colique , Passion , maladie ,
colica , passio.
　　　Autres Passions.
La honte , *pudor.* la rage ,
rabies. la fureur , *furor.*
la joie , *lætitia.* la tristesse,
tristitia. l'impatience,-*tia.*
l'indignation , -*io.* le dépit , *stomachus.* l'émulation , *æmulatio.* la jalousie, *zelotypia.* la compassion , *commiseratio.*
Pélion , montagne.
Pénétration ,　　　　-*io.*
Pension...
Péragration, terme d'Astro-
nomie , mois de péragra-
tion , mois périodique.
Perception,　　　　　-*io.*
Percussion...
Perdition...
Perfection...
Permission...
Permutation...
Perquisition...
Persécution...
Perspiration...
Persuasion...
Perversion...
Pétrification...
m Pion d'Echecs,　　　*pedes.*
damer le Pion, au fig. *alicui*
anteponi.
Pluspétition, terme de Droit;

substantifs féminins.

elle n'a plus lieu en France.
Pollicitation, terme de Droit
écrit.
Pollution ,　　　　　-*io.*
Ponctuation...
Porrection , la manière dont
se confèrent les ordres
mineurs.
Position ,　　　　　-*io.*
Possession , -*io.* fonds de terre , *prædium.* possession ,
-*io.* de fait, *facti.* de droit,
juris. de bonne foi , *bonâ*
fidei. de mauvaise foi ,
malâ fidei. juste, -*ta.* in-
juste, -*ta.* colorée; -*rata.*
naturelle, -*alis.* civile,-*lis.*
très - civile ; *civilissima.*
d'un bénéfice, *beneficii.*
Possession , héritage , *hære-*
ditas.
Postulation , Plaidoierie.
Potion ,　　　　　-*io.*
Précaution , *cautio.* provision, -*io.* rétribution , -*io.*
Précipitation , *nimia celeri-*
tas.
Précision ,　　　*præcisio.*
Préconisation , *alicujus ad*
prælaturam renuntiatio.
Prédestination , *ad vitam*
æternam gratuita Dei ele-
ctio.
Prédétermination , *prædeter-*
minatio.
Prédication ,　　　*concio.*
Prédiction ,　　　*prædictio.*
Prédilection ,　　*prædilectio.*
Prédomination , *prædomi-*
natio.
Préfixion , terme de Palais ,
stata diei assignatio.

substantifs masculins.

Prémotion,   *præmotio.*
Prénotion,   *anticipatio.*
Préparation,   *apparatus.*
Préposition,   *præpositio.*
Préoccupation, *pravium judicium.*
Préordination, *præordinatio.*
Prescription,   *præscriptio.* quant au temps, *quoad tempus.* interrompue, *-rupta.* non interrompue, *non interrupta.*
Présentation,   *præsentatio.*
Préservation,   *propulsatio.*
Présomption, *præsumptio.* de droit, *juris.* liquide, *liquida.* modique, *modica*
Présupposition, *præsuppositio.*
Prétention, dessein, *consilium, mens.* droit, *animo ac spe præceptum jus.*
Prétérition,   *prætermissio.*
Prévarication, *prævaricatio.*
Prévention, *insita jam antè menti opinio.*
Prévision,   *provisio.*
Principion, *Princeps secundarius.*
Privation,   *-io.*
Probation. . .
Procession, *-io.* prière, *supplicatio.* solemnelle, *solemnis.* émanation, *-atio.* au dedans, *ad intra.* au dehors, *ad extra.*
Procréation,   *-io.*
Procuration. . .
Production d'esprit, *ingenii opus, fœtus.* génération, *-io.* chose produite, *fœtura, fœtus.* de plantes, *plantarum fruticatio.* de té-

substantifs féminins.

moins, terme de Palais, *testium editio.* des pièces & écrits, *instrumentorum litis prolatio.*
Profection, terme d'Astrologie judiciaire, sorte de calcul.
Profession,   *-io.*
Profusion. . .
Progression. . .
Prohibition. . .
Projection. . .
Prolongation. . .
Promission (terre de) *promissionis terra.*
Promotion,   *-io.*
Promulgation, publication des loix.
Prononciation,   *-io.*
Pronostication, *præsignificatio.*
Propagation,   *-io.*
Propension. . .
Propitiation. . .
Proportion, *-io.* égale, *æqualis.* inégale, *inæqualis.* arithmétique, *-ica.* géométrique, *-ica.*
Proposition,   *-io.*
Prorogation. . .
Proscription. . .
Prostration,   *humi dejectio.*
Protection,   *-io.*
Prostitution, *projecta vita ad omnem impudicitiam.*
Protestation, *scripta reclamatio, testificatio.*
Provision, *-io.* préparation, *præparatio.* par provision, terme de Palais, *jure fiduciario.*
Provocation,   *-io.*
Psaltérion,   *-ium.*

m

substantifs fém.

Publication,   -io.
Pulsation...
Pulvérisation...
Purgation...
Purification...
Putréfaction...
Pygmation, Roi de Tyr, *Pygmation.* c'est aussi le nom d'un Sculpteur.
Qualification,   -io.
Question, *quæstio.* gêne, *tormentum.* il n'est pas question de cela, *non de hoc agitur.*
Radiation,   -io.
Raréfaction...
Ratification...
Ration...
Rayon,   *radius.*
—de miel,   *favus.*
Réaction,   -io.
Rébellion...
Récapitulation, *congregatio, enumeratio.*
Réception,   *cooptatio.*
Récitation,   -io.
Récognition, examen...
Récollection...
Réconciliation...
Réconstruction, *reædificatio.*
Récréation, *oblectamentum, animi remissio.*
Récrimination, *criminis in accusatorem translatio.*
Rectification,   *correctio.*
Récusation,   *rejectio.*
Reddition de comptes, *rationum relatio.*
—de place,   *loci deditio.*
Rédemption,   *redemptio.*
Réduction,   -io.
Réduplication, fig. de Rhétorique.

substantifs féminins.

Réédition,   *nova editio.*
Réfection, *refectio, instauratio.*
Réflexion, *reputatio, attentio.*
Réformation,   *emendatio.*
Réfraction,   -io.
Réfutation...
Régénération...
Région, -io. moyenne, *media.* inférieure, -ior. supérieure, -ior. plus basse, *infima.*
Régistration, vieux mot, droit de registre.
Réhabilitation,   *restitutio.*
Réimpression, *libri secunda typis mandatio.*
Réitération,   *iteratio.*
Rélation, -io. récit, *narratio.* rapport, *respectus.* habitude, *habitudo.* du pere au fils, *paternitas.* du fils au pere, *filiatio.* du pere, & du fils au saint Esprit, *spiratio activa.* du saint Esprit au pere & au fils, *spiratio passiva.* catégorique, -ica. putative, -iva. selon l'être, *secundùm esse.* selon le dire, *secundùm dici.*
Rélaxation,   -io.
Religion, -io. chrétienne, *christiana.* ordre religieux, *religiosus ordo.* vie religieuse, *religiosa vita.* couvent, *monasterium.*
Relocation, terme de Jurisprudence.
Rémission,   *venia.*
Rénonciation,   *renuntiatio.*

Substantifs féminins.

Rénovation, *instauratio.*

Réordination, action de conférer pour la seconde fois les Ordres saerés.

Réparation, *refectio.*

Répartition, *partitio.*

Répercussion, *repercussus.*

Répetition, *-io*

Réplétion, *redundatio.*

Répréhension, *-io.*

Représentation, image, *imago.*

—de Comédie, *actio.*

Réprobation, *-io.* négative, *-iva.* positive, *-iva.* cause, *-sa.* effet, *effectus.*

Répudiation, *repudium.*

Réputation, estime, *existimatio.* renommée, *fama.* bonne, *bona.* mauvaise, *mala.* être en bonne réputation, *bene audire.* être en mauvaise, *male audire.*

Réquisition, *-io.*

Rescription...

Résignation, *-io.* de bénéfice, *beneficii.* tacite, *tacita.* expresse, *expressa.*

Résiliation, *ou* Résiliment, cassation d'un acte.

Résolution, *-tio.* dessein, *consilium.* éclaircissement, *explicatio.* de nerfs, *nervorum laxatio.* hardiesse, *audacia.* courage, *animus.* avec résolution, *fortiter.* prendre résolution, *consilium capere.*

Respiration, *respiratio*, *halitus.*

Responsion, taxe des Commanderies, *responsio.*

Substantifs féminins.

Restauration, *-io.*

Restipulation, stipulation réciproque.

Restitution, *-io.* en entier, *in integrum.* solidaire, *in solidum.*

Restriction, *-io.*

Résurrection...

Rétention, terme de Palais.

—d'urine, *stranguria.*

Rétorsion, Repartie, *-io.*

Rétractation, *palinodia.*

Rétribution, *merces.*

Rétrocession, *-io.*

Rétrogradation...

Révélation...

Revendication...

Réverbération, *repercussus.*

Révision de compte, *rationum altera putatio.* de procès, *relatio litis judicatæ.*

Révivification, *-io.*

Réunion, *conjunctio.*

Révocation, *abrogatio*, *recisio.*

Révolution, *mutatio*, *conversio.*

Rhétorication, *rhetoris imitatio.*

Rogations, au pluriel, *Rogationes.*

Rubification, *-io.*

Salification...

Salivation...

Salvation, terme de Palais, *contradictorum dissolutio.*

Salutation, *-io.*

Sanctification...

Sanction...

Sanguification...

Satisfaction, *delectatio*, *expurgatio.*

Satyrion ;

Substantifs masculins & féminins.

Satyrion , herbe ,   -io.
Sayon, habillement militai-
 re , *sagum.*
Scarification ,   -io.
Scintillation. . .
Scion ,   *surculus.*
Scipion ,   -io.
Scission. . .
Scorpion , figne du Zodia-
 que , *fcorpius.*
Sécrétion ,   -io.
Section. . .
Sédition. . .
Séduction. . .
Ség égation , terme dogma-
 tique , *fegregatio.*
Senfation ,   -io.
Séparation. . .
Septentrion. . .
Sequeftration. . .
Signification. . .
Sion , ville , *Sedunum.* mon-
 tagne , *Sion.*
—d' bre ,   *surculus.*
Situation ,   *ftatus.*
Sollicitation , *inftigatio , fol-*
 licitatio.
Solution ,   -io.
Sommation , *admonitio , de-*
 nuntiatio.
Sophiftication ,   -io.
Soumiffion ,   *fubmiffio.*
Soufcription ,   *fubfcriptio.*
Souftraction ,   *deductio.*
Spécification ,   *defignatio.*
Spéculation ,   *contemplatio.*
Spiritualifation , terme de
 Chymie.
Spoliation ,   -io.
Sputation. . .
Stagnation. . .
Station . .

Substantifs féminins.

Stipulation ,   -io.
Strangulation. . .
Stupéfaction. . .
Sublimation , terme de Chy-
 mie.
Subdélégation ,   -io.
Subdivifion. . .
Subhaftation , *venditio fub*
 haftâ.
Submerfion ,   -io.
Subordination ,   *ordo.*
Subornation ,   *corruptela.*
Subreption ,   -io.
Subftitution , -io. vulgaire ,
 -*garis.* pupillaire , -*laris.*
 exemplaire , -*plaris.* réci-
 proque, -*proca.* militaire,
 -*taris.* fidei-commiffaire ,
 fidei-commiffaria.
Subvention , terme de Pa-
 lais , -io. fecours , *auxi-*
 lium.
Subverfion ,   *everfio.*
Succeffion , *feries , hæreditas.*
Suffocation ,   -io.
Suffumigation ,   *fuffitus.*
Suffufion ,   -io.
Suggeftion , *fuggeftus , mo-*
 nitus.
Sujétion ,   *fervitus.*
Superfétation, terme de Mé-
 decine , -io.
Superpurgation , terme de
 Médecine, -io.
Superftition , -io. de la vraie
 divinité , *veri numinis.*
 d'une fauffe divinité, *falfi*
 numinis.
Supplantation ,   -io.
Suppofition. . .
Suppreffion , *abrogatio , co-*
 hibitio.

Subſtantifs féminins.

Supputation ,   *computatio.*

Supuration ,   *-io.*

Surérogation , *opus ultra debitum.*

Suſcitation , *impulſus* , *inſtigatio.*

Suſcription , *ſuprà-ſcriptio.*

Suſpenſion, *-ſio.* totale, *totalis.* partielle , *-ialis.* perpétuelle , *perpetua.* pour un temps , *ad tempus.* d'un ordre, *ab uno ordine.*

Suſpicion ,   *-io.*

Suſtentation. . .

Syllabiſation. . .

Tabellion , *actuarius publicus.*

Taction,   *-io.*

Talion , loi ,   *talio.*

Taudion , lieu ſale & malpropre.

Taxation ,   *-io.*

Tayon. . .

Tenſion. . .

Tentation , *-atio.* de Dieu, *Dei.* explicite, *-cita.* implicite , *-cita.*

Térébration,   *-io.*

Titillation , terme de Phyſique , *-io.*

Titubation, terme d'Aſtronomie , *motus librationis.*

Torréfaction ,   *-io.*

Tractation , la maniére de traiter une matiére, *-atio.*

Tradition , *-io.* de foi , *fidei.* de Rits, *rituum.* de mœurs, *morum.* divine , *divina.* externe, *externa.* interne, *interna.* apoſtolique, *-ica.* eccléſiaſtique, *-ica.*

Traduction , *-io.* verſion ,

Subſtantifs féminins.

-ſio. interprétation , *-tio.*

Tranſaction, *amicabilis compoſitio.*

Tranſcolation , terme de Pharmacie , *filtratio.*

Tranſcription ,   *-io.*

Tranſélémentation. . .

Tranſfiguration. . .

Transformation. . .

Transfuſion. . .

Tranſgreſſion ,   *infractio.*

Tranſition ,   *-io.*

Tranſlation. . .

Tranſmiſſion. . .

Tranſmutation , *immutatio.*

Tranſpiration , *expiratio* , *meatus.*

Tranſplantation , *arborum translatio.*

Tranſpoſition , *trajectio* , *inverſio.*

Tranſubſtantiation ,   *-io.*

Tréméfaction. . .

Trituration. . .

Troublation, vieux mot, *tumultus.*

Tution, vieux mot, *tutela.*

Vacation ,   *-io.*

Vacillation. . .

Validation, terme de Chancellerie.

Variation ,   *-io.*

Vaticination. . .

Végétation, terme de Chymie.

Vendication,   *-io.*

Vendition. . .

Vénération. . .

Ventilation. . .

Verbération. . .

Vérification , *probatio* , *confirmatio.*

Substantifs féminins.

Versification, -io.
Version, *interpretatio.*
Vibration, *agitatio.*
Vice-légation, -io.
Vindication, vieux mot, *ultio.*
Violation, -io.
Vision, -io. béatifique, -ica. intuitive, -iva. intuitive de Dieu, *Dei intuitiva.* vision de Prophéte, -tica *visio.* fantaisie, *arbitrium.*
Visitation, -io.
Vitrification...
Ulcération...
Ultion, vieux mot, *ultio.*
Union, -io. hypostatique, -ica. active, -iva. passive, -iva. substantielle, -alis. subsistantielle, *subsistentialis.* essentielle, -ialis.
Univocation, -io.
Vocation...
Volatilisation, *attenuatio.*
Votation, action de donner sa voix.
Usucapion, -io.
Ustion...
Xiphion, plante.
Saint Yon, Ordre Religieux.

I P.

Egip, grand Officier Tartare.
Grip, terme de Faucon.

I P E.

f Aganippe, fontaine consacrée aux Muses.
m Antitype, -pus.
m Aristippe, nom d'homme, *Aristippus.*

Substantifs masculins & féminins.

Equipe, nombre de batteaux appartenant à un même voiturier.
Euripe, détroit de la mer, *euripus.*
* Fripe (la) mangeaille, *cibaria.*
Gipe, souquenille de grosse toile.
Frippe-lippe, vieux mot, *helluo.*
* Grippe, *rapina.*
Grippe, vieux mot, *indoles.*
* Guenipe, *spurca.*
Lipe, grosse lévre, *labrum.* qui a grosse lipe, *labeo.* faire la lipe, *labia exerere.*
Lipe, riviére, *Lupias.*
Nipes, *mundus muliebris.*
Oedipe, nom d'homme, -pus.
Participe, -pium.
Philippe, nom d'homme, *Philippus.*
Pipe de vin, *grande dolium.* —de tabac, *syrinx.*
Polype, excressance de chair, *Polypus.*
Principe, -pium.
Prototype, original, -pus.
Tripe, *ilia, exta.* —* de latin, *fragmentum latinum.*
Tulipe, fleur, *tulipa.*
Type, figure, *typus.*
Xantippe, nom de la femme de Socrate.

V E R B E S.

Anticipe, -po.
Constipe, *alvum astringo.*

verbes au préfent.

Diſſipe,   -po.
Emancipe, -po, plus æquo mihi ſumo.
Equipe,   inſtruo.
* Fripe, uſe,   tero.
* Gripe,   furor.
Participe,   -po.
Pipe,   pipilo, fallo.
    Voyez les autres verbes en iper.

I P L E.

m   Diſciple,   -pulus.
a   Multiple,   -plex.
a   Triple...
v   Triple,   triplico.

I P R E.

f   Chypre, île,   -prus.
   poudre de Chypre, *pulvis Cyprius.*
f   Ypre, ville,   Ypra.

I P S E.

f   Apocalypſe,   -ſis.
—révélation,   -io.
f   Eclipſe de ſoleil, de lune, *eclipſis.*
—quand on ſe cache, *abſconſio.*
f   Ellipſe, figure de Rhétorique, *ellipſis.*
m   Lipſe, nom d'un Auteur, *Lipſius.*
   Egypte, Pays,   *Ægyptus.*

I Q U E.

    La plûpart des noms en

---

adjectifs communs.

ique, *ſont des adjectifs de rapports ou de propriétés. Ils ſont terminés en latin en* icus, a, um.
Académique,   -icus.
Acataleptique, anciens Philoſophes, -icus.
Achronique, terme d'Aſtronomie, -icus.
Acouſtique, ſcience, *acuſtice.*
Actiatique, terme d'Hiſt.
Adonique, (vers) *verſus Adonicus.*
Mer Adriatique *ou* Golfe de Veniſe, *Adriaticum mare.*
Afrique, partie du monde, *Africa.*
Agiologique,   -icus.
Agnatique, terme de Juriſprudence, *paternus.*
Algébraïque,   -icus.
Allégorique...
Amérique, partie du monde, *America.*
Amphibologique,   -icus.
Anacréontique...
Analeptique, terme de Médecine, -icus.
Analogique, *ou* Myſtique, -icus.
Analytique,   -icus.
Anarchique...
Anaſtomatique...
Angélique, herbe,   -ica.
Angélique, nom...
Angélique,   -icus.
Angélique, inſtrument de Muſique, *angelica lyra.*
Angélique, anémone, *anemone alba villis diſtincta, coloris violacei dilutioris.*
Antarctique (pole) *polus antarcticus.*

adjectifs communs.

Antéphialtique, terme de Médecine, -*icus*.

Anthypnotique, forte de reméde, -*icum*.

Antiapoplectique, -*icum*.

Antiarthritique...

Antiafmatique...

Antidyfentérique...

Antihyftérique...

Antimélancolique...

Antinéphritique...

Antiparalytique...

Antipathique, -*icus*.

Antipodagrique, -*icum*.

Antipyrétique...

Antique, -*uus*.

Antirrhétique, -*icus*.

Antifcorbutique...

Antifpafmodique, -*icum*.

Antivérolique, *antivariolicus*.

Apathique, *humanorum affectuum expers*.

Aphoriftique, terme de Médecine, -*icus*.

Apocalyptique, -*icus*.

Apocrouftique...

Apodacrytique, -*icum*.

Apologétique, -*icus*.

Aponévrotique, terme d'Anatomie, -*icus*.

Apopleetique, -*icus*.

Apoftolique...

Applique, *teffellatum opus*.

Aquatique, -*icus*.

Arabique...

Archangélique, plante, *lamium*.

m   Arctique (pole) *polus arcticus*.

Aréotique, -*icus*.

Argentifique, terme d'Alchymie.

adjectifs communs.

Ariftocratique, -*icus*.

Arithmétique, -*ica*

Arthritique, terme de Médecine, *articularis*.

Afcétique, terme dogmatique, -*icus*.

Afcitique, terme de Médecine, -*icus*.

Afthmatique, -*icus*.

Aftrologique...

Aftronomique...

Afymptotique, terme de Géométrie, -*icus*.

Athlétique, -*icus*.

f   Atlantique (mer) *mare Atlanticum*.

Attique, pays, -*ica*.

—ordre , terme d'Architecte , *ordo Atticus*.

Aulique, -*icus*

Aurifique, -*ficus*.

Authentique, -*icus*.

Bacchique, (air) *cantilena Bacchica*.

Baléarique, -*icus*.

f   Balthique (mer) *mare Balthicum*.

f   Barique, *cadus*.

Bafilique, -*ica*.

Béatifique, -*icus*.

Bédonique (Poëte) celui dont les vers fe pouvoient chanter au fon du bedon , *ou* petit tambour.

* Bellique, -*icus*.

f   Botanique, *botanice*.

f   Bourique, *afinus*.

Boutique de Marchand, *officina*.

Boutique de poiffon, *ichthyotrophium*.

arriére-Boutique , *fervatoria taberna*.

Brachycataleptique , terme de Poësie Grecque,& Latine , -*icus.*

f Brique ,   *later.*

f Bucolique ,   -*ica.*

Cabalistique. . .

Cabarétique. . .

Cachectique, terme de Médecine , -*icus.*

m Cacique, dignité Indienne , -*icus.*

Cagiologique ,   -*icus.*

m Caïque , esquif de galère , *Caïca.*

Calippique, terme de Chronologie , période de 76. ans, inventée par Calipe , Mathématicien de Cyzique.

Cambrique, nom qu'on donne à la langue du pays de Galles en Angleterre.

Canonique ,   -*icus.*

m Cantique ,   -*icum.*

Caractéristique , *littera designans.*

Catéchistique , qui est par demandes & par réponses.

Catégorématique, terme de Dialectique.

Catégorique , terme de Logique & de Palais.

Cathartique ,   -*icus.*

Cathédratique. . .

Catholique. . .

f Catoptrique ,   -*ica.*

Caustique ,   -*icus.*

Cautérétique, terme de Médecine , -*icus.*

Célique ,   *cœlicus.*

Céphalique ,   -*icus.*

Chauchique , langue qu'on

parle dans la Frise Orientale.

Chimérique , *commentitius.*

Chirographique ,   -*icus.*

Chirurgique. . .

Chromatique. . .

Chronique , au plur. ce sont deux livres de l'Ancien Testament.

Chronologique ,   -*icus.*

Civique (couronne) *corona civica.*

Classique , (Auteur) *autor classicus.*

Climactérique (année) -*icus annus.*

f Clique , *consortium societas.*

Colérique ,   -*icus.*

Comique. . .

Concentrique. . .

Conique , (figure) *figura conica.*

Cosmographique ,   -*icus.*

Crique ,   *statio tuta.*

Critique ,   -*icus.*

Chromatique. . .

Cryptographique. . .

Cubique. . .

Cyclique, Poëte Cyclique, *Poëta Cyclicus.*

Cylindrique ,   -*icus.*

Cynécocratique. . .

Cynégétique , qui concerne la chasse , -*icus.*

Cynique (Philosophe) -*icus.*

Cystique , terme de Méd. . .

Dactylique. . .

Dalmatique. . .

Décasyllabique. . .

Déifique. . .

Démocratique. . .

Despotique. . .

adjectifs communs.

Diabolique, -icus.
Diacouftique...
Diagnoftique, terme de Mé-
decine, -icus.
Dialectique, fém. -ica.
Diaphorétique, -icus.
Diaphragmatique...
Diapnotique, reméde qui
fait tranfpirer, -icus.
Diatonique...
Didactique...
Diétéfique, partie de la Mé-
decine, -icus.
f Dioptrique, -ica.
Diplomatique, -icus.
Diffyllabique...
Diftique...
Diurétique...
Dogmatique...
Domeftique...
Dorique...
Dramatique, (Poëme)...
Draftique, qui agit avec
force, -icus.
f Duplique, _iterata dictio._
Dynamique, fcience des
forces, _dynamica._
Eccléfiaftique, -icus.
f Ecliptique, route du foleil,
linea ecliptica.
Economique, _œconomicus._
Elaftique...
Electrique...
Elenchtique, Théologie
Elenchtique, _elenchtica._
Elliptique, en ovale, -ica.
Emétique, vin Emétique,
-icum vinum.
Emphatique, -icus.
Emblématique...
Eméto-cathartique, reméde
qui purge par haut & par
bas, -icus.

adjectifs communs.

Emphatique, _vehemens._
Emhytéotique, -icus.
Empirique...
Enclitique, -ica.
Endémique, terme de Mé-
decine, qui naît au milieu
d'un peuple.
Energique, -icus.
Enétique, _ab enecando._ mot
forgé par allufion au vin
émétique.
Enharmonique, genre de
Mufique.
Epileptique, -icus.
Epilotique...
Epifodique...
Erotique...
Erratique (fiévre) _febris er-
ratica._
Efcarotique, -icus.
f Ethique, partie de la Philo-
fophie, _ethica, moralis._
Ethymologique, -icus.
Etique, maigre, _macer._
Evangélique, -icus.
Euchariftique...
Euryalique...
Excentrique...
Exégétique...
Exotérique, _vulgaris._
Extatique, -icus.
Ezotérique, ce qui eft caché
& obfcur; on dit Ouvra-
ges Ezotériques des an-
ciens.
f Fabrique, -ica.
Famélique, -icus.
Fanatique...
Fantaftique...
Fatidique...
Flegmatique...
Fique, terme populaire, par

adjectifs communs.

ma Fique, *per meam fidem.*
Frigorifique,   *-icus.*
Garde-boutique, *merces ve-*
   tula.
Galliambique,   *-icus.*
Gallique, vieux mot...
Gématrique...
Généalogique...
Générique...
Géocentrique...
Géographique, *-icus.* coquil-
   lage marin, *concha geo-*
   graphica.
Géomantique,   *-icus.*
Géométrique...
Gnomique, fententieux...
f Gnomonique,   *gnomonice.*
Gothique,   *-icus.*
architecture Gothique, *ar-*
   chitectura Gothica.
Gymnaftique,   *-icus.*
Harmonique...
Hébraïque...
Héliocentrique...
Helvétique (corps) les Suif-
   fes, *corpus Helveticum.*
Hépatique, flux Hépatique,
   -icus fluxus.
Héraldique,   *-icus.*
Hérétique...
Héroïque...
Héroï-comique, efpéce de
   Poëme, *-icus.*
Hermétique,   *-icus.*
Hiérarchique...
Hiéroglyphique...
Hippocratique...
Hiftérique...
Hiftorique...
Homérique...
Honorifique, droits hono-
   rifiques, *jura honorifica.*

adjectifs comm.

Hybriftiques, fêtes d'Argos,
   en l'honneur des femmes
   qui avoient pris les armes.
Hydraulique,   *-icus.*
Hydrographique...
Hydropique,   *hydrops.*
f Hydroftatique,   *-ica.*
Hydrotique,   *fudorificus.*
Hyperbolique,   *-icus.*
Hypercritique, *nimiùm au-*
   fterus cenfor.
Hypnotique, *quod fomnum*
   parit.
Hypothalattique, l'art de
   naviger, *-ice.*
Hypothétique,   *-icus.*
paffion Hyftérique, *ou* mal
   de mere, *paffio hyfterica.*
Jamaïque,   *-ica.*
Iambique,   *-icus.*
Janféniftique...
Identique,   *idem.*
Idiopathique,   *-icus.*
Idolatrique...
Impudique...
Ionique...
ordre Ionique, *Ionicus ordo.*
Ironique;   *-icus.*
Italique, lettre Italique, *lit-*
   tera Italica.
Ithyphallique, figure Ithy-
   phallique *ou* obfcéne, *fi-*
   gura obfcana.
Judaïque,   *-icus.*
Juridique...
Ixeutique, l'art de prendre
   des oifeaux à la glu.
Laconique,   *-icus.*
Laïque...
Latreutique...
Léthargique...
m Lévitique, un des cinq li-
   vres de Moyfe, *-icus.*

adjectifs com.

f

mer Liguſtique , *ou* de Gè-
nes , *mare Liguſticum.*
Lipogrammatique , ouvrage
où il manque quelque
lettre de l'alphabet.
Logique , -*ica.*
Lubrique , -*icus.*
Lunatique. . .
Lymphatique , *vas lympha-*
ticum.
Lyrique , -*icus.*
Macaronique , (Poëme)
-*icum poëma.*
Magique , -*icus.*
Magnétique , (vertu) *virtus*
magnetica.
Magnifique , -*icus.*
Manique. . .
Marganatique , *matrimonium*
cum muliere conditionis in-
ferioris.
f Martinique , île , -*ica.*
Mathématique , -*icus.*
Mécanique , *mechanicus.* meſ-
quin , *avarus.*
art Mécanique , -*ice.*
f Mécanique , ſcience des ma-
chines , *mechanice.*
Mélancolique , -*icus.*
Méſentérique. . .
Métallique. . .
Métaphorique. . .
f Métaphyſique , -*ica.*
Météorologique , -*icus.*
Métrique , *metro conſtans.*
Mexique , pays , -*ica.*
* Mirlifique , *mirus.*
Modique , -*icus.*
Monarchique. . .
Monaſtique. . .
Monoſyllabique. . .
Morbifique. . .

adjectifs communs.

f

m

Mozaïque , -*ica.* ouvrage de
rapport , *opus muſivum.*
Mozarabique , -*icus.*
Muſique. . .
Myſtique. . .
Mythologique. . .
Narcotique. . .
Nautique. . .
Néologique. . .
Néphrétique. . .
Neuritique. . .
Nique , faire la Nique , *naſo*
ſuſpendere.
Numérique , -*icus.*
Numiſmatique. . .
Oblique. . .
Odontalgique. . .
Oeconomique. . .
Oecuménique. . .
Oedipodique. . .
Oligarchique. . .
Olympiques (jeux) *ludi*
Olympici.
Optique , -*ica.*
Orcheſtrique , -*icus.*
Organique. . .
Pacifique , mer Pacifique ,
mare Pacificum.
Paleſtrique , -*laſtricus.*
Pandémique , le même qu'é-
pidémique , -*icus.*
Panégyrique , -*icus.*
Panique , (terreur) *terror*
panicus.
Papiſtique , -*icus.*
Parabolique. . .
Paralytique. . .
Paraſitique. . .
Parénétique ; il ſe dit des
ouvrages d'exhortations.
Pathétique , -*icus.*
Pathognomonique , terme
de Médecine , -*icus.*

Pathologique, ~icus.
Patronymique...
Pédagogique...
Péripatétique...
Perrique, espéce de Perro-
　quet, ~icus.
Pharisaïque, ~icus.
Pharmaceutique, partie de
　la Médecine, ~icus.
Philippiques, au plur. ~ica.
Philologique, ~icus.
Philosophique...
Phtisique...
f Physique, ~ica.
Pique, arme, hasta.
Pique, couleur de cartes,
　spicum.
Pique, querelle, rixa. pas-
　ser par les piques, saricis
　porfodi. Pique-nique,
　faire un repas à Pique-ni-
　que.
Pithagorique, ~icus.
Plastique, il est ordinaire-
　ment précédé de vertu.
Platonique, ~icus.
Pléthorique, abondant en
　humeur, ~icus.
Pleurétique, ~icus.
Pneumatique, (machine)
　machina pneumatica.
Pneumonique, médicament,
　~icum.
f Poëtique, Traité de la Poë-
　sie, ars Poëtica.
Polémique, ~icus.
Politique...
m Portique...
f Pragmatique, ~ica.
f Pratique, praxis.
f Pratique de Notaire ou de
　Procureur, clientes.

Prismatique, ~icus.
Probatique, (piscine) pis-
　cina probatica.
Problématique, ~icus.
Prolifique...
Prophétique...
Pseudo-catholique...
Ptarmique., sternutatoire,
　~icum.
Publique, ~ica.
Pudique, ~icus.
Pulmonique...
Pycnotique, terme de Mé-
　decine, ~icus.
Pythiques, au plur. ludi Py-
　thici.
Quolibétique, fécond en
　quolibets.
Rabbinique, ~icus.
Rachirique...
f Relique, ~quia.
f Réplique, responsio.
f République, Respublica.
f Rhétorique, ~ice.
Rhopatique, sorte de vers,
　~icus.
m Rithmique, (vers) versus
　rithmicus.
f Rubrique, ~ica.
Runique, ~icus.
Rustique...
Ryptique, detersivum.
Sabbatique, ~icus.
f Saïque, vaisseau, ~ica.
Sapphique, vers Sapphique,
　versus ~icus.
Sarcotique, le même qu'in-
　carnatif, ~ivus.
Satyrique, ~icus.
Scénique...
Sceptique, Philosophe...
Schismatique...

Scholastique, -ica Theologia.
à la Scholastique, scholastice.
Scholastique,   -icus.
Sciatique, maladie, -ica, is-
    chiasis.
Scientifique,   -icus.
Sélénifique...
Sélénographique...
Séméotique...
Séraphique...
Socratique...
Sophistique...
Sorbonique...
Spagirique, (Médecin)-icus
    medicus.
Spécifique,   -icus.
Spermatique...
Sphérique...
Splénétiques, au plur. sple-
    netica remedia.
Splénique,   -icus.
Sporadique, terme de Mé-
    decine, dispersus.
Statique, science des poids,
    statica.
Stoïque,   -icus.
Stomachique...
Sudorifique...
Supercatholique, Catholique
    au suprême dégré, -icus.
Supplique,   -icus.
Syllabique...
Syllogistique...
Symbolique...
Symmétrique...
Sympatique...
Symptomatique...
Synallagmatique...
Synodique...
Systallique...
Tabarinique...
Tabifique, qui cause la Phti-
    sie, -icus.

Tactique,   tactica militaris.
Talismanique, (figure) -ica
    figura.
Talmudique,   -icus.
Taurique, pays, fém. -ica.
Technique, ou Tecnique,
    sorte de vers, -icus.
Tétrique,   -icus.
Teutonique, qui appartient
    aux Teutons, & en géné-
    ral aux Allemands, -icus.
Théandrique, terme dogma-
    tique, -icus.
Théologique,   -icus.
Théorique...
Thessalonique, ville ancien-
    ne, -ice.
Thocratique,   -icus.
Tonique, terme de Méd...
Toparchique...
Topique, reméde Topique,
    -icum remedium.
Topographique,   -icus.
Tragicomique...
Tragique...
Triplique...
Trique,   fustis.
Triquenique, trica nullius
    momenti.
m Tropique,   -icus,
Tropologique...
f Tunique,   -ica.
Typique,   -icus.
Typographique...
Tyrannique...
Vénéfique...
Véridique...
Vérolique...
Viatique,   commeatus.
Viatique,   -icum.
Vitriolique,   -icus.
Vivifique...

…nique ,   -icus.
Vomique, abſcès,   -ica.
Zététique, la méthode pour réſoudre un problême en Mathématique.

V E R B E S.

Alambique , *animum incaſ-ſum torqueo.*
Applique, *admoveo , deſtino.*
Complique ,   *implico.*
Explique ,   *-ico.*
Fabrique...
Implique...
Indique...
Maſtique, *maſtiche vel litho-collâ linio.*
Pique ,   *pungo.*
Pratique ,   *ago.*
Prévarique ,   *prævaricor.*
Pronoſtique ,   *prædico.*
Réplique,   *reſpondeo.*
Revendique ,   *mihi aſſero.*
Trafique ,   *negotior.*
Vendique ,   *vindico.*
Voyez les autres verbes en iquer.

I R.

Comirs , au plur. eſpéce de farceur.
Cuir ,   *corium.*
Déplaiſir ,   *moleſtia.*
Deſir , ſouhait , *cupido.* dé-réglé , *libido.* de voir, &c. *deſiderium.* de biens , de richeſſes , *cupiditas.*
Dormir, (le)   *ſomnus.*
Elixir, *metallorum vel plan-tarum ſuccus.*
Fakir, dévot Indien ,   *-us.*

Guadalquivir, fleuve , *Bætis.*
Loiſir ,   *otium.*
Martyr ,   *martyr.*
Nadir , terme d'Aſtrologie , *nadirus.*
Novemvir , Magiſtrat d'A-thènes.
Plaiſir , *delectatio.* joie , *gau-dium.* contentement, *oble-ctamentum.* volupté , *-tas.* recréation , *-atio.* plaiſir honnête , *liberalis oblecta-tio.* deſordonné , *libido.* adonné à ſon plaiſir , *libi-dinoſus.* prendre plaiſir , *voluptati indulgere.*
Plaiſir , volonté , *voluntas.* faire à plaiſir, *ad libidinem facere.* vivre à plaiſir, *ani-mo obſequi.*
Plaiſir , *gratia.* bienfait, *be-neficium.* courtoiſie , *offi-cium.* faire plaiſir à quel-qu'un , *de aliquo bene me-reri.* accorder une grace , *gratiam concedere.*
Plaiſir, diſcrétion, *arbitrium.* à mon plaiſir , *ad arbi-trium.* par plaiſir , *animi gratiâ.* conte fait à plaiſir, *ficta fabula.* bruits faits à plaiſir , *ficti rumores.*
Quatuorvir , Officier des anciens Romains.
Quinquevir , Offic. Rom.
Repentir ,   *pœnitentia.*
Saphir , pierre précieuſe , *ſapphirus.*
Soupir ,   *ſuſpirium.*
Souvenir , *memoria , recor-datio.*
Vizir , dignité Turque.

m Zéphir, vent, -*us.*

VERBES.

verbes à l'infinitif.

Abâtardir, *vitiare.*

Abêtir, *aliquem stupidum & efferatum reddere.*

Abolir, *abolere.*

Abonnir, *rem meliorem facere.* Item : *meliorem fieri.*

Aboutir, avoir issue, *evadere.* aboutir en pointe, *in conum desinere.* à un point, *in punctum coïre.* à un dessein, *in consilium tendere.*

Abrutir, *vecordem efficere.*

Abstenir, *abstinere.*

Accomplir, *adimplere.*

Accourcir, *abbreviare.*

Accourir, *accurrere.*

s'Accroupir, *incubare.*

Accueillir, recevoir, *excipere.*

Acquérir, *acquirere.*

—surprendre, *excipere.*

Adoucir, *mitigare.*

Affadir, *saporem infuscare.*

Affermir, *confirmare.*

s'Affermir dans une résolution, *obfirmare se in proposito.*

Affoiblir, *debilitare.*

Affranchir, *liberare.*

Aggrandir, *augere.*

Agir, *agere.* travailler, *laborare.* être puissant, *valere.*

s'Aguerrir, *militiâ se imbuere.*

Aigrir, *acorem facere.*

Aigrir, *irritare.*

s'Aigrir, *acescere.*

verbes à l'infinitif.

Allentir, *mitigare.*

Alourdir, *obtundere.*

Amatir, *aurum impolitum inducere.*

Amincir, *minuere.*

Amoindrir, *imminuere.*

Amollir, *emollire.*

—émouvoir, *emovere.* devenir mol, *molliri.*

Amortir, *extinguere.*

—réprimer, *coërcere.*

Anéantir, *ad nihilum redigere.*

Annoblir, donner titre de Noble, *in nobilium ordinem adscribere.* rendre illustre, *nobilitare.*

Apiétrir, *decrescere.*

Apoltronir, *accipitrem ignavum efficere.*

Appartenir, *pertinere.*

Appauvrir, *egenum facere.*

Appesantir, *aggravare.*

Applanir, *æquare.*

Applatir, *applanare.*

Applaudir, *plaudere.*

Arrondir, *rotundare.*

Assagir, vieux mot, *erudire.*

Assaillir, *aggredi.*

Assortir, *instruere.*

Assoupir, *sopire.*

—appaiser, *sedare.*

* Assourdir, *surdum efficere.*

Assouvir, *exsatiare.*

Assujettir, *subjicere.*

Attendrir, *mollire.*

s'Attendrir, *mollescere.*

s'Attiédir, *tepescere.*

s'Avachir, *flaccescere.*

Avertir, *monere.*

Avilir, *vilem facere.*

s'Avilir, *vilescere.*

verbes à l'infinitif.

Bannir, exiler, *in exilium ejicere.* chasser, *expellere.*

Bâtir, *ædificare.* auprès, *astruere.* au devant, *obstruere.*

Bâtir sa fortune sur les ruines d'un autre, *ex incommodis alienis sua commoda comparare.*

Bâtir un habit, *construere vestem.*

Baudir, vieux mot, *gaudere.*

Blanchir, *dealbare.*

—pallier, *palliare.*

Blandir, vieux mot, *blandiri.*

Blêmir, *pallere.*

—devenir blanc, *pallescere.*

Bondir, *exultare.*

Bouffir, *turgere.*

Bouillir, *bullire.*

* Brandir, *vibrare.*

Brunir, *polire.* en terme d'Orfévrerie, *aurum levigare.*

Catir (une étoffe) *pectine textorio stipare.*

Chauvir, vieux mot, *aures subrigere.*

Chérir, *diligere.*

Chevir, vieux adv. *adducere aliquem quò velis.*

Choisir, *eligere.*

Concourir, *concurrere.*

Conquérir, *armis quærere.*

Consentir, *consentire.*

Contenir, *continere.*

—comprendre, *capere.* contraindre, *cohibere.*

Contrevenir à une loi, *legem violare.*

Convenir, *convenire.*

Convertir, *convertere.*

Cotir, *contundere.*

verbes à l'infinitif.

Courrir, *currere.* un prix, *stadium.* une bête, *feram sectari.* courrir sur, *grassari in.* courrir du haut en bas, *decurrere.* jusqu'au bout, *percurrere.* çà & là, *discurrere.* l'un contre l'autre, *concurrere.* en avant, *percurrere.* devant, *præcurrere.* contre, *incurrere.* aux environs, *circumcurrere.* courrir les rues, *vagari.* la poste, *citatis equis ferri.* poursuivre, *persequi.* briguer, *ambire.* voyager, *peregrinari.*

Couvrir, *cooperire.*

Crêpir, *crassiore arenato induere, parietem trullissare.*

Croupir, *desidere.*

Cueillir, *colligere.*

Cuir, ou plûtôt Cuire, *coquere.*

Débouillir.

Débrutir, *polire.*

Décharpir, *lineamentum carptum volsumque tollere.*

Déconfir, vieux mot, *hostes fundere.*

Dédormir, *temperare aquæ frigus.*

Dédurcir, empêcher d'être dur.

Défaillir, *deficere.*

Définir, *definire.*

Défleurir, *deflorescere.*

Dégarnir, *spoliare.* ôter les meubles, *nudare.*

Dégauchir, *complanare, convertere.*

Dégourdir, *torporem discutere.*

verbes à l'infinitif.

Dégroffir, decreſcere.
Déguerpir, abire.
Démentir, mendacium exprobrare.
ſe Démentir, pugnantia loqui. ſe relâcher, diſſolvi. ne pas répondre à l'eſtime qu'on a, famam minuere.
Démentir ſon ſang, ab avorum gloria deſciſcere.
Démolir, demoliri.
—détruire, deſtruere.
—abattre, evertere.
Démunir, ſpoliare munimentis.
Départir, dividere.
Dépérir, deperire.
Déprévenir, errorem alicui eripere.
Déroidir, rigorem mitigare.
Dérougir, pudorem amittere.
Deſaſſortir, vieux adj.
Deſemplir, deplere.
Deſendormir, expergefacere.
Deſétourdir, ſtuporem diſcutere.
Deſobéir, non obtemperare.
Deſourdir, telam retexere.
Deſſervir, offendere.
—une table, fercula tollere.
—une Cure, Curia inſervire.
Deſunir, disjungere.
Détenir, detinere.
Devenir, fieri, evadere.
Dévêtir, exuere, ſpoliare.
Diſconvenir, diſſentiri.
Diſcourir, diſſerere.
Divertir, avocare.
—détourner, avertere.
—ſe divertir, genio indulgere.

verbes à l'infinitif.

Dormir, -ire. endormir, ſoporem inducere. s'endormir, faire dormir, ſomnum conciliare. en quelque affaire, n'en avoir point de ſoin, alicui rei indormire. ſe rendormir, iterum dormire.
Durcir, indurare.
s'Ebahir, mirari.
s'Ebaudir, hilarior fieri.
Eblouir, oculorum aciem perſtringere.
Ebouillir, ebullire.
Eclaircir, elucidare. rendre clair, illuſtrare. rendre facile, explicare.
Eclaircir un différend, rixam explanare.
s'Eclaircir d'une choſe, certiorem ſe facere de re.
Ecrouir, battre à froid les métaux.
Ejoüir, vieux mot, hilarare.
Elargir un habit, veſtem dilatare.
—un priſonnier, captivum dimittere.
Embellir, ornare.
Embrunir, fuſco colore inficere.
Emmaigrir, macreſcere.
Emplir, implere.
Empuantir, fœtorem inducere.
s'Empuantir, fœtorem concipere.
Enchérir ſur, contrà liceri. cauſer la cherté, annonam premere. devenir cher, pretio augeri. augmenter pardeſſus, ſuprà adjicere.

verbes à l'infinitif.

Encourrir, *incurrere.*
Endurcir, *indurare.*
Enforcir, *corroborare.*
Enfouir, *infodere.*
s'Enfiérir, vieux mot, devenir fier, *superbire.*
s'Enfuir, *fugere.*
faire Enfuir, *fugare.*
Engloutir, *absorbere.*
Engourdir, *torporem inferre.*
* s'Enhardir, *animos sumere.*
Enlaidir, *deformare*, vel *deformem fieri.*
s'Enorgueillir, *superbire.*
Enquérir, *inquirere.*
Enrichir, *ditare.*
s'Enrichir, *ditescere.*
Ensevelir, *sepelire.*
Entretenir amitié, *amicitiam colere.* entretenir, fournir tout à quelqu'un, *suppeditare.* entretenir, fomenter, *fovere.* conserver, *conservare.* donner espérance, *spem facere.* occuper, *-pare.* amuser, *tenere.* parler, *colloqui.* nourrir, *alere.*
s'Entretenir, être continu, *continuari.* s'entretenir de peu, *paucis contentum esse.* s'entretenir de tout, *se sustentare.*
Envahir, *invadere.*
Epaissir, *densare.*
s'Epaissir, *concrescere.*
Epanouir, *explicare.*
s'Epanouir, *dehiscere.*
Estommir, vieux mot, *exturbare.*
Etablir, *stabilire.* créer, *statuere.* fonder, *creare.* met-

verbes à l'infinitif.

tre, constituer, *-ere.* rendre stable, *stabilire.*
Etourdir, *stupefacere.*
Etrecir, *arctare.*
Esthuir, vieux mot, Oter.
Evanouir, *evanescere.*
s'Evanouir, *animi deliquium pati.*
Faillir, *errare.*
Faillir, vieux mot, *desinere.*
Farcir, *farcire.*
Férir, *ferire.*
Feüillir, vieux mot, *frondere.*
Finir, terminer, *finire, terminare.*
Flatir, terme de Monnoyeur.
Fléchir, *flectere.*
Flétrir, *contabescere.*
——l'honneur, *famam imminuere.*
se Flétrir, *marcescere.*
Fleurir, *florere.*
Foiblir, *labascere.*
Fouir, *fodere.*
* Foupir, *rugosum facere.*
Fourbir, *detergere, polire.*
Fournir, *suppeditare.*
Franchir, sauter au-delà, *transilire.*
——une difficulté, passer par-dessus, *difficultatem praeterire.*
Frémir, *fremere.*
Froidir, *frigescere.*
Fuir, *fugere.*
Garantir, *tueri.* faire bon, *praestare.*
Garnir, *instruere.* une maison de meubles, *domum supellectili instruere.* un habit de rubans, *vestem vittis ornare.*

Gauchir,

Gauchir, *ad finistram deflectere.*

* Gaudir, mot comique, *deridere.*

Géhir, vieux mot, *extorquere veritatem.*

Gémir, *gemere.*

Gésir, vieux mot, *jacere.*

Glapir, *gannire.*

Grandir, *crescere.*

Gravir, *adrepere.*

Grossir, *augere.* en fait de fruit, *tumere.*

Guérir, *sanare.*

Haïr, *odisse.* vouloir mal, *odio prosequi.* faire haïr, *in odium inducere.* se faire haïr, *suscipere odium.*

Hannir, *ou* Hennir, *hinnire.*

Havir, vieux mot, *ustulare.*

Heudrir, vieux mot, *putrescere.*

Honnir, vieux mot, blâmer, *vituperare.*

Jaillir, *salire.*

Jaunir, teindre en jaune, *flavo colore inficere.* devenir jaune, *flavescere.*

Impartir, vieux mot, *impertiri.*

Intervenir, *intervenire.*

Intervertir, *turbare.*

Investir, *in possessionem mittere.*

—une Place, *urbem circumdare.*

Joüir, *frui.*

Issir, vieux mot, Sortir, *egredi.*

Languir, *languere.* attendre, *expectare.* faire languir de regret, *desiderio conficere.*

dans les tourmens, *lento cruciatu torquere.*

Lédir, vieux mot, *pudore afficere.*

Lotir, *in partes dividere.*

Maigrir, *marcescere.*

Mainburnir, vieux mot, *defendere, tueri.*

Maintenir, *continere.*

—conserver, *servare.* affermir, *asserere.*

Mattir, *rude atque impolitum efficere.*

Mentir, *-iri.* sans mentir, *bonâ fide.*

Mesavenir, *adversi aliquid contingere.*

Mesoffrir, *minus offerre.*

Messervir, vieux mot, pour Déservir.

Meurir, *maturescere.*

Meurtrir, *contundere.*

Mipartir, *bipartiri.*

se Moisir, *mucescere.*

Mollir, *labascere, remissiorem esse.*

Mourir, *mori.*

Mugir, *mugire.*

Munir, *munire.*

Murdrir, vieux mot, *occidere.*

Mutir, vieux mot.

Nantir, consigner, *deponere.* saisir de la main, *capere.* payer, *solvere.* mettre en main, *alicui cavere.*

Noircir, devenir noir, *nigrescere.* rendre noir, *nigrore imbuere.*

—la réputation, *famam inquinare.*

Nourrir, *nutrire.*

Obéir, *obedire.* céder, *cedere.* plier, *flectere.*

verbes à l'infinitif.

Obscurcir, *obscurare.*

Obtenir, *obtinere.*

Occurfir, vieux mot, *occurrere.*

Offrir, *offerre.*

Ouir, *audire.*

* Ourdir de la toile, *telam texere.*

—une conspiration, *conspirare.*

Ouvrir, *aperire.*

Pâlir, *pallere.*

Parboüillir, *leviter ebullire.*

Parcourir, *percurrere.*

Parfournir, *supplere.*

Partir, s'en aller, *proficisci.*

—partager, *partiri.*

Parvenir, *pervenire.*

Pâtir, *pati.*

Périr, *perire.*

Pétrir, *pinsere.*

Plévir, vieux mot, *vadari, fide jubere.*

Polir, *polire.* fig. se dit de l'esprit d'un ouvrage, &c. *politiorem efficere.*

Pourrir, *putrescere.*

Prémunir (se) *præmunire se.*

Pressentir, *præsentire.*

Prévenir, *prævenire.*

Punir, *punire.*

Querir, *quærere.*

Rabêtir, *stupidum efficere.*

Rabonnir, rendre meilleur.

Rabougrir, terme de Forestier, *retorrere.*

Racornir, *indurare in modum cornu.*

Racourcir, *abbreviare.*

Raffermir, *iterùm confirmare.*

Rafraîchir, *refrigerare.*

Rafraîchir des troupes, *co-*

verbes à l'infinitif.

pias reficere. la mémoire, *memoriam refricare.* un manteau, *pallium renovare.*

* Ragaillardir, *hilariorem efficere, exhilarare.*

Rajeunir, *juvenescere.* quelqu'un, *juventuti restituere.*

Railentir, *remittere.*

se Rallentir, *refrigescere.*

Rancir (se) *rancorem contrahere.*

Rangourir, vieux mot, *languescere.*

Ravilir, *in contemptum adducere.*

Ravir, *stupefacere.* enlever, *rapere.* de joie, *lætitiam afferre.*

Rebâtir, *reædificare.*

Rebaudir, vieux mot, *excitare.*

Rebénir, *iterùm benedicere.*

Recourir, *recurrere.*

Recueillir, *colligere.*

Refaillir, vieux mot, *labi iterum.*

Réfléchir, *reflectere.*

Refleurir, *reflorescere.*

Refoilir, vieux verbe, jetter des feuilles.

Refroidir, *refrigescere.*

Refuir, terme de Vénerie, *refugere.*

Régir, gouverner, *regere.*

Régir, terme de Gram. *regere.*

Rejaillir, *resilire.*

Rejaunir, *flavescere.*

Réjoüir, (se) *gaudere.*

Rejouvenir, vieux verbe, *repueruascere.*

Relanquir, vieux mot, délaisser, abandonner.

verbes à l'infinitif.

Rembrunir , *iterùm expolire*

Remplir , *replere.*

Remplir sa charge, ses devoirs , *munus exequi.*

Remplir de la dentelle , *reficere.*

Renchérir , *pretium augere.*

Renformir , terme de Maçon , *restaurare.*

Renhardir , *metum deponere.*

Repaissir, rendre ou devenir plus épais.

Répartir , *partiri.*

—répondre , *respondere.*

Repentir, (se) *pœnitere.*

Requérir , *requirere.*

Resplendir, *splendescere.*

Ressentir , *sentire.*

se Ressentir d'une injure , ou d'une obligation, *injuriam* vel *beneficium recordari.*

Ressortir, terme de Palais, *jus appellationis habere.*

Ressouvenir , *meminisse.*

Retenir, *retinere.* usurper, *usurpare.* retarder, *morari.* se retenir , *sibi temperare.*

Revenir, *reverti.*

Reverdir, *revirescere.*

Revêtir, *denuò induere.* mettre par dessus, *superimponere.* orner , *exornare.* mettre autour, *circumvestire.* terme de fortification, *circumexstruere.*

Reünir, *conjungere.*

Revomir , *revomere.*

Réussir, *feliciter agere.*

Roidir, (se) *obniti.*

Rôtir , *torrere.*

Rougir, *erubescere.*

Rouir de la filace, *cannabum macerare.*

verbes à l'infinitif.

Roussir , *rusare.*

—devenir roux , *rufescere.*

—en term. de cuisine, *frigere*

Rouvrir , *iterùm aperire.*

Rugir, *rugire.*

Saillir , *salire.*

Saillir , courir , *currere.*

Saisir, empoigner , *prehendere.* rendre possesseur, *tradere.*

Saisir , terme de Palais, *bona obsignare.*

se Saisir , s'emparer , *occupare.* avoir peur , *metu capi.*

Salir , *fœdare.* rendre sale , *maculare.*

Sancir, terme de mer, *pessum ire , demergi.*

Secourir , *juvare.*

Seigneurir, vieux verbe, *dominari.*

Sentir, -ire. goûter, *gustare.* fleurer , *odorari.* sentir son bien, sa noblesse , *honestatem , nobilitatem præ se ferre.*

Servir , *servire.* être valet, *famulari.* obéir , rendre service , *obsequi.* honorer, *colere.* servir , être utile à quelque chose, *prodesse.* faire plaisir , *beneficium impertire.* obliger , *studia sua in aliquem conferre.* servir , duire , *usui esse.* servir à l'armée , *militare ministerium impendere.* servir sur table, *mensam cibis instruere.* servir, valoir, *valere.*

se Servir , user, *usurpare.*

verbes à l'infinitif.

Sorbir , avaler , *forbere.*

Sortir , vieux mot , *unire fe.*

Sortir , aller dehors , *egredi.* naître , *emergere.* fortir de , *migrare ex.* fortir de charge , *munere abire.* fe débarraffer , *fe explicare.* fortir , emporter , *evehere.* tirer hors , *auferre.* fortir de propos , *ab argumento difcedere.* faire fortir d'un trou , *extrudere.* chaffer , *expellere.* de la maifon , *domo ejicere.* faire fortir en étreignant , *exprimere.* en perçant , *haurire.* en battant , *elidere.*

Souffrir , *perferre.* être travaillé , *perpeti.*

Souffrir une perfonne par complaifance , *tolerare.*

Soutenir , *fuftinere.* protéger , *tueri.* défendre , *-dere.* fecourir , *excipere.* porter , *ferre.* foûtenir une Thèfe , *thefes propugnare.*

Souvenir , *recordari.*

Subir , *fubire.*

Subvertir , *fubvertere.*

Surgir , arriver au port , *nave appelli.*

Survenir , *fupervenire.*

Tapir , *humi fternere.*

Tarir , *exhaurire.*

Taudir , vieux verbe , fe couvrir.

Tenir , *tenere.* avoir , *habere.* retarder , *detinere.* réprimer , *continere.* occuper , *occupare.* poffeder , *poffidere.* enfermer , *continere.* affembler , *cogere.* tenir

par la main, *manu ducere.* tenir la main à , *dare operam ut.* tenir quelque chofe de quelqu'un , *acceptam alicui referre.* tenir d'un autre , lui reffembler , *aliquem referre.*

Tenir , avoir oüi , *accipere.* tenir tels propos , *his vocibus uti.* tenir un marché , fa promeffe , &c. *pactum, promiffum tenere.* tenir à , *adhibere.* tenir bon , réfifter , *-ere.* être ferme , *fibi conftare.* fe tenir à , *adniti.* fé tenir de rire , *rifum tenere.* tenir contre , *adverfam partem fectari.* fe tenir aux champs , à la ville , à la maifon , *in agris, urbe , domo degere.* tenir , eftimer , juger , *cenfere , exiftimare.* tenir , dépendre , *pendere.* tenir , relever de quelqu'un , *aliquid ad aliquo clientelari jure poffidere.* tenir le bec en l'eau , *fpem alere.*

Ternir , *obfcurare.*

Terrir , terme de Marine , *ad terram ire.*

Thouillir , vieux mot , *turbare.*

Tiédir , *tepefcere.*

Tir , terme de guerre.

Tollir , vieux mot , *auferre.*

Trahir , *tradere.* un fecret , *arcanum evulgare.*

Tranfgloutir , vieux mot , *deglutire.*

Tranfir , *frigore confici.* —de peur , *pavore enecari.*

Travestir, *alienam vestem induere.*

Tressaillir, *exultare.*

Tripolir, *Samio lapide detergere.*

Venir, *venire.* arriver, *advenire.* venir par hazard, *contingere.* venir au monde, *nasci.* croître, *crescere.*

Verdir, *virescere.*

Vernir, *junipero diluto illinere.*

Vertir, vieux mot, *redire.*

Vessir, *flatum ventris emittere.*

Vêtir, *vestire.*

Vieillir, *senescere.*

Unir, *unire.*

—joindre, *jungere.*

Vomir, *vomere.* des injures, *injurias evomere.*

IRE.

Antisatyre, *-ra.*

Argyre, nymphe, *Argyra.*

Cabire, au plur. *Dii Cabiri.*

Chauffecire, Officier de la Chancellerie, *ærarii præfectus.*

Cire, *cera.*

Collyre, *-rium.*

Déjanire, femme d'Hercule, *Dejanira.*

Délire, *-rium.*

Dire, *sermo.* opinion, *-io.* proverbe, *-bium.* un oüi-dire, *rumor.*

Dires, au plur. *dira.*

Empire, *imperium.*

Hégire, Ere de Mahomet, *Hegira.*

Lyre, instrument & constellation, *lyra.*

Ire, *ira.*

Martyre, *martyrium.*

Messire, *dominus.*

Mire, vieux mot, *medicus.*

Mire, visée, *delineatio.*

Myrrhe, *myrrha.*

Navire, *navis.* petit, *navicula.* de trajet, *ponto.* long ou frégate, *celes.* couvert, *cataphracta.* découvert, *acataphractum.* de charge, *oneraria.* à passer chevaux, *hippago.* de haut bord, *navigium majus.*

Ogire, terme d'Architecture, *arcus decussatus.*

Panégyre, vieux mot, *panegyricus.*

Pire, *pejor.* avoir du pire, *malè se habere.*

Poncire, citron, *limonium.*

Porphyre, *-rium.* marbre, *-rites.*

Porphyre, Philos. *Porphyrius.*

Satyre, Poëme moral & railleur, *satyra.* un satyre, *satyrus.*

Sbirre, *accensus Romanus.*

Sire, Seigneur, *dominus.*

Sire, terme dont on se sert en parlant ou en écrivant au Roi, *Rex augustissime.*

Sire, se dit aussi d'un artisan, Sire Jacques, *magister.*

un maître Sire, *habilis magister.*

Squirre, terme de Médecine.

Tire (tout d'une) *uno ductu.*

f | Tirelire, *stipi cogenda cippus portatilis.*

V E R B E S.

Admire,   *miror.*
Aspire,   -ro, *contendo.*
Attire,   *attraho.*
Bruire,   *strepere.*
Circoncire, *circumcidere.*
Circonfcrire, *circumfcribere.*
Cire,   *cerâ linio.*
Conduire, *ducere.* mener devant foi, *agere.* gouverner, *regere.* avoir foin, *adminiftrare.* accompagner par honneur, *deducere.*
Confire,   *condire.*
Conspire,   *confpiro.*
Conftruire,   *conftruere.*
Contredire,   *contradicere.*
Cuire,   *coquere.*
Déchire,   *lacero.*
Déconfire une armée, *exercitum profligare.*
Décrire,   *defcribere.*
Decuire, *plus jufto liquefieri.*
Dédire,   *dictum repudiare.*
fe Dédire, *dicta retractare.*
Déduire,   *deducere.*
Defire,   *defidero.*
Détruire,   *deftruere.*
Dire, *dicere.* fignifier, *denotare.* que veut-il dire ? *quid fibi vult ?* dire le mot pour rire, *jocari.* dire le contraire, *inficiari.* dire bien, *benedicere.* dire mal, *maledicere.* diffamer, *fama detrahere.* c'eft-à-dire, *id eft.* être à dire, *deeffe.* ce n'eft pas à dire que, *non*

ideo. dire non, *negare.*
Duire, vieux mot, *decere.*
Econduire, *excludere.* rejetter, *rejicere.* refufer, *repudiare.*
Ecrire, *fcribere.* compofer, *confcribere*, *componere.*
Elire,   *eligere.*
Empire,   *ingravefco.*
Enduire,   *illinere.*
Efcondire, vieux mot, *excufare.*
Expire,   *expiro.*
Frire,   *fricare.*
avoir de quoi Frire, *dives effe.*
Induire,   *inducere.*
Infcrire,   *infcribere.*
Infpire,   *infpiro.*
Inftruire, dreffer, *informare.* avertir, enfeigner, *docere.* inftruire un procès, *litem inftruere.*
Interdire, -icere. défendre, *prohibere.* rendre muet, *ftupefacere.*
Introduire,   -ducere.
Lire,   *legere.*
Luire,   *lucere.*
Maudire,   *execrari.*
Médire,   *maledicere.*
Mire,   *collineo.*
Nuire,   *nocere.*
Occire, vieux mot, *occidere.*
Prédire,   *prædicere.*
Prefcrire,   *præfcribere.*
Produire, mettre en évidence, *prodere.* montrer, *exponere.* faire entendre, *producere.* alléguer, citer, *laudare, citare.* prolonger, *proferre.* engendrer, *procreare.*

Proscrire ,	proscribere.	v
Reconduire ,	reducere.	a
Recuire ,	recoquere.	v
Redire ,	repetere.	

Réduire, –ucere. remettre au premier état , restituere. soûmettre, subjicere. faire évaporer, redigere. subjuguer, –are.

Relire ,	relegere.
Reluire ,	lucere.
Renduire ,	rursùs induere.

Reproduire, iterùm producere.

Respire ,	–ro.
Revire ,	aliò flecto.

Rire , ridere. du bout des dents , simulare risum. à gorge déployée, in risum vehementem effundi. rire en approuvant, arridere. en méprisant, contemnere. sans rire, tout de bon , seriò. pour rire, per jocum. mot pour rire , dictum facetum. faire rire, risum conciliare, enclin à rire , risivus.

Séduire ,	seducere.
Soupire ,	suspiro.
Sourire ,	subridere.
Souscrire ,	subscribere.
Suscrire ,	inscribere.
Tire ,	attraho.
Traduire , –ducere. interpréter, –tari.	
Transcrire ,	transcribere.
Vire ,	flecto.

Voyez les autres verbes en irer.

IRME.

v	Affirme ,	affirmo.

v	Confirme ,	–mo.
a	Infirme ,	–mus.
v	Infirme ,	rescindo.

IRPE.

v	Extirpe ,	stirpitùs exigo.

IRQUE.

m	Cirque ,	circus.

IRSE.

m	Agathyrse , peuple ,	–sa.
m	Thyrse de Bacchus,	Thyrsus.

IRTE.

m	Absyrte , frere de Médée , Absyrtus.
m	Myrte , –tus.
m	Syrtes , au plur. détroit , Syrtes.

IS.

Abaris , Scythe célèbre.
Abassis , monnoie de Perse.
Abbatis , dejectio.
Abris , au plur. aprica.
Adonis , nom d'homme.
Affranchis , au plur. liberti.
Almoradis, faction des Maures.
Amadis , nom d'homme.
Amaryllis , nom de femme.
Ambre-gris , ambarum.
Amis , au plur. amici.
Anacharsis , Philosophe.
Ancenis , ville de France, Ancenisium.

Substantifs & adjectifs masculins.

Anis, plante, *anisum.*

Anubis, Dieu des Egyptiens.

Apentis, *appendix.* taudis bâti contre une muraille, *tuguriolum parieti affixum.* toit qui n'a sa pente que d'un côté, *tectum in unam partem devergens.*

Apis, Dieu des Egyptiens.

Apprentis, au plur. *tyrones.*

Appris, (bien) *benè educatus.* (mal) *malè.*

Appuis, au plur. *fulcra.*

Arrachis, *tenerarum plantarum evulsio.*

Assis, composition dont se servent les Egyptiens pour se rendre gais.

Atys, Prêtre de Cybéle.

Avis, *consilium.*

* Avis, brûlés, *combusti.*

Baillis, au pl. Juges, *Ballivi.*

Bannis, au plur. *exules.*

Barbouillis, *conspurcatio.*

Béis, Poëte François.

Bénaris, oiseau.

Berberis, arbrisseau.

Bidoris, monture des Officiers subalternes d'Infant.

Bis, répétition, *bis.*

pain Bis, *panis ater.*

Boufis, au plur. *tumidi.*

Boüis, arbre, *buxus.*

donner le Boüis, *buxo perpolire.*

Briséis, Amante d'Achille.

Bruits, au plur. *rumores.*

Brunis, *lævigati.*

Caciz, au pl. Docteur de la loi Mahométane.

Cadix, ville, *Gaditum.*

Camboüis, *arvina nigra.*

Substantifs & adjectifs masculins.

Cauris, coquilles blanches dont les Négres se servent pour monnoie.

Chalassis, terme d'Oculiste.

Chamaillis, *digladiatio.*

Chassis d'un tableau, *margo regularis.* de porte, de fenêtre, *quadrum.* de table, de treteaux, *mensæ canterii.* des fenétres, *crates fenestrales.* jour du carreau du chassis, *fenestralis quadri os, lumen.* chassis de papier, *cancelli.* carreau de chassis, *quadrum cratis.* papier ou verre de chassis, *plagula, pagina.*

Chervis, au pl. racine, *siser.*

Circoncis, au plur. *-us.*

Circuits, au plur. *circuitus.*

Cliquetis, *crepitus.*

Clitoris, *-is.*

Cloris, nom de femme.

Coagis, terme en usage dans le Levant, Commission.

Cochevis, oiseau, *galerita.*

Coloris, terme de Peinture, *coloratio.*

Commis recommandé, *commissus.* un commis, *rei alicui prapositus.* commis par la Cour, *à curia prapositus.* pour informer d'un crime, *criminis quæstor datus.* substitué, *optio.* Vicaire, *vicarius.* à la douanne, *optio redemptoris portoriorum.* aux greniers à sel, *vicarius mancipis salarii.* droit de commis, *jus commissi nomine.*

substantifs & adjectifs masculins.

Compromis,	-issum.
Coucis,	-us.
Conduits, au plur.	ductus.
Conils, au plur.	cuniculi.
Convis, au plur. vieux mot,	epula.

Ceris, coquille qui sert de monnoie à Siam.

Coulis, (vent) *spirans per rimam ventus.*

Coutis, *compactissima tela.*

Cris, au plur. *clamores.* machine à lever, *machina dentata ad sublevanda onera.*

Crucifix, *Imago crucifixi.*

f Cypris *ou* Venus.

Daphnis, nom d'homme.

Débris, au plur. *fractura.*

Décis, vieux mot, -us.

Décrépits, au pl. *decrepiti.*

Dégobillis, *vomitus.*

Denys, nom d'homme, *Dionysius.*

Dépits, au plur. *offensiones.*

Dépris, vieux mot, *spernendus.*

Deprofundis.

Depuis, *deinde.*

Dervis, Religieux Turc.

v Desobéis, *non obedio.*

Devis, *colloquium.*

—ouvrage, *delineatio.*

Diésis de Musique.

Dix, adv. *decem.*

f Doris, nom de femme.

v Ebahis, *stupefacio.*

Eboulis, vieux mot, *ingens ruina.*

Ecrits, au plur. *scripta.*

Empris, vieux mot, *susceptus.*

substantifs & adjectifs masculins.

Ennemis, au plur. *inimici.*

Ennuis, au plur. *tædia.*

—dégoûts, *fastidia.*

Entrepris de ses membres, *membris captus.*

Envahis, verb. *invado.*

Envis, vieux mot, *invité.*

Epics, au plur. *spica.*

Epris, *captus.*

Esprits, au plur. *spiritus.*

Eupolis, Poëte Grec.

Exquis, *exquisitus.*

Famis, vieux mot, *famelicus.*

Favoris, au plur. *gratiâ florentes.*

Fidéicommis, -issum.

Fils, *filius.*

petit Fils, *nepos.*

Finits, au plur. *finiti.*

Fleuretis, terme de Musique, *extemporanea cantûs elegantia.*

v Fourbis, †olio.

f Fourmis, au plur. *formica.*

Fris, au plur. *fricati.*

Fruits, au plur. *fructus.*

Fusils, au plur. *catapulta.*

Gachis, *maceratio.*

f Galanthis, servante d'Alcméne.

Gazouillis, *durus strepitus.*

Gentils, au plur. Payens, *gentiles.*

Jolis, *festivi.*

Glacis, *talus.* de muraille, *imi muri declivitas.* esplanade, *aquata planities.* la pente du chemin couvert, *declivitas via tecta.*

Gratis, adv. *pro nihilo.*

Grenetis, *granorum ordo.*

Grifelidis, nom de femme.
Gris, *leucophæus color.*
Guillochis, terme d'Archit. *quadra inter se inserta.*
Habits, au plur. *vestimenta.*
Hachis, *minutal.*
Hahalis, cri de chasse.
Hémorrhosis, vieux mot, *hæmorrhoïs.*
Hormis, adv. *præter.*
Huis, porte, *ostium.*
Javaris, sanglier de l'Amérique.
Impris, vieux mot, pour non pris.
Indécis, *non decisus.*
Indivis, adverbialement, par indivis, *indivisè.*
Infinis, au plur. *infiniti.*
Inouis, au plur. *inaudiii.*
Iphis, nom de femme.
Iris, nom de fleur & de constellation, *iris.*
Isis, Déesse des Egyptiens.
Kempis, (Thomas à) Auteur Latin.
Lachésis, une des Parques.
Lacis, *reticulum.*
Laïs, courtisanne.
Lambris, *lacunar.*
Lapis, pierre précieuse, *stellatus lapis.*
Larris, vieux mot, *ager incultus.*
Lascaris, nom d'homme.
Lattis, *assula strata.*
Lavis, terme de Peinture, *ablutio.*
Levis, (pont) *sublicius pons.*
Lis, fleur, *lilium.* fleur de lis, *liliaceus flos.* qui est

de lis, *liliaceus.* garnis de lis, *liliatus.* lieu planté de lis, *lilicetum.* lis d'étang, *nymphæa.* lis de vent, droit fil, *recta regio principis venti.* lis du vent, *flantis venti limes.*
fleur de Lis ouverte, *calix.*
oignon de lis, *lilii bulbus.*
huile de lis, *oleum ex lilio.*
donner la fleur de Lis, *notâ infami scapulas inurere.*
la Lis, fleuve, *Lisa.* ou *Legia.*
Lis, vieux mot, *politus.*
Logis, *domus.*
Longis, vieux mot, *lentus.*
Louïs, nom d'homme, *Ludovicus.*
—d'or, *nummus aureus.*
Machicoulis, *declives fenestra.*
Macis, épicerie, *macis.*
Maravédis, monnoie d'Espagne.
Margouillis, *volutabulum.*
Maris, au plur. *conjugati.*
Marquis, *Marchio.*
Maugis, nom d'homme.
Mauvis, oiseau, *turdus.*
Memphis, ville.
Métis, de race différente, *hybrida.*
chien Métis, *canis hybrida.*
Mi-bis, moitié bis.
Mitis, matou.
Muids, *dolia.*
Naïs, mere du Centaure Chiron.
Némésis, Divinité malfaisante, *Nemesis.*

ſubſtantifs & adjectifs maſculins.

Nitocris, Reine de Babylone. *m*

Nolis, terme de marine, *naulum.*

Nombrils, au plur. *umbilici.*

Non-prix, non-valeur, *vile pretium.*

Nuits, au plur. *noctes.*

Nuits, ville, *Nucium.*

Occis, vieux mot, *–us.*

Oſyris, Dieu des Egyptiens.

Outils, au plur. on prononce Outis, *inſtrumenta.*

Panaris, *paronychia.*

Paradis, *–iſus.*

Paradis d'Egliſe, *oratorium ornatum.*

oiſeau de Paradis, *apodus.*

Paraphimoſis, terme de Médecine.

Pareatis, terme de Palais.

Pâris, Troyen.

f

Paris, ville, *Lutetia.*

Pariſis, *Pariſienſis ager.*

Parvis, *atrium.*

Paſſe-dix, jeu de dez.

Patris, Poëte François.

Patrouillis, *conſpurcatio.*

Pavis, fruit, *perſicum.*

Pays, région, *-io.* terre, *-ra.* climat, *ſolum.* plat pays, *agri.* patrie, *-ia.* du pays, *patrius.* qui n'eſt pas du pays, *externus.* de mon pays, *popularis meus.* de quel pays? *cujas?* né dans le pays, *indigena.* de votre *ou* de notre pays, *veſtras* vel *noſtras.* langue du pays, *lingua vernacula.* étendue du pays, *terræ plaga.* gagner pays, *alio pergere.*

ſubſtantifs & adjectifs maſculins.

Le Païs, Aut. Franç. *Païſius.* *f*

Perdrix, oiſeau, *perdix.*

Pertuis, *foramen.*

Phalaris, tyran.

Pilotis, *palus.*

Pis, mammelles, *mamma.*

Pis, *pejus.*

Plorcis, vieux mot, *luctus.*

Poncis, *delineatio punctuata.*

Porc-épics, au plur. *hiſtrices.*

Pouillis, *locus pediculoſus.*

Pourpris, *ambitus.*

Précis, *certus ac definitus.*

Preſſis de viande, *ſuccus carneus compreſſus.*

Prix, eſtime, *pretium.* de prix, précieux, *pretioſus.* au prix, en comparaiſon, *habitâ ratione.* au prix de lui, *præ illo.* à bas prix, *vili.* à ſi bas prix, *tantulò.* à quel prix que ce ſoit, *quanti quanti.* à haut prix, *majori pretio.*

Prix, récompenſe, *præmium.* prix de la victoire, *palmarium.* gagner le prix, *palmam ferre.* qui gagne le prix, *vir palmaris.* jour qu'on donne le prix, *agonalis dies.*

Produits, au plur. *fructus.*

Profits, au plur. *emolumenta.*

Propolis, *cera nova.* vel *propolis.*

Pubis, (os)

Puis, adv. *deindè.*

Puits, *puteus.*

Rabougris, *retortus.*

Raſſis, repoſé, *ſedatus.* tranquille, *-illus.* pain raſſis, *panis reſidens.* vin raſſis,

vinum sedatum. homme d'un esprit rassis, *tranquilli animi vir.* de sens rassis, *sedati animi.*

Ratopolis, ville capitale des rats.

Réavis, second avis.

Récits, au plur. *recitationes.*

Réduits, au plur. *secessus.*

Régis, Philosophe François.

à Remotis, adv. à quartier, *seorsim.*

Renformis, terme de Maçon.

Reversis, terme de jeu.

Ris,   *-us.*

—graine,   *oriza.*

Rominagrobis, *felium princeps.*

Rossolis,   *aromatites.*

Roulis de navire, *navis agitatio.*

Rubis,   *carbunculus.*

f Salmacis, fontaine de Carie.

Salmis, ragoût, *embamma.*

f Semiramis, Reine d'Assyrie.

Sérapis, ancien Dieu des Egyptiens.

Sis, vieux mot,   *situs.*

Six, adv.   *sex.*

f Sizigambis, Reine de Perse.

Soucis, au plur. soins, *curæ.*

—fleur,   *calendula.*

Souduis, vieux mot, *seductor.*

Sourcils, au plur. *supercilia.*

Souris, au plur. *lenis risus.*

f Souris, animal,   *sorex.*

—chauve-souris, *vespertilio.*

Soutiex, *ou* Soutis, vieux mot, *subtilis.*

Splénitis, nom d'une veine.

Surcis,   *mora.*

Surplis,   *superpelliceus.*

Tabis, étoffe, *pannus sericus undulatus.*

Taillis,   *sylva cadua.*

gagner le Taillis, s'enfuir, *fugere.*

bois Taillis,   *sylva cadua.*

Talestris, Reine des Amazones.

Tamis,   *incerniculum.*

Tanaïs, fleuve.

Tandis, vieux adv. *paululùm.*

Tapis, *tapes.* de Flandre, *Belgicus.* de Bergame, *Bergamicus.* de Turquie, *Phrygius.* fait à l'éguille, *acu textus.* richement ouvragé, *magnificis operibus pictus.* de jardin, *area herbacea.*

Tapis, terme de manége, raser le tapis, galoper près de terre, *humum currendo radere.*

Taudis,   *tuguriolum.*

Teurtis, *ou* Torteis, vieux mot, *tada, faces.*

f Themis, Déesse de la Justice.

Thespis, Poëte Grec.

f Thétis, Déesse de la mer.

Tircis, berger.

Torchis de maison, *lutarius paries.*

Tourne-vis.

Traictis, vieux mot, *mollis.*

Treillis de toile, *gummita tela.*

—de fer,   *cancelli ferrei.*

Tunis, ville,   *Tunetum*

Verd de gris,   *ærugo*

Vernis,   *vernigo*

subſtantifs & adjectifs masculins.

Viandis,   *cervi pabulum.*
Vis d'un preſſoir, *cochlea.*
petite vis, *cochlidium.*
eſcalier à vis, *ſcala cochli-*
des. vis à tour, *ſcala ſpi-*
ratim circumducta. vis
ſaint Gille, rampantes,
cochleata & fornicata ſca-
la. vis ſans fin, *cochlea*
perpetua. qui eſt vis-à-vis,
adverſus. vis-à-vis, *juxtà.*
façonné à vis, *cochleatus.*
tourner une vis, *cochleam*
circumagere.
Vis-à-vis, ſorte de voiture.
Voultis, vieux mot, beau,
agréable, *lepidus.*
Zamolxis, Dieu des Thra-
ces & des Gétes.
Zégris, faction des Maures.
Zeuxis, Peintre.
Zinibis, petit coquillage
qui ſert de monnoie dans
l'Ethiopie Occidentale.

VERBES.

verbes au préſ. & au prét. indéfini.

Abatis,   *everti.*
Abêtis,   *ſtupefacio.*
Abolis,   *aboleo.*
m'Abrutis,   *obbruteſco.*
Accourcis, *decurto, contraho.*
m'Accroupis, *in clunes reſideo.*
Acquis,   *acquiſivi.*
Adoucis,   *emollio.*
Affadis, part. plur. *infuſcati.*
Affermis,   *roboro.*
Affoiblis,   *debilito.*
Aggrandis,   *augeo.*
Agis,   *ago.*
Aguerris,   *in re militari*
exerceo.

verbes au préſ. & au prét. indéfini.

Aigris,   *acceſco.*
Amollis,   *mollio.*
Amortis,   *lenio.*
Anéantis,   *deſtruo.*
Annoblis,   *nobilito.*
Applatis,   *planum facio.*
Arrondis,   *rotundo.*
Aſſervis,   *ſervum facio.*
Aſſis,   *ſedi.*
Aſſortis,   *inſtruo.*
Aſſoupis,   *ſopio.*
Aſſouvis,   *exſaturo.*
Aſſujettis,   *domo.*
Attendris, *molliorem facio.*
Avertis,   *moneo.*
Avilis,   *vilem facio.*
Bannis,   *expello.*
Bâtis,   *adifico.*
Battis,   *cecidi.*
Bénis,   *benedico.*
Blanchis,   *dealbo.*
Blêmis,   *palleſco.*
Chéris,   *diligo.*
Combattis,   *pugnavi.*
Compâtis,   *compatior.*
Compris,   *comprehendi.*
Confis,   *condio.*
Conquis, *armis quaſivi.*
Contraignis,   *coëgi.*
Contrefis,   *effinxi.*
Convainquis,   *convici.*
Convertis,   *converto.*
Craignis,   *timui.*
Croupis,   *deſideo.*
Déconfis,   *deſtruo.*
Décrivis,   *deſcripſi.*
Défis,   *deſtruxi.*
Défleuris,   *defloreſco.*
Dégarnis,   *nudo*
Déguerpis,   *abeo.*
Démentis, *mendacii argui.*
Démolis,   *demolior.*

verb. au prés. & au prét. à rég. à fée.

Déperis, *deterior fio.*
Defcendis, *defcendi.*
Deffervis, *fercula de menfa tuli.*
Defunis, *disjungo.*
Divertis, *exhilaro.*
Dormis, *dormivi.*
Elargis, *dilato.*
Engourdis, part. pl. *torpentes.*
Enlaidis, *deformo.*
Enquis, *inquifivi.*
Enrichis, *dito.*
Entendis, *audivi.*
Etendis, *extendi.*
Etourdis, *ftupefacio.*
Farcis, *infarcio.*
Feignis, *finxi.*
Fendis, *fidi.*
Fis, *feci.*
Fléchis, *flecto.*
Flétris, *ignominiam inuro.*
Fleuris, *floreo.*
Franchis, *tranfilio.*
Frémis, *fremo.*
Fuis, *fugio.*
Garantis, *tueor.*
Garnis, *orno.*
Gémis, *gemo.*
Groflis, *augeo, in craffitudinem excrefco.*
Guéris, *fano.*
Haïs, *odio profequor.*
Jaunis, *luteo inficio.*
Infcrivis, *infcripfi.*
Interrompis, *interrupi.*
Joignis, *junxi.*
Languis, *langueo.*
Maigris, *macilentus fio.*
Meurtris, *contundo.*
Mipartis, *bipartior.*
Mugis, *mugio.*
Munis, *munio.*

verb. au prés. & au prét. indéfini.

Naquis, *natus fum.*
Noircis, *denigro, nigrefco.*
Nourris, *nutrio.*
Obéis, *obedio.*
Obfcurcis, *obfcuro.*
Occis, *occidi.*
Oignis, *unxi.*
Omis, *omifi.*
Pâlis, *pallefco.*
Paîtris, *pinfo.*
Partis, *profectus fum.*
Pâtis, *patior.*
Péris, *pereo.*
Pendis, *pependi.*
Pervertis, *perverto, depravo.*
Plaignis, *gemui.*
Pourris, *putrefco.*
Pourfuivis, *perfecutus fum.*
Prefcrivis, *præfcripfi.*
Prétendis, *contendi.*
Pris, *cepi.*
Profcrivis, *profcripfi.*
Puis (de Pouvoir) *poffum.*
Punis, *punio.*
Rabattis, *petulantiam fregi.*
Rafraîchis, *refrigero.*
Rajeunis, *juventuti reftituo.*
Rallentis, *lenio.*
Refroidis, *frigefco.*
Régis, *rego.*
Rendis, *reddidi.*
Repentis, *me pœnituit.*
Repris, *objurgavi.*
Requis, *requifivi.*
Réunis, *conjungo.*
Ris, *rideo.*
Rompis, *fregi.*
Rôtis, *affo.*
Rougis, *erubefco.*
Rouffis, *ruborem contraho.*
Rugis, *rugio.*
Salis, *inquino.*

verbes au prés. & au prét. indéfini.

Satisfis,	*satisfeci.*
Servis,	*servivi.*
Soumis,	*submisi, subjeci.*
Souscrivis,	*subscripsi.*
Subis,	*sueo.*
Suffis,	*sufficio.*
Suis, d'Etre,	*sum.*
Suis, de Suivre,	*sequor.*
Surcis,	*supersedeo.*
Surfis, *justo pluris indicavi.*	
Surpris,	*decepi.*
Survêquis,	*superstes fui.*
Suscrivis,	*suprascripsi.*
Suspendis,	*suspendi.*
Taris,	*exsicco.*
Tendis,	*tetendi.*
Tiédis, part. plur. *tepefacti.*	
Trahis,	*prodo.*
Transcrivis,	*transcripsi.*
Transis, *rigeo*, ou plûtôt,	
frigoris vi aliquem propè	
exanimo.	
Tu gis, vieux mot, *jaces.*	
Vainquis,	*vici.*
Vendis,	*vendidi.*
Vêquis,	*vixi.*
Unis,	*unio.*
Vomis,	*vomo.*

ISC.

m Fisc, *ou* Fisque,   *fiscus.*

ISCHE. *voyez* ICHE.

ISE. *voyez* IZE.

ISLE. *voyez* ILE. long.

ISME. dont l'S ne se pro-
nonce point.

Abysme,   *abyssus.*

f Dîme,   *decima.*
Voyez IME. *long.*

ISME. dont l'S se prononce.

substantifs masculins.

Ces mots en ISME. *mar-*
quent quelque sorte particu-
liére de créance, d'opinion,
d'hérésie, de secte, de ma-
niére ou façon d'agir, de
penser ou de parler, dont il
y a beaucoup de noms factices.

Accisme, terme dogmati-	
que, -*mus.*	
Anachronisme,	-*mus.*
Anagrammatisme...	
Analogisme...	
Anathématisme...	
Anatocisme, intérêt...	
Anévrisme, terme de Mé-	
decine, -*mus.*	
Anglicisme, façon de parler	
Angloise, -*mus.*	
Antichristianisme,	-*mus.*
Apédeutisme,	*inscitia.*
Aphorisme,	-*mus.*
Archaïsme, usage des vieux	
mots, -*mus.*	
Arianisme,	-*mus*
Arminianisme...	
Athéïsme...	
Atticisme...	
Automatisme, qualité ou	
état des bêtes, -*mus.*	
Badaudisme, qualité de Ba-	
daud.	
Baïanisme,	-*mus.*
Barbarisme...	
Bétonisme...	
Bourguignonisme...	
Brounisme, sorte de secte,	
brounismus.	

subſtantifs maſculins.

Calviniſme, -mus.
Caractétiſme...
Caraïſme, ſecte...
Cardinaliſme...
Caractériſme, terme de Bo-
  tanique, certaine confor-
  mité que les plantes ont
  avec le corps humain.
Cartéſianiſme, -mus.
Cataclyſme, diluvium.
Cataglottyſme, baiſer des
  Italiens, -mus.
Catéchiſme, -mus.
Catholiciſme...
Charlataniſme, fallacia.
Chriſtianiſme, -mus.
Ciliciſme, maniére de par-
  ler qui ſe reſſent du lan-
  gage des Ciliciens, -mus.
Coccéianiſme, ſecte de Coc-
  ceius, -mus.
Congruiſme, terme de Théo-
  logie, -mus.
Datiſme, -mus.
Deſpotiſme...
Dialogiſme...
Donatiſme...
Druidiſme...
Emblématiſme...
Empiriſme, Médecine pra-
  tique fondée ſur l'expé-
  rience, -mus.
Epicuriſme, -mus.
Eréthiſme, irritation des fi-
  bres, -mus.
Ergotiſme, -mus.
Exorciſme...
Expectiſme, viſite & rap-
  port d'Experts, -mus.
Fanatiſme, -mus.
Fatiſme, ſtolidi ingenium.
Fatuiſme, fatui mens.

subſtantifs maſculins.

Figuriſme, -mus.
Galéniſme...
Galliciſme...
Gargariſme...
Gaſconiſme, Vaſconiſmus.
Gentiliſme, -mus.
Germaniſme, façon de par-
  ler Allemande.
Gréciſme, helleniſmus.
Hébraïſme, -mus.
Helléniſme...
Huguenotiſme...
Janſéniſme...
Idiotiſme...
Jéſuitiſme...
Intolérantiſme...
Indépendantiſme...
Italianiſme...
Judaïſme...
Kyphoniſme...
Laconiſme...
Latiniſme...
Luthérianiſme...
Macaroniſme...
Machiavéliſme...
Malebranchiſme...
Mahométiſme...
Métaciſme, terme de Gram-
  maire, -mus.
Moliniſme, -mus.
Molinoſiſme...
Monachiſme...
Monophyſiſme...
Muſulmaniſme...
Mutiſme, état des muets.
Naturaliſme, -mus.
Néographiſme, maniére
  d'écrire contre l'uſage
  reçu, -mus.
Néologiſme, -mus.
Népotiſme...
Neſtorianiſme...

Neutonianiſme,

ſubſtantifs maſculins.	Neutonianiſme, *-mus.*
	Nominatiſme...
	Origéniſme...
	Oſtraciſme...
	Paganiſme...
	Panégyriſme, louange ou-
	   trée, *-mus.*
	Papiſme, *-mus.*
	Parachroniſme...
	Paralléliſme...
	Paralogiſme...
	Particulariſme...
	Pathétiſme, l'art d'émou-
	   voir les paſſions, *-mus.*
	Pédantiſme, *-mus.*
	Pélagianiſme...
	Péripatétiſme...
	Pétaliſme, jugement qui
	   s'exerçoit à Syracuſe con-
	   tre ceux qui étoient trop
	   puiſſans.
	Phariſaïſme, *-mus.*
	Platoniſme...
	Priapiſme, maladie...
	Priſme de verre, *priſma.*
	Probabiliſme, *-mus.*
	Proteſtantiſme...
	Puriſme...
	Puritaniſme...
	Putaniſme, *ſcortatio.*
	Pyrrhoniſme, *-mus.*
	Pythagoriſme...
	Quakérianiſme, ſecte des
	   Quakers.
	Quiétiſme, *-mus.*
	Rabbiniſme...
	Rhumatiſme, *rheumatiſmus.*
	Rigoriſme, *-mus.*
	Ruffianiſme, paillardiſe.
	Saducéiſme, *-mus.*
	Schiſme, *ſchiſma.*
	Scotiſme, *-mus.*
		ſubſtantifs maſculins.
		
		m
		f
		
		f
		
		v
		m
		a
		m
		m
		m
		m
			Semipélagianiſme, *-mus.*
			Spinoſiſme, doctrine de Spi-
			   noſa, *-mut.*
			Socianiſme *ou* Sociniſme.
			Soléciſme, *ſolœciſmus.*
			Sophiſme, *-mus.*
			Stoïciſme...
			Syllogiſme...
			Tétragoniſme...
			Thomiſme...
			Tolérantiſme...
			Vulcaniſme, état de celui
			   dont la femme eſt infidéle.
			Wicléfiſme, *-mus.*
			Zuinglianiſme, ſecte de
			   Zuingle.
			
			    I S N E. ou I N E. long.
			
			Diſne, on prononce & l'on
			   écrit Dîne, *prandeo.*
			
			I S Q U E. dont l'S ſe pro-
			   nonce.
			
			Aſtériſque, terme. d'Impri-
			   merie, *aſteriſcus.*
			Biſque, terme de cuiſine,
			   *jus ex diverſarum car-
			   nium ſucco conditum.*
			Biſque de tripot, *quindenarii
			   quadrans.*
			Confiſque, *fiſco addico.*
			Fiſque, *ou* Fiſc, *-us.*
			Friſque, *ou* Froid, *frigidus.*
			Lentiſque, arbre, *lentiſcus.*
			Moriſque, *Maurus.*
			Obéliſque, *-iſcus.*
			Riſque, hazard, *diſcrimen.*
			   péril, *periculum.* courir
			   riſque, *in diſcrimen venire.*
			   ſe mettre en danger, *pe-
			   riculum adire.*

substantifs masculins.

Trochisque, terme de Médecine, -iscus.

ISSE. voyez ICE.

ISTE où l'S ne se prononce point, voyez ITE.
long.

ISTE dont l'S se prononce.

Ces mots en iste signifient des noms d'offices, de devoir, de dignité, de sectaires, d'hérétiques, &c.

Académiste,　　　　-ista.

Algébriste...

Allégoriste...

Améthyste,　　　ametystus.

Anabaptiste,　　　-ista.

Anagrammatiste...

Analyste, terme de Mathématique, -ista.

Annaliste,　　　　-ista.

Antagoniste...

Apologiste...

Archiviste, archivorum studiosus.

Arrêtiste, decretorum collector.

Artiste, artifex chymicus. qui a étudié les arts libéraux, in artibus magister. fait avec artifice, arte factus.

Athéiste, ou Athée,　-ista.

Atomiste...

Baïaniste,　　　　Baianus.

Balliste, ancienne machine de guerre, -ista.

Baptiste, (toile de)

Botaniste,　　herbarius.

Bouquiniste, veterum librorum propola.

substantifs masculins.

Bulliste, Congrégation de l'Ordre de S. François.

Buraliste, Commis, exhedra præfectus.

Cabaliste,　　　　-ista.

Calviniste...

Camériste,　　cameraria.

Canoniste,　　　　-ista.

Casuiste...

Cathariste...

Catéchiste...

Chiste, ou plûtôt Kiste, terme d'Anatomie, cista.

Choriste,　　choroslates.

Chronologiste, ou Chronologue, -gus.

Chymiste,　　　chymicus.

Coloriste,　　　　-ista.

Communaliste, membre de certaine Communauté.

Conclaviste,　　　-ista.

Conformiste...

non Conformiste, pædicator.

Conformaliste, non alienus.

Congréganiste,　　sodalis.

Congruiste,　　　-ista.

Controversiste...

Copiste,　　　　scriba.

Corpusculiste, le même que Corpusculaire.

Dialogiste,　　　-ista.

Décrétiste...

Dentiste...

Détailliste...

Dictionnariste, lexicographus.

Donatiste,　　　　-ista.

Droguiste,　pharmacopola.

Duelliste, ad singulare certamen provocator.

Ebéniste,　　ebeni sector.

Eléadroniste,　　　-ista.

Elogiste...

Substantifs masculins.

Engagiste, -*ista*.
Epigrammatiste...
Etuviste, *balneator*.
Etymologiste, -*ista*.
Evangéliste...
Evantailliste, *flabellorum pictor*.
Eudiste, *Eudista monialis*.
Exorciste, -*ista*.
Fabuliste, *fabularum scriptor*.
Fataliste, qui attribue tout au destin.
Fatiste, *idem*.
Figuriste, -*ista*.
Fleuriste, *florum cultor*.
Flotiste, qui commerce par la flotte.
Formaliste, *formularius*.
Formuliste, -*ista*.
Gagiste...
Galéniste...
Galioniste, qui commerce par les galions.
Gassendiste, -*ista*.
Gomariste...
Grammatiste, qui enseigne ou qui apprend la Grammaire, -*ista*.
Gymnosophiste, -*ista*.
Herboriste, *herbarius*.
Homériste, -*ista*.
Humaniste...
Humoriste...
Hymniste...
Janséniste, sectateur de Jansénius.
Janséniste, petit panier ou jupe de femme.
Immatérialiste, -*ista*.
Impérialiste, *imperatorius*.
Improviste (à l') *ex improviso*.

Substantifs masculins.

Journaliste, *ephemeridum scriptor*.
Juriste, *Jurisperitus*.
Labbadiste, -*ista*.
Latiniste...
Lanterniste, Académicien de Toulouse.
Légiste, *leguleius*.
Léoniste, *ou* Lioniste, -*ista*.
Liste, *catalogus*.
Liturgiste, -*ista*.
Loyoliste, *ou* Loyolite...
Lulliste...
Lucaniste, partisan de Lucain.
Machiniste, -*ista*.
Machiavéliste...
Mahométiste...
Malebranchiste...
Maniériste, peintre qui s'est fait une manière.
Mémorialiste, Auteur de Mémoires.
Métallurgiste, -*ista*.
Médailliste, *numismatum curiosus conquisitor*.
Modiste, *comptioris formulae sectarius*.
Moliniste, -*ista*.
Monoculiste, cyclope...
Montaniste...
Moraliste...
Mythologiste, *mythologus*.
Naturaliste, *investigator rerum naturalium*.
Non-conformiste, -*ista*.
Nouvéliste, *nunciorum distributor*.
Oariste, -*stis*.
Oculiste, *ocularis medicus*.
Opinioniste, -*ista*.
Organiste, *organicus cantor*.

substantifs masculins.

Origéniste , -ista.
Ovariste , qui hominem ex ovo generari putat.
Panégyriste , -ista.
Papinianiste...
Papiste...
Paracelsiste...
Paraphoniste...
Parodiste...
Partialiste...
Particulariste , qui soûtient une opinion particuliére.
Paysagiste , -ista.
Phalangiste , ou Phalangite, soldat de la phalange.
Phlébotomiste , -ista.
Phrontiste...
Physionomiste , physionomus.
Piste , vestigium.
Pléniste , -ista.
Probabilioriste s qui opinionem probabiliorem semper amplectendam docet.
Probabiliste , -ista.
Psalmiste...
Puriste...
Pyroboliste, ingénieur à feu.
Quiétiste , -ista.
Quénelliste , voyez Anticonstitutionnaire.
Rabbaniste , Juif qui suit les Rabbins.
Rapsodiste , -ista.
Ragouiste , qui fait de bons ragoûts.
Réaliste , terme de Philosophie.
Régaliste , -ista.
Ritualiste, Auteur d'un Rituel.
Royaliste , regius.
Ruiste , vieux mot, rude.

substantifs masculins.

Scotiste , -ista.
Séminariste...
Simpliciste , botanicus.
Sophiste , -ista.
Sorboniste...
Spinosiste...
Squadroniste, cardinalis nullius partes amplectens.
Symphoniste , -ista.
Talmudiste...
Tertullianiste...
Trismégiste , -istus.
Triste , tristis.
Typographiste , -ista.
Vacuiste,qui admet du vuide dans la nature.
Ubicuiste , -ista.
Universaliste , qui croit la grace universelle.
Vocabuliste , lexicographus.
Urbaniste , Religieuse,-ista.
Wicléfiste...
Xyste...

VERBES.

Assiste , adsum.
Attriste , mœrore afficio.
Consiste , -isto.
Contriste...
Désiste...
Insiste , pertendo.
Persiste , persevero.
Résiste , -isto.
Subsiste , exsto.
Voyez les autres verbes en ister.

ISTHME.

Isthme de Corinthe,de Suez de Panama , &c. isthmus.

ISTRE. dont l'S ne se prononce pas, *voyez* ITRE.

ISTRE. dont l'S se pro-
nonce.

Substantifs masculins.

v	Administre,	-*istro.*
m	Caïstre, fleuve,	-*strus.*
m	Cuistre,	*homo nihili.*
m	Ministre,	-*ister.*
	—d'Etat, *Reipublicæ admi-*	
	nistrator.	
a	Sinistre,	-*ister.*
m	Sistre, instrument de Mu-	
	sique, *sistrum.*	

IT.

Substantifs masculins.

Acabit, *bona vel mala qua-*
litas.

Accessit, terme de Collége,
prononcez le *t* comme
dans le latin, *accessit.*

Aconit, poison,   -*um.*

Acquit, payement, *solutio.*
de légats, *præstatio lega-*
torum. de cens, de tri-
buts, *præstatio vectigalium.*
quittance, *acceptilatio.* par
maniére d'acquit, *osci-*
tanter.

Anuict, vieux mot, *hâc*
nocte.

Appétit, faim, *fames.* sàns
appétit, *fastidiosè.* bon
appétit, *fames integra.*
faire perdre l'appétit, *fa-*
stidium creare.

Appétit, fantaisie, *arbi-*
trium. ardeur, convoiti-
se, *æstus, cupido.*

Appétit, desir, *appetitus.* irascible, -*ilis.* concupiscible,
-*ilis.*

Bénit, (chardon) herbe,
carduus benedictus.

—pain bénit, *panis lustralis.*

—grain bénit, *granum be-*
nedictum.

Biscapit, double emploi.

Biscuit, pâtisserie, *crustulum*
dulciarium.

—de mer,   *panis nauticus.*

Bruit, *sonus.* bruit sourd,
murmur. bruit doux, *su-*
surrus. bruit confus, *tu-*
multus. d'abeilles, *bombus.*
de canon, *fragor.*

Bruit, ce qu'on dit, *sermo.*
rumeur, *rumor.* à petit
bruit, *quietè.* faire courir
un bruit, *sermonem spar-*
gere.

Bruit, querelle, *contentio,*
rixa. avoir bruit avec
quelqu'un, *cum aliquo*
contendere.

Bruit, plainte, *querimonia.*
faire du bruit, se plaindre,
fremere, querimonias ja-
ctare. faire bruit sourd,
murmurare. faire bruit par
tout, *personare.* faire bruit
tout autour, *circumsonare.*
comme les cloches, *reso-*
nare. faire un bruit aigre,
stridere. fraper des piés
& des mains, *perstrepere.*
faire du bruit, au fig.
magnas tragœdias agere.
faire bruit avec éclat &
violence, *fragorem edere.*

Bruit, renommée, *fama.*

subſtantiſs maſculins.

estime, *nomen.* opinion, -io. avoir bon bruit, bonne réputation, *exiſtimatione florere.* avoir mauvais bruit, *infamiâ laborare.*

faux-Bruit, *falſus rumor, commentum.*

Chalit, *lecti compages.*

Chauffelit, *vas calfactorium.*

Chianlit, masque qui court les rues, *larvatus.*

Circuit, -*us.*

Coït...

Conduit, passage par où coule, *meatus.* canal, *alveus.* aqueduc, *aqua-ductus.*

Conduit, adj. *deductus.*

sauf-Conduit, *ſalvus conductus.*

Conduit, vieux mot, Conduite, *ductus.*

Conflit, -*ictus.*

a Contrit, -*us.*

Crédit, *auctoritas.* estime, *exiſtimatio.*

—entre les Marchands, *fides.*

Crit, sorte de poignard, *ſica.*

Débit, . *venditio.*

v Décrépit, -*us.*

Dédit, *dictorum revocatio.*

Déduit, *oblectamentum.*

Deficit, terme de Palais.

Défruit, provision.

Délit, *delictum.* en flagrant délit, *in flagranti delicto.*

Dépit, *indignatio.*

Dit, *acutè dictum.*

Discrédit.

Dissentit, plante, *hedypuris.*

Econduit, *repulſam paſſus.*

subſtantiſs maſculins.

Ecrit, *ſcriptum.*

droit Ecrit, *jus ſcriptum.*

Edit, *edictum.*

Enctiit, vieux mot, *incoctus.*

Ennuict, vieux mot, *hodie.*

Erudit, -*us.*

Esprit, substance spirituelle, *ſpiritus.* le saint Esprit, *ſanctus Spiritus.* esprit malin, démon, *malus damon.* esprit, ame humaine, *animus.* entendement, *ingenium.* bon entendement, *ingenium.* bon esprit, excellent esprit, grand esprit, *excellens ingenium.* bel esprit, *praclarum ingenium.* un esprit brillant, *ſplendidum ingenium.* vif, subtil, *acre ingenium.* la pointe de l'esprit, *ingenii acumen.* avec esprit, *ſolerter.* esprit folet, lutin, *larva.* esprit de vin, *vini ſpiritus.* esprit lourd, *hebes ingenium.*

Chevalier du saint Esprit, *Eques torquatus.*

a Fortuit, -*us.*

cas Fortuit, *caſus fortuitus.*

v Fourbit, *polivit*

Fruit d'animal, *fœtus.* d'arbre, *fructus.* de la terre, *fruges.* dessert, *bellaria.*

Gabarit, terme de mer, *navis archetypa.*

Gagne-petit, *ſamiator.*

Gambit, terme en usage parmi les joueurs d'échecs.

Granit, (marbre) *granitum marmor.*

Gratuit , -us.
don Gratuit , *donum gratui-*
tum.
Habit , *veſtis.* habillement ,
veſtimentum. qui joint au
corps , *amictus, veſtitus.*
de deuil , *funebris.* de fête ,
feſtivus. de paix , *prætexta.*
de guerre, *paludamentum.*
Impérit , *ignarus.*
Interdit , -ictus. embarraſſé ,
attonitus. qui ne peut contracter, *à ſuo jure depulſus.*
Interdit , Royaume en interdit , *regnum interdictum.*
Introït , -us.
Lit , *lectus.* chevet de lit ,
ſummus lecti pluteus. ciel
de lit , *lecti umbella.* pente
de lit , *æla.* rideau de lit ,
lecti ſiparium. tour de lit ,
lecti velum. lit de parade ,
ſolemnis lecti apparatus.
lit d'herbes , *torus.* gîte
de bête ſauvage , *latibu-*
lum. lit de juſtice , *conſi-*
dentium judicum tribunal.
petit lit , *lectulus.*
Lit , au fig. mariage du premier lit , *thalamus.*
Lit de riviére , *alveus.*
Lit , couche , un lit de paille
ſur un lit de fruit , *ſtra-*
tum.
garder le Lit , *decumbere le-*
cto.
Manuſcrit , *manuſcriptum.*
Maudit , *maledictus.*
Minuit , *media nox.*
Meſſe de Minuit , *miſſa in*
mediâ nocte.
Nid , -us.

Nuit , *nox.* de nuit , *nocte.*
durant la nuit , *per noctem.*
de jour & de nuit. *interdiu*
noctuque. en une nuit , *una*
nocte. à l'entrée de la nuit ,
apparente nocte. occupation , *lucubratio.* ouvrage
fait la nuit , *opus elucu-*
bratum. le profond de la
nuit , *concubia nox.* nuit
bien avancée , *adulta nox.*
appartenant à la nuit , *no-*
cturnus. paſſer la nuit ,
pernoctare. la male nuit ,
mala nox.
Obit , -us.
Petit, *parvus.* modique,-*icus*
fort petit , *puſillus.* bien
petit , *minutulus.* tant petit , *tantulus.* plus petit ,
minor. très-petit , *mini-*
mus.
Petit, adv. peu, *parum.* petit-
à-petit , *paulatim.* petit-à-
petit, ſucceſſivement, *ſen-*
ſim.
Petit, fruit de la mere, *fœtus,*
partus. de jument, *pullus.*
de vache, *vitulus.* de biche , dain , *hinnulus.* de
chévre , *hœdus.* de chienne , louve , ours , &c. *ca-*
tulus. de brebis , *agnellus.*
faire ſes petits, *fœtus edere.*
Piſſenlit , fleur , *hedypnoïs.*
—injure d'enfans , *mictor in*
lectulo.
Poſtcrit , *poſtſcriptum.*
Prétérit , *præteritum.*
Produit d'une affaire, *reditus.*
—d'arithmétique , *ſumma.*
Profit , *emolumentum.*

substantifs masculins.

Proscrit,	-iptus.
Prurit,	-us.
Quasidélit, terme de Barreau, *quasi delictum.*	
Racquit, action de racquiter.	
Récit,	*recitatio.*
—de ballet,	*chorus.*
Réduit, lieu retiré, *interior latebra.* retirade, sorte de fortification, *munitio ad recessum.*	
Réduit, adj.	*redactus.*
Répit, respiration, *halitus.* relâche, *laxamentum.* délai, prolongement, *prorogatio diei pecunia.* lettre de répi, *diploma diei pecunia.*	
Rescrit,	*rescriptum.*
Rit, usage,	-us.
Ruit, vieux mot, Ruisseau.	
Subit,	-us.
Tretuit, vieux mot, tous, *omnes.*	
Usufruit,	*ususfructus.*
Zénith.	

VERBES.

verbes au présent & au prétérit.

Abâtardit,	*depravavit.*
abbatit,	*dejecit.*
s'Abêtit,	*stupescit.*
Abolit,	*abolet.*
Abrutit,	*stupefacit.*
Accourcit,	*coarctat.*
Accroupit, (s')	*residet.*
Acquit,	*acquisivit.*
Adoucit,	*mitigavit.*
Affermit,	*firmat.*
Affoiblit,	*debilitat.*
Affranchit,	*liberat.*
Agit,	*egit.*

verbes au présent & au prétérit.

Agrandit,	*amplificat.*
Aguerrit, (s') *rei militaris peritus esse incipit.*	
Aigrit,	*acescit.*
Amollit,	*mollit.*
Amortit,	*extinguit.*
Anéantit,	*delet.*
Annoblit,	*nobilitat.*
Appauvrit,	*egenum facit.*
Applanit,	*aequat.*
Applatit,	*complanat.*
Apprit,	*didicit.*
Arrondit,	*rotundat.*
Asservit,	*submittit.*
Assit,	*sedit.*
Assortit,	*consociat, nectit.*
Assoupit,	*soporem dat.*
Assouvit,	*satiat.*
Attendrit,	*emollit.*
Avertit,	*monet.*
Avilit,	*deprimit.*
Bannit,	*in exilium mittit.*
Bâtit,	*aedificat.*
Battit,	*vapulavit.*
Bénit,	*benedicit.*
Blanchit,	*dealbat.*
Blêmit,	*pallet.*
Boufit,	*tumescit.*
Brunit,	*expolit.*
Chérit,	*diligit.*
Choisit,	*eligit.*
Combattit,	*pugnavit.*
Compâtit,	*misertus est.*
Comprit,	*concepit.*
Conduit,	*conducit.*
Confit,	*saccharo condit.*
Confondit,	*confudit.*
Conquit,	*armis quaesivit.*
Construit,	*construit.*
Contraignit,	*coëgit.*
Contredit,	*contradicit.*
Contrefit,	*simulavit.*

<table>
<tr><td colspan="2">verbes au présent & au prétérit.</td><td colspan="2">verbes au présent & au prétérit.</td></tr>
<tr><td>Convainquit,</td><td>convicit.</td><td>s'Enrichit,</td><td>ditescit.</td></tr>
<tr><td>Convertit,</td><td>-tit.</td><td>Ensevelit,</td><td>sepelit.</td></tr>
<tr><td>Correspondit,</td><td>respondit.</td><td>Ensuit,</td><td>insequitur.</td></tr>
<tr><td>Cousit,</td><td>assuit.</td><td>Entendit,</td><td>audivit.</td></tr>
<tr><td>Craignit,</td><td>timuit.</td><td>Epaissit,</td><td>densavit.</td></tr>
<tr><td>Croupit,</td><td>desedit.</td><td>Epanouit,</td><td>diffudit.</td></tr>
<tr><td>Cuit,</td><td>coquit.</td><td>Eteignit,</td><td>extinxit.</td></tr>
<tr><td>Déconfit,</td><td>fudit.</td><td>Etendit,</td><td>extendit.</td></tr>
<tr><td>Décousit,</td><td>desuit.</td><td>Etourdit,</td><td>stupefacit.</td></tr>
<tr><td>Décrit,</td><td>describit.</td><td>Etraignit,</td><td>strinxit.</td></tr>
<tr><td>Décrivit,</td><td>descripsit.</td><td>Etrécit,</td><td>coarctat.</td></tr>
<tr><td>Dédit,</td><td>dicta revocat.</td><td>Evanouit,</td><td>evanescit.</td></tr>
<tr><td>Définit,</td><td>definit.</td><td>Farcit,</td><td>farcit.</td></tr>
<tr><td>Dégarnit,</td><td>nudavit.</td><td>Feignit,</td><td>finxit.</td></tr>
<tr><td>Déguerpit,</td><td>abit.</td><td>Fendit,</td><td>findit.</td></tr>
<tr><td>Démentit,</td><td>mendacii arguit.</td><td>Finit,</td><td>finit.</td></tr>
<tr><td>Démolit,</td><td>demolitur.</td><td>Fit,</td><td>fecit.</td></tr>
<tr><td>Dépérit,</td><td>deperit.</td><td>Fléchit,</td><td>flectit.</td></tr>
<tr><td>Descendit,</td><td>-dit.</td><td>Flétrit,</td><td>splendorem rebus au-</td></tr>
<tr><td>Désobéit,</td><td>non obedivit.</td><td></td><td>ferre.</td></tr>
<tr><td>Desservit,</td><td>malè meritus est.</td><td>se Flétrit,</td><td>marcescit.</td></tr>
<tr><td>Désunit,</td><td>disjungit.</td><td>Fleurit,</td><td>floret.</td></tr>
<tr><td>Détruit,</td><td>destruit.</td><td>Fondit,</td><td>fudit.</td></tr>
<tr><td>Dit,</td><td>dicit.</td><td>Franchit,</td><td>transilit, præterit.</td></tr>
<tr><td>Dormit,</td><td>dormivit.</td><td>Frémit,</td><td>fremit.</td></tr>
<tr><td>Eblouit,</td><td>perstringit.</td><td>Fuit,</td><td>fugit.</td></tr>
<tr><td>Eclaircit,</td><td>illustrat.</td><td>Garantit,</td><td>servat.</td></tr>
<tr><td>Ecrit,</td><td>scribit.</td><td>Garnit,</td><td>instruit.</td></tr>
<tr><td>Ecrivit,</td><td>scripsit.</td><td>Gémit,</td><td>gemit.</td></tr>
<tr><td>Elargit,</td><td>dilatavit.</td><td>Glapit,</td><td>gannit.</td></tr>
<tr><td>Empuantit,</td><td>tetro odore infe-</td><td>Grossit,</td><td>auget.</td></tr>
<tr><td></td><td>stat.</td><td>Guérit,</td><td>sanat.</td></tr>
<tr><td>s'Empuantit,</td><td>putruit.</td><td>Jaunit,</td><td>flavescit.</td></tr>
<tr><td>Endormit,</td><td>consopivit.</td><td>Inscrit,</td><td>inscribit.</td></tr>
<tr><td>Enduit,</td><td>oblinit.</td><td>Inscrivit,</td><td>inscripsit.</td></tr>
<tr><td>Endurcit,</td><td>indurat.</td><td>Interrompit,</td><td>interrupit.</td></tr>
<tr><td>Enfouit,</td><td>infodit.</td><td>Introduit,</td><td>introducit.</td></tr>
<tr><td>s'Enfuit,</td><td>fugit.</td><td>Joignit,</td><td>junxit.</td></tr>
<tr><td>Engourdit,</td><td>torporem inducit.</td><td>Jouit,</td><td>potitur.</td></tr>
<tr><td>Enlaidit,</td><td>deformat.</td><td>Languit,</td><td>languet.</td></tr>
<tr><td>Enquit, (s')</td><td>inquisivit.</td><td>Lit,</td><td>legit.</td></tr>
<tr><td>Enrichit,</td><td>ditat.</td><td>Luit,</td><td>lucet.</td></tr>
</table>

verbes au présent & au prétérit.

Maigrit,	*marcessit.*
Médit,	*detrahit.*
Mentit,	*mentitus est.*
Meurit,	*maturavit.*
Mit,	*posuit.*
Moisit,	*mucuit.*
Morfondit,	*frigus contraxit.*
Mugit,	*mugit.*
Munit,	*munit.*
Naquit,	*natus est.*
Noircit,	*denigrat.*
Nourrit,	*nutrit.*
Nuit,	*nocet.*
Obéit,	*obedit.*
Obscurcit,	*obscurat.*
Ouit,	*audit.*
Paîtrit,	*subegit.*
Pâlit,	*pallet.*
Partit,	*profectus est.*
Pâtit,	*passus est.*
Pendit,	*pependit.*
Périt,	*perit.*
Permit,	*permisit.*
Pervertit,	*-it, depravavit.*
Plaignit,	*conquestus est.*
Pourrit,	*putrescit.*
Poursuit,	*persequitur.*
Poursuivit,	*persecutus est.*
Prédit,	*prædicit.*
Prescrit,	*præscribit.*
Prescrivit,	*præscripsit.*
Prétendit,	*contendit.*
Prit,	*cepit.*
Produisit,	*produxit.*
Produit,	*producit.*
Promit,	*promisit.*
Proscrit,	*proscribit.*
Proscrivit,	*proscripsit.*
Punit,	*punit.*
Rabattit,	*fregit.*
Rafraîchit,	*refrigeravit.*
Rajeunit, n.	*juvenescit.*

verbes au présent & au prétérit.

Rajeunit, act.	*juventuti restituit.*
Ravit,	*rapit.*
Reconquit,	*rursum domuit.*
Recuit,	*recoquit.*
Redit,	*repetit.*
Réduisit,	*reduxit.*
Réduit,	*reducit.*
Refroidit,	*refrigescit.*
Régit,	*regit.*
Rejaillit,	*salit.*
Réjouit,	*exhilarat.*
Rendit,	*reddidit.*
Repentit,	*pœnituit.*
Répondit,	*respondit.*
Reprit,	*arguit.*
Requit,	*requisivit.*
Reverdit,	*revirescit.*
Réunit,	*jungit.*
Réussit,	*succedit.*
Rompit,	*fregit.*
Rotit,	*assavit.*
Rougit,	*erubescit.*
Roussit,	*rufavit.*
Rugit,	*rugit.*
Saisit,	*corripit.*
Salit,	*fœdat.*
Satisfit,	*satisfecit.*
Séduisit,	*seduxit.*
Séduit,	*seducit.*
Servit,	*servivit.*
Soumit,	*submisit.*
Souscrit,	*subscribit.*
Souscrivit,	*subscripsit.*
Suffit,	*sufficit.*
Suit,	*sequitur.*
Surfit,	*merce justo pluris indicavit.*
Surprit,	*decepit.*
Suscrit,	*suprascribit.*
Suscrivit,	*suprascripsit.*
Suspendit,	*suspendit.*

Tarit,	aresit.
Tendit,	tetendit.
Tiédit,	tepescit.
Tondit,	rasit.
Traduisit, convertit, traduxit.	
Traduit,	traduxit.
Transcrit,	transcribit.
Transcrivit,	transcripsit.
Vainquit,	vicit.
Vendit,	vendidit.
Vêquit,	vixit.
Vit,	vivit.
Unit,	unit.
Vomit,	vomit.

ISE. voyez IZE.

ITE.

Adamite, hérétique, -ta.
Amalécite...
Ammonite, terme d'Histoire Naturelle, -tes.
Ampélite, terme de Lithologie, -tes.
Amphitrite, -tes, ou Téthys, femme de Neptune, Tethys.
le sein d'Amphitrite, ou la mer, mare.
Anthracite, sorte de pierre, schistus.
Anthropomorphite, -ta.
Aphocite, surnom de Vénus, -ta.
Argyrite, marcassite d'argent.
Aromatite, pierre précieuse, -tés.
Ascalonite, sorte d'échalou.
Ascite; il se dit d'une espéce d'hydropisie, -tes.

Astroïte, terme de Lithologie, -tes.
Azymite, -ta.
Baalite, Baalis cultor.
Barnabite, Religieux, -ta.
Barthélemite, Religieux...
Bathracite, sorte de pierre, -tes.
Bélemnite, fossile, -tes.
Bénite, (eau) aqua lustralis.
Bethléemite, Religieux, -ta.
Bolétite, pierre qui représente une morille.
Bonite, poisson, piscis species.
Bostrychite, pierre qui ressemble à la chevelure d'une femme.
Botryte, terme de Naturaliste, -tes.
Brathite, pierre figurée.
Cadrite, Religieux Mahométan.
Caraïte, Juif, -ta.
Carmélite, Religieux, -ta.
Castanite, pierre de la couleur d'une chataigne.
Catochite, sorte de pierre.
Catorchite, espéce de vin.
Cédrite, vin de Cédre.
Cellite, cellularius.
Cénobite, Moine, Cœnobita.
Censite, censui obnoxius.
Charites (les) les graces, charites.
Chatemite, adulator.
Chirite, pierre figurée, -tes.
Chrysolithe, pierre précieuse, chrysolythus.
Cocyte, fleuve d'Enfer, -tus.
Colorite, Religieux, -tus.
Comite de galères, remigii præses.

Substantifs en adjectifs masculins & féminins.

Compofite, ordre d'Archite-
　cture, *compofitus ordo.*
Conchite, forte de pétrifi-
　cation, *-tes.*
Conduite, *prudentia.*
—d'armée, *ductus exercitus.*
Contrevifite, *revifitatio.*
Coracite, pierre figurée, *-tes.*
Cucurbite, inftrument de
　Chymie, *-ta.*
Cuitte, *coctio.*
Décrépite, *-ta.*
Démérite, *-tum.*
Démocrite, *-tus.*
Ebionite, hérétique, *-ta.*
Echinite.
Elite, *electio.*
Emérite, *-tus.*
Encéphalite, pierre imitant
　le cerveau humain.
Entychite, nom de fecte, *-ta.*
Epitrite, terme de Poëfie la-
　tine.
Exercite, vieux mot, armée,
　exercitus.
Exjéfuite, forti de l'ordre
　des Jéfuites, *-ta.*
Explicite, *-tus.*
Faillite, banqueroute, *crediti
　explicandi penuria.*
Favorite, *gratiffima.*
Fléatite, pierre brune, *-tes.*
Fongite, pierre figurée, *-tes.*
Fortuites, loix fur lefquels
　les Juges interrogent les
　Récipiendaires.
Fuite, *fuga.*
Galactite, forte de pierre,
　-tes.
Gammarolithe, pierre figu-
　rée, *-tes.*
Garamantite, pierre pré-
　cieufe, *-tes.*

Substantifs & adjectifs masculins & féminins.

Guérite, *fpecula.*
gagner la Guérite, *fugere.*
Hamnite, efpéce de pierre,
　-tes.
Hématite, pierre, *hamatites.*
Hépatite, maladie du foie,
　hepatitis.
Héraclite, *-tus.*
Hermaphrodite, *-ta.*
Hermite, *eremita.*
Hétéroclite, *-tus.*
Hippolyte, nom d'homme,
　-tus.
Hyfpurite, pierre, *-tes.*
Hypocrite, *-ta.*
Jacobite...
Idolothyte.
Jéfuite...
Illicite, *-tus.*
Implicite...
Inconduite, *mala agendi ra-
　tio.*
Infolite, *-tus.*
Ifraëlite, *-ta.*
Lagénite, forte de pierre.
Lapithe, *-tha.*
Lazarite, *-ta.*
Lèchefrite, *affaria cucuma.*
Lévite, *-ta.*
Licite, *-tus.*
Limites, au plur. *fincs.*
Lithophyte, pierre-plante,
　-tes.
Lychnite, pierre précieufe,
　-tes.
Malachite, pierre précieu-
　fe, *-tes.*
Marcaffite, pierre, *pyrites.*
Marcionite, hérétique, *-ta.*
Marguerite, fleur, *bellis.*
Marmite, *olla.*
Maronite, *-ta.*

substantifs & adjectifs masculins & féminins.

Mélitite, pierre,   -tes.

Mérite,   -tum.

Mite de fromage, *vermiculus.*

Morabite,   -ta.

Munafichite, secte des Turcs, -ta.

Myrtillite, pierre figurée, -tes.

Narciflite, *lapis narcissi florem referens.*

Néophyte, nouveau Chrétien, -yta.

Nérite, espéce de coquillage.

Oppofite (à l') adv. *contrà.*

Orbite d'une planéte, de l'œil, -ta.

Parafite,   -tus.

Petite,   parva.

Piflite, vin de poix, -ites.

Pite, monnoie, *uncia dodrans.*

Pitrepite, liqueur forte.

Pituite,   -ta.

Plébifcite,   -tum.

Pofpolite, *nobilium Polonorum exercitus.*

Pourfuite,   *persecutio.*

Préadamites, au plur. -ta.

Profélyte, -ta. qui a nouvellement embraffé une Religion, *Neophyta.*

Quitte,   solutus.

Quitte à Quitte, *exsolutis ex utraque parte juribus.*

Redite,   repetitio.

Refuite, *agitata fera refugium.*

Réuffite,   *succeffus.*

Salicite, pierre imitant les fleurs de faule.

substantifs & adjectifs masculins & féminins.

Scétite, pierre,   -tes.

Scythe, peuple,   *Scytha.*

Servite, Religieux,   -ta.

Sibarite, habitant de l'ancienne Sibaris, -ta.

Sinaïte, du mont Sinaï, -ta.

Sodomite. . .

Subite (mort) *mors subitanea.*

Suite, ordo. rangée, *series.* liaifon, *nexus.* conféquence, *consecutio.* enfuite, *consequenter.* de fuite, *ordine.* par fuite, *per vires.* enfuite, conformément, *consequenter.* fuite, effet, *effectum.* fuite, train de gens, *comitatus.*

Sunamite,   -ta.

Tacite, -ta. Auteur latin, *Tacitus.*

Théocrite,   -tus.

Therfite,   -tes.

Tripartite (hiftoire) *historia tripartita.*

Troglodyte, peuple d'Afrique, -ta.

Truite, poiffon,   truta.

Truite faumonée, *truta guttata.*

Vifite,   visitatio.

Zoophyte, espéce de poiffon, -ytes.

VERBES.

verb. au prés.

Accrédite, *auctoritatem tribuo.*

Agite,   -ito.

Allite,   lecto attineo.

Aquitte,   solvo.

Cite,   cito.

verbes au présent.

Débilite ,	-ito.
Décapite ,	capite plecto.
Décrédite ,	fidem detraho.
Dépite ,	moveo stomachum.
Deshérite ,	exhæredo.
Evite ,	evito.
Excite ,	-ito.
Facilite ,	explanat, expedit.
Félicite ,	gratulor.
Hérite ,	hæres sum.
Hésite ,	hæsito.
Imite ,	-itor.
Incite ,	-ito.
Invite...	
Irrite ,	instigo.
Limite , terminis circumscri-bit.	
Médite ,	-itor.
Mérite ,	mereor.
Palpite,	-ito.
Profite ,	proficio.
Quitte ,	relinquo.
Récite ,	-ito.
Réhabilite ,	restituo.
Ressuscite , à mortuis excito.	
Sollicite .	-ito.
Suscite...	
Visite ,	inviso.

Voyez les autres verbes en iter, & les participes féminins en ite : dite, écrite.

ITE. long. *ou* ISTE. où l'S ne se prononce pas.

f	Bénîte (eau) aqua lustralis.	
m	Gîte, cubile. d'un liévre , leporinum.	
v	Gîte,	diversatur.
	Vîte, adv.	cito.

Plus pour rimer au pluriel, voyez le prétérit des verbes en

ir , aire *&* endre : ouîtes , médites , fites , prîtes , &c.

ITME.

m   Logarithme, terme de Géométrie, -mus.

ITRE. & ISTRE. dont l'S ne se prononce pas.

Substantifs masculins & féminins.

Aphronitre , terme de Médecine, -nitrum.	
Arbitre , Juge ,	-ter.
franc-Arbitre , liberum arbitrium.	
sur-Arbitre, supremus arbiter.	
Bélitre ,	mendicus.
Chapitre , section ,	caput.
assemblée Ecclésiastique , Capitulum.	
donner le Chapitre , châtier, corrigere.	
Epître ,	epistola.
Huître ,	ostrea.
Litre d'Eglise , cingulum gentilitium auro pictum.	
Mitre ,	mitra.
Nitre ,	nitrum.
Pupitre ,	pulpitum.
Registre ,	actorum codex.

Titre, point *ou* ligne sur un mot , *apex.* inscription , -*o, titulus.* qualité honoraire , *insigne.* droit , *jus,* nomen. à quel titre , *quo nomine.* à bon titre , *merito.* à faux titre , *pravo nomine.* excuse , *causa.* sujet , *ratio.* prétexte , *obtentus.* titre , au plur. *auctoritates.*

f Vitre ,   *vitrum.*

VERBES.

verbes au préfent.

Attitre ,   *appono.*
Chapitre ,   *arguo.*
Enregiftre , *in tabulas publi-*
    cas refero.
Mitre ,   *mitrâ redimo.*
Vitre ,   *vitro inftruo.*

IVE.

fubftantifs & adjectifs féminins.

Active ,   *-iva.*
Adverfative (particule) *-iva*
    particula.
Affirmative ,   *-iva.*
Afflictive (peine) *-iva pœna.*
Alternative ,   *-iva.*
donner l'Alternative , *alter-*
    nam vicem tribuere.
Avives , au plur. maladie de
    chevaux , *ftruma.*
Cenfive ,   *cenfus.*
Conjonctive , particule , *con-*
    junctiva.
Confultative ,   *-iva.*
Contemplative (vie) *-iva*
    vita.
Convive ,   *-iva.*
Craintive ,   *timida.*
Défenfive , au plur. *arma ad*
    tegendum.
Endive , plante ,   *infubus.*
Eftimative , *æftimandi fa-*
    cultas.
Expectative , thèfe qu'on
    foûtient la veille du Do-
    ctorat.
Expectative , droit de furvi-
    vance , *-iva.*
Fugitive ,   *-iva.*

fubftantifs & adjectifs féminins.

Gencive ,   *gingiva.*
Générative , (vertu) *virtus*
    generatrix.
Grive ,   *turdus.*
vie Illuminative , *-va.* Con-
    templative , *-va.* Active ,
    -va. Unitive, *unitiva vita.*
Imaginative, *vis imaginandi.*
Inftructive , *ad docendum*
    apta.
Intellective ,   *-lectus.*
Invective , *acerrima objur-*
    gatio.
Juive ,   *Judaica.*
Leffive ,   *lixivium.*
Maldives , îles ,   *Maldivæ.*
Miffive ,   *epiftola.*
Narrative , *narrandi modus.*
Négative ,   *-iva.*
Ninive, ville ,   *Ninive.*
Offenfive , au plur. *arma ad*
    nocendum.
Olive ,   *-iva.*
Olive d'un mors ; d'un épe-
    ron , &c. *oliva ferrea.*
huile d'Olive ,   *oleum.*
couleur d'Olive , *oleaginus*
    color.
Paffive ,   *-iva.*
Perfpective , fcience , *ichno-*
    graphia. optique , *optice*
Pofitive , (Théologie) *theo-*
    logia pofitiva.
Prérogative , *prærogativa.*
Qui-vive , *vigilia.* être fur
    le qui-vive , *vigilare.* fe
    tenir fur fon qui-vive ,
    fuperbum fe præftare.
Recidive , *lapfus recidivus in*
    malum.
Rétive , *reftitans , pervicax.*
Rive ,   *ripa.*

substantif & adjectifs feminins.

Salive,   *-iva.*
Sensitive, herbe, *sensitiva.*
Spéculative,   *-iva.*
Solive,   *lignum.*
Tentative, *periclitatio, tentamen.*
faire une Tentative, *tentare.*
Traditive,   *-iva.*
Végétative...
Vive, poisson, *viva, draco marinus.*
Unitive,   *-iva.*
  Plus les féminins des noms en if : naïf, naïve.

V E R B E S.

verbes au subjonctif.

Décrive,   *describam.*
Ecrive,   *scribam.*
Inscrive,   *inscribam.*
Poursuive,   *persequar.*
Prescrive,   *præscribam.*
Proscrive,   *proscribam.*
Souscrive,   *subscribam.*
Suive,   *sequar.*
Survive,   *superstes sim.*
Suscrive,   *superscribam.*
Transcrive,   *transcribam.*
Vive,   *vivam.*

I V R E.

m Cuivre,   *æs.*
a Ivre,   *ebrius.*
f Livre, poids, *libra.* livre & demie, *sesquilibra.* demi-livre, *selibra.* pesant une livre, *libralis.* pesant de-mi-livre, *semissalis.* pesant deux livres, *bilibris.* poids de cent livres, *centipodium.* livre, monnoie

valant 20. sois ; *viginti solidi asses.*
Livre, *liber.* volume, *codex.*
m Vivre, *victus.* au plur. *cibaria.*

V E R B E S.

verbes au présent & à l'infinitif.

Délivre,   *libero.*
Desenivre, *crapulam exhalo.*
Enivre,   *inebrio.*
Ensuivre,   *insequi.*
Ivre,   *inebrio.*
Livre,   *trado.*
Poursuivre,   *prosequi.*
Revivre, *revivicere.* faire revivre, *ad vitam revocare.*
Vivre, *vivere.* se nourrir, *vitam fovere.* se comporter, *se gerere.* passer la vie, *degere.*

I X.

f Béatrix, nom de femme.
m Crucifix,   *-ixum.*
m Félix, nom d'homme.
Natrix, serpent aquatique.
Onyx, pierre précieuse, *onyx.*
m Phénix, oiseau, *phœnix.* au fig. rare, *-rus.*
a Préfix,   *præfixus.*
Sandix, espéce de minium.
m Styx, fleuve,   *Styx.* par le Styx, *per stygias undas.*

I X É.

f Fixe (vûe)   *visus fixus.*
v il Fixe, *stabile efficit, præsinit.*

Préfixe,

f	Préfixe, *definita.*
f	Prolixe, *-xa.*

IXTE.

m	Calixte, nom d'homme, *-tus.*
m	Mixte, *-tus.*
f	Sixte, *sexta.*

ISE. & IZE.

substantifs féminins.

m	Acrise, Roi d'Argos, pere de Danaé, *Acrisius.*
	Alise, ville, *Alesia.*
	Ambrise, tulipe, *-isa.*
	Ammochryse, terme de Lithologie, *ammochrysus.*
	Analyse, *-sis.*
	Apolyse, terme de Liturgie Grecque, il répond à notre *ite.*
	Apophyse, terme de Médecine, *-sis.*
	Artémise, nom de femme, *-isia.*
	Assise, terme de Palais, *conventus.* Item : terme de Maçon, *collocatio lapidum ad libellam & horizontem.*
	Balise, *nota maritima navigationis.*
	Balourdise, *stupiditas.*
	Bâtardise, *spurium genus.*
	Bêtise, *stupor.*
	Bise, vent, *aquilo.*
	pâte Bise, *massa leucophaea.*
	couleur Bise, *fuscus color.*
	Bourlanise, grosse laine qui reste au moulin où l'on foule les draps fins.
	Cagnardise, *otiositas.*

substantifs féminins.

m	Céphise, fleuve, *-isus.*
	Cerise, *cerasum.*
	Chalandise, *emporium celebritas.*
	Chemise, *tunica.*
	Chise, espéce de poivre du Mexique.
	Convoitise, *libido.*
	Couardise, *ignavia.*
	Crise, *-sis.*
	Cytise, arbrisseau, *-sus.*
	Denyse, *Dionysia.*
	Devise, *inscriptio.*
	—terme de Blâson, *minuta fascia.*
	Eglise, *Ecclesia.* au fig. l'assemblée des Chrétiens, *fidelium communio.*
	Elise, Didon, *-sa.*
	Emprise, vieux mot, pour Entreprise.
	Entremise, *meditatio, opera.*
	Entreprise, *susceptio.*
	Etourdise, *stupor.*
	Fainéantise, *ignavia.*
	Feintise, *simulatio.*
	Franchise, *immunitas.*
	Friandise, *cupedia.*
	Frise, étoffe, *pannus crispatus.*
	Frise, pays, *-sia.*
	cheval de Frise, terme de fortification, *exasperata trabs.*
	Gaillardise, *hilaritas.*
	Galantise.
	Gourmandise, *gula.*
a	Grise, *leucophaea.*
	Guise, *modus.*
	à sa Guise, *suo modo.*
	Hantise, *frequentatio.*
	Hypercryse, terme de Médecine, *-sis.*

Subst. fémin.

Maîtrise, *magistrorum titulus.*
Marchandise,   *merx.*
Menuise, petit plomb à tirer.
Méprise,   *error.*
Mignardise,   *blanditia.*
Mignotise, *mollitia delicatior.*
Mise, terme d'Arithmétique, *impensa.*
être de Mise, *esse acceptabilem.*
Main-mise, terme de Palais, *manumissio.*

m   Moyse,   *Moyses.*
Nazillardise, *balbâ de nare locutio.*
Octrise, vieux mot, pour Octroi, *concessio.*
Paillardise,   *impudicitia.*
Papelardise,   *adulatio.*
Payse, celle qui est du même Pays, *popularis.*
Pertise, vieux mot, *dexteritas.*
Prêtrise,   *presbyteratus.*
Prise, terme de Médecine, *potio, dosis.*
—de ville,   *captio.*
Promise, (terre) *promissionis terra.*
Remise, *remissa,* délai, *mora.* terme de banque, *pretium permutationis.*
Remise de carrosse, *rhedarium receptaculum.*
Reprise de chanson, *repetitio.*

a   Sise, située,   *sita.*
Sotise,   *stultitia.*
Surprise,   *interceptio.*
Symphise, terme d'Anatomie.

Subst. fémin.

Tamise, rivière,   *-isus.*
Tournise, qui a des évanoüissemens.
Vaillantise, vieux mot, *generositas.*
Valise,   *hippopera.*

V E R B E S.

verbes au présent.

Agonise,   *animam exhalo.*
Avise,   *monet.*
Autorise, *auctoritatem dat.*
Baptise,   *baptisat.*
Barbarise, *in grammatica leges peccat.*
Brise,   *frangit.*
Canonise, *in sanctos refer.*
Civilise, *urbanis moribus instruit.*
Conduise,   *conducam.*
Cottise, *tributum in capita distribuit.*
Courtise,   *officiosè colit.*
Devise,   *sermocinatur.*
Déguise,   *fingit.*
Dévalise,   *spoliat.*
Dise,   *dicat.*
Divise,   *dividit.*
Epuise,   *exhaurit.*
Eternise, *aternitati mandat.*
Exorcise,   *exorcisat.*
Familiarise, *familiariter utitur.*
se Formalise,   *offenditur.*
Frise,   *crispat.*
Herborise, *medicas herbas perquirit.*
Immortalise, *immortalitati commendat.*
Indamnise, *damnum præstat.*
Maîtrise,   *dominatur.*
Martyrise,   *cruciat.*

verbes au préſent.

Mépriſe,	*contemnit.*
Moraliſe,	*ex re aliquâ documenta eruit.*
Pindariſe,	*tinnulè differit.*
Préconiſe,	*laudibus extollit.*
Priſe,	*aſtimat.*
Prophétiſe,	*vaticinatur.*
Puiſe,	*haurit.*
Pulvériſe,	*in pulverem redigit.*
Scandaliſe,	*alicui eſt malo exemplo.*
Séculariſe,	*religioſâ diſciplinâ exſolvit.*
Solemniſe,	*celebrat.*

verbes au préſent.

Sympatiſe,	*convenit.*
Temporiſe,	*cunctatur.*
Tranquilliſe,	*ſedat.*
Tympaniſe,	*convitiatur.*
Tyranniſe,	*torquet.*
Verbaliſe,	*rei geſta acta ſcribit.*
Viſe,	*in ſcopum collimat.*

Voyez les autres verbes en izer & iſer.

Plus les féminins des participes & adjectifs en is : préciſe, admiſe.

Plus divers temps du conjonctif des verbes en ire : diſe.

L.

L A.

m ANgola, Royaume de la baſſe Ethiopie.
m Attila, Roi des Huns.
m Caligula, Empereur.
m Caracalla, Empereur.
Cela, pron. *hôc, id.*
Chou-là, terme de Chaſſeur.
f Dalila, nom de femme.
Delà, adv. *indè, illinc.* par delà, *ultrà.* au delà, *ſuprà.*
Falbala, ornement à l'uſage des femmes.
Holà ! pour appeller, *heus !*
Holà, c'eſt aſſez, *ſatis eſt.*
m Hola, la paix, *pax.*
mettre le Hola, *pacificare, ſedare.*
Hola-ligonde.
La, article fém. *hæc, illa.*
La, note de Muſique.

Là, adv. *ibi, illic.*
Parci-parlà, *hâc, illâc.*
m Quinola, jeu, meneur, *ductor.*
m Scylla, nom d'homme.
f Stimula, Déeſſe de l'émulation.
m Totila, Roi des Gots.
Voilà, adv. *en, ecce.*

V E R B E S,

verbes au prétérit indéfini.

Accabla,	*oppreſſit.*
Accolla,	*amplexus eſt.*
Accoupla,	*conjunxit.*
Accula,	*ad incitas redegit.*
Accumula,	*accumulavit.*
Agenoüilla,	*genua flexit.*
Alla,	*ivit.*
Amoncela,	*congeſſit.*
Annula,	*abrogavit, reſcidit.*
Appareilla,	*inſtruxit.*

verbes au preterit indefini.

Appella ,	*vocavit.*
Articula ,	*articulatim diftin-*
xit.	
Affembla ,	*congregavit.*
Attela ,	*conjugavit.*
Avala ,	*haufit.*
Babïlla ,	*garriit.*
Bailla ,	*dedit.*
Bâilla ,	*ofcitavit.*
Barbouilla ,	*inquinavit.*
Bourela ,	*excruciavit.*
Bourfilla ,	*fuppeditavit.*
Bottela ,	*in fafcem collegit.*
Brailla ,	*rudiit.*
Branla,	*movit.*
Brilla ,	*fcintillavit.*
Brouilla ,	*intricavit.*
Brûla ,	*incendit.*
Cabala ,	*confpiravit.*
Cageola ,	*blando fermone*
promulfit.	
Calcula ,	*numeravit*
Cannela ,	*ftriavit.*
Capitula ,	*pactus eft.*
Caracola ,	*equum circumegit.*
Carrela ,	*laterculis ftravit.*
Cela ,	*celavit.*
Chamailla ,	*digladiatus eft.*
Chancela ,	*titubavit.*
Chapela ,	*cruftas panis deci-*
dit.	
Chatouilla ,	*titillavit.*
Cingla ,	*paffis velis latus eft.*
Circula ,	*circulatus eft, in gy-*
rum motus eft.	
Cizela ,	*cœlavit.*
Coagula ,	*coagulavit.*
Cola ,	*glutinavit.*
Combla ,	*cumulavit.*
Compila ,	*congeffit.*
Congela ,	*congelavit.*
Confola ,	*folatus eft.*

verbes au preterit indefini.

Contempla,	*contemplatus eft.*
Controlla ,	*carpfit.*
Coula ,	*fluxit.*
Cribla ,	*cribravit.*
Débrouilla ,	*extricavit.*
Décela ,	*detexit.*
Déchevela ,	*comam turbavit.*
Découpla ,	*disjunxit.*
Démantela ,	*mœnia diruit.*
Démêla ,	*extricavit.*
Démeubla ,	*fpoliavit ædes fu-*
pellectili.	
Dépouilla ,	*fpoliavit.*
Defaveugla ,	*vifum reftituit.*
Defenforcela ,	*fafcino folvit.*
Défola ,	*vaftavit.*
Détela ,	*disjunxit.*
Diffimula ,	*diffimulavit.*
Diftilla ,	*diftillavit.*
Doubla ,	*duplicavit.*
Eboula ,	*diruit.*
Ebranla ,	*commovit.*
Ecartela ,	*quadrifariàm dif-*
fecavit.	
Ecornifla ,	*parafitatus eft.*
Ecoula ,	*effluxit.*
Ecroula ,	*cecidit.*
Egala ,	*adæquavit.*
Emailla ,	*encaufto inftruxit.*
Emballa ,	*farcinas collegit.*
Emmitouffla ,	*veftibus fe fe*
involvit.	
Empala ,	*ftipem per medium*
hominem transfixit.	
Enfila ,	*acum filo trajecit.*
Enfla ,	*inflavit.*
Enrolla ,	*in numerum retulit.*
Enforcela ,	*fafcinavit.*
Entabla ,	*circumegit.*
Entortilla ,	*involvit.*
Eparpilla ,	*fparfit.*
Erafla ,	*laceravit.*

verbes au prétérit indéfini.

Etala,	*venale expofuit.*
Etincela,	*fcintillavit.*
Etrangla,	*ftrangulavit.*
Etrilla,	*ftrigili fricavit.*
Eveilla,	*evigilavit.*
Exhala,	*exhalavit.*
Exila,	*in exilium mifit.*
Faufila,	*leviter fuit.*
Fila,	*nevit.*
Fouilla,	*fcrutatus eft.*
Foula,	*conculcavit.*
Habla,	*verba fudit.*
Houſpilla,	*veftem trahendo*
laceravit.	
Huila,	*oleo linivit.*
Hurla,	*ululavit.*
Inftalla,	*conftituit.*
Interpella,	*-vit.*
Immola. . .	
Martela,	*malleo contudit.*
Mêla,	*mifcuit.*
Meubla,	*fupellectili domum*
inftituit.	
Mouilla,	*madefecit.*
Moûla,	*typo effinxit.*
Nivella,	*ad libellam exegit.*
Ourla,	*limbum circumdedit*
Parla,	*locutus eft.*
Pela,	*cortice nudavit.*
Petilla,	*crepitavit.*
Peupla,	*propagavit.*
Pila,	*trivit.*
Pilla,	*populatus eft.*
Poftula,	*-vit.*
Pullula. . .	
Racla,	*rafit.*
Rafla,	*corrafit.*
Railla,	*cavillatus eft.*
Recela,	*occultavit.*
Recula,	*receffit.*
Redoubla,	*reduplicavit.*
Régala,	*magnificè excepit.*

verbes au prétérit indéfini.

Renifla,	*narium pituitam re-*
traxit.	
Renouvella,	*renovavit.*
Révéla,	*-vit.*
Rimailla,	*malos verfus effu-*
tiit.	
Ronfla,	*ftertuit.*
Rouilla,	*rubedinem contraxit.*
Roula,	*volvit.*
Sala,	*fale condiit.*
Sangla,	*cingulo fubftrinxit.*
Saoula,	*faturavit.*
Scella,	*figillo munivit.*
Sembla,	*vifus eft.*
Siffla,	*fibilavit.*
Signala,	*illuftravit.*
Sommeilla,	*dormitavit.*
Souffla,	*infufflavit.*
Souilla,	*inquinavit.*
Stipula,	*ftipulatus eft.*
Styla,	*inftruxit.*
Tailla,	*fecuit.*
Tenailla,	*candenti forcipe*
laniavit.	
Travailla,	*laboravit.*
Trembla,	*contremuit.*
Troubla,	*turbavit.*
Veilla,	*vigilavit.*
Viola,	*-vit.*
Voila,	*velavit.*
Vola, *-vit.* déroba, *furatus*	
eft.	

Voyez les autres verbes en ler.

LANT. *voyez* ANT.

LAT. *voyez* AT.

LÉ.

m	Affilé (bec) *lingua fagax.*

subſtantifs & adjectifs maſculins.

Ailé,   *alatus.*

Appatelé.

Attelé,   *ad rhedam junctus.*

Blé *ou* Bled,   *frumentum.* herbe, *ſeges.* en épi, *ſpica, ſeges.* beau, *lata.* froment, *frumentum, triticum.* le meilleur froment, *ſiligo.* froment barbu, à gros grains, *ador, adoreum far.* ſemé pour le fourrage du bétail, *farrago, ſecale.* Métail, *miſcellum frumentum.* de bled, *frumentarius.* terre à bled, *frumenti ſolum.* proviſion de bled, *frumentatio.* grand amas, *magnus frumenti numerus.* aller à la proviſion de bled, *frumentari.* couper le bled, *ſegetes ſecare.* bled qui pouſſe, *ſata micantia.* marchand de bled, *frumentarius.* marché au bled, *forum frumentarium.* manger ſon bled en herbe *ou* verd, *verſuram ab ineunte anno facere.*

Bouclé, *in cincinnos calamiſtratus.*

Bourſoufflé,   *tumeſcens.*

Brouillé, terme de manége, cheval brouillé, celui qui au lieu d'obéir, ſe précipite, ſe traverſe & ſe déſunit.

Cizelé (argent) *argentum cælatum.*

velours Cizelé, *heteromallum picto ſtemmate diſtinctum.*

Clé *ou* Clef, *clavis.* petite

subſtantifs & adjectifs maſculins.

clef, *clavicula.* clef de voûte, *tholus.* fortereſſe, frontiére, *regni clauſtra.*

Défilé, *retextus.* paſſage étroit, *itineris anguſtia.*

Démêlé,   *conteſtatio.*

Deshabillé, (en) adv. *in veſte cubicularia.*

Diſſimulé, *obtectus, ſimulator.*

Ecervelé,   *dementatus.*

Egueulé, *collum habens fractum.*

Emmiellé,   *mellitus.*

Empoulé,   *tumidus.*

Endiablé,   *cacodæmon.*

Enſellé (cheval) *ephippio parum aptus.*

Eſſoufflé,   *anhelus.*

Etoillé,   *ſtellatus.*

Evolé, vieux mot, *inconſideratus.*

Faufilé,   *intricatus.*

Gabelé, ſel Gabelé.

Grêlé, *grandine percuſſus.*

Grenclé,   *granatus.*

Grivelé, *gilvo & ferrugineo colore varius.*

Immaculé,   *-atus.*

Immatriculé, *in album relatus.*

Inarticulé, ſe dit des êtres mal formés, *informis.*

Intitulé, titre d'un acte, *titulus.*

Iſolé, libre,   *liber.*

Jubilé,   *-laus.*

Lé, largeur de toile.

Legilé, piéce d'étoffe dont on couvre le pupitre où l'on chante l'Evangile.

Maflé,   *craſſus.*

fubftantifs & adjectifs mafculins.	*verb. au prét. & au part. c.*

Maillé, (perdreau) *perdix maculatus.*

fer Maillé, *ferrum hamatum.*

Pelé,　　　　　　*excoriatus.*

Perdiablé, poffédé du diable.

Perlé, *margaritis diftinctus.*

Perfillé,　　　　　*mucidus.*

Pipolé, vieux mot, Enjolivé, *ornatus.*

Pommelé,　　　　*fcutulatus.*

Potelé,　　　*vultu plenus.*

Recelé, terme de Droit, divertiffement.

Recorvelé, vieux mot, *recurvus.*

Rieulé, vieux mot, Régulier.

Riflé,　　　　　*voratus.*

Riolé, *coloribus variis diftinctus.*

Salé, qui a un goût de fel, *falfus.* affaifonné de fel, *fale conditus.* où il y a du fel, *fale refperfus.* chair falée, *falfamentum.*

franc-Salé, *falarium immune.*

Salé, ville,　　*Saletum.*

Scellé,　*figillo munitus.*

Simulé,　　　　*-atus.*

Tourellé, terme d'Ant. garni de tours.

Triboulé, il fe dit des bas qui ne font pas bien tirés.

Vitriolé, *chalchanto refperfus.*

Zélé,　　　　*zelator.*

V E R B E S.

Accablé,　　　*oppreffus.*

Accouplé,　　*conjunctus.*

Acculé, *in anguftias redactus.*

Accumulé,　　*congeftus.*

Affublé, *veftibus circumvolutus.*

Allé,　　　　　　*ivit.*

Amoncelé,　　*accumulatus.*

Annulé,　　　*abrogatus.*

Appareillé,　　*inftructus.*

Appellé,　　　*vocatus.*

Articulé, *diftincte prolatus.*

Affemblé,　　*collectus.*

Affimilé, *fimilis factus.*

Attelé,　　　*jugatus.*

Avalé,　　　*abforptus.*

Aveuglé,　　*excæcatus.*

Baillé,　　　　*datus.*

Bariolé,　　*variegatus.*

Bottelé, *in fafcem collectus.*

Bouclé,　　　*infibulatus.*

Bourrelé,　　*ftimulatus.*

Bouzillé, *limo linitus.*

Braillé, vieux mot, *pectore tectus.*

Brillé,　*fcintillavit.*

Brouillé,　　*intricatus.*

Cabalé,　　*confpiravit.*

Caillé,　　*coagulatus.*

Calculé,　　*numeratus.*

Cannelé,　　*ftriatus.*

Capitulé,　　*pactus eft.*

Carrelé, *lateribus ftratus.*

Celé,　　　*celatus.*

Chamaillé, *digladiatus.*

Chapelé, *cui leviter decuffa funt fumma cruftæ.*

Chatouillé,　*titillatus.*

Chevillé,　*infibulatus.*

Cinglé, *paffis velis lætus.*

Circulé,　*orbes feci.*

Cizelé,　　　*incifus.*

Clavelé, qui eft attaqué du claveau.

Coagulé,　　　*-atus.*

verbes au prés. & au part.

Comblé, *cumulatus.*
Compilé, *compilatus.*
Congelé, *congelatus.*
Conseillé, *consultus.*
Consolé, *cui allatum est solatium.*
Constellé, qui a été fait sous une certaine constellation.
Contrôlé, *recensitus.*
Corallé, terme de Pharmacie, *corallo mixtus.*
Coulé, *fluxit.*
Criblé, *cribratus.*
Débraillé, *ad pectus nudatus.*
Debredouillé, *jure lucri duplicis privatus.*
Débrouillé, *extricatus.*
Décelé, *proditus.*
Déchevelé, *disjectus comas.*
Découplé, *disjunctus.*
Dédoublé, *ascititio texto exutus.*
Défeuillé, *foliis privatus.*
Défilé, *filatim solutus.*
Deguenillé, *pannosâ veste indutus.*
Démantelé, *munimentis exutus.*
Démeublé, *supellectili exutus.*
Dépenaillé, *pennis exutus.*
Dépeuplé, *vastatus.*
Dépouillé, *spoliatus.*
Desassemblé, *dissipatus.*
Desenrôlé, *ex albo deletus.*
Desensorcelé, *fascino liberatus.*
Désolé, *desolatus, mœstus.*
Dessalé, *astutus.*
Dessolé, *soleâ exutus.*
Dételé, *à jugo liberatus.*
Dévoilé, *revelatus.*

verbes au prés. & au part.

Distillé, *-stillatus.*
Doublé, *duplicatus.*
Eboulé, *dirutus.*
Ecartelé, *quadrifariàm dissectus.*
Echaboulé, *pustulis laborans.*
Ecornifié, *alienis mensis protervè involavit.*
Ecoulé, *qui effluxit.*
Ecrouellé, *strumarum morbo laborans.*
Effilé, *filatim retextus.*
Egalé, *æquatus.*
Emaillé, *variegatus.*
Emballé, *in sarcinam collectus.*
Emmantelé, *pallio involutus.*
Emmitouflé, *vestibus circumvolutus.*
Empalé, *stipe per medium transfixus.*
Empilé, *in struem collectus.*
Encolé, tête mal encolée.
Enfilé, *filo intextus.*
Enflé, *inflatus.*
Engoulé, vieux mot.
Engrumelé, *concretus.*
Enguenillé, *lacernatus.*
Enhuilé, vieux mot, *oleo supremo tinctus.*
Enrôlé, *inscriptus.*
Enforcelé, *infascinatus.*
Entablé, *projectus.*
Entortillé, *involutus.*
Entripaillé, qui a une grosse bedaine, *cui pingue est abdomen.*
Envolé, *evolavit.*
Epaulé, *fultus.*
Epelé, *appellatus.*
Eraillé, *divaricatus.*
Eschapillé, vieux mot, *passus.*

verbes au prét. & au part.	

Etalé, *venalis expositus.*
Etranglé, *strangulatus.*
Etrillé, *strigili fricatus.*
Eveillé, *expergefactus.*
Exhalé, *exhalatus.*
Exilé, *exilio mulctatus.*
Fêlé, *leviter fractus.*
Filé, *netus.*
Filé, allongé, affilé, *acutus.*
Fouillé, *fossus.*
Foulé, *conculcatus.*
Frêtelé, vieux mot, *fractus.*
Gabele, *insolatus.*
Gelé, *congelatus.*
Gonflé, *tumefactus.*
Grillé, *assatus.*
Habillé, *vestitus.*
Hâlé, *astu adustus.*
Harcelé, *divexatus.*
Houspillé, *excussus.*
Huilé, *oleo linitus.*
Hurlé, *ululavit.*
Immolé, *-atus.*
Installé, *constitutus.*
Interpellé, *-atus.*
Intitulé, *inscriptus.*
Isolé, *nullâ ex parte circumfultus.*
Martelé, *malleo contusus.*
Mêlé, *mixtus.*
Meublé, *supellectili instructus.*
Mouillé, *madefactus.*
Moulé, *in formam fusus.*
Niélé, *rubiginosus.*
Nivelé, *ad libellam æquatus.*
Ourlé, *limbo ornatus.*
Parlé, *locutus est.*
Pétillé, *crepitavit.*
Peuplé, *populo refertus.*
Pilé, *tusus.*
Pillé, *devastatus.*
Postulé, *-atus.*

Pullulé, *-atus.*
Raclé, *rasus.*
Rafflé, *corrasus.*
Raillé, *irrisus.*
Recelé, *receptus.*
Reculé, *remotus.*
Redoublé, *reduplicatus.*
Régalé, *lautè exceptus.*
Réglé, *ordinatus.*
Renouvellé, *renovatus.*
Repeuplé, *populo respersus.*
Révélé, *revelatus.*
Rimaillé, *similiter desinens.*
Rissolé, *assus, tostus.*
Ronflé, *ronchissavit.*
Rouillé, *rubigine affectus.*
Roulé, *revolutus.*
Sablé, *saburrâ munitus.*
Salé, *salitus.*
Sanglé, *cingulâ constrictus.*
Saoulé, *saturatus.*
Sarclé, *sarculatus.*
Scellé, *sigillo munitus.*
Sellé, *ephippio instructus.*
Sifflé, *sibilatus, sibilis proscissus.*
Signalé, *illustratus.*
Sommeillé, *dormitavit.*
Soufflé, *flatus.*
Souillé, *inquinatus.*
Stipulé, *stipulatus.*
Stylé, *instructus.*
Taillé, *incisus.*
Tenaillé, *candenti forcipe laniatus.*
Tortillé, au fig. se dit du style, *impeditus.*
Travaillé, *elaboratus.*
Troublé, *turbatus.*
Veillé, *vigilavit.*
Vérolé, *morbo venereo infectus.*

verb. au prét. &c.

Verticillé, terme de Botan.

Violé, *violatus.*

Voilé, *velatus.*

Volé, *furatus est ou expilatus.*

Voutelé, vieux mot, *cameratus.*

LEAU. *voyez* AU.

L E' E.

La plûpart des mots en lée marquent abondance, plénitude ; il y a des mots propres & appellatifs, & plusieurs adjectifs féminins tirés des participes masculins en é ; aimé : aimée.

subsantifs & adjectifs féminins.

Aiguillée, *acia.*

Allée de jardin, *ambulacrum.*

Allée & venue, *itus & reditus.*

Amyclée, ville des Lacédémoniens, *Amycla.*

Assemblée, gens assemblés, *confessus.* compagnie de divertissement, *cœtus lætantium.*

Batelée, *navicula plena.*

Bête épaulée, *bellua vitiata.*

Boisselée, *frumenti modius.*

Cannelée, colomne cannelée, *columna striata.*

Céphalée, *cephalæa.*

Clavelée, maladie de brebis, *ovilis morbus.*

Conception immaculée, *immaculata conceptio.*

Corbeillée, *referta corbis.*

Corneille emmantelée, *cornix chlamydata* vel *pennata.*

substantifs & adjectifs féminins.

Coulée, *incile, ancon.*

Coulée, *declivitas.*

Culée d'un pont, *anteris.*

Doilée.

* une Ecervelée, *stolida.*

Echevelée, *sparsis capillis fœmina.*

Emblée, prendre d'emblée, *primo impetu capere.*

Enfilée, tranchée enfilée, *fossa Castrensis transfixa.*

Faufilée, *filis leviter concinnata.*

Félée, fendue, *rimosa, fissa.*

Feuillée, *umbraculum ramosum.*

Fouillée, *effossa.*

Galée, vieux mot, galère, *biremis, triremis, quadriremis.*

Gallée, compagnie.

Gargouillée, *lapsus aquæ à canali emissa.*

Gelée, *gelu.*

Gelée de viande, *jus glaciatum.*

Giboulée de Mars, *nebula Martia.*

Giroflée, fleur, *leucoïum.*

Goulée, vieux mot, *buccella.*

Gravelée, *calculosa.*

Grivelée, vol de commis, *rapina, peculatus.*

Gueulée, *verba obscœna.*

Guilée, vieux mot, *nimbus.*

Mausolée, *-læum.*

Mêlée, combat, *conflictus.*

Miaulée, terme populaire, faire des miaulées.

Palée, terme d'Architecture.

Pélée, pere d'Achille, *-leus.*

Pellée, *ou* Pellevée, *patella plena.*

marge gauche: substantifs & adjectifs féminins. — verbes à l'infinitif.

Pentésilée, Reine des Amazones, -lea.
Poëlée, *sartago plena.*
Quenouillée, *colus obducta lanâ.*
* Ratelée, dire sa ratelée, *qua sit de re sententia ingenuè efferre.*
Recelée, vieux mot, cachette, *latebra.*
Reculée, *recessus.*
affaire Révélée, *negotium patefactum.*
Souillée, *inquinata.*
terre Sigillée, *sigillata terra.*
Tablée, *accubatio.*
Tolée, terme bas, *turba.*
Vallée, *vallis.*
Veillée, *vigilia.*
Volée d'oiseau, *avium grex.*
Volée, pour vol, *volatus.*
il prend sa Volée, *evolat.*
Volée de canon, *tormenti bellici ictus.*
Volée, terme de jeu de paume, *pila ictus.*
Volée, condition, *-ditio, sors.* &c.
il n'est pas de sa Volée, *non est ejusdem sortis.*
à la Volée, à la légère, *inconsideratè, temerè.*
Xénoclée, Prêtresse de Delphes.
Plus les participes féminins des verbes en ler, iller, & uler: celée, *celata.* mouillée, acculée, *madida, in angustias redacta.*

LER.

Accabler, *obruere.*

Accoller, *amplexari.*
Accoupler, au joug, *adjugare.* des bœufs, *tauros jungere.* pour la génération, *copulare.*
Acculer, *ad incitas aliquem adducere.*
Acculer, terme de Marine.
Accumuler, *congerere.*
Achaler, terme Provincial, *tædio afficere.*
Affiler, *acuere.*
Affoler, *stultum efficere.*
* Affubler, *vestibus obvolvere.*
Agenouiller, *genibus procumbere.*
s'Agenouiller, *genua flectere.* devant quelqu'un, *genibus alicujus advolvi.*
Aller, *ire.* partir, *proficisci.* se transporter, *se conferre.* cheminer, *ambulare.* marcher, *incedere.* tendre, *tendere.* aboutir, *spectare.* aspirer, *-rare.* agir, *agere.* se mouvoir, *moveri.* s'agir, *agi.* être bienséant, *decere.* avoir cours, *accipi.* monter, *ascendere.* descendre, *-dere.*
Aller devant *ou* au-devant, *obire, anteire.* en avant, *progredi.* plus avant, *ultrà.* au-delà, *præterire.* en arriére, *retrò incedere.* après, *subsequi.* auprès, *comitari.* à l'entour, *circumire.* en bas, *delabi.* contremont, *subire.* contre, *contraire.* par dessus, *supervadere.* çà & là, *vagari.* par force,

vi agere. vîte , *properare.*
lentement , *sensim incede-*
re. doucement, *lento passu*
ire. de compagnie , *simul*
incedere. loin, *longè abire.*
par-tout , *peragere.* vers ,
adire. aller & venir , *com-*
meare.

Aller à la ville , *ire in urbem.*
au marché, *in forum.* à la
maison , *domum.* à Rome,
Romam. souper , *cœna-*
tum. coucher , *cubitum.*
promener , *ambulatum.* à
la selle , *cacatum.* au secours , *opitulatum.* aux
avis , *ad consilium.* en un
lieu , *locum petere.*

Aller à cheval , *equitare.* en
carrosse , *rhedâ vehi.* par
eau , *navigio ire.* par terre , par mer , *terrâ mari-*
que iter facere. sur les pas
de quelqu'un , *instare ali-*
cujus vestigiis. à quelque
fin , *tendere ad.*

Aller au devant , *occurrere.*
prévenir , *prævenire.* s'opposer , *se opponere.* aller à
fond , *sidere.* au fond , *ad*
rem venire. à ses fins , *suis*
commodis servire. au de-
vin , *consulere.* en jugement , *in jus adire.* son
train , *ire viam , institu-*
tum tenere. son grand
chemin , *candidè agere.*
aller bien *ou* mal, *benè aut*
malè ire , aut se habere.

Aller , se monter à, *æstimari.*

Aller, mettre en jeu, *in ludo*
deponere.

s'en Aller , *abire , procedere.*
s'échaper , *evadere.* s'é-
couler, *diffluere.* se répandre , *exundare.*

faire Aller, *expellere.* chasser,
fugare. faire hâter d'aller,
iter accelerare.

laisser Aller , *dimittere.* né-
gliger , *-ere.* se laisser aller , *facilem se præbere , se*
negligere.

au pis Aller , *ad pejus.*

Amonceler , *congerere.*

Annihiler , *-lare.*

Annuller, rendre nul, *tollere.*
—abroger, *-gare.* une loi ,
legem rescindere. un testament , *testamentum*
irritum facere. casser,
rescindere.

Apostiller , *notis instruere.*

Appareiller, *æquare , instrue-*
re , adornare.

Appateler , *escam in os inge-*
rere.

Appeller , nommer , *nomi-*
nare , vocare. quelqu'un ,
adsciscere. à haute voix ,
inclamare. à son aide ,
auxilium alicujus implo-
rare. à témoin , *testem ap-*
pellare. en justice , *in jus*
vocare. à un Juge supé-
rieur , *ad judicem superio-*
rem appellare.

Articuler , *distinctè proferre.*

Assembler des gens , *homines*
congregare. joindre , *jun-*
gere. un livre , *librum dis-*
ponere. ramasser , *colligere.*
s'assembler en un lieu ,
convenire. se joindre com-

verbes à l'infinitif.

me deux riviéres , *confluere.*

Attabler , *affidere mensæ.*

Atteler , *jugare.* joindte , *conjungere.*

Avaler , *haurire.* un œuf , *ovum sorbere.* de la viande , *cibum vorare.*

Aveugler , *excæcare.*

Avitailler , *cibario commeatu munire.*

Babiller , *garrire , loquitari.*

Bacler , *catenis* vel *repagulis obserare.*

Baculer , *fuste dolare.*

Bâiller , *oscitari.*

Bailler , *dare.*

Baller , *saltare.*

Barbouiller , salir , *inquinare.* gâter , *deturpare.* souiller , *maculare.* peindre mal , *ineptè pingere.*

Barioler , *variegare.*

* Batailler , *præliari.*

Batifoler , *jocari.*

* Beffler , *illudere.*

Bêler , *balare.*

Béquiller , *uti baculo supernè rostrato.*

Beugler , *boare.*

Beuiller , regarder de près.

Bosseler , *gibbosum efficere.*

Boteler , *in fasciculos colligere.*

Boucler , *fibulare.* les cheveux , *capillos in annulos colligere.*

Bourreler , *divexare.*

Boursiller , *sumptus suppeditare.*

Boursouffler , a. *sufflatione tumefacere.*

Boursouffler , n. *tumescere.*

* Bousiller , *ineptè aptare.*

Brailler , *clamitare.*

Brandiller , *jactitare.*

Branler , *agitare.* secouer , *movere.* chanceler , *titubare.* pour marquer de la résolution , *nutare.*

se Branler , *motare se.*

Brasiller , *prunis torrere.*

Bredouiller , *verba frangere.* confondre les mots , *dictionem confundere.* entrecouper ses mots , *verba interscindere.* bégayer , *balbutire.*

Bresiller , *Brasilico ligno tingere.*

Bresiller , *in frusta concidere.*

Bretailler , *ensem temerè evaginare.*

Brételer , terme d'Architect.

Bricoler , *tergiversari.*

Briller , *fulgere.* éclater , *splendere.* dans la conversation , *in congressibus elucere.* reluire , *lucere.* beaucoup , *emicare.*

Brimbaler , *hùc & illùc agitare , jactare.*

Brouiller , mêler , *permiscere.* confondre des œufs , *ova subigere.* troubler , *turbare.* mélanger , *miscere.*

se Brouiller avec quelqu'un , *simultates cum aliquo suscipere.* une affaire , *negotium implicare.*

Brûler , *urere.* mettre dans le feu , *cremare.* de l'encens , *thus incendere.* de quelque passion , *cupidine*

verbes à l'infinitif.

flagrare. être au feu , *ardere.*

Cabaler, *clandeſtinam ſocietatem inire, machinari.*

Cadeler, faire des Cadeaux.

Cailler,   *coagulare.*

Cailler, imiter le cri de la caille.

Cajoler,   *blandiri.*

Calculer,   *numerare.*

Caler la voile, *velum deprimere.*

—filer doux, *mitiùs agere.*

Canneler,   *ſtriare.*

Capituler, *ad paction em venire, de re aliqua transfgere.*

Caprioler, *agili ſaltu ſe in ſublime tollere.*

Caracoler, *equum circumagere.*

Caracouler ; il ſe dit du cri des pigeons.

Carcailler ; il ſe dit du cri des cailles.

Carreler, *lateribus inſternere.*

Celer,   *abſcondere.*

Chabler,   *funem alligare.*

Challer, vieux mot , *excorticare.*

Chamailler,   *digladiari.*

Chanceler,   *titubare.*

Chapeler, *cruſtulas panis decutere.*

Charbouiller ; il ſe dit des effets de la nielle.

Chatouiller, *titillare.* les oreilles, *lenocinari.*

Chauler le bled.

Cheviller,   *fibulare.*

Chiller, terme de Faucon.

Chocailler,   *inebriari.*

verbes à l'infinitif.

Cidrailler.

Ciller,   *nictare.*

Cingler en mer, *navigare.*

Cingler avec des verges , *virgis excipere.*

Ciſeler,   *calare.*

Coaguler,   *–are.*

Cocheniller, mettre les étoffes à une teinture faite avec la cochenille.

Coller,   *glutinare.*

Combler, remplir , *cumulare.* de joie, *gaudio.* un foſſé , *complere.*

Compiler,   *–are.*

Congeler. . .

Congratuler,   *–ari.*

Conſeiller, *conſilio juvare.* inciter, *ſuadere.*

Conſoler,   *–ari.*

Contempler. . .

Controller , terme de Palais, *recenſere.* critiquer, *carpere.* reprendre, *redarguere.*

Convoler en ſecondes nôces, *ad ſecundas nuptias convolare.*

Corailler ; il ſe dit du cri des corbeaux.

Cordeler, *in funem contorquere.*

Couler, *fluere.* à l'entour, *circumfluere.* deſſous, *ſubterfluere.* en bas , *defluere.* de tout côté , *diffluere.* en ſemble , *confluere.* vers un lieu, *affluere.* paſſer une liqueur , *colare.* à fond, *demergere.* paſſer , *effluere.* deux ou trois ans , *duos , treſve annos exigere.* faire

verbes à l'infinitif.

entrer goutte à goutte, *infundere.* se couler, *pervenire*, *repere.* s'écouler comme le temps, *praterire*, *effluit.*

Coupeler, *aurum catino excoquere.*

Coupler, attacher ensemble, *copulare.*

Coupler des chiens, *canes jugare.*

Creneler, *in grana efformare.*

Creteler ; il se dit du cri des poules quand elles ont pondu.

Criailler, *clamitare.*

Cribler, *cribrare.*

Crouler, *labare.*

Croustiller, *crustulas edere*

Dardiller, *efferre stamina.*

Débacler, *reserare.*

Débagouler, *vomere, deblaterare.*

Déballer, *sarcinas explicare.*

Débarbouiller, *maculas extergere.*

se Débrailler, *se ad pectus nudare.*

Débeller, vieux mot, *debellare*

Déboucler, *annulos crinium relaxare* vel *diffibulare.*

Débredouiller, *jus ad lucrum duplex adimere.*

Débrouiller, débarrasser, *extricare.* éclaircir, *explicare.* une affaire, *rei exitum expedire.*

Déceler, *revelare.* découvrir, *aperire.* un secret, *arcanum patefacere.* les complices, *conscios prodere.*

verbes à l'infinitif.

Décheveler, *comam disjicere.*

Décoller, *deglutinare.* un criminel, *decollare.*

Découler, *derivare.*

Découpler, *disjungere.*

Déculper, *pannum alterum detrahere.* Item : *ordines simplos efficere.*

Déferler les voiles, *vela explicare.*

* Deffubler, *vestibus circumvolutis exuere.*

Défiler, *angustâ viâ procedere.*

Dégeler, *regelari, solvi.*

* Dégobiller, *vomere.*

Dégringoler, *devolvi.*

Dégueuler, terme populaire, *vomere.*

Démailler, *restibus extrahere.*

Démanteler, *muro exuere.*

Démêler une affaire, *rem extricare.*

Démeubler, *supellectili spoliare.*

Denteler, *denticulis distinguere.*

Déparler, *tacere* vel *cessare à loquendo.*

Dépeupler, *depopulari.* ravager, *vastare.* détruire, *destruere.*

Dépouiller, *spoliare.* de ses biens, *depeculari.* de son Royaume, *regno exuere.* de ses armes, *exarmare.* un habit, *vestem exuere.* l'arracher, *detrahere.*

se Dépouiller, se démettre d'une charge, *à magistratu se abdicare.*

verbes à l'infinitif.

Dépuceler, *virginem vitiare.*
Dérégler, *depravare.*
Dérouiller, *æruginem abstergere.*
Dérouler, *evolvere.*
Defaveugler, *visum restituere.*
Desenfler, *tumorem discutere.*
Defenforceler, *fascino solvere.*
Defentortiller, *revolvere.*
Désoler, ravager, *devastare.* affliger, *mœrore afficere.* faire de la peine, *angere.*
Defopiler, *obstructum solvere.*
Deffaler, *carnes* vel *pisces in aqua macerare.*
Deffangler, *equi cingulum solvere.*
Deffiller, *revelare oculos.*
Deffoler, *soleam exsolvere.*
Détailler, *in partes secare.* Item : *singula dicendo prosequi.*
Détailler la marchandise, *singula divendere.*
Détaler, *merces colligere.*
Dételer, *equos curru* vel *jugo solvere.*
Détortiller, *intortum detorquere.*
Dévaler, *descendere.*
Dévérouiller, *removere pessulum.*
Dévoiler, *detegere.*
Diffimuler, -*are.* cacher, *abscondere.* couvrir, *obtegere.*
Diftiller, -*are.*

verbes à l'infinitif.

Doler, terme de Tonnelier, *dolare.*
Doubler un nombre, *numerum duplicare.* le pas, *gradum accelerare.* un habit, *vestibus pannum assuere.*
* Driller, *celeriter currere.*
Ebouler, *diruere.* renverser, *evertere.* faire tomber, *proterere.*
Ebranler, *concutere.* un escadron, *agmen labefacere.* émouvoir, *impellere.*
—faire changer de dessein, *de sententia dimovere.*
Ecailler, *exsquamare.*
Ecaler, *putamen egerere.*
* Ecarbouiller, *contundere.*
Ecarteler, tirer à quatre chevaux, *in quatuor partes discindere.* terme de Blâson, *in quatuor partes secare.*
Echeler, *scalam applicare.*
Echeniller, *erucas colligere.*
Echerpiller, vieux mot, *prædari.*
Ecornifler, *alienis mensis proterviùs involare.*
Ecouler, *manare.* faire couler, *aquam emittere.* s'écouler, *effluere.* s'échaper, *evadere.* s'efquiver, *subduci.*
Ecrouler, *quatefacere.*
Eculer, *atterere.*
Effaufiler, *fila serica decerpere.*
Effiler, *filatim dissolvere.*
Egaler, *æquare.* aplanir, unir, *complanare.*
s'Egofiller, *vociferari.*

* s'Egueuler,

verbes à l'infinitif.

* s'Egueuler, *clamitare.*
Egueuler, *os frangere.*
Emailler, *encausto ornare.*
Emajusculer.
Embaler, *sarcinas colligere.*
Embler, vieux mot, *rapere.*
Embrouiller, embarrasser, *intricare, irretire.*
s'Embrouiller, *implicare se.*
Embuffler, tromper, *decipere.*
Emerveiller, *mirari.*
Emmanteler, *muro instruere.*
Emmieller, *melle illinire.*
Emmitouffler, *vestibus circumvolvere.*
Emmuseler, *infranare, capistrare.*
Empaler, *stipitem per medium transfigere.*
Empiler, *in struem colligere.*
s'Encanailler, *cum nebulonibus se immiscere.*
Encasteler ; se dit d'un cheval qui a le talon trop serré.
Encastiller, vieux mot, *castello* vel *carcere includere.*
* s'Encornailler, *cornibus se instruere.*
Enfieller, *felle tingere.*
Enfiler, *filo retexere.* terme de Trictrac, *intexere.*
Enfler, *inflare.*
Enfutailler, *in dolio concludere.*
Engeoler, *lenociniis captare.*
* Engouler, *ore patulo haurire.*
Engrumeler, *concrescere.*
Engueniller, *sordidare.*
Enjabler, *compingere.*
Enjauler, *voyez* Engeoler.

verbes à l'infinitif.

Enrôler, *conscribere milites.*
Ensabler, *in sabulo condere.*
Ensorceler, *fascinare.*
Entabler, *tabulare.* des bestiaux, *in stabulo colligere.*
Entailler, *incidere.*
Entoiler, mettre de la toile à une dentelle.
Entortiller, *convolvere.*
s'Entretailler, *se se mutuò dissecare.*
Eparpiller, *dispergere.*
Epauler, aider, *fulcire.* soûtenir, *sustinere.* couvrir, *tegere.* mettre à couvert, *protegere.*
Epeler, *litteras appellare.*
Epouiller, *pediculos detergere.*
Equipoller, *æquipollere.*
Erafler, *eradere, perstringere.*
Escarbouiller, *luto inquinare.*
Escarquiller, *divaricare.*
Etaler, *explicare.* des marchandises, &c. *merces venales exponere.*
Etinceler, *scintillare.*
Etrangler, pendre, *strangulare.* étouffer, *suffocare.*
Etrangler une affaire, la juger sans l'avoir bien examinée, *rem inauditam judicare.*
Etriller, *strigili equum defricare.* fouetter, *scuticâ aliquem agere.*
Evantiller, terme de Pratiq.
Eveiller, *evigilare.*
Exceller, *excellere.* surpasser, *præstare.*
Exhaler, *exhalare, expirare.*
Exiler, *exilio plectere.*
Expeller, vieux mot, *expellere.*

verbes à l'infinitif.

Extoller, vieux mot, *extol-*
  lere.
Farfouiller,   *perscrutari.*
Faufiler, *leviter assuere.* se
  Faufiler avec quelqu'un,
  se se cum aliquo immiscere.
Fêler,   *vasi fissuram indere.*
Ferler les voiles, *vela colli-*
  gere.
Ferrailler,   *digladiari.*
Fignoler, raffiner, *subtiliùs*
  & nasutiùs dijudicare.
Filer, *nere.* terme de guer-
  re, *ordine procedere.*
Filer doux, *remissiùs agere.*
* Fioler,   *potare.*
Flageller,   *flagris excipere.*
Formuler, terme de Méde-
  cine, *formulas scribere.*
Fouailler,   *flagellare.*
Fouiller, *scrutari.* creuser,
  fodere. une personne, *qua-*
  rere. chercher, *investigare.*
Fouler aux pieds, *calcare.*
  mépriser, *proculcare.* les
  draps, *pannos stipare.* le
  peuple, l'opprimer, *op-*
  primere. un nerf, *nervum*
  oblidere.
Fourmiller, abonder, *abun-*
  dare.
—en vers, *vermibus scatere.*
Fretiller,   *se se agitare.*
Frigaler, vieux mot, *fricare.*
Frôler,   *stringere.*
Fumer, vieux mot, *irritare.*
Gabeler,   *salem insolare.*
se Galer,   *scalpere se.*
Gambiller, *sublatis in or-*
  bem cruribus saltare.
Gargouiller, *aquam vomere.*
* Garçailler,   *scortari.*

verbes à l'infinitif.

Gaspiller, *dilapidare.* prodi-
  guer, *prodigere.* en dé-
  bauches, *profundere.* con-
  sumer, *consumere.* dissi-
  per, *-are.*
Gauler,   *perticâ decutere.*
Gazouiller, causer, *nugari.*
  comme les oiseaux, *gar-*
  rire. murmurer, *murmur*
  edere. de mauvaise grace,
  cornicari.
Geler,   *congelare.*
Gesticuler,   *-ari.*
Giller, vieux mot,   *exire.*
* Godailler,   *inebriari.*
Gonfler,   *tumescere.*
Grabeler, vieux mot.
Granuler, *in grana dividere.*
Grapiller,   *racemare.*
Grêler,   *grandinare.*
Greneler, faire paroître du
  grain sur quelque chose.
* Grenouiller, boire, *perpo-*
  tare.
* Gresiller,   *grandinare.*
Gribouiller,   *perturbare.*
Griller, rôtir, *assare.* mettre
  des grilles, *cratibus in-*
  struere.
Gripeler, terme de Tisse-
  rand, se crêper.
Grisailler, se dit du chant
  de l'alouette.
Griveler,   *depopulari.*
Grommeler,   *grunnire.*
Grouiller,   *moveri.*
Gruller, greloter de froid.
Grumeler, crier comme les
  sangliers.
Gueuler,   *vociferari.*
Gueusailler,   *mendicare.*
Guiller, vieux mot, *decipere.*

verbes à l'infinitif.

Habiller, *veſtire.* vêtir, *veſte induere.*

s'Habiller, *veſtem induere.* faire des habits, *veſtes conficere.* écorcher, terme de Boucher, *pellem exſolvere.* du poiſſon, le vuider, *piſces purgare.*

Habler, *mendaciter fabulari.*

* Haiſler, *aliquem vocare clamando eminùs* hais ! hais !

Haler au ſoleil, *ad ſolem exſiccare.*

Haler des chiens, *canes excitare.*

—un bateau, *navem fune contento trahere.*

Harceler, *fatigare.*

Harpailler, vieux mot, *aliquem iĉtibus impetere.*

Heuler, *inclamare.*

Houſpiller, tirailler, *trahendo veſtes dilacerare.* déchirer en morceaux, *mordendo diſcindere.*

Huiler, *oleo linire.*

Hurler, *ululare.*

Immatriculer, *in album referre.*

Immoler, *-are.*

Inoculer, *inſerere.*

Inſoler, *inſolare.*

Inſtaller, *conſtituere.*

Intabuler, *ad officium aliquod notare.*

Intercaler, *-are.*

Interpeller...

Interpoler...

Intituler, *inſcribere.*

Jubiler, ſe réjouir, *lætari.*

Maculer, *-are.*

verbes à l'infinitif.

Mailler ; ſe dit des perdreaux, *maculis diſtingui*

Marler, *pinguefacere,*

Marteler, *malleo tundere.*

Mêler, *miſcere.* des cartes, *chartulas luſorias commiſcere.* ſe mêler d'une affaire, *negotio ſe immiſcere.*

Meſurer, *metiri.*

Meubler, *ſupellectili inſtruere.*

Meugler, *mugire.*

Miauler, *mia clamitare.*

Monopoler, *monopolium exercere.*

Morceler, *in fruſta diſſecare.*

Mordiller, dimin. de Mordre, *mordicare.*

Morfiler, *in fruſta diſſecare.*

Mouffler, *naſum & genas ſtringere.*

Mouiller, *humectare.* arroſer, *rigare.* tremper, *madefacere.* jetter de l'eau ſur quelque choſe, *aquâ reſpergere.* l'ancre, *anchoram jacere.*

Mouier, *ex proplaſmate effingere.*

Mutiler, *-are.*

* Naſiller, *naſo verba proferre.*

Nieller, *malâ rubigine torrere ſegetes.*

Niveller, *ad libellam examinare.*

Oiſeler, terme de Fauconnerie, *venari.*

Oler, vieux mot, ſentir bon, *olere.*

Opiler, *obſtruere.*

Oreiller, vieux mot, Rouler, *volvere.*

verbes à l'infinitif.

Ofciller, terme de Méchanique, *ofcillari.*

Ourler, *panni extremitates replicare.*

Paiffeler, *ftatuminare.*

Paller, vieux mot, *loqui.*

Panteler, *anhelare.*

Pantoufier, parler de nouvelles commodément.

Parler, *loqui.* dire, *dicere.* entre fes dents, *muffitare.* comme un perroquet, *inanes voces fundere.* mal de quelqu'un, *alicui obloqui.* oüir parler, *auditione accipere.* faire parler, *introducere.* de foi, *in fermonem hominum venire.* le parler, le difcours, *fermo, oratio.*

Paroler, vieux mot, *loqui.*

Patrouiller, faire la patrouille, *exploratorias agitare excubias.* dans la boue, *in aqua cœnofa verfari.*

Peler, ôter la peau, l'écorce, *cute vel corio exuere.* fe peler, *glabrum fieri.*

Pendiller, *pendere.*

Pétiller, *crepitare.* être inquiet, *anxio effe animo.*

Peupler une ville, *in urbem cives inducere.* augmenter le monde, *propagare.*

Piailler, *vociferari.*

Piauler, *pipire.*

Piler, *tundere.*

Piller, *fpoliare.* faire dégât, *populari.* entiérement, *expilare.* épuifer, *exinanire.* ronger, *arrodere.* piller, fe dit d'un chien, *arripere.*

verbes à l'infinitif.

Pioller; il fe dit du cri des poulets.

Piftoler, *fclopeto occidere.*

Pointiller, *vitiligare.* contefter fans fujet, *inani altercatione uti.* s'amufer à des pointes *ou* fubtilités trop recherchées, *inanes argutias confectari.*

Poftuler, *-are.*

Pouiller, *pediculos venari.*

un Pourparler, *colloquium.*

Préceller, vieux mot, *præcellere.*

Pretintailler, *fupparo inferiori quædam ornamenta affuere.*

Profiler, *delineare.*

Pulluler, *pullulafcere.*

Pupuler; il fe dit du cri de la hupe.

Quadrupler, *ufque ad quatuor augere.*

Quereller, *jurgari.*

Quiller, *metulas dejicere.*

fe Quitteler, vieux mot, *fiftere.*

Racler, *radere.* le boyau, jouer mal du violon, *inconcinnè fide radere.*

Rafler, *rapere & auferre omnia, corradere.*

Railler, *irridere.*

Râler, *proflare pectore lethalem fomnum.*

Raller, *ex morbo iterum decumbere.*

Rappeller, *revocare.* en fa mémoire, *in memoriam reducere.*

Raffembler, *recolligere.*

Ravaler, *deprimere.*

verbes à l'infinitif.

Ravitailler, *iterùm cibo munire.*

Réatteler, *iterùm jugare.*

se Rebeller, *in aliquem rebellare.*

Recaler, *expolire.*

Receller, *abscondere.* un larcin, *furtum occultare.* cacher, *occulere.*

Recoller, *rursùs glutinare.* des témoins, *testes revocare & cum reis componere.*

Recoquiller, *sinuosis orbibus convolvere.*

Reculer, *retrocedere.* faire reculer, *retrò agere.* un navire, *navem retrò inhibere.*

Refouler, *refluere.* la marée, *navigare adverso fluxu.*

Régaler, *lautè accipere.*

Régler, tirer des lignes, *lineas ducere.* arrêter, ordonner, conclure, *ordinare, statuere.* mettre dans l'ordre, *in ordinem redigere.*

Regouler, vieux mot, *objurgare.*

Rendoubler, *reduplicare.*

Renifler, *reciproco narium spiritu pituitam ducere.*

Renouveller, *renovare.*

Rentoiler, *iterùm in telas conjicere.*

Reparler, *iterùm loqui.*

Répulluler, *-are.*

Ressembler, *assimilari.*

Réveiller, *excitare.* du sommeil, *expergefacere.* faire lever, *suscitare.* une que-

verbes à l'infinitif.

relle, *renovare.* se réveiller, *expergefieri.*

Révéler, *patefacere, pandere.*

Riffler, . terme populaire, *vorare.*

Rigoler, *animum relaxare.*

Rimailler, *versiculos condere.*

Rissoler, *torrere.*

Ronfler, *stertere.*

Rossignoler, *Philomelæ cantum imitari.*

Rouiller, *rubiginem contrahere.*

Rouler, *volvere.*

Roupiller, *dormitare.*

Ruisseler, *dimanare.*

Sabler, terme de Buveurs, *cyathum exhaurire.*

Sabouler, *humi jocando pervolvere.*

Saler, *salire.* vendre cher, *cariùs vendere.*

Sangler, *cingulo constringere.*

—fesser, *fustigare.*

Saouler, rassasier, *saturare.* se Saouler de viandes, *effarcire se cibis.* s'enivrer, *vino se obruere.* saouler sa haine, *satiare odium.* se lasser, *defatigari, satiari.*

Sarcler, *ou* Sercler, terme de Jardin. *sarrire.*

Sautiller, *saltitare.*

Sceller, *sigillo munire.*

Seller un cheval, *equum ephippio instruere.*

Sembler, *videri.*

Sétioler, vieux mot, *aliùs crescere.*

Siffler, *sibilare.*

* Siffler, boire, *potare.*

se Signaler, *sibi famam facere.*

verbes à l'infinitif.

Siller les yeux, *velare oculos.*

Smiller, terme de Maçon.

Sommeiller, *dormitare.*

Souffler, *sufflare.* travailler à la Chymie, *chymia operam navare.*

Souffler un écolier, *suggerere.* une chandelle, *candelam extinguere.* de la viande, *carnem insufflare.*

Souffler, *aliquid auferre.*

Souiller, *maculare.*

se Souiller, *se contaminare.*

Sourciller, *supercilium movere.*

Spéculer, *meditari attentè.*

Stimuler, vieux mot, *stimulare.*

Stipuler, *-ari.*

Styler, *instruere.*

Surveiller, *advigilare alicui.*

Tabler, *statuere.* c'est aussi un terme du jeu de Trictrac.

Tailler, *scindere.* couper, *secare.* en piéces, *concidere.* une plume, *scalpere.* la vigne, *vitem putare.* un bois, *sylvam cadere.* une personne qui a la pierre, *calculum per incisionem eximere.* une figure sur le marbre, *ducere vivos vultus ex marmore.* des pierres, *lapides malleo dissecare & polire.* un habit, *pannum dissecare.*

Tailler, terme de Bassette, *dividere.*

Tareler, *maculis variare.*

Tenailler, *candenti forcipe membra discerpere.*

verbes à l'infinitif.

Tirailler, *huc illuc rapere.*

Teiller, *cannabim philyris exuere.*

Tonneler, au fig. faire donner dans un piége.

Tortiller, *torquere.*

Toupiller, *involvere.* embarrasser, *intricare.* empaqueter, *in sarcinam colligere.*

Tranchefiler, terme de Relieur, *serico exteriorem libri suturam instruere.*

Travailler, *laborare.* un ouvrage, *opus facere.* assidûment, *operi instare.* avec excès, *laboribus se frangere.* avec soin, *elaborare.* envain, *frustrà operam consumere.* tourmenter, *vexare.* fatiguer, *-gare.* un cheval, *equum exercere.* se tourmenter l'esprit, *afflictare se.*

Treguiller, *irrepere.*

Trembler, être mû, *moveri.* être agité, *tremere.* de peur, *timore contremiscere.* la fiévre, *ex febri inhorrescere.* de froid, *frigore horrere.*

faire Trembler, *timore percellere.*

Treseler, sonner les cloches solemnellement.

Tribouiller, terme populaire, *agitare.*

Tripler, *triplicare, in triplum augere.*

Trôler, *huc & illuc movere.*

Troubler, *turbare.*

se Troubler, *turbari.* devenir fou, *stultescere.*

verbes à l'infinitif.

Tuiler, terme de Chantre d'Eglise.

Vaciller, *-are.*

Veiller, *vigilare.*

Vêler, faire un veau, *vitulum edere.*

Ventiler, terme de Palais, *-are.*

Ventroiller, vieux mot, *callidè evadere.*

Verrouiller, *pessulo obserare.*

Vétiller, *vitiligare.*

Violer, *-are.* sa parole, *fidem frangere.* une fille, *stuprare.*

Virguler, *virgulis distinguere.*

Voiler, *velare.*

Voler comme les oiseaux, *volare.* du haut en bas, *devolare.* à l'entour, *circumvolare.* d'un lieu en un autre, *advolare.* s'envoler, *evolare.* par troupe, *convolare.* par-dessus, *supervolare.*

NOMS.

substantifs masculins.

Bouteiller, *ampullarius.*

Clinquailler, *frivolarius.*

Conseiller, *consiliarius, senator.*

Cornouiller, *cornus.*

Cuillier, *cochlear.*

Genouiller, ornement.

Groseiller, *grossularius.*

Marguiller, *adituus.*

Noizillier, *corylus.*

Oreiller, *cervical.*

Pailler, *palearium.*

Pouiller, *beneficiorum Ecclesiasticorum index.*

subst. masc.

Poulailler, *gallinarius propola.*

Quillier, *tudicularum area, locus.*

Vrillier, qui fait des vrilles.

LET. *voyez* ET.

LEUX. *voyez* EUX.

LI.

substantifs & adjectifs masculins.

Arnaud d'Andilly, fameux Auteur François, *Arnaldus Andilius.*

Bailli, dignité, *Ballivus.*

Bali, langue de Siam.

Belilli, nom d'une espéce de médicament qui vient des Indes, *belilli Indicum.*

Bouilli, viande, *elixa caro.*

Bouilli, adj. *elixus.*

Caracoli, métal qui vient de la terre ferme.

Carcapuli, fruit de l'île de Java.

Chili, Royaume d'Amérique.

Coli, pour Nicolas.

Contrepli, *adversa plicatura.*

Etabli de boutique, *tabulatum.*

Fleuve d'Oubli, *lethe.*

Joli, *bellulus, pulcher.*

Langeli, fou, *-us.*

Lulli, Musicien célébre, *-us.*

Neroly, espéce d'essence.

Nulli, vieux mot, personne, aucun, *nemo.*

Oubli, *oblivio.*

Paroli, terme de jeu, *parilas.*

Substantifs & adjectifs masculins.

Pli, pliement, *plicatura.* du jarret, *suffraginum flexus.* des robes, &c. *sinus.* rides, *ruga.* habitude, coûtume, *mos.* faux pli, *mala institutio.*

Poli, *-tus.* uni, *lævis.* qui a de la politesse, *urbanus.*

Repli, *sinus, volumen.* des lettres royaux, *Regii diplomatis deflexa ora.*

Tekeli, fameux Capitaine Hongrois, *-us.*

Tivoli, *Tibur.*

* Torticoli, injure, *qui obstipo est capite.*

Tripoli, craie, *Samius lapis.*

Tripoli, Royaume, *Tripolitanum Regnum.*

Vermicelli, pâte.

Vice-bailli, *vice-ballivus.*

VERBES.

verbes au prétérit & au participe.

Aboli, *abolevi.*
Accompli, *adimplevi.*
Accueilli, *excepi.*
Affoibli, *debilitavi.*
Amolli, *mollivi.*
Annobli, *nobilitavi.*
Assailli, *assilivi, adortus sum.*
Avili, *depressi.*
Cueilli, *collegi.*
Démoli, *demolitus sum.*
Desempli, *deplevi.*
Empli, *implevi.*
* Enorgueilli, *superbum effeci.*
Enseveli, *inhumavi.*
Envieilli, *inveteratus.*
Etabli, *stabilivi.*
Failli, *erravi.*

verb. au prét. & part.

Li, *lege.*
Recueilli, *collegi.*
Rejailli, *resilii.*
Rempli, *replevi.*
* Sailli, *salii.*
Sali, *inquinavi.*
Tressailli, *exultavi, subsilii.*
Vieilli, *inveteravi.*

LIE.

Substantifs féminins.

Ancholie, fleur, *-ia.*

Anomalie, terme d'Astronomie, *-ia.*

Aphélie, terme d'Astronomie, *summa absis.*

Baillie, pour Baillive, *ballivii uxor.*

Balie, langue sçavante des Siamois.

Bouillie, *puls.*

Cacochylie, mauvaise digestion.

Cimolie, *ou* Cimolée, terre liquide qui tombe sous les meules des Couteliers.

Complie, priére, *completorium.*

Connétablie, *comitis stabuli dignitas* vel *tribunal.*

Cornélie, Dame Romaine, *Cornelia.*

Elie, Prophéte, *-ias.*

Erablie, vieux mot, *agmen.*

Etolie, pays, *Ætolia.*

Eutrapélie, manière agréable, *-lia.*

Folie, *stultitia.*

Homélie, *-ia.* sermon, *sermo, concio.*

a Jolie, *bella, pulchra.*

Italie, pays, *-ia.*

Lélie, Veſtale, *Lalia.*
Lie de vin, *fæx.*
Lie du peuple, *plebs.*
Mélancolie, *-ia.*
Mingrélie, pays...
Natolie, pays, *Anatolia.*
Oublie, pâtiſſerie, *cruſtula mellita.*
Paltelie, vieux mot, *pugna levis.*
Parélie, *parelium.*
Plie, poiſſon, *paſſer.*
Podolie, pays, *-ia.*
Poulie, *trochlea.*
Saillie, ſortie, *egreſſus.* de maiſon, *projectura.* d'une corniche, *ecphora.* relief, *eminentia.* d'eſprit, *ingenii impetus.* bourade, *cæcus animi impetus.*
Scholie, *ſcholium.*
Stymphalie, ſurnom de Diane, *-ia.*
Theſſalie, pays, *-ia.*

V E R B E S.

Allie, *ſocio.*
Délie, *ſolvo.*
Déplie, *explico.*
Humilie, *altiores ſpiritus comprimo.*
Lie, *ligo.*
Multiplie, *-ico.*
Oublie, *obliviſcor.*
Pallie, colore, *rationem, cauſam obtendo.*
Plie, *plico.*
Publie, *divulgo.*
Rallie, *res diſperſas colligo.*
Réconcilie, *in gratiam reduco.*

Relie, *compingo.*
Supplie, *ſupplico.*
Voyez divers temps des verbes en lier, & les participes féminins des verbes en lir : bouillie, amolie, *bullita, emollita.*

LIER. monoſ. *voyez* IER. monoſyllabe.

L I E R. diſſyllabe, *voyez* I E R. diſſyllabe.

L I N. *voyez* I N.

L I O N. *voyez* I O N.

L I R. *voyez* I R.

L I S. *voyez* I S.

L O. *voyez* O.

L O N.

Les mots en lon ſont ſubſtantifs, mots d'eſpéce, d'inſtrument, ou propres.
Abſalon, nom propre.
Aiguillon, *ou* Eguillon d'abeille, *aculeus.* de bouvier, *ſtimulus.* pour exciter, *incitamentum.* pointe, *ſpiculum.*
Apollon, *Apollo.*
Aquilon, vent, *Aquilo.* Borée, *Boreas.*
Ardillon, *fibula.*
Bâillon, *epiſtomium.*
Balon à jouer, *follis.*
Balon, vaiſſeau Siamois, *navis Siamica.*

Barbillon, _barbatulus._

Barcalon, dignité Siamoiſe, _Barcalo._

Bataillon, _agmen._

Bellon, grand cuvier des preſſoirs, où l'on braſſe les cidres & les poirés.

Billon, _improbati nummi._

Bohémillon, petit Bohémien.

Bocquillon, c'eſt le même que Bocheron, _ou_ Bucheron, _lignator._

Bouillon, onde, _unda._ qu'on hume, _jus._ petit, _juſculum._ de colère, _iracundiæ æſtus._ de la jeuneſſe, _ætatis fervor._ galon crêpé, _criſpata tæniola._

Bouillon, herbe, _verbaſcum._ noir, _nigrum._ blanc, _album._ ſauvage, _agreſte._

Bouillon, ville, _Bullonium._ de Bouillon, _Bullonius._ Duché, _Ducatus Bullonienſis._

Bouvillon, _bubulus._

Brouillon, qui trouble, _turbator._ étourdi, _imprudens._ badin, _nugator._ injure, _nebulo._ papier brouillon, _adverſaria._

Carillon, _modulatus æris campani ſonitus._

Carpillon, _parvulus cyprinus._

* Chambrillon, _ancillula._

Chilon, un des ſept Sages.

Chocaillon, _crepula._

Colon, boyau, _colon._

Corbillon, _corbula._

Cotillon, _crocotula._

Couillon, _teſticulus._

Coulon, vieux mot, _columbus._

Court-bouillon, _lixatura._

Diachilon, terme de Pharm.

Diaculum, drogue.

Doublon, double piſtole d'Eſpagne, _duplio._

Durillon, _callus._

Echantillon, _mercis ſpecimen._

Echelon, _gradus ſcalaris._

Ecouvillon, _ſcopula clibanaria._

Emerillon, _æſalo._

Epulon, _conviva._

Eſcabelon, _ſcabellum._

Etalon, cheval entier, _equus admiſſarius._ meſure, _menſura juridica._

Etranguillon, maladie, _ſtrangulatio._

Faraillon, petit banc de ſable.

Felon, _perfidus._ cruel, _trux._

Fillon, _filiolus._

Flonflon, refrain de Vaudeville..

Foulon, _fullo._

Frêlon, mouche, _crabro._ mante ſauvage, herbe, _ruſcus._

Galon, ruban de ſoie, _limbus ſericus._ de fil, de laine, _lineus, laneus._

Ganelon, _-lo._

Gelon, peuple, _Gelo._

Gerbillon, _parvus manipulus._

Goupillon, _aſperſorium._

Graillon, _repotia._

* Grapillon, _racemulus._

Grillon, _gryllus._

Guenillon, _panniculus lacer._

Guillon, vieux mot, _infortunium._

Haillon, _panniculus detritus._

Houblon, plante, *lupus sa-lictarius.*

Houspillon, *vini haustus.*

Long, adj. *longus.*

Mammelon, *papilla.*

Marie-Graillon, *immunda.*

Médaillon, *majus numisma.*

Melon, *pepo.*

Merlon, terme de Fortification, *peribolus interjectus.*

Modillon, terme d'Architecture, *modulus.*

Moilon, *cœmentum.*

Moinillon, petit Moine.

Moraillon, *scatorium.*

Morillon, raisin, *nigella uva.*

Négrillon, petite Négresse.

Nillon, *ou* Ninon, dimin. du mot Anne.

Oblong, terme de Géométrie, *oblongus.*

O sillon, *avicula.*

Orillon, *moles prominens à latere propugnaculi.*

Orillon, au plur. maladie, *parotides.*

Paillon, terme d'Orfévre, *ferrumen.*

Pantalon, boufon, *histrio.*

Pantalon, habit, *strictior vestis.*

Papillon, *papilio.*

Passe-filon, *fili trajectorium.*

Pavillon d'un logis, *ædium tabernaculum.* d'un lit, *conopœum.* d'un navire, *vexillum, signum.* tente, *tentorium.*

Penaillon, Moine, *Item* : vieux habits, *panniculus detritus.*

Pilon à piler, *pistillum.*

—petit pilier, *columella.*

Plomb, *plumbum.* pour alligner, *perpendiculum.* à plomb, *directo.*

Plombs, cônes dont les femmes se servent pour se coëffer.

Poilon, *ou* Poëlon à frire, *sartago, pultarium.*

Poires d'étranguillon, *pyra strangulatoria.*

Postillon, *veredarius.*

Quarré-long, terme de fortification.

Ratillon, petit rat.

Réveillon, *nocturna comessatio.*

Sablon, *arenula.*

Salon, *locus amplissimus.* grande salle, *aula spatiosa.*

Salon, *ou* Selon, ville, *Salona.* de Salon, *Salonicus.*

Scabellon, terme d'Architecture, *scabellum.*

Selon, préposition, *secundùm.*

Sillon, *lira, porca.*

Solon, un des sept Sages, *Solo.*

Souillon, *sordidus.* de cuisine, *mediastinus.*

Taillon, *vectigal minus.*

Talon, *calx.* le talon de la main, le talon d'un fusil.

Tatillon, qui entre mal-à-propos dans de petits détails.

Taupe-grillon, insecte.

Telon, vieux mot, pour lyre, *psalterium.*

subfantifs masculins.

Tortillon , *calidum tortile.*
Touaillon , v. m. *mantile.*
Toulon , *veſtis detrita.*
Tourbillon , *turbo.*
Tourillon , *turricula.*
Vallon , *vallis.*
Vermillon , *minium.*
Vertillon , vieux mot , *verticulum.*
Villon , Poëte François , *Villonius.*
Villon , *ou* Villonerie , vieux mot , *moneta adulterina.*
Violon , *fidis.* celui qui joue du violon , *fidicen.*
un plaiſant Violon , fig. un ridicule , *lepidum caput.*

LU. & LEU.

Subfantifs & adjectifs masculins.

Abſolu , *-tus.*
Arcalu , Principauté de Tartarie , *Arcaluanus Principatus.*
Bien-voulu , *gratus.*
Boulu , *elixus.*
Chevelu , *crinitus.*
Chevelu , ſerpent du pays des Hottentots.
Cuveju , fleur , *cyanus.*
Dévolu , *-tus.*
Diſſolu . . .
Elu , *electus.* charge , *tributorum deſcriptor.* prédeſtiné , *prædeſtinatus.*
Feuillu , *frondoſus.*
Glu , *viſcus.*
Gogelu , *ſuperbus pecuniâ.*
Goulu , *guloſus.*
Gourlu , purification des Turcs.
Hurlubrelu , terme pop. *temerè.*

Subfantifs & adjectifs masculins.

Impollu , *mundus.*
Jouflu , *maxilloſus.*
Irréſolu , *dubius.*
Lanturelu , terme pop. interjection , *apage.*
Machedru , *helluo.*
Maflu , pour Maflé.
Malotru , *abjectus.*
Malvoulu , *odioſus.*
Mammelu , *mammoſus.*
or Moulu , *aurum tritum.*
Mouſſu , *muſcoſus.*
Pate-pelu , hypocrite , *-ta.*
Pelu , vieux mot , *piloſus.*
Pollu , *-tus.*
Quoquelu , vieux mot , avide de gloire.
Rablu , qui a le rable épais , *latis lumbis & humeris.*
Réſolu , *audax.*
Révolu , *-tus.*
Superflu , *ſuperfluus.*
Talu , *declivitas.*
Trelu , avoir le Trelu , *malè proſpicere.*
Trupelu , enjoué , plaiſant , *feſtivus.*
Velu , *villoſus.*
Vermoulu , *carioſus.*
Urlu-brelu , *taliter , qualiter.*

VERBES

Elu , *elegi.*
Lu , *legi.*
Moulu , *molui.*
Plu , de Plaire , *placui.*
Plu , de Pleuvoir , *plui.*
Prévalu , *prævalui.*
Réſolu , *decrevi.*
Tollu , v. m. enlevé , *ablatus.*
Valu , *valui.*
Voulu , *volui.*

M.

M A.

V Asco de Gama, Espa-
gnol.
Lima , ville.
Montezuma , Empereur du
　Mexique.
Numa , second Roi de Ro-
me.
Panama , ville.

VERBES.

Abysma ,	demersit.
Accoûtuma ,	assuefecit.
Affama ,	fame confecit.
Aima ,	amavit.
Alarma ,	terruit.
Alluma ,	incendit.
Anima ,	-vit, excitavit.
Arma ,	-vit.
Assomma ,	trucidavit.
Blâma ,	vituperavit.
Blasphéma ,	numini Divino
obtrectavit.	
Calma ,	sedavit.
Charma ,	fascinavit.
Confirma ,	-vit.
Consomma, consumpsit, ab-	
solvit.	
Déclama ,	-vit.
Desarma ,	exarmavit.
Diffama ,	-vit.
Ecuma ,	despumavit.
Embauma ,	odorem diffudit.
Empauma ,	manu cepit.
Enferma ,	inclusit.
Enflamma ,	inflammavit.

Enrhuma ,	gravedinem capi-
tis fecit.	
Entama ,	frustum decidit.
Envenima ,	veneno affecit.
Estima ,	æstimavit.
Exprima ,	expressit.
Ferma ,	clausit.
Forma ,	-avit.
Fuma ,	fumigavit.
Gourma ,	pugnis cecidit.
Imprima ,	typis mandavit.
Légitima ,	nothum paternæ
hareditatis jure donavit.	
Lima ,	-avit.
Nomma ,	nominavit.
Opprima ,	oppressit.
se Pâma ,	animo defecit.
Parfuma ,	suffivit.
Pluma ,	plumas exemit.
Présuma ,	præsumpsit.
Proclama ,	-vit.
Réclama. . .	
Sema ,	seminavit.
Somma ,	nomina exegit.
Supprima ,	suppressit.
Transforma ,	-avit.

Voyez le prétérit indéfini
des autres verbes en mer.

MANT. voyez MENT.

MAT. voyez AT.

M É.

Affamé ,	famelicus.
Bien-aimé ,	dilectissimus.
Bœuf fumé ,	caro bubula in-
fumata.	

Bout-rimé, *extrema verſuum ſimiliter deſinentia.*

Clair-ſemé, *clarè diſſeminatus.*

Conſommé, nourriture de malade, *ſuccus ex decoctis carnibus expreſſus.*

Ecrêmé, *cremore exutus.*

Elimé, uſé, *detritus.*

Embrumé, *caliginoſus.*

Enthouſiaſmé, *Divino numine afflatus.*

Famé, *famâ notus.*

Gourmé, guindé, *turgidus.*

Innomé, terme de Palais, *innominatus.*

Intimé, terme de Palais, *citatus.*

Lamé, terme de Manufacture.

Mal-famé, *famoſus.*

Noviſſimè.

à Point nommé, *condicto tempore.*

Pois ramé, au plur. *piſa palata.*

Pommé, breuvage, *cerviſia è pomis.*

Sublimé, *-atus.*

Vidamé, dignité.

V E R B E S.

Abyſmé, *in abyſſum detruſus.*

Accoûtumé, *ſolitus.*

Affamé, *fame confectus.*

Aimé, *amatus.*

Alarmé, *ad arma concitatus.*

Allumé, *accenſus.*

Animé, *-atus, incenſus.*

Aſſommé, *interfectus.*

Blâmé, *vituperatus.*

Blaſphémé, *contumelioſè obtrectatus.*

Calmé, *ſedatus.*

Charmé, *faſcinatus.*

Comprimé, *compreſſus.*

Confirmé, *-atus.*

Conſommé, *conſumptus, abſolutus.*

Déclamé, *-atus.*

Deſarmé, *exarmatus.*

Diffamé, *-atus.*

Ecumé, *deſpumatus.*

Embaumé, *odoribus conditus.*

Empaumé, *ineſcatus.*

Enfariné, *farinâ aſperſus.*

Enfermé, *incluſus.*

Enflammé, *inflammatus.*

Enrhumé, *gravidine capitis captus.*

Entamé, *perſtrictus.*

Envenimé, *faſcinatus.*

Eſtimé, *æſtimatus.*

Exprimé, *expreſſus.*

Fermé, *clauſus.*

Formé, *-atus.*

Fumé, *fumigatus.*

Gourmé, *pugnis caſus.*

Imprimé, *typis mandatus.*

Inhumé, *-atus.*

Légitimé...

Limé...

Nommé, *nominatus.*

Opprimé, *oppreſſus.*

Pâmé, *animo defectus.*

Parfumé, *odoribus imbutus.*

Parſemé, *diſſeminatus.*

Plumé, *plumis nudatus.*

Primé, *anteoccupatus.*

Proclamé, *-atus.*

Réclamé...

Réimprimé, *denuò typis mandatus.*

verb. au prét. & part. masc.

Réprimé,　　　*repressus.*
Rimé,　　*similiter desinens.*
Semé,　　　*seminatus.*
Sommé,　　　*citatus.*
Supprimé,　　*suppressus.*
Transformé,　　　*-atus.*
　Voyez le prétérit & participe des autres verbes en mer.

MEAU. *voyez* AÜ.

MÉE.

substantifs féminins.

à l'Accoûtumée,　　*solitò.*
Affaire consommée, *negotium consummatum.*
Armée,　　　*exercitus.*
Balle ramée, *globulus alligatus.*
Fumée, *fumus.* vanité, *vanitas.*
Fumée, l'action de fumer du tabac.
Idumée, pays,　　*-mæa.*
Laitue pommée, *lactuca capitata.*
Langue envenimée, *lingua venenata.*
Plumée, *intinctura atramenti.*
Pygmée, nain,　　*-mæus.*
Ramée,　　　*ramale.*
Renommée,　　　*fama.*
　Voyez les féminins des noms en mé, & des participes fém. des verbes en mer.

MENT & MANT.

substantifs féminins.

v Dément, *mendacii arguit.*
v Ment,　　　*mentitur.*

NOMS.

Les noms substantifs ci-dessus sont pour la plûpart des mots verbaux qui expriment l'action ou le mouvement, en latin ils sont terminés en io ou en us. Il y a aussi quelques noms de qualité ou propriété, d'espéce ou de substance.

Abaissement,　　*abjectio.*
Abandonnement,　*desertio.*
Abâtardissement, *degeneratio.*
Abatellement, terme de Marine, *consulare judicium inter mercatores.*
Abattement,　　*abjectio.*
Abolissement,　　*abolitio.*
Abonnement, *pinguefactio.*
Abornement, *ou* Abournement, terme de Jurisprudence, *pactum dominum inter & vassallos.*
Abouchement,　*collocutio.*
Aboutissement, *concursus.*
Abrégement,　*abbreviatio.*
Abrutissement, *stupiditas.*
Accablement,　*oppressio.*
Accaparement, terme de commerce, *coacervatio.*
Accoisement, terme de Médecine, *humorum tranquillitas.*
Accommodement, *conciliatio.*
Accompagnement, *comitatio.*
Accomplissement, *adimpletio.*
Accouchement,　*partus.*

substantifs masculins.

Accouplement , *conjunctio.*
Accourcissement , *contractio.*
* Accoutrement , *ornatus.*
Accrochement , *aduncatio.*
Accroissement , *accretio.*
Acculement , *ad incitas redactio.*
Acharnement , *insectatio.*
Acheminement , *via.*
Achévement , *perfectio.*
Achoppement , *offensio.*
Acquiescement , *assensus.*
Adoucissement , *mitigatio.*
Affaissement , *depulsio.*
Affinement , *purgatio.*
Affoiblissement , *debilitatio.*
Affranchissement , *exemptio.*
Affrétement , *navis conductio.*
Affublement , *amictus.*
Agacement , *irritatio.*
Agencement , *coaptatio.*
Agrandissement , *ampliatio.*
Agrément , *consensus.*
Aheurtement , *obstinatio.*
Aiguisement , *acuatio.*
Aimant, pierre , *magnes.*
Ajournement, *vadimonii indicatio.*
Aisement , *forica.*
Ajustement , *exaequatio.*
Alégement , *allevatio.*
Alignement , *ad lineas directio.*
Aliment , *-um.*
Alléchement , *allectio.*
Alongement , *prolongatio.*
Amandement , *emendatio.*
Amant , *amans.*
Améliorissement, *melioratio.*
Amenuissement , *extenuatio.*
Ameublement , *supellex.*
Amollissement , *mollificatio.*

substantifs masculins.

Amortissement , *extinctio.*
Amusement , retardement , *mora.* vaine occupation , *nugæ.* d'enfant, *crepundia.* qu'on donne à la douleur , *aberratio à dolore.*
Anéantissement, *annihilatio.*
Annoblissement , *nobilitatio.*
Apetissement , *extenuatio.*
Appartement , *domicilium.*
Appauvrissement , *bonorum amissio.*
Appesantissement d'esprit , *animi torpor.*
Applanissement, *complanatio.*
Applatissement , *complanatio , compressio.*
Applaudissement , *applausus.*
Appointement , *merces.* au plur. gages , *stipendia.* entretien, *pensio.* accord, *conventio.*
Apprivoisement , *cicuratio.*
Approfondissement , *scrutatio.*
Argument , *-um.*
Armement , *armatus.*
Arrangement , *ordinatio.*
Arrondissement , *rotundatio.*
Arrosement , *irrigatio.*
Aspersement , *aspersio.*
Assablement , *arenæ congeries.*
Assaisonnement , *condimentum.*
Assassinement , *cædes ex insidiis.*
Assertivement , *affirmativè.*
Asservissement , *servituti addictio.*
Assortiment , *instructus mercimoniorum.*

Assoupissement ,

Assoupissement,   *stupor.*
Assouvissement,   *satietas.*
Assujétissement,   *subjectio.*
Assurement,   *fides.*
Atermoiement, *dilatio diei pecunia.*
Atiédissement,   *tepefactio.*
Atouchement,   *tactus.*
Atroupement,   *congregatio.*
Attachement, *alligatio, studium.*
Attendrissement, *mollitio, commiseratio.*
Attérissement,   *prostratio.*
Attroupement,   *concursus.*
Avancement,   *progressus.*
Avénement,   *adventus.*
Avertissement,   *monitio.*
Aveuglement,   *cæcitas.*
Augment, *-um.* accroissement, *incrementum.* addition, *-io.* accession, *-io.*
Avilissement,   *abjectio.*
Avisement,   *opinio.*
Avitaillement, *commeatûs invectio.*
Avoisinement, *approximatio.*
Avortement,   *abortus.*
Bâillement,   *oscitatio.*
Balancement, *libramentum.*
Balbutiement, *lingua hæsitantia.*
Bannissement,   *exilium.*
Bâtiment, *ædificium.* navire, *navis.*
Battement,   *pulsio.*
Battement, en terme de Musique, *consonantia, concordia.*
Bégaiement, *lingua titubantia.*
Bêlement,   *balatus.*

Bernement, *in sublime jactatio.*
Beuglement,   *mugitus.*
Biaisement,   *obliquitas.*
Blanchiment,   *albarium.*
Blasonnement,   *cavillatio.*
Bombardement, *globorum igniariorum inmissio.*
Bombement, terme d'Architecture, qui se dit d'un arc peu élevé au-dessus de sa corde.
Bondissement, *resultus.* It. *nausea.*
Bouffement, vieux mot, *halitus.*
Bouillonnement,   *ebullitio.*
Bouleversement,   *subversio.*
Bourdonnement, *susurratio.*
Braiement d'un âne, *ruditus.*
Brandillement,   *agitatio.*
Brisement,   *confractio.*
Broïement,   *tritura.*
Brouillement,   *intricatio.*
Bruissement,   *tinnitus.*
Brûlement,   *combustio.*
Calmant, terme de Médecine, *sedans.*
Caiment, vieux mot, *mendicus.*
Campement, *castrametatio.*
Cautionnement,   *cautio.*
Chancellement,   *titubatio.*
Changement,   *mutatio.*
Châtiment,   *castigatio.*
Chatouillement, *titillatio.*
Chevissement,   *pactio.*
Chuchettement, ou Chuchillement, *susurratio.*
Cillement,   *nictatio.*
Ciment,   *cœmentum.*
Claquement,   *crepitatio.*

substantifs masculins. *substantifs masculins.*

Clignotement, *nictatio.*

Cliquement, *connictatio.*

Clochement, *claudicatio.*

Coacement, *coaxatio.*

Commandement, *manda-tum, jussio.*

Comblement, *cumulatio.*

Commant, vieux mot, *ou* particule, qui s'employoit en cette phrase, *adieu comment :* c'est comme qui diroit aujourd'hui, *adieu vous dis-je, vale.*

Commencement, *initium.*

Compartiment, *descriptio, cerostrotum.*

Compliment, *urbanitas officiosa.*

Comportement, *agendi ratio.*

Connoissement, *cognitio.*

Connoissement, terme de Marine, ce qui peut faire connoître ce qu'est un vaisseau.

Consentement, *consensus.*

Contentement, *oblectatio.*

Contre-mandement, *mandati revocatio.*

Convertissement, *conversio.* terme de Monn. *reformatio typis effecta.*

Cornement d'oreilles, *aurium tinnitus.*

Coulement, *fluxus.*

Couronnement, *coronatio.*

Crachement, *sputatio.*

Crachotement, *frequens sputatio.*

Craquement, *crepitatio.*

Crément, terme d'Ordonnance & de Grammaire.

Creusement, *excavatio.*

Croassement, *crocitatio.*

Croisement, terme de Physique, *motus in diversa.*

Crucifiement, *crucifixio.*

Dandinement, balancement, *libramentum.*

Débandement, *remissio.*

Débarquement, *descensio.*

Débillardement, terme de Charpentier.

Débordement, *inundatio.*

Débouchement, *patefactio.*

Déboursement, *suppeditatio.*

Debouquement, *egressus.*

Débrouillement, *extricatio.*

Débridement, *fræni solutio.*

Décampement, *migratio è castris.*

Décélement, *patefactio.*

Déchaînement, *effrenata maledicendi licentia.*

Dechaussement, *ablaqueatio.*

Déchifrement, *elucidatio.*

Décochement, *emissio.*

Décollement, *decollatio.*

Découlement, *dimanatio.*

Découragement, *animi infractio.*

Décréditement, *gratiæ diminutio.*

Décroissement, *decretio.*

Decrusement, premier apprêt de la soie.

Dédommagement, *damni reparatio.*

Défiement, *provocatio.*

Défoncement, *fundi exemptio.*

Défrichement, *inculti agri cultura.*

Dégagement, *redemptio*

Dégagement, ter. de guerre.

Dégauchissement, *distractio.*

Déguerpissement, *desertio.*

Dégorgement, *vomitio.*

Dégourdissement, *stuporis depulsio.*

Degravoiement, *eversio.*

Déguisement, *simulatio.*

Déharnachement, *instructûs equini exemptio.*

Délaiement, *dilutio.*

Délaissement, *derelictio.*

Délardement, terme d'Arch.

Délassement, *defatigatio.*

Délogement, *emigratio.*

Démantélement, *propugnaculi* ou *mœnium dejectio.*

Démembrement, *discerptio.*

Déménagement, *supellectilis exportatio.*

Démeublement, *supellectilis exportatio.*

Deniaisement, *ludificatio.*

Dénigrement, *famæ inquinatio.*

Dénombrement, *enumeratio.*

Dénouement, *solutio.*

Dénûment, *denudatio.*

Département, *distributio.* de logis, *domicilii designatio.*

Dépécement, *discerptio.*

Dépérissement, *minutio.*

Dépeuplement, *depopulatio.*

Déplacement, *expulsio.*

Déportement, au plur. *mores, agendi ratio.*

Dépouillement, *spoliatio.*

Dépucellement, *devirginatio.*

Déracinement, *eradicatio.*

Dérangement, *turbatio.*

Déréglement, *dissolutio.*

Déroulement, terme de Géométrie.

Désagrément, *injucundicas.*

Désapropriement, terme de Pratique, le même que Désapropriation.

Desenchantement, *fascini depulsio.*

Désarmement, *exarmatio.*

Desassaisonnement, *condimenti remotio.*

Desassiégement de ville, *obsidionis elutio.*

Desinteressement, *sui commodi negligentia.*

Désistement, *discessio.*

Dessaisissement, *desertio.*

Desséchement, *exsiccatio.*

Détachement, *sejunctio.*

Détournement, *deflexus.*

Détriment, *-um.*

Devancement, *antecessio.*

Dévoiement, *ventris dissolutio.*

Dévoilement, *revelatio.*

Dévouement, *consecratio.*

Diamant, *adamas.*

Dirimant, *dirimens.*

Divertissement, *oblectatio.*

Document, *-um.*

Ebahissement, *stupor.*

Ebatement, *oblectamentum.*

Ebaudissement, vieux mot, *gaudium.*

Eblouissement, *tenebrarum effusio.*

Eboulement, *dirutio.*

Ebranchement, *ramorum amputatio.*

Ebranlement, *commotio.*

Ecachement, vieux mot.

Ecartement, *disjunctio.*

Ecarquillement, l'action d'écarquiller.

Echaufement, *calefactio.*
Echouement, terme de Marine, *naufragium.*
Echappement, terme d'Horlogerie.
Eclaircissement, *dilucidatio.*
Ecoulement, *effluxus.*
Ecroulement, *concussus.*
Effondrement, *fossio.*
Egarement, *aberratio.*
Elancement, *impetus.* de douleur, *morsus.*
Elargissement, *liberatio.*
Elément, *-um.*
Elément, lieu qui plaît, *locus amœnus, gratus.*
Elément de Grammaire, *rudimenta.*
Eloignement, *recessus.*
Embarrassement, *impedimentum, implicatio.*
Embarquement, *in navim conscensio.*
Embellissement, *decoratio.*
Embrasement, *deflagratio.*
Embrassement, *amplexus.*
Embrouillement, *intricatio.*
Emolument, *-um.*
Empalement, *stipiti infixio.*
Empâtement, *basis stercorata.*
Empêchement, *impedimentum.*
Emplacement, *collocatio.*
Empoissonnement, *stagni reparatio.*
Empoisonnement, *infectio.*
Emportement, *exportatio.* de colère, *animi impetus.*
Empressement, *acceleratio.*
Emprisonnement, *incarceratio.*
Encensement, *incensatio.*

Enchaînement, *concatenatio.*
Enchantement, *incantatio.*
Enchérissement, haussement de prix.
Encouragement, *animi excitatio.*
Endommagement, *damni illatio.*
Endossement, *charta adscriptio.*
Endormissement, *sopor.*
Endurcissement, *induratio.*
Enfaîtement, *fastigii positio.*
Enfantement, *partus.*
Enfoncement, *depressio.*
Enfourchement, terme d'Architecture, *angulus in furca similitudinem formatus.*
Engagement, *pignori obligatio.*
Engoncement, *gurgitatio.*
Engouement, *præfocatio.*
Engourdissement, *torpor, sensus motusque hebetudo.*
Enjambement, *crurum divaricatio.*
Enjolivement, *exornatio.*
Enjouement, *festivitas.*
Enlassement, *intextus.*
Enlévement, *raptus.*
Ennortement, vieux mot, *adhortatio.*
Enregistrement, *præscriptio.*
Enrichissement, *ditatio.*
Enrôlement, *conscriptio.*
Enrouement, *raucedo.*
Ensaisinnement, *in censum relatio.*
Enseignement, *documentum.*
Ensemencement, *sementis.*

subſtantifs maſculins	

Enſeveliſſement, *humatio.*
Enſorcellement, *incantatio.*
Entablement, *tabulatum.*
Entendement, *intellectus.*
Entérinement, *impetratio.*
Enterrement, *inhumatio.*
Entêtement, *pertinacia.*
Entrelaſſement, *implicatio.*
Entretenement, *ſuſtentatio.*
Envelopement, *involutio.*
Enivrement, *inebriatio.*
Epaiſſiſſement, *ſpiſſatio.*
Epanchement, *effuſio.*
Epanoüiſſement, *evolutio.*
Epaulement, *fulcrum.*
Epuiſement, *exhauſtus.*
Epurgement, *excuſatio.*
Equipement, *armatio.*
Eraillement, renverſement de la paupiére inférieure.
Eſbraſement, terme d'Architecture, *ampliatio, explicatio.*
Eſpacement, *interſtitium.*
Eſpallement, jaugeage.
Etaiement, *fulcitus.*
Etalonnement, *ad modulum conformatio.*
Etanchement, *obturatio.*
Eternûment, *ſternutatio.*
Etêtement, *decacuminatio.*
Etonnement, *ſtupor.*
Etouffement, *ſuffocatio.*
Etourdiſſement, *ſtupor.*
Etranglement, *contractio.*
Etréciſſement, *coarctatio.*
Etuvement, *lotus.*
Evanoüiſſement, *deliquium animi.*
Evénement, *eventus.*
Excrément, *–um.*
Exhauſſement, *exaltatio.*

ſubſtantifs maſculins	

Fardement, *fuci inductio.*
Ferment, *–um.*
Ferrement, *ferramentum.*
Feutrement, terme de Teinture.
Figement, *coagulatio.*
Filament, *fibra.*
Finiment, terme de Peinture, *conſummatio.*
Finiment, *illinitus.*
Firmament, *–um.*
Fléchiſſement, *flexus.*
Fondement, *fundamentum.* d'une affaire, *rei.* le cul, *podex.* au plur. *rudimenta.*
Foudroiement, *fulminatio.*
Fourmillement, *motus partium inter ſe.*
Fourniment, *pyxis pulveraria.*
Fourniſſement, terme de Commerce.
Fourvoiement, *deviatio.*
Fragment, *–um.*
Frapement, *percuſſio.*
Frémiſſement, *fremitus.*
Fretillement, *agitatio.*
Froiſſement, *frictio.*
Frôllement, l'action de toucher légérement.
Froment, *frumentum.*
Froncement, *in rugas coactio.*
Frotement, *frictio.*
Gargouillement, *aqua lenis ſuſurrus.*
Gariement, *ou* Cariment, vieux terme de Coutume, Garantie.
* Garnement, *nebulo.*
Gauchiſſement, *flexus.*
Gazouillement, *garritus.*

Gémissement, *geminus*.
Glapissement, *annitus*.
Glissement, *reptio*.
Gloussement, *gemitus gallina glocitantis*.
Gourmand, adj. *gulosus*.
Gouvernement, *gubernatio*.
Graillement, *raucus clangor*.
Gresillement.
Habillement, *vestimentum*.
Harnachement, *equi instructio*.
Haussement, *elevatio*.
Hennissement, *hinnitus*.
Hochement de tête, *capitis quassatio*.
Honnissement, *ignominia*.
Hurlement, *ululatus*.
Jaillissement, action de Jaillir.
Japement, *latratus*.
Incitement, vieux mot, *incitamentum*.
Indigitament, livre des Pontifes de l'ancienne Rome, *indigitamentum*.
Instrument, *-um*.
Investissement, *circumdatio*.
Jugement, *judicium*.
Jugement, Arrêt, *judicium*.
jour du Jugement, *dies judicii*.
Jument, *equa*.
Jurement, *juramentum*.
Lavement, *lotio*.
Licentiement, *dimissio*.
Ligament, *-um*
Linéament...
Liniment, *illitus*.
Logement, *habitatio*.
Lotissement, pour Lotissage.
Mamant, production singu-

liére de la nature qui se trouve en Sibérie.
Mandement, *-datum*.
Maniment, *tractatio*. d'argent, *pecunia administratio*.
Manquement, *defectus*.
Marrement, vieux mot, dommage, *damnum*.
Mécontentement, *offensio*.
Médicament, *-um*.
Ménagement, *administratio*.
Meuglement, *mugitus*.
Miaulement, *clamor felis*.
Moment, *-um*.
Monument, *-um*. marque, *nota*.
Mouvement, *motus*.
Nantissement, *rei exhibitio*.
Nécromant, ou Négromant, *Magus*.
Nétoiement, *detersio*.
Nivélement, *ad amussim adæquatio*.
a Nombrant, nombre nombrant.
Non-payement, défaut de payer.
Normand, *Normannus*.
Nouement d'éguillette, *fascinatio*.
Nutriment, nourriture, *nutritio*.
Obscurcissement, *obscuratio*.
Oignement, *unctio*.
Ondoiement, Baptême sans cérémonie.
Ordrement, v. m. *edictum*, *jussio*.
Ornement, *ornamentum*.
Orpiment, *auripigmentum*.
Ossement, au plur. *ossa*.

Panchement, *propenſio.*
Panſement, *curatio.*
Parement d'Autel, *ara orna-*
mentum. d'habit, *ornatus.*
Par'ement, *ſupremus ſenatus.*
Paſſement, *textilis tænia.*
* Partement, *diſceſſus.*
Payement, *ſolutio.*
Pendement, action de pendre.
Perfectior.nement, *perfectio.*
Pétillement, *crepitatio.*
Peuplement, *actio locum*
civibus frequentandi.
Piloriement, *alligatio ad*
ſtipem.
Poliment, *politura.*
Portement, terme de Mu-
ſique, allongement de
ſyllabes.
Prédicament, *prædicamen-*
tum.
Proſternement, *abjectio.*
Preſſement, *preſſio.*
Preſſentiment, *præſentio.*
Proſternement, *proſtratio.*
Rabaiſſement, *diminutio.*
Raccommodement, *reconci-*
liatio.
Raccourciſſement, *reſtrictio.*
Radouciſſement, *levamen.*
Raffinement, *expurgatio.*
Raffermiſſement, *confirma-*
tio.
Rafraîchiſſement, *refrigera-*
tio. repos, *virium refe-*
ctio. renouvellement, *re-*
novatio.
Rajeuniſſement, *juventutis*
reſtitutio.
Raiſonnement, *ratiocinatio.*
Rajuſtement, *refectio.*
Râlement, *proſlatus lethalis.*

Ralentiſſement, *remiſſio.*
Ralliement, *alligatio.*
Rampement, *reptio.*
Rançonnement, *exactio.*
Raſſaſiement, *ſaturitas.*
Ravalement, *depreſſio.*
Raviſſement, *raptus.*
Ravitaillement, *commeatús*
iterata invectio.
Rayonnemeat, action de
rayonner.
Razement de place, *abraſio.*
Rebouchement, *obturatio.*
Recélement, *occultatio.*
Recenſément, terme de pro-
cédure, *recenſio.*
Recolement, *teſtium repetitio.*
Recommencement, *redin-*
tegratio.
Recoquillement, *in orbem*
convolutio.
Recouvrement, *recuperatio.*
Recueillement, *recollectio.*
Reculement, *receſſio.*
Redoublement, *conduplica-*
tio.
Refléchiſſement, *reflexio.*
Refrognement, action de
ſe refrogner.
Refroidiſſement, *refrigera-*
tio.
Regement, vieux mot, *re-*
gimen.
Regimbement, *calcitratio.*
Régiment, *legio.*
Réglement, *ſtatutum.*
Regonflement, élévation des
eaux.
Rehauſſement, *ſublatio.*
Rejailliſſement, *ſanguinis*
reſperſio.
Relâchement, *relaxatio.*

substantifs masculins.	Relévement, *relevatio.*
	Remboursement, *restitutio.*
	Rembrunissement, *iteratus lavor.*
	Remerciment, *gratiarum actio.*
	Remuement, *commotio.*
	Renchérissement, *pretii auctio.*
	Renflement, *adjectio.*
	Renfoncement, *adactio.*
	Renforcement, *corroboratio.*
	Rengagement, action de se rengager.
	Rengorgement, *ingurgitatio.*
	Rengrégement, *exasperatio.*
	Reniement, *denegatio.*
	Reniflement, *pituita per nares retractio.*
	Renoncement, *nodi repetitio.*
	Renouvellement, *renovatio.*
	Renversement, *inversio.*
	Repeuplement, *iterata frequentatio.*
	Repoussement, *repulsio.*
	Résonnement, *resonatio.* voix, *personatio.*
	Resordement, vieux mot, *resurrection.*
	Ressentiment de fiévre, *febris sensatio.* d'une injure, *sensus.*
	Resserrement, *restrictio.*
	Rétablissement, *restitutio.*
	Retaillement, *rescisio.*
	Retardement, *mora.*
	Retentissement, *soni repercussio.*
	Retirement, *contractio.*
	Retranchement, *detractio.* diminution, *imminutio.*
	Retranchement, fortification, *munitio.*

Seconde colonne :

substantifs masculins.

Retrécissement, *restrictio.*
Reverdissement, *viroris receptio.*
Revêtement, *inductio.*
Ricanement, *sanna.*
Roman, *lingua Romana.*
Rompement, *fractio.*
Ronflement, *ronchissatio.*
Rossignolement, chant du Rossignol.
Roulement, *volutatio.* de voix, *vocis inflexio.*
Rudiment, *-um.*
Rugissement, *rugitus.*
Saccagement, *populatio, direptio.*
Sacrement, *sacramentum.*
Saignement, *phlebotomia.*
Saisissement, *occupatio.*
Sarment, *palmes.*
Sautillement, *saltitatio.*
Sauvement de navire, *navis recuperatio.*
Sauvement, vieux mot, *salvatio, salus.*
Secouement, *succussio.*
Sédiment, *-um.*
Segment, terme de Géométrie, *-um.*
Sentiment, *sensus.* avis, *opinio.*
Serment, *juramentum.*
Serrement, *astrictio.*
Siflement, *sibilatio.*
Signalement, *totius corporis habitús expressa imago.*
Sillement, *palpebrarum clausio.*
Souflement, *sufflatio.*
Soulévement, *sublevatio.*
Soulévement, *rebellio.*
Sous-bassement, *hyppodium aulæum.*

Spatiement, *ou* Spatîment, *deambulatio.*
Sucement, *suctio.*
Suintement, action de ce qui suinte.
Supplément, *-um.*
Sushauffement, *sublevatio.*
Tapissement, *exsiccatio.*
Tatonnement, *palpatio.*
Tegument, terme d'Anatomie, *tegumentum.*
Tempérament, *-tum.* du corps, *corporis temperatio.* biais, *via, ratio.*
Temporisement, *cunctatio.*
Tennement, *detentio.*
Teftament, *-um.*
Tintement, *tinnitus.*
Tiraillement, l'action de tirer.
Tortillement, *convolutio.*
Tourment, *tormentum.*
Tournoiment, pour Tournoiement.
Tournoiement, *in orbem agitatio.*
Tracement, *delineatio.*
Tradiment, v. m. *praceptum.*
Traitement, *tractatio.*
Tranfissement, l'état d'un homme tranfi.
Transplantement, *-tatio.*
Travestissement, *aliena vestis indutus.*
Trebuchement, *titubatio.*
Tremblement, *trepidatio.*
Tremoussement, *celer ac mollis concursus.*
Trempement, *temperatio.*
Trépaffement, *interitus.*
Trépignement, *pedum ad terram quassatio.*

Tressaillement, *motus subsultans.*
Vengement, vieux mot, *ultio.*
Véhément, adj. *vehemens.*
Verbalisement, *-satio.*
Vêtement, *vestis.*
Virement, action de virer.
Violent, *violatio.*
Voltigement, *volitatio.*
Vomissement, *vomitus.*

Plus les participes des verbes en mer : aimant, &c.

ADVERBES.

Les adverbes en ment, *marquent la qualité ou la modification & la maniére des choses, ils sont formés dans notre langue des mots féminins, en ajoûtant au bout* ment, *comme de* secréte, secrétement, *&c. au participe terminé en* ant, *on ôte le* t, *& on change l'*n *en* m *pour faire l'adverbe, comme* abondant, abondamment, vaillant, vaillamment. *Il y a plus de 730. adverbes semblables.*

Abominablement, *abominandum in modum.*
Abondamment, *copiosè.*
Absolument, *-utè.*
Abstractivement, *-ivè.*
Absurdement, *-dè.*
Abusivement, *-ivè.*
Académiquement, *-icè.*
* Accostement, *commodè.*
Activement, *-ivè.*
Actuellement, *actualiter.*

adverbes.

Adjectivement ,   *adjectivo more.*
Admirablement ,   *-biliter.*
Adroitement ,   *dextrè.*
Affablement ,   *-biliter.*
Affectionnément , *benevolè.*
Affectueusement , *peraman-ter.*
Affirmativement ,   *-ivè.*
Affouagement , *vectigalium descriptio.*
Affreusement ,   *horridè.*
Agilement ,   *-liter.*
Agréablement ,   *gratè.*
Aigrement ,   *acriter.*
Aisément ,   *facilè.*
Alaigrement , *alacriter.*
Allégoriquement ,   *-icè.*
Alternativement ,   *-tim.*
Altiérement ,   *superbè.*
Ambiguement ,   *-guè.*
Ambitieusement ,   *-iosè.*
Amiablement ,   *amicè.*
Amoureusement , *amatoriè.*
Amphibologiquement , *-icè.*
Analogiquement. . .
Analytiquement. . .
Anatomiquement , *juxta leges anatomiæ.*
Angéliquement , *Angelorum more.*
Annuellement , *annuatim.*
Apertement ,   *-tè.*
Apostoliquement ,   *-icè.*
Aprement ,   *asperè.*
Apparemment ,   *verè.*
Arbitrairement , *arbitrio.*
Arbitralement , *ex arbitrio.*
Ardemment ,   *-enter.*
Arithmétiquement ,   *-icè.*
Arrogammens ,   *-anter.*
Artificiellement ,   *-iosè.*

adverbes.

Assertivement , *affirmativè.*
Astronomiquement ,   *-icè.*
Attentivement ,   *-entè.*
Attiquement ,   *Atticè.*
Avantageusement , *utiliter.*
Avarement ,   *avarè.*
Aucunement , *nullo modo.*
Audacieusement , *audacter.*
Aveuglément ,   *caciter.*
Avidement ,   *-dè.*
Austérement ,   *-erè.*
Authentiquement ,   *-icè.*
Autrement ,   *aliter.*
Badinement ,   *jocosè.*
Barbarement ,   *-barè.*
Bassement ,   *demissè.*
* Bellement ,   *lentè.*
Bestialement , *ferino ritu.*
Bêtement ,   *stultè.*
Bienséamment , *decenter*
Bizarrement ,   *morosè.*
Blanchement ,   *candidè.*
Bonnement , *simpliciter.*
Bourgeoisement , *agrestiùs.*
Bravement ,   *strenuè.*
Briévement ,   *breviter.*
Brusquement ,   *asperè*
Brutalement , *ferino ritu.*
Burlesquement ,   *jocosè*
Cachement ,   *latenter.*
Calomnieusement ,   *syco-phantiosè.*
Canoniquement ,   *-icè.*
Capitulairement , *modo capitulari.*
Captieusement ,   *-iosè*
Casuellement ,   *casu*
Catégoriquement ,   *-icè.*
Catholiquement. . .
Cavaliérement , *arroganter*
* Cauteleusement ,   *cautè*
Censivement, *cum onere censûs perpendendi.*

adverbes.

Cérémonieusement, *-iose.*
Certainement, *certè.*
Chagrinement, *mœstè.*
Charitablement, avec amour, *amicè.* avec libéralité, *largè.*
Chastement, *castè.*
Chaudement, *calidè.*
Chérement, *charè.*
Chétivement, *exiliter.*
Chichement, *avarè.*
Chimériquement, *fictè.*
Chrétiennement, *christianè.*
Circulairement, *-ariter.*
Civilement, *comiter.*
Clairement, *clarè.*
Clandestinement, *clam.*
Coëment, vieux mot, *sine strepitu, tacitè.*
Cohéremment, *cohærenter.*
Collatéralement, *-iter.*
Collusoirement, *-oriè.*
Comiquement, *-icè.*
Comment, *quomodo.*
Commodément, *-odè.*
Communément, *-niter.*
Communicativement, *diffusè.*
Compétamment, *-tenter.*
Complétement, *omninò, perfectè.* il est aussi substantif.
Concurremment, *simul & eodem modo.*
Condignement, *condignè.*
Conditionellement, *sub conditione.*
Confidemment, *-enter.*
Conformément, *congruenter.*
Congruement, *-ru.*
Conjecturalement, *ex conjectura.*

adverbes.

Consciencieusement, *rectâ conscientia.*
Consécutivement, *consequenter.*
Conséquemment, *-enter.*
Considérablement, *insigniter.*
Consubstanciellement, *consubstantialiter.*
Consulairement, *modo consulari.*
Contentieusement, *acerrimè.*
Continuellement, *assiduè, perpetuò.*
Continuement, *continenter.*
Contumélieusement, vieux mot, *-iosè.*
Convenablement, *-nienter.*
Conventuellement, *conventualiter.*
Copieusement, *affluenter.*
Cordialement, *ex animo.*
Corporellement, *-raliter.*
Correctement, *accuratè.*
Couramment, *fluidè.*
Courageusement, *animosè.*
Courament, *cursim.*
Courtement, v eux mot, *breviter.*
Coutumiérement, *more solito.*
Couvertement, vieux mot, *clam, occultè.*
Croustilleusement, *lepidè.*
Cruellement, *crudeliter.*
Cruement, *crudè.*
Curieusement, *curiosè.*
Damnablement, *-andè.*
Dangereusement, *periculosè.*
Débilement, *-liter.*
Débonnairement, *benignè.*
Décisivement, *pracisè, modo decretorio.*

adverbes.

Dédaigneusement , *fasti-diosè.*

Défavorablement , *non gra-tiosè.*

Définitivement , *-ivè.*

Délibérément , *audacter.*

Délibérément , *consultò.*

Délicatement , *-atè.*

Délicieusement , *-iosè, mol-liter.*

Déloyaument , *perfidè.*

Démésurément, *immoderatè.*

Démonstrativement , *-ivè.*

Dépendamment , *-denter , obnoxiè.*

Déplorablement , *miserabi-liter.*

Déraisonnablement , *iniquè.*

Déraisonnément , *irratio-naliter.*

Désavantageusement , *in-commodè.*

Derniérement , *novissimè.*

Desagréablement , *ingratè.*

Desavantageusement , *inu-tiliter.*

Desespérément , *desperatò.*

Deshonnêtement , *inhonestè.*

Desobligeamment, *inofficiosè.*

Desordonnément, *inordinatè.*

Despotiquement , *summo cum imperio.*

Déterminément , *-natè.*

Détestablement , *execrandè.*

Dévotement , *piè , sanctè.*

Dévotieusement , *devotè.*

Dextrement , *-rè.*

Diablement , *multùm , plu-rimùm , valdè.*

Diaboliquement , *-icè.*

Diagonalement , *-liter.*

Dialectiquement , *-icè.*

adverbes.

Diamétralement , *-liter.*

Différemment , *-enter.*

Diffusément , *fusiùs.*

Diligemment , *-enter.*

Directement , *directè.*

Discrétement, *consideraiè , prudenter.*

Disertement , *disertè.*

Disgracieusement, *ingratum in modum.*

Dissemblablement, *differen-ter.*

Dissolument , *-utè.*

Distinctement , *distinctè.*

Distributivement , *.-ivè.*

Diversement , *diversè.*

Divinement , *-nitus.*

Docilement , *-liter.*

Doctement , *doctè.*

Dogmatiquement , *-icè.*

Dolemment , *dolenter.*

Dolentement , *mœstè.*

Domestiquement , *-icè.*

Doublement , *dupliciter.*

Doucement , *dulciter.*

* Doucétement , *subdulciter.*

* Douillétement , *molliter.*

Douloureusement , *dolorosè.*

Droitement , *directè.*

Dubitativement , *dubiè.*

Dûment , *debito modo.*

Durement , *durè.*

Ecclésiastiquement , *-icè.*

Echarsement , vieux mot , *avarè.*

Economiquement, *œconomi-cè.*

Effectivement, *reverâ, reapse.*

Efficacement , *-aciter.*

Effrénement , *effranaiè.*

Effroyablement , *terribiliter.*

Effrontément , *impudenter.*

adverbes.

Egalement,   *æqualiter.*
Elégamment,   *-anter.*
Eloquemment,   *-enter.*
Eminemment,   *-enter.*
Emphatiquement,   *-icè.*
Energiquement, *fortiter*, *efficaciter.*
Enigmatiquement, *ænigma-ticè.*
Enormément,   *enormiter.*
Ennuyeusement,   *molestè.*
Enragement,   *rabiosè.*
Entiérement,   *integrè.*
Eperdûment,   *perditè.*
Epouventablement, *horren-dum in modum.*
Equitablement,   *æquè.*
Equivalemment, *æquiva-lenter.*
Errament, vieux mot, tout d'un coup.
Erronément, d'une maniére erronée.
Essentiellement,   *naturâ.*
Eternellement,   *æternè.*
Etonnamment, *mirabiliter.*
Etourdiment,   *stolidè.*
Etrangement, *mirum in modum.*
Etroitement,   *strictè.*
Evangéliquement,   *-icè.*
Eventuellement.
Evidemment,   *-enter.*
Exactement,   *exactè.*
Excellemment, *-enter*, *exi-miè.*
Excessivement, *nimium*, *impensè.*
Exclusivement, *-ivè*, *præ-cisè.*
Exécrablement, *execrandum in modum.*

adverbes.

Exemplairement, *ad exem-plum.*
Explicitement,   *-itè.*
Expressément,   *expressè.*
Exquisement,   *-sitè.*
Extérieurement,   *-riùs.*
Extrajudiciairement.
Extraordinairement, *præter solitum.*
Extravagamment, *insulsè*, *absurdè.*
Extrêmement, *summoperè*, *vehementer.*
Facétieusement,   *lepidè.*
Facilement,   *facilè.*
Fallacieusement, *fallaciter.*
Falotement,   *ridiculè.*
Familiairement,   *-iariter.*
Fantasquement,   *morosè.*
Fantastiquement,   *-icè.*
Fastueusement,   *turgidè.*
Fatalement,   *-liter.*
Favorablement,   *gratiosè.*
Féodalement, *fiduciariè.*
Fermement,   *firmè.*
Fervemment,   *fervidè.*
Fichument,   *ridiculè.*
Fidélement,   *fideliter.*
Fiérement,   *ferociter.*
Figurément,   *figuratè.*
Filialement, *instar filii.*
Finalement,   *denique.*
Finement,   *cautè.*
Foiblement,   *debiliter.*
Folâtrement,   *lascivè.*
Follement,   *stultè.*
Fonciérement, à fond, *pe-nitùs.*
Fondalement, *fundamenta-liter.*
Formellement, *clarè*, *præ-cisè.*

Fortement, *fortiter.*
Fortuitement, *fortuitò.*
Fraîchement, *recenter.*
Franchement, *liberè, auda-*
cter.
Fraternellement, *-nè.*
Frauduleufement, *-lenter.*
Fréquemment, *-enter.*
Froidement, *frigidè.*
Fructueufement, *utiliter.*
Frugalement, *fobriè & fru-*
galiter.
Funeftement, *infeliciter.*
Furieufement, *infanè.*
Gaiement, *hilariter.*
Gaillardement, *feftivè.*
Galamment, *venuftè.*
Généralement, *generatim.*
Généreufement, *-rosè.*
Gentiment, *bellè.*
Géométriquement, *-icè.*
Gloutonnement, *gulosè.*
Gracieufement, *blandè,*
comiter.
Grandement, *multùm.*
Graffement, *amplè, largiter.*
Gratuitement, *gratis.*
Gravement, *multâ cum gra-*
vitate.
Griévement, *graviter.*
Groffiérement, *ftupidè.*
Grotefquement, *ridiculè.*
Habilement, *celeriter.* voyez
Adroitement, Finement,
Promptement.
Habituellement, *-ualiter,*
confuetè.
Hardiment, *fortiter, auda-*
cter.
Hafardeufement, *periculosè.*
Hativement, *feftinè.*
Hautainement, *audacter.*

Hautement, *altè, apertè.*
Héréditairement, *hæredita-*
rio jure.
Hermétiquement, *-icè.*
Héroïquement...
Heureufement, *feliciter.*
Hideufement, *horridè.*
Hiérarchiquement, *-icè.*
Hiftoriquement...,
Honnêtement, *-eftè.*
Honorablement, *-rificè.*
Honteufement, *inhoneftè.*
Horizontalement, *fitu hori-*
zonti ad libellam refpon-
dente.
Horriblement, *horrendum*
in modum.
Hoftilement, *-iliter.*
Humainement, *-maniter.*
Humblement, *-militer.*
Humidement, *humidè.*
Hyperboliquement, *hyper-*
bolico modo.
Hypoftatiquement, *-icè.*
Identiquement...
Jeunement, terme de chaffe,
nouvellement.
Ignoramment, *infcienter.*
Illégitimement, *-imè.*
Illicitement, *-itè.*
Illufoirement, d'une façon
illufoire.
Imbécillement, *-lè.*
Immanquablement, *certò,*
haud dubiè.
Immatériellement, *-ialiter.*
Immédiatement, *proximè.*
Immodeftement, *inverecun-*
dè.
Immuablement, *immutabi-*
liter.
Impartialement, fans pren-
dre parti.

adverbes.

Impatiemment,   *-enter.*

Imparfaitement, *imperfectè.*

Impénétrablement, *impene-trabiliter.*

Impérativement, *more imperantis.*

Imperceptiblement, *fenfim.*

Imperfonnellement, *imperfonaliter.*

Impertinemment, *ineptè.*

Imperturbablement, *imperturbatè.*

Impétueufement, *cum impetu.*

Impitoyablement, *immifericorditer.*

Implicitement, *-itè, tacitè.*

Impoffiblement,   *-biliter.*

Improbablement, *improbabiliter.*

Improprement,   *-priè.*

Imprudemment,   *-enter.*

Impudemment. . .

Impudiquement,   *-dicè.*

Impunément,   *-unè.*

Inceffamment, *indefinenter.*

Inceftueufement,   *inceftè.*

Incidemment, *confequenter.*

Incivilement,   *inurbanè.*

Incommodément,   *-odè.*

Incommutablement, *-biliter.*

Incomparablement, *multò, longè.*

Incompatiblement, *-biliter.*

Incompétement,   *-enter.*

Incompréhenfiblement, *incomprehenfibiliter.*

Inconfolablement, *infolabiliter.*

Inconfidérément,   *-atè.*

Incorrigiblement, *inemendabiliter.*

adverbes.

Incroyablement, *incredibiliter.*

Indévotement, *irreligiosè.*

Indéfiniment, *non definitè.*

Indépendamment, *cum fumma libertate.*

Indéterminément, *incertè, dubiè.*

Indifféremment, *indifcriminatim.*

Indignement,   *-nè.*

Indirectement,   *obliquè.*

Indiffolublement, *vinculo arctiffimo.*

Indiftinctement,   *-ctè.*

Indivifiblement, *infecabiliter.*

Indolemment,   *-enter.*

Indubitablement, *fine dubio.*

Indulgemment,   *-enter.*

Induftrieufement, *induftriè.*

Inébranlablement, *immutabiliter.*

Inefpéremment, *inefperatò.*

Inévitablement, *ineluctabiliter.*

Inexorablement,   *-biliter.*

Infailliblement, *certiffimè.*

Infamement, *ignominiosè.*

Infatigablement, *improbo labore.*

Inférieurement,   *-iùs.*

Infidélement, *infideliter, perfidiosè.*

Infiniment,   *-itè.*

Inflexiblement,   *-biliter.*

Infructueufement, *nullo fructu.*

Ingénieufement, *folerter, argutè.*

Ingénûment, *-uè, apertè.*

adverbes.

Ingratement, *ingrato animo.*
Inhumainement,   *-aniter.*
Injurieusement,   *-iosè.*
Injustement,   *injustè.*
Innocemment,   *-enter.*
Innombrablement,   *innumerè.*
Inopinément,   *-natò.*
Insatiablement,   *-biliter.*
Insciemment,   *-enter.*
Insensiblement, *sine sensu.*
Inséparablement,   *-biliter.*
Insolemment, *-enter, superbè.*
Insuffisamment, *non sufficienter.*
Insupportablement, *intoleranter.*
Intégralement,   *-liter.*
Intelligiblement, *perspicuè, dilucidè.*
Intensivement,   *-ivè.*
Intérieurement,   *intùs.*
Interprétativement,   *-ivè.*
Intrépidement,   *-dè.*
Intuitivement,   *-ivè.*
Invalidement,   *-idè.*
Invariablement, *constanter.*
Invinciblement, *firmissimè.*
Inviolablement, *inviolatè, sanctè.*
Invisiblement, *modo invisibili.*
Involontairement, *præter voluntatem.*
Inutilement,   *-iliter.*
Joliment,   *festivè.*
Journellement,   *quotidiè.*
Ironiquement,   *-icè.*
Irréconciliablement, *ultra spem reconcilianda gratia.*
Irréguliérement, *contra leges & regulas.*

adverbes.

Irrémédiablement, *immedicabiliter.*
Irrémissiblement, *citra vénia spem.*
Irréparablement, *sic ut sarciri non possit.*
Irrépréhensiblement, *-biliter.*
Irreprochablement, *inexprobabili modo.*
Irrésistiblement, *absque resistentia.*
Irrésolûment,   *dubitanter.*
Irrévéremment,   *-enter.*
Irrévocablement, *irrevocabiliter.*
Isnellement, *vieux mot, alacriter.*
Itérativement, terme de Pratique, *iteratò.*
Judicieusement, *more judiciario.*
Judicieusement,   *consultè.*
Juridiquement,   *ex jure.*
Justement,   *justè.*
Lâchement,   *ignaviter.*
Laconiquement,   *-icè.*
Laidement,   *difformiter.*
Lamentablement,   *-biliter.*
Langoureusement, *languidè.*
Languissamment,   *idem.*
Largement,   *fusè.*
Lascivement,   *lascivè.*
Latéralement,   *-liter.*
Légérement,   *leviter.*
Légitimement,   *-imè.*
Lentement,   *-tè.*
Lestement,   *venustè.*
Librement,   *liberè.*
Licencieusement, *dissolutè.*
Licitement,   *-itè.*
Ligement, *ex rigidiore clientela formulâ.*

Liquidement,

adverbes.

Liquidement ,   -dè.
Lifiblement ,   modo legibili.
Littéralement ,   ex genuino
    verborum fenfu.
Longitudinalement ,   longè.
Longuement ,   idem.
Louablement ,   laudabiliter.
Lourdement ,   ruficè.
Loyalement ,   fideliter.
Lubriquement ,   libidinofè.
Lugubrement ,   flebiliter.
Luxurieufement ,   impudicè.
Machinalement.
Magiftralement , magiftri in
    morem.
Magnanimement ,   magno
    animo.
Magnifiquement , -gnificè ,
    fplendidè.
Majeftueufement , graviter.
Maigrement , tenuiter , du-
    riter.
Maladroitement ,   ineptè.
Malencontreufement , infe-
    liciter.
Malgracieufement , incon-
    cinnè.
Malhabilement ,   ineptè.
Malheureufement , infelici-
    ter.
Malhonnêtement , turpiter.
Malicieufement , malignè.
Malignement ,   malitiosè.
Manifeftement ,   -eftè.
Manuellement , ad manum.
Marchandement , mercato-
    rum more.
Maritalement ,   maritorum
    more.
Maffivement ,   folidè.
Matériellement, refpeƈtu ma-
    teria.

adverbes.

Maternellement ,   materno
    animo.
Mathématiquement ,   certò
    & evidenter.
Matinalement ,   matutinè.
Mauffadement , fordidè , in-
    venuft.
Mécaniquement, mechanicè.
Méchamment ,   nequiter.
Médiatement ,   -atè.
Médiocrement , -criter , mo-
    dicè.
Mélancoliquement , mœftè.
Mêmement ,   imò.
Mentalement , folâ mentis
    cogitatione.
Mercantillement , mercato-
    rum more.
Mercenairement, lucri fpe.
Méritoirement ,   meritò.
Merveilleufement , mirabi-
    liter.
Mefquinement ,   fordidè.
Métaphyfiquement ,   -icè.
Métaphoriquement. . .
Méthodiquement, viâ certâ.
* Mignardement ,   lepidè.
Mignonnement ,   blandè.
Militairement , more mili-
    tari.
Miraculeufement ,   divinâ
    virtute.
Miférablement ,   miferè.
Modérément ,   -ratè.
Modeftement ,   -ftè.
Modiquement ,   -dicè.
Mollement ,   molliter.
Monachalement, monafticè.
Mondainement , fuperbè ,
    faftosè.
Monftrueufement, monftrosè.
Moralement , fanƈtè & in-te-
    grè.

adverbes.		
Mortellement,	letaliter.
Mûrement,	maturè.
Musicalement,	ad harmoniam.
Mutuellement,	-tuò.
Mystiquement,	-icè.
Naïvement,	ingenuè.
Naturellement,	-raliter.
Nécessairement,	-ariò.
Négligemment,	-enter.
Nettement,	nitidè.
Neutrement,	neutraliter.
Noblement,	nobiliter.
Nocturnement,	noctu.
Nommément,	nominatim.
Nonchalamment,	negligenter.
Notablement,	insigniter.
Notamment,	præcipuè.
Notoirement,	manifestè.
Nouvellement,	recenter.
Nuitamment,	noctu.
Nullement,	nullo modo.
Numériquement.	-icè.
Obligeamment,	officiosè.
Obliquement,	-què.
Obscurément,	-rè.
Obstinément,	præfractè, pertinaciter.
Obversement,	contrà.
Occultement,	-tè.
Officieusement,	-iosè.
Oisivement,	otiosè.
Opiniâtrement,	obstinatè.
Opportunément,	-nè.
Opulemment,	-enter.
Oratoirement,	-oriè.
Orbiculairement,	in orbem.
Ordinairement,	plerumque, persæpe.
Originairement,	ab origine.
Originellement,	idem.

adverbes.		
Ovent, vieux mot,	anno superiore.
Outrément,	iracundè.
Ouvertement,	apertè.
Pacifiquement,	-ficè.
Paillardement,	impudicè.
Paisiblement,	pacificè.
Palpablement,	evidenter.
Paraboliquement,	-licè.
Pareillement,	pariter.
Parfaitement,	perfectè.
Partialement,	cum partium studio.
Particuliérement,	singulariter.
Passablement,	mediocriter, sat commodè.
Passionnément,	ardenter.
Passivement,	passivè.
Pastoralement,	paterno amore, amico animo.
Paternellement,	patriè.
Pathétiquement,	-icè.
Patiemment,	-enter.
Pauvrement,	pauperis more.
Pédantesquement,	insulsi litteratoris more.
Péniblement,	operosè.
Perfidement,	-dè.
Pernicieusement,	-iosè.
Perpendiculairement,	ad perpendiculum.
Perpétuellement,	perpetuò, semper.
Personnellement,	per se.
Pertinemment,	appositè, aptè.
Perversement,	pravè.
Petitement,	exiguè, parcè.
Philosophiquement,	philosophorum more.
Physiquement,	-icè.

adverbes.

* Piétrement ,   *tenuiter.*

Pirement ,   *pejùs.*

* Piteusement ,   *miserè.*

Pitoyablement , *miserabili-ter.*

Plaintivement , *lugendo , querendo.*

Plaisamment ,   *festivè.*

* Plantureusement, *copiosè.*

Plausiblement , *probandum in modum.*

Pleinement ,   *plenè.*

Poëtiquement ,   *-icè.*

Poliment , *–itè , eleganter.*

Politiquement , *ex civilis prudentiâ legibus.*

Pompeusement , *splendidè.*

Ponctuellement , *diligentis-simè , accuratiùs.*

Pontificalement , *pontificali pompâ.*

Populairement ,   *-ariter.*

Postérieurement ,   *–riùs.*

Potentiellement ,   *–liter.*

Précieusement ,   *-iosè.*

Précipitamment , *præproperè.*

Préférablement , *omnibus po-sthabitis.*

Prématurément , *præmaturè.*

Premiérement , *ante omnia.*

Présentement ,   *nunc.*

Présidialement , *ad modum curiæ præsidialis.*

Présomptueusement , *arro-ganter.*

Pressamment ,   *pressè.*

* Prestement ,   *celerrimè.*

Prévotalement , *capitaliter.*

Primitivement , *primitùs.*

Principalement , *præcipuè.*

Privément ,   *privatim.*

Probablement ,   *–biliter.*

adverbes.

Problématiquement , *dubiè.*

Processionnellement, *per mo-dum processionis.*

Prochainement ,   *propè.*

Prodiguement ,   *profusè.*

Proditoirement ,   *perfidè.*

Proportionnément , *servatâ proportione.*

Profanement ,   *–nè.*

Profondément ,   *altè.*

Promptement ,   *celeriter.*

Proportionnément , *propor-tione servatâ , accommo-datè.*

Proprement, *propriè , lautè.*

Provisionnellement , *provi-soriè.*

Prudemment ,   *-enter.*

Puamment ,   *putidè.*

Publiquement ,   *–icè.*

Pudiquement. . .

Puérilement ,   *–liter.*

Puissamment ,   *potenter.*

Purement ,   *purè.*

Quatriémement ,   *quartò.*

Quellement, *quoquo modo.*

Quittement ,   *liberè.*

Quoiement , vieux mot , *clàm , secretò.*

Radicalement ,   *radiciùs.*

Raisonnablement , *justè , æquè.*

Rapidement ,   *–dè.*

Rarement ,   *rarò.*

Réciproquement ,   *mutuò.*

Récroyamment , vieux mot, *ægrè.*

Réellement ,   *realiter.*

Réglément , *statuto & certo tempore.*

Réguliérement, *ex artis legi-bus ; sanctè, integrè.*

adverbes.

Repoſtement, vieux mot, *clàm.*
Réſolument, *fidenter*, con-*ſtanter.*
Reſpectueuſement, *reveren-ter.*
Révéremment,   *-enter.*
Révérencieuſement, *idem.*
Richement, *opulenter, largè.*
Ridiculement,   *-lè.*
Rigoureuſement, *aſperè, acerbè.*
Robuſtement,   *-uſtè.*
Roidement,   *rigidè.*
Romaneſquement, *fabuloſè.*
Rondement, *in orbem : ſin-cerè.*
Roturiérement, *ignobiliter.*
Royalement,   *regiè.*
Rudement,   *acerbè.*
Ruſtaudement, *ruſtico more.*
Ruſtiquement,   *-icè.*
Sacramentalement, *-liter.*
Sacrilégement,   *-legè.*
Safrement,   *petulanter.*
Sagement,   *ſapienter.*
Sainement,   *incorruptè.*
Saintement,   *ſanctè.*
Salement,   *fœdè.*
Salopement,   *ſordidè.*
Salutairement, *ſalutariter.*
Satyriquement,   *-icè.*
Savoureuſement, *ſapidè.*
Scandaleuſement, *cum mul-torum offenſione.*
Sçavamment, *doctè, ſcien-ter.*
Scholaſtiquement,   *-icò.*
Sciemment,   *-enter.*
Scientifiquement,   *doctè.*
Scrupuleuſement, *cum reli-gione.*

adverbes.

Scurrilement,   *-liter.*
Secondement,   *ſecundò.*
Secrétement,   *ſecretò.*
Séculiérement, *hominum profanorum inſtituto.*
Séditieuſement,   *-ioſè.*
Seichement, *aridè. voyez* Rudement, Aprement.
Semblablement, *ſimiliter.*
Senſiblement,   *ſenſim.*
Senſuellement, *libidinoſè.*
Sentencieuſement,   *-ioſè.*
Séparément,   *ſeorſim.*
Serrément,   *ſtrictim.*
Serviablement,   *officioſè.*
Servilement,   *-iliter.*
Sévérement,   *-rè.*
Seulement,   *ſolùm.*
Simplement,   *-pliciter.*
Sincérement,   *ſincerè.*
Siniſtrement,   *ſiniſtrè.*
Sobrement,   *ſobriè.*
Soëvement, vieux mot, *ſuaviter.*
Soigneuſement,   *ſedulo.*
Solemnellement, *ſolemniter.*
Solidairement, *in ſolidum.*
Solidement,   *-dè.*
Solitairement,   *-ariè.*
Sommairement, *ſummatim.*
Somptueuſement, *ſumptuoſè.*
Sonorement,   *ſonorè.*
Sordidement,   *-dè.*
Sottement,   *ſtultè.*
Soudainement,   *ſubitò.*
Souplement, *flexibiliter.*
Sourdement,   *occultè.*
Soutiment, vieux mot, *ſub-tiliter.*
Souverainement, *ſummâ cum poteſtate.*
Spacieuſement, *ſpatioſè, la-xè.*

Spécialement,	-liter.
Spécieusement,	-iosè.
Spécifiquement,	-ficè.
Sphériquement,	spharicè.
Spirituellement, ingeniosè,	
acutè, subtiliter.	
Splendidement,	-idè.
Stérilement,	-liter.
Stoïquement,	stoïcè.
Subitement,	subitò.
Sublimement,	-miter.
Subordonnément, ordinatim.	
Subrepticement, fraudu-	
lenter.	
Subséquemment,	-enter.
Subsidiairement, in subsi-	
dium.	
Substantiellement, per mo-	
dum substantiæ.	
Subtilement, -iter, solerter.	
voyez Habilement.	
Successivement, per vices.	
Succintement, breviter,	
paucis verbis.	
Suffisamment, satis.	
Superbement, superbè.	
Superficiellement, leviter,	
strictim.	
Supérieurement, superioriter.	
Superstitieusement, -iosè.	
Supportablement, toleranter.	
Surabondamment, supera-	
bundanter.	
Sûrement, securè.	
Surnaturellement, supra na-	
turâ vires.	
Synodalement, -dicè.	
Tacitement, tacitè.	
Tardivement, tardè, lentè.	
Tellement, quellement,	
taliter, qualiter.	
Témérairement, temerè, in-	
consultè.	

Temporellement, ad tem-	
pus.	
Tendrement, tenerè.	
Terriblement, horrendum in	
modum.	
Théologiquement, -icè.	
Théoriquement...	
Tiédement, tepidè, remissè.	
Timidement, timidè.	
Tolérablement, -biliter.	
Tortueusement, -uosè.	
Totalement, ex toto, in to-	
tum.	
Tragiquement, -icè.	
Traîtreusement, proditoriè.	
Tranquillement, quietè,	
sedatè.	
Transversalement, -liter.	
Triplement, triplici ratione.	
Tristement, mœstè.	
Trivialement, more pervul-	
gato.	
Troisièmement, tertiò.	
Tumultuairement, tumul-	
tuosè.	
Tumultueusement, -tuosè.	
Turbulemment, -entè.	
Vaguement, vagè.	
Vaillamment, strenuè.	
Vainement, vanè.	
Valablement, validè.	
Valeureusement, fortiter.	
Validement, validè.	
Véhémentement, graviter.	
Vénalement, -liter.	
Vénérablement, -andè.	
Véniellement, -ialiter.	
Verbalement, verbo.	
Véritablement, verè.	
Vertement, asperè, acriter.	
Verticalement, perpendicu-	
lariter.	

adverbes.

Vertueufement, *fanctè, integrè.*

Vicieufement, *-tiosè.*

Victorieufement, *more victoris.*

Vieillement, *fenili more.*

Vigilamment, *-anter.*

Vigoureufement, *nervosè.*

Vilainement, *turpiter, inhoneftè.*

Vilement, *abjectè.*

Violemment, *-enter.*

Virilement, *-liter.*

Virtuellement, *-ualiter.*

Vifiblement, *afpectabili fpecie, perfpicuè.*

Vîtement, *citò.*

Unanimement, *uno animo.*

Uniment, *æqualiter, planè.*

Uniquement, *-icè.*

Univerfellement, *univerfè.*

* Voirement, *quafi, verò.*

Volontairement, *ultrò, fpontè.*

Voluptueufement, *libidinosè.*

Vraiment, *verè.*

Vraifemblablement, *ut verifimile eft.*

Utilement, *-liter.*

Vulgairement, *vulgò, vulgariter.*

MER.

verbes à l'infinitif.

Abyfmer, *in abyffum deprimerè.*

s'Accoutumer, *affuefcere.*

Affamer, *famem afferre.*

Affermer, *locare.*

Affirmer, *-are.*

Aimer, *amare.*

Alarmer, *ad arma concitare.*

verbes à l'infinitif.

s'Alarmer, *trepidare, confternari.*

Allumer, *accendere.*

Amalgamer, terme de Chymie, *amalgamare.*

Anagrammer, *circa nominis anagramma verfari.*

Animer, encourager, *animum addere.*

Animer, terme de Peintre, *colores vegetiores efficere.*

Apoftumer, *fuppurare.*

Armer, mettre des gens de guerre fur pied, *armare.*

s'Armer, *armis accingi.*

Arramer, terme de Négoce.

Blâmer, *vituperare.*

Blafphémer, *contumeliosè numini Divino obtrectare.*

Boffumer, vieux mot, fe fâcher, *ambas buccas inflare.*

Bramer; il fe dit du cri d'un cerf, *-mare.*

Calmer, *fedare.*

Chalumer, vieux mot, *bibere.*

Charmer, *incantare.*

Chaumer, *ftipulas colligere.*

Chêmer, terme populaire, *confici tædio.*

Chommer une fête, *diem feftum obfervare.*

* Chommer, manquer de befogne, *occupatione deftitui.*

Clamer, vieux mot, *clamare.*

Comprimer, *-mere.*

Confirmer, *-are.*

Conformer, *-are, accommodare.*

verbes à l'infinitif.

Confommer, *confumere, abfolvere.*

Crêmer; fe dit du lait.

Damer, terme de jeu de Dames & d'Echecs, *fcrupos geminare.*

Damer, donner qualité de Dame, *dominam nuncupare.*

Décharmer, *fafcinationem amovere.*

Déchaumer, *aratro primùm profcindere.*

Décimer,   *-are.*

Déclamer...

Dédamer, *dignitatem auferre.*

Déflegmer, *ou* Déphlegmer, terme de Médecine, *flegma extrahere.*

Déformer,   *-are.*

Déplumer,   *explumare.*

Defarmer,   *exarmare.*

Defenrumer, *gravedinem capitis tollere.*

Defeftimer, vieux mot, *vilipendere.*

Diffamer, *-are, fuggillare.*

Difformer, changer la figure, *-are.*

Ecimer, vieux mot, *defacuminare.*

Ecrêmer, *cremorem auferre.*

Ecumer le pot, *efpumare.* voler, *furari.*

s'Elimer, en parlant d'étoffe, *deleri.*

Embâmer, vieux mot, pour Embaumer.

Embaumer les morts, *mortuos condire.* parfumer, *fpirare odorem.*

verbes à l'infinitif.

Empaumer, *manu carpere.* furprendre, *inefcare.*

Enfermer,   *includere.*

Enflammer,   *inflammare.*

Enfumer, *infumare, fumigare.*

s'Enrumer, *gravedinem capitis concipere.*

Enfimer, humecter avec les mains d'huile ou de graiffe une piéce d'étoffe, pour la tondre plus facilement.

Entamer,   *interfecare.*

Enthoufiafmer, *afflare fpiritu poëtico.*

Envenimer, *veneno inficere.*

Epitomer, *in compendium redigere.*

Efpalmer, terme de Marine, *navis rimas obturare.*

Effaimer, vieux mot, *examinare.*

Eftimer,   *æftimare.*

Everdumer, *viride jus beta comprimere.*

Etamer,   *ftanno illinire.*

Exclamer, vieux mot, *exclamare.*

Exfumer,   *colores eluere.*

Exhumer, *humana offa effodere.*

Exprimer,   *-ere.*

Fermer,   *claudere.*

Former,   *-are.*

fe Former, terme de chaffe, *incubare.*

Fumer, faire fumée, *fumigare.* un jambon, *pernam infumare.* la terre, *ftercorare.* fe fâcher, *irafci.* prendre du tabac, *tabaci fumum haurire.*

verbes à l'infinitif.

fe Gendarmer, *tumultuari*, *irâ excandefcere.*

Germer, *germinare.*

Gommer, *gummi perlinere.*

Gourmer, *pugnis cadere.* fe gourmer, *pugnis decertare.*

Gourmer un cheval, *equi lupatos caftellâ reftringere.*

Heaumer, faire des heaumes, & toutes fortes d'armure.

Humer, *forbere.*

Imprimer, *typis mandare.* au fig. dans le cœur, *imprimere.*

Infirmer, *refcindere, tollere.*

Informer, *edocere, inquirere.*

Inhumer, *corpus componere.*

Intimer, *citare, denuntiare.*

Légitimer, *nothum paternæ hæreditatis jure donare.*

Limer, -*are.* au fig. ufer, *deterere.* il fe dit des ouvrages d'efprit, *polire.*

Mefeftimer, *malè æftimare.*

Nommer, *nominare.*

Opprimer, -*ere.*

Pâmer, *animo linqui.*

Paraimer, vieux mot, *amare.*

Parfumer, *odoribus imbuere, unguento perfricari.*

Parfemer, *diffeminare.*

fe Paulmer, vieux mot, *deficere animo.*

Périmer, terme de Palais, inftance périmée.

Plumer, *explumare.* dépouiller, *fpoliare.*

Préfumer, *præfumere.* de foi, *fibi nimiùm tribuere.* foupçonner, *fufpicari.* croire, *credere.* eftimer, *æftimare.*

verbes à l'infinitif.

Primer à la paume, *primas tenere.* devancer, *anteire.*

Proclamer, -*are.*

Rallumer, *rursùm accendere, fufcitare, redintegrare.*

Ramer, *remigare.* des pois, *ramulis fulcire pifa.*

Recamer, broder, *acu veftem pingere.*

Réclamer, *implorare, vindicare, repugnare.* un oifeau, *emiffum accipitrem accire.*

Reconfirmer, *iterùm firmare.*

Rédimer, -*mere.*

Réformer, *emendare.*

Réformer, fupprimer, *exauctorare, dimittere.*

Réimprimer, *iterùm typis mandare.*

fe Remplumer, *novis plumis velari.*

Renfermer, *iterùm concludere, complecti.*

Renommer, *nominare, prædicare.*

fe Renommer, *nomen fibi facere.* de quelqu'un, *alicujus nomen ufurpare.*

Réprimer, *cohibere.*

Réfumer, -*ere.*

Semer, *feminare.*

Sommer, réduire plufieurs fommes, *in fummam cogere.* quelqu'un d'une chofe, l'avertir, *monere.* un débiteur, *debitorem appellare.* de fa parole, *fidem repetere.* une ville de fe rendre, *ad deditionem repellere.* de comparoître, *denuntiare.*

verbes à l'infinitif.

Spulmer, *navem pice illinere.*
Sublimer, terme de Chymie, *-are.*
Supprimer, *-ere, refcindere.*
Surnommer, *cognominare.*
Tramer, ourdir, *ordiri, fubtegmen nere.* une trahifon, *machinari proditionem.*
Transformer, *-are.*
Trimer, terme bas, Marcher.

MET. *voyez* ET.

MEUX. *voyez* EUX.

MI.

substantifs masculins.

Ami, *-cus.*
Demi, *dimidius, dimidium.*
Endormi, *fopitus.*
Ennemi, *inimicus.*
Fami, vieux mot, *fame preffus.*
Fourmi, *formica.*
Guarami, peuple de l'Amérique Méridionale, *Guaramius.*
Mi, note de Mufique.
Mi, pour Demi.
Parmi, prépofition, *inter.*
Queuffi Queumi, expreffion payfanne, *fimiliter.*
Remi, *-gius.*
Salmi.

VERBES.

Affermi, *firmo.*
Blêmi, *palleo.*
Dormi, *dormivi.*

Endormi, *fomnum conciliavi.*
Frémi, *horrore perftringor.*
Gémi, *gemo.*
Raffermi, *confirmo.*
Vomi, *vomo.*
  Voyez les autres verbes en mir.

MIE.

substantifs féminins.

Académie, *-ia.*
Amie, *amica.*
Anatomie, *-ia.*
Angiotomie, diffection des vaiffeaux, *-ia.*
Apobomie, au plur. fêtes Grecques, *-ia.*
Aftronomie, *-ia.*
Bigamie...
Bonhommie, qualiré d'un bonhomme.
Boulimie, *-ia.*
Cacochymie...
Chalémie, *uter fymphoniacus.*
Chymie, *-ia.*
Dactylonomie...
Echinophthalmie, terme d'Oculifte.
il Emie, *friat.*
Ennemie, *inimica.*
Epidémie, *-ia.*
Exophthalmie, fortie de l'œil hors de fon orbite.
Hippodamie, nom de femme, *-ia.*
Jérémie (faire le)
Infamie, *dedecus.*
Lamie, monftre, *-ia.*
Latomie, *lapidicina.*
Lipothymie, *animi deliquium.*
Lithotomie, *-ia.*

substantifs feminins.

Logophthalmie , terme de Médecine.
Loxodromie ,   -ia.
Mamie ,   amica mea.
Ménotomie ,   -ia.
Mie de pain ,   mica.
Mie , négation , vous ne l'aurez mie , minimè.
Momie , ou Mumie , -ia.
Myotomie, partie de l'Anatomie , -ia.
Nymphotomie , terme de Chirurgie, -ia.
Oeconomie ,   -ia.
Onkatomie, terme de Chirurgie, -ia.
Oxyregmie ,   -ia.
Palindromie...
Parémie ,   parœmia.
Phlébotomie ,   -ia.
Physionomie...
Polygamie...
Prudhommie ,   probitas.
Scotomie, terme de Médecine , -ia.
Sodomie ,   -ia.
Tremie ,   infundibulum.
Tristamie , couleur , color subtristis.
Vidamie , dignité.
    Plus les participes féminins des verbes en mir : affermie.

MIER. monof. & diffyl. *voyez* IER. mon. & diff.

MIN. *voyez* IN.

MION. *voyez* ION.

MIR. *voyez* IR.

MIS. *voyez* IS.

MIT. *voyez* IT.

MON.

substantifs masculins.

Artimon ,   artemon.
C'eft-mon , fanè , ita fanè.
Démon ,   dæmon.
Gouêmon , herbe ,   alga.
Limon , fruit , malum citreum.
Limon de charette ,   temo.
Limon , fange ,   limus.
Mommon , pignus ab aleatoribus perfonatis oblatum.
Mon ,   meus.
Pharamond , Roi de France, -mundus.
Salomon , Roi.
Saumon , fulmo. de plomb , maffa plumbea.
v   * Semond , impérat. invita.
Sermon ,   concio.
Timon , temo. gouvernail, navis temo.

MU. & MEU.

Emû ,   emotus.
Mû ,   motus.
Promû,   promotus.

N.

N A.

Cluna, nom propre.
Dina, fils de Jacob.
Etna, montagne.
Guadiana, riviére.
Miſna, *ou* Talmud.
Nundina, Déeſſe.
* O bénigna, ſoumiſſion, *obſequium, demiſſio.*
Pinchina, ſorte d'étoffe.
Porſenna, Roi.
Quinquina, arbre.
Villa Médiana, Poëte.
* un *ſalve Regina.*

V E R B E S.

Abandonna, *dereliquit.*
Accompagna, *comitatus eſt.*
s'Acharna, *infeſtatus eſt.*
Affectionna, *amavit.*
Ajourna, *vadimonium nuntiavit.*
Aliéna, *-vit.*
Amena, *adduxit.*
Aſſaſſina, *trucidavit.*
Aſſigna, *conſtituit, adſcripſit.*
Baigna, *in balneum demiſit.*
Berna, *irriſit.*
Borna, *limites poſuit.*
Canona, *tormentis bellicis petiit.*
Cautionna, *ſpopondit.*
Chagrina, *moleſtiâ affecit.*
Chicana, *litigavit.*
Condamna, *condemnavit.*

Confina, *relegavit.*
Conſigna, *depoſuit.*
Contremina, *ſpecus contrâ hoſtium ſpecus fodit.*
Couronna, *coronavit.*
Daigna, *dignatus eſt.*
Damna, *damnavit.*
Déchaîna, *è vinculis exemit.*
ſe Déchaîna, *in aliquem ſæviit.*
Déclina, *-vit, effugit.*
Dédaigna, *dedignatus eſt.*
Déguaîna, *gladium evaginavit.*
Déjeûna, *jentaculum ſumpſit.*
Déracina, *eradicavit.*
Déſarçonna, *equo dejecit.*
Déſigna, *-vit.*
Détermina, *decrevit, præfinivit.*
Déthrôna, *è throno dejecit.*
Détourna, *avertit.*
Devina, *vaticinatus eſt.*
Diſcerna, *diſcrevit, dijudicavit.*
Diſciplina, *inſtituit.*
Domina, *-tus eſt.*
Donna, *donavit.*
Egratigna, *unguibus laceravit.*
Eloigna, *amovit, amandavit.*
Empriſonna, *in carcerem detruſit.*
Enchaîna, *catenis conſtrinxit.*
Enſeigna, *docuit.*
Entérina, *approbavit.*

verbes au pretérit indefini.

Entraîna,	*abripuit.*
Environna,	*circumdedit.*
Epargna,	*pepercit.*
Etonna,	*stupefecit.*
E rena, *strenas deait*, vel *accepit.*	
Examina,	*ponderavit.*
Extermina, *funditus delevit.*	
Façonna, *figuravit, finxit.*	
Frissonna,	*horruit.*
Fulmina,	*-vit.*
Gagna,	*lucratus est.*
Gangrena, *gangrená vitia-vit.*	
Gêna, *vexavit, torsit, an-gustavit.*	
Gouverna,	*gubernavit.*
Hyverna,	*hyemavit.*
Jeûna,	*jejunavit.*
Imagina,	*finxit.*
Importuna, *molestiá affecit.*	
Inclina,	*-vit, nutavit.*
Machina, *-tus est, molitus est.*	
Mena,	*duxit.*
Mina,	*cuniculos fecit.*
Moissonna,	*messuit.*
se Mutina,	*refragatus est.*
s'Obstina, *animum obfir-mavit.*	
Opina,	*-tus est.*
Ordonna,	*præscripsit.*
Orna,	*-vit.*
Pardonna,	*condonavit.*
Perfectionna,	*perfecit.*
Profana,	*-vit.*
Promena,	*ambulavit.*
se Prosterna, *se prostravit.*	
Rafina,	*excoxit.*
Raisonna,	*ratiocinatus est.*
Rançonna,	*extorsit.*
Regna,	*-vit.*

verbes au pretérit indefini.

Répugna,	*-vit.*
Résigna,	*-vit, transtulit.*
Retourna,	*reversus est.*
Rogna,	*resecuit.*
Ruina,	*destruxit.*
Saigna, *sanguinem extraxit.*	
Séjourna,	*commoratus est.*
Signa, *chirographum appo-suit.*	
Soigna,	*curavit.*
Soupçonna,	*suspicatus est.*
Suborna,	*-vit, apposuit.*
Témoigna,	*testatus est.*
Termina,	*-vit.*
Tonna,	*intonuit.*
Tourna,	*vertit.*
Traîna,	*traxit.*
Urina,	*minxit.*

Voyez les autres verbes en ner.

NANT. *voyez* ANT.

NAT. *voyez* AT.

NE.

substantifs & adjectifs masc. ultis.

Accorné, terme de fortifi-cation, *cornuto propu-gnaculo munitus.*	
Aîné,	*natu major.*
Archidiaconé,	*-natus.*
Basané,	*fuscus.*
Blanc-signé, *charta vacua subscripta.*	
Blé embruiné, *frumentum uredine tostum.*	
Bois veiné, *lignum venosum.*	
Capuchonné,	*cucullatus.*
Caserné, *in tuguriis manens.*	
Chagriné,	*scaber.*
Chansonné,	*decantatus.*

subſtantifs & adjectifs maſculins.

Chantourné, piéce d'un lit.
Cloiſonné, terme de Con-
  chyliologie.
Comminé,   *comminatus.*
Complexionné,   *benè vel*
  malè conſtitutus.
Contaminé,   *—natus.*
Cotoné, *lanuginoſis flocculis*
  perſperſus.
Cutané,   *cutaneus.*
Damaſquiné, *Damaſceno*
  encauſto diſtinctus.
Daphné de la Fable.
Dauphiné,   *Delphinatus.*
Deſir effréné,   *libido.*
un Déterminé,   *audax.*
le Diné,   *prandium.*
Diſproportionné, *proportio-*
  nem non habens, diſpar.
Doyenné,   *Decanatus.*
Elleboriné, *elleboro mixtus.*
Embâtonné, *fuſte armatus.*
Embéguiné, *calanticâ coo-*
  pertum habens caput.
Emérilloné,   *audaculus.*
Emmané, vieux mot, rem-
  pli de manne.
Emmariné, *rerum nauti-*
  carum peritiſſimus.
Encapuchonné, *cucullatus.*
* Enchiffrené, *gravedine*
  oppreſſus.
Encorné,   *cornutus.*
Endemené,   *laſcivus.*
Enfariné, *farinâ aſperſus.*
* Enguignoné, *faſcinatus.*
Erené de coups, *elumbatus*
  ictibus.
—éreinté, *lumbos fractus.*
Envoiſiné, *vicinis inſtructus.*
E regioné, terme d'Impri-
  merie, *juxtà.*

l. bſtantifs & adjectifs maſculins.

Forcené, *veſanus, lympha-*
  tus.
G miné, terme de Palais,
  iteratus.
Goujonné, terme de chaſſe,
Homme ruiné, *bonis exutus.*
Indiſcipliné,   *indoctus.*
Innominé, terme d'Anato-
  mie, *anonymus.*
Inſtantané, terme de Phyſ.
Intentionné, *benè vel malè*
  affectus.
Intercutané, *quod eſt car-*
  nem inter & cutem.
Maigné, *ou* Maiſné, vieux
  mot, *natu minor.*
Mariné, *aquâ marinâ ma-*
  ceratus.
Maroné, friſé, *crispatus.*
Méchaigné, vieux mot, *malè*
  affectus.
Mort-né,   *mortuus natus.*
Mutiné,   *conjuratus.*
Né,   *natus.*
Paſſionné,   *cupidus.*
Pavillonné, terme de Blâſon.
Proportionné, *in quo eſt*
  ſymmetria, accommodatus.
Puîné, *poſtnatus, natu mi-*
  nor.
Rafiné,   *recoctus.*
Rapponé, vieux mot, Moc-
  qué, *irriſus.*
Refrogné,   *corrugatus.*
Réſiné, confiture, *racemi*
  conditi, toſtum.
Ruban ſatiné, *tænia preſſo*
  bombyce texta.
Seigné, vieux mot, Mar-
  qué, *ſignatus.*
Sené, drogue,   *ſenna.*
Turbiné, terme de Conchy-
  liologie, *turbinatus.*

VERBES.

verb. au prét. & part. masculins.

Abandonné, *derelictus.*
Acalifourchonné, *equo insidens cruribus hinc & inde diductis.*
Accompagné, *sociatus.*
Acharné, *carni assuetus, vehementiùs insectatus.*
Adonné, *addictus.*
Affectionné, *affectus.*
Ajourné, *citatus.*
Aliéné, *-natus.*
Amené, *adductus.*
Assaisonné, *conditus.*
Assassiné, *trucidatus.*
Assigné, *-natus, vocatus, præstitutus.*
Baigné, *lotus.*
Berné, *irrisus, illusus.*
* Besongné, *vieux mot, factus.*
Borné, *limitatus.*
Buriné, *calatus.*
Canoné, *bellicis tormentis impetitus.*
Cantonné, *in angulum conjectus,* vel *in aliquem locum coiit.*
Chagriné, *molestiâ affectus.*
Chicanné, *disceptatus.*
Citronné, *liquore citreo respersus.*
Combiné, *connexus, compositus.*
Condamné, *-demnatus.*
Conditionné, *cui apposita est aliqua conditio, probus & integer.*
Confiné, *amandatus.*
Consigné, *depositus.*

verb. au prét. & part. masculins.

Contourné, *conversus.*
Contreminé, *cuniculis adversis effossus.*
Couronné, *coronatus.*
Damné, *damnatus.*
Déchaîné, *vinclis solutus.*
Dédaigné, *dedignatus.*
Décliné, *-natus,* vel *effugit.*
Déguaîné, *districtus.*
Déjeûné, *jentavit.*
Déraciné, *eradicatus.*
Désarçonné, *equo dejectus.*
Désigné, *-natus, significatus.*
Desordonné, *inordinatus.*
Destiné, *-natus.*
Détourné, *aversus.*
Deviné, *vaticinatus est.*
Dîné, *prandium sumpsit.*
Discerné, *discretus.*
Discipliné, *edoctus.*
Dominé, *domitus.*
Donjonné, *turritulas habens.*
Donné, *datus.*
Echigné, *delumbatus.*
Efféminé, *-natus.*
Egratigné, *unguibus laceratus.*
Eloigné, *elongatus.*
Emmené, *eductus.*
Emprisonné, *in carcere detentus.*
Enchaîné, *concatenatus.*
Enluminé, *variis coloribus illustratus.*
Enseigné, *doctus.*
Entériné, *approbatus.*
Entraîné, *extractus.*
Environné, *circumdatus.*
Epargné, *reservatus,* vel *pepercit.*
Etonné, *stupefactus.*
Etrené, *strenis donatus.*

Examiné,	-natus.
Exterminé,	deletus.
Façonné,	efformatus.
Festonné, formé en feston, speciem encarpi præ se ferens.	
Fulminé, diris devotus, vel debacchatus est.	
Gagné,	lucratus est.
Gangrené, gangrænâ vitiatus.	
Gêné,	vexatus.
Gouverné,	gubernatus.
Hyverné,	hyematus.
Jeûné,	jejunavit.
Imaginé,	effictus.
Importuné,	divexatus.
Incarné, carnem assumpsit.	
Incliné,	-natus.
Machiné,	molitus est.
Maltourné, malè dispositus.	
Matiné,	objurgatus.
Mené,	ductus.
Mentionné, commemoratus.	
Miné, cuniculis suffossus.	
Mixtionné,	mixtus.
Moissonné,	collectus.
Mutiné, seditionibus agitatus.	
Obstiné,	pervicax.
Opiné,	sententiam dixit.
Ordonné, ordinatus, jussus.	
Orné,	-natus.
Pardonné,	condonatus.
Perfectionné,	elaboratus.
Précautionné,	præcautus.
Prédestiné, prædestinatus & electus.	
Profané,	-atus.
Promené,	circumductus.
Prosterné,	prostratus.
Rafiné,	cautus.

Raisonné,	ratiocinatus est.
Rançonné, is à quo pecunia præter æquum & bonum exacta est.	
Rechigné,	tetricus.
Regné,	regnavit.
Renfrogné,	caperatus.
Résigné,	-natus.
Retourné,	reversus.
Rogné,	resecatus.
Ruiné,	destructus.
Safrané,	croco respersus.
Saigné, qui sanguinem emisit.	
Séjourné,	moratus.
Signé,	subscriptus.
Soigné,	curatus.
Soupçonné,	suspectus.
Suranné, exoletus, vetustus.	
Surborné,	-natus.
Talonné,	pressus.
Témoigné,	testificatus est.
Terminé,	-natus.
Tonné,	intonuit.
Tourné,	versus.
Tramé, clandestinò meditatus est.	
Uriné,	minxit.

Voyez les autres verbes en ner.

NEAU. voyez AU.

NE'E.

Aînée,	ætate major.
Aminée, vin d'Aminée, vinum Aminæum.	
Année, annus. voyez An.	
Antipyrénées, au plur. -næi montes.	
Apnée, difficulté de respirer, apnœa.	

Substantifs & adjectifs féminins.

Araignée, *aranea.*
Aumônée, *panis distributio in gratiam pauperum.*
Batanée, Région de la Palestine, *Batanæa.*
Bazanée, *fusca.*
Brachypnée, respiration courte & lente, *brachypnœa.*
Bulle fulminée, *fulminata bulla.*
Capanée, un des sept Chefs Argiens à la guerre de Thébes, *Capaneus.*
Carnées, au plur. fêtes Lacédémoniennes en l'honneur d'Apollon, *Carnea.*
Cénée, un des Lapithes, *Ceneus.*
Charbonnée, *tosta carnis offella.*
Chasse-poignée, outil de Fourbisseur.
Chauderonnée, plein un chaudron.
Cheminée, *fumarium.*
Chiennée, herbe, *cocicum.*
Citronée, *liquor citrinus.*
Coignée, *securis.*
Cyanées, au plur. *cyanea insula.*
Destinée, le sort, *sors.*
Dînée, la Dînée, le temps, *prandii tempus.* le lieu, *locus.* le prix, *pretium.*
Donnée, vieux mot, *largitio.*
Dulcinée, maîtresse, *amica.*
Echignée, *ou* Echinée, *dorsi pars.*
Egrenée, étoffe qui n'est pas emballée.

Substantifs & adjectifs féminins.

Enée, nom d'homme, *Æneas.*
Enfournée, *panis in furnum calidum immissio.*
Erronée, *falsa.*
Fournée, *panes fornacei.*
* la Gueule enfarinée, *os patulum* vel *inhians.*
Graminée, couronne Graminée, *corona graminea.*
Guinée, pays, *Guinea.*
—monnoie, *Anglia moneta.*
* Halenée, *halitus.*
Haquenée, *tollutarius equus, asturco.*
Hyménée, *-næus.*
Jornée, vieux mot, pour Journée, *dies.*
Journée, *dies.* travail d'un jour, *diurnum opus.* entiére, *justa diei opera.* demie, *dimidia.* journée & demi, *diurna sesquiopera.* payement du travail d'un jour, *diurna merces.* chemin d'un jour, *diurnum iter.* journée de bataille, *pugna.* journée, tâche, *pensum diurnum.*
m   Juge pédanée, *judex pedaneus.*
Licence effrénée, *licentia effrænata.*
Lignée, *progenies.*
Macaronnée, *macaronea poësis.*
Maisonnée, terme populaire, *familia.*
Manée, vieux mot, *pugillus.*
Matinée, *matutinum tempus.*
Megnée, vieux mot, *familia*

subſtantifs & adjectifs féminins.

Menée, *factio.* intrigue, *clandeſtinum conſilium.*

Menée, terme de Chaſſe, *cornu.*

Mer Méditerranée, *mare Mediterraneum.*

Momentanée, *-neus.*

Mort-née, *mortua nata.*

Mounée, v. m. monture.

Nécanées, au plur. toiles rayées de bleu & de blanc.

Née, *nata.*

Partie ignée, *ignea pars.*

Périnée, terme d'Anatomie, *femen.*

Plume érenée, *calamus detritus.*

Poignée, *capulus.* ce que l'on peut empoigner, *pugillus, faſcis.* de fil, *fili.* d'épée, *capula.* de gens, *manipulus.*

Poilonnée, *ſartaguncula plena.*

Puînée, *poſtnata.*

Pyrénée, au plur. Pyrénées, *Pyrenæi montes.*

m Reméde ſuccédanée, *remedium ſuccedaneum.*

Safranée, *croco reſperſa.*

Saignée, *phlebotomia.* de foſſé, ou de riviére, *alveolus.*

Saugrenée, *condimentum ex ſale & aquâ.*

Scammonée, *-nia.*

Semnée, terme d'Hiſtoire Eccléſiaſtique, *monaſterium.*

Senée, rime Senée.

Simultanée, de même temps, *-neus.*

subſtantifs & adjectifs féminins.

Spontanée, *-neus.*

Tanée, couleur, *fulva.*

Taupinée, pour Taupiniére.

Terrinée, ce que contient une terrine pleine.

Tournée, *circuitus.*

Traînée de poudre, *tractus pulveris tormentarii.*

Truite ſaumonée, *truta ſtellata.*

Vinée, *proventus vinearum.*

Plus les participes féminins des verbes en ner : ajournée, *in jus vocata.*

NENT. voyez ANT.

NER.

ſubſt. maſcul.

Châtaigner, arbre, *caſtanea.*

Coigner, arbre, *malus cotonea.*

Guigner, arbre, *ceraſus racematus.*

VERBES.

verbes à l'infinitif.

Abandonner, *linquere.*

s'Abandonner, *ſe mancipare.*

Abominer, vieux mot, *execrari.*

Accompagner, *ſociare.*

* s'Accoquiner, *deſidere.*

* Acertainer, vieux verbe, *certiorem facere.*

Achaiſonner, *iniquam exigendi occaſionem captare.*

s'Acharner, aimer le carnage, *in eadem avidè ferri.* ſe déchirer par médiſances, *mutuis contumeliis ſe diſcerpere.* perſécuter à

verbes à l'infinitif.

à outrance , *pertinacissimè insectari.*

Acheminer , *proficisci.*

Actionner, *actiones intendere.*

s'Adonner , *dedere se.*

Affectionner une chose , *rei desiderio teneri.* quelqu'un, *bene velle alicui.*

Affiner de l'or , *aurum excoquere.* du fromage , *caseum maturare.* tromper , *astutè decipere.* rendre plus fin , *recoctum reddere.*

Aiguillonner , *stimulare.* exciter , *-tare.*

Ajourner , *diem dicere.* assigner , *vadari.*

Aliéner son bien , *alienare bona.*

Aligner, *ad amussim dirigere.*

Aluiner un étang , *in stagnum pisces immittere.*

Amariner , *viros ad navem mittere.*

Ambitionner , *ambire.*

Amener , *adducere.*

Amidonner , *odorato pulvere capillos inspergere.*

* Anonner , lire mal , *ineptè legere.* faire un ânon , *asinum pullum edere.*

Aplaner, *villos straguli carduis erigere.*

Arraìsonner , *colloqui.*

Assaisonner , *condire.* donner de l'agrément , *suavitatem afferre.*

Assassiner , *trucidare.* au fig. importuner , *vexare.*

* Assener , *certo ictu ferire.*

Assigner , *-nare.*

verbes à l'infinitif.

* s'Aviner , *vino se ingurgitare.*

Avironner , *remo impellere.*

Avoisiner *vicinum esse.*

Aumôner , *largiri stipem pauperibus.*

Auner , *ulnâ metiri.*

Babouiner , *scurriliter jocari.*

Badigeonner , *incrustamento lapideo* vel *gypseo inducere.*

Badiner , *nugari.*

Baigner , *lavare.*

Baillonner , *lignum in os animalis inserere.*

Baliverner , *jocari.*

Barguigner , *hæsitare.*

Bassiner le lit , *lectum ignitabulo calefacere.* une plaie , *vulnus colluere.*

Bâtonner , *bacillo cædere.* terme de Chancellerie , *delere.*

Baudoüiner , *asinum gignere.*

Beliner ; il se dit de l'accouplement des béliers & des brebis.

Berner , *distento sago impositum in sublime jactare.* se mocquer , *aliquem ludificare.*

Besogner , *operari.*

Bestourner , *turbare.*

Bienveigner , vieux mot, *salutare aliquem.*

Bigorer , *ferrum retundere.*

Billonner , *forcipe obnoxiam monetam conquirere.*

Bistourner , *bistorquere.*

Blâsonner , *gentilitia scuta explicare.* injurier , *contumeliis afficere.*

verbes à l'infinitif.

Bobiner , *torquere fusum.*
Bondonner, *dolium obturare.*
Borner , *terminare.*
Boucaner , *carnes fumo sic-care.*
Bouchonner un cheval , *equum perfricare.* chifon-ner , *deterere.*
Boufonner , *nugari.*
Bouillonner, *bullire.* sortir en bouillon , *scaturire.* pàr-dessus , *ebullire.*
Bouillonner , en terme de Médecine , faire vivre un malade de bouillons.
Bouquiner , lire de vieux livres , *viles & obsoletos codices evolvere.*
Bourdonner , *bombum exci-tare.*
Bourgeonner , *gemmare.*
Boutonner ; il se dit des ar-bres , *gemmare.* du visa-ge , *papulis rubescere.* un habit , *globulis vestem astringere.*
Braconner , chasser furtive-ment sur les terres d'au-trui.
Bruiner , *uredine torrere.*
Buriner , *insculpere , cœlare.*
Butiner , *prædari.*
Cabaner , faire des cabanes, *casas construere.*
Calciner , *exurere.*
Caliner , *rustice agere.*
Caner , vieux mot , *cacare.*
Canner, auner , *ulnâ metiri.*
Canoner , *tormenta displo-dere.* une ville , *tormenta in urbem vibrare.*
Cantonner , *in angulum colligere.*

verbes à l'infinitif.

se Cantonner , s'attrouper , *coïre.*
Caparaçonner , *phaleris in-struere.*
Carabiner , *sclopetum explo-dere.*
Carener , terme de Marine , *rimas navis obturare.*
Carillonner , *tympanum mo-dulatè pulsare.*
Caserner , loger dans des casernes , *in tuguriis ma-nere.*
Cautionner , *spondere.*
Cerner d'un cerne , *circulum ducere.*
—une noix, *juglandem enu-cleare.*
Chagriner , *molestiâ afficere.*
Chanfreiner , *asserem obliquè angulare.*
Chansonner , faire des chan-sons.
Chansonner , médire , *ma-ledicis cantiunculis alicu-jus famam impetere.*
Chantourner , *extrorsum* vel *introrsum incidere.*
Chaperonner un oiseau , *ca-lyptrum avis capiti impo-nere.*
Chaponner , *pullum galli-naceum castrare.*
Charbonner , *carbone deni-grare.*
Charlataner , *uti verbosis strophis.*
Cheminer , *ambulare.*
Chicaner quelqu'un , *vitili-gare.* plaider , *litigare.*
Chienner , faire des chiens , *catellos edere.*

verbes à l'infinitif.

Chifonner, *rugis veftes defor-mare*, vel *moleftare.*

Chopiner, *bibere.*

Citroner, *citreo fucco im-buere.*

Cligner, *connivere.*

* Clopiner, *claudicare.*

Cogner, *trudere.*

Combiner, *connectere, com-ponere.*

Comminer; il fe dit des cen-fures comminatoires, *com-minari.*

Complexionner, *benè aut malè conftituere.*

Contaminer, vieux mot, *contaminare.*

Concerner, appartenir, *per-tinere.* regarder, *fpectare.*

Condamner, *condemnare.* à une amende, *mulctam ir-rogare.* une porte, *januam obftruere.*

Conditionner, *conditionem apponere.*

Confiner, reléguer, *relegare.*

—aboutir à, *confinem effe.*

* Conglutiner, terme de Médecine, *-nare.*

Configner, *-nare.*

Contemner, vieux mot, *contemnere.*

Contourner, terme de Pein-ture, *conformare.*

Contreminer, *adverfos cu-niculos fuffodere.*

Coqueliner; ce mot exprime le chant du coq.

Cordonner, *taniolis impli-care.*

Corner, publier, *-icare.* fonner du cor, *cornu ca-*

verbes à l'infinitif.

nere. comme les oreilles, *tinnire.* réfonner, *clan-gere.*

Cotonner, *gofyppio infar-cire.*

Couronner, *coronare.*

Coufiner, *cognitionem affe-ctare.*

Coyonner, *vecordem effe.*

Cramponner, *fibulâ conftrin-gere.*

Crayonner, *delineare.*

Cuifiner, faire la cuifine, *cibis coquendis operam dare.*

Culminer, terme d'Aftro-nomie, *culminare.*

Daigner, *dignari.*

Damafquiner, *Damafceno encaufto pingere.*

Damner, *-nare.*

* Dandiner, niaifer, *ineptire.*

—fe branler, *fe jactare.*

Débondonner, *fuum dolio operculum extrahere.*

Décerner, *-ere.* établir, *ftabilire.*

Déchagriner, *curas pellere.*

Déchaîner, *excatenare.*

Déchaperonner, *capitio ali-quem exuere.*

Décharner, *artus carne fpo-liare.*

Déclaver, terme de Muli-que, *clavem mutare.*

Décliner, *-nare, flectere.* fon nom, *nomen appellare.* efquiver, *effugere.* fur l'â-ge, *in fenium vergere.* ter-me d'Aftrologie & de Grammaire, *declinare.*

Dédaigner, *dedignari.*

verbes à l'infinitif.

Définer, *ad finem vergere.*

Défourner, *è clibano extrahere.*

Dégasconner, *dedocere aliquem. Vasconum loquendi modum.*

Déguaîner, *evaginare.*

Déguignonner, *dura fata avertere.*

Déjeûner, *jentare.*

Démainer, vieux mot, *tractare.*

* Démener, *agitare.*

Déraciner, *eradicare.*

Déraisonner, *delirare.*

Désarçonner, *equo dejicere.*

Desengrener, *extricare.*

Desetrier, ôter les pieds de dedans les étriers.

Désigner, *-nare.*

Desordonner, *ordinem confundere.*

Dessaisonner, *cultura ordinem mutare.*

Destiner, *-nare.*

Déterminer...

Détignonner, *capillorum ordinem invertere.*

Détonner, terme de Musique, *perverso cantu voces inflectere.* terme de Chymie, fulminer, *partes impuriores ex metallis expellere.*

Détourner, *avertere.* une riviére, *amnis cursum contorquere.* de quelque chose, *abducere.* du vice, à *vitio deterrere.* un coup, *ictum excludere.* empêcher, interrompre, *interpellare.*

verbes à l'infinitif.

Détrôner, *solio exturbare.*

Dîner, *prandere.*

Discerner, *-ere.*

Discipliner, *edocere.*

Disproportionner, *discrimen apponere.*

Dodeliner, *molliùs tractare.*

* se Dodiner, *molliùs curare se.*

Dominer, *-nari.*

Donner, *dare.* accorder, *concedere.* attribuer, *tribuere.* ceder, *cedere.* libéralement, *largiri.* en pur don, *donare.* dans un sentiment, *opinionem sequi.* mettre, *insumere.* employer, *consumere.* combattre, *irruere.* à entendre, *declarare.* à garder, faire à croire, *imponere.* dans le panneau, *induere se in laqueos.* heurter, *impingere.* des éperons, picquer, *calcar admovere.*

Douanner, mettre le plomb à quelque marchandise.

Eborgner, *eluscare.*

Ebouziner, terme de Maçon.

Echantillonner, couper des échantillons.

Echardonner, *carduis purgare.*

Echigner, *delumbare.*

Echiner, *interficere.*

Ecorner, *cornu frangere.*

Efféminer, *effeminare.*

Egrener, *grana decutere.*

Egratigner, *unguibus lacerare.*

Eloigner, *elongare.*

verbes à l'infinitif.

Emaner, -nare.

Embaboüiner, *aliquem dictis lactare.*

Embâillonner, *os alicui occludere.*

Embataillonner, *in agmen adscribere.*

Embâtonner, *fuste armare.*

* Embeguiner, *involvere linteo.*

Embefogner, vieux mot, *opus alicui dare.*

Embobeliner, *fubdolâ oratione accipere.*

* Embrener, *ftercore inficere.*

Embriconner, vieux mot, *decipere.*

Emmanequiner, *ciftis deponere.*

Emmener, *educere.*

Empaner, élargir d'un pan, *palmum addere.* mefurer d'un empan, *palmo metiri.*

Empanner, mettre un vaiffeau en panne.

Empatronner.

..mpenner, *pennis inftruere.*

Empoigner, *manu capere.*

Empoifonner, *veneno inficere.* donner du poifon, *toxicum mifcere.*

s'Empoifonner, *veneno fe perimere.*

Empreigner, terme de Phyf.

Emprifonner, *in carcerem detrudere.*

Emulfionner, *refrigefcere.*

Encapuchonner, *cucullo caput involvere.*

Enchaîner, *concatenare.*

Encomédienner,

Encourtiner, *fafciis ornare.*

verbes à l'infinitif.

Enfariner, *farinâ infpergere.*

Enfourner, *in furno condere.* commencer bien *ou* mal une affaire, *rem rectè* vel *perversè aggredi.*

Enganner, *decipere.* en Italien, *ingannare.*

Engeigner, *ou* Enginer, vieux mot, *fallere.*

Engrener, *infundibulo ingerere.*

Enguaîner, *invaginare.*

Enchifrener, enrhumer du cerveau, *gravedine opprimere.*

Enligner, *ad lineam efformare.*

Enluminer, *variis coloribus colluftrare.*

s'Enraciner, *radicari.*

Enfaifiner un contrat, *contractum civilem in cenfum referre.*

Enfeigner, *docere.*

Entériner, *ratum facere.*

—une requête, *poftulationi annuere.*

Entonner du vin, *vinum in cados infundere.* un air, *cantilenam incipere.*

Entourner, vieux mot, *circumdare.*

Entourtiner, *conopæo inftruere.*

Entraîner, *extrahere.*

Environner, *circumdare.*

Epargner, *fumptibus parcere.*

Eperonner, *calcar adhibere.*

* Epoinçonner, *ftimulare.*

s'Epoumonner, *totis viribus vocem attollere.*

Errener, *delumbare.*

verbes à l'infinitif.

Efcadronner, *in turmas conjungere.*

* Efcarpiner, courir légérement, *leviter currere.*

Efpionner, *explorare.*

Eftançonner, *fulcire.*

Eftramaçonner, *cadere.*

Etalonner, échantillonner, *menfuras ad archetypam exigere.* faillir la jument, *in equam falire.*

Etonner, *admirationem creare.*

—épouvanter, *terrere.* furprendre, *commovere.*

Etréner, *ftrenas dare.*

s'Evaltonner, prendre des maniéres libres, *liberiori modo agere.*

Examiner, *perpendere.*

Exterminer, *funditùs tollere.*

Façonner, inftruire, *docere.* figurer, *fingere.* faire des façons, *parùm ingenuè agere.*

Faner, fe flétrir, *flaccefcere.* faire du foin, *fœnum exficcare.*

Fafciner, *fafcinare.*

Fener, *fœnum exficcare.*

Feftiner, *epulari.*

Feftonner, *coronam foliatam efficere.*

* Flagorner, *adulari.*

Fleuronner, vieux mot, *florefcere.*

Forcener, *furore corripere.*

* Forligner, *degenerare.*

Formener, vieux mot, *vexare.*

Fourgonner, *ignes difturbare.*

Fredonner, *vocem canendo crifpare.*

---

verbes à l'infinitif.

Friponner, *furripere.*

Frifonner, *crifpare.*

Friffonner, *inhorrefcere.*

Fulminer une Bulle, *diploma Pontificium publicare.* fulminer contre, *invehi in.*

Gabioner, *terrâ fartis corbibus munire.*

Gagner, *lucrari.*

Galonner, *tæniolis exornare.*

Gangrener, *gangrenâ infici.*

* Garçonner, *mares frequentare.*

* Gafconner, *Vafcones imitari.*

Gaudronner un navire, *navem pice linire.*

Gazonner, *cafpitibus munire.*

Gêner, *vexare.*

Glaner, *fpicas colligere.*

Godronner, faire de gros plis fur une toile empefée.

Gouverner, *gubernare.* adminiftrer, *-trare.* diriger, *dirigere.*

Grener, *in grana efformare.*

Griffonner, *rudibus lineamentis adumbrare.*

Grimeliner, *grammaticare.*

Grifonner, *canefcere.*

* Grogner, *grunnire.*

Grogner, terme du jeu de la Canette.

* Guerdonner, *folvere.*

Guidonner, terme de filou, *voyez* Guidon.

Guigner, *collimare.*

Halener, *halare.*

fe Hargner, *invicem jurgari.*

Harpigner, *altercari.*

Harponner, *harpagare.*

Hériffonner, *pilis inhorrefcere.*

verbes à l'infinitif.

Hogner, vieux verbe, *queri.*

Hongner,   *murmurare.*

* Houssiner, *virgulâ percutere.*

Hyverner,   *hyemare.*

Jardiner, *hortum colere.* terme de Faucon.

Jardiner l'oiseau, *accipitrem exhilarare.*

Jargonner, *plebeio sermone uti.*

Jaspiner, parler à tort & à travers.

Jeûner, *jejunare.* garder les jeûnes, *jejunia servare.* s'abstenir de manger, *cibo abstinere.*

Illuminer,   *-nare.*

Imaginer, *animo effingere.*

Importuner, *molestiam exhibere.*

s'Impreigner, *imbuere se.*

Impugner,   *-nare.*

Incarner, terme de Théologie, *humanam carnem assumere.* se faire homme, *hominem fieri.* terme de Chirurgie, *carnem ingenerare.*

Incliner,   *inclinare.*

s'incliner,   *inclinare se.*

s'Indigner,   *indignari.*

Infortuner, vieux mot, *vexare.*

Inquiner,   *inquinare.*

Intentionner, *mentem dirigere.*

Ivrogner,   *inebriari.*

Lambiner,   *lentè agere.*

Laminer, mettre en lame, *in laminas dividere.*

* Lanterner,   *nugari.*

verbes à l'infinitif.

Lantiponner, terme populaire, *cessare.*

Lésiner,   *perparcum esse.*

Liaisonner,   *adaptare.*

Libertiner, faire le libertin.

Loër, vieux mot, *probare.*

* Lorgner, *avidiùs lumina conjicere.*

* Lutiner,   *larvam agere.*

Machiner,   *-nari.*

Machonner, parler entre les dents.

Maçonner, *aliquid struere.*

Maisonner,   *ædificare.*

Malmener, *malè accipere.*

Maquignonner, *mangonizare.*

Mariner du poisson, *pisces aquâ maris macerare.*

Marmitonner, *lixam culinariam agere.*

Marmonner,   *mussare.*

Marner, *margâ campum pinguefacere.*

Maronner, friser en grosses boucles, *in cincinnos crispare.*

Matassiner.

Mâtiner, *malè tractare.*

Médeciner,   *mederi.*

Médionner, terme d'Arch.

Médonner, en terme de joueur, Maldonner.

Méhaigner, vieux mot, *mulctare.*

Mener,   *ducere.*

Mal-mener, *malè tractare.*

Mentionner, *mentionem facere.*

Merliner, *velum funiculis alligare.*

Mesestimer, *parvi facere.*

verbes à l'infinitif.

Miner une muraille, *murum suffodere*, un édifice, *ædificium subruere*, les forces, *vires frangere*.

Mitonner du potage, *jusculum leviter fervefacere.* une affaire, *fovere.*

Mixtionner, *miscere.*

Moissonner, *messem colligere.*

Moyenner la paix, *pacem conciliare.*

se Mutiner, *refragari.*

Nasonner, *balbâ de nare loqui.*

Obstiner, *pervicacem efficere.*

s'Obstiner, *animum obfirmare.*

Ocagner un gant, terme de Parfumeur.

Occasionner, *ansam præbere.*

Ocquisener, vieux mot, *iniquis tribuis vexare.*

Oeilletonner, *surculos resecare.*

Opiner,   *-nari.*

Ordonner, mettre en ordre, *ordinare.* disposer, *disponere.* établir, *constituere.* imposer, *imponere.* commander, *decernere.*

Ordonner, conférer les Ordres, *sacris. Ordinibus inaugurare.*

Orner, embellir, *ornare.*

Paner, terme de cuisine, couvrir de pain.

Papillonner, *volitare.*

se Parangonerer, terme de Fleuriste.

Parangonever, vieux mot, *comparare.*

se Passionner, *rei cupiditate flagrari.*

verbes à l'infinitif.

se Passionner, *exardescere.*

Pateliner, *decipere.*

Patiner, *attrectare.*

Patiner, courir sur la glace avec des patins.

Patrociner, vieux mot, *patrocinare.*

Patronner, *applicito archetypo figuram delineare.*

Pavaner, *superbè & graviter incedere.*

Peigner, *pectere.*

Peiner, travailler, *laborare.* quelqu'un, *sollicitudinem afferre.* se peiner, *multùm laboris sumere.*

Pelotonner, mettre en peloton.

Pener, vieux mot, *punire.*

Pensionner, *annuam pecuniam ministrare.*

Perfectionner, *perficere.*

Petuner, fumer, *fistulâ tabaci fumum haurire.*

* Piétiner, *pedibus proterere.*

Piétonner, *ire pedes.*

Pigeonner, *gypsum macerare.*

Planer du bois, *dolare.* terme de Faucon. *pendere expansis alis in aëre.*

se Plastronner, se servir de quelque chose comme d'un plastron.

Poliçonner, *scurriliter jocari*

Poullener, *pullum edere.*

se Précautionner, *provisione uti.*

Prédestiner, *eligere & ad vitam æternam destinare.*

Prédominer, *prævalere.*

Préopiner, *præjudicare.*

Profaner. *-nare.* mésuser, *abuti.*

verbes à l'infinitif.

Promener, *ambulare.* envoyer promener, *expellere.*

Prôner, *promulgare.* publier, -*icare.* prêcher, *monere.* reprendre, *objurgare.*

Proportionner, *aptare.*

se Prosterner, -*ere se.*

Provigner, *propagare.*

Pugner, vieux mot, *pugnare.*

Questionner, *interrogare.*

Rabobeliner, Rapetasser, terme bas.

Raciner, faire raciner des plantes.

Rafiner les métaux, *purgare.* sur les choses, *de rebus nasutiùs judicare.*

Raisonner, *ratiocinari.*

Ramener, *reducere.*

Ramoner une cheminée, *camini spiraculum purgare.*

Ramponner, se mocquer de quelqu'un.

Rancoliner, vieux mot, *attollere terrâ superinjectâ.*

Rançonner, *ab aliquo pecuniam præter æquum & bonum exigere.*

Rapiner, *rapere.*

Rasserener, *serenum efficere.*

Rataconner, terme populaire, *resarcire.*

Ratatiner, *constringere.*

Rayonner, *radiare, radios emittere.*

Réassigner, -*nare.*

Rebiner, *iterùm arare.*

Rebourgeonner, *novas gemmas agere.*

Rechigner, *frontem caperare.*

verbes à l'infinitif.

Récliner, *retro inclinare.*

Recogner, *retundere,*

Récriminer, *crimen ab adversario illatum, in illum transferre.*

Refaçonner, *novam operam navare.*

Refectionner, *cibum sumere.*

Refrener, -*nare.*

se Refrogner, *vultum contrahere.*

Regagner, *rocuperare.*

Regner, -*nare.*

Rejanner, contrefaire quelqu'un en l'insultant.

Rejetonner, *surculos emittere.*

Remaçonner, *iterùm aliquid struere.*

Renfrogner, *vultum corrugare.*

Rengaîner, *vaginâ abscondere.*

Résigner un Bénéfice, une Charge, *sacerdotium,* vel *munus alicui transcribere.*

se Résigner, *se totum permittere.*

Résonner, -*nare.* retentir, *sonitum dare.* fort, *personare.*

Ressiner, faire collation, *merendare.*

Retourner, *redire.* revenir, *reverti.* un habit, *vestem invertere.*

* Ricaner, *cachinnari.*

Rogner, *resecare.*

Rognonner, vieux mot, *murmurare.*

Rondiner, terme populaire, *fuste dolare.*

verbes à l'infinitif.

Rouanner, *radio ferreo versatili notare.*

Ruginer, *dentis cariem tollere.*

Ruiner, renverser, *evertere.* désoler, *depopulari.* ravager, *vastare.* priver de biens, *fortunis spoliare.* sa santé, *valetudinem affligere.* le commerce, *commercia tollere.* de fond en comble, *delere funditus.*

Ruminer, -nare. penser avec attention, *recogitare.* rêver, *meditari.*

Safraner, *croco respergere.*

Saigner, *venam incidere.*

Saner, vieux mot, *sanare.*

Satiner, *serico panno densiori ornare.* travailler en satin, *sericum pannum texere.*

Savonner, *sapone perluere.*

Séjourner, *commorari.*

Semonner, vieux mot, prier, appeller.

Sermoner, *concionari.*

se Signer, *se crucis signo munire.*

Signer, *manum* vel *chirographum apponere.*

Sillonner, *sulcare.*

Soigner, *curare.*

Sonner, *sonare,* une cloche, *æs campanum pulsare.* du cor, de la trompette, *tubâ canere. voyez* Battre.

Sorner, vieux mot, se mocquer.

Soupçonner, *suspicari.*

Soussigner, *subscribere.*

Strapaçonner, terme de Peintre, *malè pingere.*

verbes à l'infinitif.

Subordonner, *inferiorem superiori submittere.*

Suborner, -nare. aposter, *apponere.*

Suranner, *legitimum tempus supergredi.*

Surmener un cheval, *celeriùs concitare.*

Talonner un cheval, *calcibus urgere.* suivre de près, *insistere.*

* Tambouriner, *tympanum pulsare.*

Tamponner, *obturare.*

Taner le cuir, *coria solidare.*

Tatillonner, entrer mal-à-propos dans toutes sortes de petits détails, *minutissimâ quaque expendere.*

Tâtiner, terme populaire, *subtentare.*

Tâtonner, *manu tentare.*
—aller à l'entour, *iter prætentare.*

Teignonner, *ou* Tignonner, se prendre par le tignon.

Témoigner, *testari.*

Terminer, -nare.

* Testonner, *capillos & caput concinnare.*

* Tisonner, *titiones movere.*

Tonner, *tonare.*

Tourbillonner, en tournoyant, *gyrare.*

Tourner au tour, *tornare.* en rond, *circumflecti.* à l'envers, *invertere.* d'un côté, vers, *convertere.* à l'opposite, *obvertere.* à l'entour, *circumire.* tourner à son profit, *in commodum vertere.* traduire, *vertere.*

verbes à l'infinitif.

tourner le dos, *terga dare.*
casaque, *transfugere.* vers
un lieu , *spectare.* la bro-
che , *versare veru.*
se Tourner,   *corrumpi.*
Trainegainer , vieux mot ,
   battre le pavé l'épée au
   côté.
Traîner ,   *trahere.*
Trépaner , *calvarium tere-*
   brare.
* Trépigner,   *tripudiare.*
Tretorner , vieux mot , *di-*
   vertere.
Tronçonner ,   *truncare.*
Tronçonner , *in frusta dif-*
   fringere.
* Trotiner ,   *cursitare.*
Turlupiner , *ineptas facetias*
   proferre.
Vagabonner,être vagabond,
   vagari.
Vaner ,   *ventilare.*
Vaticiner ,   *vaticinari.*
Vener , vieux mot , *-nari.*
Villonner ,   *decipere.*
Voisiner , *vicinos frequen-*
   tare.
Uriner ,   *meïere.*

N E T. *voyez* E T.

N E U X. *voyez* E U X.

N E Z. *ou* N É S.

subst. & adj. masc.

Aînés ,   *majores natu.*
Fortunés ,   *fortunati.*
Infortunés ,   *infortunati.*
Nés ,   *· nati.*
Puînés ,   *minores natu.*
   Plus les pluriels des parti-
cipes des verbes en ner.

substantifs & adjectifs masculins.

N I.

Asani, sorte de monnoie.
Banni ,   *exul.*
Banni ,   *expulsus.*
Béni , *benedictus.* pain Béni ,
   panis lustralis.
* Brouillamini , désordre ,
   obscuritas , confusio.
Cassini , Astronome , *-us.*
* Catimini , *clanculum.* en
   cachette , *latenter.*
Déni de justice , *denegatio*
   justitiæ.
Desuni ,   *disjunctus.*
Gémini du Zodiaque , *Ge-*
   mini.
Indéfini ,   *-tus.*
Infini ,   *-tus.*
à l'Infini ,   *in infinitum.*
Nenni , *ou* Nani , Non.
Nid , le *d* ne se prononce
   point , *nidus.*
Or bruni , *aurum politum.*
Omni , vieux mot , *similis.*
Racorni , *induratus ut cornu.*
Repleni , vieux mot , *reple-*
   tus.
le Tassoni, Poëte Italien,*-us.*
Uni ,   *-tus.*
Zini , bouffon ,   *-us.*

V E R B E S.

au prét. & par. masc.

Applani ,   *æquavit.*
Bruni ,   *polivit.*
Défini ,   *·vit.*
Dégarni ,   *nudavit.*
Desuni ,   *disjunxit.*
Fini ,   *·vit.*
Garni ,   *instruxit.*

verbes au préter. & part. mascul.

Henni, *hinnivit.*
Jauni, *flavo infecit.*
Muni, *-vit.*
Puni...
Rajeuni, *juventuti restituit.*
Rembruni, *iterùm polivit.*
Réuni, *conjunxit, reconciliavit.*
Terni, *obscuravit.*
Verni, *juniperi gummi linivit.*
Uni, *-vit.*
Voyez les autres verbes en nir, *excepté* venir, tenir, *& leurs composés.*

N I E.

substantifs féminins.

Abyssinie, pays, *-ia.*
Acarnanie, pays...
Acrimonie...
Agonie...
Angermanie...
Aphonie, extinction de voix, *-ia.*
Astymonie, Police, *-ia.*
Atonie, terme de Médecine, affoiblissement, *-ia.*
Avanie, *contumelia.*
Babylonie, pays d'Asie, *-ia.*
Bannie, vieux mot, *promulgatio.*
Baronie, *Baronatus.*
Bibliomanie, *-ia.*
Cacophonie, terme de Médecine, voix vitrée.
Calomnie, *calumnia.*
Campanie, pays, *-ia.*
Caramanie, pays...
Cérémonie...
Chanoinie, *canonicatus.*
Chapellenie, *capellania.*

substantifs féminins.

Châtellenie, *Castellania.*
Colonie, *-ia.*
Compagnie, assemblée de personnes, *cœtus.* société, *-tas.* conversation, *consuetudo.* humeur, *usus.* compagnie de gens qui mangent ensemble, *sodalitas.* qui accompagnent, *comitatus.* qui ne cherchent qu'à se divertir, *circulus.* de visite & d'entretien, *salutatores.* de soldats, *centuria.* de gens de cheval, *equitum turma* de gens à pied, *manipulus.* de gens de guerre, *cohors.*
Compagnie Religieuse, *sacer ordo.* de marchands, *negotiantium societas.* d'artisans, *artificum collegium.* de perdrix, *perdicum grex.* aller de compagnie, *simul ire.* fausser compagnie, *discedere ab.* homme de compagnie, *societatis amans.* de bonne compagnie, *hilaris.*
Cosmogonie, description de la manière dont le monde a été formé.
Démonomanie, *-ia.*
Epiphanie, fête des Rois.
Erotomanie, délire amoureux, *-ia.*
Esclavonie, *Sclavonia.*
Félonie, *clientis fraus capitalis.*
Gastromanie, *-ia.*
Génie, esprit, *ingenium.* démon, *dæmon.*
Germanie, pays, *-ia.*

substantifs féminins.

Gloutonie ,	*gula.*
Griffonie ,	*prava scriptura.*
Harmonie ,	*-ia.*
Hyrcanie , pays...	
Ignominie...	
Ionie , pays...	
Iphigénie , fille d'Agamem-	
non , *-ia.*	
Laconie , pays ,	*-ia.*
Laponie , pays...	
Litanie ,	*-ia.*
Lithuanie , pays ,	*-ia.*
Manie , folie.	
Megnie , vieux mot , *domus,*	
familia.	
Métromanie , manie des	
vers.	
Monotonie ,	*-ia.*
Néoménie ,	*nova luna.*
Nénie , terme de Poësie an-	
cienne , *nænia.*	
Neulénie, Divinité de l'An-	
tiquité , *-ia.*	
Neuranie , *numerus novena-*	
rius.	
Nymphomanie , *furor ute-*	
rinus.	
Odontotechnie , partie de	
la Chirurgie.	
Pannonie ,	*-ia.*
Papimanie...	
Parsimonie , vieux mot...	
Pensylvanie , pays...	
Perégrinomanie , maladie	
de voyage.	
Péripneumonie , inflamma-	
tion de poumon.	
Polymnie , Muse.	
Poméranie , pays.	
Post-liminie, terme de Droit,	
post-liminium.	
Prestimonie ,	*-ia.*

substantifs féminins.

Pyrotechnie , art des ma-	
chines à feu.	
Quanie , vieux mot , desha-	
billé , chemise.	
Quérimonie ,	*quærimonia.*
Sclavonie , pays ,	*-ia.*
Simonie...	
Strénie , Déesse qui présidoit	
aux Etrennes.	
Symphonie ,	*-ia.*
Théogonie , Généalogie des	
Dieux.	
Transylvanie , pays ,	*-ia.*
Tyrannie ,	*tyrannis.*
Vilainie ,	*sordes.*
Villonie ,	*improbitas.*
Virginie , pays ,	*-ia.*
Volhinie , pays...	
Uranie , Muse ,	*-ia.*
Zizanie , mauvaise herbe.	

V E R B E S.

verbes au présent.

Calomnie ,	*calumnior.*
Communie ,	*nico.*
Dénie ,	*denego.*
Excommunie , *hominis caput*	
devoveo.	
Manie ,	*contrecto.*
Nie ,	*nego.*

*Voyez les participes fémi-
nins des verbes en* nir *, excepté*
tenir, venir, *& leurs composés.*

N I E R. *voyez* I E R.

N I N. *voyez* I N.

N I O N. *voyez* I O N.

N I R. *voyez* I R.

substantifs masculins.

NIS. *voyez* IS.

NIT. *voyez* IT.

NOM. & NON.

substantifs masculins.

Agamemnon, Roi de Micène, *Agamemnon.*
Anon,   *asellus.*
* un Atrape-minon, *subtilis.*
Avignon, ville,   *Avenio.*
—d'Avignon, *Avenionensis.*
Bourguignon,   *Burgundus.*
—du Duché,   *Burgundio aduus.*
Brugnon, fruit, *persicum duracinum.*
Cabanon,   *casula.*
Canon, artillerie, *tormentum bellicum.* d'un Concile, *-lii.* Régle, *regula.* statut, *-um.* décret, *-um.* de la Messe, *Canon Missæ.* d'armes à feu, *tubus.* d'une seringue, *fistula.*
tirer le Canon, *tormentum displodere.*
portée du Canon, *globi tormento emissi jactus.*
volée de Canon, *tormenti emissio.*
Canon à boter, *tibialia majora ocrearum.*
Canon, terme d'Imprimerie, gros & petit canon, *typi canonis majores & minores.*
Canon de soie, terme de Bonnetier, *tibialia serica majora.* de plombier, *tubus plumbeus subrugun-*

de. d'éperonnier, *epistomii equini species.* de serrurier, tuyau de fer dans une serrure, *tubulus ferreus.* de chaudronnier, canon de l'arrosoir, *irrigatorii alveoli tubus.* à devider, *tubulus convolutorius.* pot de fayance long, *vas faventinum longius.*
Chaînon, *catenæ annulus.*
Champignon, *fungus.* homme de fortune, *homo subitâ & secundâ fortunâ.*
Chignon,   *cervix.*
Compagnon de travail & d'office, *socius.* de voyage, *comes.* en guerre, *commilito.* d'école, *condiscipulus.* de bouteille, *compotator.* de jeu, *collusor.* de métier, *operarius.* de logis, *contubernalis.* de même charge, *collega.* à causer & railler, *congerro.* de fortune, *fortunæ consors.* compagnon hors d'apprentissage, *tyro emeritus.* faire le compagnon, *nimiùm sibi arrogare.* bon compagnon, *genialis homo.* pair à compagnon, *æquipar.* petit compagnon, *homuncio.*
Droit Canon, *jus Canonicum.*
* Escafignon, *pedum fœtor.*
Fanon, manipule de Prêtre, *manipulus.* étendart de bagage, *sarcinarium vexillum.* terme de Blâson, *tesserarium brachiale.* pen-

dant de la mître de l'Evêque, *mitra pendula fascia.* de bœuf, peau qu'on lui pend sous le col, *palearia.* toupet de poil au derriére du boulet d'un cheval, *cirrus.* de marine, racourcissement de la voile, *veli contractio.*

Fanons, espéces d'atelles qu'on met à la jambe ou à la cuisse fracturée.

Galbanon, drogue, *galbanum.*

* donner du Galbanon, fig. en faire à croire, *aliquid persuadere.*

Gonfanon, banniére, *vexillum.*

Grenon, vieux mot, qui signifie poil, *granus.*

Grognon, rude coup.

Guenon, sorte de singe, *cercopithecus.* petite guenon, *simia.* barbu & à longue queue, *callitrix.*

Guenon, injure, *deformis.*

Guignon, malheur, *infortunium.*

Guignon de pain, *panis segmen*, vel *frustum.*

Junon, Déesse, *Juno.*

Lavignon, coquillage de mer.

Lignon, riviére, *Lignius.*

Linon, toile fine, *tela tenuissima.*

Lumignon, *ellychnium.*

Maintenon, petite croix qu'on pend au cou.

Maquignon, *mango equorum.* courtier de chevaux, *equa-*

rius proxeneta. faire le métier de Maquignon, *mangonisare.*

Memnon, fils de l'Aurore, *Memnon.*

Minon, chat, *felis.*

Moignon, muscle, *tori*, *orum.*

Moignon d'épaule, *scapulæ extremitas.*

Nom, *nomen.*

Nomocanon, recueil de Cahons.

Non, particule, *non.*

Oignon, *cepa*, vel *cœpa.* de fleurs, *bulbus.*

petit Oignon, *cepula.* terre semée d'oignons, *cepina.*

* en rang d'Oignon, *in ordine superiori.*

Pennon, *ou* Pannon, étendart, *pinnatum scutum vexillumque.*

Pignon de pin, *nucis pineæ nucleus.* de maison, *fastigium*, *culmen.* haut d'une muraille qui se termine en angle, *muri triangulare fastigium.* hérisson, *ou* rouet, *denticulata rota.* à lanterne, *instructa fusis rota.*

Porte-guignon, *infortunii causa.*

Préte-nom, *qui suum alteri nomen commodat.*

Renom, *fama.*

Rognon, *ren.*

Sinon, conjonction, autrement, *alioquin.*

Sternon, le devant de la poitrine, *sternum.*

subſtantifs maſculins.

Surnom, *cognomen.*

Tenon, bout de bois qui entre dans une mortaiſe, *ſubſcus, cardo.* taillé en queue d'aronde, *ſecuricula.* à mordant, *cardo quadratus.* à patte d'oïe, *cardo triangularis.* d'un fuſil, *tubi catapultarii lingula.* d'une régle, *gnomonis manubrium.* d'un étui par où paſſe la corde, *rotaria fibula.* d'une vigne, *viticulum.*

Tiennon, pour Tiennette, *Stephana.*

Tignon, le même que Teignon.

Tomon, *Antonia.*

Trognon, *trunculus.* de chou, *caulis truncus.* pétite fille, *puellula.*

Tympanon, inſtrument de Muſique, *tympanum fidiculare.*

Zénon, Philoſophe, *Zeno.*

NU.

adjectifs maſculins.

Bienvenu, *gratus,* vel *acceptus.*

Biſcornu, mal bâti, *malè conſtitutus* vel *conformatus.*

Charnu, *carnoſus.*

Chenu, *canus.*

Conu, *cognitus.*

le Contenu, *ſumma.*

Continu, *-nuus.*

Cornu, *-tus.*

Grenu, *granoſus.*

Inconnu, *incognitus.*

Ingénu, *ingenuus.*

adjectifs maſculins.

Méconnu, *ignotus.*

Menu, *minutus.* mince, *exilis.* délié, *tenuis.* menu peuple, *vulgus.* hacher menu, *minutim interere.* couper menu, *minutè ſecare.* par le menu, en détail, *ſigillatim.*

Nû, *nudus.*

Ponnu, vieux mot, pour Pondu.

Provenu, pour Profit, *lucrum.*

Revenu, qui eſt de retour, *reverſus.* rente annuelle, *annuus reditus.* fruit, *fructus.*

Saugrenu, *inſipidus.*

Trote-menu, épithéte d'une ſouris.

V E R B E S.

verbes au prétérit.

Abſtenu, *abſtinuit.*

Contenu, *continuit.*

Contrevenu, *contrà egit.*

Convenu, *convenit.*

Détenu, *detinuit.*

Devenu, *factus eſt.*

Diſconvenu, *non convenit.*

Entretenu, *ſuſtentavit.*

Intervenu, *intervenit.*

Maintenu, *tuitus eſt.*

Obtenu, *obtinuit.*

Parvenu, *pervenit.*

Provenu, *provenit.*

Revenu, *reverſus eſt.*

Soûtenu, *ſuſtinuit.*

Souvenu, *recordatus eſt.*

Survenu, *ſupervenit.*

Tenu, *tenuit.*

Venu, *ven t.*

O.

AB Abrupto, terme latin, sur le champ & sans nulle préparation.

Abdenago, Juif.

Abucco, poids du Pégu.

Annibal Caro, Poëte Italien.

Argument en Baroco.

A-poco, mal habile.

Arrêt d'Iterato.

Asso, terme de Lithologie, *assius lapis*.

Barbélo, Divinité des Nicolaïtes.

Baroco, sorte d'argument.

Bobo, terme d'enfant.

Bocardo, terme de Logique.

le Broglio.

Cacao, arbre *ou* fruit.

Calypso, Déesse.

Cartero, porte-lettre, de l'Italien *curtiero*.

Cerigo, île de la Méditerranée, *Cythera*.

Chaco, grand pays de l'Amérique.

Cicero, terme d'Imprimerie.

Clameur de Haro, *quiritatio*.

Clio, Muse.

Concedo, terme latin, qui signifie je l'accorde.

Congo, Royaume.

Conjungo, terme de Collége.

Coquerico, chant du coq.

Coraco-brachial, muscle, -*lis*.

Coraco-radial, muscle...

Corbegeo, espéce d'oiseau Aquatique.

Credo, Symbole des Apôtres.

Cusco, ville.

Dodo, mot popul. *somnus*.

Domino, capuchon.

Ecce-homo.

Echo, Nymphe.

Echo, qui répéte le son de la voix, &c.

Ello, harpie.

Erato, Muse.

Ero, Maîtresse de Léandre.

Escampativo, fuite, *fuga*.

Ex professo.

Ex voto.

Fabago, plante.

Fapesmo. ⎫

Ferio. ⎬ mots artific. de Log.

Festino. ⎭

Gano, terme de jeu de l'Ombre.

Gerbo, animal de Barbarie.

à Gogo, *opiparè*.

tout de Go, *uno tractu*.

Gogo, dim. de Marguerite.

Halo, *ou* parélie, *parelion*.

Hoho, ho! interjections.

Jéricho, ville.

Incognito.

Indigo.

Ino, fille de Cadmus.

Io de la Fable.

un Juge *à quo*, *Judex à quo*.

Livre *in folio*, *in quarto*, *in octavo*, &c.

Manto, fille de Tirésias.

Marforio, -*us*. statue de Rome opposée à celle de Pasquin, -*us*.

Memento.

substantifs masculins & féminins.

Monaco , ville , *herculis Monaci portus.*

Nifo , une des cinquante Néréides.

Numero de Marchand , *numerus.*

* entendre le Numero , *callere numerum.*

O , feiziéme lettre de l'Alphabet.

In petto , mots Italiens qui fignifient *in pectore.*

Pitho , Déeffe de l'Eloquence , *Suadela.*

le Pô , fleuve , *Padus* vel *E idanus.*

Po , vieux mot , *parum.*

Populo , petit enfant.

Prefto , adverbe Italien.

Oh ! interjection.

Qui pto quo , *error.*

Quévedo , Auteur Efpagnol.

Saint-Malo , ville , *Maclovium.*

Sapho , fille fçavante.

Srheno , une des Gorgones.

Vertigo , grain de folie.

Virago , grande Virago , injure , *mulier procera.*

Zero , un homme qui ne fert de quoi que ce foit , *nullo numero homo.*

O B.

subst. masc.

Jacob , Prophéte , *-us.*

Bâton de Jacob , inftrument de Mathématique , *crux geometrica.*

Job , modéle de la patience , *-us.*

O B E.

v Dérobe , *furor.*

f Garderobe pour les habits , *veftiarium.* maître de la garderobe , *veftifpicus.* fourreau pour conferver les habits , *veftium tegmen.* lieu où eft la chaife percée , *latrina.*

m Globe , *globus.*

v * Gobe , *haurio.*

m Lobe , terme d'Anatomie , *fibra.*

f Robe , vêtement , *veftis.* de chambre , *cubicularia.* de femme , *cyclas.* de Palais , *forenfis.* d'Univerfité , *academica.* d'enfant , de Sénateur , *prætexta.*

O B L E.

subst. & adj. masc. & fém.

Archinoble , *nobiliffimus.*

Garde-noble , *nobilium orphanorum tutela.* qui a la Garde-noble , *nobilium tutor.*

Grenoble , ville , *Gratianopolis.*

Ignoble , *vilis.*

Noble , *nobilis.* généreux , *-rofus.* excellent , *clarus.* célébre , *celeber.*

partie Noble , au pluriel , *partes nobiles & præcipua.*

terre Noble , *nobilis nota prædium.*

Vignoble , *vinetum.*

O B R E.

m Octobre , *-ber.*

m | Opprobre,   *-brium.*
m | Sobre,   *fobrius.*

O C. & O Q.

subftantifs mafculins.

Aftroc, terme de marine, *rudens.*

Bloc, une chofe en gros, *fumma rei.* de marbre, *deformatum marmor.* de plomb, *maffa plumbea.* fur quoi on coupe la tête des criminels, *brevis fudes.* vendre en bloc, *globatim vendere.*

Broc,   *amphora.*

Choc *ou* Choq, heurtement, *collifus.* combat, *conflictus.* impétuofité, *impetus.* le premier choc, *primus conflictus.*

Coq, *gallus.* herbe, *feliquaftrum.* coq, au fig. le premier, *coryphæus.* coq, efpéce de ferpent, *bafilifcus.* coq-à-l'âne, *fabula.*

Crête de coq,   *crifta.*

Croc, *uncus.* à pendre la viande, *uncinus.*

arquebufe à Croc, *hamata catapulta.*

* Croc, terme de débauche.

Croc, pendu au croc, mis en oubli, *oblivione deletus.*

Croc de Batelier, *harpago.*

Croc, au plur. les défenfes d'un fanglier, *falcati dentes.*

un Efcroc,   *arufcator.*

Défroc, vieux mot, *calamitas.*

Eftoc, épée longue, *longior*

subftantifs mafculins.

gladius. de taille & d'eftoc, *punctim & cafim.* coup d'épée, *punctim inflicta plaga.* être, race, *genus, ftirps.*

Froc, *capulium.* jetter le froc, *monachifmum ejurare.*

Hoc, jeu,   *ludus.*

Hoc, pour dire Sût, *certus.*

* cela m'eft hoc, *hoc in mundo eft mihi.*

Le Hoc, *nodus difficultatis.*

Manioc, racine,   *-us.*

Maroc, Royaume,   *-um.*

Roc, rocher,   *rupes.*

Roc, piéce d'Echecs, *turricula.*

Roch, nom propre,   *-us.*

Siroc, vent,   *Euronotus.*

Soc,   *vomer.*

Toc, toc, *ftrepitus.* tic & toc, *ftrepitus inconcinnus.*

Troc,   *permutatio.*

O C E. & O P C E.
voyez O S S E.

O C H E.

subftantifs féminins.

Acroche, *uncus.* empêchement, *impedimentum.*

Anicroche, acroc, *harpagatio.* à un habit, *fractura per uncum facta.* retardement, *mora.*

Antioche, *-chia.* d'Antioche, *Antiochenus.*

Approche, *approximatio.* lunette d'approche, *tubulatum confpicilium.*

Arroche, plante, *atriplex.*

subſtantifs féminins.	Baloche, Capucin ou autre Religieux qui ne prêche ni ne confeſſe.
	Bamboche, petite perſonne, injure, *homuncio*.
	Bancroche, *qui divaricatis eſt cruribus*.
	Baſoche, terme de Palais, *ſcribarum juriſdictio*.
	Bouroche, herbe, *borrago*.
	Brioche, *placenta*.
	Broche, *veru*.
	Caboche, tête, *caput*. terme de Lapidaire, *gemma rudis*, vieux clou, *clavis rubiginoſus*.
	Cloche, *tintinnabulum*. ampoulle, *tumor*.
m	Coche, chariot, *eſſedum*. truie, *ſus fæmina*. cran, *crena*. enflure, *tumor*. fig. graſſe, *pinguis*.
	Coche, petit ais.
	Croche, *nota muſica adunca*.
	Double-croche, *nota bis adunca*.
	Filoche, gros cable de moulin.
	Galloche, au plur. eſpéce d'écoliers, *Gallica*.
	Gloſſocatoche, inſtrument de Chirurgie.
	Hoche, *quaſſatio*. faire hoche, *quaſſare caput*.
	Loche, ville, *Lochia*.
	—poiſſon, *aphia cobites*.
	Mailloche, *malleolus*.
	Medianoche, réveillon ou repas après un bal.
	Pioche, *ligo*.
	Poche d'habit, *ſacculus*. eſtomach d'oiſeau de proie,

	ingluvies. violon, *fidis*.
m ſubſt. fém.	Proche, *proximus*.
	Ici proche, *hic propè*.
m	Reproche, *objurgatio*.
	Roche, *ſaxum*.
	Sacoche, pour Bougette.
	Synecdoche, *ſynecdoche*.
	* Taloche, coup, *ictus*.
	Tourne-broche, inſtrument d'Horlogerie, *obelotropium*. chien qui tourne la broche, *obelotropos canis*.
	Zoroche, eſpéce de minéral d'argent.

V E R B E S.

verbes au préſent.	
	Acroche, *adunco*.
	Broche, *intexo*.
	Cloche, *claudico*.
	Décoche, *vibro*.
	Embroche, *transfigo*.
	Empoche, *in perulam injicio*.
	* Hoche, *caput quatio*.
	* Poche, *oculos contundo*.
	Reproche, *exprobro*.
	Voyez les autres verbes en ocher.

O. C. L. E.

ſubſtantifs maſculins.	
	Binocle, inſtrument d'Optique, *tubulatum conſpicilium binoculum*.
	Sophocle, Poëte Grec, -es.
	Thémiſtocle, nom prop...
	Tourne-bocle, vieux mot, *ſupinè*.
	Zocle, piedeſtal, *quadra*.

O. C. R. E.

a	Médiocre, *-cris*.

m | Ocre, terre jaune, *ochra.*

OCTE.

a | Docte, *-tus.* sçavant, *eruditus.* très-docte, *perdoctus.*

OD.

m | Ephod, habit sacerdotal des Juifs.

m | Nemrod, Roi, *-us.*

ODE.

Substantifs masculins & féminins.

Antipode, au plur. *Antipodes.*

Antispode, terme de Médecine, sorte de cendre.

Code, Ordonnance du Roi, *Edictum Regis.*

Commode, accommodant, *commodus. Voyez* facile, convenable, propre, profitable.

Commode, coëffure de femme, *calidrum.*

Custode, gardien, *custos.* de Vase sacré, *Eucharistiæ pyxis.* d'un carrosse, *rhedarium pulvinar.* de pistolet, *minoris sclopeti theca.*

Donner le fouet sous la custode, *flagris excipere sub custodia.*

Episode, *-dium.*

Epode, *-dus.*

Exode, un des cinq livres de Moyse, *-dus.*

Gaude, plante, *gualdies.*

m | Hérode, *-des.*

m | Hésiode, *-dus.*

a | Incommode, *-dus.* voyez Importun, Fâcheux.

Substantifs masculins & féminins.

Méthode, *-dus.* voie, *via.* maniére, *modus.* régle pour faire ou pour apprendre, *ratio, regula.* de doctrine, *-næ.* d'invention, *inventionis.* de disposition, *-nis.* analytique, *-ica.* ou de résolution, *-nis.* synthétique, *-ica.* ou de composition, *compositionis.*

Méthode, habileté, *habilitas.* adresse, *dexteritas.* subtilité, *-tas.*

Mode, maniére, *modus.* coutume, *mos.* rit, *-us.* usage, *usus.*

à la Mode, *more.* mode d'habits, *vestimenti genus.*

Mode, terme de Grammaire, *modus.* de musique, *modus musicus.*

Ode, *ode.*

Pagode, temple d'Idolâtres, *-dus.*

Pagode, monnoie des Indes, *-dus.*

Période, terme d'Astronomie, *-dus.*

Période de discours, *-dus.*

Rhode, île, *Rhodus.*

—de Rhode, *Rhodius.*

Synode, *Synodus.*

Vieux comme Hérode, *decrepitus.*

VERBES.

Accommode, *-odo.*

Brode, *Phrygium opus facio.*
Incommode, *noceo.*
Inféode, terme de Palais,
in clientelam tribuo.

O É.

Aloé, fuc épaiſſi, *aloë.*
Arſinoé, nom de pluſieurs
　villes anciennes.
Callirhoé, fille d'Acheloüs.
Chiloé, île de l'Amérique
　Méridionale.
Doué, *ou* Doé, *caſtrum*
　Doadium. C'eſt une petite
　ville d'Anjou, à trois
　lieues de Saumur, où eſt
　un Chapître de Chanoi-
　nes, ſous l'invocation de
　ſaint Denys.
Evoé, cri poëtique.
Hippothoé, nom de deux
　Néréïdes.
Méroé, île du Nil.
Noé, Patriarche.
Ocyroé de la Fable.
Ocythoé, une des Harpies.
Phémonoé, Sybille.
Siloé, piſcine.

O E T E.

Boête, *voyez* ête, *pyxis.*

O E S N E. *voyez* E N E.

OEUD. *voyez* EU. dipht.
car le D ne ſe pron. pas.

m Nœud, *nodus.* petit nœud,
　nodulus. coulant, *fluens.*
　dans les arbres, *nodatio.*

plein de nœuds, *nodoſus.*
de cannes & tuyaux de
bled, *geniculum.* article,
articulus. nœud, difficulté
d'une affaire, *cardo rei.*
d'une piéce de théâtre,
fabula nodus. jointure,
junctura. qui a force
nœuds, *articuloſus.*
Nœud, liaiſon, *nexus,*
commiſſura. ſerré, *adſtri-*
ctus. durillon d'un bois,
callus. d'une charniére de
compas, d'un couplet,
&c. *commiſſura fibula.*
morceau de chair qui s'é-
léve aux flancs d'un cerf,
carnea projectio.

O F.

Au Lof, au vent, *ad ventum.*

O F E. & O P H E.

Antiſtrophe, *antiſtrophe.*
Apoſtrophe, *-pha.*
Buſtrophe, terme dogmati-
que. C'eſt la maniére d'é-
crire de la gauche à la
droite, & enſuite de la
droite à la gauche ſans
diſcontinuer.
Cataſtrophe, *triſtis fabulæ*
exitus.
Chriſtophe, nom propre,
-phorus.
Etoffe, *pannus.* matiére,
materia.
v il Etoffe, *opus exornat.*
baſſe Etoffe, terme de Potier d'Etain, compoſition
de plomb & d'étain.

m Limitrophe, *conterminus.*
m Offe, espéce de jonc d'Es-
    pagne.
m Philosophe,   *-phus.*
v il Philosophe, *philosophatur.*
f Strophe, terme de Poësie,
    stropha.

O F L E.

m Cloud de Girofle, *caryophylla.*
m Girofle,   *caryophyllus.*

O F R E.

m Cofre,   *arca.*
v * Encofre, *in arcam condo.*
v Mesoffre,   *minus offero.*
f Offre,   *oblatio.*
v Offre,   *offero.*
v * Suroffre,   *superoffero.*

O G E.

Allobroge, au plur. peuple,
    Allobroges.
Allobroge, au fig. sot, *fa-*
    tuus.
Doge de Venise, *ou* de Gè-
    nes, *Dux.*
Eloge,   *-gium, præconium.*
Epitoge, partie de l'habit de
    Président à Mortier, *epito-*
    gium.
Eucologe, recueil de prières.
Horloge, *horologium.* à roue,
    rotalum. à eau, *hydrauli-*
    cum. de sable, *arenarium.*
    clepsydre, *-drum.* au so-
    leil, *scioterieum solarium.*
    réguliére, *-lare.* horizon-
    tale, *-ale.* verticale, *-ale.*

équinoxiale . *-iale.* po-
laire, *-are.* méridienne,
-ianum. septentrionale,
-ale. Orientale, *-ale.* Occidentale, *-ale.* supérieure, *-rius.* inférieure, *-rius.*
déclinante, *-ans.* incli-
nante, *-ans.* astronomi-
que, *-icum.* Babylonique,
-icum. antique, *-iquum.*
Judaïque, *-icum.* petite
horloge, *manuale.* qua-
drant, *quadrans horarius.*
boëte, boussole, *pyxis ho-*
raria. cylindre, *cylindrus*
horarius. bâton, *baculus*
horarius. croix, *crux.* an-
neau, *annulus horarius.*
Loge, *casa.* de Comédie,
casula.
Martyrologe, histoire de la
mort des Martyrs, *-gium.*
Ménologe, Office qui se dit
chez les Grecs dans cha-
que mois, *-gium.*
Nécrologe, catalogue des
morts, *-gium.*

V E R B E S.

Abroge,   *abrogo.*
Déloge,   *migro.*
Déroge, *derogo : stemmata*
natalium sordidis factis in-
quino vel *maculo.*
Loge,   *habito.*
Proroge,   *prorogo.*
Subroge,   *subrogo.*
Voyez les rimes en auge.

O. G. M E.

f Dogme, *dogma,* opinion

particuliére, *placitum.* maxime, *aphorisma.* chose
connue, *scitum.*

O G N E.

Substantifs féminins.

Besogne, *opus.*
Besogne de nuit, au plur.
opera nocturna,
Bisogne, vieux mot, nou-
veau soldat.
Boulogne, *Bolonia.*
Bourgogne, *Burgundia.*
* Carogne, injure, *fœtens.*
Charogne, *caro putrida.* ca-
davre, corps mort, *cada-
ver.* puant comme charo-
gne, *cadaverosus.*
Cicogne, *ciconia.*
m Conte à la Cicogne, *aniles
fabula.*
Dordogne, riviére, *Duranius.*
Gascogne, *Vasconia.*
m Hôtel de Bourgogne, ci-
devant Théâtre des Co-
médiens à Paris, *Palatium
Burgundicum.*
Ivrogne, *ebriosus.*
Pologne, *Polonia.*
Rogne, gale, *scabies.*
* Trogne, *vultus.*
Vergogne, *pudor.*
m Vigogne, espéce de mouton
du Pérou, *Vicunius.* chapeau de Vigogne, *pileus
ex Vicuneis lanis compa-
ctum.*

V E R B E S.

Besogne, *operor.*
Cogne, *tundo.*

au préf.

Grogne, *grunnio.*
Ivrogne, *perpoto.*
Renfrogne, *vultum corrugo.*
Rogne, *reseco.*

O G R E.

Ogre, monstre imaginaire.

O G U E.

Substantifs masculins.

Apologue, fable, *-ogus.*
Astrologue...
Catalogue...
Chronologue...
Décalogue...
Dialogue...
Dogue, *molossus canis.*
Dogue, injure, *canis.*
f Drogue, *pharmacum.*
f Eglogue, *-oga.*
Emménagogue, reméde qui
provoque les menstrues.
Epilogue, fin.
Flegmagogue, *-gus.*
f * Gogue, *hilaritas.* au plur.
il est dans ses Gogues,
hilaris & festivus est.
Héréfiologue, *de hæresibus
scriptor.*
Hogue, vieux mot, *collis.*
Lithologue, Naturaliste.
Matrologue, sorte de regi-
stre.
Mélanagogue, terme de Mé-
decine.
Mimologue, *mimorum scri-
ptor.*
Monologue, Auteur qui parle
seul.
Mythologue, Auteur de
Mythologie.

subftantifs mafculins.

Néologue, qui affecte un nouveau langage.
Paléologue,   *-ogus.*
Panchymagogue, terme de Médecine, *-gogus.*
Paradoxologue, *qui aliquid vel dicit vel fcribit contra omnium opinionem.*
Pédagogue,   *pædagogus.*
Philologue,   *-ogus.*
Prologue...
Rogue,   **arrogans.**
f Synagogue,   *-oga.*
Trialogue, dialogue de trois perfonnes.
f Vogue,   *fama.*

VERBES.

Epilogue,   *concludo.*
Homologue, *auctoritate confirmo.*
Vogue,   *navigo.*

OI. & OY.

fubftantifs mafculins.

Aloi, de la Monnoie, *jufta & proba moneta temperatio.* bon aloi, *æris jufta conflatura.*
* Arroi, *ordo.* affortiffement, *concinnitas.*
Beffroi, *ou* Beffrai, charpenterie des cloches, *campani æris canterii.* grande cloche, *maximum cymbalum.* échauguette, *fpecula penfilis.* fonner le beffroi, le toxin, *æs campanum in re trepida pulfare.*
Charroi, voiture, *vectura.*

fubftantifs mafculins.

l'action de charrier, *vectio.*
Cheval de renvoi, *equus remiffus.*
Coi,   *quietus, quietè.*
Convoi d'armée, *commeatus.*
—d'enterrement,   *funus.*
Corroi, vieux mot, la façon que le Corroyeur donne aux cuirs.
Dénoi, vieux mot, *denegatio.*
De quoi,   *quâ de re.*
De quoi, richeffes, *divitiæ.*
Defarroi,   *diffipatio.*
v je Doi,   *debeo.*
Effroi,   *pavor.*
Emoi, vieux mot, *emotio.*
Emploi, charge, *officium.* commiffion, *provincia.* affaire, *negotium.* occupation, *opera.* ufage, *ufus.* dépendance, *impenfa.* achat, *coemptio.* qui a de l'emploi, *negotiofus.* emploi dans la guerre, *ftipendium.*
Envoi, *miffio, miffus.* lettre, *epiftola.*
f Foi, loyauté, *fides.* ferment, *facramentum.* créance, chrétienne, *fides chriftiana.* vertu théologale, *fides.* fidélité, *-tas.* confiance, *fiducia.* fans foi, *infidelis.* de bonne foi, *fidei bonæ.* à la bonne foi, *ex æquo & bono.* ingénuement, *ingenuè.* faire foi, *fidem facere.* tenir fa foi, *ftare fidei.* fauffer fa foi, *fidem violare.* auteur digne de foi, *auctor locuples.* ajoûter foi à, *fidem habere.*

subftantifs mafculins. *f*

Fontenoi, village des Pays-Bas, célébre par la victoire remportée par la France fur fes ennemis en 1745.

Le je ne fçai quoi, *nefcio quid.*

Leveroy, ferment ancien, *per verum Regem.*

Loi, *lex.* éternelle, *æterna.* divine, *-na.* naturelle, *-ralis.* pofitive, *-iva.* humaine, *-ana.* eccléfiaftique, *-ica.* civile, *-ilis.* directive, *-iva.* prohibitive, *-iva.* qui commande, *præceptica.* faire une loi, *legem fancire.* faire la loi, *legem dicere.* l'abolir, *abrogare.* l'annuler, *refcindere.* donner la loi, *legem dare.* prendre la loi, *obfequi.* ajoûter à la loi, *legi addere.* garder la loi, *legi parere.* exempt de la loi, *lege folutus.* fans faire contre la loi, *falvâ lege.* peine ordonnée par la loi, *fanctio.* fans loi, *exlex.* loi donnée par le peuple, *plebifcitum.* par une Cour Souveraine, *Senatûs Confultum.* par le Prince, *Regis edictum.*

Moi, *ego.* c'eft moi, *ego fum.* à vous & à moi, *tibi & mihi.* à caufe de moi, *meâ caufâ.* ce n'eft pas à moi, *meæ partes non funt.* moi-même, *egomet.* qui eft à moi, *meus.* de moi-même, *ex me.* par moi, *per me.*

fubftantifs mafculins. *v*

en moi-même, *mecum tacitus cogito.* quant à moi, *ego verò.* fur fon quant à moi, *gloriofo fufflatus tumore.*

Noy, mettre en noy, nier, contefter.

Octroi, *conceffio.* chofe octroyée, *conceffum.* don obtenu, *donum.*

Orfroi, *facra trabea ornamenta anteriora.*

j'Oi,   *audio.*

Palefroi, cheval de parade, *equus phaleratus ad pompam.*

Paroi, muraille,   *paries.*

Pourquoi,   *quare.*

Pulefoi, vieux mot, *mala fides.*

Quoi,   *quid.*

Remploi,   *fubftitutio.*

Renvoi, *dimiffio.* au Juge, *commeatus ad judicem.*

Roi, *Rex.* petit Roi, *Regulus.* héréditaire, *-arius.* électif, *-ivus.*

Soi, pronom réciproque, *fui, fibi, fe.* avec foi, *fecum.* qui eft à foi, *fui compos.*

Toi, pronom de la feconde perfonne, *tu, tui, tibi, te.* avec toi, *tecum.* toi-même, *tumet, tu ipfe.* parler par toi, *parùm comiter appellare.*

Tournoi,   *torneamentum.*

Vaultroi, vieux mot, chien de chaffe.

Vertugoi,   *me herclè.*

Viceroi,   *prorex.*

*Plus l'impératif des verbes
en* oire *,* oiftre *, & d'une partie de ceux en* oir : boi, convoi, prévoi.

OIBLE.

a | Foible *, debilis.* imbécille,
-illis. infirme, -mus. je
fuis foible, *vires deficiunt.*

m | Foible, *imbecillitas.* c'eft-
là mon foible, *id mihi vi-
tii eft.* le fort & le foible
des raifons, *quid valent
rationes.* le foible d'une
place, *quâ parte fit expu-
gnatu facilior.* le fort porte
le foible, *ditiores paupe-
riorum vices explent.*

OIA. & OYA.

Oya, dignité Siamoife,
oyans.

VERBES.

verbes au prétérit indéfini.

Broya, 　　　*contrivit.*
Côtoya, 　　　*littus legit.*
Dévoya, *in errorem induxit.*
Employa, 　　　*occupavit.*
Envoya, 　　　　*emifit.*
Foudroya, *fulmine percuffit.*
fe Fourvoya, *à viâ aberravit.*
Nettoya, 　　　*deterfit.*
Noya, 　　　　*demerfit.*
Octroya, 　　　*conceffit.*
Ondoya, 　　　*baptizavit.*
Soudoya, *ftipendiatus eft.*
Tournoya, 　　*circuivit.*
　　Voyez les autres verbes en
oier *&* oyer.

QID. *voyez* OIT.

OIDE.

Froide, adj. *frigida.* d'une
maniére froide, *frigidè.*

a | Roide, *rigidus.* fort, *valens.*
robufte, -tus. engourdi,
rigens. bandé, *contentus.*
rapide, -dus. efcarpé,
arduus. opiniâtre, *tenax.*
tenir roide contre, *obniti.*
devenir roide, *rigefcere.*

OIE. & OYE.

f | Aboie, tenir en aboie, re-
paître de vaines efpéran-
ces, *vanâ fpe lactare.*

m | Anchoie, poiffon, *lycofto-
mus.*
* Arboie, boccage, *fylvula.*
Bivoie, vieux mot, *bivium.*
Charmoie, 　　*carpinetum.*
Courroie, 　　　*lorum.*

m | Foie, *jecur.* petit foie, *jecuf-
culum.* qui a mal au foie,
hepaticus. maladie du foie,
morbus hepaticus. le haut
du foie, *jecoris caput.* l'entre-deux des piéces du
foie, *fiffum jecoris.* lobe
du foie, *jecoris lobus, fibra.* de foie, *hepaticus.*
de Guingoie, adv. *oblique.*
Joie, *gaudium.* lieffe, *latitia.*
être dans la joie, *gaudere.*
être ravi de joie, *latitiâ
efferri.* combler de joie,
latitiâ afficere. fille de joie,
proftibulum.

fubft. fém.

substantifs féminins.

Ivroie, *zizania.*
Lamproie, poisson, *nampreda, mustela marina.*
Monnoie, *moneta.*
Monnoie, lieu où l'on fabrique la monnoie, *monetaria.*
fausse Monnoie, *moneta adultera.*

m La Monnoie, Poëte François.
Montjoie, nom de Héraut d'armes.
Montjoie, cri de France.
Oie, oiseau, *anser.* sauvage, *ferus.* grasse, *pinguis.* petite oie, jeune, *anserculus.* d'oie, *anserinus.* crier comme une oie, *gingrire.* pied d'oie, herbe, *chenopus.* l'ile d'oie, *anserina insula.* jeu d'oie, *ludus anseris.*

m Oiseau de proie, *accipiter.*
Ormoie, *ulmarium.*
* petite Oie d'habit, *vestium ornamenta.* petite oie de Rotisseur, *volatilium resegmina.* peau d'oie, rude, *pellis anserina.* pate d'oie, *pes anserinus.*

m Pou de soie, étoffe, *pannus sericus.*
Proie, *præda.*

m * un Rabat-joie, *lætitia contrarius.*
Roie, vieux mot, ligne.
Savoie, pays, *Sabaudia.*
—de Savoie, *Sabaudus.*
Soie, *sericus.*
Soie de pourceau, *seta.*
Troye, ville, *Troja.*
—de Troye, *Trojanus.*

m Ver à soie, *bombix.*
f Voie, *via.* chemin, *iter.*
f Voie de bois, *vectura lignea.*

VERBES.

verbes au subjonctif.

Entrevoie, *strictim cernam.*
Pourvoie, *providcam.*
Prévoie, *prævideam.*
Voie, *videam.*
Plus divers temps & diverses personnes des verbes en oier : fourvoie.

OIÉ. & OYÉ.

subst. masc.

un Dévoyé, *devius.*
un Envoyé, *nuntius.*
Plaidoyé, *causa dictio.*

VERBES.

verbes au prétérit & participe masculins.

Broyé, *tritus.*
Charroyé, *vectus.*
Côtoyé, *littus legit.*
Dévoyé, *devius.*
Employé, *occupatus.*
Envoyé, *missus.*
Fêtoyé, *convivio exceptus.*
Fossoyé, *fossus.*
Foudroyé, *fulmine percussus.*
Fourvoyé, *aberravit.*
Grossoyé, *majusculis litteris exaratus.*
Nettoyé, *tersus.*
Noyé, *mersus.*
Octroyé, *concessus.*
Ondoyé, *baptizatus.*
Renvoyé, *remissus.*
Soudoyé, *stipendio donatus.*
Tournoyé, *circumactus.*
Voyez les autres verbes en oier & oyer.

Substantifs masculins.

OIER. & OYER.

Foyer, *focus.*
Loyer, *merces.* louage, *conductus.*
Monnoyer, qui travaille à la monnoie, *monetarius opifex.*
Noyer, arbre, *nux.*
Voyer, Grand Voyer, *summus viarum curator.*

OIER. ou plûtôt OYER.

verbes à l'infinitif.

Atermoyer, *diem pecunia proferre.*
Broyer, *conterere.*
Charroyer, *vehere.*
Convoyer, *comitari.*
Corroyer, *argillâ subactâ inducere.* de la terre, *terram urgere.* le mortier, *arenatum.* des cuirs, *coria.* du fer, *ferrum subigere.* le bois, *dolare.*
Côtoyer, *ad latus esse.* le rivage, *littus legere.* raser le bord, *abradere oram.* les troupes, *copias obequitare.* suivre la côte de la mer, *oram maris legere.*
Déployer, *explicare.*
Dévoyer du chemin, *à via deducere.* l'estomach, *solvere stomachum.*
se Dévoyer, *à viâ aberrare.*
Emoyer, vieux mot, *commovere*
Employer, occuper, *-pare.* dépenser, *insumere.* s'occuper, *operam dare.* se

verbes à l'infinitif.

servir de, *uti.* mettre à, *ponere in.*
Ensoyer, *serico filo munire.*
Envoyer, *mittere.*
s'Esbanoyer, vieux mot, *voluptati indulgere.*
Fêtoyer, faire un festin, *epulas dare.*
—faire fête, *festum agere.*
Flamboyer, *flammas evomere.*
Fossoyer, *fodere.*
Foudroyer, *fulmine percutere.*
se Fourvoyer, *à viâ deflectere.*
Giboyer, *venari.*
Grossoyer, terme de Notaire, *ex archetypo describere.*
Larmoyer, *lacrymari, flere.*
Louvoyer, courir des bordées en mer, *modò in hanc, modò in aliam partem navem detorquere.*
Monnoyer, *monetam cudere.*
Nettoyer, *mundare.*
Noyer, *mergere.* une boule, *globum immergere.*
Octroyer, *concedere.*
Ondoyer, baptiser, *baptizare.*
Ondoyer, se dit d'une banderole, *undulare.*
Ployer, *plicare.*
Rudoyer, *asperè tractare.*
Sudoyer, *stipendiari.*
Tournoyer, aller en tournant, *in orbem agi.* faire tourner, *agere gyros.* aller autour, *circumagere se.* aller autour, *circumire.* çà & là, *huc illuc circumagi.*
Tutoyer, *rusticè appellare.*

v | Verdoyer, *virescere.*
v | Versoyer, vieux mot, *miscere.*

O I F.

f | Soif, *sitis.* qui a soif, *siticulosus.*
f | Soif, convoitise, *cupiditas.* avidité, *-tas.*

O I F E.

f | Coife, couverture de la tête, *capitis tegumen.* à l'usage des femmes, *calentica.* peau qui couvre les intestins, *omentum.* peau qui envelope l'enfant au ventre de sa mere, *tunica.*
v | Coife, *como.*
v | Décoife, *calenticâ exuo.*

O I G N E.

verbes au subjonctif.

* Ajoigne, *adjungam.*
Conjoigne, *conjungam.*
Déjoigne, *disjungam.*
Empoigne, *manu capiam.*
Enjoigne, *injungam.*
Joigne, *jungam.*
Oigne, *ungam.*
Poigne, *pungam.*
Témoigne, *testificor.*

O I L.

m | * Contrepoil, *adversus pilus.*
m | Passe-poil, *tænia bombycina.*
m | Poil, *pilus.* de tête, *crinis.* des paupiéres, *cilium.* des narines, *vibrica.* des animaux, *villus.* de pourceau, *seta.* poil folet, *lanugo.* prendre poil, *pilum induere.* perdre le poil, *glabrescere.* dresse le poil, *inhorrescere.* faire le poil, *tundere.* couvert de poil, *villosus.*

O I L E.

Apostoile, vieux mot, *apostolus.*
Coille, sorte de tabac tamisé,
v | Dévoile, *develo.*
f | Etoile, *stella.* marque au front d'un cheval, *nota alba.* d'Imprimeur, astérisme, *asteriscus.* d'un bois, *stella in sylva efformata.*
Oille, espéce de potage.
f | Toile, *tela.* de Hollande, *linum Batavicum.* fine, *cyssinum.* d'argent, *argenteum textile.* de toile, *linteus.* ouvrier en toile, *linteo.* ouvrage de toile, *lintearia.* blanchisseur de toile, *lintearius fullo.*
Toile, terme de chasse, *tela venatoria.*
Voile de navire, *velum.* grand, *maximi mali.* du trinquet, *dolon minus.* de misené *ou* de pouppe, *velum ad puppim.* de beaupré, *proclinati ad provam mali.* caler la voile, *velum contrahere.* la mettre au vent, *permittere velum ventis.* hausser la voile, *elevare.* la ferler & dé-

subftantifs masculins.

ployer, *explicare.* faire force voile, *pandere velum.* vaiſſeau à voile, *navis.*

m Voile, obſcurité, -*tàs.* prétexte, *fiɛ̃a ſpecies.*

v Voilé,   *velo.*

OILE. *ou* OISLE.
prononcez Oële.

Poële d'Egliſe, *umbella.* à feu, *pultarium.* à frire, *ſartago.*

m Poële, lieu-chaud, *hypocauſtum.*

OIN. OUIN. OIND. & OING.

subftantifs masculins.

Aubifoin, plante,   *cyanus.*
Babouin,   *ſimius major.*
* Baiſer le babouin, *ſimium oſculari.*
Baragoüin, *intricatum loquendi genus.*
Bédouin, *ou* Bédun, ſecte qui croit en la loi d'Hély.
Beſoin,   *opus.*
Chafoin, maigre de viſage, *macilentus.*
Coin, *angulus.* de fer, *cuneus.* de monnoie, *typus.* fruit, *malum cydonium.* coin de cheveux, *angulus crinium.* de mire, il ſert à lever la culaſſe du canon.
Foin,   *fœnum.*
* Foin, terme de dépit, *apage.*
Groin de cochon, *ſuis roſtrum.* petit groin, *roſtellum.* groin, fig. viſage, *facies, vultus.*

subftantifs masculins.

Jamboloin, arbriſſeau des Indes.
Loin, riviére, *Lupa.* adv. *longè.* bien loin, *longiſſimè, procul.*
Marſoin, *turſio.* pourceau de mer, *marinus ſus.*
Poing, *ou* la main fermée, *pugnus.* fermer le poing, *pugnum facere.* un coup de poing, *colaphus.* de la groſſeur d'un poing, *pugillaris.*
Recoin,   *receſſus.*
Ságouin, ſinge, *ſimiolus.*
ſale, *ſordidus.*
Sainfoin,   *medica.*
Soin d'une choſe, *cura.* étude, *ſtudium.* affection, -*tio.* diligence, -*entia.* exactitude, *accuratio.* inquiétude, *ſollicitudo.*
Talapoin, Prêtre Siamois, -*onius.*
Témoin, *teſtis.* oculaire, *oculatus.* qui a oui, *auritus.* irréprochable, *gravis, locuples.* ſuborné, -*natus.* faux témoin, *falſus teſtis.*
* Tintoin,   *tinnitus.*
Vieux-oing,   *vetus adeps.*
Plus l'impératif des verbes en oindre: joindre.

OINDRE.

a Moindre, *minor.* le moindre, *minimus.*

VERBES

* Ajoindre,   *adjungere.*

Conjoindre,

verbes à l'infinitif.

Conjoindre, *conjungere.*
Déjoindre, *ou* Disjoindre, *disjungere.*
Enjoindre, *præcipere.*
Joindre, *jungere.* assembler, *congregare.* aborder, *appellere.*
Oindre, *ungere.*
* Poindre, *pungere.*
Poindre, commencer à paroître, *erumpere.*
Rejoindre, *disjuncta iterùm jungere.*
Voyez INDRE.

OINE.

Substantifs masculins & féminins.

Aigremoine, *eupatorium.*
Antimoine, *stibium.*
Avoine, *avena.*
Bétoine, *betonica.*
Calcédoine, *Chalcedonia.*
Cassidoine, pierre, *murrhinum.*
Chanoine, *canonicus.*
Coine de lard, *laridi cutis.*
feu saint Antoine, *ignis sacer.*
Macédoine, *-donia.*
Moine, *monachus.* solitaire, *solitarius.*
Moine à chaufer le lit, *lecti calefactorium.*
Le Moine, Poëte François.
Patrimoine, *-onium.*
Péritoine, *-onæum.*
Persil de Macédoine, *apium Macedonium.*
Sardoine, *Sardonix.*

OINS.

Moins, adv. *minùs.*

du Moins, adv. *saltem.*
au Moins, *ad minus.*
Néanmoins, *nihilominùs.*
Plus le pluriel des noms en oin.
Plus divers temps & diverses personnes des verbes en oindre : joins.

OINT.

Substantifs & adjectifs masculins.

Acoint, vieux mot, *amicus familiaris.*
Ajoint, *adjunctus.*
Appoint, *minuta moneta.*
Arriére-point, *sutura retroacta.*
Coint, vieux mot, *venustus.*
Contrepoint, terme de Musique, *compositio.*
Disjoint, *disjunctus.*
Embonpoint, *bona corporis habitudo.*
Joint, *junctus.*
Mal en point, *prorsùs.*
Oint, *unctus.* l'Oint du Seigneur, fig. le Roi, *unctus Domini.*
Point, négation, *non.* point du tout, *minimè.* point en interrogeant, *an? nonne? num?*
Point, corps indivisible, *punctum.* trou de piqqure, *punctio.* article d'un discours, *caput, pars.* le point, le principal chef d'une affaire, *rei summa.* point du jour, *diluculum.* point de côté, douleur, *lateralis dolor.* état, *status.* lieu, *locus.* moment, *-um.*

Substantifs & adjectifs masculins.

un Point d'aiguille de coûture, *lini per acum trajectus.*

être en bon point, *rectè se habere.* point d'honneur, *honoris prærogativa.*

de tout Point, adv. *omninò.* tout à point, *opportunè.* de point en point, *per capita singula.*

petit Point, tapisserie, *Phrygionium minutulum.*

Pourpoint, *thorax.* le moule du Pourpoint, fig. le corps, *corpus.*

Plus divers temps & diverses personnes des verbes en oindre: joint.

Rejoint, *conjunctus.*

Rond - point, l'extrémité d'une Eglise opposée au grand portail.

Tiers-point, terme de Perspective.

Vieux-oint, *adeps vetus.*

OINTE.

Substantifs feminins.

Courtepointe de lit, *lectistragulum.*

Pointe d'épée, *acumen.* d'armée, *prima acies.* de rocher, de clocher, *apex, cacumen.* d'esprit, *acies ingenii.* d'une sauce, *sapor gustum pungens.*

Pointe, coëfure, de femme, *calyptra pulla angularis.*

Trépointe de soulier, *assuta solea corii tænia.*

VERBES.

Ajointe, *adjuncta.*

Apointe un procès, *litem esse perpendendam pronuntio.*

Conjointe, *conjuncta.*

Contrepointe, *obsisto.*

Déjointe, *disjuncta.*

Desapointe, *stipendio privo.*

Enjointe, *injuncta.*

Jointe, *juncta.*

Ointe, *uncta.*

Pointe, *dirigo.*

Voyez les autres verbes en ointer & oindre: *voyez* inte.

OIR

Substantifs masculins.

Les noms en oir, *pour la plûpart, signifient quelque sorte d'instrument, ou quelque lieu.*

Abbreuvoir, *aquarium.* à mouches, fig. plaie, *luculenta plaga.* terme d'Architecture, *apertura, rima.*

Accordoir, *instrumentum quo aptantur instrumenta musica.*

Accotoir, ou plûtôt, Accostoir, *fulcrum.*

Accoudoir, *cubitale.*

—terme d'Architecture, *pluteus.*

Achevoir, *locus in quo perficitur aliquid.*

Affinoir, terme de Cordier, *echinus.*

Ajustoir, terme de Fontainier, *fistula quædam ærea.*

* Amusoir, *ludificatio.*

Arrosoir, *hydria irrigua.* c'est aussi un coquillage.

Assommoir, *muscipula.*

Avoir, pour Richesses, *di-*

subſtantifs maſculins.

vitiæ. les facultés , *bona.*

Baignoir, *locus lavationi idoneus.*

Bâtoir à jouer, *palmula luſoria.* de lavandiére, *lintei tudicula.* à battre un pavé, *tudiculæ quâ utuntur pavimentorum ſtructores.* à battre un pieu, *fiſtuca.*

Beaurevoir, terme de Chaſſe.

Birloir, petite machine qui ſert à arrêter un chaſſis levé.

Blé noir, *melampyrum.*

Bouchoir, *operculum.*

Boudoir, petit réduit.

Bougeoir, *candelabrum cum capulo.*

Bouloir, inſtrument de Maçon, *tudiculus vel contus.*

Boutoir de ſanglier, *roſtrum.* inſtrument de Maréchal, *equini cornu ſectrix novacula.*

Bruniſſoir, *politorius lapis.*

Chargeoir de poudre, *infundibulum tormentarii pulveris.*

Chaufoir, *calefactorium.*

Code-noir, nom d'un Edit de 1685.

Cognoir, inſtrument d'Imprimerie.

Comptoir, *rationum conclave.*

Couchoir, *buxum applicandæ bracteæ idoneum.*

Cueilloir, *cadus.* de ceriſes, *collectorium ceraſorum.*

Décognoir, *cuneus.*

Déctochoir, inſtrument , *exemptor.*

subſtantifs maſculins.

Deſeſpoir, *deſperatio.*

Devidoir, *rhombus.*

Devoir, *officium.* obligation, *debitum.*

Dévouloir, vieux mot, *voluntatis ceſſatio.*

Doroir , *ſcopula quâ piſtores panem illidunt.*

Dortoir de Couvent , *dormitorium.*

Douloir, vieux mot, *dolere.*

Drageoir, *ciſtella tragematica.*

Dreſſoir.

Ebarboir, inſtrument des Chaudronniers.

Ebauchoir.

Echarnoir, outil.

Echaudoir, terme de Boucher, lieu où entrent les bêtes, *laniarium.*

Ecuſſonnoir, *cultellus ſcotulæ inſerendæ idoneus.*

Egoutoir.

Egriſoir, *capſula poliendis ac terendis lapidibus.*

Egrugeoir, *infriabulum.*

Emouchoir, pour chaſſer les mouches, *muſcaria ſcutica.* de cheval, *reticulum.*

Embouchoir, c'eſt le bout d'une trompette ou d'un cor qui ſe ſépare.

Emouchoir, *ſcutica abigendis muſcis idonea.*

Encenſoir, *thuribulum.* navette d'encenſoir, *capſula thuraria.*

Entonnoir, *infundibulum.*

Epanchoir, *foramen.*

Epinçoir, gros marteau de Paveur.

substantifs masculins.

Epluchoir, *cultellus munda-tor.*

Espoir, *spes.*

Eteignoir, *extinctorium.*

Etouffoir, *præfocator.*

Eventoir, *flabellum majus.*

Fendoir, outil de Vannier.

Fermoir de livre, *fibula.* ci-seau de Menuisier, *scalprum acie latiori.* de Sculpteur, *scalper trifidus.*

Fraisoir, espéce de villebrequin.

Frisoir, ciselet des Fourbisseurs.

Frotoir, *fricatorium.*

Heurtoir, *tudes ostiarius.*

Hoir, terme de Palais, *hæres.*

Houssoir, *scopula plumalis.*

Germoir, sorte de cellier, où l'on porte l'orge germée.

Grattoir, instrument d'écritoire.

Juchoir, *sedile aviarium.*

Lançoir, palle de moulin.

Laminoir, *laminarum ductoria machina.*

Lavoir à laver les mains, *lavacrum.* cuve à se baigner, *labrum balnearium.* lieu à se baigner, *balneum.*

Loir, espéce de rat, *glis.*

Manoir, vieux mot, *domicilium.*

Mattoir, *depressorium.*

Miroir, *speculum.* ardent, *ustorium.* plein, *planum.* convexe, *-xum.* concave, *-vum.* parabolique, *-icum.* elliptique, *-icum.* hyperbolique, *-icum.*

substantifs masculins.

Montoir, *ascensorium.* pied du montoir, *pes sinister.*

Mouchoir, *sudarium.* de col, *strophium.*

Nichoir, terme d'Oiselier.

Noir, du noir, *atrum, ater color.* hoir, adj. *ater.* un peu noir, *nigellus, subniger.* de fumée, *fuligo.* il fait noir, *nox atra incumbit.* tirer au noir, *subnigrescere.* vêtu de noir, *atratus.*

Ouvertoire, *ou* Ouvroir, vieux mot, *officina.*

Ouvroir, lieu où l'on travaille, *officina.*

Parloir de Religieuse, *allocutorium.*

Pendoir, *funis suspensor.*

Perçoir, *terebella.*

Plioir, instrument de faiseur de gaze.

Polissoir, *lævigatorium.* roue d'Emouleur, *lævigatoria rota.*

Portoir, chez les Chartreux, *portorium.*

Pouvoir, puissance, *potentia.* autorité, *auctoritas.* selon son Pouvoir, *pro virili parte.*

Pressoir, machine à presser, *torculare.* le lieu où est le pressoir, *torcularium.*

Promenoir, *ambulacrum.*

Puisoir, terme d'Astronomie, *haustrum.*

Rafraîchissoir, terme de Sucrerie.

Rasoir, *novacula.*

Recueilloir, terme de Cor-

substantifs masculins.

dier, *ligneum instrumentum intortum.*

Reposoir, *quietis sedes.*

Repoussoir, instrument de Chirurgie.

Réservoir, *receptaculum.* d'eau, *aquæ.* de poisson, *piscina, lacus.* de la provision, *asservandæ annonæ locus.*

Saloir, *vas salsamentarium.*

Sautoir, terme de Blâson, *decussis.* passer en sautoir, *decussare.*

Sçavoir, science, *-tia.* érudition, *-io.* doctrine, *-ina.* littérature, *litteratura.*

à Sçavoir, *scilicet.*

Semoir, v. m. *satorium.*

le Soir, *vespera.* au soir, *ad vesperam.* hier au soir, *heri vespere.* sur le soir, *vesperascente cœlo.* du soir, *vespertinus.*

Tailloir, *ou* abaque, terme d'Architecture, *abacus.*

Terroir, *territorium, ager.*

Tiroir, *cista ductilis.*

Traçoir, *graphis.*

Tranchoir, *scalper.* terme d'Architecture, *abacus.* terme de cuisine, assiette de bois, *orbis mensarius ligneus.*

Vendangeoir, maison où l'on fait vendange.

Vouloir, *voluntas.*

VERBES.

Apercevoir, *aspicere.*

—connoître, *cognoscere.*

verbes à l'infinitif.

* Apparoir, vieux v. n. *innotescere.*

Asseoir, mettre en un siége, *in sede locare.*

s'Asseoir, *assidere.* se rasseoir, *rursùm sedere.* laisser rasseoir le vin, *vinum desacare.*

Avoir, *habere.* n'avoir pas, manquer, *carere.* faim, *cavere.* faim, *esurire.* soif, *sitire.* peur, *pavescere.* crainte, *timere.* du bien, *divitem esse.* la paix, *pace frui.*

Chaloir, vieux mot, *curare.*

Choir, vieux mot, *cadere.*

Concevoir, parlant d'une mere, *concipere.* comprendre, *percipere.* de grands desseins, *magna animo cogitare.*

Décevoir, *decipere.* tromper, *fallere.* circonvenir, *-nire.* induire dans l'erreur, *in errorem inducere.*

Décheoir, *decidere, dejici, descissere.* tomber, *cadere ex.* diminuer, *diminui.* de son espérance, *spe depelli.*

Démouvoir, *demovere.*

Devoir, *debere.* être tenu, *teneri.* avoir des dettes, *in ære alieno esse.* ne rien devoir, *solutum esse ab ære alieno.*

Echeoir, avenir, *advenire.* arriver, *obtingere.*

Emouvoir, *permovere.* agiter, *-tare.* exciter, *-tare.* sa compassion, *miserationem commovere.* ne s'émouvoir

verbes à l'infinitif.

de rien, *nullâ re moveri.*

Entrevoir, voir à demi, *non satis cernere.*

—une pensée, *mentem subodorari.*

—prévoir, *parùm prospicere.*

s'Entrevoir, se visiter, *se invicem invisere.*

Equivaloir, *aquivalere.*

Falloir, *oportere.*

Mouvoir, *movere.* exciter, *-are.* pousser, *impellere.* fort, *permovere.* se mouvoir, *moveri.* qui se peut mouvoir, *mobilis.* qui ne se peut mouvoir, *immobilis.*

Ombroir, *ou* Ombroyer, vieux mot, *in umbra collocare.*

Percevoir, *percipere.* recueillir, *colligere.*

Pleuvoir, *pluere.* par-tout, *perpluere.*

Pourvoir, *providere.* quelqu'un de, *suppeditare.* fournir, *subministrare.* une fille, la marier, *filiam nuptui collocare.*

se Pourvoir, *sibi quarere.* acheter, *comparare.* contre une personne, *agere jure contra aliquem.*

Pouvoir, *posse.* avoir puissance, *valere.* faire une chose, *quire.* ne pouvoir, *nequire.* n'en pouvoir plus, *deficere.*

Prévaloir, *prastare.* gagner, *vincere.* se prévaloir de, *commodum capere ex.*

Prévoir, *prævidere.* voir l'avenir, *prospicere.*

verbes à l'infinitif.

Promouvoir, *promovere.* aux charges, *ad dignitates.* élever, *efferre.*

Remanoir, vieux mot, *remanere.*

Ramentevoir, vieux mot, *in memoriam reducere.*

Ravoir, recouvrer, *recuperare.* se ravoir d'une maladie, *recolligere se ex morbo.*

Recevoir, *recipere.* quelque perte, *jacturam facere.* quelqu'un, *excipere.* admettre, *admittere.* au nombre des citoyens, *in civitatem adscribere.*

Revaloir, *rependere.*

Revouloir, vouloir de nouveau.

Sçavoir, *scire.* connoître, *noscere.* faire sçavoir, *certiorem facere.* être sçavant, *doctum esse.* son monde, *multâ humanitate limatum esse.* ne sçavoir, *nescire.*

Seoir, *sedere.*

Souloir, vieux mot, *solere.*

Surseoir, *supersedere.* différer, *differre.* le jugement d'un procès, *judicium litis sustinere.* faire surseoir un procès, *causa judicium inhibere.*

Valoir, être d'un certain prix, *valere.* beaucoup, *maximi pretii esse.* beaucoup plus, *multo pluris valere.* faire valoir ses terres, *agros suos colere.* se faire valoir, *sua venditare.* faire valoir, exagérer, *exaggerare.*

verbes à l'infinitif.

Valoir, coûter, *constare*. rapporter, *reddere*. valoir mieux, *longè præstare*. ne rien valoir, *vitiosum esse*.

Voir, *videre*. regarder, *aspicere*. de près, *cominùs intueri*. apercevoir, *perspicere*. discerner, *-nere*. visiter quelqu'un, *invisere*. considérer, *-rare*. regarder, *attendere*. faire voir, *ostendere*. montrer, *planum facere*.

Vouloir, *velle*. ne vouloir pas, *nolle*. vouloir mieux, *malle*. du bien à quelqu'un, *benè cupere alicui*. du mal, *malè cupere*. en vouloir à, *infensum esse*.

OIRE.

substantifs & adjectifs masculins & féminins.

La plûpart des mots en oire *sont des mots d'instrumens, de Jurisprudence ou de Médecine, il y en a des noms substantifs & adjectifs : ils sont pour la plûpart terminés en latin en* orius, a, um.

Absolutoire, *-orius*. sentence absolutoire, *-tia -lutoria*.

Accessoire, *accessio*. choses accessoires, *res ascititia*. addition, *additamentum*.

faire Accroire, *persuadere, fucum facere*. s'en faire accroire, *nimiùm sibi sumere*.

* Adjutoire, vieux mot, *auxilium*.

Ambulatoire, *-orium*.

Armoire, *armarium*. à pa-

substantifs & adjectifs masculins & féminins.

piers, *tabularium*. à livres, *librarium*. à argent, *pecuniarium*. à serrer la viande, *obsoniarium*.

Atteloire, sorte de cheville.

Attrapoire, *decipula*.

Avaloire, *guttur*.

Auditoire, assistance, *auditores*. de Juge, *auditorium forense*.

Avocatoire, *-orium*.

Baignoire, cuve où l'on se baigne, *labrum balneare*.

Bajoire, terme de Monnoyeur & de Médailliste, *numisma cum duplici effigie*.

Bassinoire, *vas excalfactorium*.

Blasphématoire, *in Deum vel Sanctos contumeliosus*.

Boire, *bibere*. peu, *subbibere*. tout, *epotare*. vuider le gobelet, *exhaurire poculum*. à quelqu'un, *alicui propinare*.

Bouilloire, vaisseau de métal, propre à faire bouillir de l'eau.

Brandilloire, *oscillum*.

Branloire, ais par le moyen duquel deux enfans font tour à tour le contrepoids.

Caquetoire, petit fauteuil, *sedecula*. de charrue, *aratri sedile*.

Caution juratoire, *cautio juratoria*.

Ciboire, *sacra pyxis*.

Circulatoire, *-orius*.

Clisoire, *syrinx, sambuca*.

Collusoire, *-orius*.

Combinatoire, *ars comparandi*.

subst. & adj. masc. & fem.

Comminatoire,   *-orium,*

Compulsoire. . .

Conservatoire, Siége d'un Conservateur des droits de quelque Siége, *-orium.*

Consistoire,   *-orium.*

Consolatoire,   *-orius.*

Correctoire, livre dont se servent les Minimes, *correctorium.*

Couloire,   *colum.*

Croire, *credere.* penser, *arbitrari.* estimer, *æstimare.* être persuadé, *persuasum esse.* écouter, *audire.* avec opinion, *opinari.* s'en faire accroire, *nimium sibi arrogare.*

Débellatoire, vieux mot, victorieux, *-orius,*

Déboire, *injucundus sapor.*

Déclaratoire,   *-orium.*

Déclinatoire. . .

Décroire,   *negare.*

Décrotoire,   *detersorium.*

Délégatoire, rescription du Souverain Pontife.

Dépilatoire,   *-orium.*

Dépurgatoire. . .

Dérogatoire. . .

Diffamatoire, *famosus, probrosus.*

Dilatoire,   *-orius.*

Dlatoire, instrument de Chirurgie.

Dimissoire,   *-orium.*

Dînatoire.

Directoire,   *ordo.*

Discrétoire, *consilium monialium.*

Distillatoire, terme de Chymie.

subst. & adj. masc. & fem.

Doloire, outil de Tonnelier, *dolabra.* petite doloïre, *dolabella.*

Echappatoire,   *effugium.*

Ecritoire, *calamaria theca.*

Ecumoire, *spumatorium.*

Egrainoire, petite cage.

Ejaculatoire,   *-orius.*

Elévatoire,   *-orium.*

Emunctoire, au plur. *-oria.*

Epître dédicatoire, *epistola dedicatoria.*

Estoire, vieux mot, *classis.*

Evocatoire,   *-orium.*

Exécutoire, *pigneratitiâ auctoritate litteræ.*

Exécratoire, terme de Théologie.

Expiatoire,   *piacularis.*

Expurgatoire, *index expurgatorius.*

Foire, marché extraordinaire, *nundinæ.* le lieu où elle se tient, *emporium.* de foire, *nundinarius.* établir une foire, *nundinas instituere.*

Foire, excrémens liquides, *foria.* il a la foire, *cita est ipsi alvus.* qui a la foire, *foriolus.*

Frustratoire, terme de Palais, *-orius.*

Fustatoire, vin où l'on met du sucre & de la muscade.

Génitoire, au plur. *genitalia.*

Glissoire, chemin glacé sur quoi on glisse, *stadium glaciatum.*

Gloire, *gloria.* faire gloire de, *gloriari de.* acquérir de la gloire, *gloriam ac-*

subst. & adj. masc. & fém.

quirere. en obtenir, *adipisci,* gloire, orgueil, *superbia.*

Grimoire, *libellus magicus.*

Histoire,   *-oria.*

Illusoire,   *fallax.*

Imprécatoire,   *-orius.*

Inflammatoire, *inflammationes excitans.*

Interlocutoire,   *-orium.*

Interrogatoire...

Invitatoire...

Invocatoire...

Joire, pour dire George.

Ivoire,   *ebur.*

Laboratoire, lieu destiné pour les opérations chymiques.

Lacrymatoire, terme d'Antiquaire, *-orium.*

Lardoire, instrument à larder, *acus quâ laridum carnibus infertur.*

Lédoire, vieux mot, *convitium.*

Loire, riviére,   *Liger.*

Machicatoire, *ou* Masticatoire, *masticatorium.*

Machoire, *maxilla.* du chien d'un fusil, *labra rostri catapultarii, canis catapultarii.* d'un étang, *labra torculi.*

Mangeoire, créche, *præsepe.* ratelier, *ou* creneau, *pabularius alveus.*

Mécroire, vieux mot, *suspicari.*

Mémoire, faculté de retenir, *memoria.* souvenir, *recordatio.* papier pour se ressouvenir, *commentarius.*

subst. & adj. masc. & fém.

instruction, *monitum scripto editum.*

de Mémoire d'homme, *post hominum memoriam.*

rappeler la Mémoire, *renovare* vel *refricare memoriam.*

Méritoite,   *præmio dignus.*

Moire, *bombix spissiori filo texta.*

Monitoire,   *-orium.*

Nageoire de poissons, *pinna.* vessie pour nager, *natantis fulcra axillaria.*

Noire, *nigra.* petite noire, *nigella.* brune, *fusca.* un peu noire, *subnigra.* pierre noire, *stilus plumbeus.* la mer noire, *mare nigrum.*

Notoire, *notus, manifestus.*

Obligatoire,   *-orius.*

Observatoire, *-orium.* lieu destiné pour les opérations astronomiques.

Offertoire,   *-orium.*

Oire, vieux adj.   *hodie.*

Olfactoire, terme d'Anatom.

Oraison jaculatoire, *oratio jaculatoria.*

Oratoire, lieu pour prier Dieu, *oratorium.*

Pere de l'Oratoire, qui est de la Congrégation de l'Oratoire, *Congregatio Oratorii Jesu.*

style Oratoire, *ou* fleuri, *stylus oratorius, floridus.*

Passoire,   *colum.*

Péremptoire, terme de Palais, *-orium.*

une raison Péremptoire & tout-à-fait décisive, *cer-*

subst. & adj. masc. & fem.

tiſſimum & perſuaſibile argumentum.

Pétitoire, ter. de Pal. -orium.

Poire, fruit, *pyrum.* à poudre, *pyxis pulveraria.* d'angoiſſe, *pyrum cruciando ferreum.*

Portoire, vaiſſeau pour porter la vendange.

Poſſeſſoire, *ou* la maintenue, *poſſeſſio.* le plein poſſeſſoire, *exhauſta controverſia juſta poſſeſſionis, pleneque juris poſſidendi.* poſſeſſoire, adj. *poſſeſſorrus.*

Préparatoire, *præparatorium.*

Prétoire, *prætorium.*

Préfet du Prétoire, *præfectus prætorii.*

Probatoire, acte probatoire.

Profeſſoire, un an de Profeſſion, terme uſité chez les Bernardins.

Promontoire, Cap.

Propitiatoire, -orium.

Provoire, vieux mot, *oratio & oratorium.*

Purgatoire, -orium.

Purificatoire, -orium *linteum.*

Ratiſſoire, *radula.*

Réfectoire, *cœnaculum.*

Répertoire, *index.*

Réquiſitoire, -orium.

Réſolutoire...

Révocatoire, dont on peut ſe relever.

Ruptoire, terme de Chirurgie, *cauterium potentiale.*

Satisfactoire, terme de Palais.

Secrétoire, *secretioni inſerviens.*

subst. & adj. masc. & fem.

Séparatoire, -orium.

Soupatoire, heure ſoupatoire, *hora cœnandi.*

Spéculatoire, *cœli phænomenon ſcientia ſpeculativa.*

Sternutatoire, *ſternutationes movens.*

Style, *ſtylus.* déclamatoire, -orius.

Suaſoire, perſuaſif, -orius.

Suppoſitoire, -orium.

Suſpenſoire...

Territoire...

Tranſitoire, -orius.

Trémoire de moulin, *ou* Trémie, *piſtrina infundibulum.*

Trouſſoire, vieux mot, reléve-mouſtache.

Véſicatoire, -orium.

Victoire, -oria.

Vomitoire, -orium.

Voire, *verùm etiam.* voire qui en auroit, *& verò qui haberet.*

OIRS.

Voyez les noms en oir, *dont le pluriel fait* oirs.

OIS. & OIX.

subst. & adj. masc.

Abois de la mort, *extrema cum morte lucta.*

Abois, terme de chaſſe.

Adénois, terme de Géographie, *adenenſis.*

Alénois, *Naſturtium.*

Alténois, nom de peuple, *Altenenſis.*

Ambergois, *Ambergenſis.*

Anchois, *encraſicholus.*

subst. & adj. masc.

Anglois, peuple, *Anglus.*
Arbois, ville de la Franche-Comté, *Arborosa.*
vin d'Arbois, *vinum Arbesium.*
Artois, pays, *Artesia.*
—d'Artois, *Artesius.*
Auchois, *Caletensis.*
Aucunefois, *aliquoties.*
Avignonnois, *Avenionensis.*
Autrefois, adv. *olim.*
Autunois, *Augustodunensis ager.*
Auxois, *Alexiensis tractus.*
Belgeois, qui est des Pays-Bas, *Belga.*
Blois, ville de France, *Blesense castrum.*
Bois de coupe, *sylva cadua.* de taille, *caduum nemus.* de taillis, *tonsilis sylva.* de haute futaie, *sylva materiaria.* mort, *arbor arida.* bois de quartier, *fissum lignum.* à brûler, *focarium lignum.* floté, *lignum ratibus devectum.* de moule, *caudex anularius.* de charpente, *materies.* de marrein, *lignum tignarium.* forêt, *nemus.*
Bois de cerf, ramure, cornes de cerf, *cervi cornua.* porter bien son bois, *bene se gerere.* sur une montagne, *saltus.* fût d'armes, *hastile.* de touche, proche la maison pour le divertissement, *voluptuaria sylva familiaris.* taille de bois, terme de Graveurs, *scalptura in typo ligneo formata.*

subst. & adj. masc.

bois consacré a quelque Divinité, *lucus.*
Bourgeois, *civis.*
Briois, de Brie, *Briensis.*
Carquois, *pharetra.*
Chamois, animal, *rupicapra.*
Chamois, peau, *rupicapra pellis.*
Champenois, *campanus.*
Chaumonnois, Contrée de Bassigny en Champagne.
Chinois, peuple, *Sina.*
Choix, élection, *electio.*
Co-bourgeois, celui à qui un vaisseau appartient en commun.
Contrepoids, *aequipondium.*
Courtois, *urbanus.* civil, *elegans.*
Croix, *crux.* peine, affliction, *crux, cruciamentum.* de saint André, *crux decussata.*
Danois, peuple, *Danus.*
Dauphinois, *Delphinas.*
* Discourtois, *inurbanus.*
Dunois, pays, *Dunensis ager.*
Empois, *amylum aquâ dilutum.*
Ferrarois, *Ferrariensis.*
Feu Grégeois, *ignis Græcus.*
Fois, *vices.*
à la Fois, *unà, simul.*
François, nom, *Franciscus.*
François, peuple, *Gallus, Francus.*
Garde-bois, *sylvarum custos.*
Gaulois, peuple, *Gallus.*
Génois, peuple, *Genuensis.*
Grand-Croix, Chevalier de Malthe, *Eques Melitensis ex primariis.*

subst. & adj. masc.

Gravois, *rudera.*

Grivois, bon compagnon, *genialis animi vir.*

de Guingois, de travers, *obliquè.*

Harnois de cheval, *equorum strata.*

Hautbois, *major tibia.* joueur de Hautbois, *tibicen.*

Hibernois, peuple, *Hibernus.*

Hongrois, peuple, *Hungarus.*

Japonois, peuple, *Japonensis.*

Iéçois, qui est d'Iéço, *Iesoensis.*

indois, des Indes, *Indicus.*

Iroquois, peuple, *Iroquoius.*

Illinois, habitant du Royaume d'Illinio, *Issiniensis.*

Lectrois, v. m. *locus lectioni destinatus.*

* Maintefois, souvent, *sæpe.*

Maconnois, *Malicensis ager.*

* Matois, *callidus.*

* Minois, *vultus.*

Mois, *mensis.*

Namurois, *Namurcensis.*

Narquois, vieux mot, *homo recoctus.*

Noblois, vieux mot, *nobilitas.*

Noix, *nuces.*

Ocondrois, vieux adv. *posteà.*

Pantois, vieux mot, *anxiè anhelans.*

* Parfois, *aliquando.*

* Patois, *sermo plebeius.*

Pavois, *scutum.* bastingue de navire, *navis peribolus.*

Piois, gazouillis d'oiseaux, *avium cantus.*

subst. & adj. masc.

Poids à peser, *pondo.* fardeau, *onus.*

Pois, légume, *pisum, cicer.*

Poix, *pix.*

Polonois, *Polonus.*

Putois, animal, *putorius.*

Quelquefois, *aliquando.*

Rochelois, *Rupellensis.*

Siamois, peuple, *Siamus.*

Sordois, vieux mot, *surdus.*

Souriquois, qui appartient aux rats & aux souris.

Sournois, dissimulé, *tectus & tacitus.*

Suédois, peuple, *Suevus.*

* en Tapinois, *secretò.*

Terrenoix, plante, *bulbocastanum.*

Tournois, monnoie, *moneta Turonica.* exercice, *ludicrum certamen.*

Toutefois, adv. *tamen.*

Tramois, bled de Mars.

Tricois, vieux mot, ornement, broderie.

Trois, *tres.*

Turcois, vieux mot, carquois.

Vaudois, hérétique, *Valdensis.*

Villageois, *villanus.*

Voix, *vox.* bruit, *sermo.* opinion, *sententia.* suffrage, *-gium.* voix basse, *vox demissa.* claire, *clara.* musicale, *canora.* belle, *resonans.* douce, *suavis.* haute, *alta.* forte, *grandis.* discordante, *absona.* fausse, *fucata.* foible, *languens.* grosse, *inflata.* rude, *rauca.*

Voyez le pluriel des noms en oi, oit *&* oid : Rois, froids, droits, *&c.*

Plus divers temps & diverses personnes de tous les verbes: aimois, pouvois, tenois.

OISSE.

subſtantif feminin.

Angoiſſe, au plur. *anguſtia.* être dans les angoiſſes d'une priſon, *eſſe in anguſtia carceris.*

Poire d'angoiſſe, *pyrum anginum.*

Poire d'angoiſſe, fig. fâcherie, *anxietas.*

Paroiſſe ,   *parœcia.*

m   * coq de Paroiſſe , *parœcius curialis primarius.*

VERBES.

verbes au ſubjonctif.

Accroiſſe,   *accreſcat.*
Apparoiſſe,   *videatur.*
Comparoiſſe,   *compareat.*
Connoiſſe,   *cognoſcat.*
Croiſſe,   *creſcat.*
Décroiſſe,   *decreſcat.*
Diſparoiſſe,   *evaneſcat.*
Froiſſe,   *confringat.*
Méconnoiſſe,   *ignoret.*
Paroiſſe,   *videatur.*
Poiſſe,   *impicet.*
Reconnoiſſe,   *agnoſcat.*

OIST. & OIT.

m   Le croît du bétail, *pecudum accretio.*

m   Surcroît, augmentation, *acceſſio.* de malheurs. *miſeriarum cumulus.*

verbes au préſent, &c.

VERBES.

Accroît,   *accreſcit.*
Apparoît,   *videtur.*
Comparoît,   *comparet.*
Connoît,   *cognoſcit.*
Croît,   *creſcit.*
Décroît,   *decreſcit.*
Diſparoît,   *evaneſcit.*
Méconnoît,   *ignorat.*
Paroît,   *videtur.*
Reconnoît,   *agnoſcit.*

OIT.

ſubſt. & adj. maſc.

Adroit, *dexter.* fin, *callidus.*
Ainſi ſoit,   *ſic fiat.*
Détroit,   *fretum.*
Doigt, *digitus.* petit doigt, *digitulus.* ſur le bout du doigt, par cœur, *memoriter, ad unguem.* à léche doigt, *ſtillatim.*
Droit, adj.   *rectus.*
un Droit,   *Jus.*
Droit, ſcience, *Juriſprudentia.*
Endroit, *locus.* étoffe, *pars aſpectûs ſpecioſior.*
* à l'Endroit, envers, *erga.*
Etroit,   *ſtrictus.*
Exploit militaire, *facinus, expeditio militaris.*
Exploit de juſtice,   *dica.*
Froid,   *frigidus.*
piſſe-Froid, mélancolique, -*icus.*
Faire froid à quelqu'un, *remiſſius agere cum.*
Maladroit, *parùm induſtrius.*
Paſſe-droit, *indulgentia, relaxatio.*

m | Toit de maison, *tectum.*
Plus divers temps de tous les verbes : aimoit, aimeroit, faisoit, feroit, *&c.*

OITE.

Adroite, fille adroite, *callida.*
Boite, appas pour attirer la morue.
Boîte, (long) *claudico.*
vin en Boite, *vinum potui aptum.*
Coite, lit de plume, *culcitra plumea.*
Convoite, *appeto.*
Doite, terme de Tisserand pour marquer la grosseur du fil.
Droite, chose droite, *recta.*
Emboîte, (long) *includo.*
Exploite, *dicam scribo.*
Moite, *madida.*

OITRE.

Cloître, *claustrum.*

VERBES.

Accroître, *augere.*
Apparoître, *apparere.*
Comparoître, *comparere.*
Connoître, *noscere.*
Croître, *crescere.*
Décroître, *decrescere.*
Disparoître, *evanescere.*
Méconnoître, *beneficiorum acceptorum immemorem esse.*
Paroître, *apparere.*
Reconnoître, *agnoscere.*

v | Reconnoître un bienfait, *gratia memorem esse.* une place, *locum explorare.*
De la manière que l'on prononce à présent ces verbes, on les peut rimer avec être *&* aître.

OIVE.

Apperçoive, *aspiciat.*
Boive, *bibat.*
Conçoive, *concipiat.*
Déçoive, *decipiat.*
Doive, *debeat.*
Reçoive, *recipiat.*

OIVRE.

m | Poivre, nom, *piper.* blanc, *album.* broyé, *tritum.*
Poivre, fig. quelque chose de piquant, *piperatus.*
v | il Poivre, *pipere condit.*
v | il Poivre, il y a de la satyre, *mordicat.*

OISE. & OIZE.

Amboise, ville, *Ambosia* vel *Ambacia.*
Ambroise, nom prop. *-osius.*
Ardoise, *ardosia.*
Bavaroise, liqueur chaude.
Bourgeoise, *civis.*
Cervoise, boisson, *cervisia.*
Courtoise, *civilis.*
Eloise, vieux mot, qui signifie éclair.
Framboise, fruit, *rubi Idæi morum.*
Grivoise, *meretrix.*

subſtantifs & adjectifs féminins.

Hollandoiſe (à la)   *durè.*

Matoiſe,   *callida.*

Narquoiſe, *recocta & vaſra mulier.*

Noiſe, *rixa.* querelle, *contentio.* débat, *jurgium.*

Oiſe, riviére,   *Oeſia.*

Pontoiſe, ville, *Pontiſara.*

Portugaloiſe, piéce d'or de Portugal.

Toiſe, *orgyia, ſexpedalis pertica.*

Turquoiſe, pierre précieuſe, *turchois.*

Vandoiſe, poiſſon, *vandeſius piſcis.*

O L.

subſtantifs maſculins.

B-mol, terme de Muſique.

Bol de caſſe, *bolus.* d'Arménie, *gleba Armenia.*

Capiſcol, Chef ou Doyen de Chapitre, *Decanus, capituli caput.*

Caracol, *equeſtris in gyrum procurſio.*

Col, *ou* cou,   *collum.*

Dol,   *dolus.*

Ecu ſol,   *ſolatus aureus.*

Entreſol,   *intertabulatum.*

Eſpagnol,   *Hiſpanus.*

Faire à col, terme d'Eaux & Forêts, le fardeau qu'une perſonne emporte elle-même.

Fol, *ou* Fou, adj.   *ſtultus.*

Flageol, vieux mot, *fiſtula.*

G-re-ſol, clef de Muſique.

Giraſol, pierre précieuſe, *opalus.*

Hauſſe-col, *ſubjecta collo pelta.*

subſtantifs maſculins.

Licol, *ou* licou, *capiſtrum.*

Mogol, Indien, *Mogolus.*

le Grand Mogol, Empereur des Indes, *Mogolorum Imperator.*

Mol *ou* mou, adj.   *mollis.*

Mouchoir de col, *ſtrophium.*

Paraſol,   *umbella.*

Pol, vieux mot, *pentarium.*

Roſſignol,   *philomela.*

Sol *ou* Sou, monnoie, *ſolidum.*

Sol *ou* Soleil, or des Chymiſtes, *ſol, aurum.*

Sol, note de Muſique.

Tourneſol, fleur, *heliotropium.*

Tourneſol à faire empois, *ſcorpioïdes.*

Vitriol,   *chalcanthum.*

Viol,   *violatio.*

Vol d'oiſeaux,   *volatio.*

Vol, larcin,   *furtum.*

O L D E.

f   Solde, *ſtipendium.* être à la ſolde de, *mereri ſub aliquo.*

O L E. bref.

subſtantifs féminins.

m   Acanthabole, inſtrument de Chirurgie, *-bolus.*

Ancillariole,   *-riolus.*

Apoſtole, vieux mot, *-lus.*

Archiviole, terme de Muſiq.

Artériole, terme d'Anatomie, *-la.*

Aſtropole, ter. de Fleuriſte.

Atolle, potion des Eſpagnols des Iſles.

substantifs féminins.

Auréole, couronne,   *-la.*
Azérole, *fruit.*
Babiole, *ineptiæ* d'enfans, *crepundia.*
Bractéole, *auri ramentum.*
Banderolle, *pinna vexillaris.*
Barbacolle, *ludi magister.*

a

Bénévole,   *-lus.*
* Bestiole, *parvula bestia.*
Boussole, *pyxis nautica.*
Bouterolle, *baculus rotâ in-structus.*
Bricole, sangle, *cingulum bajulatorium.*
Bricole de paume, *pila obli-quâ impactio.*
Bricole, fig. *frustratio.*
Camisole, *subucula.*

m

Canacopole, Catéchiste qui travaille aux Indes sous les Missionnaires.

m

Capitole,   *-lium.*
Capriole, *agilis in sublime saltus.*
Caracole, *equestris in orbem procursio.*
Cariole, *minor rheda.*
Carmagnole, ville de Sa-voye, *Carmaniola.*
Carniole, Province d'Autri-che.
Casserolle, *ænea paropsis.*
Caulicolle, terme d'Archi-tecture, *cauliculus.*
Chantignole, *laterculus.*
Colle, *gluten.* de poisson, *ich-thyocolla.*
—de cuir de bœuf, *tauri-num.*
Colle, cassade, *stropha.*
Cocole, pour Nicole.
Console d'Architecture, *an-cones, prothyrides.*

substantifs féminins.

Coupole d'un Dôme, *camera fastigium.*
* Croquignole, *talitrum.*
Dariole, *cibi ac placentæ genus.*
Dévole, *nulla lusoria folia auferre.*
Diastole,   *-le.*
Echaudole, v. m. *scandula.*
Echignole, fuseau de Bou-tonnier.
Ecole, *schola.*
Ecole, faute au jeu de Tri-ctrac, *error.*
Entresole, *interjectum tabu-latum.*
Eole, Dieu des Vents, *Æolus.*
Etole, vieux mot, *stola.*
Etudiole, v. m. *musæolum.*
Faribole, *nugæ.*
Févrole, petite féve, *fabilla.*
Fole, adj. *stulta.*
Folle, filet à prendre du pois-son.

a

Frivole,   *-lus.*
Furolle, exhalaison enflam-mée qu'on voit sur mer.
Fuserolle, brochette de fer, dont se servent les Tisse-rands.
Gingeole, cadet la Gingeole.
Girandole, chandelier à plu-sieurs branches, *giran-dula.*
Girandole, corde de feu d'artifice, *pyrausticus funis.*
Gloriole,   *-la.*
Gondole, batteau, *cymbula.*
Grolle, corneille, *cornicu-la, corvus.*
Hélépole, terme d'Antiq.
Hyperbole, *-le.* exagéra-tion, *superlatio.*

Hypocole,

substantifs masculins & féminins.

Hypocole , terme de Grammaire , le point & la virgule , *hypocolon.*

Idole , *idolum.*

Idole , fot ; *stultus.*

Ignicole , qui adore le feu.

Lauréole , laurier , *laureola.*

Lithocolle , *-la.*

Malévole , malveillant , *malevolus.*

Malléole ; *-lus.*

Mariole , vieux mot , *imago beatæ Virginis.*

Maufole , Roi de Carie , *-lus.*

Menole , petit poisson de mer.

Menfole ; *camera tholus.*

Métropole , *-lis.*

Molle, cire molle , *cera mollis.*

Molle , efféminée , *mollis , effeminata.*

Monopole , *-lium.*

Moucherole , oifeau , *muscipeta.*

Muzerolle de cheval , *fistella.*

Nicole , Auteur François , *Nicolaüs.*

Nicole , nom de femme , *Nicolaa.*

Niole , terme d'Ecolier ; *ictus.*

Norole , brioche , *crustulum.*

Obole ; *-lus.*

Oniropole. . .

Pactole , fleuve , *-olus.*

Parabole , *parabola.* fimilitude , *fimilitudo.* allégorie , *allegoria.*

Parole , *vox , verbum.*

Paffe-parole.

Pentapole ; *-lis.*

Péribole , tranfport des hu-

substantifs masculins & féminins.

meurs fur la furface du corps.

Pétrole, liqueur bitumineufe.

* Pharmacopole , *-ola.*

Phiole , *ou* Fiole , *lagena vitrea.*

Piftole ; *nummus aureus.*

Pole , *polus.* arctique , *-icus.* antarctique , *-icus.*

Profiterole , *offa fubcinericia.*

Protocole ; *fcriptum archetypum.*

Rigole ; *incile ; rivulus.*

Riole ; terme bas ; faire la riole, fe divertir.

Riffole , *minutal tostum.*

Rocambole , légume, *allium tenue.* faire la rocambole , faire bonne chère ; *epulari.*

Rougeole ; maladie , *rubentes pustulæ.*

Samole ; plante , *famolus.*

Sole, poiffon , *folea.* de navire , *planus.* terre , *folum.* de terre , *cornu equi tenerius.*

Symbole , *-lum.* des Apôtres, *Apostolorum.* de Nicée , *Nicenum.*

Syftole ; *-le.*

Tavayole ; *tegmen linteum.*

Victoriole , *-la.*

Vérole ; *morbus Venereus.* petite Vérole ; *variola.*

Viole , inftrument de Mufique , *lyra.*

Virevole , *ou* Dévole , terme du jeu de la Bête , *nullorum foliorum luforiorum ablatio.*

Virole ; *carchebus.*

VERBES.

verbes au présent.

Accole , *amplexor.*
Bricole , fig. *tergiversor.*
Cageole , *blandior.*
Capriole , *saltito.*
Colle , *glutino.*
Console , *-olor.*
Décolle , *deglutino.*
Désole, *devasto.* Item : *mœrore afficio.*
Dessole, *soleam eximo.*
Immole , *-olo.*
Recolle , *reglutino.*
* Rigole , *epulor,*
Viole , *violo.*
Vole , *volo.* dérobe , *furor.*
Voyez les autres verbes en oler.

OLE. long. OSLE. & AULE.

subst. & adj. masc. & fém.

Contrôle , *album.* registre , *-strum.*
Dôle , ville , *Dola.*
* Drôle , *facetus.* plaisant , *lepidus.*
Epaule , *scapula.*
prêter l'Epaule , *adjuvare.*
Forte-Epaule, nom de Lutin.
Garde-rôle , *indicum custos.*
Gaule , pays , *Gallia.*
Gaule , bâton , *pertica.*
Geole , *carcer.*
Mariaule, témoin peu digne de foi.
Mole d'un port de mer, *moles.*
Mole de femme , *mola.*
Saint François de Paule, *Sanctus Franciscus de Paula.*
Rôle, *catalogus.* indice, *index.*

---

m | Saule , *salix.*

verbes au présent.

VERBES.

Contrôle, *describo acta in antigrapho.* Item : *redarguo.*
Enjaule , *phaleratis verbis duco.*
Enrôle , *conscribo.*
Epaule, estropie , *mutilo.*
Epaule, soutient , *fulcio.*
Miaule, crie comme un chat, *mia clamito.*

OLFE.

subst. mascul.

Adolphe , nom propre, *Adolphus.*
Astolfe , nom propre, *Astolphus.*
Golfe , *sinus.*

OLTE.

subst. fémin.

Récolte de fruits, *frugum collectio.*
—faire la récolte, *fruges colligere.*
Révolte , *rebellio.*
Révolte , *rebello.*
Virevolte , *circumactus.*
Volte , danse , *saltatio.*
Volte , terme d'Ecuyer, *circumactus.*

OM. & OMB.

subst. mascul.

Nom , *nomen.*
Opium , herbe , *opium.*
Plomb , métal , *plumbum.*
à Plomb , *perpendiculariter.*
Pronom , *pronomen.*

subst. masc.

Renom , *fama.*
un Rerentum ; *-tum.*
Surnom , *cognomen.*
Tire-plomb , *plumbi in cu-*
niculos ducendi rotula.
Voyez les rimes en on.

OMBE.

subst. féminins.

Bombe, instrument de guer-
re , *glans igniaria.*
Catacombe , au plur. grottes
souterraines , *catacumba.*
Colombe , pigeon, *columba.*
Dombe , Principauté , *-ba.*
Hécatombe , sacrifice des
Anciens , *hecatomba.*
Plombe , *plumbo.*
Succombe ; *-cumbo.*
Tombe,pierre de sépulchre,
tumulus.
Tombe , tombeau ; *sepul-*
chrum.
Tombe ; *cado.*

OMBLE.

subst. masculins.

Comble de maison, *cacumen.*
extrémité, *-itas.*
il est au Comble de ses de-
sirs ; *est in culmine optato-*
rum.
de fond en Comble , *fundi-*
tus.
Comble , plein ; *completus.*
pié Comble , se dit d'un cheval, *pes plenus.*

OMBRE.

m Concombre, fruit, *cucumer.*
m Décombre, au plur. *rudera.*

subst. masc.

v Dénombre , *dinumero.*
Hombre , jeu , *humbra.*
Nombre , *numerus.*
Nombre d'une période , *nu-*
merus periodi.
science des Nombres , au
plur. arithmétique , *arith-*
metica.
les Nombres , un des cinq
livres de Moyse , *liber*
numeri.
v Nombre , *numero.*
f Ombre , *umbra.*
Ombre , fig. l'ame séparée
du corps, *manes.*
Ombre , poisson, *thymallus.*
v Ombre , *adumbro.*
f Pénombre ; terme d'Astronomie , *penumbra.*
a Sombre , obscur , *-us.* épais,
caliginosus. ténébreux ,
tenebrosus. triste ; *tristis.*
mélancolique,*-icus.* temps
sombre , *tempus subnubi-*
lum. mélancolique, *tristis.*

OMME.

subst. masculins.

Bon-homme,pour dire vieillard, *vetulus.* bon & simple , *rectus ac simplex.* &
pour cocu aussi quelque-
fois , *curruca.*
Carcinome, *cancer.*
Cardamome,graine, *-omum.*
Comme , ainsi , *sic , ut.*
Comme , lorsque , *cùm.*
Eurynome , Dieu infernal ,
qui selon Pausanias , se
nourrissoit de la chair des
morts.
Gentilhomme, *nobilis , scu-*
tifer.

ſubstantifs masculins.

Gomme, *gummi.*
Hippodrome, *-mus.*
Homme, *homo.*
Lépidoſarcôme, ſorte de tu-meur.
Lipome, loupe graiſſeuſe.
Lithotome, inſtrument de Chirurgie.
Majordôme, *promus-condus.*
Pharyngotome, inſtrument de Chirurgie, *-mus.*

ſ Pomme, fruit, *malum.* ca-pendu, *-tum.* renéte, *rene-tinum.* de Calvire, *Calvi-rium.* d'Adam, *Adamium.* d'amour, *amatorium.* d'a-pi, *apiolum.* pomme-poi-re, *melapium.* ſaint Jean, *melimelum.* girolle ſans pepin, paſſe-pomme, *ma-lum ſpadonium.* de nou-veau, de hâtiveau, *præ-cox.* tardive, *ſerotinum.* de garde, *conditaneum.* qui n'eſt pas de garde, *fu-gax.* de merveilles, *bal-ſamine.* de pin, *pineum.* de ſénateurs, *pila odora-ria.*
Pomme de lit, *encarpus.*
Pomme de diſcorde, *pomum diſcordia.*
Prud'homme, *probus homo.*
Quatrinome, terme d'Alg&-bre, *-mus.*
Rogomme, liqueur.
Rome, ville, *Roma.*
Sclérome, maladie, *-ma.*
Somme d'argent, *ſumma pe-cunia.*
Somme arrêtée d'un com-pte, *ſummarium.*

ſubstantifs masculins.

cheval de Somme, *equus ſarcinarius.*
Somme, ſommeil, *ſomnus.*
en Somme, enfin, *tandem.*
nous Sommes, *du verbe* être, *rime avec le pluriel des noms en* omme.
Stadiodrome, terme d'Anti-quité, *=mus.*
Syringotome, terme de Chi-rurgie.
Zigôme, terme de Méde-cine, *zigoma.*

VERBES.

verb. aux prés.

Aſſomme, *neco.*
Chomme, *feſtum obſervo.*
Conſomme, *conſumo.*
Gomme, *gummi illinio.*
Nomme, *nomino.*
Renomme, *prædico.*
Somme, *in ſummum cogo.*
Surnomme, *cognomino.*

OME. long. OSME. & AUME.

ſubstantifs masſcul. ſ

Ancylotome, inſtrument de Chirurgie, *-mus.*
Aſtronome, *-mus.*
Atôme, petit corps, *-mus.*
Axiôme, *axioma.*
Baume, arbre, *balſamum.*
Baume, grotte, *ſpelunca.*
la ſainte Baume, *ſacra ſpe-lunca.*
Baume, drogue, *balſamum.*
Brantôme, Aut. Franç. *-mius.*
Cardamôme, plante, *-mum.*
Chaume, *ſtipula.*
Chryſoſtôme, nom propre, *Chryſoſtomus.*

substantifs masculs. v

Cinnamôme ,   -omum.
Côme , ville ,   Comum.
—de Côme ,   Comensis.
Cosme , nom propre , -mus.
Deutéronome , un des cinq
   livres de Moyse , -mium.
Dôme ,   tholus.
il Embaume , spirat odorem.
Epitome , abrégé ,   -ome.
Fantôme , phantasma, larva
   umbratilis.
Fantôme d'armes , armorum
   species.
Gnome , esprit terrestre se-
   lon les Cabalistes , gnome.
Guillaume , nom propre ,
   Guillelmus.
Heaume ,   galea.
Hippodrome , cirque, -mus.
Jérôme , nom propre , Hie-
   ronymus.
Idiôme ,   idioma.
Majordôme , Maître d'Hô-
   tel en Italie, palatii major.
Môme , boufon des Dieux ,
   -mus.

f

Oeconome ,   -omus.
Paume de la main , vola.
   jeu , spharisterii ludus.
Paume , mesure ,   palma.
Pseaume ,   psalmus.
Royaume ,   regnum.
Sodôme , ville ,   Sodoma.
Symptôme ,   -oma.
Tome d'un livre ,   tomus.

O M N E. *voyez* O N N E.

O M P E.

f

Archipompe , terme de Ma-
   rine , anthlia primaria.

substantifs feminins.

Pompe ,   pompa.
Pompe à tirer l'eau , anthlia
   hydraulica.
Trompe de Laquais , bucci-
   nula.
Trompe d'éléphant , pro-
   boscis.

V E R B E S.

à l'ind. & subj.

Corrompe ,   corrumpam.
Détrompe , errore expedio.
Interrompe , interrumpam.
Pompe , sentinam exhaurio.
Rompe ,   rumpam.
Trompe ,   fallo.

O M P H E.

m
f
v

Triomphe, nom, Triumphus.
Triomphe , jeu , triumphus
   ludus.
Triomphe ,   triumpho.

O M P R E.

verbes à l'infinitif.

Corrompre ,   corrumpere.
Interrompre ,   interpellare.
Rompre , rumpere. briser ,
   frangere. déchirer , scindere. une chose qui tient
   à une autre , abrumpere.
   par le milieu , interrum-
   pere. par dessous , suffrin-
   gere.
se Rompre par éclats , dissi-
   lire. rompre avec quelqu'un , ab amico discedere. le discours , abrumpere
   sermonem. la tête , obtundere. l'assemblée, consilium
   dimittere. une affaire , rem

verbes à l'infinitif.

disturbare. les mefures, confilia diffolvere. l'alliance, fœdus frangere. fes chaînes, fe in libertatem vindicare. la glace, difficultates perfringere. les efcadrons ennemis, acies hoftium perfringere. à tout rompre, tout au plus, ad fummum.

O M P S.

Voyez divers temps & diverfes perfonnes du verbe rompre, & de fes compofés : romps.
Le P ne fe prononce point, on les peut rimer avec les rimes en ons.

O M P T E. & O M T E.
voyez O N T E.

O N.

fubftantifs mafculins.

Arbillon, affumentum corii.
Arcanfon, refina fpecies qua plectrum illinitur.
Artimon, terme de Marine, acatium.
Attrapeminon, hypocrita.
Lycaon de la Fable.
Machaon.
Mahon, vieux mot, gros fol de cuivre.
On, particule, homo.
Phaon, nom propre.
Pharaon, Roi d'Égypte.
—forte de jeu de cartes.

O N C. & O N G.

Adonc, adv. alors, igitur.

Donc, adv. ergo.
Onc, adv. unquam.

O N C E. & O N S S E.

fubftantifs & adjectifs féminins.

m | Alfonfe, nom propre, -fus.
Annonce, publication de bans, proclamatio.
Exponce, terme de Jurifprudence, efpéce d'abandonnement, ou déguerpiffement.
m | Internonce, internuncius.
m | Nonce, Nuncius.
Once, uncia. vingt-quatriéme partie de l'once, fcrupulum. la fixiéme, fextula. la douziéme, fextula dimidium. le quart, ficilicus. la demie once, femuncia. once & demi, fefcuncia. deux onces, fextans. trois onces, triens. quatre onces, quadrans. cinq onces, quincunx. fix onces, femis. fept onces, fertunx huit onces, bes. neuf onces, dodrans. dix onces, dextans. onze onces, decunx. douze onces, libra. d'une once, unciarius. de demie once, femunciarius. d'une once & demie, fefcunciarius. de deux onces, fextentarius. de trois onces, triuncius. de quatre onces, quadrantarius. de cinq onces, quincunciarius. de fix onces, femiffis. de fept onces, feptunciarius. de huit onces, beffalis. de neuf onces, dodran-

subſtantifs & adjectifs féminins.

talis. de dix onces, *dex-*
tentarius. de onze onces,
decunciarius. de douze
onces, *librarius.* peſant
un quart d'once, *pendens*
ſicilicum. once à once,
unciatim, ſingulis uncis.
petite once, *unciola.*

Once, loup cervier, *lynx.* m
Pierre-ponce,　　　　*pumex.* m
Quinconce, *ou* Quincon-
che, *quincunx.*
Raiponce,　　　*rapunculus.*
Renonce, terme de jeu, *re-*
nunciatio.
Réponſe,　　　　*reſponſum.*
Réponſe, herbe, *rapunculus.*
Ronce,　　　　　*rubus.*
* Semonce,　　　*invitatio.*

VERBES.

verbes au préſent.

Annonce,　　　　*annuntio.*
Défronce,　　　　*explico.*
Dénonce,　　　　*denuntio.*
Enfonce,　　　　*deprimo.*
Fonce,　　　*fundum induco.*
Fronce, *linteum in rugas cogo.*
　It. *frontem capero.*
Prononce,　　　*pronuntio.*
Renonce, *renuntio, abdico,*
ejuro.

ONCHE.

v　Bronche, *ad ceſpitem im-*
pingo pedem. It. *offendere,*
labi.
f　Conche, vieux mot, *ſecunda*
vel adverſa fortuna.
　* en bonne Conche, fig.
propre, bien habillé, *bene*
veſtitus.

v　Jonche,　　　　　*ſpargo.*
m　Quinconche, plan d'arbres,
diſpoſés comme un cinq
de jeu de cartes, *quin-*
cunx.

ONCLE.

m　* Froncle,　　*furunculus.*
m　Oncle paternel,　*patruus.*
—maternel,　　*avunculus.*

OND.

subſtantifs & adjectifs maſculins.

Blond,　　　　　*flavus.*
Bond,　　　　　*ſaltus.*
Facond, vieux mot, *facundus.*
Faire faux-bond, *rem deco-*
quere.
Fécond,　　　　*fœcundus.*
Fond, *fundum.* creux en lar-
ge, *latitudo.* en hauteur
ou profondeur, *altitudo.*
Fond, terroir, *prædium.*
fond d'un tableau, *media*
tabellæ.
Fonds en deniers *ou* mar-
chandiſes, *res, fortuna,*
copia.
Furibond,　　　*furibundus.*
Gond,　　　　　*cardo.*
Pharamond, premier Roi de
France, *-dus.*
Plafond,　　　　*lacunar.*
Profond, creux, *profundus.*
Profond, ſçavant, *eruditus.*
Rond,　　　　*rotundus.*
* Rond, ſaoul,　　*ſatur.*
Sirmond, Jéſuite ſçavant,
Sirmondus.
le Sond, détroit, *Sundicum*
fretum.

VERBES.

verbes au préfent.

Confond,   -*fundit.*
Correfpond,   -*det.*
Fond, *liquefcit, liquat, tabefcit.*
Morfond,   *frigus contrahit.*
Pond,   *ova edit.*
Répond,   *refpon det.*
Tond,   *tondet.*
   Voyez les rimes en on :
bon, don, &c. onc, ong &
ont.

ONDE.

subftantifs féminins.

Almonde, mefure de Portugal, *almonda.*
Aronde, vieux mot, pour Hirondelle.
Aronde, terme de chapenterie, *incifio cauda hirundinina in morem facta.*
Blonde, efpéce de dentelle.
Bonde,   *obturamentum.*
Faconde, vieux mot, éloquence, *facundia.*
Fronde à jetter des pierres, *funda.*
la Fronde, faction, *funda.*
a Immonde,   *immundus.*
l'efprit Immonde, le Démon, *fpiritus immundus.*
m Joconde, nom propre, -*dus.*
Mappe-monde, carte du monde, *mappa mundi.*
m Monde,   *mundus.*
m le beau Monde, *politi homines.*
fçavoir fon Monde, ou fçavoir le Monde, *urbanum effe.*

---

subftantifs féminins.

Onde, eau,   *aqua.*
Onde, vague,   *unda.*
Onde d'étofe,   *undula.*
Queue d'aronde, terme de fortification, *fubfcus.*
dame Ragonde, *domina Ragondis.*
Ronde, terme de guerre, *vigiliarum luftratio.*
faire la Ronde, *vigilias luftrare.*
Ronde, ceux qui font la Ronde, *vigiliarum luftratores.*
boire à la Ronde, *bibere alternatim.*
Rofemonde, Reine, *Rofemunda.*
* Rotonde, collet, *collare.*
Sonde de navire,   *bolis.*
Sonde de Chirurgien, *fpecillum.*
Tire-monde, fage-femme, ce mot eft bas.
Trébifonde, ville, *Trapezus.*
Yrafconde, vieux mot, *iracundus.*
   Plus les féminins des noms en ond : moribond, -bonde.

VERBES.

verbes à l'indicatif & au juff.

Abonde,   *abundem.*
Confonde,   *confundem.*
Correfponde, *correfpondeam.*
Débonde,   *reftagno.*
Emonde,   *emundo.*
Fonde,   *fundo.*
Fronde, *fundâ lapides jacio.*
   It. *vitupero, oblatro.*
Gronde,   *murmuro.*
Inonde,   *inundo.*

verbes à l'ind. & subj.

Morfonde , *frigus contrahat.*
Ponde , *ova edat.*
Redonde , *redundo.*
Refonde , *iterùm liquem.* It. *reficiam , immutem.*
Réponde , *respondeam.*
Seconde , *adjuvo.*
Sonde , *tento.*
Tonde , *tondeam.*
Voyez les autres verbes en onder *&* ondre.

ONDRE.

a
f
Flondre, petit poisson de mer.
Hypocondre, au plur. *-dria.*
Londre , ville , *Londinum.*
Londre , galère , *triremis.*

VERBES.

verbes à l'infinitif.

Confondre , *confundere.* mêler , *permiscere.* rendre confus , *pudorem incutere.* troubler, *perturbare.* prendre pour un autre , *non distinguere.*
Correspondre , *-dere.*
*Enfondre , *effringere.*
Effondre , vieux mot , *effundere.*
Fondre , *fundere.* faire fondre , *liquefacere.* se fondre , *liquari.* en larmes , *in lacrymas effundi.* fondre sur , *irruere in.* tomber en ruine , *ruere.*
Morfondre, *frigus contrahere.*
Obtondre , vieux mot , *obtundere.*
Pondre , *ponere.* des œufs , *ova edere.*

verbes à l'infinitif.

Refondre , *refundere.*
Répondre , *respondere.*
Semondre , vieux mot , *invitare.*
Tondre, *tondere.* sur un œuf, *minutissima carpere.* tout-à-fait , *detondere.* tout autour , *circumtondere.*
Tondre quelqu'un , le réduire , *domare.*

ONE. bref. & ONNE.

substantifs & adjectifs masculins & féminins.

Avone , ville , *-na.*
Alcyone , *Halcyon.*
Amblygone , terme de Géométrie, *-nus.*
Amonne , ville , *-na.*
Ancone , ville de Dauphiné , *Ancona.*
Annone , vivres , *-na.*
Antichthone, au plur. terme de Géographie , *-thon.*
Argemone , *-one.*
Automne , *autumnus.*
Barcelonne , ville , *Barcino.*
Baronne , *Baronis uxor.*
Barretone, Bonnet du Grand Maître de Malthe.
Bellone , Deesse de la guerre , *-na.*
Bonne , *bona.*
Bonne , ville d'Allemagne , *Bona.*
Bonne, ville d'Afrique, *hippo.*
Bouchonne, terme de caresse, *carissima.*
Boufonne , *pantomima.*
Braurone, ville de l'Attique, où étoit une célèbre statue de Diane.
Bretonne , capote.

substantifs & adjectifs masculins & féminins.

Carcallonne, ville, *Carcajun.*
Chaconne, air, *-nia.*
* Chifonne, *detrita.*
Chilone, *labrosus.*
Colonne, *columna.*
Cone, *conus.*
Consonne, *consonans littera.*
Couronne, *corona.* petite couronne, *corolla.* Royaume, *regnum.* Empire, *imperium.* les droits de la Couronne, *regni jura,* les meubles de la Couronne, *regia supellex.*
Crémone, ville, *-na.*
Crotone, ville...
Décagone, *-nus.*
Dodone, ville, *-na.*
Endécagone, *hendecagonus.*
Ennéagone, figure de neuf côtés, *-num.*
Friponne, subst. *nebula, mulier nequam.*
petite Friponne, *suffuratrix.*
Garonne, fleuve, *Garumna.*
Hendécagone, *-nus.*
Heptagone, *-num.*
Hériffonne, *mulier molesta.*
Hexagone, *-num.*
Isagone, terme de Géométrie, *-nus.*
Isochrone, qui a une égale durée, *-nus.*
Lionne, *leæna.*
Lisbonne, ville, *Ulisippo.*
Madelonne, pour Madelon.
Mahonne, vaisseau, *-na.*
Mangone, Maquignonne.
Microphone, *-num.*
Mignonne, *amicula.*
Monotone, chant Monotone.

substantifs & adjectifs masculins & féminins.

Moutonne, douce, *mitis.*
Nonne, Religieuse, *sanctimonialis.*
None, au plur. Heures Canoniales, *nona.*
Oenone, nymphe, *Oenone.*
Ortonne, ville, *-na.*
Oxygone, terme de Géométrie, *acutum habens angulum.*
Paraphone, *-nus.*
Patronne, galère, *triremis prætoria.*
Patrone, protectrice, *patrona.*
* Patrone, maîtresse, *hera, domina.*
Pentagone, *-nus.*
Personne, *-ona.*
Personne, pour dire Nul, est masculin, *nemo.*
Piétonne, *pedes.*
Poltrone, *ignava.*
Pouponne, *venusta.*
Quindécagone, terme de Géométrie, *-nus.*
Ramponne, au pl. Raillerie.
Ratisbonne, ville, *-na.*
Salonne, ville...
Savonne, ville...
Scardonne, ville...
Sorbonne...
Sulmonne, ville, *-mo.*
Tarragonne, ville, *-na.*
Tonne, *amplum dolium.*
Trigone, *triangulus.*
Véronne, ville, *-na.*
Vigneronne, *vinitoria.*
Zogone, au plur. Dieu des Grecs, *Zogoni.*
Zone, terme de Lapidaire & de Conchyliologie.

Voyez divers temps & diverses personnes des verbes en onner ; donne.

ONE. long. OSNE. & AUNE.

Amazone,	*amazon.*
Ancône, ville,	*-na.*
Anémone, fleur,	*-one.*
Arcaune, minéral.	
Archithrône,	*-thronus.*
Aumône, *eleemosyna*, *stips.*	
Aulne, arbre,	*alnus.*
Aune, mesure,	*ulna.*
Ausone, Poëte latin,	*-nius:*
Babylone, ville,	*-nia.*
Beaune, ville,	*Belna.*
vin de Beaune, *vinum Bel-*	
nense.	
* Béjaune, *ou* Bec-jaune,	
fig. niais , *bardus.*	
Breaune, forte de toile.	
Cône de Mathématiq. *-nus.*	
Dodône, forêt,	*-na.*
Eptagone,	*-nus.*
Faune, Dieu champêtre,	
Faunus.	
Gorgone de la Fable , *Gor-*	
gon.	
Hexagone,	*-nus.*
Jaune,	*flavus.*
Lacédémone, ville, *-dæmon.*	
Latone, Déesse,	*-na.*
Matrône, sage-femme, *ob-*	
stetrix. femme de qualité,	
matrona.	
Octogone,	*-nus.*
Pentagone. ..	
Polygone. ..	
Pomone, Déesse,	*-na.*
Prône, *familiaris ad popu-*	
lum exhortatio.	

sub. masc. & fém.   *au présent.*   *Substantifs & adjectifs masculins & feminins.*

Rhône, fleuve,	*Rhodanus.*
Saône, rivière,	*Arar.*
Suétone, Hist. Latin,	*-nius.*
Thrône,	*-nus.*
Tisiphone, furie,	*-ne.*
Zone,	*-na.*

V E R B E S.

Aumône,	*stipem largior.*
Aune ,	*metior.*
Déthrône ,	*de solio dejicio.*
Prône ,	*promulgo.*

ONFE. *voyez* OMPHE.

O N F L E.

v	Gonfle ,	*intumesco.*
f	Ronfle, jeu,	*ronchus.*
v	Ronfle,	*sterto.*

O N G E.

sub. & adj. masc. & fém.   *au présent.*

Allonge ,	*additamentum.*
Axonge ,	*axungia.*
Eponge ,	*spongia.*
Longe de veau, *lumbus vi-*	
tulinus. de cuir, *lorum.*	
d'oiseau, *avis retinaculum.*	
Mensonge,	*mendacium.*
Saintonge ,	*Santonia.*
Songe ,	*somnium.*

V E R B E S.

Allonge ,	*extendo, porrigo.*
Plonge ,	*immergo.*
Ronge ,	*rodo.*
Songe ,	*cogito.*

O N G L E.

v	il Jongle ,	*blaterat.*

m	Ongle, *unguis.* petit ongle, *unguiculus.* d'un animal, *falcula.* envie qui vient à l'ongle, *raduvia.* avoir bec & ongles, *viribus & verbis valere.*
m	Petongle, *pectunculus.*

ONGRE.

m	Congre, poisson, *conger.*
m	Hongre, cheval, *canterius.*

ONGUE.

subst. fém.

Diphthongue, *-gus.*
Longue, adj. *longa.*
* tirer de Longue, *prolongare.*
Oblongue, adj. *-ga.*
Verte-longue, poire, *pyrum viride sublongum.*

ONNE. *voyez* ONE.

ONQUE.

Conque, coquille, *concha.*
Onque, vieux mot, *nusquam.*
Quelconque, pour Quenouille.
Quiconque, *quicumque.*
Spélonque, *-lunca.*
Tronque, *detrunco.*

ONS.

subst. masculins.

Bas-fonds, terme de Marine, *vadum, brevia.*
Fonds, *fundi.* d'argent, *pecunia massa.* de Baptême, *fontes baptismales.*
Mons, pour Monsieur, *dominus.*

substantifs masculins:

à Reculons, *retro.*
à Tâtons, *manu tentando.*
Tire-fons, *evulsorium.*
Plus les pluriels des noms en on & ont : larrons, *latrones.* ponts, *-tes.*
Plus divers temps de tous les verbes : aimons, aimions.

ONSTRE. dont l'S ne se prononce point, *voyez* ONTRE.

ONSTRE. dont l'S se prononce.

m	Monstre, *-trum.* prodige, *-gium.*

ONT.

substantifs & adjectifs masc.

Affront, *contumelia.*
Amont, *versus.*
vent d'Amont, *ventus flans ab Occidente.*
Contremont, adv. *sursùm.*
Encontremont, *sursùm.*
S. Evremont, Aut. François.
Front, *frons.* qui a un grand front, *fronto.* de quel front, *quâ fronte ?* qui n'a point de front, *impudens.*
Hellespont, détroit, *-us.*

v	Interrompt, *-rumpit.*
	Mont, montagne, *mons.*
v	Ont, *habent.*
	Pudibond, *verecundus.*

Piémont, *Pedemontium.*
Pont, *pons.* petit pont, *ponticulus.* de pierre, *lapideus.* de bois, *ligneus.* de cordes, *è funibus.* de bat-

subst. & adj. masculins. v

teaux, *navalis.* pont-le-
vis ; *pons arreétarius.* le
Pont, royaume, *Pontus.*
Prompt, -*us.* vîte, *celer.* colère, *in iram præceps.*
Repont, vieux mot, *respon-*
fio.
un Rodomont, *inanis ja-*
étator.

v Rompt, *rumpit.*
Rond, *orbis.* cercle, *circulus.*
petit rond, *orbiculus.* demi
rond, *femicirculus.* un
compte rond, *fumma in-*
tegra & folida.

v Sont, *funt.*
Surmont, vieux mot, *mu-*
ftum.
Plus divers temps de tous
les verbes : font, morfond,
mangeront, *&c.*
Voyez auffi les rimes en
ond, onc, *&c.*

ONTE. & OMPTE.

fubftantifs mafculins & féminins.

Amalafonte, Reine, -*tis.*
Déeffe d'Amathonte, pour
dire Vénus, *Amathuntis*
Dea.
Compte d'argent, *fupputatio.*
Comte, dignité, *comes.*
Conte, narration, *narratio.*
Décompte, *deduétio.*
Efcompte, *remiffio.*
Fonte, forte de métal fondu,
as fufile. l'action de fon-
dre, *fufura.*
Fonte, terme de Sellier.
Honte, *pudor.* avoir honte,
erubefcere.
Mécompte, *error in calculis.*

subft. mafc. & fem.

Ponte, terme de jeu.
Prompte, -*pta.*
Refonte, action de refondre.
Remonte de Cavalerie, *equo-*
rum fuffeétio.
Tonte de brebis, *tonfio*
ovium.
Vicomte, *vicecomes.*

V E R B E S.

verbes au préfent.

Afronte, *circumvenio.*
Compte, *numero.*
Confronte, *comparo.*
Conte, *narro.*
Démonte, *equo detraho.*
Domte, *domo.*
Mécompte, *erro in calculis.*
Monte, *afcendo.*
Raconte, *enarro.*
Surmonte, *fupero.*

ONTRE. & ONSTRE,
dont l'S ne fe pro-
nonce pas.

fubftantifs féminins.

A l'encontre, adv. *adversùs.*
Baffe-contre, *baffus-contrà.*
Contre, adv. -*trà.* vis-à-
vis, *ex adverfo.* à l'op-
pofite, *è regione.*
Contre, terme de jeu, *eo*
contrà.
Démontre, *demonftro.*
Haute-contre, terme de Mu-
fique, *fymphonia fonus al-*
ter ab acutiffimo.
Ici-contre, adv. *hìc.*
* Malencontre, *infortunium.*
Montre de Marchand, *fpe-*
cimen. échantillon, *indi-*
cium. apparence, *fpecies.*

d'une horloge , *horarum index.* horloge de poche , *horologium manuale.* d'une armée, la revûe, *exercitus recensio.* la paie des soldats, *stipendium.*

v faire Montre , au fig. montrer ; *oſtendere.*

v Montre ,   *monſtro.*

v Remontre ;   *admoneo*

f Rencontre, *occurſus.* de deux armées, *conflictus.* de mots, *verborum occurſus.* hazard, *caſus.* occaſion, *-ſio.*

f Rencontre d'eſprit, *acutum dictum.*

v Rencontre ,   *reperio.*

O N Z E.

m Bonze , Prêtre Chinois, *-zus.*

Bronze , *as.* de bronze , *æreus* vel *æneus.*

Onze , nombre ;   *undecim.*

O P.

m Galop ,   *equi curſus.*

m Syrop ,   *ſyrupus.*

Trop, adv.   *nimis.*

O P E.

Apocope, *abſciſſio.* de Grammaire , *-ope.*

Baroſcope,   *-pium.*

Calliope , Muſe ,   *-pe.*

Chope , verbe ,   *offendo.*

Cyclope de la Fable ,   *-ops.*

Développe ,   *volvo.*

Echope ,   *taberna.*

Engyſcope , inſtrument qui fait voir les choſes de près ; *engyſcopium.*

v Enveloppe , couverture, *involucrum.*

Enveloppe ,   *involvo.*

Eſope , Auteur de la Fable , *Eſopus.*

Europe , partie du monde , *-opa.*

Europe de la Fable ;   *-opa.*

Eutrope , nom propre, *-pius.*

Galope ; v. *equi curſu feror.*

Gaupe ,   *fœtida.*

Héliotrope , fleur & pierre précieuſe, *-pium.*

Horoſcope , *-pus.* prédiction, *prædictio , nataliia prædicta.* tireur *ou* faiſeur d'horoſcope , *genethliacus.* la ſcience des tireurs d'horoſcope ; *genethliologia.*

Hyſſope , herbe ,   *-opus.*

Lycanthrope ;   *-opus.*

Métope , terme d'Architecture, *-opa.*

Météroſcope ;   *-opium.*

Microſcope. . .

Miſanthrope , *hominum oſor.*

Niloſcope , meſure du Nil.

Nyctalope , qui voit mieux la nuit que le jour , *nyctalops.*

Pénélope ;   *-pe.*

Procope , Hiſt. Gréc , *-pius.*

Salope ,   *ſordida.*

Sinope , ville ;   *-pe.*

Syncope , pâmoiſon ; *animi defectio.* terme de Grammaire & de Muſique, *ſyncope.*

Téloſcope ;   *-pium.*

Varlope, outil de Menuiſier, *runcina.*

O P E. long.

Tôpe, tôpe à cela, *confentio, volo equidem.*

O P L E.

Andrinople, *-opolis.*
Conſtantinople...
de Conſtantinople, *Conſtantinopolitanus.*

m　Sinople, verd, terme d'Armoirie, *praſinum.*

O P R E.

adjectifs.

Impropre, *-prius.*
Malpropre, *ſordidus.*
Propre, *-prius.* particulier, *pecularis.* terme de Philoſophie, *proprium.* 1. 2.
3. 4. *modo.* utilité, *utilitas.* convenable, *conveniens.* l'amour-propre, *ſui ipſius amor.* propre, *aptus.* net, *mundus.* bien ajuſté, *concinnus.*
Propre, t. de Droit, *proprius.*

O P C E. *voyez* O C E.

O P T E.

v　Adopte, *adopto.*
m　Copte, *ou* Cophte, nom de Secte, *Cophtus.*
v　Opte, *opto.*

O Q. *voyez* O C.

O Q U E.

m　Antatoque, peuple de la

ſubſt. & adj. maſc. & fémin.

nouvelle Yorck, *-toquus.*
Baïoque, monnoie, *baïocus nummus.*
Baroque, *durus.*
Bicoque, *nullius momenti oppidum.*
Brelique Breloque, *temerè.*
* Breloque, *quiſquilia.*
Broque, terme de Jardinage, *ſurculi caput.*
Broque, *ou* Broquedent, terme de chaſſe, *dentes falcati.*
Colloque, aſſemblée, *confeſſus.* dialogue, *colloquium.*
Coque de limaçon, *concha.* de noix, *putamen nucis.* d'œuf, *teſta.* de ver à ſoie, *bombicis tunica.* œuf à la coque, *ovum ſuâ teſtâ incoctum.* pet en coque, tour de page ou d'écolier, *jocoſa fallacia.*
* Défroque, dépouille, *ſpolium.*
Engaſtriloque, qui parle de l'eſtomac.
Epoque, *epocha.*
Equivoque, *ambiguum verbum.*
Equivoque, *ambiguus.*
Loqué, ſandale de bois.
Manoque, rouleau de tabac.
* Pendeloque, *pendula laſcinia.*
Poque, jeu de cartes.
Réciproque, *-ocus.*
Soliloque, *-quium.*
Toque, *rugatus pileus.*
Ventriloque, *-oquus.*
Univoque, *-ocus.*

VERBES.

Bloque, *aditus intercludo.* It. *typum typo suppono.*

Choque, *offendo.*

* Colloque, *-oquor.*

* Croque, *cum crepitu dentibus frango.*

Défroque, *cucullum eximo.*

Disloque, *luxo.*

Equivoque, *ambiguè loquor.*

Evoque, *evoco.*

* Excroque, *arusco.*

Invoque, *-voco.*

se Moque, *illudo.*

Provoque, *-voco.*

Révoque, *rescindo.*

Roque, *rupem admoveo.*

Suffoque, *-oco.*

Troque, *permuto.*

OR.

Aide-Major, *optio major.*

Almanzor, nom propre.

Appretador, ornement de tête.

Butor, animal, *asterius.* maladroit, *stolidus.*

Castor, animal, *fiber.*

de Castor, *fibrinus.*

Castor, chapeau, *fibrinus pileus.*

Castor & Pollux.

Chandernagor, ville des Indes.

Chrodor, Dieu des anciens Germains.

Cor, *ou* Cors de chasse, *cornu.* sonner du cor, *cornu sonare.* qui sonne du cor,

cornicen. cor de berger, *pastoris buccina.* à cor & à cri, *omnibus nervis.* cors de tête de cerf; *ramuli* un cerf de dix cors, *cervus decennis.*

Cor au pié; *gemursa.*

Corridor; terme de fortification, *porticus infra fossae labra.* longue allée d'une maison qui conduit à plusieurs chambres, *peridromus.*

Encor, adv. *adhuc.*

Essor, libre étenduë de l'air, *liberius cælum.* prendre l'essor comme les oiseaux, *libero cælo se permittere.* donner l'essor à son esprit *permittere habenas ingenio.* prendre l'essor, élever son style, *assurgere; stylum grandiorem affectare.* s'enfuir, *evolare.* se donner plus de liberté, *liberius vivere.*

Essor, vieux mot, embarras.

Etat-Major, *status major.*

For, *forum.* de conscience, *sanctius conscientia forum.* intérieur, *-rius.* extérieur, *-rius.*

Hector, Troyen.

Labrador, intervalle de mer, qui coupe par la moitié l'île du Cap Breton, à la réserve de 800 pas de terre.

Major, Officier d'armée, *tribuni legatus.*

Matador, terme de jeu, *mactator.*

Médor, nom propre.

Substantifs masculins.

Nestor, nom d'homme.

Or, particule, *at.* maintenant, *nunc.*

Or, métal, *aurum.* pur *purum.* très-bon, *optimum.* en masse, *infectum.* en œuvre, *cælatum.* monnoyé, *signatum.* d'or, *aureus.* filé *ou* trait, *textile.* drap d'or *ou* étoffe d'or, *aureus pannus.* mêlé dans les habits, *illitum aurum vestibus.* habit tout brodé d'or, *rigens auro vestis.* de l'or ou de la monnoie d'or, *nummi aurei.* écu d'or, *nummus aureus.* pesant d'or, *pondus auri.* siécle d'or, *seculum aureum.* nombre d'or, *numerus aureus.* marc d'or, *bes auri.* de couleur d'or, *aureus.* dire d'or, bien dire, *optimè dicere.* bouche d'or, *Chrysostomus.* dire tout, ne celer rien, *audacter loqui.*

Quacheor, vieux mot, *equus bellator.*

Restor, terme de Palais, *actio subsidiaria.*

Seignor, *ou* Segnor, vieux mot, Seigneur.

Senhor, vieux mot, Seigneur.

Sergent-Major, *struendæ legionis magister.*

Seror, vieux mot, *soror.*

Similor, composition qui imite l'or.

Tabor, montagne.

Tambor, vieux mot, pour Tambour.

Substantifs masculins.

Tierce-major, terme de jeu de Piquet, *tertia major.*

Traitor, vieux mot, *proditor.*

Trésor, *thesaurus.* d'or & d'argent, *gaza.* public, *ærarium.* d'Eglise, *rerum sacrarum thesaurus.* des chartres, *tabularium.* de la mémoire, *memoriæ thesaurus.* enterrer son trésor, *obruere thesaurum alicubi.*

Tricolor, fleur.

O R B E.

Euphorbe, herbe, *-bium.*

Orbe, rond, *orbis.* coup orbe, *ictus in orbem.* orbe du Soleil, *solis orbis, discus.*

Tuorbe, instrument de Musique, *tiorba.*

O R C.

Porc *ou* pourceau, *sus.* sanglier, *aper.* entier ou verrat, *verres.* châtré, *majalis.* femelle, truie, *porca.* porc-épi, sorte de hérisson, *histrix.* du porc ou chair de pourceau, *porcina.* de porc, *porcinus.* qui trafique en porc, *suarius negotiator.* qui vend de la chair de porc, *porcinarius.*

O R C E. & O R S E.

Amorce, *esca.* appas, *illicium.* de feu, *flammæ fo-*

subst. féminins.

mes vel *ignis illicium.* de
fusil, *catapultarius pulvis.*
attraits, *illecebra.*

Colonne torse, *columna in-*
torta.

Détorse, *distorsio.*

m Divorce, *-ortium.*

Ecorce d'arbre, *cortex.*
qui a une écorce, *corti-*
catus. qui a beaucoup d'é-
corce, *corticosus.* quitter
l'écorce, *librum dimittere.*
écorce de grenade, *mali*
punici corium. écorce ex-
térieure ou superficielle
des choses, *superficies.*

Entorse, *intorsio.*

Force, vertu, *fortitudo.* du
corps, *vires.* fermeté, *fir-*
mitas. âcreté, *acrimonia.*
d'esprit, *animi firmitudo.*
efficacité des choses, *vis,*
virtus. puissance, *vis.* quantité, beaucoup, *vis, nu-*
merus multus.

Force, au plur. *vires.* troupes, *copia.* ciseaux, *forfi-*
ces. force bled, *magna*
frumenti vis.

Jambe torse, *tibia tortâ.*

Retorse, *retorta.*

VERBES.

au présent.

Amorce, *allicio.*
Efforce, *conor.*
Force, *cogo.*
Renforce, *firmo.*

ORCHE.

v Ecorche, *excorio.*

subst. féminins.

m Porche, *propylæum.* vestibule,
-lum.

f Torche, flambeau, *cerata*
tæda, funale.

v Torche, *tergo.*

ORD.

substantifs masculins.

Abord, accès, *accessus.* entrée, *aditus.* la présence,
conspectus. vûe, *congressus.*
rude abord, *congressus as-*
per. du premier abord,
primâ fronte. de facile
abord, *facillimi aditûs.*
abord, plage ou port de
mer, *appulsus.*

d'Abord, adv. du commen-
cement, *initio.* sitôt, *cum*
primùm. dès le moment,
simul atque.

Accord, concorde, *-ordia.*
union des esprits, *consen-*
sus. même cœur, *unani-*
mitas. de musique, *harmo-*
nia. d'un instrument de
musique, *sociata nervorum*
concordia. pacte, *pactio.*
traité de paix, *compositio.*
pacte, *-tum.* consente-
ment, *assensus.* tomber
d'accord, consentir, *as-*
sentiri.

Bord, *ora.* extrémité, *-tas.*
rivage, *ripa.* de mer,
littus. d'un fleuve, *margo.*
d'un puits, *crepido.* de gazon, *gramineus margo.*
d'un fossé, *labrum.* d'un
pot, *poculi ora.* d'une robe, *extremum tunicæ.*

Bord, vaisseau, *navis.* cou-

ſubſtantifs maſculins.

rir le bon bord , *divagari.*
bas bord , *lævum latus.*
Debord , vieux mot , *proje-*
ctura , *eminentia.*
Deſtribord , *dextrum latus.*
Diſcord , *-dia.* diſſenſion ,
-ſio. débat , *diſſidium.*
Milord , Seigneur Anglois ,
Dynaſtes.
Nord , Septentrion , *-trio.* du
Nord , *ſeptentrionalis.*
Ord , vieux mot , ſale , *fœdus.*
Rebord , bord avancé au de-
hors , *ora extrinſecùs pro-*
minens.
Record , terme de Palais ,
teſtimonium.
Rougebord , verre plein de
vin , *ſcyphus vino plenus.*
Sabord , *crena tormentaria.*
Stribord , *dextrum latus.*
Tapabord , bonnet , *pileolus*
nauticus.

VERBES.

verbes au préſent.

Démord , *mordicùs apprehen-*
ſum dimitto.
Détord , *evolvit.*
Mord , *mordet.*
Retord , *intorquet.*
Tord , *torquet.*
　Voyez ORT.

ORDE.

m Borde , galon , *lacinia au-*
rea , vel *argentea.*
f Concorde , *-dia.*
f Corde , *funis.* groſſe , *reſtis.*
petite , *funiculus.* ſur laquelle on danſe , *funis.* de

ſubſtantifs féminins.

violon ou de luth , *chorda,*
fides. nerf , *nervus.* d'un
arc , *arcus* , *nervus.* de
bois de chaufage , *acer-*
vus ligni in menſura com-
poſiti. corde , meſure de
bois , *ligni ſtrues* , *vehes.*
danſer ſur la corde , *ex-*
tentis funibus currere. dan-
ſeur de corde , *funambu-*
lus. friſer la corde , *ſibi*
exitum exitialem parare.
corde , fig. potence , *crux,*
patibulum.
Diſcorde , *-dia.*
pomme de Diſcorde , *pomum*
diſcordiæ.
m Exorde , *-dium.*
Horde de Tartares , *Horda.*
Miſéricorde , *-dia.*
Miſéricorde, petit poignard.
Tétracorde , terme de Mu-
ſique , *tetrachordon.*

VERBES.

verbes au ſubjonctif.

Borde , *limbo inſtruit.*
Démorde , *mordicùs appre-*
henſum dimittat.
Détorde , *evolvat.*
Morde , *mordeat.*
Retorde , *intorqueat.*
Torde , *torqueat.*
　Plus divers temps & di-
verſes perſonnes des verbes
en order : aborde , *ad por-*
tum appello.

ORDRE.

m Deſordre , *perturbatio* , *tu-*
multus.

subſtantifs maſculins.

Ordre , *ordo.* diſpoſition , -*tio.* de bataille , *acies in-ſtructa.* ordre , le mot , *teſſera militaris.* ce qui eſt ordonné , *ordo.*

Ordre de Religieux , *Ordo Religioſorum.* de Cheva-liers , *equitum.* Cordon bleu , *Ordo torquatorum.*

Ordre , ſacrement , *ſacra-mentum Ordinis.*

VERBES.

à l'inſtini.

Détordre ,   *extorquere.*
Mordre ,   *mordere.*
Retordre ,   *retorquere.*
Tordre ,   *torquere.*

ORE. & AURE.

subſtantifs maſculins & féminins.

Açore , au plur. îles , *Aſſora.*
Acratophore , ſurnom de Bacchus , -*rus.*
Aglaure de la Fable , -*ra.*
Amphore ,   -*ra.*
Apollodore, Poëte Grec,-*rus.*
Boſphore , détroit...
Carabore, terme de relation, ſorte de navire.
Caſſiodore , Aut. Latin, -*rus.*
Centaure...
Ciſtophore , terme d'Anti-quité , -*rus.*
Criophore, ſurnom de Mer-cure , -*rus.*
Dendrophore, terme d'An-tiquité , -*rus.*
Diodore de Sicile , Hiſto-rien Grec , -*rus.*
Ellébore , plante ,   -*rus.*
Flore , Déeſſe ,   *Flora.*

subſtantifs maſculins & féminins.

Frelore , vieux mot , perdu.
Frondipore , plante marine.
Galactophore ,   -*rus.*
Gorre , truie ,   *ſcrofa.*
Héliodore, Aut. Grec, -*orus.*
Iérophore...
* Landore ,   *ſomniculoſus.*
Laure , nom ,   -*ra.*
Madrepore , plante qu'on trouve pétrifiée dans la mer, -*ra.*
Mandore, inſtrument de Mu-ſique , -*ra.*
Mandragore, plante,   -*ra.*
Maſſore , ouvrage fait ſur la Bible par quelques Rab-bins , -*ora.*
Matamore.
Maure , peuple ,   -*rus.*
Meſore , terme de Liturgie, *intervallum inter horas canonicas.*
Métaphore ,   -*ra.*
Météore ,   -*rum.*
Minotaure ,   -*rus.*
More , noir ,   *fuſcus.*
Nicéphore, Hiſt. Grec, -*rus.*
Oenophore, -*orum* vel -*rus.*
Oétophore , terme d'Antiq.
Palaure , vieux mot, parole, *verbum.*
Pandore ,   -*ora.*
Pécore ,   *pecus.*
Phoſphore ,   -*rus.*
Pléthore , terme de Méde-cine, réplétion d'humeurs.
Pore , au plur.   *pori.*
Pylore ,   -*rus.*
Rémore , poiſſon ,   -*ora.*
Reſtaure ,   *reſtauratio.*
Roquelaure , ſorte de man-teau.

m	Saure, cheval saure, *equus fulvus.*
a	Sonore, *-rus.*
f	Store, natte qu'on met aux fenêtres pour empêcher le soleil, *storea.*
m	Sycomore, arbre, *-rus.*
	Télesphore, un des Dieux de la Médecine, *-rus.*
f	Terpsicore, Muse, *-chora.*
m	Théodore, nom prop. *-orus.*

VERBES.

verbes au présent.

Abhorre,	*-reo.*
Adore,	*adoro.*
Arbore,	*expando.*
Colore,	*-oro.*
Déplore...	
Deshonore,	*inhonoro.*
Dévore,	*-oro.*
Dore,	*inauro.*
Essore, vieux mot, *egredior.*	
Evapore, *in vapores discutio.*	
Honore,	*-oro.*
Ignore...	
Implore...	
Incorpore, *in corpus red go.*	
Méliore,	*meliorem efficio.*

Voyez les autres verbes en orer.

ORGE.

subst. féminins.

m	Coupe-gorge, *infestum latrosinium.*
	Forge, *ustrina.*
	eau de Forge, *aqua ustrinaria.*
	Gorge, *guttur.* sein, *sinus.*
	rendre gorge, *vomere.* au fig. *restituere.*

v	couper la Gorge, *jugulare.*
m	Orge, *hordeum.*
v	* faire ses Orges, *multùm lucrari.*
m	Rouge-gorge, oiseau, *erithacus.*

VERBES.

verbes au présent.

Dégorge,	*evomo.*
Egorge,	*macto.*
Engorge,	*ingurgito.*
Forge,	*fabrico.*
Regorge,	*abundo.*
se Rengorge, *inflatur, turget.*	

ORGNE.

	Borgne, *cocles.*
v	Eborgne, *alicui oculum effodio.*
v	Lorgne, *obliquis oculis aspicio.*

ORGUE.

f	Morgue, *os superbum & arrogans.*
v	il Morgue, *oculis protervis spectat.*
f	Orgue, *organum.*

ORLE.

m	Orle, *limbus.*

ORME.

f	Forme, *-ma.* Item : *norma.* It. *scamnum.*
m	Argument en forme, *argumentum in forma.*
a	Conforme, *consentaneus, congruens.*

Substantifs & adjectifs masculins & féminins.

Corme, fruit, *sorbum.*
Difforme, *deformis, turpis.*
Enorme, *enormis, immanis.*
Forme , -ma. figure , -ra. moule, *proplasma.* modéle , *archetypon.* façon, *formula.* situation, *situs.* régle, *norma.* forme de soulier , *calcearia.* de chapeau , *pilearia.* de bas , *tibialis.* de chasseur , *venatoria.* d'Imprimeur , *typus.*
Informe, *informis, nondum absolutus.*
Mammiforme , terme d'Anatomie , -ormis.
Orme, arbre, *ulmus.*
Plateforme, *agger terreus.*
Réforme , -matio.
Rétiforme, terme d'Anat.
Scutiforme, terme d'Anatomie , *scutum.*
Théiforme.
Uniforme , *consimilis.*
Vorme, ville, *Vormatia.*

VERBES.

verbes au présent, &c.

Conforme, -mo.
Difforme, *deformo.*
Dorme , *dormio.*
Endorme, *somnum faciat, consopiat.*
Forme , -mo.
Informe, -ormo. It. *edoceo.*
s'Informe, *quærit.*
Réforme , *emendo.*
Transforme , -ormo.

ORNE.

f   Borne , *limes.*

subst. & adj. masc. & fém.

Bigorne , *incus bigornis.*
Capricorne , -ornus.
Corne, *cornu.*
Cromorne , instrument de Musique, *tubus longior canorus.*
Escorne, *probrum.* de l'Italien *scorno.*
Licorne , animal , *monoceros.*
Litorne , oiseau.
Malitorne , vieux mot, *ineptus.*
Morne , *tristis.*
lance Morne , *lancea obtusa.*
Sorne , terme de Forge.
Viorne, arbrisseau, *viburnum.*

VERBES.

verb. au prés.

Borne , *termino.*
Corne , *cornu cano.*
Ecorne , *cornu infringo.*
Orne , *orno.*
Suborne , -orno.

ORPS. *voyez* ORS.

ORQUE.

verb. au prés. & à l'in.

m * Orque, enfer, *orcus.*
m Orque, monstre, *orca.*
f Remorque de vaisseau, *remulcatio.*
Extorque, -queo.
Remorque, *remulceo.*
Retorque, -queo.

ORRE.

Clore , *claudere.*
Eclorre , *excludere.*
Forclorre, terme de Palais,

præscriptione temporis ex-
cludere.

ORS. & ORPS. car le
P ne se prononce pas.

Alors,   *tunc.*
* Boute-hors, *sermonis fa-*
   cilitas.
Cahors, ville,   *Cadurcum.*
Corps,   *corpus.*
Corps d'Etat, d'armée, de
   ville, &c.
Dehors,   *foràs.*
Détors,   *extorsus.*
Estors, vieux mot, *conflictus.*
Fors, vieux mot,   *præter.*
Gabords, terme de Marine.
Hors,   *extrà.*
Juste-au-corps, *vestis* vel
   tunica astrictior.
Lors,   *tunc.*
Mors de cheval,   *camus.*
Recors,   *testes.*
Remors de conscience, *con-*
   scientiæ stimulus.
Taribords, petits hommes
   sauvages, habitans des
   montagnes de Madagas-
   car.
Tors, adj.   *intorsus.*

VERBES.

Démors, *morsum relinquo.*
Détors, *convolutum evolvo.*
Dors,   *dormio.*
Entors,   *intorqueo.*
Mors,   *mordeo.*
Sors, de Sortir,   *egredior.*
Tors,   *torqueo.*
   Plus le pluriel des noms

en or, ord & ort : thrésors,
bords, ports.

ORSE. *voyez* ORCE.

ORT.

Accort,   *commodus.*
Confort, vieux mot, *conso-*
   latio.
Déconfort,   *afflictio.*
Effort,   *conatus.*
Fort,   *-is.*
Fort d'un bois, *opacitas sylvæ.*
   forteresse, *arx.* d'une bou-
   le, *globuli pars ponderosior.*
f la Mort,   *mors.*
Mort,   *mortuus.*
un Mort,   *cadaver.*
Passeport, *salvus conductus.*
Port de mer, *portus.* asyle,
   asylus. voiture, *vectura.*
Port de lettre, *vecturæ epi-*
   stola pretium.
Raifort, plante, *raphanus.*
Rapport de bouche, *ructus.*
   de procès, *litis relatio.*
terre de Rapport, *terra fer-*
   tilis.
Réconfort,   *solamen.*
Renfort, *auxiliares copia.*
Ressort d'arme, *elaterium.*
Ressort, ce qui anime, *in-*
   citamentum.
Ressort, jurisdiction, *juris-*
   dictio.
v il Ressort,   *jus postulat.*
Rochefort, ville, *Rupifortium.*
v Sort, de Sortir, *egreditur.*
Sort, destin,   *fatum.*
Sort de magie, *sortilegium.*
jetter au Sort, *sortem mittere.*

subst. & adj. masc.

Tort , injuria.
faire Tort , injuriâ afficere.
avoir Tort , esse in culpâ.
à Tort, adv. injustè.
Transport de dette , transcriptio.
—de marchandise , vectio.
Transport, passion , animi impotentia.
Voyez les rimes en ord.

ORTE.

substantifs & adjectifs féminins.

Accorte , commoda.
Aorte , artère , aorta.
Cloporte, insecte, multipeda, porcellio.
Cohorte , cohors.
Colle forte, gluten taurinum.
Escorte , comitatus.
il Escorte , verbe , comitatur.
Fausse-porte , pseudothyrum.
Feuille-morte, couleur, frondis emoriendis color.
Forte , fortis.
Main-morte , servilis.
gens de Main-morte , homines serviles.
Main-morte , jeu d'enfant.
Morte , mortua.
Porte , janua.
Porte , cour du Grand Seigneur , Sultani aula.
v il Porte , fert.
v qu'il Sorte , egrediatur.
Sorte, genre, genus. espéce, species. maniére , modus. gens de cette sorte , hujus generis homines. de sorte, ità. de cette sorte , sic. faire ensorte que , efficere ut. faites ensorte, da ope-

verbes au présent & à l'impératif.

ram ut. de la sorte , hujuscemodi.

VERBES.

Apporte , affero.
Avorte , abortum patior.
Comporte , me gero.
Conforte , corroboro.
Déconforte, animum frango.
se Déporte,re aliquâ absistit.
Emporte , aufero.
Exhorte , -ortor.
Importe , refert.
Porte , fero.
Rapporte , refero.
Reconforte , vires reficio.
Supporte , tolero.
Transporte , transfero.
Voyez les autres verbes en orter.

ORVE.

f Morve , mucus.

ORZE.

Quatórze , quatuordecim.

OS.

subst. & adj. masc.

Amnios , terme d'Anatom.
Amos , Prophéte.
Argos , ville.
Atropos , Parque , fém.
Avant-propos , præfatio.
Campos , inducia.
Caros , terme de Médecine.
Chégros , linum sutorium.
Clos , qui est fermé, clausus. lieu fermé , septum. de vigne , septum vinea.

v subst. & adj. masc.

Clcs, *claudo.*
Cocos, fruit.
Colchos, pays.
Custodi nos.
Dispos, agile, *agilis.* sain de corps, *recte affectus.*
Dos, *dorsum.* derriére, *tergum.* donner à dos à quelqu'un, *contra aliquem stare.* avoir à dos, *adversum habere.* échine du dos, *spina dorsi.* donner à dos, fig. médire en l'absence, *absentis famam lædere.* tourner le dos, fuir, *fugere.*
Eclos, *excludo.*
Enclos, ceint, *cinctus.* enfermé, *septus.* enceinte, *ambitus.* clôture, *sepimentum.* lieu clos, *conseptum.*
v Enclos, *includo.*
v Forclos, *excludo.*
Gros, poids, *dragma.* monnoie de six blancs, *sestercius Francicus.*
un Gros de cavalerie, *agmen equitum.* de l'armée, *exercitûs summa.*
Gros, épais, *crassus.* en gros, *summatim.*
Héros, *heros.*
Impôts, *subsidia.*
Lemnos, île.
Lesbos, île.
Los, vieux mot, *laus.*
Minos, Juge d'Enfer.
Molinos, hérésiarque, chef des Quiétistes.
Nescio vos, terme de refus.
Nos, *ou* Noues, tripes de morue salée.

subst. & adj. masc.

Os, *os.* petit os, *osiculum.* d'os, *osseus.* qui n'a point d'os, *exos.* ôter les os, désosser, *exossare.* saillie d'os, *ossis processus.* bout d'os, *condylus.* careau d'os, *cotyle.* os après os, *osiculatim.* faire vieux os, *diù vivere.* sur os de cheval, *ossis equini cervix.*
Propos, *propositum.* discours, *sermo.* avant-propos, *præludium.* de propos délibéré, *consultò.* à tout propos, *quâlibet occasione datâ.* à propos, *aptè.* mal-à-propos, *intempestivè.*
Quandros, pierre précieuse.
Quocolos, pierre transparente & semblable au marbre.
Repos après le travail, *requies.* paix, *pax.* sommeil, *somnus.* loisir, *otium.* tranquillité, *-tas.*
Samos, île.
Sandastros, pierre précieuse, *garamantites.*
Tarots, jeu, *foliorum lusoriorum species.*
Voyez le pluriel des noms en o, ot, ost : échos, sots, dépôts, & les rimes en aux.

O S E. *voyez* O Z E.

O S S E. *voyez* O C E.

O S M E.

Macrocosme.
m Microcosme, petit monde *ou* l'homme, *-mus.*

OSME. dont l'S ne se pro-
noncé point, *voyez*
OME. long.

O S N E. *voyez* O N E.

O S S E. bref. & O C E.

subst. & adj. fém.

Ankylglosse, vice du filet
de la langue, -*ossum.*
Atroce, *atrox.*
Basioglosse, muscle, -*ossus.*
Bosse, *gibbus.* en bosse, *ana-
glyphus.* bossette d'un bouclier, *umbo.* corne qui
commence à pousser aux
bêtes, *subula.* en sculpture, *eminentia.*
Bosse, mesure de sel.
Brosse, *scopula.*
v Brosse, *detergo.*
m Carrosse, *rheda.* à deux chevaux, *biga.* à quatre, *qua-
driga.*
m Colosse, -*ossus.* fig. grand,
colosseus.
Cosse de pois, *siliqua.*
Crosse d'Evêque, *pedum.*
Crosse à crosser, *recurvus
baculus.*
v Crosse, *baculo recurvo pulso.*
Ecorce, *cortex.*
v Ecorce, *excortico.*
Ecosse, pays, *Scotia.*
Féroce, *ferox.*
Génioglosse, muscle, *genio-
glossus.*
Hypoglosse, terme d'Ana-
tomie, nerf, *hypoglossus.*
Malbosse, *nodus major* vel
anthrax.

f Molosse, -*ossus.*
Négoce, -*otium.*
Nôce, au pluriel, *nuptiæ.*
Quiosse, terme de Tanneur.
m fruit Précoce, *præcox.*
m Rosse, *equus tardus.*
m Sacerdoce, -*otium.*

O S S E. long. A U C E.
& A U S S E.

substantifs & adjectifs féminins.

Beauce, pays, *Belsia.*
Chausse, au pluriel, *tibiale.*
d'hypocras, *saccus turbinatus.*
haut de Chausse, *bracca.* bas
de Chausse, *tibialia.*
* Endosse, peine, *pœna.*
charge, *onus.* fatigue,
defatigatio. incommodité,
incommodum.
Fausse, *falsa.*
Fausse, mauvaise, *mala.*
Fosse, *fossa.* pour la chasse,
fovea. pour planter, *scrobs.*
où l'eau s'arrête, *lacuna.*
plein de fosses, *lacunosus.*
fosse aux cables, *rudentum
apotheca.* fosse au lion,
terme de Marine, *minu-
tioris instructûs nautici
apotheca.*
Grosse, *crassa.* femme grosse, *prægnans mulier.* grosse de contrat, *scriptu-
ra luculentior.* de ter-
rier, *codex censualis.*
Hausse de soulier, *sartum
calcearia soleæ.*
Sausse, *condimentum.* tremper dans la sausse, *intingere conditurâ.*

verbes au préfent, &c.

VERBES.

Chauffe ,	*calceo.*
Déchauffe ,	*excalceo.*
Endoffe ,	*loricam induo.*
Engroffe ,	*gravido.*
Exauffe ,	*exaudio.*
Exhauffe ,	*exalto.*
Fauffe ,	*fallo.*
* fe Gauffe ,	*jocor.*
Hauffe ,	*attollo.*
Sauffe ,	*in embammate in-tingo.*

OST. *voyez* OT.

OSTE. dont l'S ne fe pro-nonce point, *voyez* ôte.

OSTE. dont l'S fe prononce.

v fubftantifs mafculins & féminins.

v Acofte ,	*congredior cum.*
Anagnofte ,	*-tes.*
v Apofte ,	*appono.*
Ariofte, Poëte Italien,	*-tus.*
Holocaufte ,	*-tum.*
Hypocaufte...	
Périofte ,	*-ofteon.*

Pofte, *curfus publicus.* che-val de pofte, *veredus.* une pofte , *veredi decurfio.* la pofte, le lieu où l'on tient les chevaux de pofte, *ve-redorum ftabulum.* la Po-fte, le lieu où l'on tient les Poftillons, *veredario-rum ftatio.* une pofte , ef-pace de deux lieues , *qua-tuor milliaria.*

Pofte , courrier, *veredarius.* maître des poftes, *vere-*

fubftantifs mafculins & féminins. v

dariorum præfectus. pofte, terme de guerre , *ftatio.* pofte avantageux , *locus opportunus.* défavantageux, *incommodus.* courir la po-fte , *veredis uti.* pofte de plomb, *glans plumbea.* po-fte , condition , *-tio.*

Pofte, terme de jeu , *fedes.* prêter à pofte , prêter de l'argent aux joueurs, *alea-toribus commodare.*

Pofte ,	*colloco.*

Ripofte, coup de pied d'un cheval, *recalcitratio.* don-ner la ripofte , rendre la pareille, *par pari referre.* ripofte, terme d'efcrime, *ictús in adverfarium il-latio.*

Ripofte ,	*par pari refero.*

OT.

fubftantifs & adjectifs mafculins.

Abricot , *Armeniacum ma-lum.*

Angelot , fromage , *parvus cafeus.*

Annédot , au plur. Divinités des Chaldéens.

Arbrot , terme d'Oifeleur.

Arcot , efpéce de Serge.

Archerot ,	*jaculator.*

Argot, terme de Jardinier , *lignum fucco deftitutum.*

Argot , *ou* Ergot, *unguis pofticus.* talon, *calcar.* er-got d'un coq, *galli poftica falcula.* de cheval , *fub-natum ad fuffraginem equinam cornu.* fe dreffer fur fes ergots, *vehemen-tiús infurgere.*

subſtantiſs & adjectifs maſculins.

Aſtarot, Démon.

Barberot, *tonſor rudis & imperitus.*

Bardot, *mulus puſillus.*

Baricot, fruit de Madagaſcar.

Baſſicot, inſtrument dont on ſe ſert dans les Ardoiſiéres.

Bergerot, petit berger.

Berlingot, Berline coupée.

Bigot, ſuperſtitieux, *-ioſus.* hypocrite, *pietatis ſimulator.*

Billot, *truncus.* Item : gros livre.

Bimbelot, *crepundia.*

Bromot, plante.

Brûlot, *incendiaria navis.*

Cablot, terme de Marine, *retinaculum.*

Cacharot, poiſſon cétacée.

Cachot, *crypta.*

Cagot, Bigot, *nimia & affectata religionis homo.*

Cahot de charrette, *rhedæ ſubſultatio.*

Callot, morceau de bois pour caler une piéce de charpente.

Calot, graveur, *calotus.*

Camelot, *textum caprinum.* goffré *ou* ondé ; *undulatum.* pommelé, *ſcutulis diſtinctum.*

Canot, *linter.*

Capot, petite toque, *galerus.* qui eſt capot au jeu, *qui nullum tulit punctum.*

Cavalot, terme d'Artillerie.

Chabot, poiſſon, *capitatus gobio.*

Charriot, *currus.*

Chicot, *radix reſidua.*

subſtantiſs & adjectifs maſculins.

Clergeot, vieux mot, petit clerc.

Complot, conjuration, *-io.* conſpiration, *-io.* de complot, *ex compacto.*

Contre-ſanglot, *retinacula ephippiariorum cingulorum.*

Coquelicot, fleur, *erraticum papaver.*

Cuiſſot de chevreuil, *capreæ coxa.*

Culot, *fuſura catinus.*

Dévot, *pius.* religieux, *-ioſus.* faux dévot, bigot, *falſo pius.*

Diablezot, exclamation.

Dot, *dos.* de dot, *dotalis.*

Ecalot, mot provincial, *nux.*

Ecot, *ſymbolum.*

Eſcarbot, inſecte, *ſcarabæus.*

Eſcargot, limaçon, *limax, cochlea.*

Fagot, *virgultorum faſcis.*

Falot, flambeau, *laterna.*

Falot, injure, *ſtolidus.*

Falot, eſprit folet.

Flibot, navire, *navis oneraria minor.*

Flibot, terme de Charpentier.

Fouille-au-pot.

Garot, *commiſſura humeri & colli.*

Garot, vieux mot, *jaculum.*

Gaſparot, eſpéce de poiſſon.

Gigot de mouton, *vervecis femur.* ſe dit au plur. pour les genoux, *genua.*

Godenot, marionette, *imaguncula.* figure mal taillée, *effigies inſulſa.* injure, difforme, *-mis.*

Got, *Gothus.*

Goulot, *rostrum, os.*
Grelot, *crotalum.*
Guignot, mot Bourguignon.
Halot, terme de Chasse, *cunicularium.*
Haricot, légume, petite féve, *fabula alba.* ragoût, *condimentum ex napis.*
Huguenot, *Calvini sectator.*
* Jabot, *ingluvies.*
Javelot, *pilum, spiculum.*
Idiot, *idiota.* homme sans lettres, *homo illiteratus.*
Jeannot, diminutif de Jean.
Jovanot, jeunet, *juvenis.*
Indévot, *irreligiosus.*
Islot, diminutif du mot île, *parva insula.*
Lairot.
Lancelot, Auteur François, *Lancelotus.*
* Larigot, flûte, *fistula.* boire à tire-larigot, *bibere opiparè.*
Lingot, *massa.* petit lingot, *massula.* moule à jetter les métaux fondus, *teres proplasma ærarium.* piéce de métal jetté en lingot, *fusilis æris cylindrus.*
Linot, *linarius.*
Loriot, oiseau, *galbulus.*
Lot, *pars.*
Lutrigot.
Machicot.
* Magot, injure, *difformis.* gros singe, *simius major.* trésor, *thesaurus.*
Maillot d'enfant, *fascia.*
Manchot, *mancus.*
Margot, *Margarita.*
Margot, *pica.*

Marmot, *cercopithecus,* vel *imago deformis.*
Marot, Poëte Franç. *-tius.*
Masticot, couleur, *color luteus.*
Matelot, *nauta.*
Mélilot, herbe, *-us.*
Mercelot, *ou* Mercerot, *tenuis mercator.*
Mignot, enfant gâté.
Minot, *quadrans sextarii.*
Miquelot, *peregrinus Sancti Michaëlis.*
Mot, parole, *vox.* à deux ententes, *verbum ambiguum.*
bon Mot, *dictum salsum.* du guet, *tessera militaris.*
prendre au Mot, *conditiones accipere.*
Muchetanpot, à la Muchetanpot, *clàm.*
Mulot, animal, *mus agrestis.*
Mirlirot, j'en dis du Mirlirot, *nihili facio.*
* Nabot, *pumilio.*
No, vieux mot, à No, pour à nage, *natatu.*
Ost, vieux mot, *exercitus.*
Ostrogot, *Ostrogothus.*
Paletot, espéce de juste-aucorps Espagnol, *palla.*
Palinot.
Palot, paysan, *rusticus.*
Paquebot, vaisseau, *tabellaria navis.*
Parpaillot, *Calvini sectator.*
Pavot, plante, *papaver.*
Philippot, dim. de Philippe.
Picot de dentelle, *tænia denticulus.*
Pié-bot, *pes contortus.*

subst. & adj. masc.

Pilot, *salis cumulus.*

* Piot, le vin, *vinum.*

Pivot, *cardo turbinatus.*

Pirot, oison, *anserculus.*

Pot à mettre quelque chose, *poculum.* petit pot, *pocillum.* vase, *vas.* petit vase, *vasculum.* à l'eau, *aqualis.* à mettre du vin, *vinarium.* au lait, *sinum lactis.* au feu, *olla.* marmite, *cacabus.* pot d'airain, *vas æreum.* de cuivre, *cupreum.* de terre, *fictile.* de chambre, *matula.* petit pot de chambre, *matella.* le pot de vin, les épingles, *corollarium.* un pot de vin, *vas vini plenum.* pot en tête, *galea.* mettre le pot en tête, *galeare se.* qui est à pain & à pot, *focarius.* pot à l'huile, *olla olearia.* à confiture, *olla condimentaria.* mesure de vin, *hemina, sextarius.* à distribuer le vin, *œnophorum.* tourner autour du pot, *tergiversari.*

Pouliot, *pulegium.*

Poulot, enfant, *infantulus, puerulus.*

Principiot, petit Prince.

Quillot, mesure de Smyrne pour les grains.

Rabot, *rutrum.*

Ragot, petit homme, *homuncio.* nain, *nanus.* court, *brevis.* cheval bas & ramassé, *humili & corpulentâ staturâ equus.*

Rhinocérot, animal, *rhinoceros.*

subst. & adj. masc.

Rot, *ructus.*

Sabot, plante, *calceolus.*

Sabot, chaussure de bois, *calceus ligneus.*

Sabot, corne du pied de cheval, *cornu equini pedis.* de Cordier, *lignum striatum.*

Sabot, toupie à jouer, *turbo.*

Salicot, *salicornia.*

Sanglot, *singultus.*

Sarot, *ou* Sarrau, habit de Paysan ou de Roulier.

Sercot, *ou* Secot, chemisette.

* Sibilot, qui fait rire, *histrio.* qui parle du ventre, *ventriloquus.*

Sot, *stultus.* fat, *ineptus.* absurde, *-dus.* fort sot, *perabsurdus.* ridicule, *-lus.*

Stradiot, vieux mot, soldat, *miles.*

Subrécot, *ultra collectam.*

Surot, *callus.* auprès du genou d'un cheval, *callus ad equi genu.*

Syrop, *syrupus.*

Tarot, jeu, *lusoriorum foliorum ludi species.* basson, *major tibia soni gravioris.* gros violon, *gravis decumana fidis.*

Tiennot, dim. d'Etienne, *Stephanulus.*

Tripot, jeu de paume, *sphæristerium.* cette affaire est de mon tripot, *res vertitur in meo foro.*

Trot de cheval, *gradus equi succutientis.*

Turbot, poisson, *rhumbus.*

* Vieillot, *vetulus.*

subſtantifs & adjectifs maſculins.

Viſigot,   *Viſigothus.*
Vitelot, au plut. *maſſa dulciaria.*
Yvetot, Bourg de Norman-
die.
* au Diable-Zot, proverbe,
minimè.

O T. long. *ou* O S T.

Auſſitôt,   *ſtatim.*
Bientôt, adv.   *jam.*
Dépôt,   *depoſitum.*
Entrepôt,   *interpoſitio.*
Impôt,   *tributum.*
Prévôt, *tribunus capitalis.*
des Maréchaux, *caſtren-
ſium præfectorum.* dans un
Chapître, *præpoſitus.* des
Marchands, *præfectus mer-
catorum.* de ſale, *laniſta
ludi præpoſitus.*
Rôt,   *aſſa caro.*
Suppôt,   *ſuppoſitum.*
Tantôt, il n'y a pas long-
temps, *modò, paulo antè.*
par fois, *modò.*
Tôt, adv.   *citò.*
*Plus quelques temps du
verbe* clorre *& ſes compoſés :*
clôt.
Voyez auſſi les rimes en
aut *&* aud.

O T E.

f Amadote, poire, *pyrum
amadotum.*
f Anecdote,   *-tum.*
f Antidote,   *-tum.*
f Archibigote, *pietatis archi-
ſimulatrix.*

subſtantifs & adjectifs féminins.

Ariſtote, Philoſophe, *-teles.*
Ballote, petit bulletin *ou* pois.
Barbelote,   *rana fontium.*
Barbote, poiſſon, *rhumbulus.*
Bergamote, poire, *pyrum
Bergamium.*
Bergerote, petite Bergère.
Bigote, *pietatis ſimulatrix.*
Botte à botter, *ocrea.* de
foin, de paille, *manipu-
lus.* attaque, coup, *petitio.*
porter une botte, *petere
aliquem gladio.* quantité,
multitudo. j'en ai une botte, *multam copiam habeo.*
* Bourguignote,   *galea.*
à la Bourguignote, *Burgun-
dinorum morè.*
Calote, *pileolus.* on donne
auſſi ce nom à un régi-
ment idéal des fous.
Candiote, ſorte d'anémone.
Capote, mante de femme.
Carote, herbe potagère,
paſtinaca ſativa. on dit
auſſi carotte de tabac.
Chenevote, *canabinus ca-
lamus.*
Compatriote,   *popularis.*
Compote, *conditura frugum*
m vel *carnium.*
Cote, taxe, *deſcriptio tribu-
taria.* ſomme taxée, *deſ-
criptum caput.* cote-part,
as capitis. cote d'armes,
militare ſagum. de maille,
hamatus thorax. chef d'armes, *paludamentum.*
Cote, terme de Palais, *ci-
tatio.* cote de femme, *tunica muliebris.*
Crocote, animal des Indes.

502

subst. & adj. fém.

Crocote, *ou* Crocoton, habit ancien, *-ton.*

Crote, boue, *lutum.* de poule, *gallinaceus fumus.*

Culote, *bracca.*

Dévote, *devota.*

Dicrote, récurrent, *recurrens.*

Echalotte, *ascalonia.*

Epiglotte, *-ottis.*

Fiévrote, petite fiévre, *febricula.*

Flote, *classis navalis.*

Galiote, *minoris modi navigium.*

* Gargote, *caupona.*

Gavote, danse, *saltationis species.*

Gelinote, *gallina.*

Gibelote, fricassée.

Griote, cerise, *acidulum cerasum.*

Grotte, *spelunca.*

Hérodote, Hist. Grec, *-tus.*

m Hôte, (long) *hospes.*

m Hotte, *sporta dossuaria.*

Huguenote, terrine, *cymbium fictile.*

Huguenote, Calviniste, *Calvini sectatrix.*

Idiote, *illiterata.*

Ilote, esclave des Lacédémoniens, *-tes.*

Izelotte, monnoie de l'Empire, qui vaut environ 36 sols de France.

Linote, *linaria.*

Main-pote, *manus mutila.*

Maltôte, *tributum.*

* Manchote, *manca.*

Marcote, *vivi radix.*

Marmote, animal, *simia.* injure, *deformis.*

subst. & adj. fém.

* Marote, folie, *stultitia.* espéce d'image ridicule, *ridiculum sigillum.* servir de marote, *esse ludibrio.*

Masselotte, *metalli reliquia.*

Matelote, ragoût de poisson, *piscium conditura.*

Melotte, peau de brebis avec la laine.

Menote, *ferrea manica.*

Mi-côte, (long) *medius clivus.*

m Mont-pagnote, *mons ignavus.*

Mote de terre, *glebula.* petite montagne, *monticulus.*

* Nabote, *nana.*

Note de Musique, *nota.* d'infamie, *infamiæ nota.*

Oupelotte, racine d'une plante.

Pagnote, poltron, *ignavus.*

Palotte, pour Paulette, *tributum annuum Pauletanum.*

Papillote, paillette d'or ou d'argent, *paleola aurea vel argentea.* de cheveux, *capillorum glomeratio.*

Patriote, compatriote.

Pelote, bale, *sphærula.* peloton, *globulus.*

Picote, nom Provincial, pour la petite vérole.

bible Polyglotte *ou* en plusieurs langues, *Biblia polyglotta.*

Prote, terme d'Imprimerie.

Quenotte, terme populaire, *dentes lactis.*

Ravigote, espéce de sauce.

Redingote, mot Anglois, depuis peu Francisé.

Riote, débat, *jurgium.* contention, *-tio.* querelle, *rixa.*

Rote, jurisdiction de Rome, *Rota Romana.*

auditeur de Rote, *Rota auditor.*

Rote, baguette pliante.

Rufhote, *lingua Ruffica.*

Sote, *flulta.*

Trote, *via spatium.*

Veillote, *parvus fœni cumulus.*

* Vieillote, femme vieillote, *vetula mulier.*

VERBES.

Baifote,	*bafito.*
Balote,	*jacto.*
* Barbote,	*aquam roftro agito.*
Bote,	*ocreas induo.*
Cahote,	*fubfulto.*
Chevrote,	*irrito.*
* Chipote,	*hafito.*
Complote,	*confpiro.*
Cote,	*noto.*
Crote,	*luto afpergo.*
Débote,	*ocreas exuo.*
Décrote,	*lutum detergo.*
Dénote,	*denoto.*
* Dorlote,	*molliùs curo.*
Dote,	*do o.*
Emmaillote,	*in cunabulis colligo.*
Fagote,	*in fafces cogo.*
Flote,	*fluctuo.*
Frote,	*frico.*
Garote,	*vinculis conftringo.*
Grignote,	*rodo.*
Marmote,	*mutio.*

Note,	*noto.*
Numérote,	*numero noto.*
Pelote,	*laneâ pilâ datatim ludo.*
Picote,	*densè compungo.*
Rabote,	*runcinâ polio.*
Radote,	*deliro.*
Rote,	*eructo.*
Sabote,	*turbinem verfo.*
Scote, terme de Capucin,	*veftimenta purgo.*
Tricote, *reticulatim fila texo.*	
Tripote,	*mifceo.*
Trote,	*concurfo.*

OTE. long. OSTE. & AUTE.

Argonaute de la Fable, *Argonauta.*

Côte, os, *cofta.* petite, *coftula.* colline, *collis.* de mer, *ora maritima.*

donner à la Côte, faire naufrage, *in ora naufragium facere.*

Côte-à-côte, *ad latus pofitus.*

Faute, *error.*

* à Faute, adv, *eò quòd non.*

Garde-côte, *ora maritima præfidium.*

Haute, *alta.*

Maltôte, impôt, *vectigal.*

Ote, *aufero.*

Pentecôte, *-cofte.*

Plaute, Poëte Latin, *-tus.*

OTRE. long. OSTRE. & AUTRE.

Apôtre, *Apoftolus.*

un bon Apôtre, *lepidum caput.*

subſtantifs & adjectifs maſculins & fém. v

Autre ,   alter.
Epeautre , bled ,   zea.
Nôtre ,   noſter , ra , um.
le Nôtre , habile pour le Jardinage.
* Patenôtre , oratio Dominica. gros grain du chapelet , majus roſarii granum.
Patenôtre , terme de Voiturier.
* aux Peautres , au Diable , ad patibulum.
Spéautre , métal , metallum impurum.
il ſe Veautre , in cœno ſe agitat.
Vôtre ,   tuus , a , um.

O U.

subſtantifs & adjectifs maſculins.

Abouchouchou , ſorte de drap.
Acajou ,   acajorium.
Alpiou , terme de jeu.
Bajou, terme de Charpentier.
Banbou , bois , bambœſium lignum.
Bijou ,   mundus muliebris.
Bourdalou , étoffe , cordon de chapeau.
Boutou , arme des Caraïbes.
Briſe-cou ,   locus lubricus.
Brou.
Cachou ,   Kaius.
Cagou , terme bas , ſordidus.
Caillou , ſilex. petit caillou , ſiliceus. plein de cailloux , calculoſus.
Calambou , bois , calambovium lignum.
Carcajou , animal de l'Amérique.

subſtantifs & adjectifs maſculins.

Caribou , cervus Canadenſis.
Caſſe-cou, colli frangibulum.
Chou , légume , braſſica. cabus ou pommé , capitatus caulis. friſé , braſſica criſpa. à cotons , crambe. choufleur, braſſica apiana. rejettons de chou , caulium cima. chou de pâtiſſier , globuli piſtorii.
Clou , clavus. petit clou , clavulus. à crochet , hamatus. à tête , capitatus. gros , trabalis. apoſtume , clavus.
Collinhou , vin qui croît en Normandie dans le pays de Caux.
Corfou , île ,   Corcyra.
Cou , col, collum. couper le cou , decollare. ſauter au cou , in amplexum ruere. mouchoir de Cou, ſtrophium.
Coucou , oiſeau , curruca. injure , curruca.
Filou ,   depeculator.
Fou , inſenſé ,   inſanus.
Garde-fou ,   peribolus.
Genou , genu. inſtrument de Mathématique , genu mathematicum. terme d'Horlogerie.
* Glouglou , ampula diffundentis ſonus.
* Grigou , injure , mendicus.
Grippe-ſou , aſſium corraſor.
* courir le Guildou , divagari , ſcortari.
Hauſſecou , ſubjecta collo pelta.
Hibou ,   bubo.
* vieille Houhou , vetula difformis.

substantifs & adjectifs masculins.

Indou, Indien,   *Indus.*
Joujou, terme enfantin, *crepundia.*
Licou, *capistrum.* pour étrangler,   *laqueus.*
Loup-garou, *lupus anthropophagus.*
Lou, *ou* Loup, *lupus.* de loup, *lupinus.* loup cervier, *lupus cervarius.* poisson de mer & de riviére, *lupus piscis.* masque pour femme, *oscillum.* ulcère, *ulcus.* loup garou, loup égaré & furieux, *lycanthropos.* loup garou de nuit *versipellis.* loup garou, fig. homme mélancolique, *-olicus.*
Marabou, Prêtre Mahométan, *-ovius.*
Matatou, table des Insulaires.
Matou,   *felis mas.*
Mou, *ou* Mol, *mollis.* poumon de bête, *pulmo.*
Mou, fig. foible, *mollis.*
Où, adv. de lieu, *ubi.* par où, *quà.* vers où, *quò.* d'où, *undè.* quand, lorsque, *cùm.* ou, ou bien, conjonction, *vel, aut.*
Padou, fleuret, *tænia Patavina.*
Pambou, *serpens quidam Indicus.*
Pérou, pays,   *Peruvia.*
Pou, vermine,   *pediculus.*
Poù, vieux mot,   *parùm.*
* Prou,   *multùm.*
Rotrou, Poëte Franç. *-vius.*
Sarquiou, vieux mot, pour Cercueil.

substantifs & adjectifs masculins.

Saou, rassasié,   *satur.*
Sou, monnoie,   *as.*
de Thou, Historien Latin,   *Thuanus.*
Toupinambou, peuple.
Tou Tou, petit chien.
Trou, *foramen.* petit, *tenue.* du derriére, *anus.* qui a plusieurs trous, *multiforis.* qui a deux trous, *biforis.* creux, *cavum.* déchirure, *laceratio.*
Verrou,   *pessulus.*
Zatou, mesure de grains à Madagascar.

O U A.

verbes au prétérit indéfini.

Avoua,   *fassus est.*
Baffoua, *contumeliis affecit.*
Cloua,   *clavo fixit.*
Dénoua,   *enodavit.*
Désavoua,   *negavit.*
Dota,   *dotavit.*
Echoua,   *pessundatus est.*
s'Enroua, *ravim contraxit.*
Joua,   *lusit.*
Loua,   *laudavit.*
Noua,   *nodavit.*
Rabroua, *duriùs aspernatus est.*
Roua,   *membra fregit.*
Secoua,   *quassavit.*
Voua,   *vovit.*
Voyez les autres verbes en ouer.

O U B E.

v   j'Adoube, terme de Trictrac, *reficio.*
v   il Radoube, terme de mer, *navem reficit.*

OUBLE.

v Dédouble , *pannum interiùs detraho.*

Double, *duplex.* une fois autant , *duplum.* double , monnoie de cuivre , *sembella , semis.*

Double-louis , *duplio.*

Double , au fig. trompeur , *fraudator.*

Double-copie , *exscriptum.*

Etouble.

gras Double , *omentum.*

v Double , *duplico.*

Semidouble , terme de Bréviaire , *semiduplex.*

Trouble, confusion, *confusio.*

Trouble , *obscurus , opacus.*

v Trouble , *perturbo.*

OUC. & OUG.

Bouc, *hircus.* châtré , *caper.* une peau de bouc , outre , *uter.* de bouc, *hircinus.* sentir le bouc , *hircosum esse.*

Chabouc , terme de Religieux , *flagrum.*

Coyembouc, coffre en usage dans les Indes.

Joug, *jugum.* le subir, *subire.* le secouer , *excutere.*

OUCE. *voyez* OUSSE.

OUCHE. & OUSCHE.

f Accouche , *pario.*

f Babouche , sorte de pantoufle , *crepida cubicularis.*

subst. & adj. masc. & sém.

subst. mascul.

---

substantifs féminins.

Bouche , *os.* petite , *osculum.* qui a grande bouche, *bucculentus.* bouche forte , *os durius.* fendue , *sparsum.* ouverture de la bouche , *rictus.* fort en bouche , *tenax.* bonne bouche , *jucundus in ore sensus, sapor.* fermer la bouche , *elinguem reddere.* dire de bouche , *coràm dicere.* promettre de bouche , *verbo promittere.* ne pas faire la petite bouche, dire ouvertement, *palàm dicere.* faire la petite bouche, manger peu, *modici cibi se fingere.* manger à pleine bouche, *ambabus malis vorare.* bonne bouche , secret , *oris continentia.* avoir bonne bouche , se taire , *linguæ parcere.* avoir souvent en bouche , *crebrò usurpare.* qui loue à pleine bouche , *buccinator.*

v Bouche , *claudo.*

Bouche , ouverture , *apertura.* embouchure, *ostium.*

Cartouche , *voluta.* It. fameux voleur.

Cartouche , bale coupée par quartiers , *globulus quadripartitus.*

Couche , lit , *lectus.* petite , *lectulus.* accouchement , *puerperium.* mauvaise ou fausse couche , *abortus.* couche de couleurs, *crusta colorum.* de melons , *melopeponum areola.* de fumier , *stercoris crusta.*

De broque en bouche, phrase adverbiale, *voraciter.*

v Débouche , *recludo.*

v Découche , *foris cubo.*

Douche , terme de Bain, *irrigatio.*

Escarmouche , *levis pugna.*

Farouche , adj. *ferox.*

Gargouche , charge du canon, *pulveris tormentarii mensura.*

a Louche , *strabo.*

a Louche , qui n'est pas clair, *obscurus.*

Malebouche , *os fœtidum.*

Mouche , *musca.* à miel, *apis.* une grosse mouche , *œstrus, tabanus.* luisante , *lampyris.* de mouche, *muscarius.* mouche qu'on met sur le visage, *musca serica.* maîtresse mouche , fine, *vafra.* pied de mouche , écriture difficile à lire , *scriptura malè exarata.* abbreuvoir à mouche, une plaie , *plaga.*

Mouille-bouche , poire, *pyrum vinosum.*

Nitouche , faire la sainte Nitouche.

v Rebouche , *reobturo.*

v Retouche , *retracto.*

Rouche de navire , *navis compages.*

Rouche , herbe , *carex.*

m Scaramouche , célébre Comédien Italien , *Scaramuchius.*

m vêtu en Scaramouche , en masque , *larvatus.*

Souche d'arbre , *truncus.* de famille , *stirps.*

substantifs féminin.

* Souche , stupide , *–idus.*

Touche de clavessin , *organi fidicularis pinna.*

Touche à lire , *stylus.*

pierre de Touche , *lapis basanites.*

Touche , craindre la Touche , *verbera timere.*

OUCLE.

Boucle , *fibula.*

Boucle , pendant d'oreille , *inauris.*

Boucle de cheveux , *capillorum cincinni.*

v Boucle , *infibulo.*

v Boucle , une cavale , *equam fibulo.*

Escarboucle , *carbunculus.*

OUD.

Absoud , *absolvo.*

Coud , *suo.*

Découd , *dissuo.*

Dissoud , *dissolvo.*

Résoud , *resolvo.*

Voyez OUT.

OUDE.

m Coude , *cubitus.*

faire Coude , terme d'Architecture , *angulum formare.*

f Soude , *ferrumen.*

VERBES.

Accoude , *cubito innitor.*

Boude , *obmurmuro.*

v	Dessoude, _exferrumino._
v	Dissoude, _dissolvo._
v	Soude, _ferrumino._

OUDRE.

	Foudre, m. & f. _fulmen._
f	Poudre, _pulvis._ de projection, -onis. à canon, _tormentarius pulvis._ aux cheveux, _odoratus._
v	Poudre, _pulvere conspergo._

VERBES.

verbes à l'infinitif.

Absoudre, _absolvere._
Coudre, _suere._
Découdre, _dissuere._
* en Découdre, _ardere in arma._
Dissoudre, _dissolvere._
Emoudre, _samiare._
Moudre, _molere._
Résoudre, réduire, _resolvere._ conclure, _concludere._
Soudre, _solvere._ un argument, _argumentum._

OUE. diphthongue.

substantifs feminins.

Aroue, poids du Pérou.
Bachoue, sorte de vaisseau de bois.
Bajoue, _mala._
Boue, fange, _lutum._ d'une plaie, _sanies._
Cordoue, ville, _Cordubâ._
Ecroue de prisonnier, _custodis reorum commentarius._
* Gadoue, _stercus._
Houe de Vigneron, _ligo._
Joue, _gena._

Mantoue, ville, _Mantua._
Moue, _labiorum porrectio._
Proue de navire, _prora._
Quoue, vieux mot, _cauda._
Roue, _rota._
* à tour de Roue, lentement, _lentè._
Toue, bateau, _lembus._

VERBES.

verbes au présent & à l'imperatif.

* Amadoue, _blandior._
Avoue, _fateor._
Bafoue, _irrideo._
Cloue, _configo._
Dénoue, _nodum solvo._
Désavoue, _denego._
Doue, _doto._
Echoue, _offendo._
Encloue, _obturo._
m'Enroue, _raucitatem contraho._
Joue, _ludo._
Loue, _laudo._
Noue, _nodo._
Roue, _roto._
Secoue, _excutio._
Troue, _perforo._
Voue, _voveo._

OVE. _voyez_ AUVE.

OUÉ.

adjectifs masculins.

* Coué, ayant queue, _caudatus._
* Ecoué, sans queue, _excaudatus._
Engoué, _præfocatus._
Enjoué, _exhilaratus._
Enroué, _raucus._
Greloué, vaisseau de Cirier.

VERBES.

Alloué, *comprobatus.*
Amadoüé, *blanditiis delinitus.*
Avoué, *confeſſus.*
Baffoué, *contumeliis vexa-*
　tus.
Cloué, *confixus* vel *clavis*
　ornatus.
Dénoué, *enodatus.*
Déſavoué, *pernegatus.*
Doué, *dotatus.*
Echoué, *infractus.*
Ecroué, *in cuſtodis commen-*
　tariis inſcriptus.
Encloué, *obturatus.*
Enroué, *raucus.*
Joué, *illuſus.*
Loué, *laudatus.*
Noué, *nodatus.*
* Rabroué, *objurgatus.*
Roué, *malè multatus.*
Secoué, *concuſſus.*
Troué, *perforatus.*
Voué, *Deo votus.*
　Voyez les autres verbes en
ouer.

OUÉE.

Bouée, terme de Mer, *index*
　latentis anchoræ.
Brouée, *nebula.*
Douée, *dotata.*
Enjouée, *exhilarata.*
Enrouée, *rauca.*
Fouée, terme populaire, le
　feu d'un four qui chauffe
Nouées, au plur. terme de
　Vénerie, la fiente des
　cerfs.

Trouée, ouverture faite dans
　l'épaiſſeur d'une haie.
　Voyez les participes féminins
des verbes en ouer.

OUER.

Accouer, terme de chaſſe,
　cervi poplitem abſcindere.
Allouer, *comprobare.* rati-
　fier, *ratum habere.*
Amadouer, *mulcere.*
Avouer, *fateri.* confeſſer
　confiteri.
Bafouer, *conviciis afficere.*
Clouer, *clavo figere.*
Dechoüer, terme de Marine.
Dénouer, *enodare.* les cho-
　ſes mêlées, *expedire.* ſe
　dénouer, commencer à
　croître, *creſcere.*
Déſavouer, *inficiari.*
Déſenclouer, *clavem exi-*
　mere.
Dévouer, *devovere.*
Douer, *dotare.*
Ebroüer, laver une piéce
　d'étoffe.
Echouer, briſer, *ad ſcopu-*
　lum navem infringere.
　dans ſes entrepriſes, *in*
　ſuſceptis fauſtum. exitum
　non habere. être ruiné,
　peſſumdari.
Ecrouer, *in commentarium*
　cuſtodis referre.
Effroüer.
Enclouer le canon, *tormenta*
　bellica clavis obſtruere.
s'Enclouer, *ſibi clavem in*
　pede figere.
* Engouer, *præfocari.*

verbes à l'infinitif.

s'Enrouer, *ravim contrahere.*

Froüer, terme d'Oiseleur, *imitari noctuam.*

Houer,   *pastinare.*

Jouer, *ludere.* des instrumens, *canere.* quelqu'un, *illudere.* une piéce a quelqu'un, *dolis deludere.* se jouer, *jocari.* jouer son personnage, *personam agere.* se jouer à, *rem habere cum.* à tout perdre, *res in extremum discrimen adducere.*

Louer, *laudare.* estimer, *æstimare.* donner ou prendre à louage, *locare.* des ouvriers, *conducere operas.*

Nouer, vieux mot, *natare.*

Nouer, faire un nœud, *nodare.* asteindre, *astringere.* relier, *religare, amicitiam inire.*

se Nouer,   *nodari.*

Rabrouer, *asperè rejicere.* réfuter, *-tare.* traiter avec mépris, *durius aspernari.*

Ramadoüer,   *blandiri.*

Rouer, casser les os, *ferreo veste frangere membra.* roüer de coups, *malè multare.*

Sarfouer,   *circumfodere.*

Secouer, ébranler, *concutere.* la tête, *caput quassare.* un habit, *vestem excutere.* le joug, *jugo eripere colla.*

Trouer, *forare.* percer, *perforare.* avec une tariére, *terebrare.* son habit, *vestem pertundere.*

Vouer,   *vovere.*

OUEUX. *voyez* EUX.

OUF.

m Ouf, expression naturelle, quand on sent du mal, *heu !*

Pouf,   *fragor.*

OUFE.

v Boufe, il est en colère, *irâ tumescit.*

v Etoufe,   *suffoco.*

f Toufe d'arbres, *densa arbores.* de cheveux, *cirrus.*

OUFLE.

v * Boursoufle,   *tumesco.*

m Ecoufle, oiseau, *milvus.*

v * Emmitoufle, *vestibus circumvolvo.*

a * Maroufle, injure, *miser.*

* Moufle, gand, *manica.* instrument de méchanique, *trochlea.*

f Pantoufle,   *crepida.*

m Soufle, respiration & esprit, *respiratio.*

v Soufle,   *sufflo.*

OUFRE.

v Engoufre,   *hiatu devoro.*

m Ensoufre,   *insulphuro.*

v Goufre, *gurges.* de malheurs, *malorum vorago.*

m Soufre,   *sulphur.*

v Soufre,   *sulphuro.*

OUG. *voyez* OUC.

OUGE.

f Bouge,   *cellula.*

f Gouge de Menuiſier , *ſcal-*
   prum canaliculatum.

f Gouge , débauchée , *proſti-*
   bulum.

m Rouge , couleur , *rubrum.*
   fard, *purpuriſſum* , *mi-*
   nium. d'écarlate , *coccus.*
   teint en rouge d'écarlate ,
   cocco infeƈus. de pourpre
   éclatant , *oſtro infeƈus.* de
   pourpre brun & obſcur ,
   purpurâ lividâ. teint en
   rouge obſcur, *molochina-*
   tus. ſanguin, *ſanguineus*
   de feu, *igneus.* de poil de
   ſafran , *croco rubeus.* être
   rouge , *rubere.* devenir
   rouge, *rubeſcere.* de honte
   & de pudeur , *erubeſcere.*
   mer Rouge , *mare Rubrum.*

OUGUE.

f Fougue ,   *impetus.*
f eaux de Pougue , *Pugenſes*
   aqua.

OUI. & OUY.

Inoui , adjeƈ.   *inauditus.*
Oui , adv.   *ita.*

VERBES.

verb. au prét. &c.

Conjoüi,   *congratulatus*
Ebaroüi,   *navis fatiſcens.*
Ebloui, *oculorum caligine*
   offuſus.
Enfoui,   *infoſſus.*
Epanoüi,   *diffuſus.*
Evanoüi,   *evanidus.*
Foui,   *foſſus.*

v Joui, *fruƈus.* Item : liqueur
   alimentaire du Japon.

v Oüi,   *auditus.*
v Réjoüi,   *exhilaratus.*

OUIE. & OUYE.

f Ouie , ſens,   *auditus.*
f Ouie de poiſſons, *branchia.*
   Voyez les participes fémi-
   nins des verbes en ouir.

OUIL.

m Fenouil,   *fœniculum.*
m Genouil, on prononce Genou , *genu.*
m Verrouil,   *peſſulus.*

OUILLE.

ſubſtantion is féminins.

Andouille,   *hilla.*
Bredouille, terme de Tri-
   ƈrac , *implicatio.*
Brouille, pour Brouillerie.
Citrouille, légume , *major*
   cucurbita.
* Citrouille, femme groſ-
   ſiére , *pinguis mulier.*
Coquefredouille, vieux mot,
   irriſor.
Dépouille ,   *ſpolium.*
Douille, terme d'Armurier,
   tabulatus ſcalpus.
Empouille,   *fruƈus.*
Favouille , féverole , *faba*
   ſpecies.
Fouille au pot , *vilis culina*
   miniſter.
Fouille de terre , *terra foſſio.*
Gargouille, eſpéce de verre
   à boire , *ſtilicidium vi-*
   treum.

subfiantifs féminins.

Gargouille d'eau, *canalis aquæ emiffarius.*
Gargouille, terme de guerre.
Grenouille, *rana.* de buiffon, *rubeta.*
* Gribouille, *projectaneus.*
mauffade, *tetricus.*
Houille.
* Niquedouille, *facetus.*
Ouille, potage, *jufculum fartum.*
Patrouille, *vigilia.*
* Pouille, chanter pouille, *conviciis laceffere.*
la Pouille, pays, *Apulia.*
Quenouille à filer, *colus.* de lit, *lecti. columella.* chargée, *penfum.*
Rouille, *ærugo.*

VERBES.

verbes au préfent.

Agenouille, *genuflecto.*
Barbouille, *inquino.*
Bredouille, *verba frango.*
Brouille, *intrico.*
Chatouille, *titillo.*
Débarbouille, *abftergo.*
Débrouille, *extrico.*
Dépouille, *fpolio.*
Embrouille, *involvo.*
Farfouille, *permifceo.*
Fouille, *fodio.*
Gargouille, *aquam ftillo.*
Gazouille, *garrio.*
Mouille, *madefacio.*
Rouille, *rubiginem contraho.*
Souille, *inquino.*

OUIN. *voyez* OIN.

OUIR. *voyez* IR.

OUIT. *voyez* IT.

OUL.

subfiantifs féminins.

m	Capitoul, *Scabinus.*
m	Manfoul, Officier Turc dépoffédé de fa Charge, *-ius.*
	Toul, ville, *Tulum.*

OULE. bref.

Ampoulle, *ampulla.*
fainte Ampoulle, *fancta ampulla.*
Boule, *globus.*
tenir pied à Boule, *ftare ad metam.*
Ciboule, *gethyon.*
Coulle, *ou* Froc, *cucullus.*
Foule, *turba.*
Houle, *ou* vague, *unda.*
Poule, *gallina.* d'eau, *fulica.*

VERBES.

au préfent.

Coule, *fluo.*
Découle, *dimano.*
Eboule, *emoveo.*
Ecoule, *effluo.*
Saboule, *huc illuc voluto.*

OULE. long.

m	Moule, *forma.* à fe coëffer, *typus.*
f	Moule, poiffon, *mutuli.*
m	bois de Moule, *jufta menfionis caudex.*
f	Saoule, adj. *fatura.*

VERBES.

Croule, *labo.*

verbes au présent.

Ecroule ,   *quatefacio.*
Empoule ,   *inflo.*
* Engoule , *ore patulo haurio.*
Foule ,   *calco.*
Moule, *ex proplasmate effingo.*
Roule ,   *volvo.*
Saoule ,   *saturo.*

O U L P E.

f   Coulpe ,   *culpa.*
m   Poulpe , la chair ,   *pulpa.*
m   Poulpe , poisson ,   *polypus.*

O U P.

substantifs masculins.

Beaucoup ,   *multùm.*
Contre-coup ,   *repercussus.*
Coup, *ictus.* blessure, *plaga.* coup de la mort, *mortiferum vulnus.* coup , jet , *jactus.* un coup, une fois, *femel.* deux coups , *bis.* coup sur coup, *identidem.* tout d'un coup , *statim.* coup perdu, *cæcus ictus.* coup, œuvre, *opus.* action, *facinus.* encore un coup, *iterùm.* c'est à ce coup, *nunc demùm.* donner un coup , *plagam infligere.* boire un coup, *haustum haurire.* coup de poing , *inflictus pugnus.*
Houp , interject. pour appeller , *hem !*
Loup,   *lupus.*
* entre chien & Loup, *ineunte nocte.*
* Vesse de Loup , espéce de champignon ; *fungus.*

substantifs feminins.

O U P E.

Chaloupe ,   *scapha.*
Coupe à boire , *patera.* tasse, *poculum.* soucoupe , *hypocratera.* action de couper, *casio.* de bois, *sylva casio.* de pierres , *lapidum casura.*
Coupe, dôme du Temple , *tholus.*
Croupe de cheval , *equi tergum.* dé montagne , *montis vertex.*
Entrecoupe, terme d'Architecture , intervalle vuide dans deux voûtes qui sont l'une sur l'autre.
Etoupe,   *stupa.*
m   Groupe de figures , *unita corpora.*
Houpe , sommet , *apex.* de soie, *panicula.* la tête de fenouil, *fœniculi umbella.*
Loupe , tumeur , *ganglion.* au col, *panus.* aux jambes , *crurum cancer.*
Loupe , verre qui grossit les objets, *perspicillum.*
vent en Poupe , fig. heureux , *ventus secundus.*
Soupe , potage ,   *offa.*
Tazoupe, poil du haut nez.
Troupe , *turba.* au plur. se prend pour armée , *copia.*

V E R B E S.

Atroupe ,   *congregor.*
Coupe ,   *cado.*
Découpe ,   *discindo.*

v Etoupe, *obturo.*
v Soupe, *cœno.*

OUPLE.

v Acouple, *copulo.*
v Couple, *combino.*
f Couple, *par.*
v Découple, *abjugo.*
a Souple, pliable, *flexilis.* docile, *-ilis.* obéissant, *tractabilis.*

OUPS.

m Coups, *ictus.*
m Loups, *lupi.*
Voyez le pluriel des noms en ou : hiboux, noctua.

OUQUE.

a * Bouque, chagrine, *mœsta.*
f Félouque, *phaselus.*
f Zamberlouque, robe, *toga species.*

OUR.

Substantifs & adjectifs masc.

Alentour, *circùm.*
Amour, Cupidon, *-ido.*
Amour, passion, est m. & f. *amor.* pour les femmes, *mulierositas.* pour l'amour de, *in gratiam.*
Atour, habillement de femme, *ornatus muliebris.*
Dame d'Atour, *cultûs præfecta.*
Ausbourg, ville, *Augusta Vendelicorum.*
Autour, adv. *circà.*
Autour, & Tiercelet d'Au-

Substantifs & adjectifs masculins.

tour, oiseaux de proie, *accipiter.*
Balourd, *stupidus.*
Bourg, *oppidum.*
Brandebourg, casaque, *chlamys major.* Item : galon d'or ou d'argent qu'on applique en forme de boutonniére sur les habits.
Calambour, bois des Indes.
Canteour, ancien Farceur, *balatro.*
Carrefour, *quadrivium compitum.*
Chauffour, *fornax calcaria.*
Clamour, vieux mot, *planctus.*
Contour, *ambitus.*
Cour, Maison *ou* Palais d'un Prince, *aula, palatium.* qui est de la Cour du Prince, *aulicus.* Cour, suite du Prince, *comitatus.* Cour de Justice, *curia forensis.* souveraine, *suprema.* cour d'une maison, cour de devant, *atrium.* basse-cour, *cavædium.* anti-cour, *prochors.* avant-cour, *prothyrum.*
Détour, *flexus.*
Ecuyer, Cavalcadour, *equorum præfectus.*
Engignour, vieux mot, *machinarum bellicarum artifex.*
Entour, vieille prép. *circùm.*
Essour, vieux mot, source, *fons.*
Fauxbourg, *suburbanum.*
Four, *furnus.*
Fribourg, ville, *Friburgum.*

subſtantifs & adjectifs maſculins.

Gaſtadour, pionnier pour applanir le chemin, *caſtrenſis foſſor.*

Jour, *dies.* lumiére, *lumen.* avant le jour, *ante lucem.* au cœur du jour, *de medio die.* en plein jour, *de die.* il eſt jour, *luceſcit.* le premier jour de chaque mois, *calendæ.* petit jour, *diluculum.* jour, journée aſſignée, *dicta dies.* de jour en jour, *in ſingulos dies.* le jour s'apprête, *apparet dies.* ce jour, *hodiernus dies.* nuit & jour, *diu noctuque.* l'eſpace d'un jour, *diurnum ſpatium.* deux jours, *biduum.* trois, *triduum.* quatre, *quatriduum.* au jour la journée, *in diem.* chaque jour, *ſingulis diebus.* au premier jour, *propediem.* en deux jours, *poſt duos dies.* un jour, pour un temps paſſé, *olim.* le jour de devant, *pridie.* le jour d'après, *poſtridie.* jour précédent, *prior dies.* le ſuivant, *poſtera.* un beau jour, *dies ſerenus.* mettre au jour, *edere.* mettre en ſon jour, *in lucem proferre.* bon jour, *ſalve.* au plur. *ſalvete.* point du jour, *diluculum.* à contre jour, *obverſo lumine.* faux jour, *lumen obliquum.* jour d'aſſiſes, *dies faſtus.* jour auquel on ne plaide point, *dies nefaſtus.* jour ouvrier,

subſtantifs & adjectifs maſculins.

dies profeſtus. dernier jour, *extrema vitæ dies.*

Jour, fig. biais, *modus, via, ratio.*

terre de Labour, *terra arabilis ager.*

Luxembourg, ville, *Luxemburgium.*

* Mamour, careſſe, *amica mea.*

Philiſbourg, ville, *Philippoburgum.*

Pour, en faveur, *ad, propter, pro.* pour l'uſage, *ad uſum.* pour l'amour de vous, *propter vos.* pour la vie, *pro capite.* à cauſe, *ob cauſam, gratiâ.* en faveur de, *pro.* envers, *erga.* pour mort, *pro occiſo.* pour moi, *ego verò.* pour ne rien dire, *ne dicam.* pour rien, *de nihilo.* afin que, *ut.* pour le moins, *ſaltem.* pour le plus, *ut plurimùm.* avoir le pour, honneur qu'on accorde aux Grands, *præcedere.*

Paſtour, vieux mot, *Paſtor.*

Patour, qui tâche de tromper ceux à qui il a affaire.

Pourtour, *ambitus.*

Rambour, pomme.

Rebours, vieux mot, *intractabilis.*

Retour, *reditus,* ſupplément, *-um.* être ſur le retour, fig. vieillir, *veteraſcere.*

Samour, animal, c'eſt la martre zibeline.

Séjour, *manſio.*

Straſbourg, ville, *Argentoratum.*

substantifs & adjectifs masculins.

Tambour, instrument militaire, *tympanum.* de Basque, *Cantabricum.* celui qui bat le tambour, *tympanotriba.*

Tambour de tripot, *pharisterii tympanum.*

Tour, pour tourner, *tornus.* ouvrage de tour, *opus toreuticum.* tour de couvent, *versatile tympanum.* rouet à filer, *rhombus.* moulinet à tirer fardeau, *peritrochium.*

Tour, *turris.* petite tour, *turricula.* fait en tour, *turritus.* forteresse, *arx.* à double tour, *duplici versaturâ.*

Tour qu'on fait en marchant, *circuitio.* de la France, *Franciæ ambitus.* des astres, *astrorum conversiones.* promenade, *decursio.* espace, *spatium.* étendue, *ambitus.* ordre, *vicis.* chacun à son tour, *vicissim.* tour rond, *orbis.* tour à tour, *statis vicibus.* biais, *modus.* action, trait, *index animi.* acte, *facinus.* finesse, *astutia.* tour de cheveux, *corymbium.*

fait au Tour, *elegantis formæ.*

Troubadour, *Poëta Provincialis.*

Vautour,   *vultur.*

OURBE.

f   Bourbe,   *cœnum.* ligne Courbe, *linea curva.*

---

f   Courbe, mal qui vient aux jambes des chevaux, *callosus tumor.*

f   Courbe, piéce de charpenterie, *arcus succubus.*

v   Courbe,   *curvo.*

v   Embourbe, *cœno immergo.*

v   Desembourbe, *è cœno extraho.*

Fourbe, subst. *fraus.* trompeur, *fallax.*

Fourbe,   *fraudo.*

f   * Tourbe, *turba.* multitude, *-do.* charbon, *gleba exsiccata.*

OURCE. & OURSE.

substantifs féminins.

f   Bourse,   *crumena.*

m   Coupeur de bourse, *sector zonarius.*

Course, *cursus.* en avant, *procursus.* lice, *stadium.* à cheval, *catadromus.* de bague, *equestris palæstra.* irruption, *excursio.*

Débourse,   *impendo.*

Embourse, *in loculis abdo.*

Ourse, femelle d'un ours, & constellation, *ursa.*

Ourse, pour dire le Septentrion, *septentrio.*

Pource, conjonct.   *quia.*

v   Rembourse,   *rependo.*

Ressource,   *perfugium.*

Source d'eau, *scaturigo.* fontaine, *fons.* origine, *origo.*

OURCHE.

f   Fourche, *furca.* petite fourche, *furcilla.* patibulaire, *patibulum.*

* à la Fourche , mal fait , *perfunctoriè.*

v   il Fourche, *claudicat in duas partes.* il dit un mot pour un autre , *verbo titubat.*

OURD. & OURT.

v   Accourt ,   *accurrit.*
v   Concourt ,   *concurrit.*
   Court , adj.   *brevis.*
   d'Ablancourt , fameux Traducteur François.
v   Discourt , *voyez* our.
m   * Lime-sourd , rêveur & malicieux , *morosus.*
a   Lourd , pesant , *gravis.* fort lourd , *prægravis.* lent , tardif , *tardus.* stupide , grossier , *stupidus.*
v   Parcourt ,   *percurrit.*
v   Secourt ,   *succurrit.*
a   Sourd ,   *surdus.*

OURDE.

* Balourde ,   *stupida.*
* Bourde , menterie , *mendacium.*
Falourde, *perticarum sectarum fascis.*
Gourde, callebasse , *cucurbita.*
main Gourde, *manus stupida.*
Hapelourde , pierre fausse , *falsa gemma.*
Hapelourde , fig. un sot *ou* une sote , *stultus , stulta.*
Lambourde,   *trabs.*
Lourde , terme d'Argot , porte , *janua.*
Lourde ,   *tarda.*

(marge gauche : subst. & adjectifs féminins.)

Sourde ,   *surda.*
lanterne Sourde , *laterna cæca.*
lime Sourde , outil pour limer sans bruit , *scobina.*
lime Sourde , personne rêveuse & malicieuse , *veterator.*
v   Sourde, de Sourdre, *scaturit.*

(marge : subst. & adj. féminin.)

OURDRE.

v   Sourdre ,   *scaturire.*

OURE. & OURRE.

Accoure ,   *accurrat.*
Bourre ,   *tomento farciat.*
qu'il Coure ,   *currat.*
Débourre, *tomentum extrahit.*
Discoure ,   *sermocinetur.*
Elaboure ,   *elaborat.*
Encoure ,   *incurrat.*
Entourre ,   *circumdat.*
Laboure ,   *laborat.*
Savoure ,   *gustat , sapit.*
Secoure ,   *opituletur.*

(marge : verb. au prés. subj. & imp.)

OURGE.

Bourge, ville , *Biturica.* de Bourges , *Bituricensis.*
f   Courge ,   *cucurbita.*

OURLE.

v   Ourle ,   *limbo circumdat.*

OURME.

Chiourme de galère, *remiges.*
f   Gourme de cheval, *crassior equi pituita.*

v	Gourme , frape , *pugno incutio.*

OURNE.

subst. fém.

Libourne , ville , *Liburnum.*
Ligourne , ville , *Ligurnum.*
la Tourne , *ou* Retourne , terme de jeu , *reversio.*

VERBES.

verbes au présent.

Ajourne ,   *diem dico.*
Contourne ,   *converto.*
Détourne ,   *averto.*
Enfourne , *in furnum condo.*
Retourne ,   *revertor.*
Séjourne , | *commoror.*
Tourne ,   *verto.*

OURPRE.

v Empourpre , *purpurâ intingo.*
m Pourpre , poisson , *murex.*
     couleur, *purpura.* de pourpre , *purpureus.* vêtu de pourpre , *purpuratus.*
f Pourpre , violette , *purpura violacea.*
le Pourpre , maladie , *livida macula.*
Pourpre, grandeur, *celsitudo.* marque de grandeur, *purpurea vestis.*

OURQUE.

f Hourque , navire , *oneraria Batavica.*

OURRE.

f Aroure , mesure de terre.

---

adjectifs verbaux fém.

Bourre ,   *tomentum.*
Bravoure , *strenuitas.* valeur, *valor.*
Machemoure, terme de mer, *panis nautici mica.*
Mourre , jeu Italien , *ludus Italus.*
m Tire-bourre , *strombulcus.*

VERBES.

verbes à l'impératif.

Accoure ,   *accurre.*
Bourre , terme d'Escrime , *ferro tudito.*
Bourre une arme , *tomento farcio.*
Courre ,   *currere.*
* Débourre , *tomentum extraho.*
Discourre ,   *differe.*
* Embourre ,   *farci.*
Encoure ,   *incurre.*
* Fourre, de Fourrer, *insere.*
Parcoure ,   *percurre.*
Recoure ,   *recurre.*
Secoure ,   *adjuva.*

OURS.

substantifs masculins.

Bouhours , Auteur François.
Concours ,   *concursus.*
Cours de l'eau, *cursus.* promenade , *deambulacrum.*
Cours de Philosophie , de Médecine , &c. *cursus Philosophiæ , &c.*
Décours de la lune , *decursus lunæ.*
Discours ,   *discursus.*
Nemours , ville , *Nemorosium.*
Ours, animal ,   *ursus.*

Patte-velours.

(colonne de gauche, marge : subſtantifs maſculins.)

Paſſe-velours ; fleur ; *amaranthus.*

tout au Rebours ; *præpoſterè.*

Recours, *perfugium.* recours, *recurſus.*

Secours ; *auxilium.*

Toujours, *ſemper.*

Tours, ville ; *Turones.*

Velours ; *ſericus pannus alterâ parte villoſus.*

Plus le pluriel des noms en our, ourd, & ourt : tambours, *tympana.* ſourds, *ſurdi.* courts, *breves.*

VERBES.

(marge : verbes au préſent, &c.)

Accours, *accurro.*

Concours ; *concurro.*

Cours, *curro.*

Diſcours, *colloquor.*

Encours ; *incurro.*

Parcours ; *percurro.*

Recours, *recurro.*

Secours ; *adjuvo.*

OURSE. *voyez* OURCE.

OURT. *voyez* OURD.

OURTE.

(marge : a) Courte, *brevis.*

(marge : f) Tourte ; pâtiſſerie ; *panis ſpira.*

(marge : f) * Tourte, oiſeau, *turtur.*

OUS. & OUX.

(marge : m) Abſous, *abſolutus.*

(marge : m) Aigre-doux, *ex acerbo dulcis.*

(marge : m) Bernous ; *penula cucullata.*

(colonne de droite, marge : ſubſtantifs & adjectifs maſculins.)

* Boëte à cailloux, fig. priſon, *carcer.*

Chiaoux, Officier Turc.

Citron doux ; *malum citreum dulce.*

Couroux ; *ira.*

Cous, *ou* Coyer, vieux mot, *cos.*

Coux, vieux mot ; cocu, *curruca.*

Deſſous ; adv. *ſubter.* par deſſous, *ſubter, infrà.* être deſſous, *ſubeſſe.* mettre deſſous, *ſubdere.* retirer deſſous, *ſubducere.* aller par deſſous, *ſubire.* couler par deſſous ; *ſubter fluere.* creuſer par deſſous, *ſuffodere.* le deſſous ; *pars inferior.* deſſous, prépoſit. *ſub, ſubter.* ſans deſſus, deſſous, *ſurſùm, deorſùm.* donner du deſſous, *ſupplantare.*

Diſſous, *diſſolutus.*

Doux ; *dulcis.*

* filer Doux ; *mitiùs agere.*

Entrevoux des ſolives ; *intertignium.*

Epoux, *ſponſus.*

Houx ; arbre ; *aquifolium.*

Jaloux ; *zelotypus.*

Nous ; *nos.*

Poderoux, vieux mot ; *potens.*

Poiloux, terme populaire ; *piloſus.* It. *homo nihili.*

Poux, *pediculus.*

Poux du bras ; *pulſus arteriæ.* tâter le Poux, *venas tangere.*

un rendez-Vous, *condictus locus.*

substantifs & adjectifs masculins.

Roux ,   rufus.
Sain-doux ,   arvina.
Secous, vieux mot, agitatus.
Sous , prépofit.   fub.
Topinambour , peuple, To-
  pinambovii.
Topinambous, racine, tubera.
Tous ,   omnes.
Toux , rhûme ,   tuffis.
Vertouchoux ,   me herclè.
Vigucroux , vieux mot , ro-
  buftus.
Vous ,   vos.
  Voyez quelques temps des
verbes en oudre, & le pluriel
des noms en out & ous : ge-
noux, touts & loups.

OUSCHE. voyez OUCHE.

OUSSE. & OUCE.

substantifs feminins.

* Carouffe, terme de débauche , potatio.
Douce ,   dulcis.
Gouffe d'ail ,   allii filiqua.
Gouffe, fruit fur le chapiteau
  Ionique , encarpi.
Houffe , couverture , am-
  plius ftragulum. de cheval,
  equi ftragulum. houffe de
  chaife , ftragula. lit à
  houffe , lectus ftragulo
  ornatus.
Mouffe des arbres , mucus,
  cani arborum capilli.
Mouffe , écume , fpuma.
Mouffe , valet de navire ,
  nauticulus tyrunculus.
Mouffe , ou émouffé , def-
  pumatus.

m Pouce , mefure & doigt de
  la main , pollex.

substantifs feminins.

Pouffe , maladie des che-
  vaux , anhelitus.
Recouffe ,   recuperatio.
Rouffe ,   rufa.
Secouffe ,   fuccuffus.
Taille-douce , mollior cæla-
  tura.
Trouffe , carquois, pharetra,
  croupe , tergus equi. avoir
  à fes trouffes, être fuivi ,
  ab hoftibus inftantibus premi.

V E R B E S.

verbes au préfent.

Courrouce ,   iram concito.
Détrouffe ,   veftes refolvo.
Eclabouffe ,   afpergo.
Emouffe ,   hebeto, retundo.
Houffe ,   equum fterno.
Rebrouffe ,   iter relego.
Touffe ,   tuffio
Tremouffe , trepidè concurfo.
Trouffe ,   veftem colligo.

OUST. voyez OUT.

OUSTE. voyez OUTE.

OUT. & OUST.

fubft. mafculi s.

Août, mois, Auguftus. faire
  l'Août, la moiffon , mef-
  fem colligere.
A tout, terme de jeu , ad
  omnia.
Avantgoût ,   præguftatio.
Auzout , Mathématicien
  François , -tius.
Bout, extrémité , -tas. d'en
  haut, fuprema pars. d'en
  bas , ima pars. le haut
  bout , la premiére place ,

prima sedes. bout du monde, *ultima terra.* bout du doigt, *extremum digiti.* venir à bout, *assequi.* bout des mammelles, *papilla.* bout d'un tuyau, *finis*, *exitus.* il est venu à bout, *perfecit.* debout, *stans.* debout, levez-vous, *surge, surgite.*

Brout, écaille de noix, *culeolus.* de bois, *gemma.* bête de brout, *fera pascualis.*

Coût, dépens, *sumptus.*

Egout, canal, *stillicidium.* des villes, *cloaca.* des immondices & des eaux, *sentina.* cloaque, *colluvies.* issue, jour, *meatus.* soupirail, *spiramentum.*

Glout, pour Glouton, vieux mot.

Goût, *gustus.*

Marabout, terme populaire, *deformis, turpissimus.*

Moult, vieux mot, *multùm.*

Passe-par-tout, clef, *clavis translatitia.*

Prepatout, vieux mot, *collectio.*

Ragoût, *embamma.*

Roupt, vieux mot, pour Rompu.

Surtout, habit, *vestis amplior.*

Tout, *totus.* multitude, *omnis.* du tout, tout-à-fait, *omninò.* par-tout, *ubique.* sur-tout, *præsertim.* en tout & par-tout, *usquequaque.*

Vatout, terme de Brelan.

VERBES.

Absout,	*absolvit.*
Bout,	*bullit.*
Cout,	*consuit.*
Dissout,	*dissolvit.*
Emout,	*samiit.*
Mout,	*molit.*
Résout,	*resolvit.*

OUTE. long. & OUSTE.

Croûte, *crusta.* petite, *crustula.* qui a de la croûte, *crustatus.*

Joûte, *ludicra pugna.*

Langoûte, poisson, *cancer marinus.*

Soute de navire, *intima navis contignatio.*

Soute de marché, *emptionis ratio.*

* Virevoute, au plur. *circumactus.*

Voute, *camera.* en berceaux, *fornix.* en cul de four, *testudo.* en trompe, *concha.* à ogives ou en arc de cloîtres, *camera sectilis ac politis lapidibus decussata.* fait en voute, *cameratus.*

VERBES.

Ajoûte,	*addo.*
Broute, (bref)	*pasco.*
Coûte,	*consto.*
Dégoûte,	*fastidio.*
Dégoutte, (bref)	*distillo.*
Egoutte, (bref)	*exhaurio.*
Goûte,	*gusto.*

verbes.

Goutte,   *ſtillo.*
Joûte,   *lanceis concurro.*
Voute,   *concamero.*

f   Somme toute, *ou* totale, *ſumma.*
a   Toute,   *tota.*
f   Vauderoute,   *ſtrages.*

O U T E. bref.

Subſtantifs féminins.

Abſoute, déclarée innocente, *abſolutio.*
Abſoute, cérémonie de l'Egliſe, *abſolutio deprecatoria.*
Aſpergoute, plante.
Avauderoute, *prona præcepsque fuga.*
Banqueroute, *fraudulenta renunciatio.*
Déroute,   *diſſipatio.*
Diſſoute,   *ſoluta.*
m   Doute,   *dubium.*
v   Doute,   *dubita.*
v   Ecoute,   *audi.*
* Ecoute, au plur. *auditorium.*
Goutte, qui découle, *gutta.* goutte à goutte, *guttatim.* maladie des jointures, *arthritis.* aux mains, *chiragra.* aux genoux, *gonagra.* à l'os iſchion, *iſchias.* aux pieds, *podagra.* goutte, crampe, *ſpaſma.*
Mere-goutte, *lixivium vinum.*
* Paſſeroute,   *commeatus.*
Redoute, terme de Fortification, *munimentum.*
v   Redoute,   *time.*
Route d'un chemin, *via.* ſentier, *ſemita.* dans un bois, *trames.*
Soeur-écoute, Religieuſe, *ſoror obſervatrix.*

O U T R E.

v   Accoutre,   *adorno.*
m   Coutre de charrue, *aratri culter.*
f   Loutre, animal,   *lutra.*
m   Outre de bouc,   *uter.*
Outre, au-delà, *ultrà.* davantage, *inſuper.*
m   Outre,   *excedo.*
f   Poutre, cavale,   *equa.*
f   Poutre,   *trabs.*

O U V E.

f   Douve,   *doliarius aſſer.*
f   Louve, *lupa.* injure, *meretrix.*

V E R B E S.

verbes au préſent.

Approuve,   *approbo.*
Controuve,   *commentor.*
Déſapprouve,   *improbo.*
Eprouve,   *experior.*
Prouve,   *probo.*
Réprouve,   *reprobo.*
Trouve,   *invenio.*

O U V R E.

v. a. *préſ.*

Couvre,   *tego.*
Découvre,   *detego.*
Douvre, ville, *m. Dubris.*
Entr'ouvre,   *diduco.*
m   Louvre, Maiſon du Roi, *Lupara.*
Ouvre,   *aperio.*

Recouvre, *iterùm tego.*

OUX. *voyez* OUS.

OUZE.

(marginal, vertical: subſtantifs & adjectifs féminins.)

Belouze, *fundula.*
Bouze de vache, *fimus vaccinus.*
Couſe, verb. *ſuam.*
Découſe, verb. *diſſuam.*
Douze, *duodecim.*
Epouſe, *ſponſa.*
Epouſe, verb. *ſpondeo.*
Flimouſe, terme populaire, *vultus craſſus & pinguis.*
Fouilloufe, vieux mot, *pera, ſaccus.*
Jalouſe, *zelotypa.*
Naplouze, *Neapolis.*
Pampelimouſe, fruit des Indes.
Pelouſe, campagne de verdure, *incultus terræ tractus.*
Pérouze, *Peruſia.*
Rangouze, Auteur Épiſtolaire Franç. *Rangouzius.*
Schafouze, Canton Suiſſe, *Schaffoſia.*
Talmouſe, pâtiſſerie, *caſeatum ovatumque libum.*
Toulouſe, ville, *Toloſa.*
Touze, vieux mot, *amaſia.*
Tricouſe, eſpéce de guêtre.
Tricouze, gamache, *ocrea lanea.*
Triquehouſe, vieux mot, *pero.*
Ventouſe, ſoupirail, *ſpiraculum.* ouverture aux murailles, *colliquia.* pour ventouſer, *cucurbitula.*

Ventouſe, *cucurbitulas admoveo.* | *v*

O X.

Coyzevox, Sculpt. Franç. | *m*
Médianox, faire médianox, manger à minuit après un jour maigre, *poſt mediam noctem edere.*
Palafox, Auteur Eſpagnol. | *m*

O X E.

(marginal, vertical: f maſculins.)

Equinoxe, *-xium.*
Eudoxe, nom propre, *-xius.*
Hétérodoxe, *-xus.*
Orthodoxe...
Paradoxe, *-xum.*

O Y. *voyez* O I.

OYA. *voyez* OIA.

OYE. *voyez* OIE.

OZE. OSE. & AUZE.

(marginal, vertical: ſubſtantifs & adjectifs féminins.)

Aloſe, poiſſon, *aloſa.*
Amauroſe, *oculorum obſcuritas.*
Aponevroſe, terme de Médecine, *-oſis.*
Baudoſe, inſtrument de Muſique, *-oſa.*
Bugloſe, herbe, *-oſſa.*
Cauſe, principe, *cauſa.* ſujet, *cauſa.* procès, *lis.* à cauſe de, *propter.* ſans cauſe, *injuriâ.*
Cauſe, affaire, *negotium.*
Choſe, *m.* & *f.* *res:*
Chyloſe, terme de Médecine, *-oſis.*

subst. & adj. fem.

Clause , fermée , *clausa.*
Clause , *clausula.*
Couperose , *calchantum.*
Dose , prise , *dosis.*
Eclose , *exclusa.*
affaire Eclose , fig. *res perfecta.* forclose , terme de Palais , *causa exclusa.*
Ecchymose , meurtrissure , *sugillatio.*
Emphythéose , bail à longues années , -*osis.*
Epanorthrose , *correctio.*
Epiplérose, surréplétion,-*osis.*
Exostose , *ossis eminentia.*
Glose , explication , -*sa.*
Glose , poëme , *glosema.*
Hyperscariose , excrescence des chairs , -*osis.*
Laurier-rose , *rhododaphne.*
Métamorphose , -*osis.*
Métempsycose, transmigration des ames , -*osis.*
Pause , *pausa.*
à la Perclose , vieux mot , *tandem.*
Phlogose , terme de Médecine , -*osis.*
Pneumatose , enflure de l'estomach , -*osis.*

subst. & adj. fém.

Prose , *soluta oratio.*
Prose d'Eglise , *prosa.*
Ptilose , chûte des cils, -*osis.*
Rose , *rosa.*
eau Rose , *aqua rosacea.*
noble à la Rose , *nummus rosâ insignitus.*
Théodose , Empereur , -*sius.*
Virtuose , *virtute præditus.*

VERBES.

verbes au présent.

Appose , *appono.*
Arrose , *irrigo.*
Cause , *produco.*
Compose , -*ono.*
Couperose , *pustulis aspergo.*
Dépose , *depono.*
Dispose , -*ono.*
Expose...
Glose , *interpretor.*
Impose , -*ono.*
Interpose...
Oppose...
Ose , *audeo.*
Prépose , *præpono.*
Présuppose , *præsuppono.*
Propose , -*ono.*
Repose , *quiesco.*
Suppose , -*ono.*
Transpose...

P.

P A.

m	A Grippa , nom propre.
m	Monomotapa , pays.
m	* Papa , terme d'enfant.
f	eaux de Spa , *aqua Spatenses.*

VERBES.

au prés. ind.

Campa , *castrametatus est.*
Constipa , *astrinxit.*
Coupa , *concidit.*
Décampa , *castra solvit.*
Développa , *evolvit.*

<table>
<tr><td rowspan="20" style="writing-mode: vertical-lr">verbes au prétérit indéfini.</td></tr>
</table>

Diſculpa ,	*culpa exemit.*	
Diſſipa ,	*-avit.*	
Dupa ,	*illuſit.*	*m*
Echappa ,	*effugit.*	
Emancipa ,	*-pavit.*	*m*
Enveloppa ,	*involvit.*	
Extirpa ,	*-pavit.*	
Frappa ,	*percuſſit.*	
Grimpa ,	*aſcendit.*	
Occupa ,	*-pavit.*	
Participa ,	*particeps fuit.*	
Pipa ,	*fraudavit.*	
Sapa ,	*ſuffodit.*	
Soupa ,	*cœnavit.*	
Trempa ,	*temperavit.*	
Trompa ,	*fraudavit.*	
Uſurpa ,	*-pavit.*	

Voyez les autres verbes en per.

PAIS. *voyez* AIS.

P A T. *voyez* A T.

P E A U. *voyez* A U.

P É.

P , lettre de l'Alphabet,
Accipé , terme de jeu de
Toton , *accipe.*
point Coupé, *textum ſciſſum.*
homme Diſſipé, *homo diſtra-*
ctus.
Echappé , *effrænis.*
cheval Echappé , *equus ex*
equo & equa nota inferio-
ris genitus.
* Eclopé , *mutilatus.*
roc Eſcarpé , *rupes abrupta.*
Houppé , *panniculatus.*
Hupé , *plumis criſtatus.*
haut Hupé , *altè criſtatus.*
Jaſpé , *jaſpideo colore varia-*
tus.

(marge gauche : ſubſtantifs & adjectifs verbaux.)

Rapé de vin , *vinum acinis*
mixtum.
un Récipé , *præſcripta à Me-*
dico formula.
* Ripopé , *vappa , vinum*
mixtum.

V E R B E S.

(marge : verb. au prétérit & part. maſc.)

Campé ,	*caſtrametatus.*
Conſtipé,	*cui alvus aſtricta*
eſt.	
Contreſcarpé ,	*præruptus.*
Coupé, ter. de Danſe,	*ſciſſus.*
Croupé.	
Décampé ,	*è caſtris diſceſſus.*
Deſatrempé , vieux mot, de-	
meſuré.	
Détrompé ,	*ab errore ereptus.*
Dévelopé ,	*evolutus.*
Diſculpé ,	*culpâ exemtus.*
Diſſipé ,	*-patus.*
Dupé ,	*fraudatus.*
Emancipé ,	*-patus.*
Enveloppé ,	*involutus.*
Equipé ,	*inſtructus.*
Etoupé ,	*obturatus.*
Extirpé ,	*-patus.*
Frappé ,	*verberatus.*
Grimpé ,	*qui repſit.*
Occupé ,	*-patus.*
Participé ,	*-patus.*
Pipé ,	*deceptus.*
Sapé ,	*ſuffoſſus.*
Trempé ,	*intinctus.*
Trompé ,	*falſus.*
Uſurpé ,	*-patus.*

Voyez les autres verbes en per.

P É E.

Canapée , eſpéce de fauteuil
fort large , *biſſellium.*　*f*

substantifs & adjectifs féminins.

Cassiopée, constellat. -ea.

Chrysopée, la science de faire de l'or, -pœa.

Développée, terme de l'analyse des infiniment petits, *evoluta.*

femme Dissipée, *dissipata mulier.*

Echappée, *evasio.*

Ecoupée, terme de Marine, Balai.

Epée, *ensis, gladius.* blanche, *prœliaris.* d'escrime, *rudis gladiatoria.* à bouton, *retusus & prœpilatus.* à deux mains, *amplior machœra.* de combat, *duellicus ensis.* lame d'épée, *ensis lamina vel scapus.* la poignée, *capulus.* le pommeau, *pila capularis.* la garde, *scabula.* épée nue, *ensis districtus.* le fort de l'épée, *imus ensis.* le foible, *summus ensis.* longue épée, *rhomphœa.* tirer l'épée, *distringere gladium.* la remettre, *in vaginam recondere.*

Epée, poisson de mer, *gladius piscis.*

Epopée, -pœa.

une Equipée, *inanis molitio.*

Ethopée, -pœa.

Haut-hupée, *altè cristata.*

Hupée, *plumis cristata.*

alouette Hupée, *cristata alanda.*

* Lampée de vin, *haustus vini.*

Lipée, *bolus.*

* Lipée, franche-lipée, *gratuita mensa.*

substantifs & adjectifs féminins.

Mapée, nymphe, -ea.

Ménippée, satyre, -pea.

Pharmacopée, -pœa.

à la Pipée, *per illicem.*

Porte-épée, m. *ensifer.*

Poupée d'enfant, *pupa.* de filace, *pensum lini.*

Priapée, au plur. poësies deshonnêtes, *poësis inhonesta.*

Prosopopée, -pœa.

Soupée, *locus ubi cœnant viatores.*

l'après-Soupée, ou l'après Soupé, *post cœnam.*

Plus les participes féminins des verbes en per : rapée.

P E L. *voyez* E L.

P E R.

verbes à l'infinitif.

Acciper, terme burlesque, pour dire Prendre.

Agriper, *accipere.*

Aguimper, *pectorale amictorium induere.*

Anticiper, -pare.

Atremper, *attemperare.*

s'Atrouper, *congregare se.*

Attraper, atteindre, *assequi.* de l'argent, *pecuniam exprimere.* sur le fait, *in maleficio deprehendere.* tromper, *decipere.*

Camper, *castrametari.*

Chipper des peaux, terme de Tanneur.

Choper, *offendere ad.*

Constiper, *alvum contrahere.*

Couper, *cadere.* terme de jeu de cartes, *scindere.*

verbes à l'infinitif.

se Couper, se contredire, *contradicere sibi.*

Décamper, *castra movere.*

Décaper, terme de Chymie.

Découper, *discindere.*

Dépréoccuper, *liberare à præjudiciis.*

Détraper, débarrasser, *expedire.*

Détremper, *macerare.*

Détromper, *errore levare.*

Développer, *evolvere.*

Disculper, *ex culpa eximere.*

Dissiper, *-pare.*

Draper un carrosse, *panno rhedam tegere.*

Draper, railler, *vellicare.*

Duper, *decipere.*

Echaper, *evadere.*

* Echarper, balafrer, *luculentis plagis deformare.*

Egrapper, *racemos tollere.*

Ehouper un arbre.

Emanciper, *-pare.*

s'Emanciper, *plus æquo sibi indulgere.*

Encouper, vieux mot, *reum facere.*

Encrêper, orner d'un crêpe, *panno bombycino ornare.*

s'Entrecouper, *interscindere se.*

Envelopper, *involvere.*

Equiper, *instruere.*

Escarper, *declivem facere.*

* Escloper, *mutilare.*

Estamper, *sublimi scalpro excudere.*

Estamper, terme de Papetier.

Estraper, *culmi reliquias sectare.*

Etemper, terme d'Horloger.

verbes à l'infinitif.

Etouper, *obturare.*

Etriper, *exenterare.*

Exciper, *excipere.*

Extirper, *-pare.* couper, *resecare.* ôter, *amputare.* tout-a-fait, *funditus tollere.*

Frapper, *percutere.* battre, *verberare.* des mains, *plaudere manibus.* des pieds, *pedibus supplodere.* à la porte, *fores pulsare.*

Friper, manger, *mandere.* gâter, *pessumdare.*

Galoper, *cursu equi incedere.*

Grimper, *adrepere.*

Griper, *furari.*

Groupper.

* Guimper, mettre en Religion.

Haper, *prehendere.*

Harper, *harpagare.*

Horoscoper quelqu'un, *alicui futura conjicere.*

Houper, *paniculá ornare.*

Huper, *cristá instruere.*

Japer, *latrare.*

Jasper, *jaspideo colore variegare.*

Increper, vieux mot, *increpare.*

Lamper, *avidiùs bibere.*

Laper, *lingere.*

Mapper, nettoyer les meubles.

Noper, terme de Manufacture, le même qu'énouer.

Occuper, *-pare.* tenir, *tenere.* donner de l'occupation, *negotium ducere.* s'exercer, *se exercere.* s'occuper à des bagatelles, *nugis detineri.*

verbes à l'infinitif.

Participer,   *-pare.*

Piper des oiseaux, *decipere aves.*

Piper au jeu,   *fallere.*

* Piper, fig. s'entendre à quelque chose, *aliquid callere.*

Pomper, *anthliâ aquam haurire.*

Préoccuper,   *praoccupare*

Ramper, *repere.* faire le chien couchant, *subjicere se.*

Râper,   *radere.*

Ratraper,   *assequi.*

Réchaper de péril, *è periculo evadere.* de maladie, *convalescere.*

Saper,   *suffodere.*

Serper, mettre à la voile, *velâ ventis dare.*

Souper,   *cœnare.*

le Souper,   *cœna.*

Tôper,   *annuere.*

Traper, terme de Jardinier, *pulchrum esse.*

Tremper, *intingere.* une lame, *laminam temperare.* dans une affaire, être complice, *esse rei conscium.*

Treper, vieux mot, *tenere tempus.*

Tromper, *fallere.* frauder, *-dare.* décevoir, *decipere.* se tromper, *errare.* s'abuser, *falli.* se méprendre, *allucinari.*

Usurper,   *-pare.*

PET. *voyez* ET.

PEUX. *voyez* EUX.

PI.

Api,   *malum apiolum.*

* Acoupi, vieux mot, cocu, *cuculus.*

v Assoupi,   *sopivit.*

v Croupi,   *steriit.*

v Déguerpi,   *deseruit.*

m Epi de bled,   *spica.*

v Glapi,   *gannivit.*

m Mississipi, fleuve.

Pipi, terme d'enfant, faire pipi, pisser, *meïere.*

m Porc-épi,   *histrix.*

m Thlaspi, fleur, *species floris.*

PIE.

substantifs féminins.

* Acoupie, vieux mot, cocue.

Apanthropie,   *-pia.*

Asclépie, au plur. fête de Bacchus, *-pia.*

mer Caspie, *mare Caspium.*

Centroscopie, partie de la Géométrie qui traite des centres, *-pia.*

Charpie, *lineum tomentum.*

Copie,   *exscriptum.*

Cynanthropie, délire, *-pia.*

Ethiopie, Royaume...

Galéanthropie, délire...

Géloscopie...

Harpie, oiseau fabuleux, *-pya.*

Harpie, avare,   *avarus.*

a Impie,   *impius.*

Karpie, vieux mot, hachis de carpes.

Kéraunoscopie,   *-pia*

Lycanthropie, maladie, *-pia.*

Métoposcopie...

Misanthropie,   *diritas.*

Myopie, terme de Médecine.
Nyctalopie,   -pia.
Oniroscopie, interprét. des
songes, -pia.
Pepie à la langue, arida
summa lingua cuticula.
* Pepie,   sitis.
Pie, oiseau, pica. cheval,
equus ex albo discolor.
œuvre Pie,   opus pium.
Roupie au nez, naris stiria.
Roupie, monnoie des Indes
& de Perse, rupius num-
mus.
Tératoscopie, science qui
examine les prodiges.
Toupie, turbo. fait en tou-
pie, turbinatus.
Utopie, pays imaginaire.

VERBES.

Copie,   exscribo.
Epie,   observo.
Estropie,   mutilo.
Expie,   expio.
Toupie,   turbinem verto.
Voyez les participes fémi-
nins des verbes en pir : ac-
croupie.

PIER. voyez IER.

PIN, voyez IN.

PION. voyez ION.

PIR. voyez IR.

PIS. voyez IS.

PIT. voyez IT.

PLI. voyez LI.

PLIE. voyez LIE.

PLIR. voyez LIR.

PON.

Chapon,   capo.
Correspond,   -det.
Coupon de toile, tela rese-
gmen.
Crampon,   fibula unca.
Crêpon, pannus tenuissima
textura.
Fripon, nebulo. Item : orne-
ment de la cœffure des
femmes.
Giupon, habillement des
femmes Turques, subu-
cula mulierum Turcarum.
Harpon,   harpago.
Japon, pays,   Japonia.
Jupon, petite jupe, crocotula.
Lappon, peuple,   Lapo.
Pompon, ornement de fem-
me.
Pond,   ova ponit.
Poupon, enfant,   pusio.
Répond,   respondet.
Tampon,   obturamentum.
* Colin Tampon, Helveti-
corum tympani sonus.
* en Tapon,   conglobatim.
Tapon, mot popul. globulus.

PRER. voyez RER.

PU.

Chepu, terme de Tonnelier.

v sub. & ad. masc.

Corro...pu , *corruptus.*
Crépu , *crispatus.*
Interrompu , *interruptus.*
Lipu , *labeo.*
il a Pu , verb. *potuit.*
Rompu , roué , *confractus.*
qui a une descente de

sub. & adj. masc.

boyau , *herniosus.* il a
rompu avec moi , nous
sommes mal ensemble ,
amicitiam dissolvimus.
Trapu , d'une taille courte
& grossiére , *homo brevi
& compacto corpore.*

Q.

QUA. qui se prononce
comme K A.

REliqua de compte , *reliqua.* de festin , *reliquia. voyez* C A.

V E R B E S.

verbes au prétérit indéfini.

Appliqua , *-cavit.*
Attaqua , *lacessivit.*
Bloqua , *interclusit.*
Brusqua , *duriùs tractavit.*
Choqua , *offendit.*
Confisqua , *-cavit.*
Critiqua , *carpsit.*
Débarqua , *è navi descendit.*
Disloqua , *laxavit.*
Embarqua , *navem conscen-
dit.*
Evoqua , *-ocavit.*
Excroqua , *arruscavit.*
Expliqua , *-cavit.*
Extorqua , *extorsit.*
Fabriqua , *-cavit.*
Impliqua. . .
Indiqua. . .
Invoqua. . .
Manqua , *deliquit.*
Marqua , *notavit.*

verbes au prétérit indéfini.

Masqua , *larvâ induit.*
Mocqua , *illusit.*
Piqua , *punxit.*
Pratiqua , *executus est.*
Prévariqua , *prævaricatus est.*
Provoqua , *-cavit.*
Répliqua. . .
Révoqua. . .
Risqua , *periculo exposuit.*
Sophistiqua , *adulteravit.*
Suffoqua , *-ocavit.*
Trafiqua , *mercatus est.*
Tronqua , *detruncavit , mu-
tilavit.*
Troqua , *permutavit.*
Voyez les autres verbes en
quer.

QUAND. QUENT. &
QUANT. *voyez* AND.
& ANT.

QUAT. *voyez* AT.

QUÉ.

verb. &c.

Appliqué , *-catus.*
Attaqué , *aggressus.*
Baraqué.
Bloqué , *interclusus.*

verb. au prét. & part. masc.

Brufqué,	*duriùs tractatus.*
Casqué, terme de Médailliste,	*galeâ tectus.*
Choqué,	*offensus.*
Colloqué,	*-catus.*
Compliqué...	
Confifqué,	*fifco addictus.*
Convoqué,	*-ocatus.*
Critiqué,	*argutus.*
Croqué,	*delineatus.*
Débarqué,	*qui è navi defcendit.*
Débufqué,	*dejectus.*
Dépiqué,	*depunctus.*
Détràqué,	*deerratus.*
Difloqué,	*luxatus.*
Eflanqué,	*tenuatus*
Embarqué,	*qui navem confcendit.*
Emberloqué,	*opertus.*
Empaletoqué.	
Evoqué,	*-ocatus.*
Excroqué,	*arufcatus.*
Expliqué,	*-icatus.*
Extorqué,	*extortus.*
Fabriqué,	*-catus.*
Flanqué,	*munitus.*
Froqué,	*cucullatus.*
Hypothéqué,	*oppigneratus.*
Impliqué,	*-catus.*
Indiqué...	
Invoqué...	
Manqué,	*erratus.*
Marqué,	*notatus*
Mafqué,	*larvatus.*
Maftiqué,	*fignino imbutus.*
Moqué,	*illufus.*
Mufqué,	*mofcho inodoratus.*
Offufqué,	*-catus.*
Perruqué (bien perruqué.)	
Piqué,	*punctus.*
Pratiqué,	*profeffus.*

verb. au prét. & part. masc.

Prévariqué,	*prævaricatus.*
Provoqué,	*-catus.*
Répliqué,	*oblocutus.*
Revendiqué,	*-icatus.*
Révoqué,	*-ocatus.*
Rifqué,	*pèriculo expofitus.*
Sophiftiqué,	*fucatus.*
Suffoqué,	*-ocatus.*
Trafiqué,	*negotiatus.*
Tronqué,	*truncatus.*
Troqué,	*mutuatus.*
Voyez les autres verbes en er.	

QUÉE.

Substantifs féminins.

a femme Authentiquée, *ou* condamnée à être mife dans un Couvent & rafée, *mulier adulterii convicta.*

Béquée, *roftrum plenum.*

Flaquée, flaquée d'eau.

Maladie compliquée, *morbus complicatus.*

Mofquée, Temple des Mahométans, *-quea.*

Piffipefquée, qui fait la précieufe.

a   * Requinquée, *vetula curiofiùs ornata.*

Plus le prétérit des verbes en quer : mocquée, illufa.

QUER.

verbes à l'infinitif.

Alambiquer, *animum fruftra torquere.*

Appliquer, *-care.* joindre, *jungere.* mettre deffus, *admovere.* auprès, *apponere.* accommoder, *-dare.* deftiner, *-nare.* fon efprit à, *animum intendere ad.*

verbes à l'infinitif.

s'Appliquer, *ad aliquid animum appellere.*

Attaquer, *appetere.* provoquer, *-ocare.* irriter, *lacessere.* une place, *oppugnare.*

Authentiquer, *auctoritate comprobare.*

Baraquer, *tuguria condere.*

Bloquer, *intercludere.*

* Bouquer, *impetum frangere.*

Braquer, *vibrare.*

Brusquer, *durius tractare.*

Busquer, *fortunam tentare.*

Calquer un tableau, *ichnographiam exprimere.*

Chinquer, *multùm bibere.*

Choquer, heurter contre, *collidere.* offenser, *offendere.* blesser, *cadere.* déplaire, *displicere.* terme de guerre, *irrumpere in.*

* Chroniquer, *chronicas scribere.*

Claquer, *crepare.*

* Colloquer, *-care.*

Compliquer...

Confisquer...

Contremarquer, *adversis notis obsignare.*

Convoquer, *-care.*

Coqueriquer, ce mot exprime la maniére de crier du coq.

Craquer, *crepitare.*

Craquer, mentir, *mentiri.*

Croquer, *frangere.*

* Croquer, *informare.*

Débanquer, terme de jeu de Bassette.

Débarquer, *è navi descendere.*

verbes à l'infinitif.

Débouquer.

Débusquer, *è loco detrudere.*

Décalquer, tirer une contre-épreuve d'un dessein.

Défalquer, *deducere.*

Déféquer, *expurgare.*

Défroquer, *cucullum exuere.*

Délinquer, *delinquere.*

Démarquer, *notas tollere.*

Démasquer, *larvam deponere.*

Démastiquer, *lithocollâ solvere.*

se Dépiquer, *molestiam deponere.*

Désembarquer, *è navi merces deponere.*

Détorquer, *-quere.*

Détraquer, dérégler, *de cursu deflectere.*

se Détraquer, se dérégler, *deerrare.*

Domestiquer, apprivoiser, *cicurare.*

Dupliquer, *-care.*

Efflanquer, *deflectere.*

Embarquer, *in navem imponere.*

s'Embarquer, *navem conscendere.* au fig. s'engager, s'intriguer, se méler, *se immiscere in.*

* Emberloquer, *operire.*

Embrelucoquer, *infatuare.*

Embusquer, *in insidiis ponere.*

* Enfroquer, *cucullum induere.*

s'Entrechoquer, *congredi.*

Equivoquer, *aequivocatione uti.*

Escroquer, *eruscare.*

Estomaquer, *stomachari.*

verbes à l'actif.

Evoquer, *-care.*
Extorquer, *-quere.*
Fabriquer, *-care.*
Fantaſtiquer, *imaginari.*
Flanquer, *latera munire.*
ſe Flanquer, *cingere ſe ex parte.*
Friquer, faire la fricarelle.
Hypothéquer, *oppignerare.*
Impliquer, *-care.*
Inculquer. . .
Indiquer. . .
Interloquer, *ampliare.*
Invoquer, *-care.*
Manquer, avoir faute, *aliqua re deſici.* à quelqu'un, *alicui deeſſe.* à ſon devoir, *officio deeſſe.* de faire une choſe, *rem omittere.* faillir, *delinquere.* à ſa parole, *fidem datam fallere.* ſon coup, *ſcopum non attingere.* ne pas venir à bout, *nihil aſſequi.*
Marquer, *notare.*
Maſquer, *larvare.*
ſe Maſquer, *larvam induere.*
Maſtiquer, *ſignino induere.*
Métaphyſiquer.
Mocquer, *illudere.*
Muſquer, *moſcho inodorare.*
Offuſquer, *caliginem offundere.*
Parquer, *textis cratibus pecus claudere.*
Piquer, poindre, *pungere.* un cheval, *calcaribus equum concitare.* de la viande, la larder, *carnes larido figere.* une étoffe d'or & d'argent, *pannum filo aureo aut argenteo*

verbes à l'infinitif.

figere. un abſent, *nomen in albo pungere.* comme les viandes qui ne ſont p fraîches, *mordere.* offenſer, *offendere.* ſe piquer l'un contre l'autre, *ſe invicem aculeis & maledictis mordere.*
ſe Piquer d'une choſe, *oſtentare, præ ſe ferre.* ſe piquer d'honneur, *gloria ſtudio incitari.*
Plaquer, *applicare.*
Politiquer, raiſonner ſur les affaires publiques.
Poquer, jouer à la boule en l'élevant.
Pratiquer, mettre en pratique, *exequi.* un art, *artem exercere.* quelqu'un, le hanter ſouvent, *cum aliquo conſueſcere.* une choſe, la ménager, *diſponere.* ſuborner, *-nare.* ſolliciter, *-tare.*
Prévariquer, *prævaricari.*
Pronoſtiquer, *portendere.*
Provoquer, *-care.*
Rebéquer, *verbis obluctari.*
Reliquer, vieux mot, *morari.*
Reluquer, regarder de travers, *tranſverſa tueri.*
Remarquer, *notare.*
Rembarquer, *iterùm in navem imponere.*
Remorquer, *remigare.*
* Renaſquer, *irâ excandeſcere.*
Répliquer, *-care.*
ſe Requinquer, *curioſiùs ſe ornare.*

verbes à l'infinitif.

Retorquer,   *-quere.*
Revendiquer,   *vindicare.*
Révoquer,   *-care.*
Risquer, *periculo exponere.*
Roquer aux Echecs, *turrim ad Regem admovere.*
* Sophistiquer, *adulterare.*
Suffoquer,   *-care.*
Syndiquer, fig.   *carpere.*
Tanquer, terme de mer, *à prorâ mergi.*
Topioquer, vieux mot, *disputare.*
Trafiquer,   *negotiari.*
Traquer, terme de Chasse.
* Trinquer, *bibere & rebibere.*
Tronquer.   *mutilare.*
Troquer,   *permutare.*
Vaquer, *vacare.* à une chose, s'y employer, *operam dare.* n'avoir rien à faire, *otiosum esse.* aux études, *studere.*
Vendiquer,   *vendicare.*
Voquer, *argillam præparare.*

Q U E T. *voyez* ET.

Q U E U X. *voyez* EUX.

Q U I.

Qui, lequel *ou* laquelle, *qui, quæ, quid.* de qui, *cujus.* à qui, *cui.* je ne sçai qui, *nescio quis.*

Q U I E.

Thalassarquie, l'Empire des Mers.

Q U I E R. *voyez* IER.

Q U I N. *voyez* IN.

Q U I S. *voyez* IS.

Q U I T. *voyez* IT.

Q U. *voyez* CU.

R.

R A.

subst. masc. & fém.

ABra, monnoie de Pologne.
Alcantara, Ordre Militaire.
Dapifera.
Débora, Prophétesse.
Egra, ville & riviére.
Et cætera.
Laura, Monastère, *Laura.*
Non plus ultrà,   *terminus.*

subst. masc. & fém.

Opéra, Tragédie en Musiq.
Rémora, poisson.
Saâra, pays d'Afrique.
Samara, *indumentum funebre.*
Sara, femme d'Abraham.
Sotira, Reine.
Séphora, femme de Moyse.
Sumatra, île.
Zara, ville capitale de la Dalmatie.

KERBES.

VERBES.

verbes au prétérit indéfini.

Abjura ,	*detestatus est.*
Administra ,	*-vit.*
Admira ,	*miratus est.*
Adora ,	*-vit.*
Altéra...	
Ancra ,	*anchoram fixit.*
Arbora ,	*erexit.*
Aspira ,	*-vit.*
Assura ,	*certiorem fecit.*
Attira ,	*attraxit.*
Augura ,	*-tus est.*
Bourra ,	*tomento farcivit.*
Célébra ,	*-vit.*
Censura ,	*censurâ notavit.*
Chamarra ,	*variegavit.*
Chapitra ,	*reprehendit.*
Concentra ,	*coagmentavit.*
Conféra ,	*contulit.*
Conjectura ,	*conjecit.*
Conjura ,	*-vit.*
Consacra ,	*consecravit.*
Considéra ,	*-vit.*
Conspira...	
Conrrequarra,	*adversatus est.*
Déchifra ,	*discussit.*
Déchira ,	*laceravit.*
Déclara ,	*-vit.*
Déféra ,	*honorem detulit.*
Déferra ,	*ferro exarmavit.*
Défigura ,	*deformavit.*
Dégénéra ,	*-vit.*
Délibéra...	
Délivra ,	*liberavit.*
Démembra ,	*dilaceravit.*
Demeura ,	*mansit.*
Démontra ,	*-onstravit.*
Dépétra ,	*expedivit.*
Déplora ,	*-vit.*
Desenivra ,	*crapulam solvit.*

verbes au prétérit indéfini.

Désespéra ,	*desperavit.*
Deshonora ,	*inhonoravit.*
Désira ,	*desideravit.*
Desserra ,	*solvit.*
Déterra ,	*exhumavit.*
Dévora ,	*-vit.*
Différa ,	*distulit.*
Digéra ,	*digessit.*
Dora ,	*inauravit.*
Dura ,	*-vit.*
Echancra,	*introrsùm incîdit.*
Eclaira ,	*illuxit.*
Effleura ,	*leviter attigit.*
Egara ,	*erravit.*
Empara ,	*occupavit.*
Empira ,	*pejorem reddidit.*
Endura ,	*passus est.*
Engendra ,	*genuit.*
Enivra ,	*inebriavit.*
Enterra ,	*inhumavit.*
Entoura ,	*ambivit.*
Entra ,	*intravit.*
Espéra ,	*speravit.*
Expira ,	*-vit.*
Figura...	
Folâtra ,	*jocatus est.*
Fourra ,	*inseruit.*
Frustra ,	*-vit.*
Honora...	
Idolâtra ,	*idola coluit.*
Ignora ,	*-vit.*
Implora...	
Incorpora...	
Inspira...	
Jura...	
Laboura ,	*-oravit.*
Leurra ,	*decepit.*
Livra ,	*tradidit.*
Massacra ,	*trucidavit.*
Mesura ,	*mensus est.*
Modéra ,	*-vit.*
Montra ,	*monstravit.*

(marge gauche : verbes au prétérit indéfini.)

Murmura,	*-vit.*
Narra...	
Nombra,	*numeravit.*
* Opiniâtra,	*obfirmavit se.*
Outra,	*divexavit.*
Para,	*ornavit.*
Pénétra,	*-vit.*
Perſévéra...	
Pleura,	*ploravit.*
Poivra,	*pipere reſperſit.*
Préféra,	*prætulit.*
Prépara,	*præparavit.*
Procura...	
Proſpéra...	
Recouvra,	*recuperavit.*
Réintégra,	*redintegravit.*
Réitéra,	*-vit.*
Rembarra,	*confutavit.*
Rencontra,	*offendit.*
Répara,	*-vit.*
Reſpira...	
Révéra,	*reveritus eſt.*
Sacra,	*-vit.*
Sépara...	
Serra,	*ſtrinxit.*
Soupira,	*ſuſpiravit.*
Tempéra,	*-vit.*
Tira,	*extraxit.*
Toléra,	*-vit.*
Tonſura,	*tonſurâ inſignivit.*
Transféra,	*tranſtulit.*
Voyez les autres verbes en rer.	

RAIT. *voyez* AIT.

RAL. *voyez* AL.

RANT. *voyez* ANT.

RAT. *voyez* AT.

RÉ.

m homme Affairé, *homo negotiis diſtentus.*

(marge : ſubſtantifs & adjectifs maſculins.)

Altéré, *ſitiens, mutatus, depravatus.*

Ambré, *ambaro illitus.*

croix de S. André, *crux decuſſata.*

Archiprêtré, *Archipreſbyteratus.*

Atterré, *dejectus.*

Azuré, *cæruleus.*

Beaupré, mât de navire, *thalaſſomachus.*

Bigarré, *variegatus.*

* Billebarré, *variegatus.*

de Bon gré, *ſponte.*

Cabré, *efferatus.*

Cambré, *concameratus.*

blond Cendré, *è rutilo cinereus.*

Géſaré, terme artificiel de Logique.

Chamarré, *variis coloribus diſtinctus.*

Châtré, *caſtratus.*

Confédéré, *fœdere conjunctus.*

un Conjuré, *-ratus.*

Curé, *Parochus.*

Concuré.

Dégré, eſcalier & marche d'eſcalier, *gradus.* de longitude *ou* de latitude, *longitudinis* vel *latitudinis.* de Maître ès Arts, *gradus Magiſtri in artibus.* élévation, *elevatio.*

Dégré de gloire, *gradus gloria.*

Délabré, *detritus.*

Délibéré, *-ratus.*

Dénaturé, *inhumanus.*

Diapré, *variegatus.*

vermeil Doré, *vaſa ex argento inaurata.*

Effaré ,	*efferatus.*
Effondré ,	*immerſus.*
Egaré ,	*alienatus.*
Empourpré ,	*purpurâ tinctus.*
Enamouré, vieux mot, *amator.*	
Enlangouré , vieux mot, *languens.*	
Enſépulturé ,	*ſepultus.*
Evaporé ,	*-ratus.*
Grand-pré , ville de France en Champagne.	
Gré , ſçavoir gré , *gratias habere.*	
Illétré ,	*illiteratus.*
Immodéré ,	*-ratus.*
Inconſidéré . . .	
Infiltré , *inſinuatus, dilapſus.*	
mal Invétéré , *inveteratum malum.*	
Iré , vieux mot ,	*iratus.*
Juré , *-ratus.* expert , *-us.*	
Légat à latéré, *legatus à latere.*	
Liſeré ,	*ora.*
Machuré.	
Madré , *ou* fin ,	*cautus.*
Malgré ,	*invitò.*
Maniéré.	
Marbré ,	*marmoratus.*
papier Marbré , *charta marmorata.*	
Membré , terme de Blaſon , *membris variatis.*	
* Miſéréré , priére.	
Miſéréré , un inſtant, *inſtans.*	
colique de Miſéréré , *cœliacus morbus.*	
Abbé croſſé & Mitré , *Abbas infulatus.*	
Modéré ,	*-ratus.*
Moiré , qui a l'œil de la moire.	

Nacré.	
Narré ,	*narratio.*
Narré ,	*narratus.*
Noli me tangere , terme latin : c'eſt une eſpéce de cancer.	
Obéré ,	*obæratus.*
Obombré ,	*obumbratus.*
Ombré ,	*inumbratus.*
linge Ouvré , *linteum opere vario diſtinctum.*	
non Ouvré , *materia rudis & indigeſta.*	
Paré ,	*ornatus.*
Peſtiféré ,	*-ferus.*
Poiré , breuvage fait de poires , *potio ex pyris.*	
Pourpré , terme de Médec.	
Pré ,	*pratum.*
Prématuré ,	*præmaturus.*
Prémontré , Ordre de Religion , *Præmonſtratenſis Ordo.*	
Prieuré ,	*Prioratus.*
Quarré , *quadratus.* empreinte de la monnoie , *typus monetarius.*	
Ré , note de Muſique.	
Référé , terme de Palais , *relatio.*	
Réméré , terme de Palais , *redemptio.*	
Robillaré , réjoüiſſance , *tripudium.*	
Roturé , *conditiónis plebeia factus.*	
Sidéré , vieux mot , *cœleſtis.*	
Souffré ,	*ſulphuratus.*
Sulfuré ,	*ſulphuratus.*
Taré , gâté ,	*vitiatus.*
Timbré ,	*galeâ ornatus.*
papier Timbré , *charta regio ſigno impreſſa.*	

m	Tigré, moucheté, *maculis distinctus.*
m	Seigneur Titré, *Dynastes.*
m	Carrosse vitré, *carruca vitris clausa.*

VERBES.

verbes au prétérit & participe masculins.

Abjuré, -ratus.
Administré, -stratus.
Admiré, *admirationi habitus.*
Adoré, -ratus.
Anchré, *anchoratus.* au fig. *innatus.*
Arboré, *defixus.*
Aspiré, -ratus.
Assuré, *securus.*
Attiré, *attractus.*
Auguré, -ratus.
Balafré, *cicatricosus.*
Balustré, *ornatus pilarum ordine.*
Bienheuré, vieux mot, *fortunatus.*
Bourré, *tomento fartus.*
Calamistré, *crispatus.*
Camphré, *camphorâ respersus.*
Ceinturé, *cingulo instructus.*
Célébré, -bratus.
Censuré, *virgulâ censoriâ notatus.*
Chapitré, *reprehensus.*
Cofré, *in arca reclusus.*
Comparé, -ratus.
Concentré, *in unum veluti corpus coactus.*
Conféré, *collatus.*
Conjecturé, *conjecturâ assecutus.*
Consacré, -secratus.
Considéré, -ratus.

verbes au prétérit & participe masculins.

Conspiré, -ratus.
Contrequarré, *lacessitus.*
Déchevêtré.
Déchifré, *explicatus.*
Déclaré, -ratus.
Dédoré, *exauratus.*
Déféré, *delatus.*
Déferré, *ferro exarmatus.*
Défiguré, *deformatus.*
Dégénéré, *degener.*
Délivré, *liberatus.*
Démembré, *disjunctus.*
Demeuré, *qui mansit.*
Démontré, -stratus.
* Dénigré, *denigratus.*
Dépêtré, *expeditus.*
Dépuré, *defœcatus.*
Desenamouté, *amore solutus.*
Desenivré, *vino solutus.*
Desespéré, *insperatus.*
Deshonoré, *inhonoratus.*
Déploré, -ratus.
Désiré, *desideratus.*
Désœuvré, *occupatione carens.*
Desserré, *laxatus.*
Déterré, *exhumatus.*
Dévoré, -ratus.
Diapré, *versicolor.*
Différé, *dilatus.*
Digéré, *digestus.*
Doré, *inauratus.*
Dulcoré, *dulcifié.*
Duré, -ratus.
Echancré, *incisus.*
Eclairé, *illuminatus.*
Ecuré, *elutus.*
Effleuré, *leviter tactus.*
Emparé, *occupatus.*
Empiré, *pejor factus.*
Empourpré, *purpuratus.*
Enduré, *toleratus.*
Engendré, *genitus.*

verb. au prét. & part. masculins.	

Engoufré, *alto gurgite hau-stus.*

Énivré, *inebriatus.*

Enterré, *inhumatus.*

Entré, *ingressus.*

Espéré, *speratus.*

Expiré, *-ratus.*

Fenestré, vieux mot, *fene-stratus.*

Ferré, *ferro armatus* vel *munitus.*

Feutré, vieux mot, *vestitus.*

Figuré, *-ratus.*

Folâtré, *qui lascivit.*

Fourré, *pelle munitus.*

Frustré, *-ratus.*

Honoré...

Idolâtré, *qui idola coluit.*

Ignoré, *-ratus.*

Illustré...

Impétré...

Imploré...

Incorporé...

Inspiré...

Invétéré...

Juré..,

Labouré, *aratus.*

Libéré, *liberatus.*

Livré, *traditus.*

Lustré, *-ratus.*

Massacré, *jugulatus.*

Mesuré, *mensus.*

Montré, *monstratus.*

Murmuré, *-ratus.*

Nombré, *numeratus.*

Outré, *immoderatus.*

Parjuré, *perjuratus.*

Pénétré, *-ratus.*

Persévéré...

Plâtré, *gypso indutus.*

Pleuré, *ploratus.*

Poivré, *pipere respersus.*

verb. au prétérit & part. masculins.	

Poudré, *pulvere respersus.*

Préféré, *prælatus.*

Préparé, *præparatus.*

Procuré, *-ratus.*

Prospéré...

Recouvré, *recuperatus.*

Régénéré, *-ratus.*

Réintégré, *in integrum resti-tutus.*

Rencontré, *nactus.*

Réparé, *-ratus.*

Respiré...

Révéré, *honoratus.*

Sacré, *sacratus.*

Saupoudré, *aliquâ re res-persus.*

Séparé, *-ratus.*

Sequestré...

Serré, *constrictus.*

Sucré, *saccharo illinitus.*

Suggéré, *suggestus.*

Surdoré, *iterùm deauratus.*

Tempéré, *-ratus.*

Tiré, *extractus.*

Tonsuré, *tonsurâ insignitus.*

Transféré, *translatus.*

Ulcéré, *-ratus.*

Voituré, *vectus.*

Voyez les autres verbes en rer.

REAU. *voyez* AU.

RÉE.

subst. & adj. féminins.	

Airée, *manipuli in area contenti.*

Ambrée, *ambaro illita.*

Astrée, Déesse de la Justi-ce, *Astræa.*

Astrée, Roman, *-træa.*

Beurrée, du beurre mis sur du pain, *panis butyro illi-tus.*

poire de Beurrée, *pyrum bu-*
tyraceum.

Borée, vent,   *Boreas.*

Bourée, danse, *saltationis*
species. de fagot, *virgul-*
torum fasciculus.

Briarée, géant,   *-reus.*

Camphrée, plante, *cam-*
phorata.

Cendrée, poudre de plomb,
pulvis plumbeus.

Centaurée, herbe,   *-rea.*

Césarée ; les Anciens appel-
loient ainsi les Eglises
Chrétiennes.

Chasse-marée, Marchand de
poisson de mer, *piscium*
marinorum propola.

Chicorée,   *intubus.*

Contrée,   *regio.*

Coulevrée, herbe, *vitis Brio-*
nia alba.

Cuillerée,   *cochlearium.*

Curée, *esca prædacea.* faire
curée de sa proie, *captam*
prædam absumere. ce qu'on
donne aux chiens & aux
oiseaux, *esca prædatoria.*

Cythérée,   *-rea.*

Demourée, vieux mot, *mo-*
ra, absentia.

Dénaturée,   *inhumana.*

Denrée,   *merces.*

Diaprée.

Diarrhée, maladie, *-rhea.*

Dichorée, *ou* Ditrochée,
terme de Prosodie ou de
poësie latine.

Durée,   *duratio.*

Echaufourée,   *equitatio.*

Effarée,   *efferata.*

Empourprée,   *purpurata.*

ciel Empyrée, *cælum empy-*
reum.

Entrée, *ingressus.* abord,
aditus. séance de gens de
Justice, *consessus.* entrée,
commencement, *primor-*
dium. entrée de table,
promulsio. de ballet, *dra-*
matica chorea. entrée, au
pl. impôt, *vectigalia.*

mer Erythrée, rouge, *mare*
erythreum.

Estorée, vieux mot, *classis.*

voute Ethérée, le ciel, *cælum.*

Evaporée,   *-orata.*

* Galimafrée, ragoût, *con-*
dimentum.

Gonorrhée,   *-rhea.*

Hérées, fêtes de Junon, *-rea.*

Horée, vieux mot, *nimbus.*

Livrée, couleur, *insignia.*
présent de nôces, *sportula*
nuptialis.

Marée, flux de mer, *maris*
fluxus.

Marée, poisson de mer, *pis-*
cis marinus.

* Mijaurée, injure, *deformis*

Montrée, terme de Palais,
ostentatio.

Morée, *-rea.* ou Péloponè-
se, *-sus.*

Nérée, Dieu marin, *Nereus.*

Nirée, fille de la Nymphe
Aglia.

Pancrée, *cophinus refertus.*

Picorée,   *prædatio.*

paix plâtrée, *palliata pax.*

Poirée, herbe,   *beta.*

fiévre Pourprée, *febris pesti-*
fera.

Prématurée,   *immatura.*

Purée,   _puls._
Rentrée,   _ingreſſus._
Rhée, femme de Saturne,
   Rhea.
Septerée, vieux mot, _jugerum._
Simagrée, _inanis ſimulatio._
Soirée, _veſpertinum tempus._
voix Stentorée, qui eſt très-
   forte, _vox ſtentorea._
Sucrée, faire la ſucrée, ou
   l'hypocrite, _vana verita-
   tis oſtentatrix._
cervelle bien ou mal Tim-
   brée, _homo ſanæ vel non
   ſanæ mentis._
conſcience Timorée, _con-
   ſcientia timorata._
Ventrée,   _partus._
humeur Vitrée, _humor vi-
   treus._
   _Voyez les participes fémi-
   nins des verbes en rer: parée,
   ſucrée, outrée._
   _Plus divers temps & di-
   verſes perſonnes des verbes en
   éer: agrée._

REL. voyez. EL.

RENT. voyez ANT.

RER.

Abhorrer,   _abhorrere._
Abjurer, déteſter, _-tari._ une
   erreur, _errorem publicè
   repudiare._
Accaparer, terme de Com-
   merce, _exacervare._
Accarer, terme de Palais,
   teſtes cum reo componere.
Accélérer, _-rare._ preſſer,

   urgere. hâter, _feſtinare._
Acérer, _calybe mixto durare._
* Acoutrer, _exornare._ au fig.
   maltraiter, _malè excipere._
Adhérer,   _adhærere._
Adinérer, vieux terme de
   Juriſprudence, _ad æris
   pretium conſtituere._
Adminiſtrer, _-trare._ avoir
   ſoin, _curare._ diſtribuer,
   -buere. gouverner, _guber-
   nare._
Admirer, _mirari._ fort, _de-
   mirari._ faire admirer, _mo-
   vere admirationem._
Adorer, rendre un ſouve-
   rain culte, _adorare._ révérer, _venerari._ honorer,
   colere. aimer beaucoup,
   adamare. eſtimer fort,
   valdè æſtimare.
Adultérer,   _-rari._
Aërer, _liberiori cœlo exponere._
Altérer, _-rare._ changer,
   mutare. corrompre, _cor-
   rumpere._ gâter, _vitiare._
   la vérité, _contaminare ve-
   ritatem._ cauſer de la ſoif,
   ſitim accendere. les métaux, _metalla adulterare._
   la ſanté, _ſanitatem vi-
   tiare._
Amarer, terme de mer, _ru-
   dente religare._
Ambrer,   _ambaro illinere._
Améliorer,   _melius facere._
Ancrer,   _anchoram emittere._
Apurer un compte, _rationem
   abſolvere._
Arborer,   _figere._
Arrher,   _arrhabonem dare._
Arriérer, mettre en arriére.

verbes à l'infinitif.

Aspirer, soupirer à, *aspirare ad.* terme de Grammaire, *spiritu aspero vocalem notare.*

Assûrer, *firmare.* par des étais, *fulcire.* rendre sûr, *securum efficere.* mettre en lieu sûr, *in tuto collocare.* certifier, *asserere.* les chemins, *itinera tuta reddere.* s'assurer des passages, *aditus occupare.*

Atterrer, *humi prosternere.*

Attirer, tirer avec force, *attrahere.* par douceur, *allicere.* par caresse, *illicere.* par persuasion, *inducere.* à soi les yeux de tout le monde, *omnium oculos in se convertere.*

s'Attirer un malheur, *malum sibi creare.* de méchantes affaires, *periculum sibi facessere.* de l'estime, *existimationem comparare.* la bienveillance de quelqu'un, *alicujus benevolentiam colligere.* la haine de tout le monde, *omnium odia in se incendere.*

s'Aventurer, s'exposer au péril, *se se objicere periculis.* au danger, *fortunæ aleam tentare.*

Avérer, *certum reddere.*

Augurer, -*rari.* conjecturer, *conjicere.* par parole, *ominari.* prédire l'avenir, *præsagere.*

Azurer, *cæruleo colore pingere.*

Bâfrer, *helluari.*

verbes à l'infinitif.

Balafrer, *luculentis plagis deformare.*

Barrer une porte, *veste obducere.* un compte, *rationem delere.*

Bauffrer, *helluari.*

Beurrer, *butyro illinere.*

Bigarer, *variegare.*

* Bilbarrer, *variegare.*

Bourrer un fusil, *tomento catapultam instruere.* terme d'escrime, *ense petere.* fig. maltraiter de paroles, *objurgare.*

Câbrer un cheval, *equum in pedes concitare.* se câbrer, *arrigi.* s'emporter contre, *efferri in.*

Calamistrer, *crispare comam.*

Calandrer des étoffes, *pannos polire.*

Calfeutrer, *rimas explere.*

Calibrer, terme d'artillerie & d'horlogerie.

Cambrer, *cámerare.*

se Carrer, *ansatum ambulare.*

Cathédrer, vieux mot, *præesse.*

Célébrer, -*rare.*

Censurer, reprendre, *reprehendere.* condamner, *damnare.* noter, *notare.*

Chaffourrer, défigurer, barbouiller.

Chamarrer, *vestem segmentis variare.*

Chambrer, loger sous une même tente, *sub eodem tecto recumbere.*

Chapitrer, *increpare.*

Châtrer, *castrare.* ôter, *demere.* diminuer, *minuere.*

verbes à l'infinitif.

énerver, *enervare.* les ru-
ches des mouches à miel,
favos fuccidere. couper ,
defecare.

Chérer , vieux mot, *benignè
aliquem tractare.*

Chiffrer , *notis arithmeticis
notare.*

Cintrer ,   *camerare.*

Cirer ,   *cerâ illinere.*

Claquemurer , renfermer ,
includere.

* Coffer , emprifonner , *in
carcerem detrudere.*

Colorer, *-rare.* déguifer ,
falfam fpeciem obdere.

fe Colorer ,   *-rari.*

Comparer , *-rare.* égaler ,
æquiparare. faire compa-
raifon , *cum aliquo com-
ponere.*

Concélébrer, vieux mot, *con-
celebrare.*

Concentrer , *in unum cen-
trum cogere.* la chaleur ,
calorem coagmentare.

fe Concentrer , s'unir , *in
unum coalefcere.*

Confédérer ,   *fœdus inire.*

Conférer , avoir conférence,
colloqui. comparer, *-rare.*

Conjecturer, *conjecturâ affe-
qui.*

Conjurer , *-rare.* confpirer ,
-rare. prier inftamment ,
obfecrare. exorcifer le démon , *per Dei numen ad-
jurare.* une tempête, *tem-
peftatem precibus avertere.*

Confidérer , *-derare.* pefer ,
ponderare. des yeux , *attentè intueri.* avoir de l'e-

verbes à l'infinitif.

ftime, *magni facere.* avoir
des égards , *rationem alicujus habere.*

Confpirer , *-rare.* conjurer ,
-rare. contre quelqu'un ,
in aliquem confpirare.

Contre-carrer ,   *adverfari.*

Coopérer ,   *-rari.*

Corroborer ,   *-rare.*

Curer , nétoyer , *purgare.* un
foffé , *foffam luto & terrâ
expedire.*

Curer les dents, *dentes pen-
nâ levare.* les puits , *pu-
teos expurgare.*

Débarrer, *repagula revellere.*

Débourrer , fig. façonner
quelqu'un , *efformare.*

Déchifrer , *litteras occultis
notis exaratas explicare.*
une lettre écrite à mots
couverts , *verborum amba-
gibus obvolutam epiftolam
evolvere.*

Déchirer , *dilaniare.* la réputation , *famam dilace-
rare.*

Decintrer ,   *incamerare.*

Décirer ,   *ceram tollere.*

Déclarer ,   *-rare.*

Décolorer , *-rare.* ôter la
couleur , *colorem eluere.*

Décombrer , *rudera tollere.*

Décorer, *-rare.* orner, *-nare.*

Dédorer, *aurum illitum radere.*

Déférer à , *deferre.* avoir
des déférences , *tribuere.*
accorder, *concedere.* céder,
cedere. confentir, *-ire.* ac-
cufer , *accufare.*

Déferrer, *ferro exarmare.* uu

verbes à l'infinitif.

cheval, *equo soleas de-trahere.* fig. faire perdre contenance, *perturbare.*

Défigurer, gâter, *deformare.* rendre laid, *deturpare.*

Déflorer,   -*rare.*

Dégénérer...

Délabrer,   *dilacerare.*

Délibérer, *liberare.* de la marchandise, *tribuere mer-cem.* de peine, *curâ sol-vere.* mettre en liberté, *in libertatem asserere.* en payant, *redimere.* sou-straire, *subtrahere.* de pri-son, *è carcere liberare.* des charges, *dare immu-nitatem munerum.* des or-dres à, *jussa exponere.* une femme de couche, *puer-peram adjuvare.* expédier à l'enchère, *proscripta bo-na licenti addicere.*

Démarrer, *navem solvere.*

Démembrer,   *dilacerare.*

Demeurer, *manere.* habiter, -*tare.* dans une Ville, *ur-bem incolere.* faire séjour, *commorari.* s'arrêter, *ma-nere.* hésiter, *hærere.* au fond, *subsidere.* ferme, *stabilem permanere.* persi-ster, -*ere.* persévérer, -*rare.* d'accord, *fateri.*

Démontrer, -*onstrare.* faire voir, *ostendere.*

Démourer, vieux mot, *ma-nere.*

Dénaturer, *naturam mutare.*

Dénigrer, -*grare*, *famam inquinare.*

Dénombrer,   *dinumerare.*

verbes à l'infinitif.

Déparer,   *deformare.*

Dépêtrer, *expedire.* se dépê-trer de, *extricare se.* sortir d'une affaire, *à negotio emergere.*

Dépoudrer, *pulverem abjicere.*

Desancrer, *solvere anchoram.*

Desemparer, quitter, *dese-rere.* s'en aller, *discedere.*

Desenivrer, *crapulam edor-miscere.*

Desespérer,   *desperare.*

Deshonorer,   *inhonorare.*

Desirer, *desiderare.* fort, *exoptare.* souhaiter, *cupere.*

Desserrer,   *relaxare.*

Déterrer, *exhumare.* trouver, *invenire.*

Détirer,   *explicare.*

Dévorer, -*rare.* son bien, *bona sua exsorbere.* con-sumer, -*mere.*

Diaprer, *coloribus variis di-stinguere.*

Différer, *differre.* remettre, *procrastinare.* le jugement d'une cause, *ampliare cau-sam.* sans différer, *sine cunctatione.*

Digérer, *digerere.* un af-front, *injuriam concoquere.*

Dorer, *inaurare.* la pilule, *amara dulcedine tempera-re.* les chaînes, *servitutem lenire.*

Durer, -*rare.* longtemps, *subsistere.* faire durer, *pro-ducere.*

Ecarter,   *repellere.*

Echancrer,   *incidere.*

Eclairer, jetter des éclairs, *fulgurare.* faire de la lu-

verbes à l'infinitif.

miére, *illuminare.* luire, *fulgere.* l'esprit, *lumen animo proferre.* les actions, les observer, *acta observare.*

Ecurer, nétoyer, *detergere.* la vaisselle, *eluere.*

Effarer, *efferare.*

Effleurer, *stringere.* une matiére, *delibare.* traiter légérement, *leviter attingere.*

Effondrer, *exenterare.*

Egarer quelqu'un, *à recto itinere deducere.* perdre, *amittere.*

s'Egarer, *deerrare.*

Elabourer, *-borare.*

s'Emparer, *occupare.* se saisir, *invadere.* occuper, *-pare.* usurper, *-pare.*

Empêtrer, *impedire.* embarrasser, *irretire.*

s'Empêtrer, *se implicare.*

Empiffrer, *ingurgitare.*

* s'Empiffrer, *potu & cibo saginari.*

Empirer, *ingravescere.* un mal, *morbum augere.* s'empirer, devenir pire, *deteriorem fieri.*

Empourprer, *purpurâ imbuere.*

s'Empourprer, *purpurascere*

Encadrer, *tabellam quadrato includere.*

Enceinturer, vieux mot, engrosser, *gravidam efficere.*

s'Enchevêtrer, s'embarrasser les pieds d'un licol, *pedes sibi capistro irretire.*

verbes à l'infinitif.

Encirer, *telam cera imbuere.*

* Encloîtrer, *claustro includere.*

Encoffrer de l'argent, *pecuniam in arcâ condere.*

Endurer, souffrir, *pati.* supporter, *perpeti.* tolérer, *-rare.* aisé à endurer, *tolerabilis.*

Enferrer, percer d'un fer, *ferro transfigere.* mettre dans les fers, *ferreis vinculis prapedire.* s'enferrer, s'embarrasser, *induere se in laqueos.*

Engendrer, *gignere.* terme de Géomét. *generare.*

Engoufrer, *in voraginem conjicere.*

Enivrer, *inebriare.*

s'Enivrer, *inebriari.*

Enregistrer, *in actis perscribere.*

Ensépulturer, vieux mot, *tumulare.*

Ensoufrer, *insulphurare.*

Enterrer, *inhumare.*

Entourer, *circumdare.*

Entrer, *ingredi.* venir, *venire.* s'assembler, *convenire.* pénétrer, *penetrare.* par force, *vi invadere.* laisser entrer, *admittere.* faire entrer, *introducere.* un clou dans une muraille, *clavum parieti adigere.* entrer en discours, *sermonem exordiri.* dans le détail des choses, *res sigillatim enarrare.* en Charge, *Magistratum inire.* dans le sens de, *ad sen-*

verbes à l'infinitif.

sum penetrare. dans le sentiment, *assentiri.* dans l'esprit, *animum subire.* dans les intérêts de, *commodis servire.* dans la douleur de, *ad dolorem descendere.* dans l'amitié de, *in amicitiam venire.* s'insinuer, *irrepere.* dans la conversation, *colloquiis se immiscere.* entrer en procès, *litem inire.* en défiance, *diffidere.* en fureur, *furore agi.* en partage, *participare.* dans la terre, *descendere.*

Epierrer,   *elapidare.*

Epoudrer, *pulverem discutere.*

Epurer, purifier, *purgare.* rendre pur, *defœcare.*

Errer çà & là, *errare.* faillir, *allucinari.*

Espérer,   *sperare.*

Essorer, exposer au grand air, *patenti cœlo exponere.*

s'Essorer, *sub Dio liberiorem auram captare.*

Etirer, vieux mot, *explicare.*

Evaporer, *in vapores solvere.*

s'Evaporer, *in vapores abire.* se dissiper, *evanescere.*

Eventrer, *eviscerare.* vuider les intestins, *exenterare.*

Exécrer, vieux mot, *execrari.*

Expectorer, *ex pectore ejicere.*

Expirer, *expirare.* rendre l'ame, *animam exhalare.* écheoir, *advenire.*

Fanfarer,   *tubâ canere.*

Fenêtrer, *fenestris instruere.*

verbes à l'infinitif.

Férer, vieux mot,   *ferire.*

Ferrer, garnir de fer, *ferro munire.* un cheval, *equum calceare.*

Feutrer, *sub coactu fabricare.*

Figurer, *delineare.* aller de pair avec les Grands, *more procerum agere.*

se Figurer, s'imaginer, *fingere.* penser, *putare.*

Flairer, *olfacere.* sentir une chose, *odorari.* le fleurer, l'odorat, *odoratus*, *olfactus.* l'action de fleurer, *odoratio.*

Flâtrer, vieux mot, *ferro adurere.*

Foirer, avoir le cours de ventre, *liquidam alvum reddere.*

Folâtrer,   *scurrari.*

Forer, *forare.* avec un forêt, *terebrare.*

Fourrer avec de la Fourrure, *vestem pelle villosâ munire.* doubler de fourrure, *pelliculare.* terme de Médailliste, *vestire argenti bracteolâ.*

Fourrer, mettre une chose en un endroit, *inserere.* se fourrer dans, *se introducere in.*

Gaufrer, friser les cheveux, *capillum crispare.* une étoffe en broderie, *Phrygionium opus muscariis describere.* imprimer diverses figures avec le fer chaud, *pannum variis figuris inurere.*

Gérer,   *-ere.*

verbes à l'infinitif

Harer, vieux mot, *in aliquem concitare.*

Hongrer, *equum castrare.*

Honorer, *-rare.* respecter, *colere.* vénérer, *-rari.*

Jachérer, *terram proscindere.*

Idolâtrer, adorer les faux Dieux, *falsos colere Deos.* aimer éperdûment, *deperire.*

Ignorer, *-rare.* ne sçavoir pas, *nescire.*

Illustrer, *-rare.* orner, *ornare.*

Impétrer, *-rare.* obtenir, *obtinere.*

Implorer, *-are.*

Impropérer, vieux mot, *improperare.*

Inaugurer, consulter le vol des oiseaux.

Incorporer, *in unum corpus redigere.*

Inférer, *inferre.*

Infiltrer.

s'Ingérer, *immiscere se.*

Insérer, *-ere.*

Inspirer, *-rare.* suggérer, *-rere.* mettre dans l'esprit, *in mentem injicere.*

Intégrer, terme de Géomét. *integrare.*

Invétérer; il ne se dit guère qu'au participe, *-terare.*

Jurer, *jurare.* Dieu, *Deum testari.* faire jurer, *jusjurandum exigere.*

Labourer, *arare.* une seconde fois, *iterare.* une troisiéme fois, *tertiare.*

Labourer, vieux mot, pour travailler, *laborare.*

verbes à l'infinitif

Leurer l'oiseau, *accipitrem illicio assuefacere.* donner de fausses espérances, *ludere dolis.*

Libérer, *-rare.*

Liférer, terme de Brod. *limbum ornare.*

Livrer, *tradere.* bataille, *cum hoste congredi.* un assaut, *oppugnatione invadere.*

Lustrer une étoffe, *panno nitorem addere.*

Macérer, *-rare.*

Manœuvrer, terme de mer, *nauticos funes versare.*

Manufacturer, *manu effingere.*

Marbrer, *in marmoris modum variare.*

Martyrer, vieux mot, *divinare.*

Massacrer, *trucidare.*

Méliorer, *-rare.* rendre meilleur, *meliorem efficere.*

Mesurer, *metiri.* les autres à son aune, *alios ex se metiri.*

Mirer, *collimare.* son coup, *collineare.* se regarder dans le miroir, *in speculo se intueri.*

* Mitrer, *mitrâ ornare.*

Modérer, *-rare.* ses affections, *temperare animos.* se modérer, *se cohibere.*

Montrer, faire voir, *ostendere.* indiquer, *-icare.* prouver, *probare.* déclarer, *-rare.* enseigner, *docere.* se montrer, *dare se in conspectum.* véritable ami, *amicum agere.*

verbes à l'infinitif.

Murer, *muris cingere.* entourer de murailles, *manibus sepire.*

Murmurer, *-rare.* entre ses dents, *muscitare.* marmoter, *mutire.*

Narrer, *-rare.* réciter, *-tare.*

Navrer, blesser, *sauciare.* faire une plaie, *vulnerare.*

Nombrer, *numerare.*

s'Obérer, *are alieno se obstringere.*

Obscurer, vieux mot, *obscurare.*

Obtempérer, *-rare.*

Odorer, *olfacere.*

Oirrer, vieux mot, *ire, in viâ esse.*

Ombrer, *obumbrare.*

Opérer, *-rari.*

Opiniâtrer, *obfirmare.* s'opiniâtrer, *obfirmare se.*

Orer, vieux mot, *orare.*

Oupurer, vieux mot, *operari.*

Outrer, *transfodere.* excéder, *-dere.* les choses, *præter æquum res eloqui.* de douleur, *dolore percellere.*

Ouvrer, *operari.* la monnoie, *monetam cudere.*

Proférer, *-ferre.* prononcer, *pronuntiare.*

Procurer le bien, *commodis servire.* le mal, *malum accersere.* avoir soin, *procurare.*

Prospérer, *-rare.* faire prospérer, *fortunare.* secourir, *secundare.*

Quadrer, *-rare.*

verbes à l'infinitif.

Quarrer, se quarrer, *superbo pede incedere.*

Raccoutrer, *resarcire.*

Rancurer, se plaindre, vieux mot, *queri.*

Rassurer, *confirmare.*

Raturer, *radere.* effacer, *delere.*

Ravigourer, *ou* Revigourer, reprendre de la vigueur, *vires recuperare.*

Recalcitrer, vieux mot, *-rare.*

Recouvrer, *recuperare.* la santé, *convalescere.* peu-à-peu la parole, *recipere vocem.*

se Récupérer, se récompenser, *remunerari.*

Redorer, *secundò inaurare.*

Réembrer, vieux mot, racheter, *redimere.*

Référer, *referre.*

Régénérer, *-rare.*

Registrer, *in acta referre.*

Regrer, vieux mot, *recreare.*

Réintégrer, rétablir, terme de Palais, *in integrum restituere.*

Réitérer, *-rare.* répéter, *-ere.*

Relustrer, donner un nouveau lustre.

Remansurer, vieux mot, *remanere.*

Rembarrer, *retundere.*

Rembourer, *tomentum inserere.*

Remémorer, *meminisse.*

Remontrer, *admonere.* avertir, *monere.* persuader, *-ere.* dissuader, *-ere.*

Remparer une place, *urbem vallare.* munir, *munire.*

verbes à l'infinitif.

fortifier , *circumvallare.*

Remunérer , -*rari.*

Rencontrer , *reperire.* trouver , *invenire.* avoir à sa rencontre , *occurrere.* en chemin , *obviàm habere.*

Rentrer, *denuò ingredi.* dans les bonnes graces de , *in gratiam redire.* en soi-même , *colligere se.*

Repairer , vieux mot , *jacére in cubili.*

Réparer , -*rare.* une faute , *culpam emendare.* une injure, *injuriam luere.* l'honneur , *famam restituere.* une maison, *ædem reficere.* une perte, ses forces, *damnum, vires resarcire.* réparer , raccommoder , *renovare.* refaire , *reficere.* restituer , -*ere.*

Respirer , -*rare.* aisément , *commodiùs spiritum trahere.* difficulté de respirer , *animi interclusio.*

Resserrer , *astringere.* ensemble , *constringere.* dans un coffre , *in arcâ recondere.* le ventre trop libre , *alvum comprimere.* en peu de paroles , *angustiùs concludere.* presser , *premere.* se resserrer en soi-même , *latere in occulto.* restaurer, -*rare.*

Réverbérer , -*rare.*

Révérer , -*eri.* vénérer, -*rari.* porter respect , *reverentiam præstare.*

Revirer , terme de mer , *retrorsùm vela dare.*

verbes à l'infinitif.

Sâbrer, *ense casim percutere.*

Sacrer , -*rare.*

Sacrer , jurer , faire des imprécations.

Savourer , *gustare.* prendre plaisir , *delectari.*

Saupoudrer , *cibum sale aspergere.*

Saurer , *ou* Saurir.

Sayrer , vieux mot , *irasci.*

Séparer , -*rare.* une chose , *seponere.* un mari d'avec sa femme, *divortium facere.* un Royaume d'avec un autre , *disterminare.* se séparer , *dissidere.*

Séquestrer , -*rare.* prendre , *auferre.* dérober , *furari.*

Serrer , *stringere.* étroitement , *arctiùs constringere.* presser , *premere.* en liant, *vincula contendere.*

Sevrer , *ablactare.* se sevrer , se priver , *se abdicare.*

Sombrer une vigne , une terre , *vinariam humum pannariâ fossione vertere.* sous les voiles , terme de mer , submerger, *navem expansis velis vi ventorum submergere.*

Soufrer , *sulphure aliquid intingere.*

Soupirer , *suspirare.*

Sucrer , *saccharo illinire.*

Suggérer , -*ere.* dire tout bas , *insusurrare.*

Suppurer , se résoudre en pus , *suppurare.* jetter du pus , *pus emittere.*

Surdorer , *iterùm deaurare.*

Taborer , vieux mot, battre du tambour.

verbes à l'infinitif.

Tempérer , *-rare.*

Timbrer un casque , *apice galeam coronare.* du papier , *chartam regio signo imprimere.*

Timbrer , vieux mot , *tympano ludere.*

Tintamarer , faire du tintamare, *tumultum concitare.*

Tirer , *trahere.* à soi , *attrahere.* par force , *retrahere.* par finesse , *extorquere.* arracher , *avellere.* aveindre , *reducere.* faire sortir, *emitere.* peindre , *pingere.* épreindre , *exprimere.* puiser , *haurire.* imprimer , *excudere.* par force , *abstrahere.* lancer , *vibrare.* allonger , *producere.* inférer , *inferre.* incliner , *vergere.* aller , *petere.* jetter , *conjicere.* débarrasser, *expedire.* tirer hors , *eripere.* à part , *seducere.* séparer , *sejungere.* le feu , *ignem elicere.* l'argent , *pecuniam exprimere.* du profit , *fructum percipere.*

Tirer raison , *argumentum petere.* de loin , *longius petere.* à quatre chevaux , *equis lacerare.* de l'arc , *sagittâ petere.* une fléche , *sagittam emittere.* des armes , *displodere.*

Tirer , arracher , *revellere.* ravir , *rapere.* l'oreille, *aurem vellicare.* tirer à sa fin , *animam agere.* ravir , *rapere.* à la rame , *remigare.* à bord , *ad terram.*

verbes à l'infinitif.

des pierres de la terre , *e terrâ lapides eximere.* dans un carrosse, *curru raptare.* au fort , *fortes ducere.* souvent & le pousser dehors , *attrahere & reddere animam.* du sang à quelqu'un, *sanguinem emittere.* tirer une vache , *vaccam mulgere.* les larmes , *lacrymas excutere.* les vers du nez , *expiscari.* la vérité, *verum elicere.* de l'argent par adresse , *argento emungere.* se tirer , se retirer , *subducere se.* d'un malheur , *emergere aliquo malo.* se tirer à son honneur d'une affaire , *abire honestè à re aliquâ.* se tirer d'une maladie, *evadere ex morbo.* des mains de quelqu'un, *ab aliquo se expedire.* de la foule , *ex turbâ.* tirer des oiseaux en volant, *volantes aves transfigere.* au blanc, *collineare.* l'épée , *gladium stringere.* par les cheveux , *longius petere.* un bas en le chaussant, *tibiale contendere.* les bas à , *detrahere tibialia.* des figures sur le marbre & l'airain , *statuas ex marmore aut ex ære ducere.* un patron , *delineare.* tirer , détourner , *avocare.* tirer ses paroles , *ducere verba.* de la gloire de ses ancêtres , *habere gloriam à majoribus.* tirer gloire d'une méchante action , *con-*

vertere.

vertere crimen in eandem.
des oracles à son avantage,
ad utilitatem suam oracula
interpretari. contre, *obniti*
contra. tirer au cœur, *vo-*
mere. raison d'une injure,
iniuriam ulcisci. obtenir,
obtinere. impétrer, *-trare.*
sur quelque couleur, *ad*
aliquem colorem accedere.

Tolérer, *-rare.* supporter,
ferre.

Tonsurer, *tonsurâ insignire.*

Torturer, donner la question,
torquere.

Tournevirer, faire d'une personne ce que l'on veut.

Transférer, *transferre.* transporter, *-tare.*

Transfigurer, *-rare.* prendre une nouvelle forme,
novam formam induere.

Transpirer, *humores per mea-*
tus corporis transmittere.

Veautrer, terme de Chasse,
cum vertago & molosso ve-
nari.

Veautrer, *volutare.*

se Veautrer, *volutari.*

Virer, terme de mer, *agere*
gyros. terme de charge,
versuram facere.

Vitrer, *vitreis specularibus*
obducere.

Ulcérer, *-rare.*

s'Ulcérer, *-rari.*

Voiturer, porter, *vehere.*
faire métier de voiturier,
vecturam facere.

R E T. voyez E T.

R E U X. voyez E U X.

R I. & R Y.

Abri, lieu exposé au soleil,
apricus locus. à l'abri du
vent, *à vento tutus.* se
mettre à l'abri, *in tuto*
loco se recipere.

* Aheuri,   *obstupefactus.*

Alangouri,   *languidus.*

Bari, pour Baril,   *cadus.*

Berri, pays, *Bituricum.* de
Berri, *Biturix.* mouton de
Berri, *vervex Bituricensis.*

Besidery, *pyrum Besideria-*
cum.

Bistouri de Chirurgien, *ex-*
cisorius scalper.

Bon-henri, plante.

Cabri, chevreau. *capreolus.*

Celeri, plante, *apium Ma-*
cedonicum.

Chamberri, ville, *Chambe-*
riacum. de Chamberri,
Chamberiacensis.

Charivari, *tumultuosus &*
clamosus sonitus. confus de
voix & d'instrumens de
cuisine, *nocturna vocife-*
rationes & vasorum aereo-
rum pulsationes ubi convi-
cium iteratur. faire un
charivari, *stridulis convi-*
ciis aliquem proscindere.
railler avec grand bruit,
convitium facere.

Cri, *clamor* public, *præco-*
nium. de guerre, *militaris*
vociferatio. de douleur,
eiulatus. des vendeurs de
denrées, *propolarum præ-*
conia. de nautonnier, *æ-*

leufma. de corbeau, *croci-
tus.* à cor & à cri, *omni
conatu.* cri, inftrument,
tollo dentatus.

Décri, *inhibitio.* de quelque
perfonne, *obtrectatio.* de
quelque étoffe, *interdi-
ctio.*

Defaigri, *ex acido dulcis factus.*

Défleuri, *planta cujus floros
cecidere.*

Emeri, Emeril, *fmyris.*

Favori, *gratiâ florens.*

langage Fleüri, *fermo floridus.*

Gri, *ou* Gril, *craticula.*

Gribouri, injure, *fpiritus
fœtidus.*

Güillery, chant du moineau.

Henri, nóm prop. *-cus.*

* Hourvari, *cervi fraus.*

Lémeri, Chymifte, *-us.*

Mari, marié, *maritus.*

Marri, fâché, *iratus.*

Mondori, Comédien, *-us.*

Mal nourri, maigre, *ma-
cer.* mal élevé, *malè educatus.* mal formé, par-
lant de l'écriture, *fcrip-
tura macilenta.*

Pari, gageure, *fponfio.*

Pilori, *numella verfatilis.*

Pot pourri, terme de cuifine, *cibi diverfi condimentum.*

Rabougri, deffeché, *aridus.*

faire le Renchéri, *difficiliorem fe præbere.*

Scudéri, Poëte François, *-us.*

Mademoifelle Scudéri, *do-
mitilla Scuderiana fui fæ-
culi fappho.*

V E R B E S.

Aigri,	*acefcens.*
Aguerri,	*militiâ imbutus.*
Apauvri,	*pauper factus.*
Attendri,	*mollitus.*
Enchéri,	*auctus.*
Guéri,	*fanatus.*
Flétri, *defloratus,*	*flaccidus.*
Maigri,	*macie confectus.*
Meurtri,	*contufus.*
Nourri,	*nutritus.*
Pétri, *pinfitus,*	*fubactus.*
Pourri,	*putrefactus.*

*Voyez divers temps & per-
fonnes des autres verbes en
rir* : chérir, *diligere. Il faut
excepter* férir, guérir, courir, mourir, *& leurs compofés.*

R I E.

La plûpart des noms en rie
*font des noms de qualité, de
métier, & d'action.*

Acheterie,	*emptio.*
Aërométrie,	*-ia.*
Afféterie, *exquifitior elegan-
tia.*	
Affronterie, *fraus,*	*frauda-
tio.*
Allégorie,	*-ia.*
Altimétrie...	
Anerie, *ftupiditas, afini ftu-
por.* ignorance, *nefcitia.*	
Apothicairerie, *pharmaco-
læ officina.*	
Argenterie,	*vafa argentea.*
Armoirie,	*ftemma.*
Arquebuferie, lieu où l'on
tire l'arquebufe, *catapul-
taria palæftra.*	

subſtantifs féminins.

Artillerie, *bellica tormenta.*

Aſſyrie, pays, 　　　 *-ia.*

Aſtérie, ſœur de Latone, *-ia.* terme de Lithologie, *lapis ſtellaris.*

Aſturie, au plur. 　　 *-ia.*

Aumônerie, *eleemoſynarii munus.*

Avocaſſerie, 　 *advocatio.*

Avoinerie, *terra ubi ſeritur avena.*

Badauderie, 　　 *ineptia.*

Badinerie, 　　　 *nuga.*

Bain-marie, *balneum maria.*

Barbarie, cruauté, *crudelitas.* —pays, 　　 *Barbaria.*

Barberie, *ars barbam capilloſque tondendi.*

Batterie de gens qui ſe battent, *pugna.* de canons, *tormenta bellica in ſede collocata.* de cuiſine, *coquinaria ex ære vaſa.*

Bavarderie, *ſtulta loquacitas.*

Bélitrerie, 　　 *mendicitas.*

Bellerie, cinquiéme eſpéce de myrobolans.

Bergerie, *ovile.* condition de berger, *munus paſtoritium.*

Bigoterie, *vana pietatis ſimulatio.*

Bizarrerie, 　　 *moroſitas.*

Blanchiſſerie, *officina albaria.*

Bluterie, *ſuccretoria cella.*

Bodinerie, contrat en uſage ſur les côtes de Normandie.

Boiſerie, 　　 *tabulatum.*

Boucherie, *laniena.* maſſacre, *cades.* mener à la

subſtantifs féminins.

boucherie, *ducere ad necem.*

Bouderie, 　　 *moroſitas.*

Bouffonnerie, *ſcurrilitas.* de théâtre, *mimicus jocus.*

Boulangerie, 　　 *piſtrina.*

Bouverie, *boum ſtabulum.*

Braſſerie à bierre, *cereviſiæ officina.*

Bravacherie, *frivola jactantia.*

Braverie, 　 *nimius veſtitus.*

Brie, pays, 　　　 *-ia.*

Broderie, *acu pictum opus.*

Brouillerie, *perturbatio, diſſidium.*

Bruſquerie, *vehemens animi incitatio.*

Buanderie, *officina lavandis linteis comparata.*

Caffarderie, hypocriſie, *hypocryſis.*

Cafrerie, pays des Cafres.

Cagnarderie, 　　 *ſegnities.*

Cagoterie, 　　 *hypocriſis.*

Cajolerie, 　　 *blanditia.*

Canarie, île, *-ia.* danſe, *Canarienſis ſaltatio.*

Cantabrie, petit pays d'Eſpagne.

Canturie, 　　　 *-ia.*

Capitainerie de chaſſe, *præfectura venationis.* de château, *arcis.*

Caquéterie, 　　 *garrulitas.*

Carie, 　　　 *caria.*

Catégorie, *-ia.* ordre, *ordo.*

Cavalerie, 　　 *equitatus.*

Cauſerie, 　　 *loquacitas.*

Chancellerie, *cancellarii prætorium.* particuliére d'un Parlement, *curia ſignatoria exhedra.*

subſtantifs féminins.

Chantrerie, office de Chantre, *Cantorum præfectura.*

Charcuterie, *tractandi operis inſcitia.*

Charlatanerie, *fraudulenta aſſentatio.*

Charpenterie, *materiaria ſtructura.*

Chaudronnerie, *lebetum officina.*

Chaufferie, terme de forges.

Chévecerie, *ou* Chefecerie, bénéfice de Chéfecier, *primiceriatus.*

Chicannerie, *cavillatio.* de procès, *ſubdola in litigando fraudes.*

Chuchoterie.

Clouterie, *claviaria officina.*

Coadjutorerie, *coadjutoriatus.*

Cochonnerie, *ſquallor.*

Commanderie, *commendatura.*

Conciergerie, *carcer.*

Confrairie, *ſodalitium.*

Contrebatterie, *tormenta tormentis oppoſita.*

Coquéterie, *verborum blanditiæ.*

* Coquinerie, *mendicatio.*

Corderie, *reſtiaria officina.*

Cordonnerie, *ſutrina.*

Coterie, *ſocietas.*

Couterie, terme d'Hiſtoire Eccléſiaſtique.

Coutumerie, *vectigalium exactio.*

* Coyonnerie, *ignavia.*

Craquerie, menterie, *mendacium.*

Crierie, *vociferatio.*

ſubſtantifs féminins.

Cuiſinerie, vieux mot, maniére d'apprêter à manger.

Daterie de Rome, *dataria Romana.*

Diablerie, *nequitia.*

Dîmerie, où l'on dîme, *decimarum coactio* vel *locus.*

Diſputaillerie, *moleſta diſputatio.*

Doctorerie, *-ratus.*

Domerie, eſpéce de Bénéfice.

Draperie, tiſſure de draps, *pannorum laneorum textura.* donner ſur la draperie, railler, *illudere.* terme de Peinture & de Sculpture, *veſtium pictura, effigies.*

* Drôlerie, *geniale facinus.*

Dyſenterie, *ou* flux de ſang, *dyſenteria.*

Echanſonnerie, *cella vinaria.* office d'Echanſon, *cella vinaria præfectura.*

Echarpillerie, vieux mot, *graſſatio.*

Ecorcherie, *laniena.* à l'Ecorcherie, chérement, *extortoriè.*

Ecorniflerie, *alienarum menſarum affectatio.*

Ecurie, *equile.*

Effronterie, *impudentia.*

Empriſonnerie, vieux mot, *incarceratio.*

Enchanterie, *faſcinatio.*

Enragerie, tout ce que la colère peut inſpirer.

Epicerie, *aromata.*

Ergoterie, *tricæ.*

subſtantifs féminins.

Eſcopéterie , *ſclopetorum ex-*
  ploſio.
Etrurie, pays,   *Etruria.*
Euphorie, maniére aiſée dont
  les malades ſouffrent des
  évacuations conſidérables
  ſans inconvénient.
Excroquerie,   *aruſcatio.*
Fâcherie ,   *moleſtia.*
Façonnerie , maniére de fa-
  çonner les étoffes.
Factorerie , *ou* comptoir de
  commerce , *inſtitoria ca-*
  mera.
Faligoterie,   *ineptia.*
Fanfaronnerie , *jactantia.*
Faquinerie , action de Fa-
  quin , *fatuitas.*
Fauconnerie , *ars accipitra-*
  ria.
Féerie , ſcience des Fées.
Fenderie , vieux mot, *fiſſura.*
Férie ,   *-ia.*
Féronnerie ,   *ars fabrilis.*
Ferrerie.
Filerie , lieu où l'on file.
Filouterie , *occultum latroci-*
  nium.
Flaterie ,   *adulatio.*
Pâque Fleurie , *Dominica in*
  ramis palmarum.
Folâtrerie , *ludus , inſania.*
Fonderie, *furfuraria officina.*
Forcénerie , *furens inſania.*
Forfanterie , *ſuperbiloquen-*
  tia.
Foulerie .   *calcatorium.*
Fourberie ,   *fraus.*
Frairie ,   *confraternitas.*
Frarie , vieux mot, *fratrum*
  vinculum.
Friperie , lieu où l'on vend

subſtantifs féminins.

de vieux habits , *interpo-*
  latoria officina. donner ſur
  la friperie , battre , *percu-*
  tere.
Friponnerie , *nebulonis fraus.*
  action de débauche , *ne-*
  quitia.
Fromagerie ,   *caſeale.*
Fruiterie ,   *pomarium.*
Furie, fureur,   *furor.*
Furie d'Enfer , *infernalis fu-*
  ria.
Galerie de maiſon , *porticus.*
  couverte , *xyſtum.* décou-
  verte , *xyſtus.* petite , *am-*
  bulatiuncula. allée de charpente , terme de guerre ,
  vinea , pluteus. d'une mine , *meatus ad cunicu-*
  lum. balcon de vaiſſeau ,
  podium navis. galerie de
  Peintre , *pinacotheca.*
Ganterie.
Gauſſerie ,   *cavillatio.*
Gématrie ,   *-ia.*
Gendarmerie, *equitatus.* gran-
  de , *gravis armatura.* lé-
  gère , *levis.*
Gentilhommerie , *nobilis exi-*
  gui domus..
Géomérie ,   *-ia.*
Gloutonnerie ,   *voracitas.*
* Goguenarderie , *dicta jo-*
  coſa.
Graiſſerie , ouvrage fait de
  pierres de grais , *opus ſili-*
  ſeum.
Gredinerie ,   *ſordes.*
Grimacerie ,   *diſſimulatio.*
Grimauderie, *grammaticatio.*
Grivellerie , *fraus mala in*
  quaſtu faciendo.

Gronderie, *durior increpatio.*
Gruerie, *nemoris custodia.*
Gueuserie, *mendicatio.*
Guinderie, gêne, contrain-
te, *coactus, vis.*
* Hâblerie, *mendacium.*
Hoirie, terme de Palais,
hæreditas.
Hongrie, Royaume, *Hun-*
garia. point de Hongrie,
espéce de tapisserie, *tapes*
Hungaricus.
Hôtellerie, *caupona.*
Huerie, du verbe Huer, mot
Provincial.
Ibérie, pays, *-ia.*
Idolatrie, *idolatria.*
Illyrie, pays, *-ria.* d'Illyrie,
Illyricus.
Impéritie, *inscitia.*
Imprimerie, *typographia.*
Incurie, indolence, *-ia.*
Indigoterie, lieu où l'on
fait l'indigo.
Industrie, *-ia.*
Ineptie. . .
Infanterie, *peditatus.*
Infirmerie, *valetudinarium.*
Intempérie, *-ies.*
Jonglerie, *nugæ fallaces.*
Joayllerie, *annularia ars.*
Istrie, pays, *Istria.*
Jugerie, vieux mot, *judicis*
munus & officium.
Juiverie, quartier des Juifs,
Judæorum vicus.
Ivrognerie, *ebrietas.*
Ladrerie, *lepra, avaritia.*
Laiterie, *lactaria officina.*
Lamarie, plante.
Lanternerie, *inania verba.*
Latrie, *-ia.* culte de Latrie,
cultus Latria.

Léproserie, *leprosorum no-*
socomium.
Librairie, *-aria.*
Lienterie, maladie, *diar-*
rhea.
Ligurie, pays, *-ia.* de Ligu-
rie, *Ligur.*
Lingerie, *officina* vel *ars lin-*
tearia.
Lorgnerie, regard à la dé-
robée.
Lormerie, ouvrage de Lor-
merie.
Loterie, *ludicra schedula-*
rum sortitio.
Lourderie, *ineptia.*
Louvéterie, *venationis lupinæ*
præfectura.
Lypirie, fiévre ardente, *ly-*
pirias.
Macellerie, vieux mot, *ma-*
cellum.
Maçonnerie, *ars lapidaria*
fabrica, structoria. chose
maçonnée, *structura cœ-*
mentitia.
Mairie, *majoratus.*
Maladerie, *nosocomium.*
Mangerie, *comessatio.*
Mangerie, rapine, *-na.*
Marguillerie, *Æditui mu-*
nus.
Vierge Marie, exclamation,
ô *Virgo Maria !*
Marqueterie, *opus vermicu-*
latum.
Matoiserie, *versutia.*
Mausladerie, mauvaise gra-
ce, *inconcinnitas.*
Méchaniquerie, mesquine-
rie, *sordes.*
Mégisserie, *alutaria.*

Ménagerie, *parcimonia*. de maison, *palatium pecorosum*.

Menterie, *mendacium*.

Mercerie, *merces*.

Mesellerie, vieux mot, *lepra*.

Mesquinerie, *indigentia*. chicheté, *sordes*.

Messagerie, *tabellaria*.

Messerie, vieux mot, *tractus*.

Métairie, *villa*.

Miévrerie, *puerilis alacritas*.

Minauderie, *vultûs & oris variata & blanda efformatio*.

Ministrerie, bénéfice des Mathurins, *ministeriatus*.

Miroiterie, *speculorum commercium*.

Mitonnerie, terme de cuisine.

Moinerie, *monachatus*.

Momerie, *mimica larvatorum chorea*. hypocrisie, *ridicula simulatio virtutis*. d'ivrogne, *bacchantium ludus*. tromperie, *fallacia*.

Monnoierie, *monetalis officina*.

Moquerie, *irrisio*.

Moucherie.

Mousqueterie, *sclopetaria*.

Mutinerie, *seditio*.

Mystiquerie, *theologia mystica acutior*.

Mytoyerie.

Niaiserie, *nugæ*.

Négrerie, *Nigritanorum venalium custodia*.

Nigauderie, *ineptia*.

Oeilleterie, *ocellarium*.

Oiselerie, *aucupatoria*.

Orfévrerie, *auraria officina*.

Orangerie, *malorum aureorum theca*.

Oubliyerie, art de faire des oublies.

Pagnoterie, *inertia*.

Pairie, Duché-pairie, *paris ordo & Ducatus*.

Panéterie, *panarium*. chef de panéterie, *panarii præfectus*.

Papeterie, *chartarum officina*.

Parangerie, ou Corvée.

Parcheminerie, *officina membranaria*.

Parlerie, babil.

Pâtisserie, *pistoris dulciarii ars* vel *opus*.

Patrie, *-ia*.

Pêcherie, *piscatura*.

Pédanterie, *ludi magisterium*.

Pelleterie, *pellionis opus* vel *officina*.

Penderie, action de pendre au gibet, *strangulatio*.

Pénitencerie, *pœnitentiaria*.

Pénurie, manque de fourniture, *-ia*.

Périférie, *ambitus*.

Pesterie, emportement, *mali imprecatio*.

Piaillerie, *clamitatio*.

Picoterie, de meris nugis *contentio*.

Piétrerie, *vilitas*.

Pillerie, *prædatura*.

Piperie au jeu, *fraus aleatoria*. beau semblant, *dissimulata fraus*.

subſtantifs féminins.

Piraterie, *piratica.*
Pitancerie, *menſaria.*
Plaidoierie, *cauſæ diɛtio.*
Plaiſanterie, *facetia.*
Plomberie, art de travailler le plomb.
Poacrerie, *ſpurcitia.*
Pointillerie, *acuta de re vili diſputatio.*
Poiſſonnerie, *forum piſcatorium.*
Poliſſonnerie.
Poltronerie, *ignavia.* lâcheté, *inertia.*
Porcherie, *porcaria.*
Poſtiquerie, *pueriles nequitia.*
Poterie, *figlina.*
Pouillerie, *ſordida egeſtas.*
Prairie, *pratum.*
Pruderie, *prudentiæ affeɛtatio.*
Pudoterie, *hypocriſis.*
Puterie, vieux mot, *ſcortatio.*
Rafinerie de ſucre, *ſacchari purgatoria officina.*
Raillerie, *cavillatio.*
Rapinerie, *latrocinium.*
Ravauderies, au plur. *veteramentaria.*
Renarderie, *aſtutia.*
faire la Renchérie, *difficiliorem ſe præbere.*
Reniflerie, *narium pituitæ reſorbitio.*
Rêverie, *delirium.* application à penſer, *commentatio.*
* Riaillerie, *riſus frequens.*
Robinerie, vieux mot, Raillerie, *cavillatio.*
Rotiſſerie, *forum coquinarium.*

subſtantifs féminins.

Rubannerie, profeſſion de Rubannier.
Saveterie, *veteramentaria.*
Savonerie, *ſaponaria.*
Saurerie, plante, *ruta muraria.*
Scorie, *-ia.*
Secretairerie, *-aria.*
Segrairie, *ſylva communis.*
Seigneurie, *dominatio, dynaſtia.*
Serie, vieux mot, *tempeſtas veſpertina.*
Sibérie, pays, *-ia.*
Silphyrie, pays des Silphes.
Singerie, *geſticulatio, mimicus corporis motus.*
Sirerie, dignité d'une terre.
Soierie, *bombycina merx.*
Sommellerie, charge de Sommelier, *cella vinaria cura.* lieu, où le Sommelier diſtribue le vin, *cella vinaria.*
Sonnerie, cloche qui ſonne, *æs campanum.* ſon des cloches, *campani æris ſonus.*
Sophiſtiquerie, *adulteratio.* corruption, *-io.* ſophiſme, *-ma.*
Sorcellerie, *fortilegium.*
Sorcerie, vieux mot, *magia.*
Soufflerie, *exercitatio chymica.*
Soûpénitencerie, *vice-pœnitentiaria.*
Spagirie, *-ia.*
Strangurie, maladie...
Sucrerie, *ſacchararia.*
Suiſſerie, *Helvetii taberna* vel *cubiculum.*

subſtantifs féminins.

Supercherie , *captio fraudulenta.*
Symmétrie ,   *-ia.*
Syrie , pays. . .
Tableterie , *tabularia officina.*
Tannerie , *officina ubi querneo pulvere perficiuntur coria.*
Tapiſſerie ,   *aulæum.*
Taquinerie ,   *parcitas.*
Tartarie ,   *-ia.*
Tartufferie ,   *hypocriſis.*
Teignerie , *camera porruginoſaria.*
Teinturerie , métier , *infeċtorum ars.* lieu où l'on teint , *tinċtoria officina.*
Témoignerie , vieux mot , *teſtatio.*
Tenderie , ſorte de chaſſe.
Théorie ,   *-ia.*
Thorie , vieux mot , *vitula.*
Touſſerie , action de touſſer.
Tracaſſerie , méchant procédé , *iniqua agendi ratio.*
Tréſorerie , *quæſtorium.* d'Egliſe , *ſacrarium.*
Tricherie ,   *dolus.*
Trigauderie ,   *deceptio*
Trigonométrie ,   *-ia.*
Tromperie , *fallacia.* dol, *dolus.* fraude , *fraus.*
Tuerie ,   *cædes.*
Tuerie , *carnificina* , *cædes.*
Tuilerie , où l'on fait les tuiles , *lateraria.* Tuilleries , jardin du Roi , *palatium lateritium.*
Turquerie , *Turcarum mos.*
Vacherie ,   *bubulcaria.*
Vannerie , *ars viminearia.*

subſtantifs féminins.

Vanterie , *jactantia,oſtentatio.*
Vénerie ,   *venatio.*
Verrerie , *vitrorum officina.*
Verroterie , *vitrina merces.*
Veſpérie , thèſe , *actus veſperarius.* réprimande , *reprehenſio.* châtiment , *caſtigatio.*
Vétillerie , chicanerie , *techna* , *litigatio.*
Vicairerie ,   *vicariatus.*
Vieillerie , *veteramentaria.*
Viguerie ,   *tribunatus.*
Vitrerie ,   *vitraria.*
Voierie , charge de Voyer , *viarum cura præfectura.*
Voierie ,   *cloaca.*
Volerie , brigandage , *latrocinium.* chaſſe aux oiſeaux , *aucupium.*
Zacharie , nom d'homme , *-ias.*
Zahorie , *lynceis oculus inſtructus.*

V E R B E S.

verbes au prétérit & part. fém.

Abrie ,   *aprico.*
Aigrie ,   *exacerbata.*
Aparie ,   *conjungo.*
Apauvrie ,   *bonis ſpoliata.*
Approprie ,   *expolio.*
Attendrie ,   *emollita.*
Charrie ,   *curru veho.*
Contrarie ,   *impugno.*
Crie ,   *clamo.*
Décrie ,   *rei uſum damno.*
Démarie , *connubium ſolvo.*
Déparie ,   *disjungo.*
Déprie ,   *deprecor.*
s'Ecrie ,   *exclamo.*
Flétrie ,   *marcida.*

verb. au prés. & part. fémin.

Fleurie, *florida.*
Histoire, *variis simulacris distinguo.*
Injurie, *injuriis lacesso.*
Inventorie, *bonorum indicem scribo.*
Maigrie, *marcida.*
Marie, *nubo.*
Meurtrie, *plagis contusa.*
Mûrie, *maturata.*
Parie, *sponsionem facio.*
Pêtrie, *pinsita.*
Prie, *precor.*
Rapatrie, *reconcilio.*
Récrie, *reclamo.*
Rie, *rideam.*
Trie, *seligo.*
Varie, *vario.*
     Voyez les autres verbes en tier *&* rir.

RIER. *voyez* IER.

RION. *voyez* ION.

RIN. *voyez* IN.

RIS. *voyez* IS.

RIT. *voyez* IT.

RON.

substantifs masculins.

Aaron, frere de Moyse, *Aaron.*
Achéron, fleuve d'Enfer.
Aîleron de poisson, *prima.* d'habit, *extremum vestis.*
maître Aliboron, *vagus.*
Ancyloblépharon, maladie des yeux.
Aviron, *ramus.*

substantifs masculins.

Baron, *Baro.*
Biberon, *potator.*
Bucheron, *lignator.* qui coupe le bois, *materiarius.*
Cabron, *ou* Cabril, *capreolus.*
Caron, *Caron.* barque à Caron, *cymba Caronis.*
Cédron, torrent.
Ceinturon, *balteus.*
Chaperon de femme, *rica.* de Docteur, *cucullus honorarius.* d'oison, *cucullus.* de mur, *corona.*
Charron, *carrucarius.*
Chaudron, *lebes.*
Chevron, *canterius.* de croupe, *angularis.* petit chevron, *capreolus.* d'armoiries, *capreolus scutarius.*
Chiron, Centaure.
Cicéron, Orateur Romain, *Cicero.*
Ciron, animal, *minutissimus vermiculus.*
Citron, fruit, *malum citreum.* couleur, *color citrinus.*
Clairon, *lituus.*
Coteron, cotillon, *crocota.*
Cuceron, insecte.
Décameron de Bocace.
* le Décoron, *decorum.*
Diatessaron, *ou* quarte de Musique.
Environ, préposition, *circa.*
Eperon de botte, *calcar.* de navire, *rostrum.*
Escadron, *equitum turma.*
Etron, *fimus.*
Fanfaron, *miles gloriosus.* qui se vante fort, *jactabundus.*

Ferron, Marchand qui vend le fer neuf.

Fleuron, *flos.*

Forgeron, *faber ferrarius.*

Giron, ſein, *gremium.* terme d'Armoirie, *pinnula ſcutaria.* foulée d'une marche, *gradûs latitudo.*

Glouteron, herbe, *perſonata.*

Gouderon, *pix.*

Héron, *ardea.*

Juron, mot bas, *ſacramentum.*

Laidron, *puella deformis.*

Lampron, pour Lampion, *lucerna.*

Latron, *latro.* de nuit, *fur nocturnus.*

Levron, *ou* Levrot, *lepuſculus.*

Liburon, poiſſon, *piſcis ſpecies.*

Licophron, Poëte Grec.

Liron, rat, *mus.*

Liſſerons, au plur. terme de Rubannier.

Litron, meſure, *modii decima ſexta pars.*

Macaron, *maſſula ex amygdalis cum ſaccharo.*

Maron, *caſtanea major.*

Maſcaron, terme d'Archit.

Mitron, garçon Boulanger, *piſtorculus.*

Moucheron, *culex.*

Mouron, *anagallis.*

Mouſſeron, *boletus.*

Myron, Sculpteur de l'Antiq.

Néron, Empereur.

Paleron, *omoplata.*

Paſſe-Cicéron, *Cicerone praſtantior.*

Patron, modéle, *archetypus.*

exemple, *-plar.* fait ſur patron, *apographum.* Pilote, *navarchus.* Protecteur, *Mecœnas.* maître d'un eſclave, *ſervi dominus.* qui a droit de patronage, *patronus.*

Pâturon de cheval, au plur. *ſeta longiores equi calcibus impendentes.*

Pelleron, *palmula.*

Perron, *podium.*

Piqueron, *aculeus.*

Plaſtron, *pectorale.*

Poltron, *ignavus.* en poltron, *ignavè.*

Potiron, *fungus.*

Pyrrhon, Philoſophe.

Quarteron, *viginti quinque.* terme de Batteur d'or, quart du boiſſeau, *modii quarta pars.*

Quiqueron, terme de Normandie, *latrinarum & cloacarum purgator.*

Sacramaron, herbe potagère d'Amérique.

Scarron, Poëte burleſque François, *-ius.*

Sécheron, *pratum aridum.*

Tendron de la vigne, *clavicula, capreolus.* du nez, *cartilago.* de choux, *cyma caulis.* jeune perſonne, *juvenis.*

Tiboron, poiſſon fort appréhendé des Plongeurs de l'Amérique.

Vairon, œil Vairon, *oculus diſſimilis.*

Veſceron.

Vigneron, *vinitor.*

R U.

substantifs masculins.

Avaledru,   *helluo.*
Bécharu, oiseau, *phœnicop-*
    terus.
Bourru, fantasque, *morosus*
    & difficilis. bourru fieffé,
    mirabiliter morosus. plein
    de bourre, *tomento plenus.*
vin Bourru, *vinum haud*
    satis defœcatum. naturel
    bourru, *morosa indoles.*
    moine bourru, *spectrum.*
Congru en langue Latine,
    lingua latina doctus, peritus.
Cru, fonds de terre, *fundus.*
    cru, qui n'est point cuit,
    crudus. chaussé à cru, *abs-*
    que linteo calceatus. cru,
    dur, *durus.* rude, *asper.*
    mot cru, *durum responsum.*
    armé à cru, *armis super*
    nudum indutus.
Cru, vieux mot, *creber.* serré,
    pressus. épais, *densus.*
Ecrû,   *crudus.*

substantifs masculins.

Féru, frappé,   *percussus.*
Guaïcuru, peuple du Para-
    guai, -*ræus.*
Incongru,   *barbarus.*
Lustucru, terme populaire,
    lepidum caput.
Malotru, *fortunæ injuria mi-*
    serabilis.
Membru,   *corpulentus.*
Patru, Orateur Franç. -*vius.*
Recru, augmenté, *auctus.*
    fatigué, *defatigatus.* las,
    defessus.
Ru, v. m. ruisseau, *rivus.*
Tru, *ou* Treu, vieux mot,
    tributum.
Ventru,   *ventrosus.*

V E R B E S.

verbes au présent.

Accrû,   *accrevit.*
Apparu,   -*it.*
Comparu...
Cru, de Croire,   *credidit.*
Crû, de Croître,   *crevit.*
Disparu,   *evanuit.*
Paru,   *visus est.*

S.

SA. qui se prononce comme
    Z A. *voyez* Z A.

S A. & C. A.

CA,   *hic, hùc.*
    , depuis peu, en Ça,
    nuper.
Canapsa, sac,   *saccus.*
Deça,   *hic, hùc.*

Fersa, décret du Mouphti
    des Turcs, *mandatum.*
Massinissa, Roi.
Micipsa, Roi de Numidie.
Orça,   *heus.*
Par deça,   *cis, citrà.*
* Piéça,   *dudum.*

V E R B E S.

Amassa,   *collegit.*

verbes au prétérit indéfini.			*verbes au prétérit indéfini.*

verbes au prétérit indéfini. (left margin)

Amorça ,	*attraxit.*
Annonça ,	*annuntiavit.*
Avança ,	*progressus est.*
Baissa ,	*depressit.*
Balança ,	*vibravit.*
Blessa ,	*vulneravit.*
Caressa , *blanditiis delinivit.*	
Cassa ,	*fregit.*
Cessa ,	*cessavit.*
Chassa ,	*expulit.*
Commença ,	*cœpit.*
Compassa ,	*circinavit.*
Confessa ,	*confessus est.*
Contumaça , *per diversos dies* *vadimonii judicavit.*	
Courrouça ,	*irritavit.*
Débarrassa ,	*extricavit.*
Déboursa, *pecuniam impen-* *dit.*	
Dégraissa ,	*expurgavit.*
Délaissa ,	*dereliquit.*
Délassa , *vires recuperavit.*	
Dénonça ,	*denuntiavit.*
Dépensa ,	*impendit.*
Déplaça ,	*è loco movit.*
Dressa ,	*erexit.*
Éclaboussa , *luto persparsit.*	
Eclipsa ,	*defecit.*
Effaça ,	*delevit.*
Embarrassa ,	*implicavit.*
Embrassa , *amplexatus est.*	
Emoussa ,	*retudit.*
s'Empressa ,	*festinavit.*
Enfonça,	*demersit.*
Engraissa, *saginavit, sterco-* *ravit.*	
Engrossa ,	*gravidavit.*
Entassa ,	*congessit.*
Exerça ,	*exercuit.*
Exauça ,	*exaudivit.*
Exhaussa ,	*exaltavit.*
Finança, *pecuniam suppedi-* *tavit.*	

verbes au prétérit indéfini. (second column left margin)

Fracassa ,	*confregit.*
Froissa ,	*fregit.*
Glissa , *in loco lubrico lapsus* *est , inseruit , repsit.*	
Haussa ,	*erexit.*
Laissa ,	*reliquit.*
Lança ,	*conjecit.*
Lassa ,	*fatigavit.*
Offensa ,	*offendit.*
Pansa ,	*curavit.*
Passa ,	*transivit.*
Pensa ,	*cogitavit.*
Perça ,	*perfodit.*
Plaça ,	*locavit.*
Pressa , *pressit, ursit, festi-* *navit.*	
Prononça ,	*pronuntiavit.*
Rebroussa ,	*iter relegit.*
Récompensa,	*remuneravit.*
Remboursa ,	*rependit.*
Remplaça , *iterùm colloca-* *vit.*	
Renversa ,	*eruit.*
Surpassa ,	*superavit.*
Toussa ,	*tussit.*
Traversa ,	*transivit.*
Trépassa ,	*mortuus est.*
Troussa ,	*levavit.*
Versa ,	*fudit.*

Voyez les autres verbes en fer & cer.

SSANT. & CENT.
voyez ANT.

SAT. *voyez* AT.

SSE. & CE.

C , lettre de l'Alphabet.	
A , B , C , Alphabet.	
m Avant-fossé ,	*fossa prior.*

substantifs & adjectifs masculins.

Balancé , *passu & libratus.*
Bleßé , *vulneratus.*
Cadenaßé , *catenâ referatus.*
Cadencé , *numerosus.*
Caßé , *fractus.*
Chaßé, terme de danse ; Il est aussi partie du verbe Chaßer.
Circé , Magicienne , *Circe.*
Concaßé , *contritus.*
Contrebréteßé , terme de Blâfon.
Controverfé , *in controverfiam vocatus.*
Convulfé , terme de Physique , *convulfus.*
linge Damaßé , *Damafceno opere figurata lintea.*
Déchaußé , *difcalceatus.*
Carme Déchaußé , *Carmelita difcalceatus.*
Décontenancé , *vultu immutatus.*
Déplacé , *indecorus.*
Engoncé , *exuperans.*
Facé , *faciem habens pulchram.*
Fiancé , *fponfus.*
Foßé , *foßa.*
Froncé , *caperatus.*
Glacé , *glacie conftrictus.*
Imbricé ; il fe dit des tuiles concaves.
Infenfé , *infanus , demens.*
Intéreßé , *commodis fuis ferviens.*
Leucé , tache blanche qui vient à la peau.
Macé , nom propre , *-ius.*
Obicé , vieux mot , *oppofitus.*
Obverfé , *-fus.*
mettre in Pacé , *ponere in pace.*

substantifs & adjectifs masculins.

le Paßé , *præteritum.*
Prononcé , terme de Palais.
Récépißé , *acceptilatio.*
Senfé , *benè cordatus.*
Strapaßé , *tranfgreßus.*
Trépaßé , *defunctus.*
Trepenfé , vieux mot , penfif , *cogitabundus.*
Troußé, cheval bien Trouffé, qui léve bien les jambes , *equus levipes.*
Verglacé , *vitreâ glacie concretus.*
pot Vernißé , *vernigine illitum vas.*

VERBES.

verbes au prét. & part. masc.

Abaißé , *depreßus.*
Amaßé , *collectus.*
Amorcé , *inefcatus.*
Annoncé , *annunciatus.*
Apetißé , *minutus.*
Avancé , *promotus.*
Baißé , *depreßus.*
Balancé , *ponderatus.*
Bouleverfé , *inverfus.*
Careßé , *blanditiis delinitus.*
Ceßé , *intermißus.*
Chaßé , *expulfus.*
Commencé , *cœptus.*
Compaßé , *circino menfus.*
Concaßé , *contritus.*
Confeßé , *confeßus.*
Contumacé, *ob defertum vadimonium damnatus.*
Courroucé , *iratus.*
Crevaßé , *hians.*
Débarraßé , *extricatus.*
Débourfé , *impenfus.*
Décraßé , *deterfus.*
Dégraißé , *expurgatus.*

verbes au prétérit & participe masc.

Délaffé,	*refectus.*
Dénoncé,	*denunciatus.*
Dépecé,	*discerptus.*
Dépenfé,	*expenfus.*
Déplacé,	*è loco amotus.*
Dreffé,	*erectus.*
Eclabouffé,	*luto refperfus.*
Eclipfé,	*eclipfim paffus.*
Effacé,	*deletus.*
Embarraffé,	*intricatus.*
Emouffé,	*obtufus.*
Empreffé, *negotii plenus,*	
diftrictus.	
Encenfé,	*thure fuffitus.*
Enchaffé,	*incaftratus.*
Endoffé,	*infcriptus.*
Enfoncé,	*demerfus.*
Engraiffé,	*impinguatus.*
Engroffé,	*gravidavit.*
Enoffé,	*offe præfocatus.*
Entaffé,	*congeftus.*
Effenfé, *liquidis odoribus per-*	
fufus.	
Exercé,	*exercitatus.*
Exhauffé,	*exaltatus.*
Fayancé, qui a un air de	
fayance, *quod vafis fictilis*	
faventini fpeciem refert.	
Financé,	*fuppeditatus.*
Foncé,	*fundo inftructus.*
Forcé,	*coactus.*
Fracaffé,	*fractus.*
Froiffé,	*confractus.*
Gliffé,	*lapfus, infertus.*
Gypfé, enduit de plâtre,	
gypfo coopertus.	
Harraffé,	*fatigatus.*
Hauffé,	*erectus.*
Laiffé,	*relictus.*
Lancé,	*vibratus.*
Laffé,	*fatigatus.*
Matelaffé,	*culcitrâ fartus.*

verbes au prétérit & participe masc.

Offenfé,	*offenfus.*
in Pacé, mots latins, prifon	
chez les Moines.	
Panfé,	*curatus.*
Penfé,	*cogitatus.*
Percé,	*perforatus.*
Pincé,	*vellicatus.*
Placé,	*locatus.*
Policé,	*benè inftitutus.*
Preffé,	*preffus.*
Prononcé,	*pronuntiatus.*
Rapetaffé,	*refarcinatus.*
Rebrouffé,	*reverfus.*
Récompenfé,	*remuneratus.*
Redreffé,	*erectus.*
Rehauffé,	*elevatus.*
Relancé,	*vibratus.*
Rembourfé,	*exfolutus.*
Remplacé,	*collocatus.*
Renforcé,	*corroboratus.*
Renoncé,	*renunciatus.*
Renverfé,	*fubverfus.*
Repaffé,	*iterùm tractatus.*
Surpaffé,	*fuperatus.*
Tiercé,	*tertiatus.*
Tracé,	*delineatus.*
Traverfé,	*tranfverfus.*
* Trépaffé,	*defunctus.*
Trouffé,	*collectus.*
Verfé,	*fufus.*

Voyez les autres verbes en fer.

SEAU. *voyez* AU.

SEE. & CEE.

fub. & adj. fém.

Braffée,	*ulna.*
Caducée,	*caduceus.*
Cétacée,	*cete.*
Chauffée,	*agger.*
Feffée, terme bas & popul.	
une Feffée,	*virgarum ictus.*

substantifs & adjectifs féminins.

Fiancée ,	*sponja.*
Fricassée ,	*pulmentum.*
lévre Gercée ,	*labrum fissuris incisum.*

Housée , vieux mot, pluie d'orage.

Laissée , au plur. *apri stercus.*

Lycée, Académie , *Lycaus*

Maréchaussée , *Marescalli curia.*

Nicée, Nayade,	-cea.
Panacée, reméde,	-cea.

Passée de soldats , *transitus militum.*

Passée, piste,	*vestigium.*

Pensée, *cogitatio.* fleur , *flos Trinitatis.*

chaise Percée, *perforata sella.*

Perce-chaussée , insecte.

Persée de la Fable ,	-seus.
Pincée ,	*pugillus.*

Sénéchaussée , *Senescalli curia.*

Tassée ,	*patera plena.*
Testacée ,	-ceus.

Traversée de mer , *trajectus.*

Plus les participes féminins des verbes en sser & cer : passée , pincée.

SER. qui se prononce comme ZER. *voyez* ZER.

SER. & CER. dont la prononciation est ferme.

verbes à l'infinitif.

Vous trouverez sous zer les verbes en cer , *dont la prononciation est douce.*

Abaisser,	*deprimere.*
Acquiescer,	*assentiri.*
Adosser,	*tergum obvertere.*

verbes à l'infinitif.

Adresser , tirer au but, *collimare.* à quelqu'un , *ad aliquem mittere.*

s'Adresser à , *ire ad.* y avoir recours, *confugere ad.* attaquer , *appetere.*

Affaisser ,	*degravare.*
s'Affaisser ,	*desidere.*

Agacer , picoter , *irritare.* les dents , *dentes hebetare.*

Agencer ,	*disponere.*

Amasser , *colligere.* des soldats , *milites cogere.*

Amorcer du poisson , *inescare.* un fusil , *pulvere pyrio instruere.*

—attirer ,	*allicere.*
Angoisser,	*angere.*
Annoncer ,	*annuntiare.*
Apetisser ,	*minuere.*
Apiécer ,	*resarcire.*

s'Aparesser, vieux v. pronom. *pigrum fieri.*

Avancer,	*progredi.*
Avocasser,	*causam dicere.*
Baisser ,	*deprimere.*
Bercer ,	*cunas agitare.*

Blesser , *vulnerare.* offenser, *lædere.* faire une plaie, *vulnus infligere.* la réputation , *famam lædere.* la pudeur , *pudorem offendere.* blesser les yeux , *oculos lædere.*

Boësser, ou gratte Boësser, se servir de la Boësse.

Bouleverser ,	*subvertere.*
Brasser, remuer ,	*machinari.*

Brosser la tête , *caput detergere.* un bois , *fruticeta perforare.*

Cabasser, vieux mot, *machinari.*

Cadenasser, *catenâ obserare.*

Cadencer, *numerum dare.*

Caresser, *blandiri.*

Casser, briser, *frangere.* rompre, *confringere.* déposer d'un emploi, *ab munere dimittere.* aux gages, *rescindere.* il est cassé aux gages, *dissiluit gratia ejus apud aliquem.* des troupes, *milites dimittere.*

Cesser, *cessare.*

Chausser, *calceare.*

Compasser, *circinare.*

Compenser, *-sare.*

Compisser, vieux mot, *meïere in aliquid.*

Compulser, *exigere ab actuaria exemplum tabularum, quæ sunt penes illum.*

Concasser, *confringere.*

Contrebalancer, *suspendere.* les suffrages, *suffragia coæquare.*

——compenser, *-sare.*

Confesser, *fateri.*

Contumacer, *propter vadimonium damnare.*

Converser, *-sari.* parler ensemble, *colloqui.*

Courroucer, *irasci.*

Croasser, *crocitare.*

Crosser, jeu, *ossiculum jactare recurvo jaculo.*

Créancer, vieux mot, *afferere.*

Crevasser, *rimas agere.*

Danser, *saltare.*

Débourser, *pecuniam depromere.*

Décaisser, *plantas suis de capsulis extrahere.*

Déchasser, vieux mot, *detrudere.*

Déchausser, *discalceare.*

Décontenancer, *perturbare.*

Décrasser, *detergere.*

Défroncer, *rugas explicare.*

Dégraisser, *expurgare.*

Dégrosser, *extenuare.*

Délacer, *funiculum laxare.*

Delaisser, *derelinquere.*

Délasser de la fatigue, *lassum reficere.* l'esprit, *animum recreare.* un lacet, *ligulam solvere.*

Dénoncer, *denuntiare.*

Dépenser, *impendere.*

Dépiécer, *in frusta scindere.* un bœuf, *bovem laniare.*

Déplacer, *loco movere.*

Déplisser, *explicare.*

Dépresser, *è prælo detrahere.*

Desagencer, *disturbare.*

Desapétisser, *fastidium inducere.*

Desembarrasser, *expedire*

Desosser, *exossare.*

Détresser, *detexere*

Détrousser, *laxare.* voler, *furari.*

Devancer, *antecedere.*

Dispenser, *dispensare.* exempter, *eximere.*

Dresser, *erigere.* dresser un cheval, *equum domare.* mettre en ordre, *ordinare.*

Eclabousser, *conspergere luto.*

Ecorcer, *decorticare.*

Ecosser, *siliquâ exuere.*

clipser, *deficere.*

Effacer, *delere.*

Efforcer, *conari.*

Embourser, *in loculos dimittere.*

verbes à l'infinitif.

Emincer, *attenuare.*

Emouffer, *obtundere.*

Emplacer, *collocare.*

Empoiffer, *pice oblinere.*

s'Empreffer, *feftinare.*

Encenfer, *thure litare.* une perfonne, *thure fuffire.*

Enchauffer, vieux mot, *fugare.*

Enconvenancer, *pacifci.*

Endoffer, *humeris imponere.* une charge, *jugum ferre.* fubir, *onus fubire.* écrire au dos d'un papier, *adverfa charta adfcribere.* les armes, *arma induere.*

Enfoncer, mettre à fond, *deprimere.* une porte, *fores effringere.* les bataillons ennemis, *hoftium acies perfringere.* une matiére, *in rem defcendere.*

s'Enfoncer, aller au fond, *peffum ire.*

Engoncer, *compingere.*

Engraiffer, *faginare.*

s'Engraiffer, devenir gras, *pinguefcere.*

Engroffer, *gravidam efficere mulierem.*

s'Enoncer, *enuntiare.*

Enfemencer, *feminare.*

Entaffer, *colligere.*

Entrelaffer, *implectere.* interpofer, *interponere.* faire un tiffu, *texere.*

s'Entrelaffer, *fe intexere.* s'impliquer, *fe implicare.*

Entrepaffer, terme de Médecine, *interpaffare.*

Epicer une fauce, *aromatis condire.*

verbes à l'infinitif.

Epicer, terme de Palais, *judiciaria opera pretium ftatuere.*

Epucer, *pulices eximere.*

Efpacer, *exfpatiari.*

Efquiffer, *adumbrare.*

Evincer, terme de Palais, *evincere.*

Exaucer, *exaudire.*

Exercer, *-cere.*

Exhauffer un bâtiment, *exaltare.*

Expulfer, *expellere.*

Facer, terme du jeu de Baffette.

Farcer, *mimis ludere.*

Fauffer compagnie, *confortio difcedere.* des armes, *arma diftorquere.* fa foi, *fidem frangere.* une cuiraffe, *loricam trajicere.*

Feffer, *fuftigare.*

Fiancer, *fpondere.*

Financer, *pecuniam fuppeditare.*

Foncer un tonneau, *dolio fundum induere.* de l'argent, *pecuniam fuppeditare.*

Forcer, *vim inferre.*

Forlancer, *extrudere.*

Fracaffer, *frangere.*

Fricaffer, *frigere.*

Froncer, *corrugare.* le fourcil, *fupercilium caperare.*

Fuyaffer, vieux mot, *agere fraudulenter.*

Garencer, *rubiâ inficere.*

fe Gauffer, *irridere.*

Gercer, *in rimulas difcindere.*

Glacer, *glaciare.*

verbes à l'infinitif.

íe Glacer, *glaciari.*
Glisser, *in loco lubrico labi.*
se Glisser, s'introduire, *irrepere.*
Glousser, *glocire.*
Graisser, *adipe ungere.* une terre, *agrum.* la fumer, *stercorare.* son habit, *vestem inquinare.*
Grimacer, *os distorquere.*
Harasser, *vexare.*
Hausser, *tollere.* Item : terme de Banquier, *augeri.*
Hercer, *occare.*
Housser, nétoyer avec un houssoir, *detergere situm.* mettre une housse, *stragulo instruere.*
s'Immiscer, terme de Palais, *se immiscere.*
Incrasser, terme de Médecine, *-sare.*
Intéresser, *spe lucri ducere.* dans son parti, *in suas partes trahere.* dans les grosses fermes, *in societatem cum publicanis venire.*
s'Intéresser pour une personne, *ad alicujus rationes se adjungere.* dans une affaire, *negotium uti suum suscipere.*
Lacer avec un lacet, *ligulâ stringere.* Il se dit aussi de l'accouplement des chiens.
Laisser, *linquere.*
Lambrisser, *lacunare.*
Lancer un cerf, *cervum è latebris excire.*
Lancer un javelot, *jaculari.*
Lasser, *fatigare*
Luxer, *luxare.*

verbes à l'infinitif.

Malverser, *male & inique rem administrare.*
Manigancer, *dolos nectere.*
Masser, terme de jeu, *in massam coacervare.*
Matelasser, *culcitras tomento farcire.*
Menacer, *minari.*
Musser, *abscondere.*
Noncer, vieux mot, *nuntiare.*
Nuancer, *varios colores exprimere.*
Offenser, *offendere.* s'offenser, *irasci.*
Oppresser, *opprimere.*
Outrepasser, *transgredi.*
Palisser, *arbores muro adjungere.*
Panser une plaie, *curare vulnus.* un cheval, *equum.*
Paperasser, *continuò scribere.*
Passer par, *transire.*
se Passer d'une chose, *abstinere se aliquâ re.*
Passer, *transgredi.*
Passer le temps, *tempus terere.*
Penser, faire réflexion, *cogitare.*
Penser, nom, *cogitatio.*
Percer, *perforare.*
Pincer, *stringere.*
Pisser, *meïere.*
Placer, mettre en condition, *collocare.*
Poisser, *pice illinere.*
Policer une ville, *urbem optimis legibus informare.*
Poncer, *lineamenta in papyrum transmittere.*
Pot à pisser, *matula.*
Pousser, *pellere.*

verbes à l'infinitif.

se Prélasser.

Préocacer , vieux mot, *persequi.*

Presser ,   *premere.*

Professer ,   *profiteri.*

Prononcer ,   *pronuntiare.*

Quiosser, terme de Tanneur, *cote corium allidere.*

Rabaisser , mettre bas , *deprimere.* diminuer les tailles , *tributa levare.* le prix des choses, *submittere pretia.* quelqu'un , *dejicere.* le caquet , *linguam retundere.* le courage, *remittere spiritus.* se rabaisser , *humiliter se demittere.*

Ramasser , *colligere.* en un monceau , *coacervare.*

Rapetasser ,   *resarcire.*

Rebrousser , *reverti.* chemin, *iter relegere.*

Récompenser , *remunerare.*

Redresser ce qui est tombé , *erigere.* ce qui est courbé , *corrigere.* donner un bon pli , *in viam reducere.*

Rehausser ,   *attollere.*

Relancer au jeu , *exaugere.*

Relancer quelqu'un , *inclamare & commovere aliquem.* deux parties , *inter duas partes libram aqualem tenere.* la puissance , *auctoritatem suspendere.* peser à la balance , *in trutina suspendere.* être en balance , *suspensum & incertum pendere.*

Relancer, fig. pousser à bout, *quempiam exagitare.*

Rembourser , *summam refundere.*

verbes à l'infinitif.

Remplacer son argent , *pecuniam iterùm collocare.* mettre à intérêt , *fœnore ponere.*

Rencorser , *novum tunica thoracem assuere.*

Renfoncer , *iterùm defigere.*

Renforcer , fortifier , *firmare.* un malade , *ægro vires accersere.* un corps de garde , *præsidiaria stationi subsidia adjungere.*

Renoncer , quitter , *relinquere.*

Renoncer au jeu , *ludum deserere.*

Renoncer , terme de Palais, *desistere provocatione , litibus.*

Renverser , abattre de force, *evertere.* jetter à bas , *subvertere.* l'esprit , le troubler , *animum perturbare.*

Repasser, *iter repetere.* revoir, *recognoscere.*

Repasser du linge , *lintea retractare.*

Repousser ,   *repellere.*

Resasser , *iteratò succernere.*

Retracer , *iterùm delineare.*

Rêvasser ,   *delirare.*

Rimasser , *versus utcumque condere.*

Rincer ,   *eluere.*

Rosser , battre , *percutere.*

Sasser ,   *succernere.*

Saucer ,   *intingere.*

Strapasser, ire per, *malè excipere.*

Sucer ,   *sugere.*

Surpasser ,   *superare.*

Tanser ,   *minari.*

verbes à l'infinitif.

Tapisser ,   *aulais instruere.*
Tasser, terme de Jardinier,
  s'élargir.
Tergiverser ,   *tergiversari.*
Terrasser ,   *prosternere.*
Tiercer, accroître d'une moi-
  tié , *dimidiâ parte augere.*
  une terre , *agrum tertiâ*
  operâ renovare.
Tousser ,   *tussire.*
Tracasser, *negotium facessere.*
  troubler , *turbare.* bargui-
  gner en achetant , *in li-*
  citando cunctari.
Tracer, aller ,   *gradi.*
Tracer ,   *delineare.*
Transgresser ,   *transgredi.*
Traverser ,   *transfodere.*
Treillisser, *cancellis obducere.*
se Tremousser ,   *agitare se.*
Trépasser ,   *mori.*
Tresser des cheveux , *cirros*
  decursfatim implicare.
Tripolisser , *lapide samiare.*
Trousser ,   *succingere.*
Verglacer ,   *conglaciare.*
Vernisser , *vernigine illinire.*

SET. & CET. *voyez* ET.

SEUX. & CEUX. *voyez*
  EUX.

S I. & C I.

substantifs mascul.

Ainsi ,   *sic* , *ita.*
Assas-Bassi , l'un des Capi-
  taines des Janissaires.
Arsi, vieux mot, brûlé, *arsus.*
Aussi ,   *etiam , quoque.*
Bussi, Auteur François.
Ceci ,   *hoc.*

substantifs masculins.

Chanci , pourri ,   *putridus.*
Ci , adv.   *hîc.*
Ici , adv.   *hîc.*
Merci , pardon , *venia.* pi-
  tié, *misericordia.* à la mer-
  ci , à la discrétion , *ad ar-*
  bitrium. être à la merci
  des vents , *ventorum vi ob-*
  jici.
grand Merci , *gratiarum*
  actio.
Racourci ,   *epitome.*
en Racourci , *compendiosè.*
Revoici , voici encore.
Resurrexi , vieux mot , *ad*
  vitam revocatus.
de Saci , Auteur François.
Si , conjonct.   *si.*
Si , défaut ,   *menda.*
Souci , soin ,   *cura.*
Sourci ,   *supercilium.*
Voici , adv.   *en , ecce.*

V E R B E S.

verbes au prétérit & participe.

Accourci ,   *abbreviavit.*
Adouci ,   *mollivit.*
* Arsi , brûlé ,   *ustus.*
Dégrossi ,   *minuit.*
Durci ,   *induravit.*
Eclairci ,   *explanavit.*
Endurci ,   *obduravit.*
Epaissi ,   *spissavit.*
Etréci ,   *constrinxit.*
Farci ,   *farcivit.*
Grossi ,   *accrevit.*
Noirci ,   *denigravit.*
Obscurci ,   *-uravit.*
Ranci ,   *rancescens.*
Réussi ,   *prosperè egit.*
Roussi ,   *rufavit.*
Transi ,   *frigore horruit.*

(marge gauche, vertical) substantifs féminins

Voyez les autres verbes en cir & *en* sir.

SIE. TIE. & CIE. que l'on prononce de même.

Aëromancie ,   *-tia.*
Alopécie, forte de mal...
Anorexie ,   *cibi faftidium.*
Aorafie , terme de Mithologie, *-fia.*
Apepfie ,   *-fia.*
Aphrodifies, au plur. fête de Vénus , *-fia.*
Apoplexie, mal,   *-xia.*
Argutie ,   *-tia.*
Ariftocratie...
Artémifie, au plur. fête en l'honneur de Diane.
Artie , canton du Vexin , *Artegia.*
Afpafie, médicament aftringent, *-fia.*
Afphyxie, terme de Médecine, *-xia.*
Affie, pierre dont les Anciens fe fervoient pour conferver les chairs.
Ataraxie, terme de Phil. *-ia.*
Ataxie , défaut d'ordre...
Autopfie, évidence oculaire , *-fia.*
Bétie , pays ,   *Batia.*
Bélomancie...
Bradypepfie, mauvaife indigeftion, *-ia.*
Brizomancie ,   *-ia.*
Calvitie, chauveté , *-ties.*
Catalepfie ,   *-lepfis.*
Catoptromancie , divination par le moyen d'un miroir, *-tia.*

(marge, vertical) substantifs féminins

Céromancie ,   *-tia.*
Chaffie ,   *lippitudo.*
Chiromancie ,   *-tia.*
Circaffie ,   *-affia.*
Contre-partie, terme de Banque.
Convertie ,   *converfa.*
Courfie de galère , *agea.*
Cryftallomantie ,   *-tia.*
Cynécocratie , *cynæcocratia.*
Dalmatie ,   *-tia.*
Démocratie...
Enoptromantie , forte de divination.
Epilepfie ,   *-fia.*
Efquinancie, mal, *angina.*
Facétie ,   *facetia.*
Fiducie , terme de Palais, *fiducia.*
Goëtie , efpéce de Magie.
Grenetie , *granorum ordo.*
Hydromancie , *-tia.*
Ictérie ,   *icterius.*
Impéritie , terme de Palais, *-ties.*
Inertie ,   *-ia.*
Inorthodoxie...
Lécanomancie , ou Lécanomance , forte de divination , *-tia.*
Leucophegmatie , efpéce d'hydropifie , *-ia.*
Libanomantie , *ou* Libanomance , forte de divination , *-ia.*
Lithomantie , *ou* Lithomance, forte de divination, *-ia.*
Meffie , *Meffias.* le Chrift, *Chriftus.*
Minutie ,   *-ia.*
Onomancie ,   *-tia.*
Onycomancie...

Orthodoxie ,   *-xia.*
Parasynancie ,   *-tia.*
Péripétie ,   *-ium.*
Pharmacie ,   *-tia.*
Porcie , Dame Romaine...
Primatie. ..
Prophétie. ..
Romancie , art de compoſer
  des Romans.
Superficie ,   *-ies.*
Suprématie ,   *-tia.*
Théocratie...
Thie , inſtrument de Fileu-
  ſes.
Turcie ,   *ager.*
Veſſie ,   *veſica.*

VERBES.

Apprécie ,   *pretium appono.*
Aſſocie ,   *-cio.*
Etrécie ,   *ſtrictius efficio.*
Licencie ,   *dimitto.*
Négocie ,   *negotior.*
Officie ,   *ſacra facio.*
Préjudicie ,   *noceo.*
Remercie ,   *gratias ago.*
Sentencie , *damnatione mul-*
cto.
Soucie ,   *curo.*
Voyez les participes fémi-
nins des verbes en cir *&* ſir.

SIER. *voyez* IER.

SIN. *voyez* IN.

SION. *voyez* ION.

SIR. *voyez* IR.

SIS. *voyez* IS.

SIT. *voyez* IT.

SON. & CON.

Arçon de la ſelle , *equariæ*
ſella arculus. de Charpen-
tier , *arcus.* ſe tenir à l'ar-
çon , *hærere affixum in*
ephippio.
Baſſon , inſtrument de Mu-
ſique, *gravis decumena fi-*
dis.
Beniçon , vieux mot , *bene-*
dictio.
Beſſon , jumeau , *gemellus.*
Boiſſon ,   *potus.*
Bourſon ,   *crumena.*
Briançon , ville , *Brigantia.*
Buiſſon ,   *ſepes.*
Caleçon ,   *ſubligaculum.*
Caiſſon ,   *capſa.*
Caparaçon ,   *ſtragulum.*
Caveſſon , *aſperius retinacu-*
lum.
Charanſon , ver qui ronge
les bleds , *curculio.*
Chauſſon ,   *ſoccus.*
Chauſſons , au plur. pour
Chauſſins , Marquiſat.
Colimaçon,terme populaire,
limax.
Contrefaçon , ſorte de frau-
de , *fraudulenta fabrica.*
Creſſon , herbe , *naſturtium.*
d'eau , *aquaticum.*
Cuiſſon de pain , *coctio.* dou-
leur , *dolor.*
Ecuſſon d'armoiries , *ſcutum*
teſſerarium. platine de ſe-
rure,*palmula ſerarum.* pla-
que d'écorce pour enter en

subſtantifs maſculins

écuſſon , *inſitiva ſcutula.*
enter en écuſſon , *empla-
ſt:are.*

Enfançon , vieux mot , *infantulus.*

Eſtramaçon , *plaga caſim il-
lata.*

Etançon , *fulcrum , ſuſtenta-
culum.*

Façon , maniére , *modus.* forme , *forma.* figure , *-ra.*
des terres , des vignes ,
cultio , cultura. de l'ouvrier , *artificium.* ouvrage , *artis opera.* prix , ſa-
laire , *manu-pretium.* maniére d'agir , *agendi ratio.*
dè cette façon , *hoc modo.*
de queique façon , *aliquo
modo.*

Friſſou par froid , *horror ex
frigore.* de fiévre , *febrilis
rigor frigidus.*

Garçon , enfant mâle , *mas.*
petit garçon , *adoleſcentu-
lus.* grand garçon à ma-
rier , *adoleſcens.* encore
garçon , *nondum conjuga-
tus.* valet , *famulus.* mau-
vais garçon , prompt à ſe
battre , *ad pugnam prom-
ptus & acer adoleſcens.* de
la chambre du Roi , *cubicularius famulus Regis.*

Gerſon , Auteur Latin , *-ius.*

Glaçon , *glacie..*

Hameçon , *hamu:*

Hériſſon , *herinaccus.*

Lançon, petit poiſſon de mer.

Leçon d'écolier , *ediſcenda
lectura , lectio.* leçon que
fait un maître , *prælectio.*

subſtantifs maſculins

enſeignement , *præceptio.*
faire leçon , *docere.*

Leçon de Matines , *lectio.*

Limaçon , *limax.*

Maçon , *ſtructor.*

Malefaçon , *malus modus.*

Maudiſſon , *maledictio , imprecatio.*

Moiſſon , *meſſis.* bled mûr ,
matura ſeges.

Monçon , temps propre à
naviger , *tempus navi-
gandi.*

Nourriſſon , *alumnus.*

Ourſon , le petit d'un ours ,
urſulus.

Paillaſſon , *teges.*

Péliſſon , Auteur François.

Péliſſon , *ou* Pliſſon , habit
de peaux , *pellita veſtis.*

Pinſon , oiſeau , *fringilla.*

Pinçon , *perſterctionis nota.*

Poinçon , tonneau , *dolium.*
à percer , *pugiunculus.*
pour agencer les cheveux,
diſcriminalis acus. de Graveur , *cælum , ſcalprum.*
d'une machine , *malus.* de
médailles , *ſcalprum ſigna-
torium.* pointe de ciſeau ,
*ſcalprum in acumen deſi-
nens.* de Serrurier , *verru-
culum pertuſorium.*

Poiſſon , *piſcis.* à coquille ,
concha. œuvé , *ova ferens.*
laité , *piſcis mas.* à écaille,
ſquammatus. à cuir mol ,
molli corio tectus. âcre ,
aſper. à écorce , *cruſtatus.*
à croûte dure , *teſtâ obductus.* de mer , *marinus.* de
riviére , *fluviatilis.* d'en-

subſtantifs maſculins.

tre les rochers , _ſaxatilis._
petit poiſſon , _piſciculus._
de poiſſon, _piſcarius._ abondant en poiſſon , _piſcoſus._
muſeau de poiſſon , _ro-
ſtrum._ écaille de poiſſon ,
ſquamma. arête de poiſ-
ſon , _ſpina._ ſa chair , _caro._
ſon oreille , _brachia._ ſon
aîleron , _prima._ réſervoir
à poiſſon , _piſcina._ vivier,
vivarium. étang, _ſtagnum._
grand poiſſon , _cete._ au pl.
vendeur de poiſſon , _piſca-
rius propola._ qui vend de
grands poiſſons , _cetarius._
Poiſſon , meſure de lait , _ſe-
miſextarius._
Poliſſon , fripon , _nebulo._
Samſon , _Samſo._ fort comme
Samſon , _fortis ut Samſo._
Samſon , Géographe , _-ius._
Sauciſſon , ſauciſſe , _bolulus._
de poudre , _ſulphuratus
ceſticellus._ faſcine de gros
bois , _grandiores faſces._
Saxon , _-xo._
Scariſſon , _caſſia lignea._
Seneſſon , herbe , _ſenecio._
Son , pronom poſſ. _ſuus ,
ua , um._
Son , bruit réſonnant, _ſonus._
d'inſtrument, _cantus._ bruit
des coups , _crepitus._ de
tambour , _ſtrepitus._ du
tonnerre , _fragor._ d'une
foule de gens , _tumultus._
ſon aigu , _acutus._ clair ,
canorus. doux , _ſuavis._
caſſé , _raucus._ ſombre ,
fuſcus, rude , _aſper._ qui
rend ſon , _ſonorus._ rendre
ſon , _ſonum edere._

ſubſtantifs maſculins.

Son de farine , _furfur._ de
ſon , _furfuroſus._
Suçon, _ex oſculo relicta nota._
Tanſon , vieux mot , diſpu-
te , _rixa._
Teſſon , animal , _taxus._
Trenqueſon , vieux mot.
Tronçon , _truncus._
Uniſſon , terme de Muſique,
uniſonus.

SON. qui ſe prononce com-
me ZON. _voyez_ SON.

S U & C U.

ſubſtantifs maſculins.

Boſſu , _gibboſus._
Feſſu, _natibus probè inſtructu._
Inſçu , inconnu , _incognitus._
à ſon inſçû , _ipſo inſcio._
Iſſu , _oriundus._
Mouſſu , _muſcoſus._
Oſſu, qui a de gros os , _ma-
gnis oſſibus conſtans._
Panſu , _ventricoſus._
Sçu , connu , _ſcitus , cognitus._
à ſon ſçu , _ipſo conſcio._
Tienſu , idole du Tonquin.
Tiſſu , _textus._ étoffe , _textum._
faire un tiſſu, _texere._ tiſſu,
ruban étroit de fil pour
faire des dentelles, _tæniola
delineatoria._

V E R B E S.

verbes au préſent.

Aperçû , _perſpectus._
Déçû , _deceptus._
Conçû , _conceptus._
Perçû , _viſus._
Reçû , _receptus._
Sçû , _cognitus._
Tiſſu , _textus._

T.

T A.

Subftantifs mafculins.

CAtaphraċta, terme de Chirurgie, Bandage.

Duplicata, expédition de quelque aċte, *duplicatum tranſcriptum.*

Encenqueſta, vieux mot, aveuglement, *cæcitas.*

Etrata, *menda.*

Geta, Empereur.

Jugurtha, Roi, *-tha.*

Nota.

Oepata, grand arbre maritime.

rio de la Plata.

Podeſta, Magiſtrat, *Podeſta.*

Prorata.

Reċta, adverbe.

Veſta, Déeſſe, *Veſta.*

V E R B E S.

verbes au préterit indefini.

s'Abſenta, *abfuit.*

Accepta, *-vit.*

Acheta, *emit.*

Acoſta, *aliquem adiit.*

Acquitta, *ære alieno liberavit.*

s'Accrédita, *ſibi auċtoritatem comparavit.*

Adopta, *-vit.*

Affronta, *à fronte aggreſſus eſt.*

Agita, *-vit.*

s'Aheurta, *obfirmavit.*

Ajoûta, *addidit.*

Ajuſta, *adaptavit.*

verbes au préterit indefini.

Alaita, *laċtavit.*

Alimenta, *aluit.*

Appointa, *compoſuit.*

Apporta, *attulit.*

Appoſta, *appoſuit.*

Apprêta, *paravit.*

Argumenta, *-tus eſt.*

Arrêta, *detinuit.*

Aſſiſta, *adfuit.*

Attriſta, *moleſtiâ affecit.*

Augmenta, *auxit.*

Avorta, *abortum fecit.*

Balota, *jaċtavit.*

Béqueta, *roſtro appetivit.*

Cacheta, *obſignavit.*

Chanta, *cantavit.*

Cimenta, *ſignino coagmentavit.*

Cimenta l'amitié, *amicitiam conglutinavit.*

Cita, *-vit.*

Commenta, *-tus eſt.*

Complota, *conſpiravit.*

ſe Comporta, *ſe geſſit.*

Compta, *numeravit.*

Concerta, *compoſuit.*

Conforta, *-vit.*

Confronta, *contulit.*

Conta, *narravit, enumeravit.*

Contenta, *ſatisfecit.*

Conteſta, *-tus eſt*

Contraċta, *-xit.*

Conſulta, *-vit.*

Contriſta…

Convoita, *concupivit.*

Cota, *notavit.*

Crocheta, *uncino effregit.*

verbes au prétérit indéfini.

Crota , *luto aspersit.*
Culbuta , *pronum in caput dejecit.*
Data , *notavit.*
Débita , *vendidit.*
Débuta , *exorsus est.*
Décapita , *amputavit.*
Déchanta , *decantavit.*
Déchiqueta , *incidit.*
Déconforta , *animum fregit.*
Décompta, *è numero deduxit.*
Décrédita, *auctoritatem imminuit.*
Décréta , *decrevit.*
Dégoûta , *satietatem movit.*
Délecta , *oblectavit.*
Démonta , *dejecit.*
Dépita , *indignatus est.*
Députa , *legavit.*
Deshérita , *exhæredavit.*
Défista , *destitit.*
Détesta , *-tus est.*
Dicta , *-vit.*
Diligenta , *acceleravit.*
Discuta , *discussit.*
Disputa , *-vit.*
Dompta , *domuit.*
Dota , *-vit.*
Douta , *dubitavit.*
Ecarta , *amovit.*
Eclata , *fulsit.*
Ecouta , *audivit.*
Empaqueta , *in sarcinam collegit.*
Empesta , *peste infecit.*
Empiéta , *s'empara, aliena occupavit.*
Emprunta , *mutuatus est.*
Enchanta , *incantavit.*
Enfanta , *peperit.*
Ensanglanta , *cruentavit.*
s'Entêta, *studio pertinaci animam accendit.*

verbes au prétérit indéfini.

Epouvanta , *terruit.*
Ereinta , *delumbavit.*
Etiquetta , *pistaciis notavit.*
Eventa , *ventilavit.*
Exalta , *-vit.*
Excepta , *-cepit.*
Excita , *-vit.*
Exécuta , *executus est.*
Exempta , *exemit.*
Exhorta , *-tatus est.*
Expérimenta , *expertus est.*
Exploita, *libello vadimonium denuntiavit.*
Facilita , *facilem reddidit.*
Félicita , *gratulatus est.*
Feuilleta , *evolvit.*
Filouta , *furatus est.*
Flata , *blanditus est.*
Flotta , *fluctuavit.*
Fomenta , *fovit.*
Fouetta , *flagro cecidit.*
Fréquenta , *-vit.*
Frotta , *fricuit.*
Fureta , *perscrutatus est.*
Gâta , *corrupit.*
Grata , *scabit.*
Habita , *-vit.*
Hanta , *frequentavit.*
Hâta , *festinavit.*
Hérita, *hæreditate adeptus est.*
Hésita , *hæsitavit.*
Heurta , *offendit.*
Humecta , *-vit , madefecit.*
Jetta , *projecit.*
Imita , *-tus est.*
Imputa , *-vit.*
s'Impatienta , *patientiam amisit.*
Incita , *-vit.*
Infecta , *infecit.*
Inquiéta , *vexavit.*
Insista , *perstitit , institit.*

verbes au prétérit indéfini.		
Infulta ,	-vit.
Intenta...	
Intercepta ,	intercepit.
Interpréta ,	-tus est.
Invita ,	-vit.
Irrita...	
Lamenta ,	-tus est.
Lefta ,	faburrâ inftruxit.
Limita ,	finibus circumfcripfit.
Luta ,	luctatus est.
Maltraita ,	malè excepit.
Manifefta ,	-vit.
Marqueta ,	vermiculatus est.
Mata ,	vexavit.
Mécontenta ,	animum offendit.
Médicamenta,	medicatus est.
Médita ,	-tus est.
Mérita ,	meritus est.
Molefta ,	moleftiâ affecit.
Monta ,	afcendit.
Nota ,	-vit.
Ota ,	abstulit.
Palpita ,	-vit.
Parlementa ,	collocutus est.
Permuta ,	-vit.
Perfécuta ,	perfecutus est.
Perfifta ,	perstitit.
Pefta ,	malè precatus est.
Pinta ,	bibit.
Pirouëta ,	in gyrum verfatus est.
Planta ,	-vit.
Porta ,	tulit.
Pofta ,	collocavit.
Préfenta ,	obtulit.
Prêta ,	commodavit.
Prétexta ,	pratexuit.
Profita ,	profecit.
Projetta ,	confilium inivit.
Protefta ,	testificatus est.

verbes au prétérit indéfini.		
Quêta ,	quasivit.
Quitta ,	reliquit
Raconta ,	narravit.
Rapporta ,	retulit.
Rebuta ,	repulit.
Récita ,	-vit.
Réconforta ,	refocillavit.
Redouta ,	verius est.
Réfuta ,	refellit.
Régenta ,	docuit.
Regréta ,	luxit.
Répéta ,	-tiit.
Réputa ,	existimavit.
Repréfenta ,	expofuit.
Réfifta ,	restitit.
Refpecta ,	reveritus est.
Refta ,	manfit.
Réfulta ,	ex quo colligere licuit.
Réfufcita ,	refurrexit.
Rétracta ,	-vit.
Révolta ,	pravaricatus est.
Sauta ,	faliit.
Sollicita ,	-vit.
Souffleta ,	colaphifavit.
Souhaita ,	optavit.
Subfifta ,	substitit.
Supplanta ,	-vit.
Supporta...	
Supputa...	
Surmonta ,	fuperavit.
Sufcita ,	-vit.
Suftenta...	
Tâta ,	degustavit.
Tenta ,	-vit.
Tefta ,	-tus est.
Tourmenta ,	divexavit.
Traita ,	tractavit.
Transplanta ,	-vit.
Transporta ,	transtulit.
Trompetta ,	tubâ promulgavit.

verbes, &c.

Vanta,	*jactavit.*
Venta,	*flavit.*
Violenta,	*vim intulit.*
Voûta,	*cameravit.*

TANT. *voyez* ANT.

TAT. *voyez* AT.

TE.

La plûpart des mots sub-stantifs terminés en té, sont des mots de qualité, de pro-priété, de modalité, ou de modification, & se terminent en latin en tas.

Subsantifs féminins.

T, lettre de l'Alphabet.

Absurdité,	-tas.
Acidité...	
Activité...	
Adversité...	
m Affecté, adj. *elegantia nimis affectator.*	
Affinité,	-tas.
Agilité...	
Alité, adj. malade, *lecto decumbens.*	
Amabilité,	-tas.
Aménité,	*amœnitas.*
Ambiguité,	-tas.
Amirauté, *rei maritimæ præfectura.*	
Amissibilité,	-tas.
Amonêté,	*monitum.*
Amovibilité,	-tas.
Ancienneté,	*antiquitas.*
Anfractuosité,	*anfractus.*
Animosité,	-tas.
Annuité, terme de Commerce, *annuus proventus.*	
Antiquité,	-tas.

subsl. femin.

Anxiété,	-tas.
Aparté,	*seorsim.*
Apparenté, fort bien apparenté, *qui est amplissimâ cognatione.*	
m Appointé, adj. mis bout à bout, *compositus.* contraire, *contrarius.* soldat appointé, *miles stipendiosus.*	
Appréhensibilité,	-tas.
Apreté,	*asperitas.*
Archiconfraternité,	-tas.
Aridité...	
Aséité, terme de Scholastique, *-itas.*	
Aspérité,	-tas.
Assiduité...	
Avidité...	
Austérité...	
Authenticité,	*veritas.*
Authorité,	*auctoritas.*
Beauté,	*pulchritudo.*
Benedicité, *mensæ consecratio.*	
Bénignité,	-tas.
Bestialité...	
Bonté,	*bonitas.*
Briéveté,	*brevitas.*
a Briqueté, terme de Médecine, *rubescens, lateritio colore.*	
Brutalité,	*ferocitas.*
Calamité,	-tas.
Callosité...	
Canonicité, qualité d'une Doctrine orthodoxe.	
Capacité,	-tas.
Captivité...	
Carnosité...	
Casualité,	*fortuna.*
Catholicité,	-tas.
Cavernosité,	*caverna.*

Substantifs féminins.

Cavité, -tas.
Causalité, *ratio quâ agit causa.*
Causticité, *mordacitas.*
Cécité, *cæcitas.*
Célébrité, -tas.
Célérité,..
Charité, vertu, *charitas.*
Charité, Hôpital, *publicum nosocomium.*
Charfeté, terme de Monnoie, *parcitas.*
Chasteté, *castitas.*
Chauveté, *calvities.*
Cherté, *annonæ caritas.*
Chicheté, *parcimonia.* ténacité, -tas.
Chrétienté, *Christianus orbis.*
Cité, ville, *Civitas.*
Civilité, -tas.
Clandestinité...
Clarté, *claritas.*
Coéternité, *coæternitas.*
Commensurabilité, terme de Géométrie.
Commodité, biens, *bona.*
Comité d'Angleterre, *delegatorum confessus.*
Communauté, *communitas, societas.*
Complicité, -tas.
Compréhensibilité...
Compressibilité...
Comté, *m. & f. comitatus*
Communicabilité, *facultas ab uno ad alium transeundi.*
Concavité, -tas.
Condignité, ter. dogm...
Conformité...
Confraternité...
Congruité, *meritum de congruo.*

Substantifs féminins.

Connexité, -tas.
Contiguité, *continuitas.*
Convexité, -tas.
Consanguinité...
Contiguité...
Continuité...
Contrariété...
Conventualité...
Cordialité...
Corporalité...
Corruptibilité...
Côté, *latus.* partie, *pars.* douleur de côté, *lateris dolor.* de côté, *ad latus.*
Crédibilité, -tas.
Crédulité...
Cruauté, *crudelitas.*
Crudité, -tas.
Cupidité...
Curiosité...
Curvité...
Débilité...
Débonnaireté, *mansuetudo.*
a Décolleté, *qui collum sinumve aperit.*
a Décrépité, terme de Chymie, *suâ virtute spoliatus.*
Déclivité, terme d'Hydrométrie, -tas.
Défectuosité, -tas.
Dégoûté, adj. *satiatus.*
a Dehaité, vieux mot, *ægrotus.*
Déité, Divinité, *Deitas.*
Déloyauté, *infidelitas.*
Densité, -tas.
Deraté, *promptus & alacer.*
Desorienté, adj. *disturbatus.*
Despoticité, -tas.
Dextérité...
Diapenté, *ou quinte de Musique, diapente.*
Diaphanéité, -tas.

subſtantifs féminins.

Difficulté,   -tas.   m
Difformité...
Dignité...
Dilatabilité, *dilatandi vis.*
Diſparité,   -tas.
Diverſité...
Divinité...
Docilité...
Domeſticité...
Ductilité...
Duplicité...
Dureté,   *duritas.*
Ebriété,   -tas.
a Ecourté,   *mutilus.*
Edenté, adj.   *edentatus.*
Edilité,   -tas.
Efficacité...
Effronté, *inverecundus.* ſans
   retenue, *effrenatus.* ſans
   modération, *immoderatus.*
Egalité,   *æqualitas.*
Ehonté, adj. *qui eſt perfricta*
   frontis.
Elaſticité,   *elaterium.*
Electricité,   -tas.
Eligibilité...
Emporté, adj.   *effrenus.*
Encharboté, *embarraſſé.*
Encharté, vieux mot, *in-*
   carceratus.
Enchiſté, terme de Médec.
Endenté,   *dentatus.*
Enfermeté, vieux mot, *in-*
   firmitas.
Enforeſté, vieux mot, *ab-*
   ditus in ſylvâ.
cheval Engaroté, *equus la-*
   ſus in commiſſura humeri
   & colli.
cheval Enjareté, *equus ad*
   pedem religatus.
Enormité,   -tas.

ſubſtantifs féminins.

ncz Epaté, *naſus ſimus &*
   latus.   *f*
Equité,   *æquitas.*   *m*
Eraté, fin, ruſé,   *aſtutus.*
Ergoté, *calcaribus armatus.*
Eſprité,   *ingenioſus.*
Eſté, *ou* Eté,   *æſtas.*
Eternité,   *æternitas.*
Eventé, adj.   *vapidus.*
Eviternité, vieux mot,
   Ævum.
Excentricité,   -tas.
Excepté, adj.   *exceptus.*
Exilité,   -tas.
Expérimenté, adj. *expertus.*
Extenſibilité,   -tas.
Extrémité...
Facilité...
Faculté, pouvoir, *poteſtas.*
   de Théologie, de Méde-
   cine, *theologiæ, medicina.*
Faculté, au plur. argent,
   facultates, copiæ, divitiæ.
Faillibilité,   -tas.
Familiarité...
Fatalité...
Fatuité...
Fatuoſité...
Fauſſeté,   *falſitas.*
Féauté, vieux mot, *fides.*
Fécondité,   *fœcunditas.*
Félicité,   -tas.
Féodalité, *beneficiaria con-*
   ditio.
Fermeté,   *firmitas.*
Férocité,   -tas.
Fertilité...
gâteau Feuilleté, ſorte de
   pâtiſſerie, *placenta folia-*
   ta. vérolé, *puſtulata.* de
   miel, *favus mellis.*
Fidélité,   -tas.

subst. féminins.

Fixité , *fixorum qualitas.*

Flatuofité , *flatus.*

Flexibilité , -tas.

Flûté , adj. harmonieux.

Formalité , -tas.

Fierté , *ferocitas.*

m bois Flotté , *lignum fluctuatum.*

Fluidité , -tas.

Fragilité...

Fraternité...

Frigidité , *impotentia.*

Frivolité , qualité de ce qui eft frivole, *futilitas.*

Frugalité , -tas.

Fufibilité...

Fufilité...

a Fûté , *fagax.*

Futilité , -tas.

m Gâté , ruiné, *everfus.* corrompu , *corruptus.* ravagé, *vaftatus.* pourri , *putrefactus.* dépravé , -vatus. flétri , *marcidus.* charcuté , *deformatus.*

m enfant Gâté , *puer depravatus.*

Gayeté , *hilaritas.*

Généralité , au plur. chofes communes , -tas.

Générofité , -tas.

Gentilité...

a Gefté , celui dont les mouvemens du corps fontinobles.

Gigotté , terme de manége & gracieux.

Gracieufeté , *comitas.*

Gracilité , -tas.

Gravité , pefanteur , -tas. gravité, fig. tenir fa gravité , *gravitatem fervare.*

fubftantifs féminins.

Gringotté , vieux mot , mis en mufique.

Groffiéreté , *rufticitas.*

Habileté , -tas , *aptitudo.*

Hativeté , vieux mot , *feftinatio.*

Hébété , adj. *hebes.*

Hérédité , *hæreditas.*

Héréticité , *heterodoxia.*

Héroïcité , *fortitudo* , vel *generofum factum.*

Hilarité , mot hors d'ufage , *hilaritas.*

Homogénéité , *convenientia.*

Honnêteté , *honeftas.*

Hofpitalité , -tas.

Hoftilité...

Humanité...,

Humidité...

Humilité...

Identité...

Jetté , terme de Danfe.

Illégalité , -tas.

Illégitimité...

Illimité , *abfque limitibus.*

Imbécillité , -tas.

Incompatibilité...

Immatérialité...

Immenfité...

Immobilité...

Immondicité...

Immortalité...

Immunité...

Immutabilité...

Impalpabilité...

Impartialité , *æquitas in omnes.*

Impartibilité , terme de Jurifprudence féodale.

Impaffibilité , -tas.

Impeccabilité...

Impécuniofité , *pecunia inopia.*

substantifs féminins.

Impétuofité ,　　　　　　-*tas.*
Importunité. . .
Impoffibilité. . .
Improbabilité. . .
Impropreté , inhabileté.
Impropriété ,　　　　　　-*tas.*
Impudicité. . .
Impureté ,　　　　　　　-*ritas.*
Inacceffabilité ,　　　　　-*tas.*
Inaliénabilité. . .
Inanité , la durée du monde
　　jufqu'à la Loi de Moyfe.
Incapacité ,　　　　　　　-*tas.*
Incombuftibilité. . .
Incommenfurabilité. . .
Incommodité. . .
Incompréhenfibilité. . .
Incongruité. . .
Inconteftabilité , *perfecta &*
　　absoluta certitudo.
Incorporalité ,　　　　　-*tas.*
Incorrigibilité. . .
Incorruptibilité. . .
Incurabilité. . .
Incivilité. . .
Incrédibilité. . .
Incrédulité. . .
Indéfectibilité. . .
Indemnité. . .
Indeftructibilité. . .
Indignité. . .
Indivifibilité. . .
Inégalité ,　　　　*inæqualitas.*
Ineffabilité ,　　　　　　-*tas.*
Inefficacité. . .
Inexpérimenté , adj. *inex-*
　　pertus.
Infaillibilité ,　　　　　　-*tas.*
Infatigabilité. . .
Infécondité ,　　　　*fterilitas.*
Infélicité ,　　　　　　　-*tas.*
Infériorité. . .

substantifs féminins.

Infertilité ,　　　　　　　-*tas.*
Infidélité. . .
Infinité. . .
Infirmité. . .
Inflammabilité. . .
Inflexibilité. . .
Ingénuité. . .
Inhabilité. . .
Inhofpitalité. . .
Inhumanité. . .
Inintelligibilité. . .
Iniquité. . .
Innafcibilité. . .
Inofficiofité. . .
Infatiabilité. . .
Infenfibilité. . .
Inféparabilité. . .
Infipidité. . .
Infociabilité. . .
Infolvabilité. . .
Inftabilité. . .
Intégrité. . .
Intelligibilité. . .
Intenfité , terme de Phyfi-
　　que , -*tas.*
Intimité , liaifon intime, *ne-*
　　ceffitudo.
Intrépidité ,　　　　　　-*tas.*
Invalidité. . .
Invariabilité. . .
Inviolabilité. . .
Invifibilité. . .
Invulnérabilité. . .
Inufité, adj.　　　　*inufitatus.*
Inutilité ,　　　　　　　-*tas.*
Joliveté , action jolie, *fefti-*
　　vitas. bijoux bien travail-
　　lés , *concinna corporis cul-*
　　tûs ornamenta.
Joyeufeté , *hilaritas.* au pl.
　　festiva verba.
Irréformabilité ,　　　　-*tas.*

Subſtantifs féminins.	

Irrégularité,   *-tas.*

Irréſiſtibilité...

Irrévocabilité...

Irrépréhenſibilité. ..

Lâcheté,   *ignavia.*

Laſciveté,   *laſcivia.*

Laité, *lacteam pulpam ha-*
bens.

Latinité,   *-tas.*

Légalité. ..

Légéreté, *levitas.* inconſtance, *-antia.*

Léthé, fleuve d'oubli.

Leze-antiquité.

Libéralité,   *-tas.*

Liberté. ..

Limpidité. ..

Liquidité. ..

Littéralité. ..

Lividité. ..

Loyauté, vieux mot, *fidelitas.*

Lubricité,   *-tas.*

Magnanimité...

Majeſté, *-tas.* Sa Majeſté,
le Roi, *Rex.* crime de lè-
ze-Majeſté, *crimen laſæ*
Majeſtatis.

Majorité,   *-tas.*

Mal-habileté, manque d'a-
dreſſe.

Malhonnêteté,   *inhoneſtas.*

Malignité,   *-tas.*

Malléabilité. ..

Malpropreté,   *ſordes.*

Maſculinité,   *-tas.*

Maſſiveté,   *ſoliditas.*

Matérialité,   *-tas.*

Maternité. ..

Maturité. ..

Méchanicité. ..

Médiocrité. ..

Mendicité. ..

Ménuité, petiteſſe.

Minorité,   *-tas.*

Mobilité...

Modicité. ..

Mondanité...

Mondicité. ..

Moralité. ..

Mordacité. ..

Mortalité...

Multiplicité...

Muſcocité. ..

Myſticité. ..

Naïveté, ſincérité,   *-ritas.*

Nativité,   *-tas.*

Naturalité. ..

Nébuloſité,   *obſcuritas.*

Néceſſité,   *-tas.*

Neutralité. ..

Netteté,   *nitiditas.*

Nobilité, vieux mot, No-
bleſſe, *nobilitas.*

Noireté, obſcurité, *obſcuri-*
tas, caligo.

Nouveauté,   *novitas.*

Nouvelleté, terme de Pa-
lais, *uſurpatio.*

Nudité,   *-tas.*

Nullité. ..

Numéroté, adj. *numeratus.*

Obliquité,   *-tas.*

Obſcénité,   *obſcœnitas.*

Obſcurité,   *-tas.*

Oecumenicité...

Officialité. ..

Oiſiveté,   *deſidia.*

Onctuoſité,   *unctuoſitas.*

Opacité,   *-tas.*

Opiniâtreté,   *obſtinatio.*

Opportunité,   *-tas.*

Originalité...

Papauté,   *Papatus.*

Parenté,   *conſanguinitas.*

subst. féminins.

Parité ,   *-tas.*
Partialité. . .
Particularité. . .
Paternité. . .
Passibilité. . .
Passiveté. . .
Patavinité. . .
m Pâté de pâtisserie , *artocreas.* de veau , *vitulinum.* de truite , *truteum.* en pot , *minutal.* toute sorte de chair ou pâté , *panarium fartum.*
m Pâté , terme de fortification, *abjunctum propugnaculum rotundum.*
m Pâté d'encre , *atramentaria macula.*
Pauvreté ,   *paupertas.*
Pénalité ,   *pœnalitas.*
Pénétrabilité ,   *-tas.*
Pérégrinité. . .
Perpendicularité. . .
Perpétuité. . .
Perplexité. . .
Perpicacité. . .
Personnalité. . .
Perspicuité. . .
Perversité. . .
Picoté , adj. légérement , *leviter punctus.*
Piété ,   *-tas.*
Planté , vieux mot, *abundantia.*
Plausibilité ,   *-tas.*
Pluralité. . .
Poesté , vieux mot, *potens.*
Ponctualité , *punctualitas.*
m vaisseau Ponté , *navis tabulata.*
Popularité ,   *-tas.*
Porosité, terme de Physique.

substantifs féminins.

Possibilité ,   *-tas.*
Postérité. . .
Postériorité. . .
Poté, titre d'honneur accordé à une terre.
Préciosité ,   *-tas.*
Précocité ,   *præcocitas.*
Prématurité ,   *-tas.*
Prévôté ,   *præpositura.*
Primauté ,   *primatus.*
Principalité ,   *-tas.*
Principauté ,   *-patus.*
Priorité ,   *-tas.*
Privauté ,   *familiaritas.*
Probabilité ,   *-tas.*
Probité. . .
Prodigalité. . .
Prolixité. . .
Propreté ,   *elegantia.*
Propriété ,   *-tas.*
Prospérité. . .
Proximité , *-tas.* parenté , *consanguinitas.*
Puberté ,   *-tas.*
Publicité. . .
Puérilité. . .
Pudicité. . .
Pupillarité , ter. de Droit. . .
Pureté ,   *puritas.*
Pusillanimité ,   *-tas.*
Qualité , *-tas.* propriété , *-tas.* dignité, *-tas.*
Quantité ,   *-tas.*
Quaternité, terme dogmatique , *-tas.*
Questalité ,   *servitus.*
Quinté , lingot d'or quinté.
Quotité ,   *-tas.*
Rancidité. . .
Rapacité. . .
Rapidité. . .
Rareté ,   *raritas.*

subftantifs féminins.

Raucité , âpreté de la voix.
Réalité ,   *-tas.*
Réciprocité , qualité réciproque.
Refrangibilité ,   *-tas,*
Reflexibilité. . .
Régularité. . .
Reinté ; il se dit d'un chien de chasse.
Repité , vieux mot , pour Sauvé , *servatus.*
a   Résumpté.
Révolté ,   *rebellis.*
Ridiculité ,   *-tas.*
Rigidité. . .
Rigoureuseté , vieux mot , *severitas.*
Risibilité , faculté de rire.
Rivalité , concurrence entre des amans.
Rotondité ,   *rotunditas.*
Royauté ,   *regnum.*
Rubanté , en guise de ruban.
Rusticité ,   *-tas.*
Sagacité. . .
Sagamité , mets du Canada.
Sainteté ,   *sanctitas.*
Saleté ,   *sorditas.*
Salubrité ,   *-tas.*
Santé ,   *valetudo , sanitas.*
Santé à boire ,   *propinatio.*
la Santé , Hôpital des pestiférés , *nosocomium lue pestiferâ affectorum.*
Scholarité , terme de Barreau , *jus academiarum.*
Scurrilité ,   *-tas.*
Sécularité. . .
Semblableté , vieux mot , *similitudo.*
Sensibilité ,   *-tas.*
Sensualité. . .

subftantifs féminins.

Sérénité de l'air , *ou* du visage, *serenitas.*
Sérénité , titre d'honneur , *serenitas.*
Sériosité , air sérieux , *frontis severitas.*
Sérosité ,   *-tas.*
Sévérité. . .
Siccité. . .
Siliginosité ,   *farinaceus.*
Simplicité ,   *-tas.*
Sincérité. . .
Singularité. . .
Sinuosité. . .
Sobriété. . .
Solemnité. . .
Solidité. . .
Solvabilité. . .
Somptuosité, *luxus, sumtuosa magnificentia.*
Sordidité ,   *-tas.*
Soudaineté ,   *velocitas.*
Soudanité.
Souffreté , vieux mot , *penuria.*
Soutraité ,   *subacta.*
Souveraineté , *summa potestas.*
Spécialité ,   *-tas.*
Speciosité , vieux mot , *pulchritudo.*
Sphéricité ,   *-tas.*
Spiritualité. . .
Spontaneité. . .
Stabilité. . .
Spumosité. . .
Stérilité. . .
Stoïcité. . .
Stupidité. . .
Suavité. . .
Subtilité. . .
Superficialité. . .

substantifs féminins.

Superfluité ,	*-tas.*
Supériorité...	
Surdité...	
Sureté,	*securitas.*
Taciturnité ,	*-tas.*
Tardiveté ,	*-ditas.*
Taroté.	
Témérité ,	*-tas.*
Temporalité...	
Ténacité...	
Ténuité...	
Timidité...	
Tortuosité...	
Totalité...	

Traité, discours, *tractatus.* accord, *pactum.* convention, *-tum.* marché, *pactio.* d'alliance, *confœderatio.* dissertation , *-tio.* dispute, *-tatio.* commentaire, *commentatio.*

garder un Traité, *servare fœdera.* le violer, *violare.* le rompre, *frangere.* entrer en traité, *pacisci.* articles d'un traité, *conventa.*

Tranquillité ,	*-tas.*
Triennalité...	
Trinité...	
Triplicité...	
Trivialité...	

Tubérosité, terme de Médecine, *condylus.*

Vacuité,	*inanitas.*
Validité ,	*-tas.*
Vanité...	
Variabilité...	
Ubiquité...	
Vélocité...	
Velouté ,	*villosus.*
Vénalité ,	*-tas.*

substantifs féminins.

Ventosité ,	*-tas.*
Vénusté...	
Véracité...	
Verbosité...	
Vérité...	
Véridicité...	

Verjuté , qui a une pointe d'acide.

Verticalité,	*-citas.*

Verticité, terme de Physique.

Vétusté ,	*-tas.*

Vice-Amirauté , Charge.

Vice-Royauté, *proregis auctoritas.*

Vicomté , *m. & f. vice-comitatus.*

Viduité ,	*-tas.*
Vileté ,	*vilitas.*
Virginité ,	*-tas,*
Virilité...	

Virtualité, terme d'Ecole.

Viscocité,	*-tas.*
Visibilité...	
Vivacité...	
Unanimité...	
Uniformité...	
Unité...	
Universalité...	
Université...	
Volatilité...	
Volonté,	*voluntas.*
Volubilité ,	*-tas.*
Volupté...	
Voracité...	
Urbanité...	
Usité ,	*-tatus.*
Utilité ,	*-tas.*

V E R B E S.

Abrité, terme de Jardinage.

Absenté,   *absens.*
Accepté,   *-tatus.*
Accrédité, *auctoritate fultus.*
Acheté,   *emptus.*
Acosté,   *adjunctus.*
Adopté,   *-tatus.*
Affronté,   *fraudatus.*
Agité,   *agitatus.*
Ajoûté,   *additus.*
Ajusté,   *adaptatus.*
Alaité,   *lactatus.*
Alimenté,   *alitus.*
Annoté,   *-tatus.*
Antidaté, *dies antiquior adscripta alicui instrumento vel epistola.*
Antidoté, *conditus* de *condire.*
Appointé, *duplici stipendio donatus.*
Apposté,   *collocatus.*
Apprêté,   *paratus.*
Arrenté,   *fœnori locatus.*
Arrêté,   *detentus.*
Assisté,   *adjutus.*
Assoté,   *infatuatus.*
Atinté,   *ornatus.*
Attenté,   *-tatus.*
Attristé...
Augmenté...
Augmenté,   *auctus.*
Baloté,   *jactatus.*
Béqueté,   *rostro appetitus.*
Brillanté ; il se dit d'un diamant taillé à facettes.
Cahoté,   *succussus.*
Cacheté,   *sigillo munitus.*
Cailleboté,   *coagulatus.*
Casematé,   *cameratus.*
Cataracté, terme d'Oculiste, *suffusione vitiatus.*
Chanté,   *cantatus.*

Charpenté,   *scissus.*
Cimenté, *signino coagmentatus.*
Cité,   *citatus.*
Comploté,   *conspiratus.*
Compté,   *numeratus.*
Concerté,   *compositus.*
Confronté,   *collatus.*
Consulté,   *-tatus.*
Contenté,   *satisfactus.*
Conté,   *narratus.*
Contracté,   *pactus.*
Contristé,   *contristatus.*
Convoité,   *concupitus.*
Crocheté,   *uncatus.*
Culbuté, *pronus, in caput dejectus.*
Daté,   *die notatus.*
Débité,   *venditus.*
Débuté,   *incœpit.*
Décapité,   *capite plexus.*
Déchanté,   *recantatus.*
Déchiqueté,   *incisus.*
Déconforté, *animo debilitatus.*
Décompté, *è numero deductus.*
Décrédité, *auctoritate privatus.*
Décreté,   *decretus.*
Dégoûté,   *satiatus.*
Délecté,   *-tatus.*
Démonté,   *deturbatus.*
Deshabité,   *qui emigravit.*
Deshérité, *hereditate privatus.*
Desisté,   *destitit.*
* Desorienté,   *turbatus.*
Détesté,   *-tatus.*
Dicté...
Diligenté,   *acceleratus.*
Discuté,   *discussus.*

verbes au prétérit & participe masculins.

Difputé,	-tatus.
Domté,	domitus.
Doté,	-tatus.
Douté,	dubitatus.
Ebruité,	propagatus.
Ecarté,	amotus.
Eclaté,	uffulosè fractus.
Ecouté,	auditus.
Empaqueté, in farcinam collectus.	
Empiété,	occupatus.
Emprunté, qui n'eft pas naturel, mutuatus.	
Enfanté,	partus.
Enfanglanté,	cruentatus.
Entêté, pertinaci ftudio accenfus.	
Epointé,	obtufus.
Epouvanté,	territus.
Ereinté,	delumbatus.
Efconté,	deductus.
Etiqueté, piftaciis notatus.	
Eventé,	ventilatus.
Evité,	-tatus.
Exalté...	
Excepté,	-ceptus.
Excité,	-tatus.
Exécuté, executioni mandatus.	
Exempté,	-tus.
Félicité, felix reclamatus.	
Fermenté,	-tatus.
Feuilleté,	evolutus.
Filouté,	furatus.
Flaté,	delinitus.
Floté,	fluctuatus.
Fomenté,	fotus.
Froté,	frictus.
Fréquenté,	-tatus.
Fureté,	fcrutatus.
Gâté,	corruptus.
Goûté,	guftatus.

verbes au prétérit & participe masculins.

Graté,	fcalptus.
Habité,	-tatus.
Hanté,	frequentatus.
Hâté,	feftinatus.
Héfité,	-tatus.
Humecté...	
Jetté,	projectus.
Illimité,	-tatus.
Implanté, terme d'Anatomie, infertus.	
Imputé,	-tatus.
Incité...	
Incontefté...	
Inexercité...	
Infecté,	-tus.
Inhabité,	-tatus.
Inquiété,	vexatus.
Intenté,	-tatus.
Intercepté,	-tus.
Interprété,	-tatus.
Infifté,	inftitit.
Infulté,	-tatus.
Invité...	
Limité...	
Lifté, vieux mot, qui a une bordure, limbo circumdatus.	
Luté,	luto munitus.
Maltraité,	malè exceptus.
Marqueté,	vermiculatus.
Médicamenté,	-tatus.
Médité...	
Mécompté, malè numeratus.	
Mécontenté, malè tractatus.	
Mérité,	-tus.
Mité, rongé des mites.	
Monté,	elevatus.
Moucheté,	variegatus.
Natté,	ftoreâ tectus.
Néceffité,	coactus.
Noté,	-tatus.
Numéroté,	numeratus.

verbes au prétérit & participe masculins.

Opté ,	*optatus.*
Oté ,	*ablatus.*
Parqueté, *sectilibus tenellatus.*	
Permuté ,	*-tatus.*
Persécuté, *persecutionem passus.*	
Persisté ,	*perstitit.*
Planté ,	*-tatus.*
Posté ,	*locatus.*
Précipité ,	*præcipitatus.*
Prémédité ,	*præmeditatus.*
Présenté ,	*oblatus.*
Prêté ,	*mutuatus.*
Prétexté ,	*obtentus.*
Profité ,	*fœneratus.*
Projetté ,	*animo perpensus.*
Protesté ,	*-tatus.*
Quitté ,	*relictus.*
Rebuté ,	*repulsus.*
Redouté ,	*veritus.*
Réfuté ,	*-tatus.*
Régenté ,	*edoctus.*
Regreté ,	*deploratus.*
Répété ,	*-titus.*
Replanté ,	*-tatus.* m
Représenté...	
Réputé...	
Respecté ,	*veneratus.* m
Résisté ,	*restitit.*
Resuscité ,	*-taus.*
Rétracté...	
Sauté ,	*saliit.*
Sollicité ,	*-tatus.*
Soufleté ,	*colaphisatus.*
Souhaité ,	*optatus.*
Subsisté ,	*substitit.*
Supplanté ,	*-tatus.*
Supputé...	
Surmonté ,	*superatus.*
Suscité ,	*-tatus.*
Sustenté...	
Tâté ,	*gustatus.*

verb. au prét. & part. masc.

Tenté ,	*-tatus.*
Tourmenté ,	*tortus.*
Traité ,	*tractatus.*
Transplanté ,	*-tatus.*
Trompeté; *tubâ promulgatus.*	
Vanté ,	*jactatus.*
Violenté ,	*vim passus.*
Visité ,	*-tatus.*
Voûté ,	*concameratus.*

Voyez les autres verbes en ter.

T E A U. *voyez* A U.

1

T E E.

substantifs feminins.

Adamantée , nourrice de Jupiter , *-tæa.*

une Affétée , *vafra mulier.*

Aiguille aimantée , *acus magnete perfricta.*

Althée , fille d'Agenor , *Althœa.*

corne d'Amathée , *amathea cornu.*

Anthée , Géant , *-eus.*

Antithée , au plur. espéce de mauvais génies , *Antithei.*

Athée , *-eus.*

Cassetée , ce que peut contenir une tasse.

Chartée , *vehes.*

Effrontée , *inverecunda.* impudente , *-dens.*

Eventée , *vana & levis.*

Frottée , pain frotté , frottée, les coups qu'on donne à quelqu'un , *ictus.*

femme Hébétée , *mulier hebes.*

Hotée, *sporta dorsuaria plena.*

Jattée , *quod gabata continet.*

Jettée de pierres , *lapidum moles projecta.*

substantifs féminins.

Jettée , nouvel essai que font les abeilles.

Indotée ,　　　　　-tata.

Jointée , *quantum capere potest juncta manus utraque.*

voie Lactée ,　*via lactea.*

carpe Laitée , *lactaria pulpa pinguis.*

Montée , *ascensus.* escalier , *scala.*

Nictée , terme de Mytholog.

Nuitée ,　　　*una nox.*

Panthée , Reine ,　　-ea.

Pâtée , *massa furfurea delibuta.*

Portée , terme de Musique.

Portée , part, *gestata.* ventrée , *fœtura.* capacité , *captus.* selon sa portée , *ad captum.*

Potée , *stannum igne testum.*

m　Prométhée ,　　　-eus.

m　Protée , Dieu marin...

m　Protée , qui prend diverses formes , *multiformis.*

Révoltée ,　　　*rebellis.*

carte Tarotée , *folia lusoria utrinque depicta.*

m　Timothée , nom ,　　-eus.
　　Plus les participes féminins des verbes en ter : crotée, lutosa. frotée , *fricta.* &c.

T E N T. *voyez* A N T.

T E R.

verb. à l'infin.

Absenter ,　　　*abesse.*

Abuter , supputer ,　-tare.

Accepter...

Accointer , vieux mot , *inire consuetudinem.*

verbes à l'infinitif.

* Accravanter ,　*aggravare.*

Accréditer , *auctoritatem tribuere.*

s'Accréditer , *auctoritatem sibi comparare.*

Acheter, *emere.* argent comptant , *præsenti pecuniâ.* marchander , *mercari.* à crédit, *obstrictâ fide.* à bon marché , *parvo pretio.* chérement , *carè emere.*

Acoster ,　　*adjungere ad.*

* Acouter , vieux mot , *audire.*

Adapter ,　　　-tare.

Adopter...

Affecter , rechercher , -tare. désirer, *consectari.* toucher, *afficere.* destiner à , *destinare ad.* attribuer , -ere. faire exprès & à dessein , *deditâ operâ facere.*

Affronter , faire affront à , *à fronte aggredi.* l'ennemi, *provocare hostem ad certamen.* les dangers , *pericula confidenter adire.* la mort sans crainte , *impavidus se morti offerre.*

Affronter , tromper , *fraudare.*

Afûter un canon , *tormentum bellicum instruere.* une batterie , *tormenta in suo armamento statuere instructa.* mettre en état, *adaptare.*

Agiter ,　　　　-tare.

s'Aheurter , *proposti esse tenacem.*

Aiguilleter , *ligulis subligare.*

Aimanter , *magnete fricare.*

verbes à l'infinitif.

Ajoûter, *addere.*

Ajuſter, *adaptare.* parer, *ornare.*

Alaiter, *lactare.*

Alimenter, *alere.*

s'Aliter, *lecto decumbere.*

Ameuter, *catervatim agere.* s'Ameuter, *coire in unum agmen.*

Amignoter, *blandiri.*

Amputer, *-tare.*

Annoter...

Antidater, *diem priorem adſcribere.*

Antidoter, *miſcere.*

Aoûter les fruits, *coquere.*

Apointer, mettre but à but, accommoder, *componere.* le procès, *pronuntiare diſcrepationem juris eſſe.* les parties au Conſeil, *rem eſſe conſilii pronuntiare.* convenir, *paciſci cum.* oppoſer, *duos inter ſe conferre.* ordonner, *decernere.* une Requête, *inſcribere decretum ſupplici libello.* un différend, *diſſidium dirimere.* terme de guerre, apointer un ſoldat, *militi duplex ſtipendium aſſignare.* aſſigner une penſion à, *annuam penſionem aſſignare.*

Apointer, faire une pointe, aiguiſer, *acuere.*

Apoſter de faux témoins, *falſos teſtes opponere.*

s'Apparenter, *affinitatem jungere cum.*

Appâter, *eſcâ allicere.*

Appéter, *-tere.* deſirer, *cupere.*

verbes à l'infinitif.

Apporter, *afferre.*

Aprêter, préparer, *apparare.* un repas, *cibum parare.* du cuir, *corium adaptare.* à rire, *eſſe deriſui.*

s'Aprêter, *ſe comparare.* à tout événement, *animos futuros accingere.*

Apteſter, terme de marine, *explicare.*

* Acquêter, *acquirere.*

Aquiter, payer, *ſolvere.*

s'Acquiter de ſon devoir, *officio fungi.* le remplir, *officium ſolvere.* exécuter parfaitement, *munus ſuum præclarè obire.*

Argenter, *argento ornare.*

Argoter, terme de Jardinier, *lignum aridum amputare.*

Argumenter, *-tari.*

Arpenter, meſurer par arpens, *agros metiri.* marcher fort, *gradum proferre.*

Arrêter un mal, *ſiſtere.* empêcher, *inhibere.* réprimer, *-mere.* un priſonnier, *aliquem comprehendere.* fixer, *ſtabile efficere; præfinire.* déterminer, *-nare.* établir, *ſtatuere.* marquer le jour & l'heure, *diem & horam dicere.* une choſe, *retinere.* empêcher le mouvement, *motum prohibere.*

s'Arrêter, ſéjourner, *manere.* ceſſer de marcher, *conſiſtere.* dans ſa marche, *curſum reprimere.* en beau chemin, *in re facili hærere.* en parlant, *hæſitare.*

verbes à l'infinitif.

faute de mémoire, *cæspitare memoriâ.* sur les choses, *singulis rebus insistere.* s'amuser, *cessare.* demeurer, *considere.*

Assermenter, terme de Palais, *jurejurando aliquem adigere.*

Assister, donner aide, *adjuvare.* accompagner, *comitari.* être présent, *abesse.*

Assoter, *infatuare.*

Atinter, vieux mot, *ornare.*

Attenter,   *-tare.*

Attester,   *-tari.*

Attrister, *molestiâ afficere.*

Augmenter,   *augere.*

Avorter, *abortum facere.*

Bacqueter, *exhaurire aquam.*

* Baisoter,   *basiare.*

Baloter, tirer au sort, *calculis sortiri.* donner son suffrage par balotes, *calculis suffragium edere.* une affaire, consulter, *de re quâpiam consulere.* se jouer de, *exagitare.*

* Banqueter,   *convivari.*

Barboter,   *mutire.*

Bâter, *clitellas imponere.*

Béqueter, *rostro impetere.*

Biqueter, *hædulum parere.*

Bluter,   *incernere.*

* Bonneter, *detracto pileo salutare.*

Boter,   *ocreas induere.*

Brillanter, tailler des diamans à facettes dessus & dessous.

Brimboter, vieux mot, parler entre ses dents.

Briqueter, *lateres imitari.*

verbes à l'infinitif.

Brocanter.

Broueter, *vehiculo tursatili vehere.*

Brouter,   *herbam pascere.*

Buffeter, *apposito ad dolium ore vinum sugere.*

Buter,   *collimare ad.*

Buvoter,   *sorbillare.*

Caboter,   *littora radere.*

Cacheter, *obsignare sigillo.*

Cahoter,   *subsultare.*

Calfater,   *rimas obturare.*

Canneter, *anaticulas excludere.*

Canqueter, on s'en sert pour exprimer la manière de crier des cannes.

Caqueter,   *garrire.*

Carotter, jouer mesquinement.

se Cataracter, terme d'Oculiste, *suffundi.*

Changeotter, *frequenter mutare.*

Chanter, *canere.* souvent, *cantitare.* la musique, *symphoniâ canere.* publier, *dicere.* toujours la même chanson, *cantilenam eandem canere.* c'est bien chanter, c'est bien dire, *egregiè scilicet dicere.* chanter en entonnant, en commençant, *præcinere.* après un autre, *recinere.* chanter & jouer ensemble d'un luth, *voce fidibusque simul canere.* en plain-chant, *simplicibus modis.* derechef, *recinere.* désagréablement, *insulsè canere.*

verbes à l'infinitif.

faire Chanter quelqu'un, le mettre à la raison, *ad officium revocare.*

pain à Chanter, *panis sacrificus.*

* Charpenter, *materiam exercere.*

Chenevotter, *ramos tenuiores edere.*

Chevroter, terme de Musique, *vocem caprinam imitari.*

Chevroter, *hædulos edere.*

Chicaner, *argutiis pugnare.*

Chicoter, *contendere.*

Chipoter, *inani contentione tempus terere.*

Chucheter, *in aurem insusurrare.*

Chucheter, crier comme le moineau, *fritinnire.* ce verbe a été employé par Varron, pour exprimer le cri de l'hirondelle.

Cimenter, *cœmento imbuere.*

Citer un Auteur, *auctorem laudare.* appeller, *citare.*

Claqueter; ce verbe exprime la maniére de crier des cigales.

* Clignoter, *nictitare.*

Clinquanter, *auro vestem texere.*

Clouter, *clavis distinguere.*

Coëxister, *-tere.*

Cohabiter, *-tare.*

Coleter, *injectâ faucibus manu vim inferre.* se coleter, *mutuò in fauces involare.*

Commenter, *-tari.*

Completter, terme de Libraire, *complere.*

verbes à l'infinitif.

Comploter, *conspirare.*

Comporter, *-tare.*

se Comporter, *se gerere.*

Compter, nombrer, *numerare.*

Concerter, terme de Musique, *ad symphoniam componere musicam.* une affaire, *de re consilia commiscere.*

se Concerter, *se componere.*

Conforter, *-tare.*

Confronter, comparer, *-are.* mettre en présence, *componere.* l'original avec la copie, *exemplar cum archetypo conferre.*

Confuter, *-tare.*

* Conquêter, *subigere.*

Constater, *rei veritatem confirmare.*

Consulter, *-lere.*

Contenter, *satisfacere.*

Conter, narrer, *narrare.*

Contester, *-tari.*

Contracter, *contrahere.* amitié, *amicitiam conjungere.*

Contraster, faire un contraste.

Contredater, *diem contrarium adscribere.*

Contrepetter, vieux mot, contrefaire.

Contrepointer une étoffe, la pointer à l'aiguille, *stragulam acu densè configere.* contredire, *adversari.*

se Contrepointer les uns les autres, *dicteriis sese invicem lacessere.*

verbes à l'infinitif.

Contrifter, -tari.
Convoiter, concupifcere.
Coopter, cooptare.
Coqueter, chanter comme un coq, cucurire. comme les poules, gracillare. cajoler, verbis delinitis aures mulcere.
Coter, citare. citer un Auteur, auctorem laudare. un paffage, locum adfcribere.
Coupletter, faire des chanfons contre quelqu'un.
Coûter, conftare.
* Crachoter, fpuffitare.
Craqueter, crepitare. ce mot exprime la maniére de crier des cicognes.
Crocheter, uncino aperire.
Croter, luto afpergere.
Culbuter, pronum in caput verfari.
Dater, diem adfcribere.
Débiliter, -tare.
Débiter, vendre, vendere. diftribuer, diftrahere. vendre fouvent, venditare. dire, proferre. répandre, fpargere. femer çà & là, diffeminare. des montagnes, proferre mendacia. une nouvelle, rumorem fpargere.
Déboiter un membre, membrum luxare, à fuâ fede movere.
Déboter, ocreas exuere.
Débouter, terme de Palais, dejicere.
Débuter une boule, globulum è metâ dejicere. fig.

verbes à l'infinitif.

fermonem aufpicari. commencer, ordiri.
Décacheter, litteras refignare.
Décapiter, capite plectere.
Déchanter, recantare.
Déchiqueter, difcindere.
Décolleter, collum denudare.
Décompoter, agri ftationes immutare.
Décompter, è numero deducere.
Déconcerter, turbare.
Déconforter, animos debilitare.
Décréditer, fidem alicui detrahere.
Décreter, faire un décret, decretum facere. prife de corps contre, decernere ut aliquis comprehendatur.
Décroter, lutum detergere.
Décroter, manger, manducare.
Défouetter, funiculum diffolvere.
Déganter, chirothecas exuere.
Dégoter, déplacer, è loco movere.
Dégoûter, faftidium movere.
Dégoutter, guttatim ftillare.
Dejetter, dejicere.
fe Délecter, -tari.
Délefter, terme de mer, faburram emittere.
Délicater, delicias fectari vel tractare molliter.
fe Délicater, molliter fe curare.
Déliter.
Démailloter, è fafciis infantulum eximere.
Démâter, ôter le mât, malo

navem exarmare. briser les mâts, *malum frangere.*

Démonter un ouvrage, *machinam diffolvere.* le canon, *tormenta bellica exarmare.* ôter à quelqu'un fa monture, *equo deturbare.* le troubler, *de mente fuâ deturbari.*

Denatter, *ftoreas detrahere.*

Dénoter,   *-tare.*

Dépaqueter, *fafciculum folvere.*

Depifter,   *inveftigare.*

Dépiter, fâcher, *ftomachum movere.*

fe Dépiter, fe fâcher, *ftomachari.*

Déplanter,   *explantare.*

fe Déporter,   *defiftere.*

Dépofter,   *ejicere.*

Dépoter, *flores ex vafo fictili avellere.*

Députer,   *-tare.*

Dérater, *lienem extrahere.*

Derefter, terme de jeu, *reliqua folvere.*

Dérouter, *mentem* vel *fortunam alicujus conturbare.*

Defapointer, *militem exauctorare.*

Defatrifter,   *exhilarare.*

Defemporter, ôter la bafe, *bafim evellere.* arracher les rais d'une roue, *radios extrahere.*

Defentêter, *noxios capitis vapores difcutere.*

Defergoter, *pofticum unguem findere.*

Deshabiter,   *exhabitare.*

Deshériter,   *exhæredare.*

Défifter,   *-ere.*

* Deforienter, déconcerter, *difturbare.*

Détefter,   *-tari.*

Détracter,   *-tare.*

Dicter...

Dilater, *-tare.* étendre, *extendere.*

Diligenter,   *feftinare.*

Difcuter,   *-ere.*

Difputer,   *-tare.*

Differter,   *differere.*

Doigter, terme de Mufique, *micare digitis.*

Domter,   *domare.*

* Dorloter, *molliùs accipere.*

Doter,   *-tare.*

Douter,   *dubitare.*

Ecarter les cartes, *folia luforia ab aliis feponere.* les jambes, *crura diftendere.* éloigner de, *removere.* la foule, *turbam arcere.* chaffer, *fugare.* diffiper, *-pare.* les ténèbres de l'efprit, *difpellere mentis caliginem.*

s'Ecarter de fon chemin, *aberrare.* de fon fujet, *à propofito declinare.*

Eclater, briller, *fulgere.* reluire, *micare.* avoir de l'éclat, *fplendere.* faire un bruit éclatant, *fragorem edere.* fe fendre par éclat, *affulosè frangi.* avoir de la réputation, *omnium fermone percrebrefcere.* éclater de rire, *fuftollere cachinnum.*

Ecourter,   *decurtare.*

Ecouter,   *audire.*

Ecrouter, *cruftam eximere.*

verbes à l'infinitif.

Edenter,   *-tare.*

Effloter, se séparer d'une flote.

Effriter, vieux mot, épouvanter, *terrere.*

Egouter, *guttatim exhaurire.*

Embâter, *clitellas imponere.*

Emboiter, joindre l'un dans l'autre, ce qui se dit des os, *os in suum acetabulum ponere.* enchâsser, *includere mutuis commissuris.* mettre dans une boëte, *in pyxidem includere.*

Emmailloter, *fasciis involvere.*

Emmenotter, *manicis ferreis constringere.*

Empaqueter, *in fascem cogere.*

Empâter, mettre de la couleur grassement, *colores spisse apponere.* faire les pâtés des rais des roues, *radiorum insertiones formare & inserere.* une statue, *statuam basi firmare.*

Empester,   *peste inficere.*

Empiéter sur, *usurpare.* occuper, *-pare.*

Empointer, faire quelques points à une piéce d'étoffe pour la retenir dans ses plis.

Emporter,   *auferre.*

s'Emporter, se mettre en colère, *irasci.*

Emprunter,   *mutuare.*

Enchanter,   *incantare.*

s'Encorneter, prendre une cornette de femme.

Encrouter,   *incrustare.*

verbes à l'infinitif.

Enhorter, vieux mot, *hortari.*

Endetter, *alieno ære implicare.*

s'Enquêter,   *inquirere.*

Enrégimenter, *legioni adscribere.*

Ensanglanter,   *cruentare.*

Envelioter le foin, *congerere.*

Enter un arbre, *arborem inserere.*

Entêter, donner dans la tête, comme le vin, &c. *caput tentare.*

s'Entêter de son mérite, *magnificè de se sentire,* opinioni pertinaciùs adhærere. de quelque opinion pour quelque chose, *studio pervicaci animum accendere.* de quelqu'un, *maximam de aliquo opinionem habere.*

s'Entreheurter, *sese invicem collidere.*

Epater,   *pedem distendere.*

Epointer, *acumine minuere.*

Epousseter, *pulverem scopulâ excutere.*

* Epousseter, rosser, *verberibus excipere.*

Epouvanter,   *terrere.*

Ereinter,   *delumbare.*

Ergoter,   *argutari.*

* Escamoter, *furto subtili auferre.*

Escompter,   *deducere.*

Essarter, *stirpitùs evellere.*

Etater, terme de Barreau.

Etêter,   *decapitare.*

Etiqueter des sacs, *epigraphas sacculis indere.*

s'Eventer, parlant du vin, *evanescere.*

verbes à l'infinitif.

Eventer, donner du vent, *ventilare.* avec un éventail, *tenui flabello ventum movere.* exposer au vent, *vento exponere.* le gibier, *feram odorari.* mettre à l'air, divulguer un secret, *arcanum efferre.* une mine, la découvrir, *hostilem cuniculum adverso cuniculo difflare vel excipere.*

Eviter,   *-tare.*

Exalter...

Excepter,   *excipere.*

Exciter,   *-tare.*

Exécuter,   *exequi.*

Exempter,   *eximere.*

Exerciter, vieux mot, *exercere.*

Exhorter,   *-tari.*

Expérimenter,   *experiri.*

Exploiter, terme de Palais, *vadimonium denuntiare.* exécuter, *exequi.*

Exulter,   *-tare.*

Faciliter, *expedire, explanare.*

Fagoter, *in fascem colligere.*

se Fagoter, railler, *irridere.*

Fainéanter,   *otio torpere.*

Féliciter, *alicui de aliquâ re gratulari.*

Fermenter,   *-tare.*

Fêter,   *diem festum agere.*

Feuilleter,   *evolvere.*

* Fienter,   *egerere stercus.*

Filouter,   *furari.*

Flater, caresser, *adulari.* par complaisance, *blandiri.* un portrait, *imaginem prototypo elegantiorem depingere.* sa douleur, *aberrare à dolore.*

---

verbes à l'infinitif.

Floter,   *fluctuare.*

Fluter,   *fistulâ canere.*

Fermenter,   *fovere.*

Foueter,   *fustigare.*

Frelater, mêlanger, *spurcare.*

Fréquenter,   *-tare.*

Freter, affreter, terme de mer, *navem conducere.*

Frigotter, *ou* Fringotter; on s'en sert pour exprimer la maniére de chanter du pinson.

Frisotter, *crispare frequentius.*

Froter, nétoyer, *detergere.* contre quelque chose, *affricare.* battre, *percutere.*

Fruster,   *fallere.*

Fureter,   *scrutari.*

Fuster, battre à coups de bâton.

Ganter, *chirothecas induere.*

Garoter,   *ligare.*

Gâter, salir, *inficere.* corrompre, *corrumpere.* un tableau, *difformare tabellam.* nuire, *nocere.* une affaire, *negotium invertere.*

Gigoter, *crura vel femora frequentiùs divaricare & motare.*

Gîter,   *decumbere.*

Glouglouter; on s'en sert pour exprimer le cri des dindons.

Glouglotter,   *gluglotire.*

Gobeleter,   *pitissare.*

Goûter,   *merendare.*

Goûter,   *gustare.*

Gralicuter, terme de dessein.

Grapetter, *reliquias colligere.*

Grater, *scabere.* avec les ongles, *ungulis scalpere.*

Graviter 2

verbes à l'infinitif.

Graviter, terme de Physique, *comprimere.*

* Greloter, *pra frigore horrere.*

* Grignoter, *eradere.*

Gringoter, *vocem canendo crispare.* Il exprime le chant du Rossignol.

Guémanter, vieux mot, *quaritare.*

Guéter, être au guet, *excubare.* observer, *observare.*

Habiter, *-tare.*

Halter, *gradum sistere.*

Haleter, *anhelare.*

Hanter les compagnies, *catus frequentare.*

Hâter, avancer, *festinare.* d'approcher, *approperare.* se hâter, *properare.*

Hébéter, *-tare.*

Hériter, *hareditate obtinere.*

Hésiter, *hasitare.*

Heurter, *offendere ad.*

Holocauster, sacrifier, *sacra facere.*

Humecter, *-tare.*

Huter, *casam sibi struere.*

Jarreter, terme de Jardinier, *ramos ramo advenientes præcidere.*

Jetter, *jacere.* lancer, *torquere.* jetter dedans, *injicere.* dessous, *subjicere.* dessus en étendant, *supra sternere.* au-devant, *objicere.* entre, *interjicere.* avec roideur, *contorquere.* par dédain, *abjicere.* dehors, *ejicere.* par terre, *prosternere.* à bas, *diruere.* de haut en bas, *distur-*

verbes à l'infinitif.

bare. les yeux sur, *oculos conjicere in.* des larmes, *lacrymas diffundere.* un propos, *sermonem inferre.* sa gourme, *capitis pituitam exhaurire.* la faute sur, *culpam derivare in.* un mot à la traverse, *verbum trajicere.* de l'eau sur la tête, *aquâ perfundere.* jetter, en parlant des plantes, *gemmas agere.* des branches, *ramos profundere.* jetter en moule, *typo* vel *plasmate fingere.* jaillit comme une fontaine, *scaturire.* jetter, supputer une somme, *summam ducere.* se jetter, *conjicere se.* en avant, *procurrere.* sur l'ennemi, *irruere in hostes.* dans la maison, la ville, *domum, urbem invadere.* dehors, *erumpere.* dans le danger, *in discrimen se inferre.*

Imiter, *-tari.*

s'Impatienter d'attendre, *impatienter prastolari.* dans le mal, *morbum* vel *dolorem ægrè ferre.*

Implanter, terme d'Anatomie, *inserere.*

Importer, *-tare.*

Imputer...

Incidenter, terme de Palais, *causa accessionem producere.*

Inciter, *-tare.*

Incruster...

Infecter, rendre infect, *tetro odore inficere.*

verbes à l'infinitif.

Infester,   -tare.

Injecter, terme de Médecine, *injicere.*

Inquiéter, -tare. troubler, *turbare.* donner du chagrin, *molestiam afferre.* gêner, *angere.*

Infister,   -ere.

Instrumenter, *acta publica & authentica scribere.*

Insulter,   -tare.

Intercepter,   -cipere.

Interjetter appel, *ad judicem superiorem provocare.*

Interpréter,   -tari.

Inventer,   *invenire.*

Inviter,   -tare.

Joûter, *equestribus hastis ludere.*

Irriter,   -tare.

Lamenter,   -tari.

Latter, *tegulas asseribus imponere, tegulis tegere.*

Lester, terme de mer, *saburram immittere.*

Liciter un héritage, *licitari.*

Limiter,   -tare.

Lunetter, se servir de lunettes.

Luter, combattre, *luctari.* terme de Chymie, *luctare.*

Machicoter, *ad libitum occinere.*

Maltraiter, *malè excipere.*

Manifester,   -tare.

Marester, *vineam malleolis frequentare.*

Marmoter,   *mutire.*

Marqueter, *vermiculari.*

Mater, mortifier, *durius tractare.* fatiguer, -gare. affliger, *vexare.* lasser,

---

verbes à l'infinitif.

vexare. voyez Dompter, *domare.*

Mâter, terme de mer, *malo navem instruere.*

Mécompter, se tromper en comptant, *in subducendis calculis errare.*

Mécontenter,   *offendere.*

Médicamenter,   *mederi.*

Méditer, -tari. penser, *cogitare.* de grands desseins, *magna secum volvere consilia.*

Mériter,   *mereri.*

Mignoter,   *blandiri.*

Minuter, *moliri.* sa fuite, *fugam.*

Molester,   -tiam afferre.

Monter,   *ascendere.*

Moucheter, *maculis distinguere.*

* Mugueter, cajoler les filles & les femmes, *faminis blandiri.*

Muloter.

* Naqueter, *cavillari de nihilo.*

Nater, vieux mot,   -tare.

Nater,   *storeâ instruere.*

Nonanter, terme du jeu de Piquet, faire 90. points.

Nordester, terme de mer, *euronotum agere.*

Numéroter,   -rare.

Objecter, *objicere.* opposer, *opponere.* reprocher, *exprobrare.*

Opter, choisir, *optare, eligere.*

Orienter, *ad Orientem disponere.*

s'Orienter, *vertere se ad Orientem.*

verbes à l'infinitif.

Oter, *au*j*erre.*

Oxicrater, laver avec de l'Oxicrat, diffoudre avec du vinaigre.

Palleter, vieux mot, *leviter pugnare.*

Palpiter, *-tare.*

Papilloter, *glomeratim colligere.*

Parlementer, *colloqui.*

Parqueter, *teffellulis inftruere.*

Paffementer, *taniâ textili ornare.* il fignifie auffi battre.

Patienter, *habere patientiam.* attendre patiemment, *patienter expectare.*

Pauleter, payer la Pauléte, *fexagefimam pro pretii dignitate partem quotannis Regi folvere.*

Pédanter.

Peloter, *laneâ pilâ datatim ludere.*

Permuter, *-tare.*

Perfécuter, *-fequi.*

Perfifter, *-ere.*

Pefter, invectiver, *acerbiùs invehi.* faire des imprécations, *acerbiùs invehi.* détefter, *-tari.*

Picoter, *pungere.*

Piéter, *ad metam pedem fiftere.*

Piloter, *defixis palis aquofum folum ftipare.*

Pincetter.

Pinter, *bibere.*

Pirater, *piraticam exercere.*

Pirouéter, *gyros agere.*

Piftoletter, *fclopetis brevioribus occidere.*

verbes à l'infinitif.

Pivoter, boire du vin qu'on verfe d'en-haut.

Plaifanter, *fcurrari.*

Planter, *-tare.*

* Planter, laiffer là, *deferere.*

Pointer, tourner la pointe, *mucronem obvertere.* le canon, *tormenta bellica dirigere in.* la carte marine, *mappam nauticam examinare.*

Porter, *ferre.*

Poft-dater.

Pofter, courir, *citato equi curfu ferri.*

Pofter, terme de guerre, *locum occupare.*

Précipiter, *præcipitare.*

Préméditer, *præmeditari.*

Préfenter, offrir, *offerre.* un criminel, *reum fiftere judici.* la pointe, *cufpidem intentare.* un cheval à, *equum admovere.* fa tête, *caput præbere.*

fe Préfenter, *fe fiftere.* comparoir en droit, *in jure fe fiftere.*

Prêter, *commodare.* de l'argent, *pecuniam credere.* l'oreille, *aurem præbere.* à intérêt, *fœnori dare.* attention, *aufcultare.* prêter la main, aider, *adeffe.* la gloire à, *concedere de gloriâ.* fa voix à, *vocem fuppeditare.* prêter ferment, *dicere facramentum.*

fe Prêter, *fe alicui dare ad tempus.* à fa bonne fortune, *fe fortunâ bonâ præbere.*

verbes à l'infinitif.

Prétexter, *obtendere.*

Profiter, *proficere.* des malheurs d'autrui, *alicujus calamitate res suas augere.* croître, *crescere.* tirer profit, *utilitatem capere.* avancer dans les sciences, *in litteris promoveri.* faire profiter son argent, *pecuniam collocare fœnori.*

Projetter, *consilium inire.*

Protester, *-tari.* terme de Banquier, *contestando denuntiare.*

Quêter, *quærere.* mendier, *mendicare.* amasser, *cogere.* à l'Eglise, *in Ecclesia stipem corrogare.*

Quinter, marquer l'or & l'argent.

Quitter, *deserere.* délaisser, *relinquere.*

Rabaster, ou plûtôt Raboter, faire du bruit.

Raboter, *dolare.*

Racheter, *redimere.*

Raconter, *narrare.*

Radoter, *delirare.*

Ragoûter, *gustum irritare.*

Rapporter, *referre.*

Rassoter, *hebetare.*

Rater, se dit d'un chat, *murium venationi vacare.*

Ravigoter, *reficere.*

Rebuter, *repellere.*

Rechaiter, v. m. *occultare.*

Réciter, *-tare.*

Recoiter, vieux mot, *occultare.*

Réconforter, *refocillare.*

Recruter un Régiment, *legionem augere.*

verbes à l'infinitif.

Redouter, *timere.*

Refêter, *diem festum restituere.*

Réfuter, *-tare.*

Régenter, enseigner, *professorem publicè agere.* gouverner, *præsidere.* faire le maître, *imperium sibi assumere.* professer, *profiteri.*

Regrater, *interpolare.*

Regréter, *alicujus desiderio affici.* la mort de, *alicujus mortem dolere.* se faire regretter, *sui desiderium movere.* le malheur de, *vicem dolere.*

Réhabiliter, *-tare.*

Rejetter, repousser, *repellere.* loin de soi, *rejicere.* refuser, *repudiare.* la faute sur un autre, *culpam transferre in.* pousser des rejettons, *germinare.*

Remonter, monter derechef, *rursùm ascendere.* à cheval, *iterùm equum conscendere.* l'eau, *adverso flumine navigare.* reprendre de plus haut, *altiùs res repetere.* sur sa bête, *ab afflictâ fortunâ exurgere.* la Cavalerie, *equitatui equos suppeditare.*

Répercuter, *-ere.*

Répéter, redire, *repetere.* réitérer, *-rare.* redemander, *repetere.* reprendre, *resumere.*

Replanter, *plantare iterùm.*

Reporter, *referre.*

Représenter un accusé, *reum exhibere.* au naturel, *simi-*

verbes à l'infinitif.

litudinem ex vero effingere.
une piéce de Théâtre, *fabulam agere.* démontrer, *demonstrare.* expofer, *exponere.* fes raifons avec force, *momenta fua vehementer proferre.* une difficulté, *difficultatem exhibere.*

fe Repréfenter, *animo fibi fingere.*

Réputer,   *-tare.*

Réfifter,   *-ere.*

Refpecter, honorer, *colere.* vénérer, *-rari.* avoir égard, *rationem vel refpectum habere.*

Reffauter,   *refilire.*

Refter,   *manere.*

Réfufciter,   *-tare.*

Rétracter, *dictum revocare.* les injures, *recantare opprobria.*

Révolter,   *rebellare.*

Rioter, rire à demi.

Ripofter,   *refellere.*

Rifter, vieux mot, preffer, *urgere.*

Roter,   *eructare.*

Saboter, *verfare turbinem.*

Sacqueter.

Saignoter, faire de petites faignées.

Sanglorer,   *fingultire.*

Saveter, *indoctè aliquid efficere.*

Sauter,   *falire.*

Sergenter, *aliquem vadari.*

Serpenter,   *-ere.*

Siroter, boire,   *bibere.*

Sifter, terme de Palais, *fiftere in judicium.*

verbes à l'infinitif.

Soixanter, terme du jeu de Piquet.

Solliciter, *-tare.* foigner, *curare.*

Souffleter, *alapis afficere.*

Souhaiter,   *optare.*

Soutraiter, *fubredempturam pacifci.*

Subfifter,   *-ere.*

Suçoter,   *fapius exfugere.*

Suinter,   *humefcere.*

Supplanter,   *-tare.*

Supporter. . .

Supputer. . .

Surgeter, *ad limbum panni leviter fuere.*

Surmonter,   *fuperare.*

Sufciter,   *-tare.*

Suftenter. . .

Tacheter, *maculis diftinguere.*

Taluter, *in talum efformare.*

Tapoter,   *icere.*

Tarabufter,   *laceffere.*

Taroter, fe plaindre, *queri.*

Tâter, goûter,   *guftare.*

Tempêter,   *debacchari.*

Tenter,   *-tare.*

Teftamenter, vieux mot, *teftamentum componere.*

Tefter,   *-tari.*

Téter,   *lac fugere.*

Tinter,   *tinnire.*

Loucher,   *tangere.*

Tourmenter,   *divexare.*

Traiter, terme de Médecine, *curare.* donner à manger, *menfà excipere.* difputer fur quelque fujet, *differere.* négocier, *agere.* accorder, *concedere.* gouverner, régir, *adminiftrare.*

Tranflater les Auteurs, vieux

verbes à l'infinitif.

mot, *auctores transferre.*
Transplanter,   *-tare.*
Transporter...
Trembloter,   *tremere.*
Treffauter, vieux mot, tref-
saillir, *subsilire, tremulis*
motibus concuti.
Tricoter, *reticulatim fila*
texere.
Tripoter, *rem exagitare.*
Trompetter, *buccinâ promul-*
gare.
Troter,   *cursitare.*
Turluter, contrefaire le fla-
geolet.
Valeter,   *ancillari.*
Vanter, louer, *laudare.* prê-
cher, *prædicare.* se vanter
de, *gloriari de.* de son
esprit, *ingenium venditare.*
se vanter d'une maniére
insupportable, *intoleran-*
tius se jactare.
Venter, faire du vent, *flare.*
Végéter, *vegetare.* vivre
comme les plantes, *vi-*
gere.
Velouter, *opus bombycinum*
ad modum Hetoromalli
aptare.
Violenter, *vim afferre.*
Visiter,   *-tare.*
Vivoter,   *victitare.*
* Voleter,   *-litare.*
Volter, *in ictum impactum*
conversio.
Voluter, devider le fil dans
les fusées, *evolvere.*
Voûter, *camerare.* se voûter,
incamerari.

TEUX, *voyez* EUX.

Substantifs & adjectifs masculins.

T I.

Apprenti,   *tyro.*
Bâti, le bâti d'un habit.
Cati, monnoie de Java.
Concetti, mot Italien, *acu-*
mina, scintilla.
un Converti,   *Neophyta.*
Couti, *compactissima tela.*
Démenti, *admissi mendacii*
exprobratio.
Desassorti, terme de Librai-
re, *imperfectus.*
Genti,   *festivus.*
l'Herti, fou,   *-us.*
Loti, *in partem divisus.*
Malbâti, *malè dispositus.*
Miparti, *bipartius.*
Mouphti, chef de la Reli-
gion Mahométane, *Mu-*
phtus.
Nanti,   *munitus.*
Outi,   *instrumentum.*
Parti, faction, *factio.* of-
fre, *conditio.* de finance,
redemptorum societas. de
guerre, *militares manus,*
copiæ. mariage, *conjugium.*
un Repenti,   *pœnitentia.*
Rôti,   *assa caro.*
Voloqueti, vieux mot, *sa-*
lutatio.

V E R B E S.

ver. au pref. &c.

Abêti,   *hebes factus.*
Abrouti, terme d'Eaux &
Forêts.
Abruti, *brutus ac stupidus*
factus.
Amorti,   *extinctus.*

verbes au préfent & participes masculins.

Anéanti , *ad nihilum reda-*
ctus.
Applani , *applanatus.*
Afforti , *inftructus.*
Affujéti , *fubjectus.*
Averti , *monitus.*
Bâti , *ædificatus.*
Compâti , *mifertus.*
Confenti , *conceffus.*
Converti , *converfus.*
Diverti , *averfus.*
Empuanti , *putidus* , *fœtidus.*
Englouti , *abforptus.*
Garanti , *tutus.*
Parti , *profectus.*
Pâti , *paffus.*
Perverti , *perverfus.*
Ralenti , *remiffus.*
Retenti , *refonatus.*
Rôti , *toftus.*

Voyez les autres verbes en
tir.

TIE.

Subftantifs féminins.

Agreftie , vieux mot , *rufti-*
citas.
Alectoromantie, *ou* Alectryo-
mantie , *-tia.*
Amniftie , pardon , *-tia.*
Antipathie. . .
Argutie , *-tia.*
Ariftocratie , *-tia.*
Arithmantie. . .
Atropatie , pays. . .
Bélomantie , forte de divi-
nation , *-tia.*
Clytie , nymphe , *-tia.*
Croatie , pays. . .
Dalmatie , pays. . .
Départie , *partitio.*
Dynaftie , *-tia.*
Egnatie , pays. . .

Subftantifs féminins.

Eucharistie , *-tia.*
Garantie , *authoritas.*
Gaftromantie, forte de di-
vination , *-tia.*
Hoftie , victime , *hoftia.* S.
Sacrement , *fanctiffimum*
Sacramentum.
Immodeftie , *-tia.*
Modeftie. . .
Nigritie , pays. . .
Ochlocratie , forte de gou-
vernement.
Omphalomantie , efpéce de
divination.
Oneirocritie , l'art d'interpréter les fonges.
Ornithomantie , l'art d'expliquer toutes chofes , par
le vol ou le chant des oifeaux.
Ortie , *urtica.* piquer d'ortie, *urticâ urere.* ortie morte , *archangelica urtica.*
Orythie , nayade.
Oftie , ville , *Oftia.*
Partie , *pars.* petite , *parti-*
cula. en partie , *partim.*
une bonne partie , *magna*
pars. adverfe, *adverfarius.*
femme, *adverfaria.* prendre à partie , *adverfarium*
fe intendere. forte partie ,
potens adverfarius. partie
qu'un Avocat défend ,
cliens. partie du jeu , *lufo-*
ria concertatio. de chaffe,
venationis. de guerre , *bel-*
li. d'un difcours , *caput.*
cafuelle , *lucrum fortui-*
tum. jouer une partie ,
ludo concertare. gagner
une partie , *unâ concerta-*

subftantifs féminins.

tione vincere. la perdre, vinci. partie de promenade, *deambulationis in-
dictio.* région, *regio, plaga.*

Partie, au plur. comptes,
rationes. mémoire de dépense, *rationum ordo.*

Parties, qualités, *naturales
dotes.*

Partie naturelle, au plur. d'un
homme, *genitalia.* d'une
femme, *partes naturæ,
virginale.*

Pédéraftie, fodomie.

Pégomantie, divination par
l'eau des fontaines.

Péripétie,   *-ia.*

Philantie, amour de foi-
même, *-ia.*

Polymathie,   *-ia.*

* Poutie, ordure, *fordecula.*

Repartie,   *responfum.*

Repentie, au plur. Reli-
gieufes, *Pœnitentes.*

Rôtie de pain, *tofti panis
quadra.*

m   vin de côte-Rôtie, *vinum è
clivo tofto.*

Sacriftie,   *facrarium.*

Samogitie, pays,   *-ia.*

Sarmatie, pays. . .

Scythie, pays. . .

Sortie, l'action de fortir,
egreffus. iffue d'un lieu,
exitus. fortie que font les
Affiégés, *eruptio.*

Sotie, vieux mot, *ftultitia.*

Sympathie,   *-thia.*

Tutie,   *-tia, flos æris.*

V E R B E S.

Abêtie,   *hebes facta.*

verbes au prétérit & participes féminins.

Abrutie,	*vecors effecta.*
Amortie,	*extincta.*
Anéantie,	*ad nihilum reda-cta.*
Applatie,	*applanata.*
Affortie,	*inftructa.*
Affujettie,	*fubjecta.*
Avertie,	*monita.*
Bâtie,	*ædificata.*
Catie,	*pectine textorio ftipo.*
Châtie,	*caftigo.*
Convertie,	*converfa.*
Engloutie,	*abforpta.*
Garantie,	*tuta.*
Partie,	*partita.*
Pervertie,	*perverfa.*
Rôtie,	*tofta.*
Sortie,	*egreffa.*

TIE. qui fe prononce com-
me SIE. *voyez* SIE.

TIER. *voyez* IER.

TIF. *voyez* IF.

TIN. *voyez* IN.

TION. *voyez* ION.

TIR. *voyez* IR.

TIS. *voyez* IS.

TIT. *voyez* IT.

TO. *voyez* O.

TON.

m   Argenton, ville de Berry en
France, *Argentomagum.*

substantifs masculins.

Avorton,   *abortivus.*

Baralipton, forte d'argument.

Bâton pour s'appuyer, *baculum.* pour soûtenir, *scipio.* pour frapper, *fustis.* petit, *bacillum.* courbé par le haut comme une croffe, *lituus.* à deux bouts, ferré aux deux bouts, *hastile utrinque cuspidatum.* à bâton rompu, *interruptè.* tour du bâton, *industria fructus.* volerie, *rapinæ improbiffima præda.*

Breton, peuple, *Brito.* langue, *Celtica lingua.*

bas Breton, peuple, *Aremoricus Brito.*

Bouton d'habit, *globulus.* bourgeon, *gemma.* de fleur, *calix.* de vérole, *pustula.* élevûre, *papula.* nœud coulant, *ductilis nodus.* ferrer le bouton, parler avec vigueur, *urgere verbis.*

Brocheton,   *juciolus.*

Canneton, le petit d'une canne.

Capiton, foie, *bombycinum infectum.*

Carton, *charta denfior.* terme d'Imprimerie, *folium excuffum typis.*

Caton, Philofophe, *Cato.* un Caton, fig. fage, *fapiens.*

Charenton,   *Carentonium.*

* Charton, cocher, *auriga.*

Chaton d'une bague, *pala.* piéce d'Orfévrerie, *gem-*

substantifs masculins.

marius umbilicus. jeton de certains arbres en façon de queue de chat, *panus.* de noyer & de coudrier, *nucamentum.* peau verte qui couvre la noifette, *culeolus.* petit chat, *catulus.*

Chaton, terme d'Oculifte, c'eft l'endroit où le cryftallin de l'œil eft enchâffé.

Clocheton, petit Clocher.

Cloton, Parque,   *Cloto.*

Cotton,   *goffipium.*

Court-bouton, forte de cheville de bois.

Cretons, au plur. forte de mets.

Crouton de pain, *crustula panis.*

Dicton, fentence, *fententia.*

Dictum d'Arrêt, *fententiæ expreffio.*

Ducaton, monnoie, *ducatus argenteus.*

Efponton, arme,   *lancea.*

Facton, *ou* Factum.

Factoton, *omnium fatagens.*

Felapton, terme artificiel de Logique.

Feston, *encarpus, implexus florum frondiumque.*

Fronton, terme d'Architecture, *fastigium.*

Glouton,   *gulofus.*

Hanneton, *fcarabeus.* injure, *levis.*

Hocqueton, cafaque, *fagum.* archer, *fagatus apparitor.*

Jeanneton, dim. de Jeanne.

Jetton à compter, *calculus.*

substantifs masculins.

d'arbres, *sarculus.* de mouches , *examen apum.*

Laton, fil de Laton, *filum ori-
chalci.*

Laveton , *decepta carduis
lana.*

Leton , *ou* Laiton , *orichal-
cum.*

Luiton , le même que Lutin.

Marmiton , *mediastinus co-
culus.*

Miroton , terme de cuisine.

Miton , sorte de mitaine.

Moineton , petit Moine ,
monachus juvenis.

Molleton , *textum lanenm
molliculum.*

Molleton , oiseau.

Mouton ,   *vervex.*

Oeilleton , bouton à côte
des racines des artichaux.

Othon, Empereur , *Otho.*

Pâton de soulier , *obstraguli
subditium corium.* de graisse-
se , *perpinguis.*

Peloton , petite boule , *globulus.* de fil , de laine ,
glomus. à épingle , *acicularius.* de gens de guerre ,
milium manus, turma. d'u-
ne bataille , *pila nuda.*

Peton ,   *parvus pes.*

Phlegéton , fleuve d'Enfer ,
Phlegeton.

Piéton ,   *pedes.*

Piton de fer , *clavus ferreus
in capite perforatus.*

Platon , Philosophe , *Plato.*

Pluton , Dieu des Enfers ,
Pluto.

Python , serpent ,   *pytho.*

Raton de pâtisserie , *scribli-
tula dulciaria.*

substantifs masculins.

Rejetton au pied d'un arbre ,
stolo. de vieux choux , *cyma.* d'abeille , *examen
apum.*

* Rogaton ,   *reliquia.*

Seton , *cauterium in cervice.*

Semiton ,   *semitonus.*

Sommeton, vieux mot, Som-
met , *vertex.*

Teston , *capitatus nummus.*

Teton ,   *uber.*

Tithon , serpent ,   *titho.*

Ton , *ou* Thon ,   *Thunnus.*

Ton , le tien , *nus , tua ,
tuum.* de la voix , *sonus.*
dans la Musique , *tonus.*
lugubre , *vox lugubris.*
plaintif , *querula.* grave ,
gravis. ton , qualité du
son , *tonus.* demi-ton ,
semitonium. haut & bas ,
acutus , sublimis , canorus.
donner le ton, *toni modum
præcinere.* celui qui donne
le ton , *præcentor.*

Ton , *ou* Taon , grosse mouche , *œstrus.*

v   Tond ,   *tondeo.*

Tonton, dim. de Jeanneton

Toton , jeu , *tessara cuspi-
data versatilis.*

Toureleton ton-ton, refrain
d'une chanson de Bense-
rade.

Triton , Dieu marin , *Trito.*

Triiton , petite truite.

Valeton, vieux mot, enfant.

T R E R. *voyez* R E R.

TU. & TEU.

Abatu ,   *percussus.*

subſtantifs maſculins.

Battu, *verberatus.* des yeux battus, *liventes oculi.*
* Cogne-fêtu, *in vanum agens,*
Combatu, *impugnatus.*
Courbatu, cheval courbatu, *equus vehementi anhelitu reſpirans,*
Débatu, *agitatus.*
Défruȼtu, fig. le reſte de la table, *menſa reliquiæ.*
Fêtu, *feſtuca.*
Fort-vêtu, *novus homo.*
Francatu, eſpéce de pomme.
Impromptu, *ex tempore.*
Pigeon patu, *plumipes columbus.*

subſtantifs maſculins.

Pointu, *verutus.*
Rabatu, *deduȼtus.*
Revêtu, *veſtitus.*
Sentu, pour Senti, vieux mot.
Têtu, *obſtinatus.* poiſſon de mer ou de riviére, *capito anadromus.*
Teu, de Taire, *tacitus.*
Tortu, *tortuoſus.*
Tu, pronom, *tu.*
Vertu, *virtus.* faculté, *-tas.* force, *vis.*
Vertu des plantes, *vires herbarum.*
en Vertu, terme de Palais, *ex, per.*
Vêtu, *veſtitus.*

V.

V A.

verbes au prétérit indéfini.

CAlatrava, Ordre militaire.
Java, île, *Java.*
Ichova, nom de Dieu.
Nerva, Empereur.
Sept & le Va, quinze & le Va, terme de jeu, *ſeptem & vadit,*

V E R B E S.

verb. au prét. ind.

Abreuva, *adaquavit.*
Acheva, *adimplevit.*
Agrava, *aggravavit.*
Approuva, *-obavit.*
Arriva, *acceſſit.*
Brava, *inſultavit.*
Captiva, *captavit.*

Cava, *excavavit.*
Conſerva, *-vit.*
Créva, *crepuit.*
Cultiva, *coluit.*
Déprava, *-vit.*
Deſaprouva, *improbavit.*
Eleva, *-vit.*
Enerva...
Enjoliva, *ornavit.*
Enleva, *abſtulit.*
Eprouva, *exploravit.*
Grava, *cœlavit.*
Improuva, *-obavit.*
Innova, *-vit.*
Lava...
Leva, *extulit.*
Meſarriva, *malè accidit.*
Obſerva, *-vit.*
Préſerva, *defendit.*
Priva, *- vit.*

verbes au prét. ind.

Prouva,   -obavit.
Réferva,   -vit.
Réva,   deliravit.
Sauva,   falvavit.
Souleva,   fublevavit.
Va,   vadit.
   Voyez les autres verbes en ver.

U A. diffyllabe.

Gargantua, Géant.
Strenua, Déeffe de la vigueur.

V E R B E S.

verbes au prétérit indéfini.

Atténua,   minuit.
Attribua,   -uit.
Continua,   -vit.
Contribua,   -buit.
Conftitua,   -ftituit.
Dénua,   -nudavit.
Deftitua,   -ftituit.
Diminua,   imminuit.
Diftribua,   -buit.
Effectua,   effecit.
Eternüa,   fternutavit.
Evacua,   -vit.
s'Evertua,   enixus eft.
Habitua,   affuefecit.
s'Infatua, opinionem imbibit animo.
Influa,   -uxit.
Infinua,   -vit.
Inftitua,   -ftituit.
Mua,   mutavit.
Perpétua,   -vit.
Proftitua,   -ftituit.
Remua,   movit.
Reftitua,   -ftituit.
Rua,   calcitravit.

verbes au prét. ind.

Salua,   -utavit.
Situa,   pofuit.
Sua,   fudavit.
Subftitua,   -ftituit.
Tua,   occidit.
   Voyez les autres verbes en uer.

V A N T. U A N T. voyez A N T.

V A T. voyez A T.

U B E.

substantifs masc. & fém.

Bube,   puftula.
Cube, ou quarré,   cubus.
Danube, fleuve,   -bius.
Hécube, femme de Priam,   Hecuba.
Incube,   -bus.
Jujube, fruit,   ziziphum.
Succube,   -bus.
Tube, ou Tuyau,   tubus.

U B L E.

v Affuble,   amicit.
f Chafuble de Prêtre, cafula.
a Diffoluble,   -bilis.
f Enfuble de Tifferan, textoris fuccula.
a Indiffoluble,   -bilis.
a Irréfoluble, qui folvi nequit.
a Infoluble,   -bilis.
a Orruble, vieux mot, horribilis.
a Réfoluble, terme de Géométrie, qui folvi poteft.
m Ruble, monnoie de Mofcovie.
a Soluble,   -bilis.

UBRE.

a	Lugubre,	*-bris.*
a	Salubre...	

UC.

Aquéduc, *-ductus.*

Archiduc, dignité, *-dux.*

Balaruc, Bourg de Langue-doc, *Balarucum.*

Baruch, Prophéte.

Belbuch, Dieu des Vanda-les, *-chus.*

Bonduc, plante originaire des deux Indes.

Caduc, *caducus.*

Dua, *Dux.*

Duc, oiseau nocturne, *bubo.*

Habacuc, Prophéte.

Heyduc, *pedes Hungarius.*

Juc, lieu où se mettent les poules, *gallinarium.*

Luc, nom d'homme, *Lucas.* oiseau de S. Luc, fig. un bœuf, *bos.*

Mal-caduc, *morbus herculeus.* épilepsie, *sia.*

Stuc, marbre pilé, *albarium marmoratum.*

Zeomebuch, nom du mau-vais Génie chez les Van-dales.

UCE. USSE. & EUSSE.

f	* Astuce, finesse,	*astutia.*
	Aumusse, *pelliceum & villo-sum amiculum.*	
f		
m	Prépuce,	*præputium.*
f	Puce,	*pulex.*

subjtantifs masculins.

VERBES.

verbes au second imparfait du subjonctif.

Accrusse,	*accrescerem.*
Aperçusse,	*perspicerem.*
Apparusse,	*apparerem.*
Busse,	*biberem.*
Chusse,	*caderem.*
Comparusse,	*comparerem.*
Complusse,	*-placerem.*
Concourusse,	*concurrerem.*
Conçusse,	*conciperem.*
Connusse,	*cognoscerem.*
Crusse, de Croire,	*crederem.*
Crusse de Croître,	*crescerem.*
Déchusse,	*deciderem.*
Décrusse,	*decrescerem.*
Deçusse,	*deciperem.*
Déplusse,	*displicerem.*
Discourusse,	*discurrerem.*
Disparusse,	*evanescerem.*
Elusse,	*eligerem.*
Emûsse,	*emoverem.*
Encourusse,	*incurrerem.*
Epuce,	*pulices discutio.*
j'Eusse, d'Etre,	*essem.*
j'Eusse, d'Avoir,	*haberem.*
Fusse,	*essem.*
Imbusse,	*imbuerem.*
Lusse, de Lire,	*legerem.*
Méconnusse,	*ignorarem.*
Mourusse,	*morerer.*
Mûsse,	*moverem.*
Parcourusse,	*percurrerem.*
Parusse,	*parerem.*
Plusse,	*placerem.*
Pusse, de Paître,	*pascerem.*
Pusse, de Pouvoir,	*possem.*
Prévalusse,	*prævalerem.*
Reçusse,	*reciperem.*
Résolusse,	*resolverem.*
Sçusse,	*scirem.*

verbes, &c.

Suce, de Sucer,	fugerem.
Tuffe, de Taire,	tacerem.
Valuffe,	valerem.
Vouluffe,	vellem.

UCHÉ. long.

f Bûche, *caudex.* lourdaut, *ftipes.*

f Embûche, *infidia.*

UCHE. bref.

subftantifs féminins.

Autruche, oifeau, *ftruthio-camelus.* eftomach d'au-truche, *ftomachus ftruthio-camelinus.*

Coqueluche, mal, *cuculus morbus.*

Cruche, *hydria.*

* Cruche, idiot, *ftultus.*

v Epluche, *feligo.*

Fanfreluche, *nuga.*

Freluche, *pannicula.*

Guenuche, *fimia.*

Huche, *mactra.*

Peluche, *villofa pellis.*

v Trebuche, *laborat.*

UCRE.

m Lucre, *lucrum.*

m Sucre, *faccharum.*

m un pain de Sucre, *facchari meta.*

U D.

fub. & adj. maf.

Bogud, nom propre.

Flud, Philofophe, *-dius.*

Sud, au midi, *aufter.*

Talmud des Juifs, *-dium.*

Talud, *propes, in talum exiens projectio.*

---

subftantifs féminins.

U D E.

Amplitude, terme d'Aftro-nomie, *-do.*

Aptitude, *-do.*

Arctitude, terme d'Anato-mie, étreciffement, *-do.*

Attitude, terme de Peintu-re, *fitus, pofitio.*

Béatitude, *-do.*

Bude, ville, *-da.*

Celfitude, ancien titre de dignités.

Certitude, *-tudo.*

Décrépitude, *fenecta.*

v Elude, d'Eluder, *eludo.*

Etude, cabinet, *mufeum.* fçavoir, *fcientia.* foin, *cura, ftudium.* au plur. les fciences, *ftudia. litte-rarum.*

Exactitude, *accuratio.*

Gratitude, *-do.*

Habitude...

Incertitude...

Ingratitude, *ingrati animi vitium.*

Inquiétude, *angor.*

Latitude, *-do.*

Longitude...

* Manfuétude, *-do, lenitas.*

Multitude, *-do.*

Plénitude...

Prélude, *praludium.*

Promptitude, *-do.*

a Prude, *prudens.*

Quiétude, *quies.* oraifon de quiétude, *oratio quieta.*

Rectitude, *rectum,* vel inte-*gritas.*

a Rude, *rudis.*

Substantifs féminins.

Servitude, *servitus.* fujétion d'héritage, *servitus, fub-jeĉtio.*
Similitude,　　　　-do.
Solitude...
Sollicitude...
Turpitude...
Viciffitude...

V É. monofyllabe.

Substantifs & adjectifs masculins.

Avé, priére, *ave.* un inftant, *inftanti temporis.*
Civé, terme de cuifine, *ce-polla.*
Dépravé,　　　　-vatus.
Douvé; il fe dit du foie des animaux qui eft altéré, *corruptus.*
Leffivé,　　　*lexivio lotus.*
pain Levé, *panis fermentatus.*
à-cu-Levé,　　*ludi fpecies.*
Oeuvé,　　　　*ovatus.*
Pavé, *pavimentum.* un batteur de pavé, *errabundus.*
Privé, domeftique, un canard privé, &c. *cicur.*
Privé, particulier, *privatus, particularis.*
confeil Privé, *confilium fan-ĉtius.*
Privé, garderobe, *forica.*
un Salvé,　　　*falutatio.*
Senevé, plante,　*finapi.*
Sens réprouvé, *fenfus re-probus.*
enfant Trouvé, *infans expo-fitus.*
Vé, v. m. pour Vrai, *verus.*

V E R B E S.

Abbreuvé,　　*adaquatus.*

verbes au prétérit & part. mascul.

Accouvé, v. m. *alfiofus, iners.*
Achevé,　　　　*abfolutus.*
Aggravé,　　　　-vatus.
Approuvé,　　　-obatus.
Arrivé,　　*qui advenit.*
Bravé, *ferociùs infultatus.*
Captivé,　　　*captatus.*
Cavé,　　　　　-vatus.
Confervé...
Crevé,　　　*difruptus.*
Cultivé,　　　*cultus.*
Dépravé,　　　　-vatus.
Defapprouvé, *improbatus.*
Elevé,　　　　　-vatus.
Emblavé,　　*feminatus.*
Enervé,　　　　-vatus.
Enjolivé,　　　*ornatus.*
Elevé,　　　　*raptus.*
Entravé,　　*compedatus.*
Eprouvé,　　　*probatus.*
Efquivé,　　　*vitatus.*
Gravé,　　　*cœlatus.*
Grevé,　　　　*læfus.*
Involvé, embrouillé, *intri-catus.*
Lavé,　　　　*lotus.*
Levé,　　　　*levatus.*
Obfervé,　　　　-vatus.
Préfervé, *ab aliquo malo pro-pulfus, fervatus.*
Privé,　　　　　-vatus.
Prouvé,　　　*probatus.*
Réprouvé,　　　-obatus.
Réfervé,　　　　-vatus.
Sauvé,　　　*falvatus.*
Soulevé,　　*fublevatus.*
Trouvé,　　　*inventus.*
Voyez les autres verbes en ver.

U É. diffyllabe.

m Gradué,　*gradum adeptus.*

m Josué,   *Josue*

VERBES.

verbes au prés. & part. mascul.

Atténué,   -*nuatus.*
Attribué,   -*butus.*
Conspué,   -*putus.*
Constitué,   -*tutus.*
Continué,   -*nuatus.*
Contribué,   *imperitus.*
Dénué,   *denudatus.*
Deshabitué,   *inassuefactus.*
Desinfatué, *stoliditate libe-*
    ratus.
Destitué,   -*stitutus.*
Diminué,   -*nutus.*
Distribué,   -*butus.*
Effectué,   *effectus.*
Eternué,   *qui sternutavit.*
Evacué,   -*uatus.*
Exténué. . .
Habitué,   *assuefactus.*
Infatué,   -*tuatus.*
Influé,   *influxus.*
Insinué,   -*nuatus.*
Institué,   -*stitutus.*
Mué,   *mutatus.*
Perpétué,   *æternitati man-*
    datus.
Pollué,   -*lutus.*
Ponctué,   *punctis distinctus.*
Prostitué,   -*tutus.*
Remué,   *motus.*
Restitué,   -*tutus.*
Rué,   *jactus.*
Salué,   -*utatus.*
Situé,   *situs.*
Substitué,   -*stitutus.*
Sué,   *sudatus.*
Tué,   *occisus.*
    Voyez les autres verbes en
uer.

---

substantifs & adjectifs féminins.

U E. diffyllabe.

Abbatue, terme d'Architecture.
Absolue,   -*luta.*
Anchue, terme de Manufacture, *subtegmen.*
Avenue d'arbres, *accessus arboribus consitus.*
Barbue, poisson, *rhombus levis.* sarment avec sa racine, *viviradix.*
Basse-continue, *bassus continuus.*
Battue, *præda diverberandis dumis per strepitum elicita.*
Berlue, *caligo.* avoir la berlue, *caligare.*
Besaigue,   *bipennis.*
Bévûe, *erratum.* faire une bévûe, *errare.*
Bossue,   *gibba.*
Charrue pour labourer, *aratrum.* son manche, *stiva.* son soc, *vomer.*
Chenue, vieille,   *cana.*
Ciguë, herbe,   *cicuta.*
basse-Continue, *bassus continuus.*
fiévre Continue, *febris continua.*
à la Continue,   *continuò.*
Coquesigrue, poisson, *clyster.* chimère, -*mæra.*
Cornue, -*nuta.* à distiller, *ampulla cornuta.*
soie Crûe,   *bombyx cruda.*
Crûe de riviére,   *accretio.*
* Déconvenue, *infortunium.*
Dissolue,   -*luta.*

Entrevue,

subſtantifs & adjectifs feminins.

Entrevûe , *congreſſus.*
Etendue , *extenſio.*
Feuillue , *frondoſa.*
Goulue , *guloſa.*
Grue , oiſeau , *grus.* niais, *bardus.* pour élever des fardeaux , *grus tractatoria.*
heure Indue , *hora indebita, intempeſtivè.*
Imbûe , *-buta.*
Jouflue , *malis turgidis & craſſis.*
Irréſolue , *dubia, anceps.*
Iſſue , ſuccès , *ſucceſſus.* ſortie des maiſons , *exitus.* entrée de table , *promulſis.*
Laitue , herbe , *lactuca.*
Maintenue , *juſta poſſeſſio.*
Maſſue, *clava.* coup de maſſue , *clava ictus.*
Menſtrue , terme de Chirurgie , *menſtrua.* au plur. ſang menſtruel , *menſes, menſtrua.*
Morue , *morua.*
Mue d'oiſeau , *ſaginarium.* de ſerpent , *vernatio.* du cerf , *cervi mutatio.* mettre en mue , *in ſaginario includere.*
Nue , nuage , *nubes.*
Pelue , *villoſa.*
ſentinelle Perdue , *hoſtibus proximus vigil.*
Recrue , *auctio.* faire une recrue , *ſupplementum militum ſcribere.* les envoyer, *incrementa mittere.* recrue de ſubſides , *vectigalium acceſſio.*
Repue, repas , *menſa.*
* franche-Repue , *paſtus gratuitus.*

ſubſtantifs & adjectifs feminins.

femme Réſolue , *virago.*
Retenue , modération , *-io.* qui n'en a point , *intemperans.* réſervation , *-tio.* modeſtie , *-tia.* pudeur , *pudor.* qui a de là retenue , *moderatus.* avec retenue , *moderatè.* ſans retenue , *immoderatè.*
Revûe d'un procès , *reviſio.* d'une armée , *exercitûs recenſio.*
Rüe de Ville , *vicus.*
Rue , herbe , *ruta.*
Sangſue , *ſanguiſuga.* Maltotier , *hirudo.*
Statue , *ſtatua.* ſimulacre , *-crum.* au naturel, *iconica.* d'une grandeur extraordinaire , *coloſſea.* équeſtre , *-ſtris.* pedeſtre , *-ſtris.* de bronze , *ex ære.* bien faite , *ſpirans.* petite , *ſigillum.* dreſſer une ſtatue , *collocare ſtatuam.* la faire en bronze , *ducere ſtatuam ex ære.*
Superflue , *-flua.*
Tenue , changé , *ordo , ſeries.* d'une tenue , *continenti ſerie.* poſſeſſion, *-io.* des Etats , *comitiorum celebratio.* de l'ancre au fond de la mer , *arrepta in fundo terra portio ab anchora.*
Touffue , *denſa.*
Tortue , animal , *teſtudo.* terme de guerre des Romains , *teſtudo.*
Tue, tue , *macta , mactâ.*
Venue , *adventus.*

(marge gauche : substantifs & adjectifs féminins.)

bien-Venue , *faustus adven-*
tus. repas , *adventitium*
epulum.
* tout d'une Venue, *continuò.*
Vermoulue , *cariosa.*
Verrue, poreau , *verruca.*
Vûe , *visus.* à ma vûe , *me*
vidente. aspect , *-us.* ins-
pection , *-tio.* intention ,
intention , *-tio.* dessein ,
consilium. point de vûe ,
punctum visionis. basse-
vûe , *myopia.* qui a la vûe
basse , *myops.* à perte de
vûe , *ad aspectum immen-*
sum. hors la vûe , *procul*
à *conspectu.* à vûe d'œil ,
oculorum judicio.

VERBES.

(marge gauche : verbes au présent & participe féminins.)

Attendue , *expectata.*
Attribue , *-buit.*
Bue , de Boire , *quam bibit*
aliquis.
Confondue , *confusa.*
Contribue , *-buit.*
Constitue , *-tuo.*
Continue , *-nua.*
Crûe , de Croire , *credita.*
Crue , de Croître , *aucta.*
Défendue , *tuta.*
Dépendue , *demissa.*
Deshabitue , *desuefacio.*
Destitue , *-tuo.*
Détendue , *laxata.*   *m*
Distribue , *-buit.*
Effectue , *efficio.*   *f*
Elue , *electa.*   *f*
Emoulue , *acuata.*   *f*
Entendue , *audita.*
Etendue , *extensa.*   *f*

(marge droite : verbes au présent & participe féminins.)

Evertue , *conor.*
Fendue , *fissa.*
Fondue , *fusa.*
Habitue , *assuefacio.*
Infatue , *-tuo.*
Institue . . .
Mordue , *admorsa.*
Morfondue , *frigore rigens.*
Moulue , *molita.*
Pendue , *suspensa.*
Pollue , *-luta.*
Prétendue , *pratensa.*
Prostitue , *-tituo.*
Pue , de Puer , *fœtens.*
Rendue , *reddita.*
Résolue , *-luta , statuta ,*
certa.
Rue , de Ruer , *calcitrans.*
Sous-entendue , *subaudita.*
Substitue , *-tuo.*
Survendue , *cariùs vendita.*
Suspendue , *suspensa.*
Tendue , *tensa.*
Tondue , *tonsa.*
Tue , *occido.*
Vendue , *vendita.*
Venue , *qua venit.*
Plus les féminins des noms
& des participes en u & en
eu : bossue, émue.

EAU. voyez AU.

VE E. dissyllabe.

m Abat-chauvée , sorte de laine , *lana vilis.*
f Arrivée , *adventus.* d'arrivée ,
in ipso adventu.
f Carpe œuvée , *carpio ovis*
farta.
Cavée , *via cava.*

Substantifs & adjectifs féminins.

Corvée, *opera vectigalis.*
Couvée, *pullatio.*
Cuvée, *labrum plenum.*
Etuvée, *pulmentum.*
Havée, *havagium.*
Levée, digue, *agger.* avancée dans l'eau, *moles.* de deniers, *coactio argentaria.* de gens de guerre, *militum delectus.* faire des levées, *milites colligere.* levée de bouclier, *ab obsidione discessio.* d'un siége, *soluta obsidio.* du Parlement, *à curia discessio.*
Main-levée, faire *ou* donner main-levée, *manum tollere caduci juris.*
Navée, vieux mot, *navis onus.*
Privée, domestique, *domestica.* familiére, *-liaris.*
* de Relevée, le soir, *serò.*
Travée, *intertignium.*
Tunique uvée, *tunica uvea.*
Voyez les participes féminins des verbes en ver : levée.

U EE. trisyllabe.

Substantifs féminins.

Huée, *vociferatio.*
Nuée, *nubes.*
Rente constituée, *reditus constitutus.*
Suée, *sudor, trepidatio.*
Prostituée, *-stituta.*
Plus les participes féminins des verbes en uer : attribuée, *-uta.* tuée, *occisa.*

V E R. monosyllabe.

v

Abreuver, *irrigare.* mouiller,

intingere. remplir, *inficere.* s'abreuver d'une opinion, *opinione infici.*
Achever, *absolvere.* terminer, *-nare.* finir, *-ire.* mettre à chef, *perficere.* mettre à fin, *conficere.* conclure, *-udere.* son somme, *perdormiscere.* sa tâche, *pensum absolvere.* sa vie, *vitam peragere.* de mûrir, *permaturescere.* de payer, *persolvere.* perfectionner, *perficere.*
Aggraver, *-vare.*
Approuver, *-obare.* louer, *laudare.*
Arcuer, *in arcum inflectere.*
Arriver, *adventare.* venir, *-ire.* devenir, *-ire.* parvenir, *pervenire.* atteindre, *attingere.* par mer, *appellere.* écheoit, *advenire,* contingere. par hazard, *casu evenire.*
Aviver, terme de Doreur.
Baguer, *sponsa annulum offerre.*
Baver, *stillare pituitam.*
Braver, *contemptim insultare.*
Captiver, *-vare.* tenir court, *nullam licentiam dare.* prendre, *capere.* retenir, *detinere.* serrer de près, *arctè contenteque habere.* les volontés, *voluntates captare.* assujettir, *submittere.* contraindre, *cogere.*
Caver, creuser, *excavare.* terme de jeu, *cavare.*
Conniver, *-ere.* dissimuler, *-lare.*

verbes à l'infinitif.

Conferver , *-vare*. garder, *tueri*. fa faute, *valetudinem curare*. fe conferver, *faluti confulere*.

Confpuer , *confpuere*.

Controuver , *confingere*. inventer une fauffeté, *comminifci*.

Crever , rompre, *difrumpere*. fe fendre , *diffilire*. les yeux , *effodere oculos*. de dépit , *fe difrumpere*. dans fes panneaux , *rumpi ad ilia*.

fe Crever , *difrumpi*. à force de manger, *cibis fe ingurgitare*.

Cultiver , *colere*. avec foin, *excolere*. orner , *-nare*.

Cuver, bouillir, *effervefcere*. s'écumer, *fpumare*. laiffer cuver, *finere vinum effervefcere*. cuver fon vin, *vinum obdormifcere*. l'exhaler , *exhalare*.

Délayer , *diluere*.

Dépaver , *filices avellere*.

Dépraver , *-vare*. corrompre , *-rumpere*.

Dériver un mot d'un autre , *verbum ab altero deducere*. ce qui eft arrivé , *clavum retufum fubrigere*. une chofe d'une autre , *derivare*. des ruiffeaux par la plaine , *rivos in planitiem deducere*.

Défapprouver , *improbare*. ne pas prouver , *non probare*.

Echever, vieux mot, *effugere*.

Elever en haut , *attollere*. bâtir , *erigere*. dreffer ,

verbes à l'infinitif.

statuere. pofer, *ponere*. la voix, *vocem attollere*. quelqu'un aux honneurs , *provehere ad honores*. exciter, *-tare*. des enfans , *educare pueros*. nourrir , *nutrire*. inftruire , *docere*.

s'Elever de la pofiére, *humo fe tollere*. hauffer la tête, *caput erigere*. par fon fçavoir, *ftudiis procedere*. parvenir aux honneurs , *ad honores pervenire*. s'agrandir, *crefcere*.

Emblaver , *feminare*.

Encaver, *in cellam demittere*.

Enclaver , *includere*.

Encuver , mettre dans la cuve , *in labrum ponere*.

* Endever , *ringi*. faire endéver , *urere aliquem*.

Enerver , *-vare*. affoiblir , *debilitare*.

Engraver , s'enfabler , *adhærefcere arena*.

Enjoliver , *ornare*.

Enlever en haut , *furfum attollere*. emporter, *auferre*. ravir , *rapere*. arracher , *eripere*. tranfporter, *transferre*. d'admiration , *commovere admiratione*.

Entraver un cheval , *equo compedes induere*.

Eprouver , *explorare*. expérimenter, *experiri*. tenter, *-tare*. une arme , *probare*. fentir , *-ire*.

Etuver , *aquâ vel alio liquore fovere*.

Efquiver , *effugere*. éviter, *-tare*. fuir , *fugere*, éluder,

-ere. le coup en se dé-
tournant , *corporis decli-
natione ictum declinare.*
s'Esquiver , *evadere.* faire
esquiver quelqu'un , *dare
fugam alicui.*
Estriver , vieux mot , *contendere.*
Graver ,   *cœlare.*
Grever , maltraiter , *malè
excipere.*
Grever , terme de Jurisprudence , charger.
Griever , vieux mot , *mole-
stare.*
Improuver , *-obare.* condamner , *condemnare.*
Innover , *-vare.* introduire ,
introducere. de nouvelles
coutumes, *novos mores inducere.*
Invectiver ,   *invehi in.*
Laver ,   *lavare.*
Lessiver , *lixivium coquere.*
laver , *lixivio eluere.* laver avec de la lessive ;
lixivio lavare.
Lever , *-vare.* un fardeau ,
onus extollere. en haut ,
in sublime levare. la main,
manum extollere. la lever
sur quelqu'un , *intentare
alicui ictus.* la tête , *caput
efferre.* boutique , *offici-
nam instruere.* des troupes,
milites conscribere. le siége de devant une ville ,
obsidionem solvere. faire
lever le siége , *obsidione liberare.* le gibier, *è latibulis
ferum excitare.* la pâte ,
fermentare. le masque ,

prodere se in publicum. recueillir , *cogere.* deservir
la table , *efferre.* les dou-
tes , *dubia tollere.* de la
marchandise , *merces exe-
mere.* un enfant , *puerum
levare.*
se Lever du lit , *surgere è lecto.* étant courbé , *erigere
se.* par honneur à , *assurgere.* être debout , *stare.*
Lever, s. m. *surrectio.* du soleil , *solis ortus.*
Mesarriver , *malè accidere.*
Morver , *mucum contrahere.*
Mouver , terme de Jardi-
nier , *fodere.*
Nerver (un livre) terme de
Relieur , *nervos quosdam
in librorum dorso expri-
mere.*
Observer , *-vare.* garder ,
custodire. tenir , *tenere.*
contempler, *-lari.* le mouvement des astres , *astra
speculari.*
Over, vieux verbe , *audire.*
* Parachever ,   *perficere.*
Paver , *pavimentare.* les rues,
plateas lapidibus sternere.
Préserver, *servare.* défendre,
-dere. garder , *servare.*
Priver , *-vare.* dénuer , *or-
bare.* dépouiller , *spoliare.*
quelqu'un de sa Charge ,
*abrogare alicui magistra-
tum.* de la dignité , *dignitatem detrahere.* se priver
de , *abstinere à.*
Prouver , *probare.* confirmer,
-mare. ensemble , *com-
probare.*

verbes à l'infinitif.

Réaggraver, *iterùm aggra-vare.*

Relever, *-vare.* ce qui est tombé, *erigere.* se lever davantage, *attollere.* le courage, *animos addere.* un courage abbatu, *animum abjectum excitare.* un affligé, *afflictum erigere.* de maladie, *convalescere.* de ses couches, *è puerperio exurgere.* donner de l'éclat, *splendorem addere.* le goût, *saporem acuere.* par des louanges, *laudibus efferre.* de peine, *curâ eximere.* reprendre, *redarguere.* mettre au même état, *in integrum restituere.* des fins de non recevoir, *actionem restituere.* de son serment, *jurisjurandi religione solvere.* un appel, *justam provocationem rectè atque ordine peragere.* un mineur, *ob defectum ætatis minorem in integrum restituere.* de quelqu'un, être son vassal, *ab aliquo fundum beneficiarium habere.*

se Relever du lit, *è lecto surgere.* hausser la tête, *caput extollere.*

Repaver, *iterùm silicibus sternere.*

Réprouver, *-obare.* rejetter, *rejicere.*

Réserver, *-vare.* mettre en réserve, *recondere.* mettre à part, *seponere.* excepter, *excipere.*

verbes à l'infinitif.

se Réserver, *se servare.*

Retrouver, *iterùm invenire.*

Rêver en dormant, *somniare.* à quelque chose, *de re cum animo cogitare.* méditer, *-tari.* radoter, *delirare.*

River un clou, *clavo cuspidem retundere.* réprimer, *retundere.*

Saliver, *salivam emittere.*

Sauver quelqu'un, *servare.* tirer d'un danger, *periculo eripere.* procurer le salut, *salutem procurare.* sa conduite, la justifier, *agendi rationem probare.* le dehors, les apparences, *speciem dare.* son honneur, *honori suo consulere.*

se Sauver, faire son salut, *æternam sibi procurare salutem.* s'enfuir, *fugere.* d'un péril, *è periculo evadere.*

Soulever, lever par dessous, *sublevare.* en haut, *sustollere.*

se Soulever, se révolter, *deficere.* contre son Prince, *se contra Principem commovere.* soulever le Peuple, *seditionem commovere.*

Suiver, induire de suif, *sabo illinire.*

Trouver, *reperire.* inventer, *invenire.* à force de chercher, *excogitare.* par hazard, *casu adinvenire.* aller trouver, *adire.* trouver, sembler, *videri.* bon, *probari.* à dire ou de manque, *desiderare.*

verbes à l'infinitif.

se Trouver en un lieu, *adesse.*
dans un festin, *convivio
interesse.* mal, *graviter se
habere.* en peine, *angi,
sollicitum esse de.*

UER. dissyllabe.

Abluer,   *-ere.*
Accentuer, *accentu notare.*
Affluer,   *-ere.*
Arquer, *in arcum flectere.*
Atténuer,   *-nuare.*
Attribuer, *-ere.* donner, *dare*
s'Attribuer, *sibi tribuere.* la
gloire d'autrui, *gloriam
alienam in se transmovere.*
Bafouer, *contumeliis vexare.*
Bossuer,   *tubera excitare.*
Commuer,   *-utare.*
Constituer,   *-ere.*
Continuer,   *-nuare.*
Contribuer,   *-ere.*
Décruer, *lixiviam facere.*
Dégluer,   *deglutinare.*
Dénuer,   *denudare.*
se Deshabituer, *consuetudi-
nem mutare.*
Destituer,   *-ere.*
Diminuer…
Discontinuer, *intermittere.*
interrompre, *-rumpere.*
parler sans discontinuer,
verba perpetuare.
Distribuer,   *-ere.*
Effectuer,   *efficere.*
Engluer,   *inglutinare.*
Eternuer,   *sternutare.*
Evacuer,   *-cuare.*
Evaluer,   *æstimare.*
s'Evertuer,   *conari.*
Exténuer,   *-nuare.*

verbes à l'infinitif.

Fluer, terme de Chirur-
gien, *fluere.*
Gluer,   *glutinare.*
Habituer, *assuefacere.* s'habituer, *assuescere.* en-
semble, *consuescere.* à la
vertu, *virtutis studium im-
bibere.* en quelque lieu,
*alicubi sedes & domicilium
collocare.*
Huer, *clamoribus & sibilis
insequi.*
Infatuer,   *-tuare.*
Influer,   *-ere.*
Insinuer,   *-uare.*
Instituer,   *-ere.*
Muer, *mutare.* changer de
plume, *vernationem pati.*
de plume, de poil, *plu-
mam aut pilos instaurare.*
Nuer,   *umbrare.*
Perpétuer,   *-tuare.*
Pertuer, vieux mot, *perforare.*
Polluer,   *-ere.*
Ponctuer, marquer les Cha-
noines absens, *punctuare.*
Prostituer,   *-ere.*
Rédarguer…
Refluer…
Remuer, *movere.* agiter,
-tare. un enfant, *puerum
curare.* la passion, l'exci-
ter, *affectum movere.* trou-
bler un Etat, *rempublicam
movere.* troubler, *turbare.*
Restituer,   *-ere.*
Resuer,   *iterùm sudare.*
Ruer des pieds, *recalcitrare.*
jetter des pierres, *jacere
lapides.* se ruer sur quelqu'un, *in aliquem irruere.*

verbes à l'infinitif.

Saluer, -utare.
Situer, locare.
Statuer, -ere.
Substituer...
Suer, sudare.
Tortuer, torquere.
Transmuer, -utare.
Tuer, occidere. éteindre, extinguere.
Tumultuer, vieux mot, tumultuari.

VERT. UET. voyez ET.

VEUX. UEUX. voyez EUX.

U F.

Tuf, tofus. de tuf, tofinus.

U F E.

a Tartufe, faux dévot, ou hypocrite, -fus.
f Trufe, ou Trufle, tuber.

U F L E.

substantifs masculins.

Bufle, animal, urus.
* Bufle, lourdaut, stupidus.
collet de Bufle, collare bubalinum.
Mufle, rostrum.
Panufle, crepida.
Trufle, ou Trufe, tuber.

U G E.

v Adjuge, adjudico.
a Axifuge, terme de Géométrie, -gus.
m Bruge, ville, Bruga. de Bruge, Brugensis.

substantifs masculins.

Déluge, diluvium.
Fébrifuge, remède contre la fièvre, -ga.
Grabuge, querelle, rixa.
Gruge, verbe, mando.
Juge, judex. bon juge & bon connoisseur, æquus rerum judex vel æstimator. intégre, integer. incorruptible, incorruptus. civil, civilium rerum. criminel, rerum capitalium prætor, vel quæsitor. souverain, supremus judex. prendre pour juge, judicem sumere de. faire l'office de juge, judicium exercere. être juge, sedere ad judicium.
v Juge, judico.

U G N E.

v Impugne, impugno.
v Répugne, -gno.

U G U E.

v Conjugue, -go.
f Fugue, piéce de Musique, fuga.
m Hugue, nom, Hugo.
v Subjugue, subigo.

V I.

subst. masculins.

Allouvi, famelicus.
Chenevi, granum Canabinum.
Envi, terme de jeu, æmulatio.
Envi, vieux mot, invitus.

à l'Envi,   *certatim.*
m Pavi, *ou* Pavie, *Patavium.*

VERBES.

Affervi, *in servitutem afferui.*
Affouvi,   *fatiavi.*
Deffervi,   *offendi.*
Pourfuivi,   *perfecutus.*
Ravi,   *rape.*
Savy, vieux mot, Sage,
    fapiens.
Servi,   *fervivi.*
Suivi,   *fecutus.*
Survi,   *fuperftes efto.*
Vi,   *vive.*

UI. diffyllabe.

Appui, *fulcrum.* foutien,
    fulcimen. protecteur, -*tor.*
Aujourd'hui, adv.   *hodie.*
Autrui, *alius, alia, aliud.*
Celui,   *is, ea, id.*
Ennui, dégoût, *tædium.*
    naufée, *faftidium.* fâche-
    rie, chagrin, *moleftia.* cau-
    fer de l'ennui, *tædium af-*
    ferre. du dégoût, *faftidium*
    creare, prendre de l'ennui,
    du chagrin, *moleftiam*
    fufcipere.
Effui-main, *manutergium.*
    terme de Courroyeur, licu
    où l'on fait fécher le cuir
    tanné, *corii exficcatorium.*
Etui,   *theca.*
Glui, vieux mot,   *palea.*
* Hui, dans Hui,   *hodie.*
Lui,   *ille, illa, illud.*
Meshui,   *hoc ipfo die.*
Mui, *ou* Muid,   *modius.*

demi-muid, *femimodius.*
m Refui, vieux mot, *perfugium.*

VERBES.

Condui,   -*duc.*
Conftrui,   *inftrue.*
Cui,   *coque.*
Détrui,   *deftrue.*
Endui,   *illini.*
Fui,   *fuge.*
Indui,   *induc.*
Inftrui,   *inftrue.*
Introdui,   -*duc.*
Nui,   *noce.*
Pourfui,   *perfequere.*
Produi,   *produc.*
Rédui,   *reduc.*
Sédui,   *feduc.*
Sui,   *fequere.*
Tradui,   *traduc.*
    Voyez les autres verbes en
    uire..

UIA. & UYA.

Alléluya.
m Alleluya, fleur, *trifolium*
    acetofum.
Appuya,   *fulfit.*
Ennuya,   *tædium creavit.*
Effuya,   *terfit.*
    Voyez les autres verbes en
    uier.

VIE.

Bivie, Déeffe,   -*via.*
Convie, verbe,   *invita.*
Cracovie, ville,   -*via.*
Eau-de-vie, *vinum igne va-*
    poratum.
Envie,   *invidia.*

v substantifs féminins.

Envie, *invide.*

Envie, terme de Médecine, *nævus.*

Moldavie, pays, *-via.*

Moscovie, pays...

Obvie...

Pavie, *ou* Pavi, fruit, sorte de pêche, *persicum duracinum.*

Pavie, ville, *Patuvia.*

Sigovie, ville, *-via.*

pain de Sigovie, *panis Sigovinus.*

Silvie, couleur, *coloris species.*

Survie, *vita superstes.*

Sylvie, nom, *-via.*

Varsovie, ville...

Vie, *vita.* divine, *-na.* angélique, *-ica.* raisonnable, *rationabilis.* sensitive, *-va.* végétative, *-va.* intellectuelle, *-ualis.* longue, *-ga.* courte, *brevis.* dissipée, *dissipata.* débauchée, *dissoluta.* illustre, *-stris.* le temps de la vie, *ætas.* le cours de la vie, *cursus vitæ.* fin de la vie, *ætatis flexus.* être en vie, *vivere.* jouir de la vie, *vitâ frui.* plein de vie, *vivax.* qui a plus de vie, *vivacior.* longueur de vie, *vivacitas.* prendre vie, *nasci.* la perdre, *mori.* l'ôter, *vitam adimere.* la redonner, *revocare ad vitam.* donner la vie, *gignere.* à son ennemi, *hostem incolumem dimittere.* sur peine de la vie, *sub capitis pœna.*

substantifs féminins.

Vie, aliment, *cibus*, *alimentum.* faire la vie, *epulari.* faire bonne vie, *totum esse in comessationibus.* mener une pauvre vie, *parcè ac duriter vitam agere.* gagner sa vie par le travail, *labore vitam tolerare.* mendier sa vie, *mendicare.* demander sa vie, *victum quærere.*

Vie, contentement, *deliciæ.* plaisir, *voluptas.* amour, *amor.* la lecture, la priére, &c. sont ma vie, *studio, litteris, oratione, &c. delector.*

Vie, maniére de vivre, de se gouverner, *vita ratio.* homme de bonne vie, *homo frugi.* d'une vie intégre, *integer scelerisque purus.*

Vie, santé, *salus, sanitas.* remettre en vie, *saluti reddere.* sauver sa vie, *saluti consulere.* qui est sans vie, *exanimis.* qui est presque sans vie, *semianimis.*

Vie, action, *facta.* écrire la vie de quelqu'un, *facta alicujus illustrare.*

Plus les pluriels des verbes ravir, suivre, poursuivre : ravie, suivie, poursuivie.

UIE.

Buie, *hydria.*

Fuie, colombier, *columbarium minus.*

subſtant. fém.

Ouie, *auditus.* bonne, *ſo-lers.* qui a l'ouie dure, *ſurdaſter.*

Ouie de poiſſons, au plur. *brachia.*

m Parapluie, *umbella.*

Pluie, *-uvia, imber.* forte, eau de pluie, *aqua pluviatilis.* vent de pluie, *ventus pluvius.* qui apporte la pluie, *imbrifer.* durant la pluie, *per imbrem.*

Pluie, ſorte d'étoffe.

Suie de cheminée, *fuligo.*

Truie, *ſcropha.* injure, une femme trop graſſe, *mulier obœſa.*

V E R B E S.

préſ. de l'ind. &c.

Appuie, *fulciam.*
Deſennuie, *tædiam levem.*
Enfuie, *effugiam.*
Ennuie, *tædeat te.*
Eſſuie, *tergam.*
Fuie, *fugiam.*

UIE. ou plûtôt UYÉ.

participes maſculins

Appuyé, *fultus.*
Deſennuyé, *tædio levatus.*
Ennuyé, *tædio affectus.*
Eſſuyé, *terſus.*

UIEE. ou plûtôt UYÉE.

& fém.

Appuyée, *ſuffulta.*
Deſennuyée, *tædio levata.*
Ennuyée, *tædio affecta.*
Eſſuyée, *terſa.*

VIER. UIER. *voyez* IER.

VIN. *voyez* IN.

VIR. *voyez* IR.

VIR. UIR. *voyez* IR.

UIRE. *voyez* IRE.

VIS. UIS. *voyez* IS.

VIT. UIT. UIST. *voyez* IT.

U L.

ſubſtantifs maſculins.

Accul, fond des terriers, *ſpecuum extrema fundula.*

Archiconſul.

Calcul, *-lus.* ſuppuration, *-tio.*

Calcul, maladie, *-lus.*

Caſſecul, chûte.

Conful, Juge des Marchands, *Conful, mercatorum Judex.*

Conful Romain, *Romanus Conful.*

Cul, *ou* Cu, *culus, podex.* feſſes, *nates.* culaſſe, fond, *fundum.*

Coupe-cul, terme de jeu.

Léve-cul, terme de Joueur.

Nul, *nullus*, la, *lum.*

Phul, Roi des Aſſyriens, *-lus.*

Pouſſe-cul, *ſatelles.*

Proconful, *Proconful.*

Recul du canon, *tormenti receſſus.*

Tape-cul, partie d'une baſcule, *anthlia pars extrema.*

Item : poche que portent les Capucins.

Vice-conful.

ULBE.

f | Bulbe, -bus. oignon de plante, *bulbosa radix.*

ULCE. & ULSE.

v | * Compulse,   *compello.*
v | * Expulse,   *expello.*

ULCRE.

m | Sépulchre , -chrum. tombeau , *tumulus.* monument , -um. mettre dans le sépulchre , *mortuum humare.* de sépulchre , *sepulchralis.* lieu plein de sépulchres , *sepulchretum.* faire un sépulchre , *sepulchrum extruere.* mis au sépulchre , *humatus.* sépulchre honoraire , *cœnotaphium.*

ULGUE.

v | il Divulgue ,   -gat.

U L E. long.

v | il Brûle ,   *incendit.*

U L E. bref.

Subst. masc. &c.
Adminicule ,   -lum.
Animalcule...
Atabule, vent ,   -ulus.
Bacule, croupiére, *postilena.*
Bajule , Officier Grec, -ulus.
Bascule , ·   *anthlia.*

substantifs masculins & féminins.

Bulle ,   -la.
Camaldule , Ordre de Religieux , -lus.
Campanule , plante ,   -la.
Canicule...
Cannule ,   *tubulus.*
Capsule ,   -ula.
Caroncule ,   *caruncula.*
Catulle , Poëte Latin, -ullus.
Cédule ,   *syngrapha.*
Cellule ,   -la.
Cicatricule...
Clavicule...
Conciliabule ,   -lum.
Conventicule...
Copule, terme de Logique , *copula.*
Corpuscule ,   -lum.
Crapule ,   -la.
a | Crédule ,   -lus.
Crépuscule ,   -lum.
Cuculle ,   -ullus.
Curule ,   -ulis.
Emule ,   *æmulus.*
Entitatule , petite entité , -ula.
Espatule, plante ,   *ciris.*
Facule ,   -ula.
Fécule , au plur.   -ula.
Férule ,   -la.
Fistule...
Formule...
Funambule , danseur de cordes , -lus.
Galéricule , tour des cheveux à l'usage des Dames de la Gréce.
Glandule ,   -lus.
Globule, petit globe...
Gule , vieux mot ,   -la.
Hercule ,   -les.
Colomnes d'Hercule , *columna Herculis.*

Janicule, -ulum.
Indicule, qui montre, -lus.
Immatricule, in album relatio.
Incrédule, adj. -lus.
Jule, nom, -lius. monnoie, Julius nummus.
Lacrymule, -la.
Lobule, terme d'Anat. -lus.
Locules, au plur. -uli.
Raimond-Lulle, Philosophe Chymique, Raimundus-Lullius.
Macule, -la.
lettre Majuscule, majuscula littera.
Mandibule, terme d'Anatomie, mâchoire.
Manipule, -lus.
Matricule, index nominum.
Minuscule, terme d'Imprimerie.
Module, terme d'Architecture, -lus.
Monocule, verre convexe de deux côtés.
Monticule, -lus.
Mule, mula. pantoufle, crepida. aux talons, pernio. ferrer la mule, voler, pecuniam suffurari.
Noctambule, -lus.
Notule, -la.
Nubécule...
Nulle, adj. nulla.
Opuscule, -lum.
Panicule, terme d'Anatomie, membrana carnosa.
Papules, au plur. terme de Médecine.
Particule, -la. terme de Grammaire; les interje-

ctions, plusieurs pronom & adverbes font des particules.
Patibule, vieux mot, expositus.
Pécule, -lium.
Pédicule, tenuissimus ramulus.
Pellicule, -la.
Pendule, -lus. horloge à pendule, pendulum horologium.
Peninsule, -la.
Perpendicule, -lum.
Pilule, -la. avaler la pilule, au fig. en passer par-là, hoc est deglutiendum.
Pinnule, -la.
Préambule, prœmium.
Prostibule, lieu de débauche, lupanar.
Pustule, -la.
Régule, terme de Chymie, stibium præparatum.
Renoncule, fleur, renuncula.
Ridicule, -lus.
Romule, fondateur de Rome, -lus.
Rotule, os orbiculare.
Scrupule de conscience, -lus. poids, scrupus.
Sénatule, petit Sénat.
Somnambule, ou Noctambule, qui marche la nuit étant endormi, somnambulus.
Spatule, -la.
Sympule, terme d'Anatomie, -ulum.
Tarentule, -ula.
Testicule, testis.
Tibulle, Poëte Latin, -lus.

subst. masc. & en fem.

Valvule ,   -la.
Véhicule ,   -lum.
Ventricule ,   -lus.
Vésicule ,   -la.
Vestibule ,   -lum.
Virgule ,   -la.
Utricule , petit Outre.

VERBES.

verbes au présent, &c.

Accule ,   *in arctum cogo.*
Accumule ,   -lo.
Annule ,   *abrogo.*
Articule ,   *distinguo.*
Calcule ,   *numero articulis.*
Capitule ,   *capite præscribo.*
Coagule ,   -lo.
Dissimule...
Ecule ,   *altero.*
Gesticule ,   -lor.
Immatricule , *in album re-*
     fero.
Intitule ,   *inscribo.*
Macule ,   -lo.
Postule...
Pullule...
Recule ,   *recedo.*
Stipule ,   -lor.

ULTE.

a | Adulte ,   -tus.
f | Catapulte , ancienne ma-
   | chine de guerre , -ta.
v | Consulte ,   -sulto.
m | Culte ,   -tus.
a | Inculte...
m | Insulte , -tatio. outrage , lu-
   | dibrium.
v | Insulte ,   -to.
a | Occulte ,   -tus.
m | Jurisconsulte...

---

v | Résulte ,   *ex re infertur.*
Tumulte , -tus. faire du tumulte , *tumultuari.* l'appaiser , *compescere.* faire
tout en tumulte , *omnia
trepidantiùs agere.*

UM.

substantifs masculins.

Coagulum , matiére coagu-
lée , -lum.
Gabellum , l'entre-deux des
sourcils.
Ilium , ville.
Infundibulum , entonnoir.
Ladanum , *cistus ladanifera.*
Mandatum , lavement des
pieds le Jeudi Saint.
Nahum , nom d'un Prophéte.
Nutritum, onguent dessicatif.
Parfum, *odor.* jetter un doux
parfum , *gratum odorem
afflare.* parfum liquide ,
unguentum. l'art d'en fai-
re , *unguentaria.*
Pensum , surcroît de travail
à un écolier.
Quadrifolium , plante.
Quinquennium , terme de
l'Université.
Retentum , terme de Palais.
Succinum , *ambarum citri-
num.*
Te Deum , hymne de ré-
jouissance & d'action de
graces.
Vade-mecum , ce qui se
porte par-tout.
Veni-mecum , idem.

UME. & USME.

f | Amertume ,   *amaritudo.*

substantifs féminins.

Apoftume, -ftema.
Brume, brouillard, bruma.
Bitume, -men.
Coutume, consuetudo. loi, lex.
Ecume, spuma. ôter l'écume, spumare.
Enclume, incus. être entre le marteau & l'enclume, utráque parte æqualiter premi.
Légume, legumen.
Plume, -ma. petite, plumula. grosse plume, penna. de plume, plumeus. qui a de la plume, plumosus. qui n'en a point, implumis. commencer d'avoir des plumes, plumescere. boutique de plumes, circulus plumatilis. garni de plumes, plumis instructus. plume à mettre au chapeau, pluma ornatilis. plume pour écrire, calamus. tailler une plume, aptare calamum. passer la plume par le bec à, os alieni sublinire.
Plume, Auteur, Scriptor. au poil & à la plume, aptus ad omnia.
Posthume, -mus.
Rhûme, rheuma. qui a un rhûme, rheumaticus.
Tranche-plume, scapella.

VERBES.

s'Accoutume, assuefacio.
Allume, accendo.
Déplume, plumas eximo.

verbs au présent. &c.

Ecume, exspumo.
Emplume, plumis orno.
Enfume, infumigo.
Enrhume, raucedinem contraho.
Fume, fumigo.
Hume, sorbeo.
Inhume, inhumo.
Parfume, odoribus imbuo.
Présume, præsumo.
Résume, -mo.
Voyez les autres verbes en umer.

Pour rimer au pluriel, voyez les autres verbes qui font umes au prétérit, comme fumes, &c.

UMBLE.

a Humble, -milis. modeste, modestus.

UN.

substantifs & adjectifs masculins.

Ambrun, ville, Ebredunum.
Aucun, ullus, a, um.
Autun, ville, Augustodunum.
d'Autun, Augustodunensis.
Brun, fuscus. un peu noir, subniger.
Le Brun, Peintre, -nius.
temp Brun, tempus obscurum.
Clair brun, fuscus dilutior.
Chacun, quisque, quæque, quodque.
Commun, -nis. ordinaire, -narius. usité, -tatus. vulgaire, -aris, le commun, vulgus. lieu commun, -nis locus.
à Jeun, jejunus.

subſtantifs & adjectifs maſculins.

Importun, *-unus.* fâcheux, *moleſtus.* odieux, *odioſus.*

Iſſoudun, *Iſſodunum.*

Loudun, *Julio-dunum.*

Melun, ville, *Melodunum.*

de Melun, *Melodunenſis.*

Parfun, *ou* Parfum, *ſuffimentum.* ſenteur, *odor.*

Quelqu'un, *aliquis, qua, quod,* vel *quid.*

Trente & un, jeu, *triginta & unum.*

Tribun, *-nus.*

Verdun, ville, *Virodunum.*

de Verdun, *Virodunenſis.*

Vert-brun, couleur, *auſterum glaucum.*

Un, *unus, a, um.*

c'eſt tout Un, *idem eſt.*

UNE.

ſubſtantifs féminins.

Bétune; on appelle ainſi à Paris un carroſſe à un cheval.

ſur la Brune, *ſub veſperam.*

la Commune, *plebs.*

Chune, peuple de l'Amérique Méridionale, *Chunus, a, um.*

Dune de mer, *moles arenaria.*

Fortune, Déeſſe & hazard, *Fortuna.* événement, *caſus.* biens, richeſſes, *fortuna, res.* grandeur, *elevatio.* de mer, tourmente, *procella.*

Hune de navire, *carcheſium.*

a Importune, *-na.*

Infortune, *-nium.*

Lacune, *-na.*

ſubſtantifs féminins.

Lacune, *palus*

Lagune, au plur. canaux de Veniſe, *lacuna.*

Lune, *luna.* pleine-lune, *plenilunium.* le croiſſant de la lune, *luna creſcens.* le cours de la lune, *lunæ curſus.*

Lune, argent des Chymiſtes, *argentum chymicum.*

pleine Lune, gros viſage, *plenilunium.*

demi Lune, fortification, *ſemilunare munimentum.*

Lune, poiſſon de mer.

Lune, maladie des chevaux.

Neptune, *-nus.*

Pampelune, ville, *Pampelona.*

* Pécune, *-nia.*

Prune, fruit, *prunum.* blanche, *hordearium.* de Damas, *Damaſcenum.* jaune d'abricot, *prunum cerinum.* noire, *nigrum.* ſauvage, *ſylveſtre.*

Rancune, *acerbior ſimultas.*

Tribune, lieu élevé pour haranguer, *ſuggeſtum.* aux harangues à Rome, *roſtra.* pour regarder, *forus.*

Voyez les féminins des noms en un *:* chacune.

UNS.

ſub. & ad. m. pl.

Aucuns, *aliqui.*

Bruns, *fuſci.*

Communs, *-unes.*

lieux Communs, *loci communes.*

Importuns, *importuni.*

Partums,

m Parfums ,   *odores.*
m Quelques-uns ,   *quidam.*
m Tribuns ,   *tribuni.*
   Voyez le pluriel des noms
   en un.

UNT.

m Défunt , subst. & adj. *defun-*
   ctus.
m Emprunt , *mutuum.* chose
   empruntée, *commodatum.*
   emprunt d'argent , *mutua*
   pecunia.

UNTE.

f Défunte ,   *defuncta.*
v Emprunte ,   *mutuor.*

VOIR. *voyez* OIR.

VON.

m Esclavon ,   *Sclavonicus.*
m Savon ,   *sapo.*

UPE.

f Dupe ,   *stolidus.*
v Dupe ,   *illudo.*
   Hupe , oiseau , *upupa.* ai-
   grette d'oiseau , *crista.*
f Jupe ,   *crocota.*
v Occupe ,   *-po.*
v Préoccupe ,   *praoccupo.*

UPLE.

   Les noms en uple sont des
   noms proportionnels en latin ,
   ils sont terminés en uplum.

substantifs masculins.

Il y en a autant qu'il y a
de proportion de nombres.
Centuple ,   *-plum.*
Dixtuple ,   *decuplum.*
Octuple , terme d'Arithmé-
tique , *octuplus, a , um.*
Quadruple , *-plum.* mon-
noie , *quadruplio.*
Quintuple , quantité multi-
pliée par cinq.
Sextuple ,   *-plum.*

UQ *voyez* UC.

UQUE.

v * Buque ,   *pulso.*
a Caduque ,   *caducus.*
m Eunuque ,   *eunuchus.*
v * Juque , *persica insideo.*
Luque , ville , *Luca.* de Luque , *Lucensis.*
f Moluque , îles , *Moluca.*
a Noctiluque , *nocte lucens.*
Nuque du col , *ima cervix.*
f Perruque , *coma ascititia.*

UR. & EUR. qui se pro-
nonce de même.

substantifs & adjectifs masculins.

Avant-mur ,   *promurale.*
Azur , bleu , terme d'Ar-
moiries , *color cyaneus.*
Contre-mur ,   *antemurale.*
Dur ,   *durus.*
Futur ,   *futurus.*
Impur ,   *impurus.*
Mûr , ou Meur , en maturité,
maturus.
Mur , muraille ,   *murus.*
Obscur ,   *obscurus.*
clair-Obscur, terme de Pein-

subst. & adj. masc.

ture , *obscurum dilutius.*
Pur ,　　　　　　*purus.*
Saumur, ville , *Salmurium.*
de Saumur ,　*Salmuriensis.*
Sûr , fidéle , *fidelis.* aſlûré ,
securus. certain , *certus.*
Sur , prép.　　　　*super.*
Sur , aigre ,　　　*acidus.*

URBE.

* Turbe , terme de Palais ,
turba. par turbe , *cater-*
vatim.

URC.

Turc, peuple, *Turca.* homme
dur , *durus.*

URDE.

Abſurde , adj.　　　-*dus.*

URE.

Les noms en ure *marquent*
quelques actions , paſſions ,
qualités ou propriétés , ou cho-
ses faites par mouvement , ou
quelque instrument ou mouve-
ment.
Abbréviature , *abbreviatio.*
Accolure ,　　　*vinculum.*
Agriculture ,　　　　-*ra.*
Aiglure , *verſicolores avium*
pluma.
Allure ,　　　　*inceſſus.*
Ancrure, terme de Tondeur
de draps , *panni ruga.*
Annelure, *in cincinnos flexio.*
Ardure , vieux mot , *uſtio.*

subſtantifs feminins.

subſtantifs feminins.

* Aridure , maigreur , *ari-*
ditas.
Armure ,　　　　-*atura.*
Arriére-vouſſure,terme d'Architecture.
Arure , ancienne meſure de
terre , *arura.* on dit auſſi
aroure.
Aventure , *caſus.* cas fortuit,
fortuna. événement,*even-*
tus. dire la bonne aventure , *quæ ventura ſunt præ-*
nuntiare. à toute aventure, *in omnem eventum.* par
aventure , *fortuitò.* mal
d'aventure , *malum fortui-*
tum. bonne aventure, *bona*
fortuna. d'aventure , *fortè.*
m | Augure ,　　　　-*rium.*
Baiſure de pain , *pars panis*
minùs cocta.
Baliûre ,　　　*peripſema.*
Bariolure ,　　*variegatio.*
Batture , au plur. terme de
mer, *brevia.* Item : terme
de Doreur en détrempe.
Bavochure , trait de Graveur
qui n'eſt pas net.
Bénéficiature , bénéfice de
Chantre , *beneficium.*
Bigarrure ,　　　*varietas.*
Bleſſure ,　　　*vulnus.*
Boiture , vieux mot, *pergræ-*
catio.
Bordure, *limbus.* de tableau,
margo.
Boſſelure , ciſelure.
Boucheture , *obturamentum.*
Bouture , branche d'arbre
qu'on plante , *talea.* plan-
ter en bouture , *clavulas*
ſerere.

Subſtantifs féminins.

Bretture, *denticuli.*

Briſure d'armes, *armorum fractura.*

Brochure, *textura.* Item : petit livre.

Brodure, *Phrygionium opus.*

Broüiſſure, *arentia folia.*

Brûlure, *combuſtio.*

Bruniſſure, *expolitio.*

Bure, *pannus craſſior lanâ contextus.*

Cadrature, terme d'Horlog.

Calenture, eſpéce de fiévre.

Cannelure, *ſtriatura.*

Capture, -*râ.* faire capture, *comprehendere.*

Carelure, *ſtratura.*

Caſſure, *fractio.*

Catur, *ou* Cature, ſorte de vaiſſeau de guerre.

Ceinture, *cingulum.*

Ceinture d'Hildanus, terme de Chirurgie, *cingulum Hildani.*

Cenſure, -*râ.*

Céſure de vers, *caſura.*

Champelure, terme Provincial, le robinet d'un vaiſſeau qu'on a mis en perce.

Chanciſſure, *mucor.*

Chanteplure, *rima.*

Chapelure, *cruſtarum ſegmenta.*

Chargeure, terme de Blâſon, *geſtatio.*

Charnure, *carnatura, caro.*

Chauſſure, *calceus.* militaire, *caliga.*

Chevelure, *caſaries.*

Chevillure, *cervini cornu ramuli.*

Chiure, *ſtercus.*

Subſtantifs féminins.

Ciſelure, *cœlatura.*

Clôture, *ſepium.*

Coëffure, *comptus.*

Colure, cercle de la ſphère, *colurus.*

Commiſſure, *commiſſura.*

Confiture, l'action, *conditura.* la choſe, *ſalgama.*

Conjecture, -*ra.*

Conjoncture, *occaſio, articulus.*

Contexture, -*ra.*

Coulure, *roratio.*

Coupure, *caſura.*

Courbature, *frequens & violenta anhelatio.*

Courbure, *curvatura.*

Coûture, *ſutura.* armée défaite à plate coûture, *deletus omninò exercitus.*

Couverture, *operimentum.* enveloppe, *involucrum.* de lit, *ſtragulum.* de maiſon, *tectum.* voile, *velum.* prétexte, *pratextus.* excuſe, -*ſatio.*

Créature, -*ra.* qui doit ſa fortune à un autre, *cliens.* femme de mauvaiſe vie, *meretrix.*

Crépiſſure, *trulliſatio.*

Criblure, *cribro excretum.*

Croiſure, *panni fila tranſverſa.*

Cubature, *methodus cubandi quantitatem aliquam.*

Culture, -*ra.*

Cure, bénéfice, *cura, parœcia.* guériſon, *curatio.*

Curvature, vieux mot, *curvatio.*

Damaſquinure, *Damaſcenum opus.*

substantifs féminins.

Damassure, *operis Damasceni artificium.*

Déchaussure, *lupi cubile.*

Déchiqueture, *incisio.*

Déconfiture d'une armée, *exercitûs profligatio.*

Découpure, *incisio.*

Décousure, *dissutura.*

Dentelure, *opus denticulatum.*

Denture, *dentium ordo.*

Dérayure, *sulcus.*

Desenflure, *tumoris solutio.*

Diaprure, *colorum varietas.*

Dictature, *-ra.*

Dorure, *auratura.*

Doublure, *pannus vesti aptatus.*

Droiture d'ame, *æquitas.* intégrité, *-tas.* justice, *rectum.* en droiture, *rectà.*

Dure, adj. *dura.*

Dure, terre, *humus.*

Echancrure, *particula introrsùm incisio.*

Echauboulure, *æstus.*

Echauffure, *æstus gravior.*

Eclaboussure, *aspersio.*

Ecorchure, *pellis distractio.*

Ecriture, *scriptura.* au plur. terme de Palais, *litis instrumenta.*

sainte Ecriture, *Scriptura sacra.*

Effaçure, *litura.*

Effilure, fils ôtés d'un tissu,

Egratignure, *laceratio unguibus facta.*

Elargissure, *laxatio.*

Elevure, *vesicula.* pustule, *pustula.*

Emaillure, *inductio encausti.*

Emblure, *arvum.*

Emboëture, *in se invicem immissio.* Item : terme de danse.

Embouchure, *ostium.*

Embrâsure, *fenestra.*

Encastelure, *inclusio.*

Enchassure, *inclusio.*

Enchevauchure, *commissura.*

Enclavure, *inclusio.*

Enclouure de cheval, *clavi in equi pedem fixio.* difficulté, *-ultas.*

Encognure, *ancones.*

Encolure, *habitus corporis.* mine, *situs corporis.*

Endenture, *charta indentata.*

Enflure, *inflatio.*

Enfonçure, *depressio.* de lit, *lecti tabulatum.* creux, cavité, *recessus.* de la bouche, *oris recessus.* du pavé, *in pavimento lacuna.* terme de bouclier, piéces du fond d'un vaisseau, *fundus.*

Enfourchure, terme d'Ecuyer, la partie du corps qui est entre les cuisses.

Engelure, *pernio.*

Engrelure, *intextus.*

Enluminure, *auraria pictura.*

Entamure, *frustum desectum.*

Entournure, *gyrus.*

Enture, *insitio.*

Equartelure, terme de Blâson.

Eraflure, *laceratio.*

Eraillure, *distentio.*

Espure, terme d'Architecture & de dessein, *fornicis adumbratio.*

Etamure, _ſtanno illitus._

Facture, -ra.

Feiture, vieux mot, _forma._

Fêlure, _fiſſura._

Fermeture, _clauſtrum._

Ferrure, _ferramenta._

Feuillure, _inciſus angularis._

Figure, terme de Théologie & de Rhétorique, _figura._

Filure, _ductio in fila._

Flétriſſure, _marcor._ marque d'ignominie, _ignominia._

Floriture, vieux mot, état floriſſant des choſes, _ſplendor._

* Forfaiture, _ſcelus._

Foulure, _vehemens fatigatio._

Fourbiſſure, _politura._

Fourbure, vieux mot, _fallacia._

Fourniture, aſſortiment, _inſtructus._ ſupplément, _-um._ proviſion, _comparatio._ maiſon, _penus._ de bouche, _cibaria annona._ de ſel, _ſalaria._

Fourure, _villoſa pellis._

Fracture, -ra.

Freſſure, _exta._

Friſure, _criſpatio._

Friture, avec quoi l'on frit, _butyrum_ vel _oleum ad frigendum._ la choſe, _frixum._

Froidure, _frigus._

Fronſure, _ruga._

Future, -ra.

Gageure, _ſponſio._

Garniture, _inſtructus._ de lit de chambre, _lecti cubiculi inſtru ti ſupellex._ d'habit, _ornatus._

Garniture, terme d'Imprimerie, ce ſont les bois avec leſquels les Compoſiteurs ſerrent les formes.

Géniture, _fœtus._

Germure, _germinatio._

Gerſure, _fiſſura._

Glanure, ce qu'on glane après les Moiſſonneurs.

Gravelure, obſcénité, _ſpurcitia._

Gravûre, _cœlatura._

Guipure, _denticulata tænia._

Hachure, _inciſura._

Hure, _aprugnum caput._

Impoſture, _fraus._ tromperie, _dolus._ caſomnie, _calumnia nefaria._

Imprimure, _arca pigmentaria ſubactus._

Impure, adj. _impura._

Infoliature, vieux mot, _incruſtatio._

Injure, -ria.

Internonciature, _internuncii munus._

Inveſtiture, -ra.

Jointure, _junctura._

Judicature, _judiciarium munus._

Lacure, _per rigulas commiſſio._

Laidure, vieux mot, _difformitas._

Lavure, _lotura._

Lecture, _lectio._

Levure, écume de biere, _cerviſia ſpuma._

Ligature, _ligamen._

Limure, _limatura._

Littérature, -ra.

Liture, rature, _litura._

Luxure, -ria. ſuperbe, -bia.

Maculature ,   *-ra.*
Magiftrature ,   *-ftratus.*
Malaventure , *infortunium.*
Mangeure ,   *abrofia.*
Manufacture ,   *officina.*
Mafure ,   *parietina.*
Mâture de vaiffeau, *malorum navis pofitus.*
Mémarchure , entorfe de cheval , *equi diftorfio.*
Membrure ,   *affer.*
Menadure , vieux mot , *in jus vocatio.*
Mercure, Dieu , *-rius.* vif-argent , *argentum vivum.* ouvrage périodique.
Mefaventure , *infortunium.*
Mefocure ,   *-curos.*
Mefure , *menfura.* petite , *modiolus.* bonne , *cumulata menfura.* fauffe , *falfa.* faire bonne mefure , *cumulare.*
Mefure de Mufique , *modulatio.* cadence , *numerus.* par mefure , *numerosè.* battre la mefure , *canendi modum definire.* mefure du temps , *temporis circumfcriptio.*
Mefure, médiocrité , *-critas.* modération , *-tio.* qui eft fans mefure , *immenfus.* outre mefure , *extra modum.* avec mefure , *fuo modo.* à mefure , *ut.*
Mefure, maniére d'agir prudente & reglée , *prudens ac confulta agendi ratio.*
Meurtrifure, *livida contufio.*
Mignature , *pictura miniata.*
Moififfure ,   *mucor.*

Monture, chéval,   *equus.*
Morfondure , *ex nimis frigore agrotatio.*
Moucheture ,   *macula.*
Mouchure ,   *emunctura.*
Moüillure ,   *mador.*
Morfure ,   *morfus.*
Moucheture ,   *macula.*
Mouture ,   *molitura.*
bled de Mouture , *mifcellaneum frumentum.* farine moulue , *farina molita.*
Mûre , adj.   *matura.*
Mûre , fruit ,   *morus.*
Murmure ,   *-mur.*
Nature, *-ra.* effence, *-entia.* l'univers, *univerfitas rerum.* inclination naturelle, *ingenium.* force , *vires.* d'un lieu, d'un Pays, *loci, originis conditio.* forte , *genus.* efpéce, *fpecies.* partie naturelle des animaux, *naturalia , genitalia.* tempérament , *-um.* inclination, *indoles.* penchant, *animi affectus.* contre-nature, *prater naturam.* dons de nature , *natura dotes.* âne de nature , *naturâ ignarus.* nature , principe du mouvement & du repos , *principium motûs & quietis.* matiére & forme, *materia & forma.*
Nervure , l'art d'appliquer les nerfs.
Noirciffure ,   *nigror.*
Nomenclature ,   *-ra.*
Nonciature , *Papa Legati munus.*
Nourriture , *nutricatio.* édu-

subflantifs féminins.

cation, -tio, *puerilis institutio.* prendre nourriture, *adolescere.*

Nourriture, aliment, -um. vivres, *cibaria.* nourriture de l'esprit, *animi pabulum.* appartenant à la nourriture, *cibarius.*

Obscure, adj.   -ra.

Ointure, vieux mot, *unguentum.*

Ordure,   *sordes.*

Quverture, *apertio.* trou, *foramen.* dommage, *labes.* commencement, *exordium.* disposition, *aditus.* moyen, *via.*

Paisselure, menu chanvre dont se servent les Vignerons.

Panture, *longurius ferreus.*

Par aventure, vieux mot, par hazard, *fortuitò.*

Parjure, subst. & adj. *perjurus.*

Parure,   *ornatus.*

Pâture,   *pastus.*

Peinture, *pictura.* l'art de peindre, *pictura ars.* couleur, *color.*

Penture, vieux mot, *alimenta.*

Piquûre,   *punctio.*

Planure,   *lamina.*

Plissure,   *plicatura.*

Ponture.,   *acûs punctum.*

Portraiture, *perfecta imaginis expressio.*

Posture, *situs.* situation, *positus.* assiéte, *status.* du corps, *corporis habitus.* indécente, *indecens.* ma-

subflantifs féminins.

jestueuse, *basilicus.* voilà sa posture, *stat ad hunc modum.*

Pourriture,   *putredo.*

Préfecture, *prafectura dignitas.*

Prélature, *prasulis dignitas.*

Presure,   *coagulum.*

Préture,   *pratoris munus.*

Primogéniture,   -ra.

Procédure,   *litis formula.*

Procure, charge de Procureur.

Projecture, terme d'Architecture, -ra.

Pure, adj.   *pura.*

Quadrature, terme d'Horlogerie, -ra.

Quarrure,   *quadratio.*

Raclure,   *rasura.*

Rasure,   *rasura.*

Rature,   *litura.*

Rayure,   *irradiatio.*

Regardure, vieux mot, aspect.

Réglure, terme d'Imprimerie, *exaratio.*

Reliure,   *compactura.*

Rentraiture, *sutura ad unguem exacta.*

Rinsure,   *proluvies.*

Rompure, terme de Fondeur de Caractère d'Imprimerie.

Roture,   *plebeius status.*

Rougissure, la couleur du cuivre rouge.

Rouillure,   *rubigo.*

Rudenture, terme d'Architecte.

Ruinure, terme d'Architecte, *incisura.*

Substantifs féminins.

Rupture, -*ra.* fracture, -*tio.* discorde, -*dia.* descente, *hernia.*

Sacrificature, *sacerdotium.*

Salure,   *salcedo.*

Sarclure, *quod sarculatum est.*

Sciure,   *scobs.*

Sculpture,   -*ra.*

Seillure, terme de Marine, *sulcatio.*

Sépulture,   -*ra.*

Serrure,   *sera.*

Sertrissure, *modus inserendi gemmas.*

Signature, *chirographum.*

Solbature, maladie de cheval, *soleæ equinæ contusio.*

Soudure,   *ferrumen.*

Souillure,   *inquinatio.*

Souspresure, vieux mot, faux, *dolus.*

Stature,   *statura.*

Structure,   -*ra.*

Suppresure, vieux mot, *dissimulatio.*

Sûre, assûrée, *secura.* aigre, *acida.*

Suture,   *sutura.*

Tablature, *musica tabulares nota.*

Tapure, sorte de frisure.

Tavelure, *maculosa varietas.*

Teinture, *tinctura.* l'art de teindre, *infectiorum ars.*

Température, -*ra.* de l'air, *aëris temperies.*

Tenture,   *textorium.*

Tenure, terme de Jurisprudence féodale.

Ternissure, *splendoris hebetatio.*

Substantifs féminins.

Terrure, action de Terrier.

Texture, terme de fabrique de toile.

Tissure,   *textura.*

Tolture, vieux mot, *vectigal.*

Tonsure,   *tonsura.*

Tonture,   *tonsum.*

Torture, *tormentum.* la gêne, *cruciatus.* mettre à la torture, *extorquere.* donner la torture, *cruciare.*

Turelure, *ou* Turlure, terme populaire.

Verdure,   *viriditas.*

Vermoulure,   *caries.*

Vernissure, *sandaracina gum mitio.*

Verure, vieux mot, pour verue, *verruca.*

Vêture, *vestitura.* manière de vêtement, *vestimenti modus.*

Voilure, terme de mer, *veli explicati situs.*

Voiture, *vectura.* charge, *vehes.* salaire, *pretium vectionis.*

Voiture, Poëte Fr. *Vecturius.*

Voussure, terme d'Architecture, *flexura.*

Ure, bœuf sauvage, *bos ferus.*

Usure, déchet, *intertrimentum.*

Usure, intérêt de chose prêtée, *fœnus.* à deux, trois, quatre, cinq, &c. pour cent, *usura bina*, *terna*, *quaterna*, *quinterna*, &c. *centesima.* prêter ou prendre à usure, *fœnori dare vel accipere.*

VERBES

verbes au présent & à l'impératif.

Abjure,	-ro.
Assure,	assevero.
Censure,	censurá noto.
Conclure,	-cludere.
Conjure,	-ro.
Défigure,	deformo.
Endure,	patior.
Epure,	defæco.
Exclure,	excludere.
Inclure,	-udere.
Jure,	-ro.
Pressure,	premo.
Procure,	-ro.
Rassure,	confirmo.
Reclure,	recludo.

Voyez les autres verbes en ure.

URER. *voyez* RER.

URGE.

f	Epurge, plante,	lathyris.
m	* Panurge,	-urgus.
v	Purge,	-go.

se Purge d'une accusation, *impositum sibi crimen à se amovet.*

URLE.

v	Hurle,	ululo.

URNE.

subst. masc.

Cothurne,	-nus.
Diurne...	
Furne, ville,	Turna.
Nocturne,	-nus.

subst. masculins.

Saturne, Dieu,	-nus.
Saturne, planéte...	
Saturne, plomb des Chymistes, plumbum.	
Taciturne,	-nus.
Urne,	-na.
Vulturne, fleuve,	-nus.

URPE.

v	Usurpe,	-po.

URS.

subst. & adject. masc.

Durs,	-ri.
Futurs...	
Impurs...	
Mûrs,	maturi.
Murs,	-ri.
Obscurs...	
Sûrs,	securi, certi.
Surs,	acidi.

US.

substantifs & adjectifs masculins.

Abus,	-us.
Abstrus...	
Acheloüs, fleuve célébre.	
Agnus de la Messe,	Agnus Dei.
de dévotion, amuletum pium.	
Andromachus, nom.	
Angle-obtus,	angulus obtusus.
Antiochus, Roi.	
Argus, nom propre,	Argus.
Assuerus, Roi.	
Bacchus.	
Balanus, gland.	
Belle-&-flux, jeu de cartes.	
Belus, Dieu des Babyloniens.	
* Bibus,	res nihili.

substantifs & adjectifs masculins.

Blanc-battus , Confrairie de Pénitens , établie par Henri III. Roi de France.

Blocus , *urbis circumclusio.*

Borgnibus, terme burlesque.

Bolus , *ou* Bol , terme de Médecine.

Brutus , Romain.

Chou-cabus, *capitatus caulis.*

Cacus , Géant.

Cadmus de la Fable.

Callimachus , Poëte Grec.

Câlus ,   *callus.*

Camus , *simus.* rendre camus , *simonem facere.*

Carolus, monnoie.

faire Chorus , chanter en troupe, *chorum agere.*

Clitus , nom propre.

Cocus ,   *curruca.*

Colera-morbus , maladie.

Committimus , *Regium diploma.*

Confucius , Philosophe Chinois.

Confus ,   *-us.*

Consus , Dieu du Conseil.

Corpus , pain à chanter.

Crassus , Romain.

Cresus , Roi très-riche , un Cresus , riche , *dives.*

Crocus , fleur.

Cyrus , Roi.

Danaüs , Roi.

Darius , Roi.

Debitoribus, on dit bassement : il est tout *debitoribus*, pour il ne sçait quelle posture tenir.

Démétrius , Roi.

Dessus , *super.* dessus de Musique , *superior.*

substantifs & adjectifs masculins.

Diffus ,   *-us.*

Ecus ,   *nummi , scuta.*

Emmaüs, les pélerins d'Emmaüs , *peregrini Emmaüs.*

Ennius , Poëte Latin.

Exclus ,   *-us.*

Flus , *ou* Flux , *fluxus.* de sang , *dysenteria.* de ventre , *ventris proluvium.* de la mer , *maris æstus.* terme de jeu , *fluxus.*

le Fœtus.

Gracchus , nom propre.

* faire Gaudeamus , *convivari.*

Héraclius , Empereur.

Hiatus d'un vers.

Jacobus , monnoie , *nummus Jacobeus.*

Janus , Dieu du Paganisme.

nachus , Roi & fleuve.

Jesus , *ou* Jesus-Christ , *Jesus-Christus.* la Compagnie de Jesus , l'Ordre des Jésuites, *societas Jesu.*

Inclus ,   *-us.*

Infus. . .

Intrus. . .

Jus , *jus.* liqueur , *succus.*

Malchus, nom propre.

Mésus ,   *abusus.*

Modius , vieux mot , pour Boisseau.

Momus , bouffon.

Moschus , Poëte Grec.

Motus ,   *sile.*

Nessus , Centaure.

Ninus , Roi.

Nisus , fils d'Hirtacus.

Nisus , frere d'Egée.

Noctulius , Dieu de la nuit.

Nodus , terme de Chirurgie.

(marge gauche, vertical : substantifs & adjectifs masculins.)

Nomius, surnom de Mercure.

Nostradamus.

Nyctelius, surnom de Bacchus.

Nycteus, un des quatre chevaux de Pluton.

Nycteus, pere de Nyctiméne.

Obtus, angle obtus, *angulus obtusus.*

Ochrus, plante.

Ochus-boccus, mot de Charlatan, *circulatoris verba.*

Oenus, nom d'homme.

Olibrius, suffisant.

Orémus.

Palus, marais.

Pardessus, *insuper.*

Péleus.

Perclus, *membris captus.*

Phœbus, parler Phœbus, *sermonis elegantiam sequi.*

Pittacus, un des sept Sages.

Plus, *magis.*

Porbus, Peintre.

Porus, Roi.

Proclus, Philosophe.

Pus, *sanies.*

Pyrrhus, Roi.

Quibus, en terme populaire, *pecunia.* avoir du quibus, être riche.

Quitus, terme de Finance, *solutio.*

Quoniam bonus, qui fait le *quoniam bonus.*

Quoqus, vieux terme méprisant, *homo nihili.*

* Rasibus, *juxtà.*

Réatus, être *in reatu.*

Rebus, *expositio ludicra symbolorum vocalium.*

Reclus,

Reflux...

Refus, *denegatio.* déniement, *recusa io.* rebut, *repulsa.* rejettement, *repudiatio.*

Remus, frere de Romulus.

Romulus.

à bâtons Rompus, *interruptìm.*

Saluts, monnoie d'or.

Seleucus, Roi.

Senuïus, Dieu de la Vieillesse.

Sertorius, nom propre.

Sinius, nom de Géant.

le Surplus, *reliquum.*

Surplus, *præterea.*

* Sus, *suprà.* courir sus, *irruere in.*

Talus, *declivitas.*

mont Taurus, *mons.*

Titus, Empereur.

Venus, Déesse Venus, planéte, cuivre des Chymistes, *æs.*

Vidimus, collation de piéces.

Vitellius, Empereur.

* Us, *usus.* coutume, *mos.*

Uterus, matrice.

Xuthus, petit fils de Deucalion.

Voyez le pluriel des noms en us, *qui riment avec* uts, *comme :*

Attributs, *-ta.*

Luths, *lyra.*

Précipucs, *præcipua.*

Saluts, *salutationes.*

Statuts, *statuta.*

Substituts, *-tuti.*

Tributs, *-ta.*

verbes au participe masculins.

VERBES.

Apperçûs,	*percepti.*
Attendus,	*expectati.*
Battus,	*percussi.*
Combattus,	*certati.*
Conçus,	*concepti.*
Confondus,	*confusi.*
Contenus,	*contenti.*
Convenus,	*pacti.*
Cousus,	*consuti.*
Décousus,	*dissuti.*
Déçûs,	*decepti.*
Défendus,	*tuti.*
Descendus,	*descensi.*
Détendus,	*remissi.*
Emus,	*emoti.*
Entendus,	*auditi.*
Entretenus,	*servati.*
Entrevûs,	*interlocuti.*
Etendus,	*extensi.*
Fendus,	*fissi.*
Fondus,	*fusi.*
Intervenus, *qui intervene-*	
runt.	
Maintenus,	*servati.*
Mordus,	*morsi.*
Morfondus,	*frigidi.*
Obtenus,	*obtensi.*
Parvenus,	*assecuti.*
Pendus,	*appensi.*
Pondus,	*editi.*
Pourvûs,	*provisi.*
Prétendus,	*pratensi.*
Prévûs,	*pravisi.*
Promus,	*promoti.*
Provenus,	*proventi.*
Rabatus,	*diminuti.*
Reçûs,	*recepti.*
Recousus,	*iterùm assuti.*
Répandus,	*dispersi.*

verbes au participe masculins.

Répondus,	*responsi.*
Sçus,	*sciti.*
Sous-entendus,	*subauditi.*
Soûtenus,	*sustenti.*
Survendus,	*cariùs venditi.*
Survenus, *qui supervenerunt.*	
Suspendus,	*suspensi.*
Tendus,	*tensi.*
Tenus,	*tensi.*
Tondus,	*tonsi.*
Tordus,	*torti.*
Vendus,	*venditi.*
Venus,	*qui venerunt.*
Vûs,	*visi.*

Voyez les participes des verbes en endre, ondre, ordre, tenir, venir, voir & oudre.

USC.

m	Busc de femme,	*assula pectoralis.*
m	Musch,	*moschus.*

USCLE.

m	Muscle,	*-culus.*

USLE. *voyez* ULE.

USQUE. dont l'S se pronnonce.

a	Brusque,	*praceps.*
v	Brusque,	*duriùs adorior.*
v	Embusque, *in latibulum s.*	
	abdit.	
m	Etrusque, peuple,	*-scus.*
	Jusque, adv.	*usque.*
m	Musque,	*moscho inodoro.*
v	Offusque, *caliginem offundo.*	

UST. voyez UT.

USTE. dont l'S se prononce.

a	Aduste,	-stus.
v	Affuste,	adapto.
v	Ajuste,	adapto.
v	s'Ajuste, se pare.	ornat se.
m	Arbuste,	arbuscula.
m	Auguste, Empereur,	-stus.
m	Auguste,	-stus.
m	Buste de statue,	hermes.
a	Fruste, médaille fruste ou effacée, frustum numisma.	
a	Injuste,	-stus.
a	Juste, -stus. équitable, æquus. saint, sanctus.	
	Juste, justement, adv. justè.	
a	Robuste,	-stus.
m	Saluste; Historien Latin, -stius.	
v	* Tarabusté,	vexo.

USTRE.

m	Baluste,	clathrum.
v	Frustre,	-stro.
a	Illustre,	-stris.
v	Illustre,	-stro.
m	Lustre, fin de chaque cinquiéme année, lustrum.	
m	Lustre d'étoffe, panni nitor. luisant; fulgor. splendeur, -dor.	
m	Lustre, chandelier à branches de crystal, candelabrum crystallinum ramis distinctum.	
	Lustre,	-stro.
m	* Rustre, agrestis. terme de Blâson, rhombus in orbem foratus.	

(subst. masc.)

(a substantifs masculins.)

UT. long. & UST.

Debut, futaille.
Fût, dolium. vin qui sent le fût; vinum dolii vitium redolens.

UT. bref.

m	Acut,	-us.
a	* Argut...	
	Attribut,	-um.
	Azimut, terme d'Astronomie, azimutalis circulus.	
	Béelzébut.	
	Bismut, étain de glace, -um.	
	But où l'on vise, scopus. à jouer, meta. terme, -minus. fin, finis. dessein, exitus. aller au but, rem attingere. but à but, pari conditione.	
	Cajebut, huile aromatique des Indes Orientales.	
	* Chut,	pax.
	Début,	initium.
	Ferragut, terme Provincial, thraso.	
	Institut,	-um.
	Luth à jouer,	cithara.
	Lut de Chymie, lutum hermeticum, chymicum.	
	Occiput, terme d'Anatomie.	
	Préciput,	præcipuum.
	Rebut, refus, repulsa. ce qu'on rejette comme inutile, quisquiliæ. ce qu'on n'aime point, fastidium. rebut de marchandises, rejectanea. mépris, contemptus. rebut du peuple, vulgi fabula.	

subſtantifs maſculins.

Rut, terme de Chaſſe, *cervi cervam expetentis venereus æſtus.* être en rut, fig. *libidinis amore inflammari.*

Salut, ſalutation, *ſalus.* faire ſon ſalut, *ſalutem operari.*

Scorbut, maladie de mer, *moibus ſcorbuticus.*

Statut,   *-um.*
Subſtitut,   *-us.*
Tabut, vieux mot, *rixa.*
Talut,   *acclivitas.*
Tribut, *-um.* enfant de tribut, *puer tributarius.*

VERBES.

verbes au prétérit, &c.

Accourut,   *accurrit.*
Accrut,   *accrevit.*
Apparut,   *-ruit.*
Aperçut,   *perſpexit.*
s'Aperçut,   *perſpexit.*
But,   *bibit.*
Comparut,   *-paruit.*
Complut,   *-placuit.*
Concourut,   *concurrit.*
Conçut,   *concepit.*
Connut,   *novit.*
Courut,   *cucurrit.*
Crût,   *crevit.*
Déplut,   *diſplicuit.*
Diſcourut,   *diſſeruit.*
Diſparut,   *-ruit.*
Emoulut,   *exacuit.*
Encourut,   *incurrit.*
Imbut,   *-buit.*
Méconnut,   *non agnovit.*
Moulut,   *commoluit.*
Mourut,   *mortuus eſt.*
arut,   *-ruit.*

verbes au prétérit, &c.

Plut,   *placuit.*
Pollut,   *-luit.*
Pourvut,   *providit.*
Put, de Puer, *malè olet.*
Reconnut,   *recognovit.*
Reçut,   *recepit.*
Réſolut,   *-olvit.*
Sçut,   *ſcivit.*
Secourut,   *ſuccurrit.*
Survécut,   *ſuperſtes fuit.*
Vécut,   *vixit.*

UTE. long.

ſ Flûte à jouer, *fiſtula.* navire, *navis rotunda.* verre, *urceus major.*

UTE. bref.

ſubſtantifs féminins.

Abbute, Dieu du Japon.
Bute, *tumulus.* à tirer, *meta.*
Brute,   *brutum animal.*
Chapechute,   *caſus.*
Chute,   *prolapſio.*
Culbute, *prolapſio in caput.* ſaut, *Cybiſticus ſaltus.*
Diſpute,   *-tatio.*
Emute, ſédition,   *-tio.*
Hute,   *caſa.*
Inſtitute, au pl. terme de Droit, *Juſtiniani inſtitutiones.*
Lute, *luɛta.* de lute, *palæſtricus.* lieu du combat de la lute, *palæſtra.* de haute lute, *per vim.*
Minute d'heure, *-ta.* inſtant, *-ans.* moment, *-um.* petite lettre, *minuſcula littera.*
Minute, original d'un Acte,

protot;pon *scriptium.* de Mat. *minutum.*

f Rebute, petit instrument dont jouent les laquais & les polissons.

f Saquebute, instrument de Musique.

VERBES.

verbes au présent & à l'impératif.

v Blute, *farinam incerno.*
Débute, *incipio.*
Députe, *-to.*
Discute, *-tio.*
Exécute, *exequor.*
Impute, *-to.*
Permute...
Persécute, *persequor.*
Rebute, *repello.*
Réfute, *-to.*
Répute...
Suppute...
Voyez les autres verbes en uter.

VU. ou VEU.

verbes au prétérit.

Au Dépourvû, *imparatus.*
Entrevû, *perspexi.*
à l'Impourvû, *ex improviso.*
Pourvû, adj. *aliquâ re instructus.*
Pourvû, *providi.*
Pourvû, adv. *modò.*
Prévû, *prævidi.*
Vû, *vidi.*
le Vû d'un Arrêt, *visus Decreti.*

UVE.

f Cuve, *cupa.* au vin, *labrum*

vinarium. petite cuve, *-bellum.* fossé à fond de cuve, *lateribus directi fossa.* j'ai dîné à fond de cuve, *sum omnium rerum satur.*

v Cuve, *effervescit*
v Encuve, *in lacum immittit.*
f Etuve, bain chaud, *thermæ.* lieu où est l'étuve, *balnearium.* lieu sans eau, *caldarium.*
v Etuve, *liquore foveo.*
m Pacuve, Poëte Latin, *-vius.*
m Vésuve, montagne enflammée, *Vesuvius mons.*
m Vitruve, Auteur Latin, *-vius.*

U X.

m Pollux de la Fable.

U X, où l'X ne se prononce point comme flux, *-xus.* voyez U S.

U X E.

m Luxe, *luxus.* somptuosité, *sumptuositas.* vivre dans le luxe, *luxuriâ diffluere.*

U Y A. voyez U I A.

U Z E. ou U S E.

sub. & adj. fém.

Achéruse, lac d'Egypte.
Anduse, ville de France, *-sa.*
Aréthuse, fontaine...
Arquebuse, *catapulta.*
Betuse, tonneau où l'on met de l'avoine.

subst. & adj. fém.

Blamuſe, vieux mot, tape, coup donné avec la main.
Buſe, *buteo.* injure, *ſtultus.*
Camuſe ;   *ſima.*
Céruſe, blanc d'Eſpagne, *ceruſa.* vermillon, *pſimmithium.*
Cornemuſe, *utriculus ſymphoniacus.*
Ecluſe, ville,   *Cluſa.*
Excluſe ;   *-ſa.*
Incluſe...
Méduſe de la Fable...
Muſe...

subst. & adj. fém.

Oluſe, vente de vin en fraude.
Percluſe,   *membris capta.*
Plamuſe, terme populaire.
Récluſe,   *-ſa.*
Ruſe, *aſtutia.* fineſſe, *calliditas.* de guerre, *ſtratagema.* uſer de ruſe, *technas,* vel *ſtrophas adhibere.* avec ruſe, finement, *callidè.*

Suze, (la Comteſſe de la) qui a fait des vers François, *Comitiſſa Suziana.*

X.

XA.

v. au prét. ind.

A Nnexa,   *-avit.*
   Fixa,   *fixit.*
Surtaxa,   *plus taxavit.*
Taxa,   *-avit.*
Vexa...

XANT. *voyez* ANT.

XÉ.

partic. maſc.

Annexé,   *-xus.*
Fixé,   *fixus.*
Surtaxé, *ultra modum taxatus.*
Taxé,   *taxatus.*
Vexé,   *-xatus.*

XÉE.

part. fém.

Annexée,   *-xa.*
Fixée,   *fixa.*
Taxée,   *taxata.*
Vexée,   *vexata.*

XER.

verbes à l'infinitif.

Annexer,   *-nectere.*
Fixer, *ſtabile efficere, conſtituere.*
Surtaxer,   *ſupertaxare.*
Taxer, *-xare.* eſtimer, *æſtimare.* les dépens d'un procès, *litem æſtimare.* cenſurer, *carpere.* noter, *cenſurâ notare.* accuſer, *accuſare.*

XIE.

f. Apoplexie,   *-xia.*

XIN.

Pont-Euxin, *Pontus Euxinus.*
Toxin,   *æs campanum.*
Voyez IN.

XION. *voyez* ION.

Y.

Y.

YANT. *voyez* ANT.

YAU. *voyez* AU.

YEUX. *voyez* EUX.

Z.

ZA. *ou* SA.

Guazza , Peinture à Guazza ; c'est une es-péce de détrempe faite avec des couleurs broyées avec de la rosée & une certaine colle.

m   le Visa ,   *visa.*

VERBES.

verbes au prétérit indéfini.

Abusa ,	*-sus est.*
Accusa ,	*-vit.*
Agonisa ,	*animum egit.*
Aiguisa ,	*acuit.*
Amusa ,	*detinuit.*
Appaisa ,	*sedavit.*
Apprivoisa ,	*cicuravit.*
Arrosa ,	*irrigavit.*
Avisa ,	*monuit.*
Autorisa ,	*auctoritate muni-vit.*
Baisa ,	*osculatus est.*
Baptisa ,	*-vit.*
Brisa ,	*fregit.*
Canonisa ,	*inter Sanctos ad-scripsit.*

verbes au prétérit indéfini.

Causa ,	*produxit.*
Composa ,	*-suit.*
Cotisa ,	*justam partem per-solvit.*
Courtisa ,	*gratiam venatus - est.*
Croisa ,	*divisit.*
Dégoisa ,	*deblateravit.*
Déguisa ,	*dissimulavit.*
Déniaisa ,	*rudem recoxit.*
Dépaïsa ,	*in exteras regiones misit.*
Déposa ,	*-suit.*
Dévalisa ,	*spoliavit.*
Disposa ,	*-suit.*
Divisa ,	*-sit.*
Ecrasa ,	*contrivit.*
Embrasa ,	*incendit.*
Epousa ,	*despondit.*
Epuisa ,	*exhausit.*
Eternisa ,	*æternitate donavit.*
Excusa ,	*-vit.*
Exorcisa . . .	
Familiarisa ,	*familiarior fa-ctus est.*
se Formalisa ,	*offensus est.*
Frisa ,	*crispavit, perstrinxit.*
Galantisa ,	*pudicitiam oppu-gnavit.*

A a a

verbes au pr'eterit indéfini.

Gloſa ,   *illuſtravit.*
Humaniſa, *humaniorem red-*
     didit.
Immortaliſa , *immortalitate*
     donavit.
s'Impatroniſa , *poſſeſſionem*
     iniit.
Impoſa ,   -*fuit.*
Latiniſa ,   *latinum fecit.*
Maîtriſa ,   *domuit.*
Martyriſa, *martyrio affecit.*
Mépriſa ,   *contempſit.*
Méſura ,   *abuſus eſt.*
Métamorphoſa , *transfor-*
     mavit.
Moraliſa, *documenta mora-*
     lia hauſit.
Naturaliſa, *peregrinum jure*
     Civitatis donavit.
Oppoſa ,   -*fuit.*
Oſa ,   *auſus eſt.*
Paraphraſa , *ſcriptorem ube-*
     rius , interpretatus eſt.
Peſa ,   *ponderavit.*
Poſa ,   -*fuit.*
Préconiſa ,   *celebravit.*
Priſa ,   *æſtimavit.*
Prophétiſa,   -*tavit.*
Propoſa ,   -*fuit.*
Puiſa ,   *hauſit.*
Raſa ,   *raſit.*
Recuſa ,   -*vit.*
Refuſa ,   *denegavit.*
Repoſa , -*fuit , quievit.*
Scandaliſa ,   *offendit.*
Solemniſa ,   *celebravit.*
Subdiviſa ,   *ſubdiviſit.*
Subtiliſa ,   *extenuavit.*
Suppoſa ,   -*fuit.*
Sympathiſa ,   *convenit.*
Temporiſa ,   *diſtulit.*
Théſauriſa , *theſauros con-*
     geſſit.

verb. au preſ. ind.

ſe Tranquilliſa , *ſe compeſ-*
     cuit.
Transpoſa ,   -*fuit.*
Tyranniſa , *tyrannicè ve-*
     xavit.
Viſa ,   *collineavit.*
Uſa ,   *uſus eſt.*
   Voyez les autres verbes en
zer & ſer.

ZANT. ou SANT.
voyez ANT.

ZAT. ou SAT. voyez AT.

Z E. ou S E.

ſubſtantifs & adjectifs maſculins.

Aiſé , facile , à ſon aiſe ,
     riche , *dives.*
Aléſé , *acciſus & ad oram*
     ſcuti non pertingens.
vent Aliſé , *ventus ſecundus.*
Arraſé, *ad libellam collocatus.*
Aviſé , *cautus.* prudent , *pru-*
     dens.
Boiſé ,   *ligno ornatus.*
Cariſé, étoffe ,   *cirratus.*
Compoſé ,   *concinnatus.*
Couperoſé , *puſtulis refertus.*
Déniaiſé ,   *illuſus.*
* Ehanſé, occupé , -*patus.*
Emphaſé ,   *tumidus.*
un Epouſé ,   *ſponſus.*
Extravaſé , *extra venas effu-*
     ſus.
Friſé ,   *criſpatus.*
Malaiſé ,   *inops.*
Malaviſé , *malè cautus.*
Organiſé ,   -*ſatus.*
vin Roſé , *vinum roſatum.*
Ruſé ,   *aſtutus.*
le Toiſé ,   *menſio.*

verbes au préſent & participe maſculins.

VERBES.

Abuſé,	*illuſus.*
Accuſé,	*-ſatus.*
Aiguiſé,	*acuatus.*
Amenuiſé,	*attenuatus.*
Amuſé,	*detentus.*
Anathématiſé,	*-ſatus.*
Appaiſé,	*placatus.*
Appoſé,	*-ſitus.*
Apothéoſé,	*in divos relatus.*
Aprivoiſé,	*cicuriſatus.*
Arroſé,	*irrigatus.*
Attiré,	*excitatus.*
Aviſé,	*cogitatus.*
Autoriſé,	*auctoritate munitus.*
Baiſé,	*oſculatus eſt.*
Baptiſé,	*-ſatus.*
Belouſé,	*allucinatus.*
Blaſé,	*vitiatus.*
Briſé,	*colliſus.*
Canoniſé,	*-ſatus.*
Caractériſé,	*charactere donatus.*
Caſé,	*in caſâ receptus.*
Cauſé,	*-ſatus.*
Cautériſé,	*cauſtico inuſtus.*
Cicatriſé,	*cicatrice affectus.*
Civiliſé,	*ad humanitatem efformatus.*
Coaccuſé,	*ſimul cum aliis accuſatus.*
Compoſé,	*-ſitus.*
Cotiſé,	*taxatus.*
Couperoſé,	*qui eſt tuberoſiſſima frontis.*
Courtiſé,	*blanditiis delinitus.*
Croiſé,	*decuſſatus.*
Débrutaliſé,	*ad humanitatem inductus.*

u rbes au préſent & participe maſculins.

Dégoiſé,	*deblateratus.*
Déguiſé,	*larvatus.*
Dépaiſé,	*in exteras regiones actus.*
Déſabuſé,	*errore liberatus.*
Défriſé,	*excriſpatus.*
Dépoſé,	*-ſitus.*
Détoniſé,	*terme de Chymie, qui fragorem edidit.*
Dévaliſé,	*ſpoliatus.*
Deviſé,	*confabulatus.*
Diſpoſé,	*-ſitus.*
Diviſé,	*-ſus.*
Dogmatiſé,	*-ſatus*
Ecraſé,	*fractus.*
Electriſé,	*frotté pour attirer la paille ou autre choſe.*
Embraſé,	*accenſus.*
Empeſé,	*amylo imbutus.*
Epouſé,	*ſponſatus.*
Epuiſé,	*exhauſit*
Eſpagnoliſé,	*Hiſpano more vivens.*
Eterniſé,	*æternitati mandatus.*
Excuſé,	*-ſatus.*
Exorciſé. . . .	
Expoſé,	*-ſitus.*
Familiariſé,	*-ſatus.*
Favoriſé,	*favore donatus.*
Fleurdeliſé,	*lilio regio notatus.*
Formaliſé,	*-ſatus.*
Froiſé, v. m.	*complicatus.*
Galantiſé,	*blanditiis illuſus.*
Gloſé,	*illuſtratus.*
Humaniſé,	*-nior factus.*
Immortaliſé,	*immortalitate donatus.*
Impatroniſé,	*poſſeſſione donatus.*
Impoſé,	*-ſitus.*

verbes au préfent & part. masc.

Incisé,   -fus.
Indemnisé,   cautus.
Infusé,   -fus.
Interposé,   -fitus.
Latinisé, *latinitate donatus.*
Lésé,   *læfus.*
Lettrisé, Poëme lettrisé.
Maîtrisé,   *domitus.*
Martyrisé, *martyrio affectus.*
Méprisé,   *contemptus.*
Mesusé,   *malè ufus.*
Métamorphosé, *transfor-
matus.*
Moralisé, *documento ex re
aliqua eruto inftitutus.*
Notarisé, paffé devant No-
taires.
Opposé,   -fitus.
Osé,   *aufus.*
Paraphrasé,   *illuftratus.*
Pesé,   *ponderatus.*
Pindarisé,   -fatus.
Posé,   -fitus.
Préconisé, *multùm lauda-
tus.*
Préposé,   *præpofitus.*
Présupposé. ..
Prisé,   *æftimatus.*
Prophétisé, *prænuntiatus.*
Proposé,   -fitus.
Puisé,   *hauftus.*
Pulvérisé, *in pulverem re-
dactus.*
Rasé,   *rafus.*
Reculé,   -fatus.
Refusé, *repulfam paffus.*
Rusé,   *callidus.*
Scandalisé, *malo exemplo
offenfus.*
Sécularisé, *communi vitæ
redditus.*
Solemnisé,   *celebratus.*

verbes au préfent & part. masc.

Stigmatisé, *ftigmatibus no-
tatus.*
Subdivisé,   -fus.
Subtilisé, *argutior factus.*
Supposé,   -fitus.
Sympathisé,   *conventus.*
Tabisé,   *undulatus.*
Temporisé,   *dilatus.*
Thésaurisé,   *collectus.*
Toisé,   *menfus.*
Tournisé, qui a des étour-
diffemens, *attonita mentis
ftupore perculfus.*
Tranquillisé, *tranquillior
factus.*
Transposé, *trajectus, in-
verfus.*
Tympanisé,   *publicatus.*
Tyrannisé,   *vexatus.*
Ventousé, *cucurbitulas paf-
fus.*
Vespérisé,   *objurgatus.*
Visé,   *collimatus.*
Usé,   *tritus.*
Voyez les autres verbes en
zer *ou* fer.

ZÈAU. *voyez* AU.

ZÉE. *ou* SÉE.

fubft. & adj. fém.

Avisée,   *dives.*
bien Avisée,   *cauta.*
Amasée, ville du Pont,
Amafia.
* Billevesée,   *ineptiæ.*
Brisée, *fractura.* terme de
chaffe, *veftigium.* aller fur
les brisées de quelqu'un,
aliquem fupplantare.
m   Champ-Elisée ne se dit qu'au
plur. *Campi Elifii.*

subſtantifs & adjectifs féminins.

m Coliſée, *Veſpaſiani amphi-theatrum.*

Croiſée, *decuſſata ſtructura.* de fenêtre, *feneſtralis.* de chemin, *decuſſata via.*

Damaſée, linge fabriqué en façon de damas.

Déhouſée, terme comique, pour Dépucellée, *devir-ginata.*

Déniaiſée, *recocta.*

Eliſée, Prophéte, *-ſæus.*

Epouſée, *ſponſa.*

Fuſée, *filum fuſo circumvo-lutum.* de montre, *horo-logii fuſum verſatile.* de feu d'artifice, *tubulus fartus nitrato pulvere.* fu-ſée, fig. affaire embar-raſſée, *implicata res.*

Malaiſée, *pauper.*

Mal-aviſée, *incauta.*

Muſée, *muſeum.*

Ozée, Prophéte, *Ozeas.*

Peſée, *ponderatio.*

Priſée, eſtimation, *æſtima-tio.* miſe à prix, *indica-tio.* offre de prix, *lici-tatio.* vente à l'enchère, *auctio.*

Raſée, *raſa.* ville raſée, *urbs everſa.* femme raſée, *mulier tonſa.*

Repoſée, terme de chaſſe, *cubile.*

Riſée, *riſus.*

Roſée, *ros.*

Ruſée, *aſtuta.*

m Théſée, Roi, *-ſeus.*

Viſée, *collineatio.* de canon, ou d'armes à feu, *dioptra.* deſſein, *conſilium.* ordon-nance viſée, *mandatum viſum.*

Plus les participes féminins des verbes en zer ou ſer.

ZER. ou SER. qui ſe pro-nonce de même.

un Baiſer, *oſculum.*

verbes à l'infinitif.

VERBES.

Abuſer, mal uſer, *abuti.* tromper, *in fraudem in-ducere.*

s'Abuſer, *errare.* ſe trom-per, *falli.*

Accuſer, *-ſare.*

Agoniſer, *animam agere.*

Aiguiſer, *acuere.*

Allégoriſer, *allegoricè lo-qui.*

* Amenuiſer, *minuere.*

Amuſer, *detinere.*

s'Amuſer, *morari.*

Anagrammatiſer, *anagram-mata exſcribere.*

Analyſer, *reſolvere.*

s'Anaſtomoſer, terme d'A-natomie, *copulari.*

Anathématiſer, *-ſare.*

Antoiſer, vieux mot, *acer-vare.*

Appaiſer, *placare.*

Appoſer le ſcellé, *ſigillum ponere.*

Apothéoſer, *in divos referre.*

Aprivoiſer, *cicurare.*

Ariſer, terme de Marine, *deprimere.*

Arraſer, *lapides ad eandem altitudinem horizonti reſ-*

verbes à l'infinitif.

prudentem *ad libellam collocare.*

Arrofer,   *irrigare.*

Atifer,   *ignem ſtruere.*

Avifer, donner avis, *monere.* ſonger, *cogitare.* pourvoir à, *providere.* ſe ſouvenir, *recordari.*

Autorifer, *auctoritatem tribuere.* un acte, *ſcriptum auctoritate munire.*

Bacchanalifer, *liberiùs luxuriari* vel *compotare.*

Baifer,   *oſculari.*

Baptifer,   *-ſare.*

Beloufer, *globulum eburneum in cavum detrudere.* ſe beloufer, *allucinari.* ſe trómper, *errare.*

Biaifer, mettre de biais, *obliquare.* aller de biais, *obliquè ferri.* Item : *aliquem moleſtare.*

Blafer, ſe blafer, gâter &c. *vitiari.*

Boifer, *inſtructo ligno ornare.*

Brifer,   *conterere.*

Bronzer, *æris colore inficere.*

Canonifer, *in album Sanctorum referre.*

Canonifer, louer, *laudare.*

Caractérifer,   *deſcribere.*

Cardinalifer, *Cardinalem facere.*

Cafer, terme du Trictrac, *uni lamina duas imponere rotulas.*

Catéchifer, *myſteriis fidei imbuere.*

Caufer, *-ſare.* faire naître, *creare.* produire, *produ-*

verbes à l'infinitif.

cere. engendrer, *gignere.* faire, *facere.* apporter, donner, *creare, afferre.* babiller, *garrire.*

Cautérifer, *cauterium indere.*

Chanoinifer, *Canonicum facere.*

Chimérifer, *res pro falſò conceptis habere.*

Chriſtianifer, *Chriſtianum efficere.*

Cicatrifer, *cicatrices inducere.*

Civilifer une affaire, *cauſam capitis in civilem mutare.* quelqu'un, *ad mores humaniores efformare.*

Colaphifer, *palmâ os alicujus pulſare.*

Colonifer, établir des Colonies, *Colonias inſtituere.*

Compofer,   *-onere.*

Cotifer, *juſtam partem perſolvere.*

ſe Cotifer, *imperare ſibi certam pecunia ſummam.*

Contrepefer, valoir autant, *paris eſſe pretii.* peſer autant, *pondere æquare.*

Couperofer, *puſtulis aſpergere.*

Courtifer, *gratiam venari.*

Criminalifer, *civilem cauſam in criminalem vertere.*

Croifer, *decuſſare, haſtas hoſti objicere.*

ſe Croifer, aller à la guerre ſainte, *teſſeraria crucis militiam inire.*

Cruélifer, mot nouveau, *crudeliter agere.*

verbes à l'infinitif.

Débourgeoiſer, *abjeċtos mores emendare.*

Débrutaliſer, *è ferinis moribus ad humanitatem traducere.*

Décaniſer, *Decanum agere.*

Décanoniſer, ôter du catalogue des Saints.

Décardinaliſer, *è Cardinalium albo eximere.*

Décompoſer, *deſtruere.*

Défriſer, *excriſpare.*

Dégoiſer, *modulari.*

Déguiſer, *larvare.* diſſimuler, -*lare.* traveſtir, *aliam ſpeciem induere.* ſon nom, *nomen ementiri.* ſe déguiſer, *obtegere ſe.*

Déhouſer, vieux mot, *ocreas detrahere.*

Démarquiſer, faire connoître que quelqu'un n'eſt pas Marquis.

Dématérialiſer, *à materia ſeparare.*

Déniaiſer, tromper, *illudere.* guérir de la niaiſerie, *ab ineptâ ſimplicitate ſanare.* rendre ruſé, *callidum efficere.*

Dépayſer, *in exteras regiones mittere.*

Dépédantiſer, *ruſticitatem dedocere.*

Dépoſer, -*onere.*

Dépriſer, *deſpicere.*

Déſabuſer, *errore liberare.*

Deſautoriſer, ôter l'autorité.

Deshumaniſer, *humanitatem adimere.*

Dévaliſer, *ſpoliare.*

Deviſer, *colloqui.*

verbes à l'infinitif.

Dialogiſer, *dialogos facere.*

Diéſer, terme de Muſique, *dieſim ſervare.*

Diſpoſer, -*onere.*

Diviniſer, -*nitatem tribuere.*

Diviſer, -*idere.* mettre mal, *diſcordiam ſerere.*

Dogmatiſer, *aliquod dogma diſſeminare.*

Doſer, *in doſes diſtribuere.*

Economiſer, *res ordinare.*

Ecraſer, *proterere.*

Egoïſer, parler de ſoi.

Egriſer un diamant, *adamantem mutuo affriċtu deterere.*

Electriſer, *electricitatem impertiri.*

* Emboïſer, tromper, *fallere.*

Embraſer, *incendere.* faire une embraſure, *limina obliquare.* ſe laiſſer embraſer d'amour, *amore ardere, flagrare.*

s'Emmarquiſer, prendre le nom de Marquis.

Empeſer, *amylo imbuere.*

Enjalouſer.

Epiſcopiſer, prétendre à l'Epiſcopat, *Episcopatum ambire.*

Epouſer, marier, *matrimonio ſponſos conjungere.* ſe marier, *nuptias inire.* prendre femme, *uxorem ducere, virginem in matrimonium aſſumere. Voyez* Marier.

Epouſer, embraſſer un parti, *in partes alicujus deſcendere.*

verbes à l'infinitif.

N'épouser aucun parti, *neutram partem amplecti.* les intérêts de, *causam suscipere.* les inquiétudes, *partiri curas & sollicitudines.*

Epuiser, *exhaurire.*

Espagnoliser, *Hispanum reddere.*

Eterniser, *posteritati consecrare.*

Etymologiser, *vocabuli etymon exponere.*

Evangéliser, *-sare.*

Excuser, *excusatum habere.*

Exorciser, *nequissimos spiritus Dei nomine adjuvare & fugare.*

Exposer, *-onere.*

Fabuliser, *commentitia narrationi addere.*

Familiariser, *familiaritatem contrahere.*

Fanatiser, *Fanatico more insanire.*

Fataliser, *fato destinare.*

Favoriser, *favere.*

Féminiser, rendre de genre féminin, *fæmineum genus voci tribuere.*

Fertiliser, *fertilem efficere.* rendre, fécond, *fœcundare.*

Fleurdeliser, *lilio cauterisare.*

se Formaliser, être offensé, *offendi.* se plaindre, *conqueri.*

Fraiser, façonner en fraise, *in rugas cogere.* un bataillon de piquiers, *agmen hastatis cingere.*

Franciser, *Gallicum agere.*

Fraterniser, *fraternè agere.*

verbes à l'infinitif.

Friser, *crispare.* la corde, *funem stringere.*

Friser, terme de Musique.

Fuser, terme de Médecine, se fondre, *liquari.*

Galantiser, *pudicitiam amatoriis blandimentis oppugnare.*

Gargariser, *-sare.*

Généraliser, *generatim agere.*

Gloser, *interpretari.* expliquer, *-icare.* trouver à redire, *redarguere.*

Gracieuser, *comiter excipere.*

Grécaliser, terme usité sur la Méditerranée.

Gréciser, terme de Grammaire, *Hellenismis uti.*

Gueuser, *mendicare.*

Guittariser, *cythará canere.*

Herboriser, *medicas herbas indagare.*

Humaniser, *-niorem efficere.*

s'Humaniser, *humanum se præstare.*

Jalouser, *æmulari.*

Jaser, *garrire.*

s'Immatérialiser, *immateriale efficere.*

Immortaliser, *immortalitati mandare.*

s'Impatroniser, *possessionem inire.*

Imposer, *-onere.*

Inciser, *-cidere.*

Indemniser, *damnum præstare.*

Infuser, *infundere.*

Interposer, *-onere.*

s'Inthroniser, *se insolii possessionem inducere.*

Italianiser, *Italorum mores affectare.*

verbes à l'infinitif.

Judaïfer, *Judaïcam religionem tenere.*

Jupitrifer, vivre dans la débauche.

Latinifer, parler latin, *latinè loqui.* faire des mots qui ont des terminaisons latines, *verba latina terminationis effingere.*

Légalifer, *fidem scripto facere auctoritate publicâ.*

* Léfer, *lædere.*

Maîtrifer, *dominari.*

Marquifer, faire le Marquis.

Martyrifer, *excruciare.*

Matérialifer, *ad corpus coagmentare.*

Maternifer, se dit des enfans qui tiennent de leur mere.

Menuifer, *tenuare.*

Méprifer, *contemnere.*

Méfufer, mal ufer, *abuti.*

Métagrabolifer, mot inventé par Rabelais, *invitâ Minervâ aliquid scribere.*

Métamorphofer, *transformare.*

Monfeigneurifer, *titulo uti honorificentissimo.*

Moralifer, *dogmata moralia dare.*

* Mufer, *morari.*

Naturalifer, *peregrinum Civitate donare.*

Naulifer, ou Noliger, *navem ducere.*

Neutrifer, *neutrius partes sectari, neutrum facere.*

Niaifer, *nugari.*

Oeconomifer, *sumptui parcere.*

verbes à l'infinitif.

Opérer, *-rari, agere.*

Organifer, *formare.*

Ofer, *audere.*

Pactifer, *fœdus inire.*

Parlorifer, parler d'une maniére affectée.

Paraphrafer, *scriptorem paraphrasi explanare.*

Partialifer, *alicujus partes amplecti.*

Particularifer, *particulatim edicere.*

Pafquinifer, faire des Pafquinades.

Paternifer, *patrissare.*

Pédantifer, *insulsorum litteratorum more agere.*

Péremptorifer, *prolatare.*

Pertuifer, percer, *perforare.*

Pefer, *ponderare.* être pefant, *gravi esse pondere.* pefer, *præponderare.* être de tel poids, *pendere.* deux chofes enfemble pour fçavoir laquelle a plus de poids, *compensare duo inter se.* pefer à la balance, *expendere.* examiner, *examinare.* confidérer, *-rare.* être à charge, *oneri esse.*

Pétrarquifer, *Petrarcham imitari.*

* Phlébotomifer, *sanguinem extrahere, venam secare.*

* Pindarifer, *affectare cultum effusiorem in verbis.*

Poëtifer, *poëtas imitari, carmina pangere.*

Poifer, vieux mot, *angere.*

Porphyrifer, broyer fur le porphyre.

Pofer, *locare.*

verbes à l'infinitif.

* Poſtpoſer,   *-onere.*

Préconiſer, *ſummis aliquem laudibus efferre.*

Prépoſer,   *præponere.*

Préſuppoſer, *præſupponere.*

Priſer, *æſtimare.* faire cas, *plurimi facere.* louer, *prædicare.* priſer peu, *minimi putare.*

Propoſer,   *-onere.*

Proſer, *ſoluto ſermone ſcribere.*

Puiſer,   *haurire.*

Pulvériſer, *in pulverem convertere.*

Quinquinatiſer, *kina ſorbitionem exhauriendam exhibere.*

Racoiſer,   ⎱ *mitigare.*
Rapaiſer,   ⎰

Raſer le poil, *radere pilos.* cotoyer, *abradere.* un bâtiment, *excindere.* couper, *detruncare.* effleurer, *perſtringere.* le tapis, galoper ſans lever les pieds, *humum abradendo currere.*

Ratiſer, *iterùm ignem colligere.*

ſe Raviſer, *mentem mutare.*

Réaliſer,   *ratum efficere.*

Rebaiſer,   *denuò oſculari.*

Rebouiſer, *rudem aliquem & ſimplicem recoquere.*

Recuſer,   *-ſare.*

Refuſer une choſe, *negare.* dénier, *denegare.* ne vouloir point, *recuſare.* répudier, *-iare.* la porte à, *domo excludere.* d'obéir, *detractare imperium.*

Repoſer, *quieſcere.* dormir,

verbes à l'infinitif.

dormire. s'aſſeoir, *ſedere.*

Reviſer,   *reviſere.*

Ridiculiſer, *ridiculum exhibere.*

ſe Ridiculiſer, *ſe ridiculum præſtare.*

Romaniſer, *fabuloſas narrationes effingere.*

Ronſardiſer, écrire comme Ronſard.

Ruſer,   *inſidiosè agere.*

Satyriſer, *ſatyras ſcribere.*

Scandaliſer,   *offendere.*

Séculariſer, *inter ſæculares Clericos religioſum tranſcribere.*

ſe Singulariſer, *ſeorsùm ab aliis ſentire.*

Socratiſer, *Socratis more philoſophari.*

Solemniſer,   *celebrare.*

Soupeſer, *onus ſublatum expendere.*

Sousdiviſer, *ou* Subdiviſer, *-videre.*

Spiritualiſer, *ſeparare à concretione materiæ.*

Stigmatiſer, *ſtigmate notare.*

Subtiliſer, *extenuare.* dans ſa diſpute, *ſubtiliter diſputare.*

Suppoſer,   *-nere.*

Syllogiſer,   *argumentari.*

Symboliſer, reſſembler, *ſimilem eſſe.* quadrer, *-rare.* convenir, *-ire.*

Sympathiſer, *-ſare, moribus convenire.*

Tabiſer, *ſub prælo levigatorio undulare.*

Tamiſer,   *ſuccernere.*

Tartariſer, *trigoni mundare.*

verbes à l'infinitif.

Temporiser, *procrastinare.*
Théologiser, *Theologorum more loqui.*
Thésauriser, *opes congerere.*
Tituliser, donner un titre.
Toiser, *perticá metiri.*
Tramerer, vieux mot, *transmittere.*
Tranquilliser, *quiescere.*
Transposer, *—onere.*
Treilliser, *cancellis obducere.*
Tympaniser, *—sare.*
Tyranniser, *tyrannicè sævire.*
Ventouser, *cucurbitulas parti corporis adhibere.*
Verbaliser, *scripto rem gestam narrare.*
* Vespériser, *objurgare.*
Viser, *collimare.*
Volatiliser, *attenuare.*
User d'une chose, *re aliquá uti.* de redite, *eadem repetere.* de son droit, *usurpare quod nostrum est.* mal d'une chose, *abuti.* bien quelqu'un, *bene agere cum.* un habit, *vestem atterere.* ses pieds, *pedes deterere.* consumer, *—ere.* s'user, *deteri.*

Z E T. *voyez* E T.

Z E U X. *voyez* E U X.

Z I. *ou* S I.

v | Choisi, *electus.*
m | Cramoisi, couleur, *cramesina tinctura.*
v | Dessaisi, *è manibus dimissus.*
  | Glazi, vieux mot, *gladius.*

Lazzi, jeu muet de Théâtre.
v | Moisi, *mucessit.*
m | Potosi, montagne du Pérou, *Potosium.*
  | Putesi, vieux mot, aller en putesi, *ire in perditum, in malam crucem.*
  | Quasi, adv. *quasi.*
v | Saisi, *captus.* mis en dépôt, *sub custodis manu traditus.*

Z I E. & S I E.

substantifs feminins.

Ambrosie, nectar, *—sia.*
Apostasie...
Andalousie...
Asie, partie du monde, *Asia.*
Austrasie, pays, *—sia.*
Bourgeoisie, *cives.* droit de bourgeoisie, *jus municipale.*
Courtoisie, *urbanitas.*
Croisie, vieux mot, *crux.*
Discourtoisie, *inurbanitas.*
Eucrasie, bon tempérament, *eucrasia.*
Fantaisie, *—tasia.* imagination, *—tio.* opinion, *—io.*
Frénésie, *phrenesis.*
Gélasie, une des trois Graces selon quelques-uns, *Gelasia.*
Géodésie, *—sia.*
Hectisie, maladie, *tabes.*
Hémoptisie, *—sia.*
Hérésie, *hæresis.*
Hydropisie, *aqua intercus.*
Hypocrisie, *—sis.*
Hypophasie, terme d'Oculiste, *—asis.*
Jalousie, *zelotypia.* passion, *invidia.* jalousie, chassis, *cancelli.*

subſtantifs féminins.

Lithiaſie, maladie des paupiéres, *-aſis.*

Magnéſie, *magneſius lapis.*

Malvoiſie, *arviſium vinum.*

Métonomaſie, changement de nom, *-ſia.*

Paralyſie, *-ſis.*

Paranomaſie, terme dogmat.

Philothéſie, cérémonie des Grecs en buvant à la ſanté les uns des autres.

Pleuréſie, *pleuritis.*

fauſſe Pleuréſie, *pſeudopleuritis.*

Poëſie, *-ſis.*

Punaiſie, *naris fœtor.*

Saiſie, terme de Palaſt, *bonorum obſignatio.*

VERBES.

au partic. fém.

Apoſtaſie, *deſerit fidem.*

Choiſie, *electa.*

Deſſaiſie, *dimiſſa.*

Moiſie, *mucida.*

Raſſaſie, *ſatiat.*

Saiſie, *capta.*

ZIER. *ou* SIER. *voyez* IER.

ZIN. *ou* SIN. *voyez* IN.

ZION. *ou* SION. *voyez* ION.

ZIR. *ou* SIR. *voyez* IR.

ZIS. *ou* SIS. *voyez* IS.

ZIT. *ou* SIT. *voyez* IT.

ZON. & SON.

m Angle d'inclinaiſon, *inclinationis angulus.*

ſubſtantifs maſculins & féminins.

Arriére-ſaiſon, *ſera tempeſtas.* de l'âge, *extrema ſenecta.*

Avalaiſon d'eau, *alluvio.*

Biſon, bœuf ſauvage des Indes.

Blâſon, *ars heraldica.*

Camuſon, petite camuſe.

Cargaiſon, terme de mer, *oneratio navis.*

Cloiſon, *ſepimentum.*

Combinaiſon, *-natio.*

Comparaiſon, *-ratio.*

Conjugaiſon, *-gatio.*

Contrepoiſon, *antidotus.*

Déclinaiſon, terme de Grammaire, *declinatio.*

Démangeaiſon, *pruritus.*

Déraiſon, *delirium.*

Diapazon, octave de Muſique, *diapente.*

Echaufaiſon, *ſanguinis æſtus gravior.*

Echaufoiſon, vieux mot, *calefactio.*

Exhalaiſon, *-latio, aëreus ſpiritus.*

Fauchaiſon, le temps où l'on fauche les prés.

Fenaiſon, *fœniſecia.*

Feriſon, mot artif. de Log.

Floraiſon, *tempus florum.*

Flottaiſon, flottage.

Foiſon, abondance, *abundantia.* grande quantité, *magna vis.*

Friſeſon, terme artificiel de Logique.

Gariſon, vieux mot, *ſanatio.*

Garniſon, *præſidium.*

Gazon, *ceſpes.*

Guériſon, *curatio.*

ſubſtantifs maſculins & féminins.

Grenaiſon , *granorum perceptio.*

Griſon , *ſubcanus.* peuple , *Rhæti Alpini.*

Harengeaiſon , *harengorum piſcatus.*

Horiſon , *orbis finiens* , vel *finitor.*

Jaſon de la Fable , *Jaſo.*

Inclinaiſon , *inclinatio.*

Liaiſon , *alligatio.* enchaînement , *catenatio.* amitié , *amicitia.*

Livraiſon , *traditio.*

Lunaiſon , *menſtruus lunæ curſus.*

Maiſon , *ædes.* petite , *ædicula.* de plaiſance, de campagne , *villa.* de ville , *baſilica.* famille, *-ilia.* race, *genus.* naiſſance, *ortus.* train , *domeſtici.*

petite-Maiſon , au pl. Hôpital des fous, *Anadochium.*

Ochoiſon , vieux mot , *occaſio.*

Oiſon , *anſerculus.*

Oiſon, injure , *ſtultus.*

Olivaiſon , *olivarum perceptio.*

Oraiſon, *oratio.* priére, *preces.* harangue , *oratio.*

Pamoiſon , *animi defectio.*

Pendaiſon, l'action de Pendre.

Péroraiſon , *-ratio.*

Peſon à peſer, *pundo.* à tourner , *verticillum.*

Poiſon , *venenum.*

Priſon , *carcer, cuſtodia.* être en priſon , *carcere detineri.* mettre en priſon , *in carcerem contrudere.* tirer de priſon , *è carcere emittere.*

Raiſon, équité, *æquitas.* droit, *jus.* c'eſt la raiſon, *æquum eſt.* outre la raiſon, *præter jus.* plus que de raiſon, *diutiùs quàm par ſit.* ſans raiſon, *temerè.* non ſans raiſon, *non immeritò.* aller à la raiſon, *æquum & bonum dicere.* avoir raiſon, *ratione niti.* faire raiſon , payer, *nomina expedire.* faire raiſon en buvant, *propinanti nobis viciſſim propinare.*

Réclinaiſon, terme de Gnomonique, ſituation d'un plan qui s'incline ſur l'horiſon.

Saiſon , *tempeſtas.*

Salaiſon , *ſalitura.*

Suzon, dimin. de Suzànne.

Tiſon , *titio.*

Toiſon , laine de brebis , *vellus.* terme libre & comique, *pubes.* Ordre d'Eſpagne, *equeſter Ordo velleris aurei.*

Trahiſon , *proditio.*

Tremblaiſon , vieux mot , *concuſſio.*

Zon, zon , *ſonus ictûs.*

ZU. ou SU.

Couſu , *conſutus.*

Découſu, *deſutus.*

Viſum-viſu, terme populaire.

FIN.

APPROBATION.

J'AI lû par ordre de Monseigneur le Chancelier le Livre intitulé *Dictionnaire des Rimes, par Richelet, considérablement augmenté & mis dans un nouvel ordre.* Il m'a paru qu'on pouvoit en permettre la réimpression. A Paris ce 10. Octobre 1749. VATRY.

PRIVILE'GE DU ROI.

LOUIS PAR LA GRACE DE DIEU, ROI DE FRANCE ET DE NAVARRE : A nos amés & feaux Conseillers les Gens tenans nos Cours de Parlement, Maîtres des Requêtes ordinaires de notre Hôtel, Grand-Conseil, Prévôt de Paris, Baillifs, Sénéchaux, leurs Lieutenans Civils, & autres nos Justiciers qu'il appartiendra, SALUT. Notre bien-amé GUILLAUME DESPREZ, Libraire à Paris, Nous a fait exposer qu'il désireroit faire imprimer & donner au Public des Ouvrages qui ont pour titre : *Nouveau Traité de Diplomatique, Manière de penser dans les Ouvrages d'esprit, Pensées ingénieuses des Anciens, Entretiens d'Ariste & Sentimens de Cléante par le P. Bouhours,* DICTIONNAIRE DES RIMES, *par Richelet, Description des Châteaux & Parcs de Versailles & de Marly, Relation de la vie & de la mort de quelques Religieux de la Trappe, Histoire des Superstitions, Explication des Cérémonies de la Messe, Discours sur la Comédie, par le P. le Brun,* s'il Nous plaisoit lui accorder nos Lettres de Privilége pour ce nécessaires. A CES CAUSES, voulant favorablement traiter l'Exposant, nous lui avons permis & permettons par ces Présentes de faire imprimer lesdits Ouvrages, en un ou plusieurs volumes, & autant de fois que bon lui semblera, & de les vendre, faire vendre & débiter par tout notre Royaume pendant le temps de neuf années consécutives, à compter du jour de la datte des Présentes. Faisons défenses à tous Libraires, Imprimeurs, & autres personnes, de quelque qualité & condition qu'elles soient, d'en introduire d'impression étrangère dans aucun lieu de notre obéissance : comme aussi d'imprimer ou faire imprimer, vendre, faire vendre, débiter ni contrefaire lesdits Ouvrages, ni d'en faire aucuns extraits, sous quelque prétexte que ce soit, d'augmentation, correction, changemens, ou autres, sans la permission expresse & par écrit dudit Exposant, ou de ceux qui auront droit de lui, à peine de confiscation

des exemplaires contrefaits, de trois mille livres d'amende contre chacun des contrevenans, dont un tiers à Nous, un tiers à l'Hôtel-Dieu de Paris, & l'autre tiers audit Exposant, ou à celui qui aura droit de lui, & de tous dépens, dommages & intérêts : à la charge que ces Présentes seront enregistrées tout au long sur le Registre de la Communauté des Libraires & Imprimeurs de Paris, dans trois mois de la datte d'icelles ; que l'impression desdits Ouvrages sera faite dans notre Royaume & non ailleurs, en bon papier & beaux caractères, conformément à la feuille imprimée & attachée pour modéle sous le contrescel des Présentes : & que l'impétrant se conformera en tout aux Réglemens de la Librairie, & notamment à celui du 10. Avril 1725. qu'avant de les exposer en vente, les manuscrits ou imprimés qui auront servi de copie à l'impression desdits Ouvrages seront remis dans le même état où l'Approbation y aura été donnée, ès mains de notre très-cher & féal Chevalier le Sieur Daguesseau, Chancelier de France, Commandeur de nos Ordres ; & qu'il en sera ensuite remis deux exemplaires de chacun dans notre Bibliothéque publique, un dans celle de notre Château du Louvre, & un dans celle de notre très-cher & féal Chevalier le Sieur Daguesseau, Chancelier de France : le tout à peine de nullité des Présentes : du contenu desquelles vous mandons & enjoignons de faire jouir ledit Exposant & ses ayans cause, pleinement & paisiblement, sans souffrir qu'il leur soit fait aucun trouble ou empêchement. Voulons que la copie des Présentes, qui sera imprimée tout au long au commencement ou à la fin desdits Ouvrages, soit tenue pour dûement signifiée, & qu'aux copies collationnées par l'un de nos amés & féaux Conseillers & Secretaires, foi soit ajoûtée comme à l'original. Commandons au premier notre Huissier ou Sergent sur ce requis, de faire pour l'exécution d'icelles tous actes requis & nécessaires, sans demander autre permission, & nonobstant clameur de haro, charte Normande, & Lettres à ce contraires : Car tel est notre plaisir. DONNE' à Fontainebleau le dix-huitieme jour du mois d'Octobre, l'an de grace mil sept cent quarante - neuf, & de notre Regne le trente-cinquieme. Par le Roi en son Conseil,

SAINSON.

Registré ensemble les deux Cessions ci-après, sur le Registre XII. de la Chambre Royale des Libraires & Imprimeurs de Paris, Nº 358. fol. 237. conformément aux anciens Réglemens, confirmés par celui du 28. Février 1723. A Paris ce 25. Novembre 1749.

Signé LEGRAS, *Syndic.*

Je céde & transporte à M. Cavelier fils mon Associé, la moitié dans le présent Privilége. Fait à Paris le 31. Octobre 1749. G. DESPREZ.

Nous soussignés reconnoissons avoir cédé au Sr Nicolas Poirion, la moitié dans le présent Privilége, à l'exception du Nouveau Traité de Diplomatique, 5. vol. in 4°. Fait à Paris ce 31. Octobre 1749. G. DESPREZ & CAVELIER.

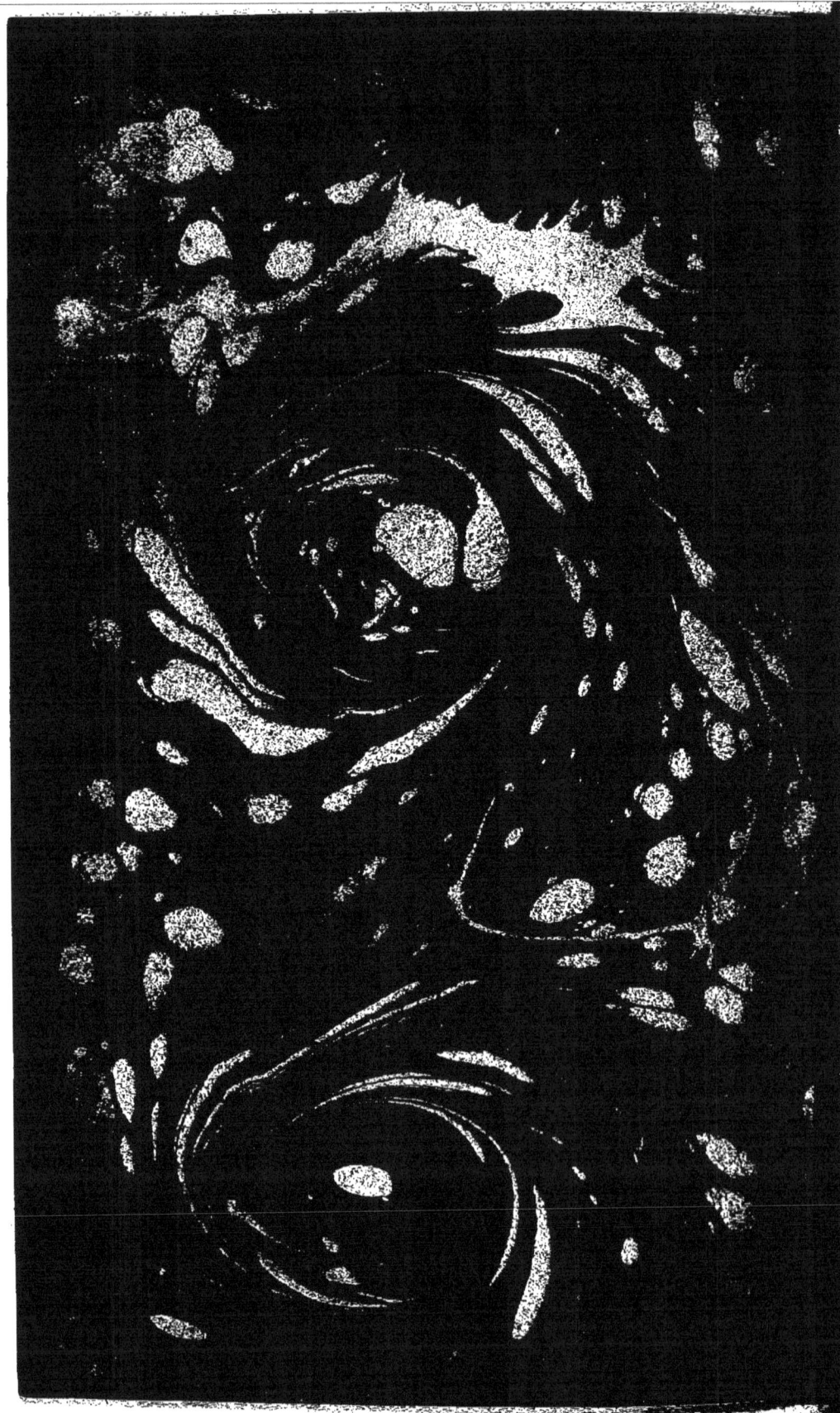

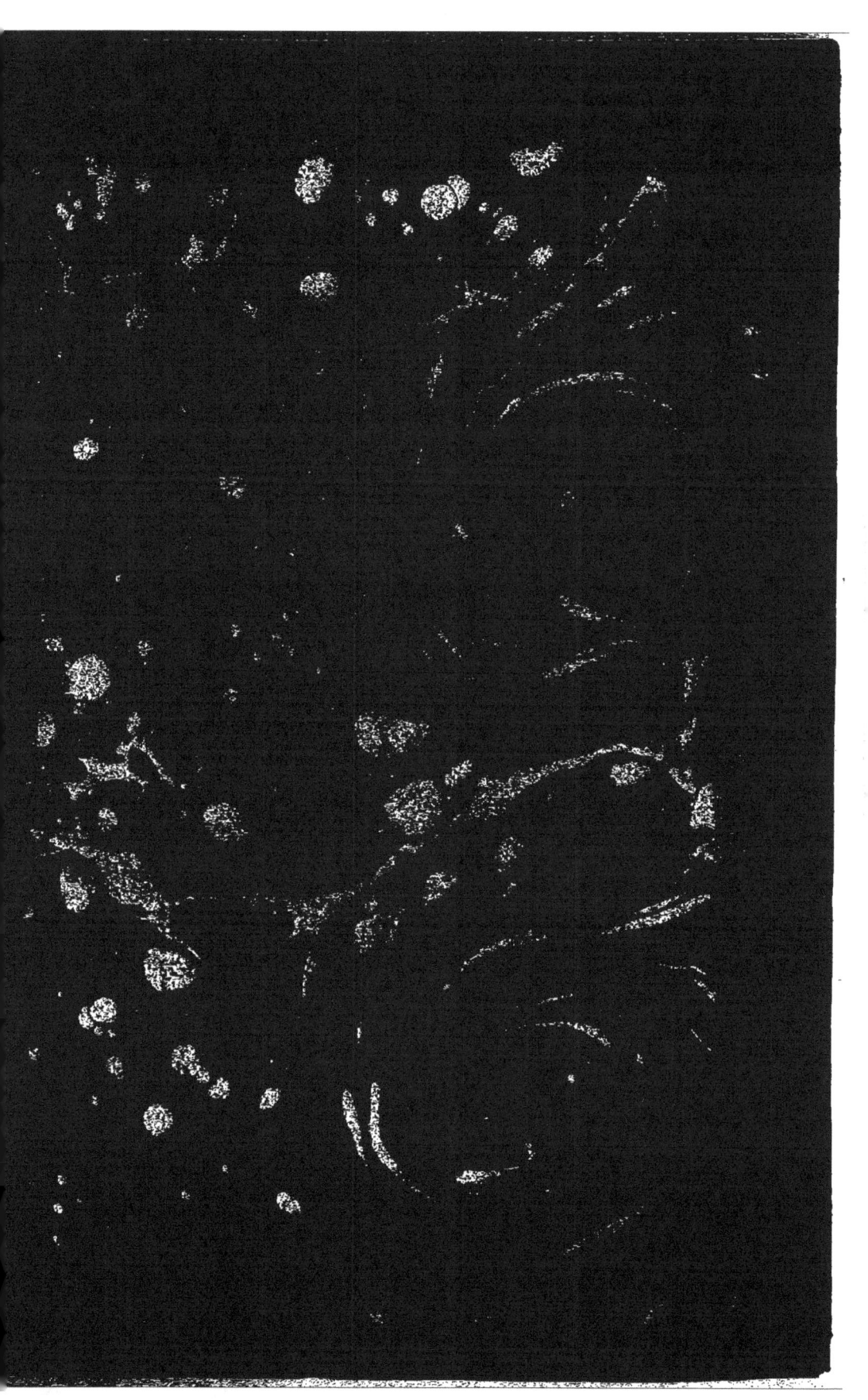

DICTION.
DES
RIMES

TOM. II
J à Z

www.ingramcontent.com/pod-product-compliance
Lightning Source LLC
Chambersburg PA
CBHW060949280326
41935CB00009B/663